SEITE 38

REISEZIELE IN KOLUMBIEN

ALLE ZIELE AUF EINEN BLICK
Fundierte Einblicke, detaillierte Adressen, Insider-Tipps und mehr

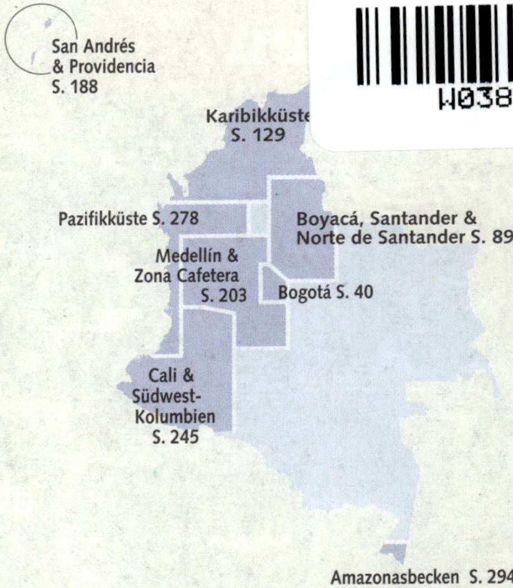

SEITE 335

PRATISCHE INFORMATIONEN

SCHNELL NACHGESCHLAGEN
Tipps für Unterkünfte, sicheres Reisen, Smalltalk und vieles mehR

Kevin Raub,
Alex Egerton, Mike Power

Willkommen in Kolumbien

Landschaftliche Vielfalt

Kolumbiens Lage am Äquator hat eine landschaftliche Vielfalt zur Folge, wie man sie nur in wenigen Ländern antrifft. Eine kleine Höhenveränderung führt den Besucher von der Sonnenglut der karibischen Strände zu den grünen Bergen mit ihren Kaffeeplantagen in der Zona Cafetera. Noch höher liegt Bogotá, das Zentrum des Landes und die dritthöchste Hauptstadt weltweit. Noch ein paar tausend Meter oberhalb davon bewundert man schneebedeckte Gipfel, Bergseen und die einzigartige Vegetation des *páramo* auf den Hochebenen der Anden. Schließlich folgt Los Llanos, ein 550 000 km^2 großes tropisches Grasland, die „Serengeti Südamerikas“, die Kolumbien sich mit Venezuela teilt. Im Tiefland reicht das Kaleidoskop von den Dünen der Wüste bei Punta Gallinas bis zum Urwald des Amazonas.

Outdoor-Abenteuer

Das abwechslungsreiche Gelände in Kolumbien ist wie geschaffen für allerlei Abenteuersport: Man taucht, klettert und wandert, wagt sich ans Rafting oder in die Lüfte. Unbestrittene Outdoor-Hauptstadt ist San Gil, aber Erlebnisse im Freien bietet eigentlich das gesamte Land. Dazu passt, dass gleich zwei der berühmtesten Wanderwege des Kontinents durch Kolumbien führen: Ciudad Perdida ist eine Fünf- bzw. Sechs-Tage-Wanderung durch den Urwald

PAUL KENNEDY/LONELY PLANET IMAGES ©

In Kolumbien findet man: steile Andengipfel, unverbaute Küsten an der Karibik, geheimnisvolle Amazonaswälder, rätselhafte Ruinen und Kolonialstädte mit Kopfsteinpflastergassen. Kurz: Das Land bietet alles das, was Südamerika so verlockend macht, und noch einiges mehr.

Links: Die Küste bei Taganga (S. 162)
Unten: Plaza San Pedro Claver (S. 135), Cartagena

RICHARD CUMMINS/LONELY PLANET IMAGES ©

zu den alten Ruinen von Tayrona, und die einwöchige Güicán–El Cocuy-Tour führt unerschrockene Wanderer in die höchsten Höhen der Anden. Die herrlichen Riffe von Providencia lassen Taucher wie im siebten Himmel schweben, und wer Wale beobachten möchte, genießt an der Pazifikküste von Kolumbien allerbeste Aussichten.

Kultureller Reichtum

Eine Vielzahl alter Kulturen hat im ganzen Land eine faszinierende Fülle von Kultstätten hinterlassen. Die einstige Hauptstadt von Tayrona, Ciudad Perdida, entstand zwischen dem 11. und 14. Jh.; sie gilt als eine der besterhaltenen alten Städte des Kontinents, gleich nach Machu Picchu. Noch rätselhafter ist San Agustín, wo mehr als 500 lebensgroße alte Felsskulpturen unbekannter Herkunft über die Landschaft verstreut sind. Schließlich gibt es noch Tierradentro mit den unterirdischen Gräbern eines unbekannten Volkes. Nimmt man die Einflüsse der Spanier, mischt sie mit denen afrikanischer Sklaven und Einwanderer aus Europa und dem Nahen Osten im 20. Jh. und fügt man dann noch die weitgehend intakten indigenen Gruppen wie die Wayuu hinzu, so erhält man eine gehaltvolle Mischung. Ihre Wirkung entfaltet sie überall im heutigen Kolumbien, sei es in der Küche, in der Musik und Architektur oder in der Alltagskultur.

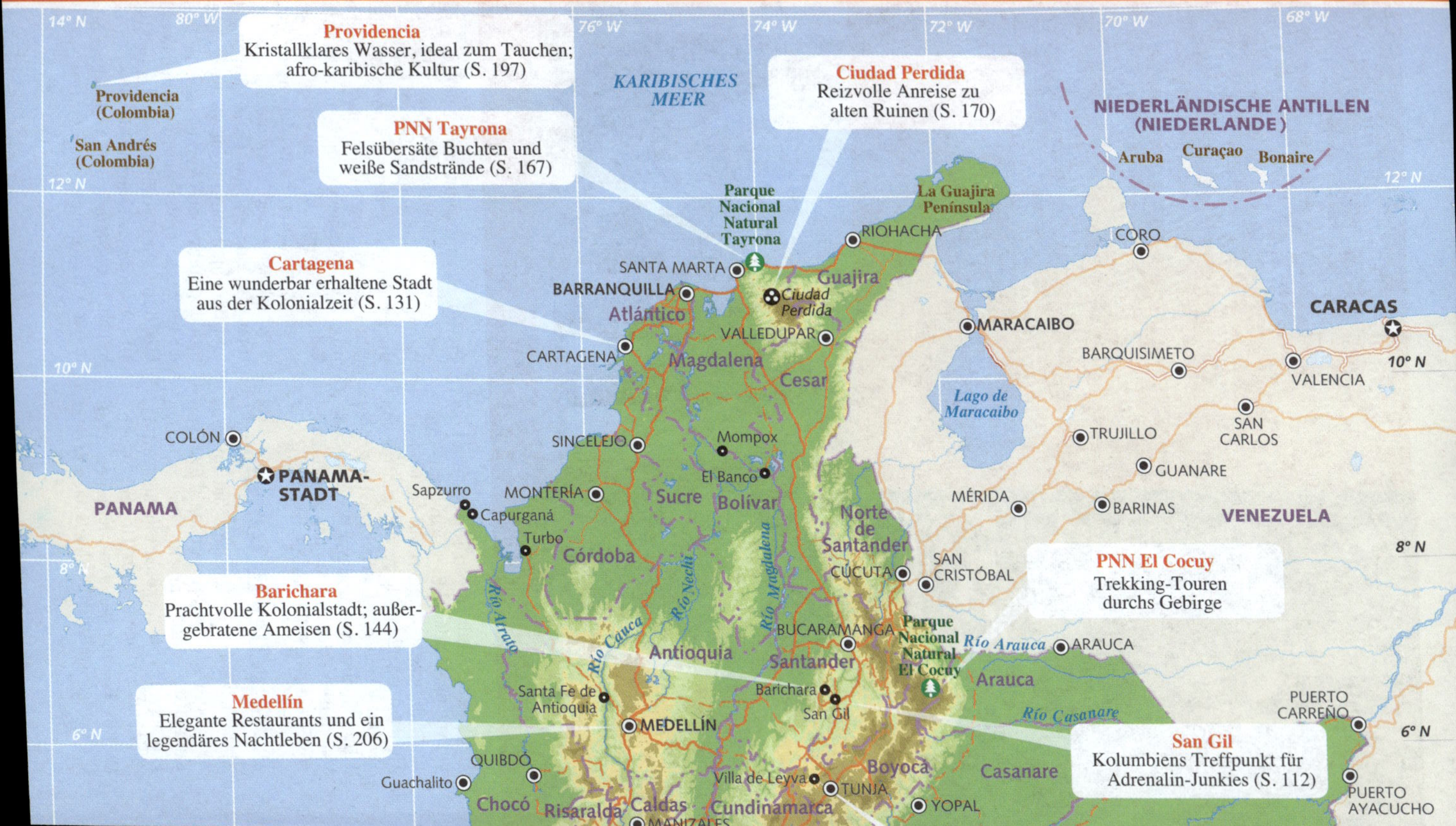
Providencia
Kristallklares Wasser, ideal zum Tauchen; afro-karibische Kultur (S. 197)
PNN Tayrona
Felsübersäte Buchten und weiße Sandstrände (S. 167)
Cartagena
Eine wunderbar erhaltene Stadt aus der Kolonialzeit (S. 131)
Ciudad Perdida
Reizvolle Anreise zu alten Ruinen (S. 170)
Barichara
Prachtvolle Kolonialstadt; außer-gebratene Ameisen (S. 144)
Medellín
Elegante Restaurants und ein legendäres Nachtleben (S. 206)
PNN El Cocuy
Trekking-Touren durchs Gebirge
San Gil
Kolumbiens Treffpunkt für Adrenalin-Junkies (S. 112)
KARIBISCHES MEER
NIEDERLÄNDISCHE ANTILLEN (NIEDERLANDE)
Aruba
Curaçao
Bonaire
Providencia (Colombia)
San Andrés (Colombia)
PANAMA
PANAMA-STADT
COLÓN
VENEZUELA
CARACAS
MARACAIBO
Lago de Maracaibo
La Guajira Península
Parque Nacional Natural Tayrona
Parque Nacional Natural El Cocuy
SANTA MARTA
BARRANQUILLA
CARTAGENA
RIOHACHA
VALLEDUPAR
SINCELEJO
MONTERÍA
MEDELLÍN
BUCARAMANGA
CÚCUTA
TUNJA
YOPAL
MANIZALES
QUIBDÓ
ARAUCA
Guajira
Atlántico
Magdalena
Cesar
Sucre
Bolívar
Córdoba
Norte de Santander
Antioquia
Santander
Arauca
Casanare
Boyocá
Cundinamarca
Caldas
Risaralda
Chocó
Río Magdalena
Río Cauca
Río Nechí
Río Atrato
Río Arauca
Río Casanare
Mompox
El Banco
Sapzurro
Capurganá
Turbo
Santa Fe de Antioquia
Barichara
San Gil
Villa de Leyva
Guachalito
Ciudad Perdida
CORO
BARQUISIMETO
VALENCIA
SAN CARLOS
TRUJILLO
GUANARE
MÉRIDA
BARINAS
SAN CRISTÓBAL
PUERTO CARREÑO
PUERTO AYACUCHO
80° W
76° W
74° W
72° W
70° W
68° W
14° N
12° N
10° N
8° N
6° N

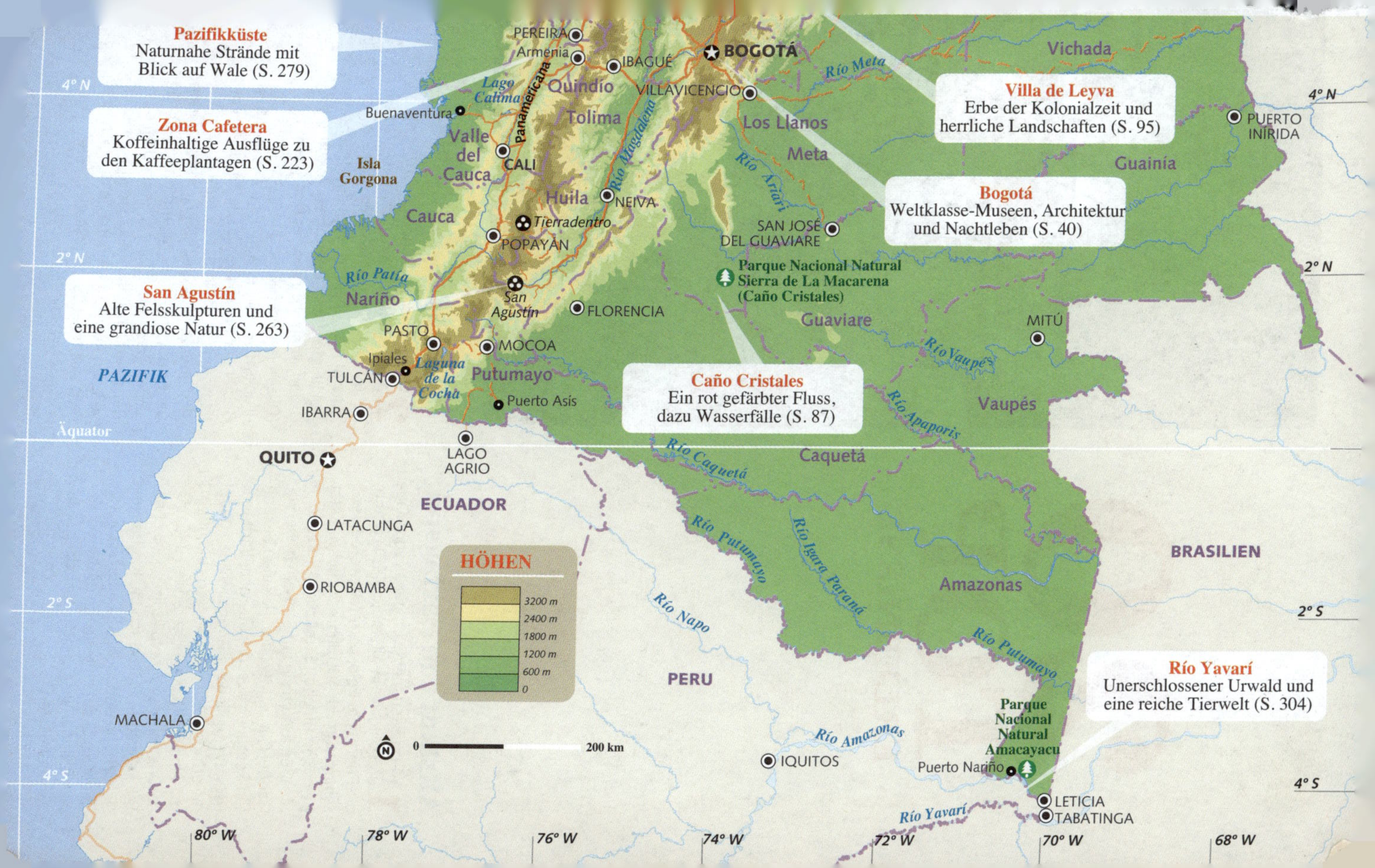
Pazifikküste
Naturnahe Strände mit Blick auf Wale (S. 279)
Zona Cafetera
Koffeinhaltige Ausflüge zu den Kaffeeplantagen (S. 223)
San Agustín
Alte Felsskulpturen und eine grandiose Natur (S. 263)
Villa de Leyva
Erbe der Kolonialzeit und herrliche Landschaften (S. 95)
Bogotá
Weltklasse-Museen, Architektur und Nachtleben (S. 40)
Caño Cristales
Ein rot gefärbter Fluss, dazu Wasserfälle (S. 87)
Río Yavarí
Unerschlossener Urwald und eine reiche Tierwelt (S. 304)
PEREIRA
Armenia
IBAGUÉ
BOGOTÁ
VILLAVICENCIO
Vichada
Río Meta
PUERTO INÍRIDA
Lago Calima
Panamericana
Quindío
Tolima
Buenaventura
Valle del Cauca
CALI
Isla Gorgona
Los Llanos
Meta
Guainía
Río Magdalena
Río Ariari
Huila
NEIVA
Cauca
Tierradentro
POPAYÁN
SAN JOSÉ DEL GUAVIARE
Parque Nacional Natural Sierra de La Macarena (Caño Cristales)
Río Patía
Nariño
San Agustín
FLORENCIA
Guaviare
MITÚ
PASTO
MOCOA
Ipiales
Laguna de la Cocha
Putumayo
TULCÁN
PAZIFIK
Río Vaupés
Puerto Asís
Vaupés
Río Apaporis
IBARRA
Äquator
LAGO AGRIO
QUITO
Río Caquetá
Caquetá
ECUADOR
LATACUNGA
Río Putumayo
Río Igara Paraná
BRASILIEN
HÖHEN
3200 m
2400 m
1800 m
1200 m
600 m
0
Amazonas
RIOBAMBA
Río Napo
PERU
MACHALA
Parque Nacional Natural Amacayacu
Río Amazonas
0
200 km
IQUITOS
Puerto Nariño
LETICIA
TABATINGA
Río Yavarí
4° N
2° N
2° S
4° S
80° W
78° W
76° W
74° W
72° W
70° W
68° W

20 TOP ERLEBNISSE

Altstadt von Cartagena

1 Wenn Besucher Cartagenas von Mauern umschlossene Altstadt (S. 131) durch die Puerta del Reloj betreten, werden sie schlagartig um 400 Jahre zurückversetzt. Beim gemütlichen Streifzug durch die Straßen treffen sie auf Szenarien, wie sie Gabriel García Márquez in seinen bekannten Romanen beschreibt. Pastellfarbene Balkone quellen vor Bougainvilleen über, die atmosphärischen Gassen sind überfüllt mit einladenden Imbissständen und ringsherum liegen prachtvolle, im spanischen Stil gestaltete Plätze, schöne Kirchen und historische Gebäude. Das alte, historische Zentrum bildet eine eigene pulsierende Stadt, in der vieles noch so aussieht wie vor Jahrhunderten.

Trekking im El Cocuy

2 Die einwöchige Rundwanderung durch den Parque Nacional Natural (PNN) El Cocuy (S. 108), die in Güicán oder El Cocuy beginnt bzw. endet, ist eine der beliebtesten Trekkingtouren in Kolumbien. Aus gutem Grund, denn während der Hochsaison (Dezember bis Februar) tauchen eindrucksvolle Sonnenaufgänge das gesamte Gebiet der Sierra Nevada del Cocuy in ein flammendes goldbraunes Licht. Es zieht sich über zerklüftete Gipfel und den *páramo* (eine andentypische Vegetationszone) mit seinen eiszeitliche Tälern, Hochebenen und Bergseen. An klaren Tagen reicht der Blick von den Aussichtspunkten in 4650 m Höhe weit über die Los Llanoscan.

Valle de los Cojines (S. 110)

1

PRISMA BILDAGENTUR AG/ALAMY ©

2

CHRISTIAN KOBER/ROBERT HARDING WORLD IMAGERY/CORBIS ©

Kaffee-Fincas in der Zona Cafetera

3 Auf geht's im klassischen Jeep zum Kaffeegenuss – auf vielen der besten Kaffeefarmen in der Zona Cafetera (S. 223) sind Touristen willkommen. Zuvorkommend wird den Besuchern erklärt, was kolumbianischen Kaffee auszeichnet. Für einen kleinen Einblick in die harte Arbeit des Kaffeeanbaus können sie sich selbst als Kaffeepflücker betätigen. Nach der Rückkehr ins traditionelle Farmhaus genießen die Gäste das Endprodukt, untermalt vom Plätschern des Flusses und Vogelgesang. Hacienda Guayabal (S. 227)

Museo del Oro in Bogotá

4 Wie nur an wenigen Orten der Welt lässt sich in Bogotás Museo del Oro (S. 52) nachvollziehen, was es bedeutet, einen lange verloren geglaubten Schatz zu finden. In einem der erstaunlichsten Museen Südamerikas kommen wahre Indiana-Jones-Gefühle auf. Auf drei Stockwerken zeigt das sehenswerte Museum in Themenausstellungen mehr als 55 000 Exponate aus blankem Gold und anderen Materialien – alle sind Relikte der prähispanischen Kulturen Kolumbiens. Ein Highlight ist die faszinierende filigrane Balsa Muisca, das 1969 gefunden wurde.

3

4

THOMAS MARENT/VISUALS UNLIMITED/CORBIS ©

KRZYSZTOF DYDYNSKI/LONELY PLANET IMAGES ©

KARL LEHMANN/LONELY PLANET IMAGES ©

Dschungel-Lodges am Río Yavarí

5 Für viele Menschen besitzt der Amazonas ein unvorstellbares Ausmaß. Allein der kolumbianische Abschnitt des Amazonasbeckens ist größer als Deutschland. So mangelt es nicht an Möglichkeiten für einzigartige Ausflüge. Allerdings bietet nur der geschützte Río Yavarí (S. 304), der die 800 km lange Grenze zwischen Kolumbien, Brasilien und Peru bildet, den Zugang zu allen drei Ökosystemen des Amazonasbeckens: *terra firme* (trocken), *várzea* (periodisch überflutet) und *igapó* (überflutet). Hier wartet eine vielfältige Tierwelt!

Zwergseidenäffchen

Strände im PNN Tayrona

6 Die Strände im Parque Nacional Natural (PNN) Tayrona (S. 167) zählen zu den schönsten des Landes. Sie erstrecken sich nahe Santa Marta am klaren Wasser der Karibikküste mit einem dichten Dschungel im Rücken, der wie eine grüne Lawine die steilen Hänge der Sierra Nevada de Santa Marta, des weltweit höchsten Küstengebirges, herabzurauschen scheint. Schattenspendende Palmen säumen den malerischen, mit riesigen Felsbrocken übersäten weißen Sandstrand. Manche der Felsen wirken, als hätte ein Riese sie in einem Wutanfall in zwei Hälften gespalten.

Statuen von San Agustín

7 Hervorragende Einblicke in die präkolumbische Kultur gewähren die auf grünen Hügeln verstreuten Statuen von San Agustín (S. 263). Die über 500 ausgegrabenen Monumente aus Vulkangestein, die heilige Tiere und menschenähnliche Figuren darstellen, bilden eine der bedeutendsten archäologischen Stätten der Welt. Zahlreiche Statuen stehen in einem archäologischen Park, weitaus mehr befinden sich noch an ihren Fundstellen, die sich zu Fuß oder per Pferd erkunden lassen. Die Wege dorthin verlaufen durch eine Landschaft mit Wasserfällen, Flüssen und Canyons.

8

ILDI_PAPP/ISTOCKPHOTO ©

9

AFG/GETTY IMAGES ©

10

KRZYSZTOF DYDYNSKI/LONELY PLANET IMAGES ©

Tour zur Ciudad Perdida

8 Eine aufregende Dschungelwanderung führt durch eine der majestätischsten tropischen Landschaften Kolumbiens: zur Ciudad Perdida (S. 170). Es ist eine der besten mehrtägigen Touren des Landes. Bis zur Taille reicht das Wasser beim Durchwaten reißender Flüsse und das Herz schlägt bis zum Hals – ein Ausgleich zur stillen Schönheit der Sierra Nevada. Das Ziel, eine alte „verlorene Stadt", wurde von Grabräubern und goldsuchenden Banditen wiederentdeckt. Die Ruinenstadt liegt tief in den Bergen auf rätselhaften Terrassen und beeindruckt selbst sehr erschöpfte Besucher zutiefst.

Wale beobachten an der Pazifikküste

9 Ein 20 t schwerer Wal schießt aus dem Wasser empor und im Hintergrund locken dicht bewaldete Berge – dieser Anblick gehört zu den faszinierendsten Naturmomenten. Jedes Jahr schwimmen Hunderte Buckelwale 8000 km von der Antarktis in die Gewässer vor der kolumbianischen Pazifikküste, um hier ihre Jungen zu gebären und großzuziehen. Die Meeressäuger tummeln sich im Parque Nacional Natural (PNN) Ensenada de Utría (S. 282) so nahe am Ufer, dass man sie leicht beobachten kann. Eine Bootstour führt noch näher an die Tiere heran.

Koloniales Barichara

10 Fast wie aus einer überirdischen Welt wirkt das atemberaubend schöne Barichara (S. 114), das wohl malerischste und am besten erhaltene Dorf aus Kolumbiens Kolonialzeit. Seine rostfarbenen Dächer, die breiten, symmetrisch angelegten Pflasterstraßen, die weißen Hauswände und die bepflanzten Balkone bilden einen bestechenden Kontrast zu dem fast kitschigen Grün der Anden im Hintergrund. Barichara bedeutet im regionalen Guane-Dialekt „Ort der Entspannung" – zu Recht. Geblendet von Schönheit und Ruhe wandert so mancher Besucher wie ein Schlafwandler durch die Straßen.

Caño Cristales

11 Nachdem Guerillas zwei Jahrzehnte den Caño Cristales (S. 87) beherrschten, ist das Terrain nun wieder zugänglich. Dschungel und gebirgiges Gelände säumen das schöne Flusstal, das den Übergang zum kolumbianischen Amazonasbecken bildet. Zwischen Juli und November zeigt sich der Fluss in einem erstaunlichen Rot, weil sich die Algen vermehren und eine rote Farbe annehmen. Nicht nur dieses Phänomen ist spektakulär, auch die Wanderung von einem Wasserfall und natürlichen „Schwimmteich" zum anderen ist ein fabelhaftes Erlebnis.

Salsa in Cali

12 In Cali (S. 247) wurde der Salsa zwar nicht erfunden, aber die hart arbeitende Stadt hat den Tanz in ihr Herz geschlossen und „adoptiert". Ausgehen in Cali bedeutet: Salsa tanzen – wie die *caleños* (die Einwohner von Cali) selbst sagen. Sei es in der kleinsten Stadtviertelkneipe mit überdimensioniertem Soundsystem oder in den großen *salsatecas* (Salsatanzclubs) in Juanchito, Salsa hilft, soziale Barrieren zu überwinden und die ausufernde Stadt zu vereinen. Geübte Salsatänzer finden hier ihre Bühne und Anfänger keinen besseren Ort, um Salsa zu lernen.

KEVIN RAUB/LONELY PLANET IMAGES ©

AFP/GETTY IMAGES ©

13

MARGIE POLITZER/LONELY PLANET IMAGES ©

14

UROSR/SHUTTERSTOCK ©

Cañon de Río Claro

13 Die Reserva Natural Cañon de Río Claro (S. 222), eines der besten Outdoor-Ziele Kolumbiens, liegt nur 2 km abseits der Fernstraße zwischen Bogotá und Medellín. Marmorgestein bildet den Canyon, durch den ein kristallklarer Fluss mit vielen Badestellen und imposanten Felsformationen fließt. Abenteuerlustige können an einer Seilrutsche über den Fluss „fliegen", von Fledermäusen bewohnte Höhlen erkunden oder raften. Wenn der Sonnenuntergang die Felsen in ein warmes Licht taucht, ziehen Vogelschwärme vorüber und die Geräusche des Dschungels erfüllen den Canyon.

Carnaval de Barranquilla

14 Barranquilla (S. 152) feiert den zweitgrößten Karneval des Kontinents: vier Tage Maskerade im Orgienformat mit reichlich weißer Schminke und Rum, dröhnenden Lautsprechern, spontanen Tänzen auf der Straße und unzähligen Livebands. Getanzt wird Salsa, Merengue, Bachata, Reggaeton, Cumbia und noch ein Dutzend anderer Tänze. Die Devise lautet: ab in ein tolles Kostüm und deftig feiern – das ist keine Party für Weicheier und Mauerblümchen. Mit einem symbolischen Begräbnis, dem Joselito-Karneval, endet am Faschingsdienstag das Karnevalsspektakel – oft mit einem brutalen Kater.

Desierto de la Tatacoa

15 Mit ihrem ockerfarbenen und grauen Sand, den zerklüfteten Felsen und Ansammlungen von Kakteen wirkt die Desierto de la Tatacoa (S. 270) wie eine außerirdische Landschaft. Das semi-aride Gebiet ist von Bergen umgeben und liegt im Regenschatten des hoch aufragenden Nevado de Huila. Stille und ein fast spirituelles Flair durchströmt hier ein Ökosystem, das sonst nirgendwo in Kolumbien zu finden ist. Da weder Wolken noch Umweltverschmutzung den Himmel trüben, eignet sich die Tatacoa-Wüste ausgezeichnet zum Sternegucken, mit bloßem Auge oder im örtlichen Observatorium.

15

B HOLLAND/GETTY IMAGES ©

Outdoor-Abenteuer in San Gil

16 Als Stadt ist San Gil (S. 112) nicht sonderlich attraktiv und deshalb eigentlich nicht besuchenswert. Doch, was an Schönheit fehlt, machen die Outdoor-Aktivitäten wett. Paddeln, Rafting, Abseilen, Bungee-Springen, Paragliding, Höhlentouren – für alles Sportliche mit Adrenalinkick ist San Gil der angesagteste Abenteuerspielplatz Kolumbiens. Berühmt ist das atemberaubende Rafting auf dem Río Suárez (Schwierigkeitsgrad IV und V), auf das man stolz sein kann. Ob im Wasser oder in den Lüften, Mut gehört dazu – San Gil ist nichts für schwache Nerven. Abseilen

16

CHRISTIAN KOBER/ROBERT HARDING WORLD IMAGERY/CORBIS ©

17

RAUL ARBOLEDA/GETTY IMAGES

18

Medellín bei Nacht

17 Nach Sonnenuntergang läuft Medellín (S. 206) zu seiner ureigenen Hochform auf. Stylische Restaurants und ein turbulentes Nachtleben halten bis in die Morgenstunden in Atem. Insbesondere El Poblado wartet mit klassischen Speiselokalen auf. Wenn die Teller abgeräumt sind, verwandeln viele sich in spritzige Bars. Zu späterer Stunde laden die schweißtreibenden Diskos im Barrio Colombia ein – und noch später die glamourösen Megaclubs an der Autopista Sur. Wer gerne „Leute guckt": In La Stradas Eliteclubs verkehren die Promis der Stadt.

Taucherparadies Providencia

18 Die ruhige, geschichtsträchtige Insel (S. 197) liegt nur anderthalb Flugstunden vom Festland entfernt (ab Cartagena). Sie ist ein wahres Taucherparadies. Ein 35 km langes Korallenriff gewährt Einblicke in eine verblüffende Unterwasserwelt, in der sich z. B. Steachelrochen und Aale tummeln. Häufig reicht die klare Sicht bis in 40 m Tiefe. 2005 wurde das Riff zum Meeresschutzgebiet erklärt, was dazu beiträgt, dass die Insel zu den erlebnisreichsten Tauchspots von ganz Südamerika zählt. Cayo Cangrejo (S. 198)

19

MICAH WRIGHT/LONELY PLANET IMAGES ©

20

DAMIAN TURSKI/LONELY PLANET IMAGES ©

Koloniales Villa de Leyva

19 Ein weites, hoch gelegenes Tal und ein strahlend blauer Himmel bilden die Kulisse für das stimmungsvolle Dorf Villa de Leyva (S. 95). Es liegt 165 km nördlich von Bogotá. Kolonialstil prägt die verschlafene Ortschaft mit einer Plaza Major, die zu den größten und schönsten Dorfplätzen Südamerikas zählt. Das malerische Dorfzentrum quillt über vor internationaler Gastronomie, historischen Gebäuden, alten Kirchen, interessanten Museen und Läden, die Kunsthandwerk verkaufen. Und die Umgebung lädt zu moderaten Outdoor-Abenteuern ein.

Wandern im PNN Los Nevados

20 Schon die alten einheimischen Kulturen verehrten die schneebedeckten Gipfel der Fünftausender im heutigen Parque Nacional Natural (PNN) Los Nevados (S. 229). Der 583 km^2 große Nationalpark umfasst einige der atemberaubendsten Landschaften der kolumbianischen Anden. Hier kann man mehrtägige Trekkingtouren unternehmen, die durch verschiedene Ökosysteme führen, von feuchten Nebelwäldern bis hin zum hoch gelegenen *páramo*. Abenteuerlustige Wanderer locken die unberührten Seen und die Canyons im südlichen Teil.

Gut zu wissen

Währung

» Kolumbianischer Peso (COP)

Sprache

» Spanisch (Englisch nur auf der Inselgruppe San Andrés & Providencia)

Reisezeit

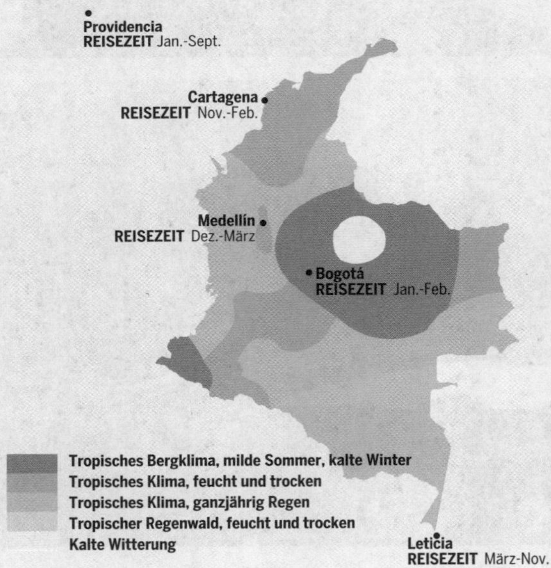

Hauptsaison

(Dez.-Feb.)

» In nahezu allen Andengebieten sonnig und warm

» Landesweit trocken, außer am Amazonas

» Auf San Andrés und Providencia ist das Wetter traumhaft schön, wie immer

Zwischensaison

(März-Sept.)

» Bogotá, Medellín und Cali haben im April/Mai eine zweite Regenzeit

» Juli bis Oktober: beste Zeit für die Walbeobachtung an der Pazifikküste

» In Cartagena beginnen die starken Regenfälle im Mai

Nachsaison

(Okt.-Nov.)

» Andenregion: Überflutungen waschen die Straßen aus

» In Cartagena regnet es im Oktober besonders häufig

» Am Amazonas: Niedrigwasser, mit guten Wanderbedingungen und weißen Sandstränden

Tagesbudget

Weniger als

50 000 COP

» Bett im Mehrbettzimmer 15 000–30 000 COP

» *Comida corriente* (Tagesmenü) 5000–7000 COP; Selbstversorgung in Supermärkten

Mittelteuer

50 000–175 000 COP

» DZ im Mittelklasse hotel 80 000–130 000 COP

» Hauptgericht in preisgünstigen Restaurants 15 000–25 000 COP

Teuer – über

175 000 COP

» DZ im Spitzenklassehotel ab 160 000 COP

» Menü mit Wein ab 40 000 COP

» Einfacher Flug zur karibischen Küste oder zum Amazonas 80 000–250 000 COP

Geld

» Geldautomaten (*cajeros*) sind in Städten weit verbreitet. Kreditkarten werden in Städten und Touristenzentren weitgehend akzeptiert.

Visa

» Für Touristen ist kein Visum erforderlich, die Aufenthaltsdauer wird bei der Einreise in den Pass gestempelt (max. 90 Tage).

Handys

» In Kolumbien wird das Mobilfunknetz GSM 850/1900 benutzt. Die meisten Handys funktionieren auch mit einer kolumbianischen Prepaid-SIM-Karte.

Verkehrsmittel

» Mietwagen sind teuer. Die meisten Reisenden nutzen das ausgedehnte Bus- und Inlandsflugnetz.

Infos im Internet

» **Lonely Planet** (www.lonelyplanet.com/Colombia) Infos, Foren, Hotelbuchung, Shop.

» **Proexport Colombia** (www.colombia.travel) Deutsche Seite des offiziellen Tourismusportals der Regierung.

» **Colombia Reports** (www.colombiareports.com) Englischsprachige Informationsquelle.

» **BBC News** (bbc.co.uk/news) Unter dem Stichwort „Travel" gute Reiseinformationen und Berichte.

» **Parques Nacionales Naturales de Colombia** (www.parquesnacionales.gov.co, auf Spanisch, teilweise auch auf Englisch) Detaillierte Informationen zu den Nationalparks.

Wechselkurse

Brasilien	1 R$	884 COP
Eurozone	1 €	2340 COP
Schweiz	1 sFr.	1922 COP
USA	1 US$	1782 COP

Aktuelle Wechselkurse siehe www.xe.com/ucc/de

Wichtige Telefonnummern

Landesvorwahl (von Europa)	☎0057
Telefonauskunft	☎113
Ambulanz	☎125
Feuerwehr & Polizei	☎123

Ankunft in Kolumbien

» **Bogotá** Aeropuerto Internacional El Dorado
Bus (1400 COP); von 6 bis 21 Uhr alle 15 Min.
Taxi (22 000 COP); 30 Min. bis ins Stadtzentrum

» **Medellín** Aeropuerto Internacional José María Córdoba
Bus (7000 COP); von 5 bis 21 Uhr alle 15 Min.
Taxi (54 000 COP); 45 Min. bis ins Stadtzentrum

» **Cartagena** Aeropuerto Internacional Rafael Núñez
Bus (1800 COP), von 6.50 bis 23.45 Uhr alle 15 Min.
Taxi (12 000–15 000 COP), 15 Min. bis in die Altstadt

Ist Kolumbien sicher?

Die kurze Antwort: Ja. Im Vergleich zu seinen Nachbarstaaten gilt Kolumbien als das sicherere Land. Seit Uribe Álvaro sein Amt als hart durchgreifender Präsident nicht mehr innehat (seit 2010), hat sich die Sicherheitslage nur geringfügig verschlechtert. Trotzdem ist Kolumbien wesentlich sicherer als früher und Reisende gehen kein besonderes Risiko ein, wenn sie touristische Reiseziele besuchen. Wer trotz aller Vorsicht in eine heikle Situation gerät, kann unter Umständen mit freiwillig herausgerückten 50 000 COP (rund 21 Euro) eine Eskalation vermeiden. Die Risiken von Kidnapping oder Guerillaaktionen sind relativ gering, auch wenn abgeschiedene Winkel des Landes von der Fuerzas Armadas Revolucionarias de Colombia (FARC) und/oder paramilitärischen Gruppierungen beherrscht werden. Weitere Informationen zu sicheren Reisen in Kolumbien siehe S. 336. Sicherheitshinweise gibt die Website des deutschen Auswärtigen Amtes.

Wie wär's mit …

Nationalparks

Insgesamt umfassen die PNNs (Parque Nacionale Naturale) 12 % des Staatsgebiets von Kolumbien. Unter Schutz stehen fast 60 Areale, darunter kühle karibische Gewässer, hohe Andengipfel, tropische Steppen und weite Dschungelgebiete am Amazonas.

PNN Tayrona Einer der beliebtesten Nationalparks Kolumbiens; von Palmen gesäumte weiße Sandstrände am Fuß der Sierra Nevada de Santa Marta (S. 162)

PNN El Cocuy Kolumbiens malerischster Park umfasst ein *páramo* (spezielles Ökosystem) mit glazialen Tälern, Hochebenen und zerklüfteten Gipfeln (S. 84)

PNN Sierra de La Macarena Liegt in einem ehemaligen Guerillagebiet und schützt den Caño Cristales (S. 87)

Santuario de Iguaque 67,5 km² großer, von Legenden der Muisca umwobener Park mit herrlichen páramo-Landschaften, ist von Villa de Leyva leicht erreichbar (S. 102)

PNN El Tuparro Abgelegenes, wenig besuchtes Schutzgebiet in den Los Llanos mit sandigen Flussufern und grüner Steppe, Heimat von 320 Vogelarten, Jaguaren, Tapiren und Ottern (S. 86)

Museen

Kolumbiens Geschichte, zu der indigene Kulturen, Kolonialzeit und vielfältige Konflikte zählen, brachte eine Fülle an Museen hervor. Mit 60 Museen bildet Bogotá die Hochburg der musealen Show.

Museo del Oro Eines der außergewöhnlichsten Museen Südamerikas mit der weltweit größten Sammlung an prähispanischen Goldschmiedearbeiten (S. 52)

Museo de Antioquia Neben dem Museo Botero in Bogotá das beste Museum, um die korpulenten Statuen des Bildhauers Fernando Botero, eines *paisa*, zu bewundern (S. 206)

Museo Nacional Gibt einen umfassenden Einblick in das kulturelle Erbe der Nation; das von einem englischen Architekten entworfene Gebäude hat die Form eines griechischen Kreuzes (S. 54)

Museo de Caribe Das Museum dokumentiert mit Hilfe von Multimedia-Elementen die Geschichte und Kultur der Bewohner der kolumbianischen Karibikküste (S. 157)

Palacio de la Inquisición Zeigt eine Sammlung von Folterinstrumenten in einem Palast von 1776 in Cartagena – makaber, aber hochspannend (S. 134)

Wandern

Atemberaubende Wanderrouten bieten Kolumbiens vielfältige Landschaften, darunter der Dschungel, schneebedeckte Gipfel der Anden und der weitläufige *páramo* (eine Hochebene mit spezieller Vegetation).

PNN El Cocuy Imposante Gipfel, Gletscher, Bergseen und der weite Blick bis nach Venezuela laden zu einer einwöchigen Bergtour ein (S. 108)

Ciudad Perdida Eine mehrtägige Dschungeltour mit Flussdurchquerungen führt zu einer der größten präkolumbischen Städte, die je entdeckt wurden (S. 170)

PNN Los Nevados Tagestour zur Schneegrenze des be-ein-druckenden Nevado del Ruiz, eines 5000 m hohen Vulkans (S. 229)

Valle de Cocora Halbtägige Wanderung durch grüne Täler mit riesig hohen Quindio-Wachspalmen (Kolumbiens Nationalbaum) und nebelverhangenen grünen Hügeln im Zentrum der Kaffeezone (S. 243)

Tierradentro Vier- bis sechsstündige Wanderung durch eine herrliche Hügellandschaft und Erkundung der archäologischen Stätte mit unterirdischen präkolumbischen Grabkammern (S. 268)

JANE SWEENEY/LONELY PLANET IMAGES ©

» Playa Blanca, Isla de Baru (S. 150)

Kulinarische Spezialitäten

Die kolumbianische Gastronomie verwöhnt nicht so wie Perus berühmte Küche, Brasiliens multikulturelle Kost oder Argentiniens Grilltradition.

Rafael Restaurant in Bogotá mit peruanischer Kost, von Küchenchefs hoch gelobt (S. 65)

Punta Gallinas Keine Restaurants; hier grillen Mitglieder der Wayúu frischen Hummer – eine Kostprobe wert (S. 177)

Color de Hormiga Santanders berühmte *hormiga culona*, eine Blattschneiderameisenart, die gebraten knusprig, erdig-salzig schmeckt, wird hier auf Gourmetart zubereitet (S. 117)

Central Cevicheria In dem Hipster-Treffpunkt in Bogotá wird eine der einfallsreichsten *ceviche* Kolumbiens serviert (S. 66)

Asadero de Cuyes Pinzón Wer das mag, genießt hier die lokale Spezialität der Stadt Pasto: gegrillte Meerschweinchen (S. 273)

Mercagán Hat anbeglich die besten Steaks des Landes (S. 120)

La Cevicheria *Ceviche*, Fisch und Meeresfrüchte des kleinen Lokals in Cartagena sind weltberühmt (S. 115)

Strände

Kolumbiens Strände sind nicht so berühmt wie seine Berge. Dennoch ist das Land mit sonnigen Sandstränden an seiner Karibik- und Pazifikküste gesegnet. Und alle Strände sind über Nacht mit dem Bus oder in wenigen Flugstunden erreichbar.

Playa Taroa Der Strand mit hohen Dünen am Punta Gallinas ist Kolumbiens schönstes und menschenleerstes Meeresufer (S. 177)

Capurganá & Sapzurro Hier flankieren zwei paradiesische Palmenstrände die Grenze: La Miel auf der panamesischen und die Playa Soledad auf der kolumbianischen Seite (S. 183)

Playa Morromico Wasserfälle, die von dschungelbedeckten Bergen herunterrauschen, säumen den abgelegenen privaten Strand (S. 268)

PNN Tayrona Nationalpark mit Buchten an einem himmelblau schimmernden Meer (S. 167)

Playa Guachalito Einer der idyllischsten Strände an der Pazifikküste mit grauem Sand, den Orchideen, Helikonien und Dschungelpflanzen säumen (S. 286)

Playa Blanca Das Seeufer mit Sandstrand liegt tief in den Anden auf 3015 m Höhe (S. 96)

Tierwelt

Der Amazonasdschungel, ein Drittel von Kolumbiens Fläche – ist ideal, um Tiere in ihrem natürlichen Lebensraum zu beobachten. Doch das Land hat natürlich noch weitere Orte mit interessanter Fauna zu bieten.

Río Yavarí Die von Leticia erreichbaren Lodges an diesem Nebenfluss des Amazonas (er begrenzt Peru und Brasilien) sind von einer reichen Fauna umgeben (S. 304)

PNN Amacayacu Liegt im Amazonasregenwald und beheimatet 500 Vogel- und 150 Säugetierarten, darunter Affen, die fast ausgestorben waren (S. 302)

PNN Ensenada de Utría Ideal für das Beobachten von Walen; in der schmalen Bucht an der kolumbianischen Pazifikküste tummeln sich von Juli bis Oktober Buckelwale (S. 285)

Reserva Ecológica Río Blanco In dem unberührten Paradies für Vogelbeobachter nahe Manizales leben 13 endemische und 362 weitere Vogelarten (S. 303)

Santuario de Flora y Fauna Los Flamencos Ein 700 ha großes Schutzgebiet auf der Halbinsel La Guajira mit einer Flamingokolonie, die in der Regenzeit Zehntausende Vögel umfasst (S. 175)

Monat für Monat

Top-Events

1 **Carnaval de Barranquilla**, Februar

2 **Feria de las Flores**, August

3 **Semana Santa in Popayán**, März oder April

4 **Feria de Cali**, Dezember oder Januar

5 **Carnaval de Blancos y Negros**, Januar

Januar

Da Kolumbien am Äquator liegt, hängt das Klima von der Höhenlage und nicht von den Jahreszeiten ab. So eignet sich fast das ganze Jahr als Reisezeit. Leute, die gerne furiose Festivals und Partys feiern, kommen im Januar auf ihre Kosten.

Carnaval de Blancos y Negros

Nach Weihnachten steigt in Pasto dieses turbulente Fest (S. 274), das noch aus der Sklavenzeit stammt. In einer betrunkenen Menge bewerfen sich die Menschen mit Fett, Talkumpuder, Mehl und Kalk, bis jeder Tilnehmer nur noch hustet und völlig beschmiert ist. Feine Klamotten im Hotel lassen!

Feria de Manizales

Der Höhepunkt dieser jährlichen Feria (Volksfest) in Manizales (S. 224) sind die Stierkämpfe, bei denen einige der weltbesten Stierkämpfer gegen Kolumbiens angriffslustigste Stiere antreten. Hinzu kommen Paraden, Kunstgewerbemärkte und ein schöner, farbenfroher Festumzug.

Februar

Im Februar ist das Andenklima angenehm, Cartagena plagt fast eine Dürre. Es ist genau die richtige Zeit für die Strände an der Karibikküste. Die Kinder sind in der Schule, die einheimischen Feierwütigen arbeiten – Kolumbien ist (fast) „tranquilo".

Fiesta de Nuestra Señora de la Candelaria

Cartagena (S. 141) ehrt jedes Jahr seine Schutzheilige mit einer feierlichen Prozession im Convento de la Popa. Dabei tragen die Gläubigen brennende Kerzen. Feierlich geht es bereits in den neun vorherigen Tagen (den Novenas) zu, wenn die Pilger in das Kloster strömen.

Carnaval de Barranquilla

40 Tage vor Ostern feiert Barranquilla (S. 155) vier Tage lang den zweitgrößten Karneval des Kontinents (nach Rio de Janeiro). Das Trinken, Kostümieren, Tanzen, Musizieren und die Paraden werden am Faschingsdienstag beim Joselito Carnaval symbolisch begraben.

März

In einem mehrheitlich katholischen Land wie Kolumbien ist Ostern ein wichtiges Fest. Ob es in den März oder April fällt: Menschenmassen und hohe Preise sind allgegenwärtig. Sogar das Wetter wird schlechter.

Semana Santa in Popayán

Die Feierlichkeiten zur beliebten Semana Santa (Karwoche) in Popayán (S. 259) sind berühmt. An den nächtlichen Prozessionen am Gründonnerstag und Karfreitag sowie an den Festkonzerten mit sakraler Musik nehmen Tausende Gläubige und Touristen teil.

Semana Santa in Mompox

Die zweitwichtigsten Festivitäten zur Semana Santa finden in der verschlafenen Flussstadt Mompóx (S. 156) nahe der Karibikküste statt.

JOSH MIGUEL GOMEZ/REUTERS/CORBIS ©

Oben: Carnaval de Barranquilla (S. 155)
Unten: Reinado Nacional de Belleza in Catagen)

ALFREDO MAIQUEZ/LONELY PLANET IMAGES ©

Festival Iberoamericano de Teatro

Das Festival des lateinamerikanischen Theaters findet in allen geraden Jahren während der Karwoche statt. Es endet mit einem spektakulären Feuerwerk, das im Fußballstadion von Bogotá stattfindet (weiter detaillierte Informationen unter www.festivaldeteatro.com.co).

Juni

Nach einer zweimonatigen Atempause im April und Mai ziehen wieder Stürme auf. Für Bogotá ist der Juni die trockenste Zeit. An der Pazifikküste tauchen die ersten Wale auf. Die anstehenden Sommerferien lassen die Preise in die Höhe klettern.

Gute Zeit für Wale

Im Juni beginnt an Kolumbiens Pazifikküste (S. 285) die spektakuläre Walbeobachtungssaison. Hunderte Buckelwale sind von der Antarktis über 8500 km weit hierher geschwommen, um im tropischen Küstengewässer ihre Jungen zu gebären und aufzuziehen.

August

Der relativ milde August kann regnerisch sein, doch hervorragende Festivals wiegen den drohenden Regen auf. Bogotá, Cali und Medellín versinken in einer schon spätsommerlichen Atmosphäre voller Musik und Kultur.

Festival de Música del Pacífico Petronio Álvarez

Dieses Festival in Cali (S. 248) feiert die Musik der Pazifikküste. Deren Musik ist stark beeinflusst von den Rhythmen der afrikanischen Sklaven, die einst in der Region lebten (detaillierte Informationen unter www.festivalpetronioalvarez.com).

Feria de las Flores

Eine ganze Woche dauert Medellíns spektakulärstes Fest. Den Höhepunkt bildet der *Desfile de Silleteros* (S. 212), eine Parade, zu der 400 *campesinos* (Bauern) aus den Bergen kommen und riesengroße Blumengebinde auf dem Rücken durch die Straßen tragen.

September

Regenschauer landesweit, doch der Amazonas führt Niedrigwasser, was gute Möglichkeiten schafft, Tiere zu beobachten, zu wandern oder einfach an einem Flussufer zu relaxen.

Festival Mundial de Salsa

Calis Festivalklassiker (S. 248) lohnt sich! Zwar geht es dabei nicht international zu, aber es treten großartige Tänzer auf. Manche Salsa-Shows auf der Freilichtbühne des Teatro al Aire Libre Los Cristales kosten keinen Eintritt.

Essen vom Feinsten

Jedes Jahr kommen Sterneköche aus aller Welt zum Congreso Nacional Gastronómico (S. 258) in das Kolonialstädtchen Popayán, um ihre Kochkünste unter Beweis zu stellen (weitere Infos unter www.gastronomicopopayan.org).

Jazztime!

Eine Sternstunde für Jazzfans ist das alljährliche Festival Internacional Medellín de Jazz y Músicas del Mundo (S. 212). Häufig treten bekannte Musiker aus Nordamerika, Europa und Kuba auf. Die teilweise kostenlosen Konzerte finden im Teatro Universidad und im Shopping-Center El Tesoro statt.

Festival Internacional de Teatro

Das seit 1968 stattfindende Theaterfestival in Manizales (S. 212) ist das zweitwichtigste seiner Art in Kolumbien (nach Bogotás Festival Iberoamericano de Teatro). Kostenfreie Aufführungen sieht man auf der Plaza de Bolívar.

Oktober

Neben dem November ist der Oktober der regenreichste Monat. Bogotá, Cali, Medellín und Cartagena sind den Launen des Wetters ausgeliefert.

Festival de Cine de Bogotá

Seit 20 Jahren zeigt Bogotás Filmfestival (S. 57) Filme aus aller Welt; lateinamerikanische Streifen sind meistens stark vertreten (detaillierte Infos siehe unter www.bogocine.com).

Rock al Parque

Drei Tage lang lassen Live-Bands den Parque Simón Bolívar in Bogotá (S. 57) mit Rock, Metal, Pop, Funk und Reggae erbeben. Zum 10-jährigen Jubiläum 2004 kamen über 400 000 Besucher. Eintritt frei!

November

Wie im Oktober regnet es im November in ganz Kolumbien in Strömen. Der beste Zufluchtsort ist jetzt Bogotá – aber auch nur mit griffbereitem Regenschirm.

Reinado Nacional de Belleza

Das Festival mit Festumzug (S. 141) wird auch Carnaval de Cartagena oder Fiestas del 11 de Noviembre genannt. Mit Straßentanz, Musik und fantasievollen Paraden feiert Cartagena bei seinem wichtigsten Fest alljährlich den Unabhängigkeitstag der Stadt und die Krönung der Miss Kolumbien.

Dezember

Der Regen lässt nach und Kolumbien versetzt sich mit tollen Lichtdekorationen und spontanen Feiern in Festtagsstimmung – Menschenmassen und Jubelschreie landauf, landab inklusive.

Let There Be Light!

Jährlich an Weihnachten treten die kolumbianischen Städte in einen Wettstreit um die raffinierteste Alumbrado Navideño (Weihnachtsbeleuchtung) an ihrem jeweiligen Fluss. Häufig gewinnt Medellín (S. 212) mit seinen farbenprächtigen – sehenswerten – Lichterarrangements.

Feria de Cali

Während dieses jährlich stattfindenden Festes geht in Cali (S. 248) nichts mehr – außer Feiern. Die Stadt ist eine einzige Party, in den Straßen mit faszinierenden Imbiss- und Bierpavillons tanzen die Menschen und ein spektakuläres Lichtermeer illuminiert den Río Cali.

Reiserouten

Ob sechs oder 60 Tage – egal, wie lange der Aufenthalt dauert, die Reiserouten sollen den Anstoß für eine echte Traumreise geben. Weitere Anregungen und die Möglichkeit zum Austausch mit anderen Travellern bietet das Forum auf http://www.lonelyplanet.de.

Zwei Wochen
Von Bogotá zur Küste und retour

In Kolumbien warten weltoffene Städte, Kolonialdörfer, hohe Berge, Dschungel und Karibikstrände. Für den Drive sorgt bei Bedarf Koffein – klar, im Kaffeeland Kolumbien. Am Anfang stehen ein, zwei Tage **Bogotá** mit La Candelaria (Altstadt aus der Kolonialzeit), Museen sowie Restaurants und Nachtleben im Weltklasseformat. Danach geht es in Richtung Norden zu den beschaulichen, malerischen Kolonialdörfern **Villa de Leyva** und **Barichara**, die beide gut erhalten sind. Eine Tageswanderung auf dem historischen El Camino Real führt nach **Guane**. Eine lange Busfahrt bringt einen dann von San Gil nach Santa Marta, dem Ausgangspunkt für den **Parque Nacional Natural (PNN) Tayrona** – und ein paar Tage Entspannung an den herrlichen Stränden des Parks. Weiter geht es in südwestlicher Richtung an der Karibikküste entlang nach **Cartagena**, in Kolumbiens Schatzkästchen voller Kolonialromantik – märchenhaft. Nach einer weiteren langen Busfahrt (oder einem Flug) folgt **Medellín** und ein Crashkurs in kolumbianischer Kultur und Küche, Club Colombia im Paisa-Stil inklusive. Überwältigt von Kolumbiens Gastfreundlichkeit und zurück in Bogotá, tritt man im Flughafen El Dorado den Rückflug an.

Ein Monat
(Fast) Durchs ganze Land

Angesichts der Vielfalt von Kolumbiens schönen Landschaften stellt sich die Frage: in eine davon „eintauchen" oder in (fast) alle reinschnuppern – Karibikküste, Dschungel mit reicher Tierwelt, Andenhochland ... Ab in die Vollen! Der Start ist **Bogotá**, Kolumbiens Gotham (New York City); und hier nicht versäumen: das Museo del Oro, eines der faszinierendsten Museen des Kontinents, und La Candelaria, das koloniale Stadtzentrum.

Danach lockt für ein, zwei Tage weiter im Norden **Villa de Leyva** mit Kopfsteinpflasterstraßen und kolonialem Charme. Unterwegs nach **Barichara** lädt **San Gil** zum Wandern und Rafting ein. Vom nahen Bucaramanga fährt ein Fernbus nach Santa Marta. Der schnellste Weg dorthin lohnt sich, um die fünf- bis sechstägige Trekkingtour zur **Ciudad Perdida** zu unternehmen oder einige Tage am Strand im **Parque Nacional Natural** (PNN) Tayrona, Kolumbiens beliebtestem Nationalpark, abzuhängen. Nächster Halt ist **Cartagena** – für mehrere Tage, um diese exquisite Kolonialstadt zu genießen.

Von der Karibikküste bringen Bus oder Flieger die Traveller südwärts nach **Medellín** und in die Zona Cafetera. Anschließend sind die Naturreservate in der Umgebung von **Manizales** und das **Valle de Cocora** bei Salento ein paar Tage wert. Wer Kaffeebohnen direkt von der Quelle mit nach Hause nehmen will, besucht eine Kaffee-finca in der Nähe von Armenia.

Weiter südwärts folgt **Cali**, wo schweißtreibender Salsatanz wartet. Die nächste Station ist **Popayán** mit den nahen archäologischen Stätten **Tierradentro** und **San Agustín**. Neben der Ciudad Perdida sind sie die wichtigsten präkolumbischen Stätten des Landes. Durch die verblüffende **Desierto de la Tatacoa** geht es zurück nach Bogotá und zum Flug nach **Leticia**. Hier zeigt Kolumbien sein „Dschungelgesicht", u. a. mit drei typischen Ökosystemen des Amazonasbeckens: terra firme (trocken), várzea (halb überflutet) und igapó (überflutet). Zu erkunden sind sie am **Río Yavarí**, an dem sich auch die hiesige Tierwelt bestens und ungestört beobachten lässt.

Nun steht zur Wahl: Rückflug nach Bogotá oder ab über die brasilianische Grenze nach Tabatinga, um eine abenteuerliche Schiffstour auf dem Amazonas anzutreten, die nach Manaus (Brasilien) oder Iquitos (Peru) führt.

JANE SWEENEY/JAI/CORBIS ©

KRZYSZTOF DYDYNSKI/LONELY PLANET IMAGES ©

CREDIT

» (oben) Las Bóvedas (S. 138), Cartagena
» (unten) Parque El Gallineral (S. 113), San Gil

Ein Monat
Zwei traumhafte Küsten

Maßgeschneidert für Freunde von Strand und Meer: Was ihr Herz begehrt, bieten Kolumbiens konträre Küsten, von kristallklaren karibischen Gewässern bis hin zu schwarzen Sandstränden am Pazifik. Und bei beiden Küsten bildet üppiger Dschungel die Kulisse. Los geht es östlich von Santa Marta am **Cabo de la Vela** auf der Halbinsel La Guajira – in einer atemberaubenden Landschaft mit Wüste bis zum Meer. Hier liegt auch der nördlichste Punkt des südamerikanischen Kontinents, der **Punta Gallinas**. Hohe Dünen säumen abgelegene Strände und man kann in der Hängematte übernachten.

Nun geht es südwestwärts zum **Parque Nacional Natural** (PNN) Tayrona (ideal für Strandpotatoes). Auf dem Weg dorthin verführt Palomino zu einer Pause von ein, zwei Tagen. Es ist ein wunderschöner Ort in der **Reserva Natural El Matuy**, einem kleinen Vogelschutzgebiet mit einem Strand, an dem sich mehr Palmen als Menschen befinden.

Ein Schwenk nach Westen bringt einen nach **Cartagena**, wo ein Streifzug durch die Stadt ansteht. Es folgt der etwas mühsame Weg zu den Stränden der Grenzorte **Capurganá** und **Sapzurro**. Letzterer liegt auf panamesischem Boden und bietet mit La Miel einen idyllischen Sandstrand. Der Grenzübertritt kann zu Fuß erfolgen (Pass nicht vergessen).

Medellín ist der Ausgangspunkt für den Flug zur Bahía Solano an der **Pazifikküste** mit ihren spektakulären, regenreichen grauen Stränden zwischen Dschungel und Meer. Nicht nur während der Walbeobachtungssaison lohnt es sich, hier ein paar Tage zu verbringen. Die **Bahía Solano** sowie **El Valle** und **Guachalito** sind gute Tauch- und Surfspots. Unterkünfte in mittelteuren Öko-Lodges liegen in unmittelbarer Nähe. Mit dem Boot gelangt man in 45 Minuten von **Nuquí** zum **Jurubidá** und von hier aus schnell nach **Morromico**. Die Schönheit dieser Öko-Resorts und die Romantik ihrer Strände sind Balsam für die Seele.

Nach diesen emotionalen Streicheleinheiten steht die Nachtfahrt mit dem Frachtboot von Nuquí nach Buenaventura an, dem Ausgangspunkt für den mindestens achttägigen Tauchausflug zur **Isla Malpelo** (Übernachtung an Bord, Reservierung erforderlich). Erfahrene Taucher erhalten die Chance, mit riesigen Haischulen zu schwimmen. Für weniger aufregende Tauchgänge eignen sich **Guapi** oder eine Wochenendtour zur **Isla Gorgona,** auf der es auch die Ruinen einer ehemaligen Strafkolonie zu sehen gibt. Für die Rückkehr ins „profane" Kolumbien fährt ein Bus von Buenaventura über eine Fernstraße nach Cali.

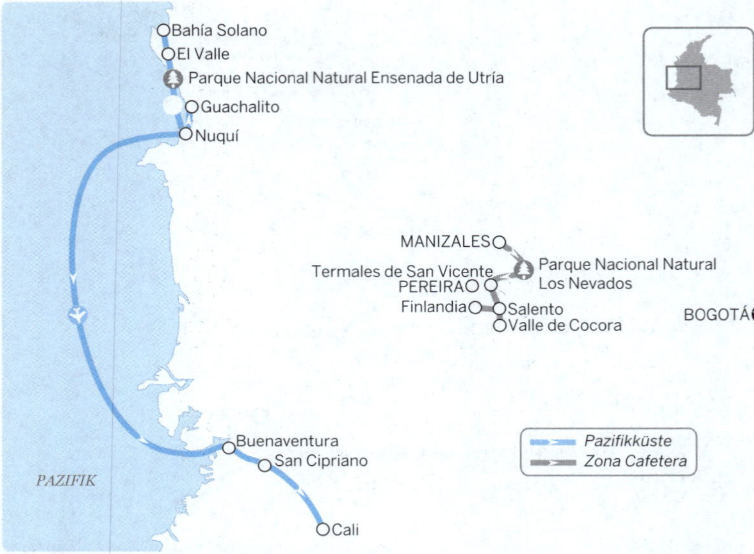

Zwei Wochen
Zona Cafetera

In dieser vom Kaffee geprägten Region fließt mehr Koffein als Blut durch die Adern. Zu den Highlights zählen hier der Besuch von Kaffeefarmen und die Naturparks rund um **Manizales**: Los Yarumos, Recinto del Pensamiento und die für Vogelbeobachter interessante Reserva Ecológica Río Blanco. Gleich vor der Stadt genießen Besucher auf der Hacienda Venecia schöne Ausblicke und erfahren so gut wie alles, was mit Kaffee zusammenhängt. Schneebedeckte Vulkangipfel und der páramo (eine Vegetationszone) beeindrucken im **Parque Nacional Natural** (PNN) Los Nevados während einer ein- oder zweitägigen Wanderung. Auf 4180 m Höhe laden die Hütten auf dem El Cisne (Aufstieg von Las Brisas) zum Übernachten ein. Muskelkater lindern lässt sich 36 km östlich von Manizales in den **Termales de San Vicente** von Pereira. Südlich davon liegt **Salento** mit seiner typischen bahareque-Architektur (Bauten aus Lehm und Schilf). Ein Abstecher Richtung Osten führt zu kleinen Kaffee-fincas in der Umgebung der Ortschaft **Finlandia** – mit weiten Ausblicken vom mirador (Aussichtspunkt). Den Abschluss bildet die schöne halbtägige Wanderung durch das eindrucksvolle **Valle de Cocora**.

10 Tage
Pazifikküste

Nach dem Ende Bürgerkriegs ist die exotische Küste nun für jedermann geöffnet, wird aber kaum besucht. Abseits ausgetretener Pfade warten hier tropischer Dschungel, Walbeobachtungspunkte, Tauchspots, Möglichkeiten für Sportfischer und Strände mit schwarzem Sand. Billig ist die Tour nicht, da für die Beförderung Boote und kleine Flugzeuge nötig sind. Doch es lohnt sich! Startpunkt ist die **Bahía Solano**, wo Strandresorts die Aktivitäten, z. B. Dschungelwanderungen, organisieren. Südlich der Bucht kann man am Strand von **El Valle** Meeresschildkröten zeitweise bei der Eiablage beobachten und eine biologische Forschungsstation besuchen. Weiter südwärts fährt vom nördlichen Ende des **Parque Nacional Natural Ensenada de Utría** ein Boot quer durch den Park zum Besucherzentrum (mit Unterkünften). In der Walsaison schwimmen die Tiere gut sichtbar in der schmalen Bucht. Per Boot geht es nach **Nuquí** und zum **Guachalito**, einem Strand mit tropischen Gärten. Ein Nachtboot oder Flug bringt weiter südwärts nach **Buenaventura**. Auf dem Weg nach Cali liegt **San Cipriano** – tief im tropischen Dschungel und nur mit einem einzigartigen Schienenwagen erreichbar.

Outdoor-Aktivitäten

Schöne Wanderungen

Ciudad Perdida Die beliebteste Tour: eine fünf- bis sechstägige, 44 km lange Wanderung durch Bergdschungel zu den gut erhaltenen Ruinen der Stadt, die einst von den Tairona aufgegeben wurde.

Parque Nacional Natural (PNN) El Cocuy Die beste Trekkingroute: Die mehrwöchige Güicán–El-Cocuy-Tour bietet alles, angefangen von hoch aufragenden Bergen über wunderbare Sonnenaufgänge bis hin zu Bergseen und *páramo* (Hochebenen mit einer speziellen Vegetation).

Valle de Cocora Die beste halbtägige Wanderung: Der Weg führt im Kaffeeanbaugebiet durch eine diesige Hügellandschaft mit hoch aufragenden Quindío-Wachspalmen (span.: *cocora*, die weltweit größte Palme und der Nationalbaum von Kolumbien).

Gute Tauchspots

San Andrés & Providencia Hier erstreckt sich in den warmen Gewässern der Karibik ein 35 km langes Riff mit Korallen in spektakulären Farben, umgeben von großen Hochseefischen und stattlichen Aalen. Auch die Wracks vor langer Zeit gesunkener Schiffe sind hier zu sehen.

Gute Raftingstrecke

Río Suárez Der wildeste Fluss des Landes weist in der Nähe von San Gil Wildwasserstrecken mit den Schwierigkeitsgraden IV und V auf.

Zu den Highlights einer Kolumbienreise zählt es, die überwältigende Vielfalt der Landschaften zu erkunden. Die Palette umfasst den *páramo* (Vegetationszone der Hochebenen), die Dschungel an der Pazifikküste, die atemberaubend grüne Zona Cafetera und die mitunter höllenheiße Karibikküste. Ob moderater Outdoor-Fan oder hartgesottener Trekking-Guru, für jeden ist es dabei.

Hier die Qual der Wahl: Bergsteigen und Bergwandern im Parque Nacionale (PNN) Natural El Cocuy und Parque Nacional Natural (PNN) Los Nevados, Rafting und Paragliden in San Gil, Kite- und Windsurfen am Lago Calima und an der Karibikküste. Außerdem Tauchen (Weltklasse) in der Nähe von San Andrés und Capurganá sowie vor der Isla Malpelo und Isla Gorgona. Und ferner Wale beobachten an der gesamten Pazifikküste sowie Vögel beobachten in so ziemlich jeder Gegend des Landes.

Jahrzehntelang waren die ländlichen Gebiete alles andere als sicher und die Kolumbianer flüchteten sich in ihre Städte. Das ist vorbei. Ermutigt durch den Abenteuertourismus, stellte die Armee im Auftrag der Regierung in viele der beliebtesten Zielen ausländischer Touristen die Sicherheit wieder her. So herrscht nun weitgehend Ruhe im Land. Ob Ausländer oder Einheimische, viele nehmen jetzt die Chance wahr, zu erkunden, was dieses großartige Land so alles zu bieten hat.

Wandern & Trekking

Kolumbien bietet einige der besten Wandermöglichkeiten in Südamerika. An schönen Tageswanderungen für Gelegenheitswanderer mangelt es wahrlich nicht. Die meisten davon lassen sich ohne Führer unternehmen, z. B. Touren in der Umgebung von Guane oder durchs Valle de Cocora. Abhängig vom Schwierigkeitsgrad kosten (pro Tag und Person) geführte Tageswanderungen 30 000 bis 50 000 COP, bei mehrtägigen Wanderungen sind es 80 000 bis 110 000 COP. Die wirlich beste Wanderzeit ist an der Küste der Februar, in den Bergen sind es vor allem die Monate von Dezember bis Februar.

Reiseziele

In der Umgebung von Manizales liegen einige schöne Ziele für kurze Wanderungen, z. B. Recinto del Pensamiento, Los Yarumos, Guane und der Río Blanco. Möglichkeiten für Dschungelwanderungen bietet die Pazifikküste. Weitere gute Wandertouren:

Ciudad Perdida (S. 170) An der Karibikküste; fünf- bis sechstägige anstrengende Trekkingtour durch den Dschungel mit Flussdurchquerungen in taillenhohem Wasser. Ziel sind die geheimnisvollen Ruinen einer lange vergessenen Stadt der Tairona-Kultur.

Güicán-El Cocuy (S. 105) Lange, schwierige Hochgebirgswanderung durch eine der wunderbarsten Landschaften Kolumbiens. Nur wenige Streckenabschnitte liegen unter 4000 m. Wer die Kondition hat, sollte sie nicht versäumen.

Valle de Cocora (S. 243) Nahe Salent;, weites Tal im PNN Los Nevados mit Quindío-Palmen; beste Halbtageswanderung in Kolumbien.

Von El Valle nach Lachunga (S. 284) An der Pazifikküste; empfehlenswerte Wanderroute im Nordteil des Parque Nacional Natural (PNN) Ensenada de Utría; Übernachtung im Park möglich.

Capurganá (S. 183) Wanderung hinein nach Panama zum La Miel, einem wunderschönen Strand gleich nördlich der Grenze.

Tierradentro (S. 268) Im Süden; spektakuläre Tageswanderungen über einen im Dreieck verlaufenden Gebirgskamm und Besuch historischer Grabstätten.

Volcán Puracé (S. 263) Nahe Popayán; eintägige Bergtour zum Gipfel (wetterabhängig).

Farallones de Cali (S. 250) Nahe Cali; bietet mehrere Möglichkeiten für ein- und mehrtägige Wanderungen.

Tauchen & Schnorcheln

Kolumbiens Karibikküste bietet eine beachtliche Anzahl an Tauchvergnügen zu günstigen Preisen. Zwei Tauchgänge pro Ausfahrt *(two-tank dives)* kosten zwischen 150 000 und 225 000 COP.

Reiseziele

Die Tauchgründe an der Karibikküste sind in der Tat wahre Kleinode, doch die an der Pazifikküste setzen noch eins drauf. Die Sicht ist zwar etwas schlechter, doch die herrliche Unterwasserwelt bietet weitaus mehr – einfach atemberaubend!

San Andrés (S. 192) **& Providencia** (S. 198) Für Taucher ein Klassiker der Karibik, mit exzellenter Sicht, schönen Korallenriffen und einer vielfältigen Unterwasserwelt, inklusive zweier Schiffwracks.

Taganga (S. 162) An der Karibikküste; Tauchbasen bieten hier einen der preisgünstigsten Tauchkurse der Welt an. Die Preise für fünftägige PADI- oder NAUI-Kurse beginnen bei etwa 580 000 COP. Das Tauchen an sich ist zweitklassig. Doch wer kann bei diesen Preisen widerstehen?

Cartagena (S. 131) Gute Tauchgründe in der Nähe.

Islas de Rosario (S. 183) Berühmter Tauchspot, auch wenn die warme Strömung das Riff ein wenig beschädigt hat und das Tauchen hier nicht mehr so schön ist, wie es einmal war.

Capurganá & Sapzurro (S. 183) Zwei Strandorte an der Pazifikküste; der zweite liegt wenige Minuten entfernt jenseits der Grenze zu Panama. An der früher unsicheren Küste genießen zunehmend mehr Abenteuerreisende die schönen Strände und Riffe. Etwas schwierig gestaltet sich Anreise; zur Wahl stehen: lange Schiffsreise ab Turbo oder Flug von Medellín.

Isla Malpelo (S. 292) Vor der kleinen Pazifikinsel, 500 km vom Festland entfernt, schwimmen Haischulen mit mehr als 1000 Tieren. Erreichbar ist die Insel nur mit einem Tauchkreuzfahrtschiff (Mindestreisedauer: acht Tage), das an der Pazifikküste in Buenaventura, Kolumbien, oder in Puerto David, Panama, ablegt.

Isla Gorgona (S. 291) Größere Insel nahe der Pazifikküste mit guten Tauchgründen, inklusive der Möglichkeit, Wale unter Wasser zu beobachten (zur passenden Zeit).

Playa Huína (S. 283) Nahe der Bahía Solano; schöne Tauchgründe, inklusive Kriegsschiff, das Pearl-Harbor überlebt hat, später hier gesunken ist und nun ein künstliches Riff bildet.

VÖGEL BEOBACHTEN IN KOLUMBIEN

Kolumbiens Vogelwelt wird seit 1876 fortlaufend dokumentiert: Das Land hat die weltweit größte Vielfalt an Vogelarten aufzuweisen! Bei den endemischen Arten kann es sich mit Peru und Brasilien messen. In den kolumbianischen Anden sind mehr als 160 Kolibriarten zu finden und im Dschungel des Amazonasbeckens tummeln sich Tukane und zahlreiche Papageien, darunter der Arakanga (Hellroter Ara). Im Parque Nacional Natural (PNN) Puracé, nahe Popayán, leben Kondore. Parkwächter locken die Vögel mit Futter an, sodass Besucher sie aus der Nähe beobachten können. An der Pazifikküste halten sich unzählige Pelikane, Reiher und viele andere Meeresvögel auf.

Rund 70 % der Vogelarten des Landes leben im Andennebelwald, einem der weltweit am stärksten gefährdeten Ökosysteme. Kolumbiens bestes Vogelbeobachtungsgebiet ist der Cerro Montezuma. im Parque Nacional Natural (PNN) Tatamá, der sich in den Cordillera Occidental zwischen den Departamentos Chocó, Valle del Cauca und Risaralda erstreckt. Hier findet sich die landesweit beste Mischung aus Vogelarten des Chocó und der Anden – mit zahlreichen endemischen Arten und anderen äußerst seltenen Spezies. Ebenfalls empfehlenswert ist der Río Blanco (S. 227) nahe Manizales und bei Kilometerstein 18 (S. 248) nahe Cali. Wie der Chocó (S. 281) eignet sich auch das Amazonasbecken nahe Leticia (S. 295) ausgezeichnet zum Beobachten von Dschungelvögeln. Eine interessante Vogelwelt bieten auch Los Llanos (S. 86), dessen westliches Drittel in Kolumbien und dessen Rest in Venezuela liegt.

Für Vogelfreunde mit Englisch- und/oder Spanischkenntnissen gibt es hervorragende Informationsquellen: Einen exzellenten landesweiten Überblick (eingeteilt nach Departamentos) über die Vogelwelt hält das kolumbianische **Humboldt Institut** (http://aicas.humboldt.org.co) bereit. Auch sehr informativ: **Red Nacional de Observadores de Aves** (RNOA, Netzwerk der Vogelbeobachter in Kolumbien; www.rnoa.org). Manche Tourveranstalter in den Anden bieten geführte Vogelwanderungen (siehe www.mapalina.com).

Führer für die Vogelbeobachtung sind generell in Kolumbien schwer aufzutreiben. In vielen abgelegenen Gegenden wissen die Einheimischen, wo die Vögel leben, finden muss man sie aber selber. Einen guten Ruf hat **Colombia Birding** (www.colombiabirding.com). Der Veranstalter, ein Kolumbianer, der auch Englisch spricht, organisiert mit Hilfe seines Netzwerkes aus lokalen Führern in fast allen beliebten Gebieten geführte Vogelwanderungen. Die Führer kosten pro Tag 100 US$ plus Spesen. Die Website informiert auch über die Vögel der einzelnen Regionen.

Fundierte und ausgezeichnet illustrierte Bücher über die Vogelwelt Kolumbiens sind: Robin Restall, *Birds of Northern South America* (2007) und Steven L. Hilty, William L. Brown, *A Guide to the Birds of Colombia* (1986).

Informative Internetquellen für Vogelbeobachter sind die Websites www.proaves.org sowie www.colombia.travel/de (auf Deutsch). Letztere ist Kolumbiens amtliches Tourismusportal, u. a. mit ausgezeichneten Beiträgen zur Vogelwelt des Landes.

Überdruckkammern

Für den Fall der Dekompressionskrankheit („Taucherkrankheit") stehen zahlreiche Überdruckkammern zur Verfügung.

Base Naval Bahía Malága Hospital (☎ 2 246 0624, Notruf 2 246 0872) Nahe Buenaventura; die einzige Klinik an der Pazifikküste.

Hospital Departamental Amor de Patria (☎8 512 0753) Insel San Andrés, Karibik.

Hospital Naval de Cartagena (☎5 665 3987) In Cartagena, Karibikküste.

Rafting, Kanu- & Kajakfahren

Abhängig von der Streckenlänge (und dem Adrenalinlevel) kosten Raftingtrips zwischen 30 000 und 125 000 COP.

Kanu- und Kajakfahren sind in Kolumbien nicht besonders populär, aber das Interesse wächst. Kajakverleihe finden sich in San Gil und San Agustín. Für eine Tour durch die Bahía Malága kann man sich in Ladrilleros (S. 289) ein Seekajak leihen.

Bicivan (www.bicivan.com.co; ☎312 296 1584) bietet spannende Kajaktouren auf dem Río Sabaletas und Río Anchicaya sowie mehrtägige Touren durch die Bahía Malága. Fürs Paddeln in Höhenlage eignet sich der weitläufige Stausee bei Guatapé (S. 218); Kajakverleihe sind vor Ort.

Reiseziele

Einige Raftingstrecken:

San Gil (S. 113) Die Stadt ist eine Rafting-Hochburg, in ihrer Umgebung liegen spektakuläre Raftingstrecken mit den Schwierigkeitsgraden IV und V – Spaß und Nervenkitzel garantiert.

San Agustín (S. 266) Kommt auf der Beliebtheitsskala gleich nach San Gil. Hier bietet der Río Magdalena, Kolumbiens bedeutendster Fluss, Raftingstrecken der Schwierigkeitsgrade II und III, aber auch deutlich schwierigere Abschnitte für erfahrene Rafter.

Río Claro (S. 232) Bietet auf dem halben Weg zwischen Medellín und Bogotá eine gemächliche Kanutour durch den Dschungel. Raften beschränkt sich auf den sanften Schwierigkeitsgrad

WALEN AUF DER SPUR

Jedes Jahr machen sich Buckelwale (span.: *yubartas*, auch *jorobadas*) aus den Gewässern der chilenischen Antarktis auf den 8000 km langen Weg zur kolumbianischen Pazifikküste. Berichten zufolge sind es oft mehr als 800 Tiere. Im Küstengewässer gebären die Weibchen ihre Jungen und ziehen sie auf. Buckelwale werden 18 m lang und wiegen bis zu 25 t. Ein *ballenato* (Walbaby) besitzt bereits die Größe eines Kleinlasters – das Herz geht auf, wenn so ein Riesenbaby ander Oberfläche erscheint.

Die Wale tauchen bereits im Juni an der Küste auf, lassen sich jedoch am besten ab Juli bis Oktober beobachten – an der gesamten Pazifikküste Kolumbiens. Unterkunft und Entspannung bieten komfortable Resorts vor Ort. Mitunter schwimmen die Wale so nahe an der Küste, dass man sie vom Strand und einem Aussichtspunkt aus gut beobachten kann. Walbeobachtungstouren dauern im Schnitt 1½ bis 2 Stunden und kosten 30 000 bis 60 000 COP, abhängig vom Veranstalter können die Preise mitunter erheblich variieren.

Reiseziele

Buckelwale lassen sich an der gesamten kolumbianische Pazifikküste beobachten, allerdings nicht überall vom Strand aus. Hier einige Standorte mit guten Möglichkeiten, diese wunderbaren Säugetiere ausgiebig zu betrachten.

» **Bahía Solano** (S. 280) & **El Valle** (S. 284) Resorts mit speziellen Aussichtspunkten für das Beobachten der Wale vor der Küste. Die Pauschalarrangements umfassen auch eine Bootstour zu den Walen sowie mehrere andere erlebnisreiche Aktivitäten; die Preise beginnen bei 875 000 COP pro Person.

» **Guachilito** (S. 286) Nahe Nuquí liegen hier an Berghängen luxuriöse Unterkünfte mit Ausblick auf die Wale. Die Pauschalarrangements umfassen zwei Bootstouren zu den Walen, die Preise beginnen bei 790 000 COP pro Person.

» **Parque Nacional Natural (PNN) Ensenada de Utría** (S. 285) Diese *ensenada* (kleine Bucht) im Departamento Chocó zählt zu den besten Orten, an denen man Wale vom Land aus beobachten kann. Zum Kalben schwimmen die weiblichen Wale in die Bucht und tummeln sich dann nur ein paar hundert Meter vom Ufer entfernt. Das Besucherzentrum am Ostufer der ensenada bietet in renovierten Hütten Unterkünfte für bis zu 30 Personen. Die Walbeobachtungstouren führen von der Bahía Solano nach Nuquí oder umgekehrt, inklusive einer Bootstour. Wissenschaftliche Aspekte stehen hier stärker im Vordergrund als bei allen anderen Waltourangeboten. Die Arrangementpreise beginnen bei 932 000 COP pro Person.

» **Ladrilleros** (S. 289) Gut geeignet für preisgünstige Walbeobachtungstouren

» **Isla Gorgona** (S. 291) Liegt südwestlich von Buenaventura; bietet Tauchern die Möglichkeit, mit den Walen zu schwimmen.

l. Der eigentliche Reiz dieser Gegend liegt aber in ihrer Flora und Fauna.

Felsklettern & Abseilen

In Suesca (S. 83), also nahe bei Bogotá, ging das Felsklettern in Kolumbien an den Start. 4 km lange Sandsteinformationen mit über 400 Kletterrouten erfüllen Kletterträume, vom Freiklettern bis Bouldern. Dealturas (Veranstalter in Suesca) bietet Kletterkurse (fünf Tage 500 000 COP) und Klettertouren (ein Tag 120 000 COP, mit Ausrüstung). In Medellín erteilt Psiconautica (S. 211) Kurse im Felsklettern, Abseilen und Canyoning.

In Bogotá betreibt Gran Pared (S. 55) eine gut organisierte, anspruchsvolle Kletterhalle. Sie eignet sich bestens, um vor einer Klettertour die eigenen Fähigkeiten zu testen und ein Gefühl für den Sport zu bekommen.

Kite- & Windsurfen

Fürs Kite- und Windsurfen ist Kolumbien einer der preisgünstigsten Orte der Welt..

Anfänger lernen das Windsurfen schneller als das Kitesurfen, obendrein sind die Kurse etwas billiger, auch wenn die Preise erheblich variieren. Eine individuelle Einführung ins Windsurfen kostet im Durchschnitt zwischen 50 000 und 60 000 COP, beim Kitesurfen sind es 80 000 bis 100 000 COP pro Stunde (Gruppenpreise sind günstiger). Die Leihgebühr für die Ausrüstung beträgt um die 150 000 COP pro Tag, mit eigner Ausrüstung kostet jeder Start 20 000 bis 30 000 COP.

Die umfassendsten Informationen zum Kitesurfen in Kolumbien sind unter www.colombiakite.com zu finden.

Reiseziele

Fürs Kitesurfen ist die Karibikküste sehr gut geeignet. Die besten Windverhältnisse herrschen von Januar bis April. Gute Kitesurf-Reviere:

Lago Calima (S. 256) Ein tolles Kitesurfrevier der besonderen Art: Der Lago Calima ist ein Stausee auf 1800 m Höhe. Er liegt 86 km nördlich von Cali. Die Windgeschwindigkeit beträgt rund ums Jahr 18 bis 25 Knoten. Das lockt Weltchampions an, die hier jedes Jahr im August und September Wettbewerbe austragen. Mangels Strand wird von einem grasbewachsenen Hügel am See gestartet.

La Boquilla (S. 151) Nahe Cartagena.

Cabo de la Vela (S. 176) Tolle abgelegene Strände, atemberaubende Landschaft.

San Andrés (S. 192) Hier gibt es gleich mehrere Verleiher von Boards.

Paragliden

Wer dem *parapente*, dem Paragliden – Gleitschirmfliegen – frönen möchte, findet in Kolumbiens vielfältigen Berglandschaften fantastische Aufwinde. In Bucaramanga ist ein Tandemflug sehr preisgünstig, er kostet bloß 50 000 COP, während anderswo im Land bis zu 100 000 COP verlangt werden. Der Preis für einen zehntägigen Paraglidingkurs mit einem international anerkannten Fluglehrer liegt bei 1,9 Mio. COP.

Reiseziele

Beliebte Fluggebiete:

Bucaramanga (S. 120) Die kolumbianische Hochburg des Paraglidings, die Gleitschirmflieger aus aller Welt anzieht.

San Gil (S. 112) Nahe Bucaramanga.

Parque Nacional del Chicamocha (S. 118) Eines der spektakulärsten Fluggebiete. Flüge können 30 bis 45 Minuten dauern und sind daher teuer (170 000 COP).

Medellín (S. 211) Paragliding für Städter – vor den Toren der Stadt befinden sich mehrere Schulen, die Tandemflüge und Kurse anbieten.

Baumkronentouren

Festgezurrt in einem stabilen Geschirr geht es an dicken Drahtseilen hängend von Baumkrone zu Baumkrone. Gebremst wird am Seil – mit den Händen. Daher gehören richtig dicke Lederhandschuhe zur Ausrüstung. In den letzten Jahren hat diese Sportart in Kolumbien geradezu explosionsartig an Beliebtheit gewonnen, insbesondere in den Bergregionen.

Reiseziele

Mehrere gute Hochseilanlagen für Baumkronentouren befinden sich am Río Claro (auf dem halben Weg zwischen Medellín und Bogotá). Hier geht es sogar quer über den Fluss. Die Tour am Seil und der Blickwinkel auf die Vogelwelt sind ein Knaller.

Weitere Hochseilanlagen sind im Park Los Yarumos (S. 227) nahe Manizales, am Ufer des Embalse Guatapé (S. 218) nahe Medellín, bei den Termales San Vicente (S. 236) nahe Pereira und im Jardín Botánico del Pacífico (S. 284) im Departamento Chocó sowie in der Nähe von Villa de Leyva (S. 98) zu finden.

Mountainbiken

Radfahren ist in Kolumbien sehr beliebt, doch vor allem eher das Fahren auf der Straße als querfeldein. Die Leihgebühr für Räder hängt von der Region und der Qualität des Fahrrads ab. Der Preis bewegt sich irgendwo zwischen 10 000 und 50 000 COP pro halbem Tag.

Reiseziele

Was haben Berge bloß an sich, dass Radfahrer sie unbedingt bezwingen müssen? Die beliebtesten Mountbikegelände liegen bei San Gil (S. 112) und Villa de Leyva (S. 98). Dort gewährleisten mehrere Fahrradverleiher die angesagten Mountainbiketouren mit Adrenalinkick. Kurz, aber heftig sind die Hügelabfahrten von den Thermalquellen in Coconuco (S. 262) nach Popayán (S. 257) und von El Rocio nach Salento (S. 241).

Langen Atem und reichlich Kondition erfordert einer der Mountainbike-Trips von Kumanday Adventures (S. 223) in Manizales. Die fünftägige Tour verläuft über den *páramo* des Parque Nacional Natural (PNN) Los Nevados. Die Abgeschiedenheit dieser Hochebenen und ihre Höhenlage (über 4000 m) erfordern einen Führer und ein Hilfsfahrzeug als Begleitung. Die Tour wird nicht häufig angeboten und ist auch ziemlich teuer (Kumanday gibt gerne aktuelle Auskünfte).

Kolumbien im Überblick

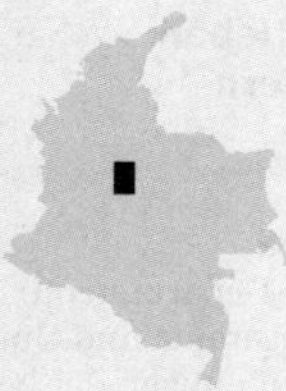

Bogotá

Architektur ✓✓✓
Museen ✓✓✓
Essen & Ausgehen ✓✓✓

Koloniales Zentrum

Imposante Andengipfel säumen Kolumbiens hoch gelegene Hauptstadt im Osten. Ausgehend vom historischen kolonialen Stadtkern – La Candelaria – breitet sie sich Richtung Norden aus. In der Altstadt der geschäftigen Metropole stehen 300 Jahre alte Kirchen und Wohnhäuser. Bauwerke im spanischen und barocken Stil mischen sich hier mit palastartigen Regierungsgebäuden und einigen modernen Schandflecken. Den Mittelpunkt von Kolumbiens Paradestück bildet die große, prächtige Plaza de Bolívar.

Museen von Weltklasseformat

Zu Bogotás faszinierendem Museo del Oro, das am besten gestaltete Museum in Südamerika, gesellen sich mehr als 60 weitere Museen. Viele davon zählen zu den Spitzenmuseen Lateinamerikas. Angefangen von Malern (Fernando Botero) über Freiheitshelden (Simón Bolívar) bis hin zu Drogenbaronen (Pablo Escobar) widmet sich diese Flut an Museen unzähligen Themen.

Essen & Ausgehen

Bogotá kann sich mit jeder Metropole messen: Das Spektrum reicht von Imbissständen bis zu Gourmettempeln. Zu Spezialitäten wie *ajiaco* (Hühnereintopf mit Mais) und kolumbianischer Küche gesellt sich exquisite internationale Kost, gekrönt von der peruanischen, mexikanischen und italienischen Küche. Häufig heißt es hier: Essen gehen und ab ins Nachtleben bis zum Morgengrauen, z. B. zu Rumba-Locations wie Zona T und Parque 93. Und dann ins Andrés Carne de Res!

S. 40

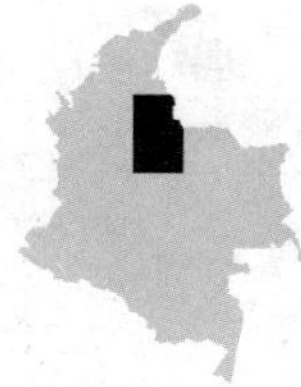

Boyacá, Santander & Norte de Santander

Kolonialdörfer ✓✓✓
Abenteuer ✓✓✓
Natur ✓✓

Kolonialdörfer

In dieser Region liegen die drei schönsten Kolonialdörfern Kolumbiens: Barichara und Villa de Leyva, beide bis in Details erhalten und von Touristen oft besucht. Urwüchsiger ist Monguí, das ausländische Gäste selten ansteuern.

Abenteuer

Ob schwierige Hochgebirgstour oder sportliche Aktivitäten mit Kick, Boyacá und Santander können alles bieten. Eine der beliebtesten Wanderungen im Land ist die einwöchige Güicán-El-Cocuy-Trekkingtour durch den Parque Nacional Natural (PNN) El Cocuy. San Gil ist die Hochburg für Outdoorabenteuer und einige Extremsportarten.

Natur

Naturfreunde sollten die schöne Umgebung von Villa de Leyva und Barichara erkunden. Nach einer Wanderung über den *páramo* (hochgelegene Vegetationszone) wartet am Lago de Tota (Kolumbiens größtem See) ein Traumstrand.

S. 89

Karibikküste

Strände ✓✓✓
Architektur ✓✓✓
Trekking ✓✓

Strände
Kolumbiens idyllische Strände an der Karibikküste und auf den karibischen Inseln bieten weitaus mehr als klischeehafte Palmenromantik. Geheimnisvoller Dschungel oder beeindruckende Wüste säumen die Sandstrände mit – klar doch – einer Fülle an Palmen. Und nicht zu vergessen: Sonne und nochmals Sonne.

Architektur
Hinter den Stadtmauern von Cartagena bestechen kunstvoll verzierte Kirchen und romantische Plätze. Mompox und Santa Marta erinnern mit ihrer verblassten Pracht an die ehemalige Kolonialzeit.

Trekking
Die fünf- bis sechstägige Wanderung zur Ciudad Perdida (verlorene Stadt) ist ein Klassiker des Kontinents – sechs Tage im Dschungel, dabei Flüsse durchwaten, unter einem dichten Laubdach wandern ... Das Ziel sind die Ruinen einer mysteriösen Stadt einer verschwundenen Kultur.

S. 129

San Andrés & Providencia

Tauchen ✓✓✓
Strände ✓✓✓
Wandern ✓✓

Tauchen
Die Korallenriffe (insgesamt 50 km) vor den beiden Inseln zeigen die regionaltypische Artenvielfalt. Das Highlight sind die Schwämme, in Küstennähe auch Hummer, Meeresschildkröten, Stech- und Adlerrochen sowie der eine oder andere Riesenmanta zu sehen.

Strände
Schneeweißer Sandstrand und Robinson-Crusoe-Feeling bietet der 1,5 km von San Andrés entfernte Parque Regional Johnny Cay. Das Schutzgebiet umfasst eine kleine Koralleninsel, die auch die Heimat von rund 500 Leguanen ist.

Wandern
Nicht nur mit Sandstränden und Tauchvergnügen begeistern die Inseln, auch Wanderer kommen zum Zuge. Auf Providencia erstreckt sich eine Berglandschaft, die mit dem Nationalpark El Pico (der Gipfel) einen wirklich atemberaubenden Rundumblick gewährt.

S. 188

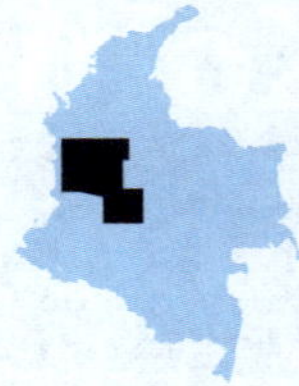

Medellín & Zona Cafetera

Kaffee ✓✓✓
Nachtleben ✓✓
Wandern ✓✓

Kaffee
In den Departamentos Caldas, Risaralda und Quindío sind auf einigen der besten Kaffee-Fincas in Kolumbien Besucher willkommen. Führungen informieren ausführlich über den Kaffeeanbau und die regionale Kultur.

Nightlife
Die *paisas* (Einwohner des Departamento de Antioquia) gehen gerne aus und machen sich dafür topschick. Seien es die Open-air-Bars im Parque Lleras oder die zeitlosen Tangoclubs im Stadtzentrum, in Medellín findet jeder eine Partylocation nach seinem Geschmack – rund um die Woche.

Wandern
Von zünftigen Bergtouren bis hin zu gemächlichen Spaziergängen durch Stadtparks, die Zona Cafetera bietet in der Tat Wanderungen für jedes Konditionslevel. Nicht versäumen: das Valle de Cocora, nahe Salento, mit seinen hohen Quindío-Wachspalmen.

S. 203

Cali & Südwest-Kolumbien

Archäologie ✓✓✓
Salsa ✓✓
Architektur ✓✓

Archäologie
Knapp 100 km von Cali entfernt liegen inmitten eines herrlichen Andenpanoramas die bedeutendsten archäologischen Stätten Kolumbiens. Auf den Hügeln bei San Agustín fand man mehr als 500 präkolumbische Statuen aus Vulkangestein. In Tierradentro wurden über 100 unterirdische Grabkammern freigelegt.

Salsa
Ob in kleinen Stadtviertel-Bars oder in den eleganten *salsatecas* (Salsaclubs), in Cali ist der Salsa allgegenwärtig. Wer noch nicht Salsa tanzen kann, lernt es hier im Nu. Bei den World Salsa Championships zeigen Profis, wie es geht.

Architektur
Mit seinen weißen Villen und prächtigen Kirchen ist Popayán ein wundervolles Beispiel für spanische Kolonialarchitektur. Der Barrio San Antonio in Cali bietet ebenfalls koloniales Ambiente. Nicht versäumen: die riesige neogotische Kirche Santuario de Las Lajas.

S. 245

Pazifikküste

Unterwasserwelt ✓✓✓
Strände ✓✓
Natur ✓✓

Unterwasserwelt
Fast zum Greifen nah sind die gewaltigen Buckelwale im Parque Nacional Natural (PNN) Ensenada de Utría. Am Strand nahe El Valle legen Meeresschildkröten nachts ihre Eier ab. Vor den Inseln Malpelo und Gorgona können Taucher mit Hunderten Haien schwimmen.

Strände
Mit Dschungel bedeckte Berge säumen die felsigen, grauen Strände an der Pazifikküste – wunderschön und meist menschenleer. In Guachalito und an der Playa Almejal schmiegen sich Resorts zwischen Dschungel und Meer. Surfer finden bei El Terquito und Ladrilleros exzellente Wellen.

Natur
Der Chocó bietet Wanderrouten abseits ausgetretener Pfade, die zu Wasserfällen und tief in den Dschungel führen. Einblick in die erstaunliche Artenvielfalt der Region gibt eine Tour im Einbaum auf dem Río Jobí oder Río Juribidá.

S. 278

Amazonasbecken

Tierwelt ✓✓✓
Dschungel ✓✓✓
Ökodörfer ✓✓✓

Wildes Tierreich
Legale und illegale Eingriffe des Menschen haben der Tierwelt des Amazonasbeckens bereits Schaden zugefügt. Dennoch hat sich dieser Lebensraum eine unglaublich riesige Artenvielfalt bewahrt – es ist die artenreichste Flora und Fauna der Welt.

Dschungel
Die Mutter aller Urwälder: der Amazonas. Kein anderes Wort beschwört solch faszinierende Bilder herauf: geheimnisvoller Regenwald, riesige Wasserläufe, indigene Kultur, tropische Tierwelt ... Tarzan wird man hier nicht begegnen, dafür werden in diesem endlosen grünen Meer Traumbilder zur Wirklichkeit.

Ökodörfer
Das Ökodorf Puerto Nariño ist ein lebendiges Modell für nachhaltige Lebensweise inmitten des größten Dschungels der Welt. Es ist ein bezaubernder, architektonisch interessanten Ort und geradezu ideal, um im Regenwald zu entspannen.

S. 294

- Die Reihenfolge der Einträge spiegelt die Bewertung durch unsere Autoren wider.
- Empfehlungen von Lonely Planet:

LP TIPP Das empfiehlt unser Autor | Nachhaltig und umweltverträglich | GRATIS Hier bezahlt man nichts

Alle im Buch erwähnten Orte sind im Register aufgeführt.

Reiseziele

Bogotá

Inhalt

Gut essen

» Andrés Carne de Res (S. 68)
» Rafael (S. 65)
» Central Cevicheria (S. 66)
» Abasto (S. 67)
» Agave Azul (S. 64)

Schön übernachten

» Casa Deco (S. 58)
» Casa Platypus (S. 58)
» Usaquén Art Suites (S. 61)
» La Pinta (S. 60)
» Cranky Croc (S. 58)

Auf nach Bogotá!

In Bogotá schlägt das Herz Kolumbiens: Eingebettet in die Berglandschaft der Anden mit ihren Gipfeln im ewigen Eis, präsentiert sich die pulsierende Hauptstadt des Landes als dynamische Metropole mit elegantem Flair. Den kulturellen Mittelpunkt bildet das historische Stadtviertel La Candelaria, wo sich auf kopfsteingepflasterten Gassen die meisten Touristen tummeln. Die Altstadtkulisse besteht aus einem Potpourri aus kostbar restaurierten Kolonialbauten, die eine Fülle von Museen, Restaurants, Hotels und Bars beherbergen. Nahezu alle traditionsreichen Attraktionen aus den Anfängen Bogotás verteilen sich strahlenförmig rund um die Plaza de Bolívar.

Die ungeschminkten Seiten Bogotás zeigen sich im Süden und Südwesten der Stadt mit den Arbeitervierteln (barrios). Im nobleren Norden in den schicken Ausgehvierteln wie etwa der Zona Rosa und der Zona G prägen stilvolle Boutiquehotels das Bild.

Reisezeit

Bogotá

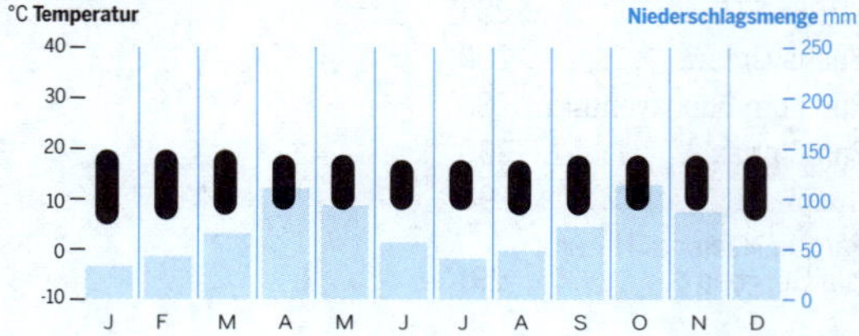

Juni & Juli Die Temperaturen sind milder als im Mai, doch die Niederschläge steigen massiv an.

Aug. Fiestas mit freiem Eintritt: Salsa al Parque und das Festival de Verano.

Dez. *Bogotanos* lieben die Weihnachtszeit, wenn die ganze Stadt im Lichterglanz funkelt.

So schmeckt's in Bogotá

Auch wenn Bogotá in Sachen Gastronomie im Vergleich zu anderen südamerikanischen Metropolen wie Lima oder São Paulo noch immer etwas hinterherhinkt, gibt es keinen Grund zur Sorge, denn für Gaumenfreuden ist dennoch reichlich gesorgt. In Bogotá ist es in der Regel kühl – so überrascht es nicht, dass das kulinarische Leben der Stadt von zwei warmen, wohltuenden Nationalspeisen beherrscht wird: einmal ajiaco, einer deftigen Hühnersuppe mit Mais, vielen verschiedenen Kartoffelsorten, Avocado und regionaltypischen Guasca-Kräutern – ein Gericht, das in der Stadt und in der gesamten Andenregion serviert wird. Und zum Nachmittagstee onces gibt es keinen besseren kulinarischen Leckerbissen als chocolate completo (heiße Schokolade mit einem Stück Hartkäse, Butterbrötchen und Keks) – diese typische Kombination auf einem Teller wird in etlichen gemütlichen Cafés serviert – zum Aufwärmen für zwischendurch. Straßensnacks sind in Bogotá durchweg süß: Obleas con arequipe sind in Karamellsoße getränkte Oblaten; coajada con melao ist frischer Käse mit geschmolzenem Palmzucker. Jenseits aller Gewohnheiten der Traditionsküche ist Bogotá eine internationale Stadt, der es nicht an ausgezeichneter Gastronomie aus aller Welt mangelt, angefangen bei Cevicherias mit karibischem Flair bis hin zu kulinarischen Highlights aus Perú.

NICHT VERSÄUMEN

Bereits Bogotá für sich allein genommen bietet ein vielfältiges Programm an Besichtigungen und Aktivitäten, doch darf bei einem Besuch der kolumbianischen Hauptstadt ein Abstecher zur Salzkathedrale von Zipaquirá (S. 82), 50 km nördlich von Bogotá, nicht fehlen. Sie gehört zu den drei weltweit existierenden unterirdischen Bauwerken dieser Art (die beiden anderen befinden sich in Polen). Etwa 250 000 t Salz wurden abgebaut, um dieses stimmungsvolle, ätherische Heiligtum im Bauch der Erde zu errichten. Seit jeher gilt es als eines der größten architektonischen Meisterwerke Kolumbiens. Beim Abstieg in 180 m Tiefe geht es durch 14 kleine Kapellen mit bildlichen Darstellungen der Kreuzigungsstationen Christi. In jeder dieser Szenen spiegelt sich in beeindruckender Sentimentalität die kunstvolle Synthese aus Symbolismus und Bergbau. Im Hauptschiff erwartet die Besucher ein gigantisches Kreuz (das größte weltweit in einer unterirdischen Kirche), dass – von unten her angestrahlt – wirkt, als sei man im Himmel angekommen.

Top-Museen

- » Museo del Oro (S. 52)
- » Museo Botero (S. 45)
- » Museo Nacional (S. 54)
- » Casa de Moneda (S. 50)
- » Iglesia Museo de Santa Clara (S. 48)

ANKUNFT IN BOGOTÁ

Bogotás Aeropuerto Internacional El Dorado ist das Drehkreuz für den internationalen Flugverkehr und für Inlandsflüge. Busse steuern den Busbahnhof La Terminal an, der außergewöhnlich effizient organisiert ist.

Kurzinfos

- » Einwohner: 7,4 Mio.
- » Gesamtfläche: 1587 km²
- » Ländervorwahl: ☎1
- » Höhenlage: 2625 m

Top-Tipp

» Bei einem Taxiruf benötigt der Fahrer ein Password (*clave*), normalerweise sind das die letzten zwei Stellen der Telefonnummer, von der aus angerufen wird. Ohne diesen Code kann der Taxameter nicht eingestellt werden.

Infos im Internet

- » Bogota Turismó (www.bogotaturismo.gov.co/en) Offizielles Tourismusportal.
- » Lonely Planet (www.lonelyplanet.com/colombia/bogota) Reisezielinformationen, Hotelbuchungen, Reiseforum und mehr

Highlights

1 Im Anblick der glitzernden Exponate im **Museo del Oro** (S. 52) über Kolumbiens Mythen von El Dorado nachdenken

2 In das surreale Nachtmilieu des unbeschreiblichen Entertainment-Restaurants **Andrés Carne de Res** (S. 68) in Chía eintauchen

3 Eine Sonntagswanderung buchen – hinauf zum majestätischen **Cerro de Monserrate** (S. 49) mit atemberaubenden Blick auf die Hauptstadt

4 Im **Museo Botero** (S. 45) über alles sinnieren, was fett und füllig ist (Eintritt frei!)

5 Das faszinierende Kircheninnere der **Iglesia Museo de Santa Clara** (S. 48) und der **Iglesia de San Francisco** (S. 53) ehrfürchtig bestaunen

6 Das koloniale Flair im Schlemmerdorf **Usaquén** (S. 61) in sich aufsaugen

7 Bogotá auf dem Drahtesel erkunden – im Rahmen einer Radtour mit **Bogotá Bike Tours** (S. 55)

Geschichte

Lange vor der spanischen Eroberung war die Sabana de Bogotá, ein fruchtbarer Talkessel im kolumbianischen Hochland, von den Muisca, einem der fortschrittlichsten präkolumbischen Volksstämme, besiedelt. Heute hat die Stadt das gesamte Gebiet nahezu vollständig eingenommen. Die spanische Ära begann, als Gonzalo Jiménez de Quesada und seine Expeditionstruppen in der Sabana eintrafen und am 6. August 1538 die Stadt nahe Bacatá, der Hauptsiedlung der Muisca, gründeten.

Die Stadt wurde Santa Fe de Bogotá genannt – eine Wortkombination aus dem traditionellen Namen Bacatá und Quesadas spanischer Heimatstadt Santa Fe. Doch während der gesamten Kolonialzeit bezeichnete man sie einfach als Santa Fe.

Zur Gründungszeit von Santa Fe bestand die Siedlung aus zwölf Hütten und einer Kapelle, wo zur Feier des Gründungstags regelmäßig eine heilige Messe abgehalten wurde. Die Kultstätten der Muisca wurden zerstört und durch Kirchen ersetzt.

In den ersten Jahren ihrer Entstehung wurde Santa Fe von Santo Domingo aus verwaltet (Hauptort auf der Insel Hispaniola, der heutigen Dominikanischen Republik), aber im Jahr 1550 fiel es unter die Herrschaft Limas, der Hauptstadt des Vizekönigs von Perú und dem Sitz der spanischen Kolonialmacht in den eroberten Gebieten Südamerikas. 1717 wurde Santa Fe zur Hauptstadt des Virreynato de la Nueva Granada ernannt, des neu geschaffenenen stellvertretenden Königreichs, das die Gebiete des heutigen Kolumbiens, Panamas, Venezuelas und Ecuadors umfasste.

Trotz der politischen Bedeutung der Stadt wurde ihre Entwicklung immer wieder durch schwere Erdbeben und Epidemien wie Pocken und Thyphus gehemmt, die im 17. und 18. Jh. in der gesamten Region wüteten.

Nach ihrer Unabhängigkeitserklärung wurde Santa Fe, nunmehr gekürzt auf den Namen Bogotá, per Dekret des Kongresses von Cúcuta im Jahr 1821 zur Hauptstadt von Großkolumbien ernannt. Von da an gab es ein stetes Wachstum. Mitte des 19. Jhs. zählte die Stadt bereits 30 000 Einwohner und 30 Kirchen. 1884 nahm die erste Straßenbahn ihren Betrieb auf, und kurz danach wurden die ersten Eisenbahnlinien gebaut, mit Verbindungen nach La Dorada und Girardot, die Bogotá Zugang zu den Binnenhäfen am Río Magdalena verschafften.

Erst in den 1940er-Jahren fand mit der Industrialisierung ein rascher Fortschritt statt, einhergehend mit konsequenter Landflucht. Am 9. April 1948 fiel der beliebte

BOGOTÁ IN ...

... zwei Tagen

Es geht los in La Candelaria: Snack im **La Puerta Falsa** mit Ausblick auf die **Plaza de Bolívar**, danach ins **Museo Botero**, um die Skulpturen pummeliger Menschenkörper zu bestaunen; Mittagessen im **Quinua y Amaranto**, danach ein kleiner Spaziergang hinüber und abtauchen in Kolumbiens goldener Vergangenheit im **Museo del Oro**; zum Abschluss des Tages Abendessen in der **Zona G**, **Zona Rosa** oder am **Parque 93**, wo man alles essen und trinken kann, was das Herz begehrt.

Am zweiten Tag bietet sich eine Tour hinauf zum **Monserrate** an, um die Hauptstadt aus der Vogelperspektive zu bestaunen – danach ist ein Nickerchen angesagt, um sich hinterher fit und munter ins Nachtleben zu stürzen, z. B. im surreal-seltsamen Milieu des Nachtclubs **Andrés Carne de Res**, 23 km weiter nördlich in Chía. Am besten ein Taxi nehmen!

.. vier Tagen

Im Anschluss an die Zweitagestour steht ein Abstecher zur Salzkathedrale von **Zipaquirá** auf dem Plan – leicht erreichbar mit öffentlichen Verkehrsmitteln. Der letzte Tag beginnt mit einem Brunch, gefolgt von einem Streifzug durch den quirligen Markt in **Usaquén** und einer Radtour mit **Bogotá Bike Tours**, die in Regionen führt, die für Touristen normalerweise tabu sind. Danach schmeckt eine heiße Tasse *canelazo* (mit aguardiente, also Anisschnaps, Zuckerrohr, Zimt und Limone) in einem Café in **La Candelaria** umso besser. Ein Abschiedsessen im Künstler- und Schlemmerviertel **Macarena** rundet am Abend den Tag würdig ab.

TOPOGRAFIE

Das Ballungsgebiet Bogotás erstreckt sich größtenteils in Richtung Nord–Süd (in den letzten Jahren auch nach Westen), die hochaufragenden Gipfel des Monserrate und des Guadalupe bilden im Osten eine natürliche Wand.

Die Orientierung in Bogotá ist dank des logischen Straßensystems (wenn man es einmal verstanden hat!) ein Kinderspiel. Alle Straßen, die von Norden nach Süden oder andersherum verlaufen, heißen carrera und die von Osten nach Westen bzw. Westen nach Osten calle. Beide sind durchnummeriert, d. h., statt Straßennamen gibt es Zahlen. Osten ist immer dort, wo die Bogotá umgebenden Berge am nächsten erscheinen. Praktischerweise steckt in jeder Adresse auch ein Hinweis auf die nächst gelegenen Querstraßen; Calle 15 No 4–56 ist z. B. die 15. Straße zwischen den Carreras 4 und 5.

Bogotás Zentrum ist viergeteilt: Es besteht aus dem teilweise erhaltenen Kolonialviertel La Candelaria (südlich der Av. Jiménez und zwischen den Carreras 1 und 10) mit einer Fülle von Studentenkneipen und Jugendherbergen, dem traditionellen Geschäftsviertel oder der „Innenstadt" (hauptsächlich Carrera 7 und Calle 19, zwischen der Av. Jiménez und der Calle 26), dem Wolkenkratzerviertel Centro Internacional (Carreras 7, 10 und 13, grob zwischen Calles 26 und 30) und direkt im Osten zu den Bergen hin dem Künstler- und Schlemmerviertel Macarena.

Das nördliche Bogotá gilt als der wohlhabendste Teil der Stadt. Der Norden beginnt mehr oder weniger 2 km nördlich des Centro Internacional. Etwas weniger geordnet ist das ausufernde Viertel Chapinero mit seiner vielfältigen Theaterszene, seinen Antiquitätengeschäften und den zahlreichen Schwulenkneipen (grob zwischen der Carrera 7 und der Av. Caracas, von Calle 40 bis Calle 67); es beginnt mit der Zona G, einem kleinen Streifen mit Spitzenrestaurants (östlich der Carrera 7 und der Calle 80). Zum neuen Trendviertel, wo die Kunstszene zu Hause ist, mausert sich gerade Chapinero Alto (in Chapinero zwischen Carrera 7a und Av. Circunvalar ab den Calles 53 bis 65).

Zehn Blocks weiter nördlich beginnt die quirlige Zona Rosa (oder Zona T, der Name leitet sich von der T-förmigen Fußgängerzone und Einkaufspassage zwischen den Carreras 12 und 13, bei Calle 82A ab). Dieses Viertel hat zahlreiche Clubs, Einkaufszentren und Hotels zu bieten. Eine beschaulichere Version davon – mit vielen Restaurants – verläuft am schickeren Parque 93 (Calle 93 zwischen Carreras 11A & 13), der schon zum Stadtviertel Chicó gehört, und dann gibt es noch das einstige pueblo plaza in Usaquén (Ecke Carrera 6 und Calle 119). Eine Reihe ziemlich unattraktiver moderner Gebäude bildet die Kulisse des sogenannten Bankenviertels in der Calle 100 zwischen Av. 7 und Carrera 11.

Die beliebtesten Verbindungsstraßen zwischen dem Zentrum und dem Norden sind die Carrera Séptima (Carrera 7, „La Séptima") und die Carrera Décima (Carrera 10); hier wimmelt es von busetas (Minibussen). Ein weiterer Boulevard, die Av. Caracas (folgt der Carrera 14, dann der Av. 13 nördlich der Calle 63), ist die Hauptverkehrsader in Richtung Nord-Süd für den TransMilenio-Busverkehr. Die Calle 26 (oder Av. El Dorado) führt in Richtung Westen zum Flughafen.

Bürgerrechtler Jorge Eliécer Gaitán einem Attentat zum Opfer, welches einen folgenschweren Aufstand entfachte. Dieser ging als El Bogotazo in die Geschichte ein. Die Stadt wurde teilweise zerstört; 136 Häuser und andere Gebäude wurden bis auf die Grundfeste niedergebrannt, rund 2500 Todesopfer waren die Bilanz.

Die Ruhe wurde abermals jäh unterbrochen, als am 6. November 1985 Guerilla-Kämpfer der Bewegung M-19 Bogotás Justizpalast stürmten und über 300 Zivilisten als Geisel im Gebäude gefangen hielten. Am Tag nach der Geiselnahme waren 115 Menschen tot, einschließlich elf Richter des Obersten Gerichtshofes des Landes.

In den 1990er-Jahren und ab dem neuen Jahrtausend gab es Fortschritte in vielerlei Hinsicht. So fiel die Mordrate bis 2011 Jahr für Jahr um 8 %, außerdem wurde eine Vielzahl von zukunftsorientierten Projekten umgesetzt (z. B. der *CicloRuta,* ein 350 km weites Radwegenetz),

und auch in seiner Positionierung als kulturelle Hauptstadt des Landes machte Bogotá Riesenschritte nach vorn.

Sehenswertes

Die meisten Attraktionen befinden sich im historischen Stadtkern La Candelaria, der Wiege Bogotás, und wahrscheinlich ist mehr als ein Tag nötig, um sich in der Gegend richtig umzusehen.

Wer an einem Sonntag ein Museum besuchen will, sollte sich das reiflich überlegen. Die gut 500 verschiedenen Museen der Stadt sind vor allem an Tagen mit freiem Eintritt (immer am letzten Sonntag im Monat) völlig überlaufen; selbst vor weniger bedeutenden Häusern, die hier vielleicht gar nicht erwähnt werden, kann es oft zu Wartezeiten bis zu 45 Minuten kommen! An Werktagen geht es dagegen bedeutend ruhiger zu.

Auf dem Streifzug durch die Stadt lohnt es sich, auf gut Glück in verschiedene Kirchen hineinzuschnuppern. Die meisten stammen aus dem 17. und 18. Jh. – oft mit aufwendigeren Verzierungen als die äußere Hülle vermuten lässt. Einige sind vom spanisch-maurischen Mudejar-Stil geprägt (hauptsächlich an den Deckenverzierungen erkennbar); oft trifft man auch auf Gemälde des wohl bekanntesten kolonialzeitlichen Künstlers Kolumbiens, Gregorio Vásquez de Arce y Ceballos.

BOGOTÁ ZENTRUM

LA CANDELARIA

Bogotás Kolonialviertel, eine Quelle der Quirligkeit, ist gesegnet von einer Fülle an Sehenswürdigkeiten, die Besucher auf keinen Fall verpassen sollten: eine Mischung aus sorgfältig restaurierten 300 Jahre alten Bauwerken, einige davon jedoch immer noch in ziemlich desolatem Zustand, und noch weit mehr Gebäuden, die den modernen Zeiten huldigen.

Der Rundgang für eine Entdeckungsreise durch die Stadt beginnt meist an der **Plaza de Bolívar** (Karte S. 46), die von einer Bronzestatue von Simón Bolívar (gegossen im Jahr 1846 von dem italienischen Künstler Pietro Tenerani) überragt wird. Das Standbild von Bolivar war das erste Denkmal der Stadt zu Ehren einer Persönlichkeit des öffentlichen Lebens.

Der Platz hat im Lauf der Jahrhunderte sein Gesicht ganz wesentlich verändert – heute ist er nicht mehr von Kolonialbauten umsäumt; lediglich die Capilla del Sagrario vertritt noch die spanische Ära. Andere Häuser und Gebäude stammen aus der jüngeren Vergangenheit und repräsentieren verschiedene Baustile.

Einige der beliebtesten Sehenswürdigkeiten in La Candelaria liegen ebenso wie das neue Centro Cultural Gabriel García Márquez nur ein paar Häuserblocks weiter östlich der Plaza. Die leicht verwirrende Agglomeration von Museen, die von der Banco de la Republicano betrieben werden, einschließlich dem Museo Botero und der Casa de Moneda, zählt allemal zu den Topattraktionen Bogotás.

Wer ohne Begleitung unterwegs ist, sollte nach Einbruch der Dunkelheit einen weiten Bogen um die Gegend zu machen.

LP TIPP **Museo Botero** MUSEUM

(Karte S. 46; www.banrepcultural.org/museo-del-oro; Calle 11 No 4–41; Eintritt frei; ⌚Mo–Sa 9–19, So 10–17 Uhr) Im Innenhof des zweistöckigen Museumsgebäudes plätschert ein Springbrunnen; dort bietet auch ein kleiner Souvenirladen entsprechende Artikel an. Das eigentliche Highlight: Vor dem Gebäude befinden sich mehrere Hallen mit Exponaten, die dem Thema Pummeligkeit gewidmet sind: Hände, Orangen, Frauen, Männer mit Schnurrbart, pausbäckige Kinder, fette Vögel, Violinen, die Führungspersönlichkeiten der Fuerzas Armadas Revolucionarias de Colombia (FARC) – alle Werke, Skulpturen wie Gemälde, stammen natürlich von Fernando Botero, der berühmtesten Kunstkoryphäe Kolumbiens (Botero selbst stiftete dem Museum seine Werke). Die Sammlung umfasst auch einige Meisterwerke von Picasso, Chagall, Renoir, Monet, Pissarro und Miró.

GRÜNE KUNSTFIGUREN GRÜSSEN VON OBEN

Wer durch La Candelaria bummelt, sollte mit einem Auge auf frischen Hundekot und Schlaglöcher in der Größe eines Kanaldeckels achten und mit dem anderen das einzigartige Kunstprojekt auf den Dächern, Fenstersimsen und Balkonen würdigen. Die grünen Figuren des Künstlers Jorge Olavé wurden aus Recycling-Material hergestellt und repräsentieren comuneros, Mitglieder des Unterhauses.

Bemerkenswert ist vor allem das Wachmännchen über der Plaza de Bolívar, das vom Dach der **Casa de Comuneros** (Karte S. 46) an der südwestlichen Ecke herunterschaut – der Gnom hat die Stadt bestens im Blick.

Bogotá - Zentrum

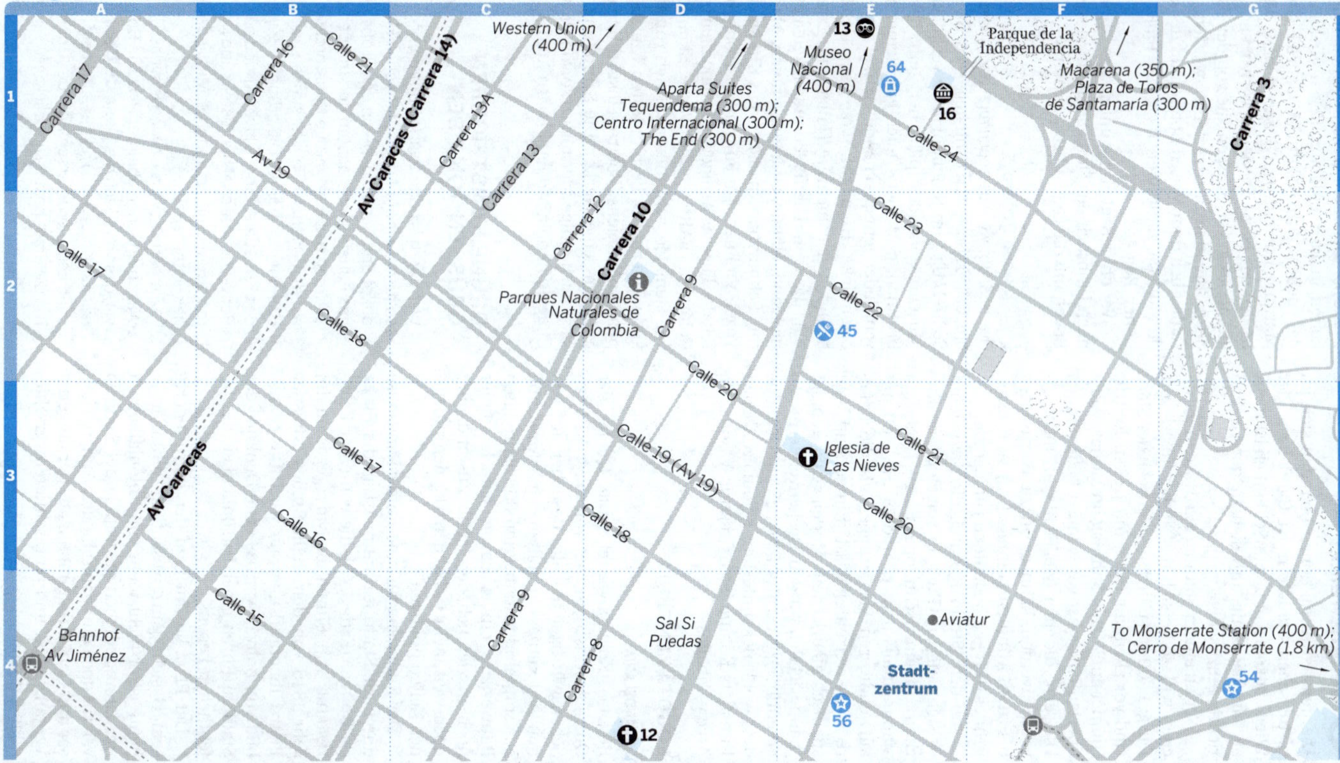

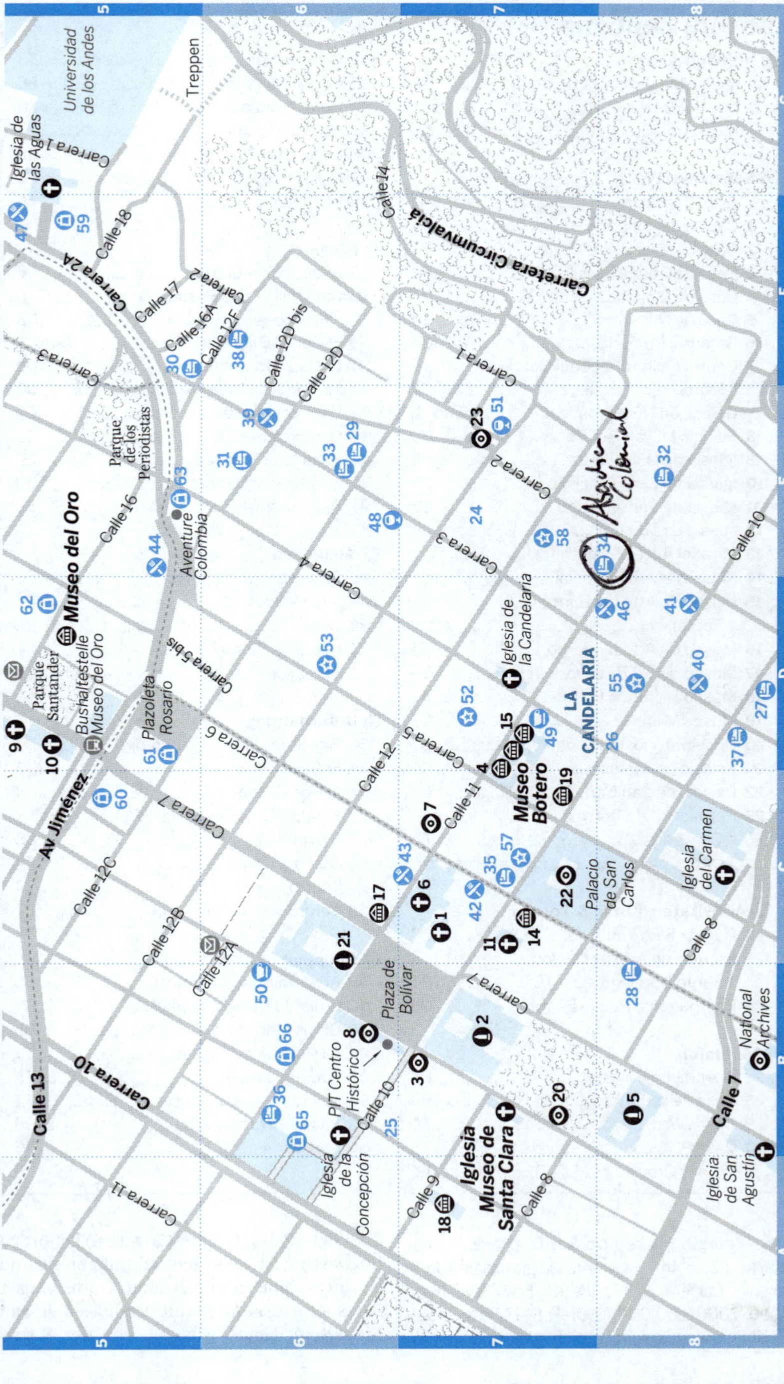
A
B
C
D
E
F
G
5
6
7
8
Universidad de los Andes
Treppen
Iglesia de las Aguas
Carrera 1
Calle 18
Carrera 2A
Calle 17
Carrera 2
Calle 16A
Calle 12F
Calle 12D bis
Calle 12D
Carrera 3
Calle 14
Carretera Circunvalacia
Carrera 1
Parque de los Periodistas
Aventure Colombia
Museo del Oro
Calle 16
Parque Santander
Bushaltestelle Museo del Oro
Plazoleta Rosario
Carrera 5 bis
Carrera 4
Carrera 3
Carrera 2
Iglesia de la Candelaria
LA CANDELARIA
Calle 10
Carrera 6
Carrera 5
Calle 12
Calle 11
Museo Botero
Av Jiménez
Carrera 7
Calle 12C
Calle 12B
Calle 12A
Palacio de San Carlos
Iglesia del Carmen
Calle 8
Plaza de Bolívar
Carrera 7
National Archives
PIT Centro Histórico
Calle 10
Calle 13
Carrera 10
Iglesia Museo de Santa Clara
Iglesia de la Concepción
Calle 9
Calle 8
Calle 7
Iglesia de San Agustín
Carrera 11
Abadia Colonial

Bogotá Zentrum

LP TIPP **Iglesia Museo de Santa Clara** KIRCHE (Karte S. 46; www.museoiglesiasantaclara.gov.co; Carrera 8 No 8–91; Erw./Stud./Kind 3000/2000/500 COP; ⌚Di–Fr 9–17, Sa & So 10–16 Uhr) Diese Kirche gleich westlich gegenüber dem Palast (an der Carrera 8) gehört zu Bogotás meistverzierten Sakralbauten (und ist auch eines der ältesten Gotteshäuser der Stadt, zusammen mit der Iglesia de San Francisco). Heute wird sie von der Regierung als Museum betrieben. In Anbetracht der Fülle an prachtvollen Kirchenbauten, die zudem auch meist noch kostenlos besichtigt werden können, gehen viele Besucher an diesem Gotteshaus vorbei. Das ist eigentlich schade, entpuppt es sich doch als echtes Juwel. Zwischen 1629 und 1674 erbaut, besticht das Bauwerk durch sein Tonnengewölbe, das sich über ein einziges Hauptschiff spannt und mit goldverzierter floraler Ornamentik verkleidet ist. Diese strahlt ihren Glanz auf die über und über mit Gemälden behangenen Seitenwände aus. Nicht mitgerechnet die Bilder im separaten Loft sind es insgesamt 98 an der Zahl, darunter auch Heiligenstatuen.

GRATIS **Catedral Primada** KIRCHE

(Karte S. 46; www.catedraldebogota.org; Plaza de Bolívar; ⏲Di–So 9–17 Uhr) Gegenüber der Nordostecke der Plaza beherrscht die neoklassizistische Kathedrale die Szenerie. Sie steht genau an der Stelle, wo die ersten feierlichen Messen abgehalten wurden, nachdem Bogotá im Jahr 1538 gegründet worden war (einige Historiker behaupten allerdings, das sei im Osten gewesen, an der Plazoleta del Chorro de Quevedo). Wie dem auch sei, die Kathedrale ist das größte Gotteshaus Bogotás. Die ursprünglich mit einem Reetdach gedeckte einfache Kapelle wurde in den Jahren 1556–65 durch ein deutlich massiveres Gebäude ersetzt, das jedoch aufgrund seiner schwachen Fundamente später einstürzte. 1572 entstand die dritte Kirche, die wiederum 1785 durch ein Erdbeben in Trümmer fiel. Erst 1807 begannen die Arbeiten für den robusten Kirchenbau, der bis heute unversehrt dasteht. Die Fertigstellung des Sakralbaus erfolgte im Jahr 1823. Während der Bogotazo-Aufstände 1948 wurde die Kathedrale teilweise beschädigt. Anders als viele Kirchen in Bogotá sind die großzügigen Innenräume relativ spärlich ausgeschmückt. Das Grab von Jiménez de Quesada, dem Gründer Bogotás, befindet sich in der größten Kapelle, in einer Nische neben dem rechten Gang.

Capitolio Nacional HISTORISCHES GEBÄUDE

(Karte S. 46; für die Öffentlichkeit geschl.) An der Südseite der Plaza ragt ein neoklassizistisches Gebäude auf, das heute den Kongress beherbergt. Mit dem Bau begann man bereits 1847 (die Fassade zum Platz hin entstand nach einem Entwurf des englischen Architekten Thomas Reed), aufgrund zahlreicher Aufstände konnte das Gebäude jedoch erst 1926 fertiggestellt werden. Wer das beeindruckende Bauwerk besichtigen möchte, ruft bei **Citizen Services** (☎382 6129) an.

Palacio de Justicia HISTORISCHES GEBÄUDE

(Karte S. 46; für die Öffentlichkeit geschl.) In dem massiven Gebäude an der Nordseite der Plaza hat der Oberste Gerichtshof seinen Sitz. Von außen ziemlich unscheinbar, war das Bauwerk Schauplatz dramatischer Ereignisse (Massaker der M-19 Guerilla). Das erste Gerichtsgebäude wurde 1921 an der Ecke der Calle 11 und der Carrera 6 erbaut und während des Aufstands El Bogotazo vom Mob in Brand gesteckt. Danach entstand ein anderes Haus, das wiederum 1985 von den M-19-Aktivisten erstürmt wurde und beim Versuch der Armee, es im Zuge einer heftigen 28-stündigen Daueroffensive zurückzuerobern, vollständig ausbrannte. Das nachfolgende Gebäude wurde in einem vom Ursprung gänzlich abweichenden neuen Stil erbaut.

Casa de Nariño HISTORISCHES GEBÄUDE

(Karte S. 46) Jenseits des Capitolio Nacional führt die Carrera 8 oder 7 zu Kolumbiens neoklassizistischem Präsidentschaftspalast, der im 20. Jh. erbaut wurde. Dort, an der Südseite der Plaza de Bolivar, arbeitet und residiert Staatspräsident Santos (seit 2011). Das Gebäude wurde nach dem Kolonialherrn Antonio Nariño benannt, der mit seinen Unabhängigkeitsideen für die Menschenrechte eintrat, die er selbst aus der französischen Charta ins Spanische übertragen hat – ein Anliegen, das ihn mehrere Male ins Gefängnis brachte. 1948 wurde der Palast während der El Bogotazo-Aufstände beschädigt, zur Restaurierung entschlos man sich erst 1979, also Jahrzehnte später. Wer das Gebäude besichtigen möchte, muss sich vorher auf der Webseite des Präsidentenschaftspalastes www.presidencia.gov.co einloggen und auf den Link „Visitas guiadas a la Casa de Nariño“ unter Servicios al Ciudadano klicken oder eine E-Mail an visitas@presidencia.gov.co schicken.

Für die **Wachablösung am Präsidentenpalast**, die sich am besten von der Ostseite her beobachten lässt, ist keine Extragenehmigung nötig – das Zeremoniell findet immer mittwochs, freitags und sonntags um 16 Uhr statt.

Gut zu wissen: Die Wachen rund um den Präsidentenpalast stehen an den Schranken in der Carrera 7 und 8. Wer freiwillig den

Tascheninhalt zeigt und einen gewissen Abstand zu den Zäunen enlang der Gehsteige einhält, kann locker passieren.

FREE Casa de Moneda MUSEUM

(Mint; Karte S. 46; www.banrepcultural.org/museos -y-colecciones/casa-de-la-moneda; Calle 11 No 4–93; ⏲Mo–Sa 9–19, So 10–17) Am Westende des Häuserblocks steht das historische Museum, das jetzt in dem ersten der vorderen zwei Stockwerke die **Colección Numismática** beherbergt. Die Sammlung beginnt mit der Präsentation von Exponaten wie präkolumbischen Töpferwaren (einige davon sind spärlich in Englisch beschriftet) und setzt sich in chronologischer Reihenfolge fort mit Auslagen von verformten Münzen, welche auf die Einführung eines zentralisierten Bankwesens im Jahr 1880 verweisen. Außerdem wird gezeigt, wie das kunstvoll verzweigte Baummotiv auf der aktuellen 500-Pesomünze in den 1990er-Jahren hergestellt wurde. Hinter den Münzen geht es über reich verzierte Rampen zu den zehn Hallen der **Arte Colección**. Die Kunstsammlung besteht größtenteils aus modernen Ölgemälden kolumbianischer Meister; die vielleicht besten sind die riesigen figurativen Gemälde von Luis Caballero (1943–1995) im 1. Stock. Die Exponate der beiden Hallen im 1. Stock zur Ostseite hin schlagen etwas aus der Reihe. Hier liegt der Schwerpunkt auf religiösen Kultgegenständen aus dem 17. und 18. Jh. einschließlich zweier außergewöhnlicher *custodias* (Monstranzen). Die größte besteht aus 4902 g purem Gold mit 1485 eingefassten Smaragden, ein Sapphir, 13 Rubinen, 28 Diamanten, 168 Amethysten, einem Topaz und 62 Perlen. Wer zählt da noch genau mit?

GRATIS Museo Histórico Policía MUSEUM

(Museum für die Geschichte der Polizei; Karte S. 46; ☎233 5911; Calle 9 No 9–27; ⏲Di–So 8–17 Uhr) Dieses überraschend lohnenswerte Museum erlaubt nicht nur den Zugang zur ehemaligen Schaltzentrale von Bogotás Polizei (1923 erbaut), sondern beschert den Besuchern auch eine etwa 45-minütige Begegnung mit 18 Jahre alten Englisch sprechenden Gästeführern, die dort gerade ihren obligatorischen Zivildienst ableisten und interessante Geschichten zu erzählen haben. Ansonsten erfährt man meist etwas über den Niedergang des Drogenbosses Pablo Escobar, dem 1993 das Handwerk gelegt wurde. Zahlreiche Exponate wie die Nachbildung seines vom Kugelhagel durchlöcherten Leichnams, seine Harley Davidson (Geschenk eines Cousins) und sein persönlicher Taschenrevolver Bernadelli, auch „Zweitfrau" genannt, erwecken den Drogenking zu neuem Leben.

Museo del 20 de Julio MUSEUM

(Casa del Florero; Karte S. 46; www.mincultura.gov.co; Calle 11 No 6–94; Erw./Stud. 3000/2000 COP; ⏲Di–Fr 9–17, Sa & So 10–16 Uhr) Das Stadthaus aus dem späten 16. Jh., welches heute ein Museum beherbergt, markiert die Stelle, wo einst der Klang einer zerbrechenden Vase in der ganzen Welt gehört wurde. Der Überlieferung nach trat hier nach der Machtübernahme Napoleons in Spanien anno 1810 ein einheimischer Kreole namens Antonio Morales ein und verlangte vom spanischen Hausbesitzer José González Llorentes eine Ziervase, was jedoch zu einer Prügelei draußen auf der Straße führte. Dabei ging nicht nur die Vase zu Bruch, verletzte Ehrgefühle lösten letzten Endes auch eine Rebellion aus. In diesen heiligen Hallen lässt sich die zerbrochene Vase bestaunen.

GRATIS Museo de Arte del Banco de la República MUSEUM

(Karte S. 46; www.banrepcultural.org/museodearte.htm; Calle 11 No 4–21; ⏲Mo & Mi–Sa 9–19, So 10–17 Uhr) Der Zugang zum Museum befindet sich an einem Wandbrunnen und an einem Café vorbei. Hier finden Wechselausstellungen statt sowie viele kostenlose Veranstaltungen in der Aula.

Museo de Arte Colonial MUSEUM

(Museum für koloniale Kunst; Karte S. 46; Carrera 6 No 9–77; Erw./Stud. 3000/2000 COP; ⏲Di–Fr 9–17, Sa & So 10–16 Uhr) Das Kolonialmuseum befindet sich in einem ehemaligen Jesuitenkolleg. Bemerkenswert ist die Ausstellung zur Entwicklung der klerikalen Kunst und der Porträtkunst, vor allem die Werke des beliebtesten Barockkünstlers Kolumbiens, Gregorio Vásquez de Arce y Ceballos (1638–1711). In den Galerieräumen der oberen Stockwerke herrscht ein heilloses Durcheinander an Exponaten (z. B. Skizzen an den Wänden). Von dort aus geht es weiter in einen Saal mit Entwürfen und ein paar (immerhin vollendeten) Werken von Vásquez, der immerhin fast 200 Kunstwerke zur Sammlung beisteuert. Die Ausstellung im Parterre besteht schwerpunktmäßig aus religiösen Artefakten.

GRATIS **Capilla del Sagrario** KIRCHE
(Sagrario Kapelle; Karte S. 46; Plaza de Bolívar, Carrera 7 No 10–40; ⌚Mo–Fr 7–12 & 13–17.30, So 15–17.30 Uhr) Diese kleinere Barockkathedrale hat mehr zu bieten als ihre größere „Schwester" nebenan, die Catedral Primada; dazu zählen sechs große Gemälde von Gregorio Vásquez.

Plazoleta del Chorro de Quevedo PLAZA
(Karte S. 46; Ecke Carrera 2 & Calle 12B) Wo genau der Gründungsakt Bogotás stattfand, ist nicht eindeutig geklärt. Einige behaupten, er habe sich bei der Catedral Primada an der Plaza de Bolívar vollzogen, andere plädieren für die winzige, von Cafés gesäumte Plaza bei der kleinen weißen Kirche, wo sich zahlreiche unkonventionelle Straßenverkäufer (oder Hacky-Sack-Spieler) herumtreiben. Jedenfalls ist es an diesem Fleck zu jeder Tageszeit echt nett, insbesondere aber, wenn es dunkler wird. Dann mischen sich auch noch Studenten unters Ausgehvolk, und in den engen trichterförmigen Gassen mit den winzigen Bars und Kneipen gleich nördlich der Plaza wird es zunehmend quirlig.

Iglesia de San Ignacio KIRCHE
(Karte S. 46; Calle 10 No 6–35) Die Jesuiten begannen mit dem Bau dieser ikonenhaften Kirche im Jahr 1610, und obwohl hier bereits 1635 Gottesdienste stattfanden, wurde sie erst nach Vertreibung der Jesuiten im Jahr 1767 vollendet. Sie war in der Kolonialzeit das größte und vielleicht auch das prächtigste Gotteshaus. Zurzeit werden umfassende und langwierige Renovierungsarbeiten durchgeführt. Nach ihrer künftigen Wiedereröffnung werden die Besucher hoffentlich eine der reichverziertesten Kirchen der Stadt besichtigen können.

Teatro Colón THEATER
(Karte S. 46; ☎284 7420; www.bogota-dc.com/even tos/teatro/colon.html; Calle 10 No 5–32) Seit seiner Geburtsstunde im Jahr 1792 trug das Gebäude verschiedene Namen. Die noch heute zu bewundernde Fassade im italienischen Stil, nach einem Entwurf des italienischen Architekten Pietro Cantini erbaut, prägte bereits bei der Eröffnung des Teatro Nacional 1892 das Gesicht des Gebäudes. Die aufwendigen Interieurs werden gerade im Rahmen umfassender Renovierungsarbeiten geliftet – aller Voraussicht nach wird dies weitere fünf Jahre in Anspruch nehmen. Normalerweise ist das Teatro Colón eine Bühne für Konzerte, Opern und Ballett; ganztägige Besichtigungstouren werden auch angeboten.

GRATIS **Museo Militar** MUSEUM
(Militärmuseum; Karte S. 46; ☎281 2548; Calle 10 No 4–92; ⌚Di–So 9–16Uhr) Dieses zweistöckige Museum wird von pensionierten Militärs betrieben und für eine bestimmte Zielgruppe könnte die Sammlung durchaus interessant sein: Anhand lebendig wirkender Figuren wird die Geschichte von Militäruniformen präsentiert (bemerkenswert ist die Ausstattung der Antiterroristeneinheit); ein weiterer Saal ist dem Korea-Krieg gewidmet, und ein Video zeigt den Einsatz zur Rettung von Ingrid Betancourt aus der Geiselgefangenschaft. Im Innenhof werden Artillerie und Luftabwehr präsentiert. Dazu gehört auch ein Präsidentenhubschrauber. Für den Eintritt ist ein Personalausweis erforderlich.

Edificio Liévano HISTORISCHES GEBÄUDE
(Karte S. 46; für die Öffentlichkeit geschl.) In diesem französisch anmutenden Gebäude an der Westseite der Plaza befindet sich heute die *alcaldía* (Amtsitz des Bürgermeisters). Das Gebäude wurde zwischen 1902 und 1905 erbaut.

Palacio de San Carlos PALAST
(Karte S. 46; Calle 10 No 5–51) In diesem wehrhaften Regierungspalast, der einstigen Schaltzentrale des Präsidenten Simón Bolivar, hat sich schon mehr als eine Tragödie um Leben und Tod abgespielt. 1828 wurde hier ein Attentat auf den Präsidenten verübt, dem er nur knapp entkam. Sein mit diversen Privilegien ausgestatteter Freund Manuelita Sáenz kickte ihn aus dem Präsidentenamt. In Bogotás Politkreisen galt er fortan als „Befreier des Befreiers".

Rechts unterhalb des Fensters seines ehemaligen Büros erinnert ein Wort in lateinischen Lettern an das schaurige Ereignis.

Centro Cultural Gabriel García Márquez KULTURZENTRUM
(Karte S. 46; ☎283 2200; www.fce.com.co; Calle 11 No 5–60) Das moderne, erst 2008 eröffnete Kulturzentrum ist ein echter Zugewinn für La Candelaria. Dieser weitläufige neue Komplex ehrt Kolumbiens berühmtesten Schriftsteller, doch geht die Bandbreite der Kulturveranstaltungen weit über Literatur hinaus. Zum Gebäudekomplex gehören auch eine riesige Buchhandlung (mit eini-

NICHT VERSÄUMEN

CERRO DE MONSERRATE

Bogotás stolzes Wahrzeichen – und auch willkommener Orientierungspunkt – ist der von einer weißen Kirche gekrönte, 3152 m hohe **Monserrategipfel** (Karte S. #40), dessen Bergflanken, etwa 1,5 km von La Candelaria entfernt, den Osten der Stadt begrenzen. Von den meisten Stadtteilen aus ist der Berg weit über die Hochebene von Sabana de Bogotá (Savanne von Bogotá; manchmal auch „das Tal" genannt) sichtbar. Von ganz oben bietet sich ein atemberaubender Blick auf die Hauptstadt mit ihrer Ausdehnung von insgesamt 1776 km². An einem Tag mit klaren Wetterverhältnissen sind sogar die symmetrischen Umrisse des Bergkegels Nevado del Tolima zu erkennen, der zur Vulkankette Los Nevados der Cordillera Central 135 km weiter westlich gehört.

Die **Gipfelkirche** ist mit ihrer Altarfigur des Señor Caído (kreuztragender gefallener Christus) aus den 1650er-Jahren eine Art Mekka für Pilger. Ihr wurden auch schon wundersame Heilungen zugeschrieben. Die auf den Fundamenten einer ursprünglichen Kapelle errichtete Kirche wurde 1917 durch ein Erdbeben zerstört.

Bei Redaktionsschluss des Reiseführers war der Wanderpfad dorthin wegen Sanierungsarbeiten für zwei Jahre gesperrt, aber mit der Ankündigung einer baldigen Wiedereröffnung. Wenn es dann so weit ist, sollte man bedenken, dass Samstag und Sonntag in der Frühe ganze Pilgerscharen unterwegs sind, um den steilen Aufstieg – eine **Wanderung mit 500 Stufen** – an Imbissbuden vorbei bis zum Gipfel zurückzulegen (60 bis 90 Gehminuten). An anderen Tagen kann der Weg aufgrund der Diebstahlgefahr riskant sein. Wer trotzdem hinauf möchte, der nimmt am besten die regelmäßig verkehrende teleférico (Seilbahn) oder die Standsteilbahn, die abwechselnd zur **Bergstation Monserrate** (Karte S. #40; www.cerromonserrate.com; Rundfahrten mit Teleférico ⌚Mo–Sa 12–23 Uhr 15 400 COP, Nachfahrt ab 17.30 Uhr 17 000 COP, So 6.30–17.30 Uhr 9000 COP; Funicular hMo–Sa 7–11.45 Uhr 15 400 COP, So 5.30–17.30 Uhr 9000 COP) fahren. In der Regel verkehrt die Standseilbahn ab 7 Uhr, die Seilbahn später ab 12 Uhr.

Von der Iglesia de las Aguas an der Nordostecke von La Candelaria führt ein 20-minütiger Fußmarsch zur Talstation der Standseilbahn (man läuft den von einer Ziegelsteinmauer gesäumten Gehsteig entlang an den Springbrunnen vorbei, eine Anhöhe hinauf und an der Universidad de los Andes vorbei) – allerdings ist dieser Weg vorwiegend am Wochenende zu empfehlen, vor allem früh morgens, wenn viele Pilger unterwegs sind. Während der Woche kommt es auf dem kurzen Stück zwischen Quinta de Bolívar und Monserrate gelegentlich zu Raubüberfällen. Die beste Lösung ist ein Taxi oder vom Bahnhof aus ein Bus in Richtung „Funicular".

gen englischen Titeln), ein großes Hamburger-Restaurant und ein einladendes Juan Valdéz-Café.

GRATIS **Observatorio Astronómico** STERNWARTE
(Karte S. 46) Die Anlage wurde von dem gefeierten Botaniker José Celestino Mutis entworfen. Der Tower aus dem Jahr 1803 gilt als erste Sternwarte des Kontinents. Besichtigt werden kann sie von Montag bis Freitag um 11 und um 13 Uhr, allerdings nur bei Reservierung eine Woche im Voraus. Und das geht so: den Namen, die Staatsangehörigkeit und Personalausweisnummer per E-mail an museos@unal.edu.co.

STADTMITTE

Bogotás kunterbunt zusammengestückeltes Geschäftszentrum – mit seinen vielbesuchten Einkaufstraßen Calle 19 und Carrera 7 – ist wahrlich nichts, was das Herz zum Hüpfen bringt, außer am autofreien Sonntag, wenn sich die Carrera 7, alias Ciclovía, in eine Freizone für Radfahrer verwandelt und der Flohmarkt Mercado de San Alejo (S. #68) voll im Gange ist. Einige der Hauptsehenswürdigkeiten (vor allem das Museo del Oro) konzentrieren sich entlang der Av. Jiménez nahe La Candelaria.

LP TIPP **Museo del Oro** MUSEUM
(Karte S. 46; ☎343 2222; www.banrepcultural.org/museo-del-oro; Carrera 6 No 15–88; So Eintritt frei, Mo–Sa 3000 COP, Audioguide 6000 COP; ⌚Di–Sa 9–18, So 10–16 Uhr) Bogotás berühmtestes und eines der faszinierendsten Museen in ganz Südamerika ist das kürzlich renovierte Goldmuseum mit einer Sammlung

von über 55 000 Goldstücken und anderen Materialien von allen großen Kulturen Kolumbiens vor der spanischen Eroberung. Die Exponate sind strukturiert und nach Themenbereichen geordnet über drei Stockwerke verteilt – mit Beschreibungen in Spanisch und Englisch.

Die Sammlungen im 1. Stock bestehen aus Fundstücken verschiedener Regionen. Auf Beschreibungen ist nachzulesen, für was die Gegenstände verwendet wurden.

Darüber hinaus gibt es jede Menge an Zwitterfiguren (z. B. Jaguar/Frosch, Mensch/Adler); bemerkenswert sind auch die kleinen weiblichen Figuren, die zeigen, welch überraschend wichtige Rollen die Zenú-Frauen bei religiösen Riten im präkolumbischen Norden spielten.

In der 2. Etage befindet sich der Saal mit den „Opfergaben“ Hier wird erklärt, wie Gold bei Ritualen benutzt wurde, so etwa in Form von reich verzierten *tunjos* (goldenen Kriegermännchen), welche in die Laguna de Guatavita (S. #74) geworfen wurden; die berühmteste dieser Gaben wurde 1969 nahe der Stadt Pasca gefunden: ein goldenes Boot ohne genaue Bezeichnung, deshalb einfach nach dem Volksstamm der Muisca benannt, kurz „Balsa Muisca“. Sein wahres Alter ist ungewiss, denn nur Goldstücke in Verbund mit anderen Materialien können durch die Radiokarbonmethode datumsmäßig zugeordnet werden.

Wer über die Beschreibungen hinaus noch mehr Hintergrundgeschichten erfahren will, sollte sich einem einstündigen Rundgang anschließen, der von Dienstag bis Samstag (in Spanisch und Englisch; 11 und 16 Uhr) angeboten wird, jeweils mit einem anderen Schwerpunkt. Audioguides sind in Spanisch, Englisch und Französisch erhältlich.

Iglesia de San Francisco — KIRCHE

(Karte S. 46; www.templodesanfrancisco.com; Ecke Av. Jiménez & Carrera 7; ⌚Mo–Fr 7–19, Sa & So 7–14 & 16.30–19.30 Uhr) Die zwischen 1557 und 1621 erbaute Kirche von San Francisco, gleich westlich vom Goldmuseum, ist Bogotás ältestes Gotteshaus, das alle Stürme der Zeit überlebt hat. Von besonderem Interesse ist der außergewöhnlich reich verzierte Goldaltar aus dem 17. Jh., Bogotás größtes und am aufwendigsten gestaltetes Kunstwerk dieser Art. Ihn genauer in Augenschein zu nehmen, ist gar nicht so leicht, weil nahezu stündlich Messen abgehalten werden. Weniger schwierig ist es, die grün-goldenen Deckenverzierungen im Mudejar-Stil unter der Orgelempore zu betrachten.

Quinta de Bolívar — MUSEUM

(Außerhalb von Karte S. 46; www.quintadebolivar.gov.co; Calle 20 No 2–91 Este; Erw./Kind 3000/1000 COP; ⌚Di–Fr 9–17, Sa & So 11–16 Uhr) Etwa 250 m bergab westlich der Monserrate-Station liegt dieses reizende Volkskundemuseum inmitten eines Gartens am Fuß des Cerro de Monserrate. Das geschichtsträchtige Palais wurde im Jahr 1800 erbaut und als Dank für dessen Verdienste als Befreier Kolumbiens 1820 dem Präsidenten Simón Bolívar gestiftet. Bolívar verbrachte hier 423 Tage seines Lebens über neun Jahre hinweg. Die Räume sind mit Reminiszenzen aus dieser Zeit ausgestattet, einschließlich Bolívars Schwert. Wenig wird dagegen über die letzten Tage berichtet, als das Gebäude als Anstalt für Geisteskranke zweckentfremdet wurde.

Im Musuem ist für 2500 COP eine englisch- und französischsprachige Broschüre oder ein spanischsprachiger Audioguide für 1000 COP erhältlich.

Mirador Torre Colpatria — AUSSICHTSPUNKT

(Karte S. 46; Carrera 7 No 24–89; Eintritt 3500 COP; ⌚Fr 18–21, Sa, So & feiertags 11–17 Uhr) Zwar bietet der Monserrate grandiose Ausblicke über die Stadt, aber nur auf der Aussichtsplattform im 48. Stockwerk des Colpatria Tower kann man einen wunderbaren Blick über die Stierkampfarena vor der Skyline mit den Bürohochhäusern und den Bergen dahinter genießen – außerdem hat man von hier aus einen Rundumblick über Bogotá. Der 162 m hohe Wolkenkratzer, 1979 fertiggestellt, ist der größte Kolumbiens.

Museo de Arte Moderno — MUSEUM

(MAMBO; Karte S. 46; www.mambogota.com; Calle 24 No 6–00; Erw./Stud. 4000/2000 COP; ⌚Di–Sa 10–18, So 12–17 Uhr) Nach einem Entwurf des hochverehrten kolumbianischen Architekten Rogelio Salmona erbaut, wurde das Museum für moderne Kunst Mitte der 1980er-Jahre mit der Einweihung einer weitläufigen Ausstellungshalle eröffnet. Der thematische Schwerpunkt der Sammlungen liegt auf visueller Kunst in verschiedensten Formen wie Gemälde, Skulpturen, Fotografie und Video ab dem Beginn des 20. Jhs. bis in die Gegenwart. Die Ausstellungen wechseln häufig, meist aber werden lateinamerikanische Künstler präsentiert. Im Kino laufen jedes Wochenende um 15 Uhr und 17 Uhr (4000 COP) Filme.

Iglesia de la Veracruz KIRCHE

(Karte S. 46; Calle 16 No 7–19; ⌚ Mo-Fr 4.30–19.30 Uhr, Messe Mo–Fr 8, 11, 12 & 18, Sa 12 & 18, So 11, 12 & 17 Uhr) Die Iglesia de la Veracruz ist als „Nationalpantheon" bekannt, da dort viele der Helden im Kampf um die Unabhängigkeit bestattet wurden.

Iglesia La Tercera KIRCHE

(Karte S. 46; Calle 16 No 7–54; ⌚Mo–Fr 7–18 Uhr, Messe Sa 11, So 12 & 13 Uhr) Außen beeindruckt die Kirche durch ihre elegante Steinfassade, innen nicht minder durch die Schnitzaltäre aus Walnuss- und Zedernholz vor dem Hintergrund weiß getünchter Wände unter einer holzgeschnitzten Decke.

CENTRO INTERNACIONAL

Inmitten dieser quirligen Zone der Innenstadt schaut man von den Büroräumen aus auf die Carrera 7, wo sich einige Attraktionen befinden und jede Menge Businessmeetings stattfinden. Im Januar und Februar wimmelt es auf der vollkommen überlaufenen Plaza de Toros de Santamaría (S.73) von Stierkampffans.

LP TIPP **Museo Nacional** MUSEUM

(National Museum; außerhalb von Karte S. 46; www.museonacional.gov.co; Carrera 7 No 28–66; So Eintritt frei, Mo–Sa Erw./Stud. 2000/500 COP; ⌚Di–Sa 10–18, So bis 17 Uhr) Das Museum ist untergebracht in dem weitläufigen Gebäudekomplex, der auf dem Grundriss eines griechischen Kreuzes erbaut wurde und auch El Panóptico genannt wird. Nach einem Entwurf des englischen Architekten Thomas Reed aus dem Jahr 1874 wurde es zunächst als Gefängnis konzipiert. Heute geht es durch schmiedeiserne Gittertüren hinein in weiß getünchte Hallen, wo die Besucher entlang der (mehr oder weniger) chronologisch aufgebauten Ausstellung in die Vergangenheit Kolumbiens eintauchen können. Die meisten Beschreibungen sind in Spanisch, aber immerhin liegen auf jeder Etage zum besseren Verständnis der Highlights einige hilfreiche englischsprachige Flyer aus.

Im Erdgeschoss steht die präkolumbische Geschichte im Mittelpunkt; unter den Exponaten befinden sich ziemlich schräge Referenzen, die auf indigene Volksstämme verweisen und einige fesselnde Muisca-Mumien, die angeblich bis ins Jahr 1500 zurückreichen. Im 2. Stock vermittelt der Raum 16 auf hautnahe Art und Weise, wie sich früher das Leben im Gefängnis angefühlt haben mag – die ehemaligen Zellen dienen heute als Ausstellungsnische für verschiedene Objekte. Die erste Zelle rechts ist dem populistischen Führer Jorge Gaitán gewidmet, dessen Ermordung im Jahr 1948 die Bogotazo-Aufstände auslöste.

Nach dem Museumsbesuch bietet sich eine Verschnaufpause in den hübschen Gärten des gläsernen Juan Valdéz-Cafés an; in der nahe gelegenen Calle 29 gibt es beispielsweise auch eine große Auswahl an guten Restaurants.

NÖRDLICHES BOGOTÁ

Museo El Chicó MUSEUM

(Karte S. 62; ☎623 1066; www.museodelchico.com; Mercedes Sierra de Pérez, Carrera 7A No 93–01; Erw./Stud. 3500/2500 COP; ⌚Mo–Fr 10–13 & 14–17, Sa 8–12 Uhr) Dieses Museum befindet sich in einer eleganten *casona* (einem großzügigen Haus mit vielen Räumen) aus dem 18. Jh., umgeben von einem Grundstück, auf dem einst eine riesige Hacienda stand. Die Sammlung besteht aus historischen Objekten der dekorativen Kunst, meist aus Europa. Allein schon das mit exquisiten Fayencen verkleidete Badezimmer ist eine Besichtigung wert, und auch die wundervolle Parkanlage lädt zu einem Picknick ein.

Plaza Central de Usaquén PLAZA

(Los Toldos de San Pelayo; Carrera 6A zwischen Calles 119 & 119A) Am schönsten ist es hier am Wochenende, wenn der Flohmarkt stattfindet – und am allerquirligsten ist es am Sonntag.

WESTLICHES BOGOTÁ

Parque Simón Bolívar PARK

(Karte S. #40; Calle 63 & 53 zwischen Carreras 48 & 68; ⌚6–18 Uhr) Mit 360 ha Gesamtfläche ist der Stadtpark ein bisschen größer als der weltberühmte Central Park in New York. Das wird von vielen der 200 000 Spaziergänger, die hier am Wochenende Ruhe und Entspannung suchen, immer wieder gerne betont. Der schöne Fleck bietet neben Seen, Rad- und Gehwegen auch öffentliche Bibliotheken, Sportstadien und viele Veranstaltungen, z. B. das beliebte *Rock al Parque* im Oktober bzw. November. Die Haltestelle „Simón Bolívar" auf der TransMilenio-Linie E fährt bis ans östliche Ende des Parks (an der Av. Ciudad de Quito und Calle 64).

Aktivitäten

Wer nach einem Platz sucht, um etwas zu kicken oder zu joggen, macht das am besten im Parque Simón Bolívar, oder erklimmt am Wochenende früh morgens den Monserrate (S. 52). Andere, die lieber mit Drahtesel unterwegs sind, können sich auf dem unschlagbar weit verzweigten 350 km langen Radwegenetz der **CicloRuta** abstrampeln – verschiedene Strecken führen quer durch die Stadt. Gelegenheit dazu bieten auch die autofreien Tage der **Ciclovía** (www.idrd.gov.co), wenn etwa 120 km des Straßennetzes Radfahrern und Fußgängern vorbehalten bleiben, nämlich sonntags und feiertags von 7 bis 14 Uhr.

Gran Pared KLETTERN

(Karte S. 56; www.granpared.com; Carrera 7 No 50–02; pro Std. mit Ausrüstung & Kursleiter 19 000 COP, ohne Kursleiter 14 000 COP; ⌚Mo–Sa 10–22, So bis 18 Uhr) Bogotás Kletterer treffen sich alle im nahe gelegenen Suesca (S. #74); wer jedoch seine Kletterkünste in der Stadt verfeinern will, findet dort eine schwindelerregend hohe Kletterwand – eine Herausforderung für jedermann, und dazu auch noch gut organisiert.

LP TIPP **Bogotá Bike Tours** RADFAHREN

(Karte S. 46; ☎312 502 0554; www.bogotabike tours.com; Verleih halb-/ganztags 15 000/30 000 COP) Betrieben wird der Fahrradverleih von dem kalifornischen Bike-Enthusiasten Mike Caesar: eine faszinierende Art, Bogotá zu erkunden, vor allem in Stadtvierteln, die normalerweise für Touristen tabu sind, außer für Verrückte. Die Touren starten täglich um 10.30 und 13.30 Uhr (30 000 COP) ab der Filiale in La Candelaria. Zu den typischen Highlights zählen La Candelaria, ein Obst- und Kräutermarkt – besonders auffällig: die Gewürzverkäufer! – die Plaza de Toros de Santamaría, der Zentralfriedhof und das Rotlichtviertel. Mike vermietet auch Fahrräder für Touren auf eigene Faust.

Kurse

In Kolumbien ist die Aussprache im Spanischen deutlicher als in anderen lateinamerikanischen Destinationen.

International House Bogotá SPRACHE

(Karte S. 46; ☎336 4747; www.ihbogota.com; Calle 10 No 4–09; ⌚So geschl.) Diese Sprachenschule bietet Gruppenkurse in La Candelaria an (220 US$ pro Woche, fünf Stunden am Vormittag) oder private Tutoren (30 US$ pro Std.).

Escuela de Artes y Oficios Santo Domingo KUNSTHANDWERK

(Karte S. 46; ☎282 0534; www.eaosd.org; Calle 10 No 8–65) Diese von einer Stiftung kofinanzierte Organisation bietet in einem herrlich restaurierten Gebäude in La Candelaria für die Dauer von ein bis zwei Monaten (oder auch länger) Kurse an mit Schwerpunkten wie Holzarbeiten, Leder, Silber und Stickerei. Die Kursgebühren betragen 150 000 COP. Wenn es sich auch nicht um ein klassisches Einkaufszentrum handelt, so hat die Organisation doch den wohl besten Kunsthandwerksladen in der ganzen Stadt mit Objekten in feinster handwerklicher Ausführung.

Nueva Lengua SPRACHE

(☎861 5555; www.nuevalengua.com/spanish; Calle 69 No 11A–09, Quinta Camacho) Diese Sprachenschule offeriert eine ganze Reihe von Studienprogrammen – und dies auch in ihren Niederlassungen in Medellín und Cartagena. Eine 25-Stunden-Woche mit einem Privatlehrer kostet 610 US$, eine 20-Stunden-Woche in einer kleinen Klasse 180 US$ und ein (mindestens) vierwöchiges Kombiprogramm (Lernen & Arbeiten) einschließlich eines freiwilligen Einsatzes in einem Waisen- oder Krankenhaus liegt bei 720 US$.

BOGOTÁ FÜR KINDER

Einige Attraktionen Bogotás sind besonders kinderfreundlich. **Maloka** (www.maloka.org; Carrera 68D No 51; Museum/Kino/beides 10 000/10 500/17 000 COP; ⌚Mo–Fr 8–17, Sa 10–19, So 11–19 Uhr) ist ein auf Kinder ausgerichtetes Wissenschaftsmuseum mit einem kuppelartigem Kino; das Museo El Chicó (S. 54) hat einen Park für Kids und eine Bücherei. Im Museo Nacional (S. 54) können große und kleine Besucher Mumien und alte Gefängniszellen bestaunen. Außerdem ist es möglich, auf offener Straße von Straßenhändlern Kerne als Vogelfutter zu kaufen, um die (vielen) Tauben an der Plaza de Bolívar (S. 45) anzulocken. Und wer sich an der lustigen Kopfbedeckung der Präsidentenwache ergötzen will, kann dies direkt am Regierungspalast tun (S. 49).

Chapinero

BOGOTÁ

Chapinero

Aktivitäten, Kurse & Toren
1 Gran Pared B7

Schlafen
2 La Casona del Patio C2
3 La Pinta C3

Essen
4 Dulce Mini-Mál B6
5 Rafael D2
6 Salvo Patria B5

Ausgehen
7 Invitro B5
8 Taller de Té C5
9 Treffen B5

Unterhaltung
Los Millonarios ..... (siehe 12)
10 Romeo* Disco Club A3
11 Teatro Experimental La Mama B3
12 Teatro Nacional C1
13 Theatron A5

Shoppen
14 Camping Amerelo A5

Universidad Javeriana's Centro LatinoAmerikanischo SPRACHE
(☎320 8320, Nebenstelle 4620; www.javeriana.edu.co/cen trolatino; Transversal 4 No 42–00, piso 6) Bogotás wohl bekannteste Sprachenschule für im Angebot bietet Privatunterricht (91 000 COP pro Std.) oder 80-Stunden-Kurse (1952 000 COP pro Pers.).

Geführte Touren

Destino Bogotá hat jede Menge ungewöhnliche Stadttouren und kleinere Tagesausflüge im Programm, während Sal Si Puedes Wochenendwanderungen rund um Bogotá und Umgebung organisiert; siehe S. 78. Auch bieten einige der Tourismusinformationszentren, die Puntos de Información Turística (PIT), täglich interessante kostenlose Stadtrundgänge an; siehe S. 77. Eine großartige neue (nahezu kostenlose) Option ist die **Bogotá Graffiti Tour** (☎321 297 4075; www.bogotagraffiti.com), ein dreistündiger Spaziergang (4000 COP) durch Bogotás bemerkenswerte und beeindruckende städtische Kunstlandschaft. Die Touren starten jeden Dienstag, Donnerstag und Samstag um 13 Uhr ab dem Parque de los Periodistas.

Feste & Events

Eine Mischung aus Festivals auf lokaler und nationaler Ebene findet in schöner Regelmäßigkeit das ganze Jahr über statt. Weiter unten folgt eine Auswahl der Topevents. Vor Ort erfahren Interessierte mehr über kleinere Festivals, die jeden Monat stattfinden – einfach nachfragen!

Feria Taurina STIERKAMPF
(Jan. & Feb.) Bogotá hat seine eigene Stierkampfsaison: Die ganz großen Corridas finden meist sonntags statt. Dann sind berühmte internationale Toreros, meist aus Spanien und Mexiko, zu Gast und stellen sich in der Arena der Herausforderung.

Festival IberoAmerikano de Teatro THEATER
(März & April) Ein Theaterfestival mit Ensembles aus allen lateinamerikanischen Ländern und über die Grenzen des Kontinents hinaus; das Festival findet alle zwei Jahre statt, immer in Jahren mit gerader Zahl.

Salsa al Parque SALSA
(Aug.) Extravagante Salsa-Performances im Parque Simón Bolívar

Festival de Verano KULTUR
(Aug.) Zehn Tage Musik und Kultur zum Nulltarif im Parque Simón Bolívar

Festival de Jazz JAZZ
(Sept.) Das vom Teatro Libre organisierte Jazzfestival präsentiert lokale und nationale Jazzkünstler sowie gelegentlich Stars aus den USA oder aus Europa.

Festival de Cine de Bogotá KINO
(Okt.) Aufgrund seiner 20-jährigen Geschichte zieht Bogotás Filmfestival Kinofilme aus der ganzen Welt an, einschließlich einer ungewöhnlich großen Auswahl an lateinamerikanischen Werken.

Hip Hop al Parque HIP-HOP
(Okt.) Zwei Tage beherrschen Hip-Hop-Rhythmen das Ambiente im Parque Simón Bolívar.

Rock al Parque ROCK
(Okt. & Nov.) Drei Tage lang spielen im Parque Simón Bolívar (meist südamerikanische) Bands Rock, Metal, Pop, Funk und Reggae zum Nulltarif. Dann strömen die Fans in Scharen herbei.

Expoartesanías KUNSTHANDWERK
(Dez.) Diese Kunsthandwerksmesse versammelt Kunsthandwerker und ihre Produkte

aus dem ganzen Land. Da alle Werke auch zum Verkauf stehen ist die Messe also ein Dorado für Souvenirjäger mit besonderem Geschmack.

Schlafen

In Bogotá herrscht momentan ein regelrechter Hotelboom. Große Geschäftshotelketten wie Hilton und Marriott haben sich mit neuen Hotelbauten inzwischen fest etabliert – insbesondere entlang der Av. El Dorado in Salitre (außerhalb des Zentrums), einige Kilometer östlich vom Flughafen. Viele andere Luxushotels zeichnen sich am nördlichen Horizont ab. In dieser Gegend lässt es sich gut aushalten, wenn man sich auf Spaziergängen ab 22 Uhr etwas sicherer fühlen oder in der Nähe von Einkaufspassagen und schicken Bars logieren will.
Wer schnellstmöglich alle Sehenswürdigkeiten abhaken möchte, sollte sich lieber in La Candelaria eine Bleibe suchen.

BOGOTÁ ZENTRUM

LA CANDELARIA

In den letzten Jahren gab es in der historischen Vorstadt von La Candelaria eine wahre Explosion an Pensionen. Dort sind die Zimmer komfortabler als in den billigeren schmuddeligen Hotels, die oft schon in die Jahre gekommen sind. Touristen mit Sinn für Luxus finden hier eine Reihe von Lokalitäten mit kolonialem Flair, mehr noch als irgendwo sonst in der Hauptstadt.

LP TIPP Casa Deco BOUTIQUEHOTEL $$$

(Karte S. 46; ☎282 8640; www.hotelcasadeco.com; Calle 12C No 2–30; EZ/DZ inkl. Frühstück ab 184 000/218 000 COP; @📶) Dieses schmucke Hotel mit 21 Zimmern wird von einem italienischen Smaragdhändler betrieben. Gegenüber dem Meer an Pensionen ringsherum hebt sich diese Option deutlich vom Mainstream ab. Die Zimmer sind in sieben verschiedenen hellen Farben gestrichen und mit erlesenen, kunstvoll gearbeiteten Hartholzmöbeln ausgestattet, inklusive Schreibtische und Futonbetten. Zum Frühstück spielt ein Gitarrist. Das Personal ist freundlich und die Terrasse mit Blick auf den Monserrate und den Cerro de Guadalupe hat eine fast hypnotisierende Wirkung.

Hotel de la Ópera BOUTIQUEHOTEL $$$

(Karte S.46; ☎336 2066; www.hotelopera.com.co; Calle 10 No 5–72; Zi. inkl. Frühstück 378 000–407 000 COP, Suite inkl. Frühstück 546 000–554800COP; @📶❄) La Candelarias schickstes Hotel – das seinen Ruf den kostümstarken Aufführungen im Teatro Colón nebenan verdankt – besteht aus fein restaurierten Zimmern zweier geschichtsträchtiger Stadtpalais im spanischen Kolonialstil mit zwei Patios („total colonial", wie das Personal stets beteuert). Am besten sind die Standardzimmer 710–712 im neuen Art-déco-Nebengebäude mit grandiosen Aussichten.

Casa Platypus PENSION $$

(Karte S. 46; ☎281 1801; www.casaplatypus.com; Carrera 3 No 12F–28; EZ/DZ/3BZ inkl. Frühstück 130 000/150 000/170 000 COP; @📶) Dieses neuere Platypus im Stil eines „Boutiquehotels" bietet Zimmer mit eigenem Bad, mit Hartholzmöbeln, schmaler Terrasse, von wo aus Gäste an Werktagen um 15 Uhr den Catwalk der Studentinnen in dem neuesten Modeoutfit beobachten kann. Außerdem gibt es eine wunderbare Dachterrasse.

Cranky Croc HOSTEL $$

(Karte S. 46; ☎342 2438; www.crankycroc.com; Calle 12D No 3–46; B 20 000 COP, EZ/DZ/3BZ 65 000/70 000/105 000 COP, EZ/DZ/BZ ohne Bad 46 000/60 000/90 000 COP; @📶) Unsere Lieblingsherberge in der Stadtmitte: Der Inhaber ist ein freundlicher Australier; sein Übernachtungsangebot besteht aus fünf Schlafsälen und acht Zimmern, die rund um diverse Gemeinschaftsbereiche verteilt sind einschließlich einer Küche, die von Meisterhand geführt wird; das Frühstück gibt's individuell auf Bestellung. Die Betten sind mit Schließfächern und Leselampen ausgestattet. Alles ist stimmig, auch die Hintergrundmusik.

Platypus HOSTEL $

(Karte S. 46; ☎352 0127; www.platypusbogota.com; Calle 12F No 2–43; B 20 000 COP, EZ/DZ ohne Bad 36 000/44 000 COP, Zi. 55 000 COP; @📶) Hier führt eine Stadtlegende die Regie: Germán Escobar, ein freundlicher Globetrotter, der das Hostel in La Candelaria eröffnete, als sich noch kein anderer an ein soolches Unternehmen heranwagte. Das Hostel bietet in drei Häusern einfache, saubere Zimmer. Im Küchenbereich herrscht ein gemütliches Ambiente, und das freundliche Personal (einschließlich Germán) bringt sich mit guten Ausflugstipps ein. Wenn möglich, vorab reservieren. Im Hauptgebäude ist es auf jeden Fall angenehmer, den in den Schlafsälen mit ca. 14 Betten nebeneinander könnte es nachts etwas unruhig werden.

Anandamayi Hostel HOSTEL **$$**
(Karte S. 46; ☎341 7208; www.amandamayi hostel.com; Calle 9 No 2–81; B/EZ/DZ ohne Bad 30 000/90 000/120 000 COP; @📶) Südlich des zentralen Hostel-Areals steht dieses reizvolle, kolonial anmutende Stadthaus mit kleinen, aber gut ausgestatteten Zimmern: Holzgebälk, jede Menge Wolldecken und Kolonialmöbeln. Einige Zimmer haben ein eigenes Bad, aber beim Abendessen bringt sich jeder ein, und der Preis ist der gleiche. Die Zimmer und der Schlafsaal mit den 14 Betten sind um einige halbbelaubte zentrale Innenhöfe mit Hängematten gruppiert. Für ein Viertel wie La Candelaria geht es hier bemerkenswert locker zu. Das Frühstück ist im Preis inbegriffen.

Hotel Abadia Colonial HOTEL **$$$**
(Karte S. 46; ☎341 1884; www.abadiacolonial.com; Calle 11 No 2–32; EZ/DZ inkl. Frühstück 155 000/ 220 000 COP; @📶) Hier herrscht ein persönlicheres Ambiente als in den hochpreisigeren Hotels in La Candelaria. Die zwölf Zimmer sind adrett herausgeputzt, mit weiß getünchten Wänden und farbenfrohen Decken, Wandtresoren und viel Fingerspitzengefühl für kolonialen Stil; dazu kommen noch Fußbodenheizung und TV. Das Frühstück wird in einem der angenehmen Gemeinschaftsbereiche im Innenhof serviert.

Musicology HOSTEL **$**
(Karte S. 46; ☎286 9093; www.musicology hostel.com; Calle 9 No 3–15; 18 000–26 000 COP pro B; @📶) Dieses von Franzosen geführte Hostel (der Eigentümer ist ein Israeli) mit Ökoflair bietet Übernachtungsmöglichkeiten im Schlafsaal mitten in La Candelaria: Alle Betten und Stühle sind aus recycelten Holzmaterialien (Reste abgerissener Häuser); das Einchecken geht ganz ohne Papierkram, und der Abfall besteht garantiert nicht aus Plastik. Die Räume sind thematisch nach Musikstücken benannt (nach einem Album von Prince). Mehrere Überwachungskameras sorgen dafür, dass keine Diebstähle oder sonstige Ärgernisse den Hausfrieden stören. Im Preis inbegriffen sind Frühstück und Abendessen.

Destino Nómada HOSTEL **$$**
(Karte S. 46; ☎352 0932; www.dnhostels.com; Calle 11 No 00–38; 21 000–27 000 COP pro B, EZ/DZ 62 000/72 000 COP, ohne Bad 37 000/ 43 000 COP; @📶) Globetrotter schwärmen nur so von diesem Newcomer, wo sich die Gäste im Rahmen von Grill- und Themenabenden anfreunden: Von allem gibt es „mucho“ (viel). Die Zimmer sind superschlicht, dafür aber schön gelegen, nur einige Häuserblocks vom Museo Botero entfernt.

Casa de la Botica BOUTIQUEHOTEL **$$$**
(Karte S. 46; ☎281 0811; www.hotelcasa delabotica.com; Carrera 6 No 8–77; EZ/DZ/Suite inkl. Frühstück 237 500/300 000/360 000 COP; @📶) Für Pendler nahe des Kongresses an einer zentralen Fahrspur, die vom Colegio Mayor de San Bartolomé beherrscht wird, liegt dieses ruhige 21 Zimmer umfassende Hotel, wo Kolonialstil und modernes Flair Hand in Hand gehen – im alten Flügel haben die Zimmer noch einen Teppichboden, im neuen Trakt überwiegt zeitgenössisches Flair. Die beste Wahl ist die größere Suite – mit Kamin und Fensterfront mit Blick auf einen kleinen Felsengarten.

Hostal Sue Candelaria HOSTEL **$**
(Karte S. 46; ☎344 2647; www.suecandelaria.com; Carrera 3 No 12C–18; 20 000 COP pro B, EZ/DZ ohne Bad 36 000/50 000 COP pro B, Zi. 55 000 COP; @📶) Das freundliche und helle Sue Candelaria, das neuere von den beiden Sues in La Candelaria, gewinnt garantiert den Wettstreit um die festlichste Bettwäsche. Zu jeder Tageszeit ist der Kaffee gratis; das Frühstück ist im Preis inbegriffen. Die Bar ist ein weiteres Plus im Vergleich zur ursprünglichen Location neben dem Platypus.

Hotel Lido HOTEL **$**
(Karte S. 46; ☎341 2582; www.hotellidoplaza.com; Calle 11 No 9–45; EZ/DZ/3BZ 70 000/ 94 000/147 000 COP; @📶) In einem Häuserblock, wo die Zunft der Schneider angesiedelt ist, anderthalb Blocks südlich der Hauptplaza bietet das Lido 20 ordentliche Zimmer mit Teppichboden und TV, Telefon und eigenem Bad und außerdem superfreundliches Personal.

CENTRO INTERNACIONAL

In den schmuddeligen lauten Häuserblocks der Innenstadt finden sich mehrere Hotels – einige durchaus angenehm –, allerdings liegt der Schwerpunkt unserer Hotelauswahl in den angenehmeren Vierteln in der nördlichen Innenstadt.

Aparta Suites Tequendama APARTMENT, HOTEL **$$$**
(außerhalb von Karte S. 46; ☎381 3705; www.apartasuitestequendama.com; Carrera 10 No 27–51; Studio inkl. Frühstück ab 424 000 COP;

(@ wifi pool) Der mehrstöckige Gebäuderiese Residencias (bald ein Crowne Plaza) hat gegenüber seinem berühmteren Pendant Tequendama nebenan einige Pluspunkte: neu umgestaltete geräumige und moderne Apartments mit hübschen Parkettböden, Plasma-Flachbildschirmen und modern ausgestatteten Küchenzeilen.

NÖRDLICHES BOGOTÁ

Wer in Bogotá auf Geschäftsreise ist oder einen gehobenen Lebensstil pflegt, wird den besten Service in den Hotels finden, die nördlich der Calle 65 verstreut liegen. Viele von ihnen sind nur ein paar Gehminuten von der äußerst lebendigen Ausgehszene in der Zona G, Zona Rosa oder dem Parque 93 entfernt.

CHAPINERO

LP TIPP La Pinta HOSTEL **$$**

(Karte S. 56; ☎211 9526; www.lapinta.com.co; Calle 65 No 5–67; 22 000 COP pro B, EZ/DZ ab 55 000/66 000 COP inkl. Frühstück; @ wifi) In einer nicht ausgeschilderten Stadtvilla in Chapinero, dem schwulsten Stadtviertel von Bogotá, nur einige Schritte von La Septima entfernt, bietet dieses schnieke Anwesen einen fantastischen Garten auf der Rückseite des Gebäudes – wie ein kleines Geheimnis sozusagen. Die Badezimmer sind geräumig und modern, die farbenfrohen Daunensteppdecken ein echter Segen. Die Zimmer haben Parkettböden. Alles in allem: niveauvoll, fast wie in einem Boutiquehotel. Die Gemeinschaftsküche bietet viel Platz, und auch ein schrulliger süßer Hund gehört zum Inventar. Zimmer 304 ist das beste Doppelzimmer mit Blick auf den Garten.

ZONA G

La Casona del Patio PENSION **$$$**

(Karte S. 56; ☎212 8805; www.lacasonadelpatio.net; Carrera 8 No 69–24; EZ/DZ inkl. Frühstück 127 000/170 000 COP; @ wifi) Diese renovierte Pension in einem historischen Anwesen hat sich auf 24 Zimmer vergrößert und fühlt sich ein bisschen wie ein Hostel für Erwachsene an. Die alten Zimmer rund um einen kleinen Innenhof sind jetzt mit modernsten LCD-Fernsehern ausgestattet. Dazu kommen Laminatböden und Bilder mit Touristenattraktionen in der Umgebung, die jedem Raum ein Thema vorgeben. Die neueren Zimmer in einem zweiten Anbau sind moderner, doch haben sie sich das einfache Ambiente dieser freundlichen Location in einem ruhigen Teil der Zona G erhalten.

ZONA ROSA & PARQUE 93

LP TIPP Cité BOUTIQUEHOTEL **$$$**

(Karte S. 62; ☎646 7777; www.citehotel.com; Carrera 15 No 88–10; EZ/DZ inkl. Frühstück ab 500 000/560 000 COP; ❄ @ wifi pool) Zwischen der Zona Rosa und dem Parque 93 sowie einem Teil der kleinen Bogotá-Hotelkette liegt dieses hippe Geschäftshotel im Boutique-Stil. Es ist neu und innovativ, mit außergewöhnlichen Vorteilen wie einem beheizten Dachterrassenpool, extragroßen Zimmern mit jeder Menge natürlichem Tageslicht, darunter sogar einige mit Badewanne: eine echte Rarität! Vielleicht aber am coolsten ist die Tatsache, dass es einen kostenlosen Fahrradverleih für Hotelgäste gibt – sehr praktisch, weil das Hotel direkt an der CicloRuta liegt.

Chapinorte Bogotá HOSTEL **$**

(Karte S. 62; ☎256 2152; www.chapinortehostelbogota.com; Calle 79 No 14–59; 30 000 COP pro B, EZ/DZ 70 000/95 000 COP, ohne Bad 70 000/80000 COP, alle inkl. Frühstück; @ wifi) In einem unscheinbaren Wohngebäude, direkt jenseits der nördlichen Randbereiche von Chapinero, bietet dieses 10-Zimmer-Hostel eine wunderbare Alternative zu den Unterkünften in La Candelaria. Die Herberge wird von einem freundlichen Spanier geführt. Einige stilvolle Zimmer haben riesige Bäder und Kabelfernsehen. Wesentlich günstigere Tarife gibt es an Werktagen – dann liegen die Preise zwischen 5000 und 10 000 COP.

Sofitel HOTEL **$$$**

(Karte S. 62; ☎621 2666; www.sofitel.com; Carrera 13 No 85–80; Zi. ab 986 000 COP; nichtraucher @ wifi) Nach seiner wundersamen Wiedergeburt inklusive Entkernung und Facelifting ist das Sofitel heute das bestgeführte Hotel in der Zona Rosa. Das Interieur ist in herrliche Rottöne getaucht und mit geschmackvollen Goldrepliken à la Museo del Oro ausgeschmückt. Auch die Wände sind schalldicht, allerdings fehlt es ein wenig an Lebendigkeit in dieser Gegend: Das Hotel liegt nämlich in einer ruhigen Straße, aber immerhin mit einigen ausgezeichneten Restaurants in Reichweite.

Hotel Virrey Park HOTEL **$$$**

(Karte S. 62; ☎218 1625; www.hotelvirreypark.com; Carrera 15 No 87–94; EZ/DZ/3BZ inkl. Frühstück 197 000/227 371/287 371 COP; ❄ @ wifi) Gegenüber vom Hotel Cité am Virrey Park liegt das frischrenovierte 47-Betten-Hotel. Zwar gehört es zu den moderneren Adressen, doch fühlt man sich in den Zimmern etwas beengt. Auf jeden Fall wirken sie eine Spur klassischer als die Lobby und die Gemeinschaftsbereiche. Überall an den Wänden hängen Fotografien zu Bogotá, sodass Gäste leicht den Eindruck bekommen können, in einer Fotogalerie zu übernachten. Der Geist des Kaffees scheint allgegenwärtig: In der Lobby bestimmen Juan Valdéz und ein Illy-Café das Ambiente.

USAQUÉN

Usaquén Art Suites BOUTIQUEHOTEL **$$$**
(☎214 2029; www.usaquenartsuites.com; Carrera 5 No 117–07; Zi. inkl. Frühstück ab 250 000 COP; 📶) Eines der schicksten Boutiquehotels Bogotás: Jedes der neun nagelneuen Zimmer hat einen struppigen Teppich und wurde jeweils von einem anderen kolumbianischen Künstler entworfen. Das Hotel liegt einige Häuserblocks von der beschaulichen Plaza Usaquéns entfernt; bis zu den Läden, Bars und Lokalen ist es von hier aus nicht weit. Ein Aufenthalt dort fühlt sich an, als sei man in L.A. statt in Bogotá.

Essen

„Fusion" ist heute das Schlagwort für viele Gastronomen in Bogotá, die eine Mischung aus verschiedenen kulinarischen Genüssen anbieten und damit typischen kolumbianischen Gerichten eine mediterrane, italienische, kalifornische oder panasiatische Note verpassen. Die neuesten Trendlokale für ein Abendessen mit schickem Ambiente sind in der Zona G angesiedelt und im Künstlerviertel Macarena gleich nördlich von La Candelaria, wo eine lebendige Studentenszene vorherrscht. Dort gibt es eine Vielzahl von Restaurants, die bis spät warme Küche anbieten und bis in die Nacht hinein ausschenken.

BOGOTÁ ZENTRUM

LA CANDELARIA

LP TIPP **La Condesa Irina Lazaar** AMERIKANISCH **$$$**
(Karte S. 46; Carrera 6 No 10–19; Hauptgerichte 20 000-30 000 COP; ⏲Mo–Fr 12–15.30 Uhr) Dieses kleine, unauffällige 10-Tische-Lokal wird von einem halb mexikanischen, halb amerikanischen Wirt aus Kalifornien betrieben. Zu seinen Gästen zählen Künstler, Richter, Parlamentarier und andere, die über Insiderwissen verfügen. Obwohl das Essen nach dem unvergesslichen amerikanischen Western *Shalako* benannt wird, ist es zum Glück weitaus besser als der Film. Der Küchenchef Edgardo zaubert einfache, aber reichhaltige Gerichte, wann immer möglich mit Bioqualität. Zu den kulinarischen Highlights zählen fein filettierter Fisch, Biohühnchen und fantastisch gegrillter Lachs (33 000 COP).

Quinua y Amaranto VEGETARISCH **$$**
(Karte S. 46; Calle 11 No 2–95; Mittagsmenü 12 000 COP; ⏲Mo & Sa 8–16, Di–Fr 8–19.30 Uhr; 🖉) Dieses reizende Lokal – zwei Damen managen die offene Küche am Eingang – hat sich auf vegetarische Gerichte spezialisiert (außer an Wochenenden, wenn es *ajiaco*, zu Deutsch „Hühnchen" gibt); die Mittagsmenüs, Empanadas und Salate, schmecken fantastisch, einen guten Schluck Kaffee gibt's hinterher auch. Eine Auswahl an Hausdelikatessen wie Kokosblätter, Backwaren und verführerische Käsestücke – Marke Eigenproduktion – runden das kulinarische Angebot ab.

Café de la Peña Pastelería Francesa CAFÉ **$**
(Karte S. 46; www.cafepasteleria.com; Carrera 3 No 9–66; Süßigkeiten 5000–12 800 COP) Diese fabelhafte Patisserie im französischen Stil wird von Kolumbianern geführt. Die Gartenmauern und ein paar Essbereiche ziert einheimische Kunst. Die Inhaber stellen einige der besten Süßigkeiten in der Gegend her, so auch *pan de chocolate*; der ausgezeichnete Kaffee wird hier direkt geröstet.

La Puerta Falsa FASTFOOD **$**
(Karte S. 46; Calle 11 No 6–50; Süßigkeiten 1500 COP, Mahlzeiten 3500–5000 COP) Seit 1816 im Geschäft: La Puerta Falsa ist Bogotás berühmtester Laden für Naschkatzen – bei den farbenfrohen Süßigkeiten im Schaufenster kann kaum einer der Versuchung widerstehen. Einige beschweren sich schon, dass nur noch Yankees mit ihrem Lonely Planet-Reiseführer vorbeischauen – im September jedenfalls war von dieser Spezies weit und breit niemand zu sehen. Verführerisch wie eh und je, und typisch für Bogotá: Die feuchten Maistaschen namens Tamales und *chocolate completo* (heiße Schokolade mit Käse, Butterbrötchen und Keks; 5000 COP).

Enchiladas MEXIKANISCH **$$**
(Karte S. 46; Calle 10 No 2–12; Gerichte 13 000–27 000 COP; ⏲So–Mo 12–17, Di–Sa bis 22 Uhr) Amerikaner oder Mexikaner werden relativ zufrieden sein. Wer jedoch selten in den Genuss mexikanischer Küche kommt, der wird Feuer und Flamme sein! Denn das

Zona Rosa & Parque 93

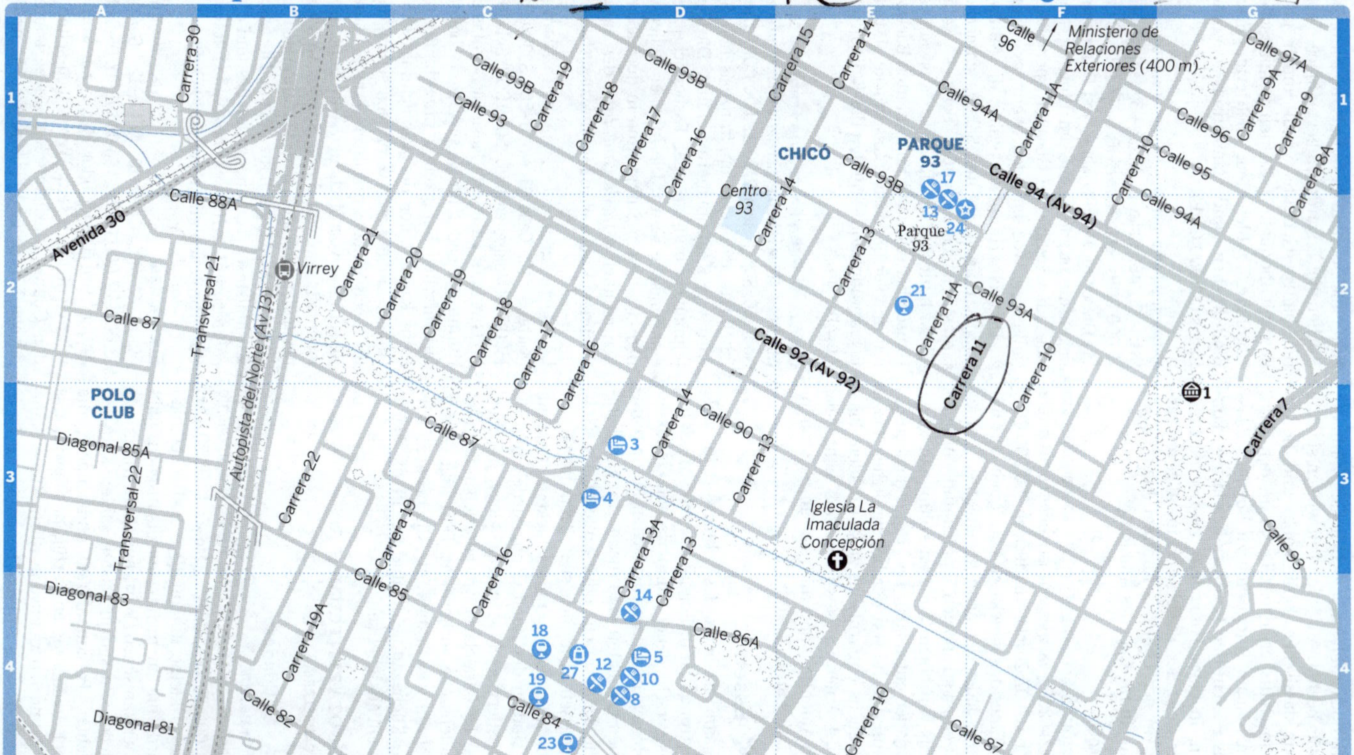

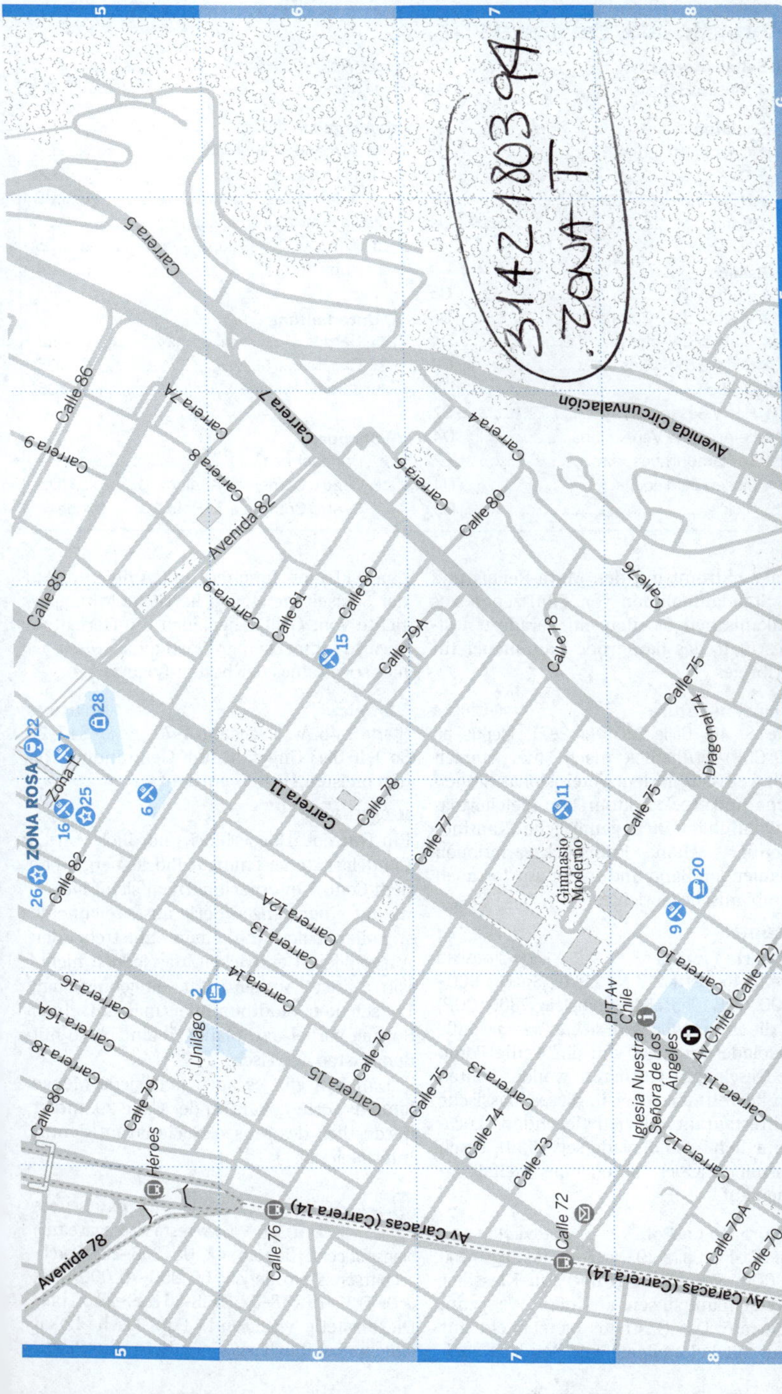

ZONA ROSA
Zona T
Carrera 5
Carrera 7
Carrera 11
Avenida Circunvalación
Carrera 4
Carrera 6
Carrera 7A
Carrera 8
Carrera 9
Avenida 82
Calle 86
Calle 85
Calle 82
Calle 81
Calle 80
Calle 79A
Calle 78
Calle 77
Calle 76
Calle 75
Calle 74
Calle 73
Calle 72
Calle 70A
Calle 70
Calle 79
Diagonal 74
Carrera 12A
Carrera 13
Carrera 14
Carrera 15
Carrera 16
Carrera 16A
Carrera 18
Carrera 10
Carrera 12
Gimnasio Moderno
Unilago
PIT Av Chile
Iglesia Nuestra Señora de Los Ángeles
Av Chile (Calle 72)
Héroes
Calle 76
Avenida 78
Av Caracas (Carrera 14)
3142180394
Zona T
Usaquen → Calle 118 Carrera 5ta

Zona Rosa & Parque 93

Sehenswertes
1 Museo El Chicó G3

Schlafen
2 Chapinorte Bogotá B5
3 Cité D3
4 Hotel Virrey Park D3
5 Sofitel D4

Essen
6 Andrés DC C5
7 Bogotá Beer Company D5
8 Central Cevicheria D4
9 Crepes & Waffles C8
10 Di Lucca D4
11 Harry Sasson C7
12 La Areparia Venezolana D4
13 La Hamburgueseria E2
14 Museo del Tequila D4
15 Nick's D6
16 Wok C5
17 Wok E1

Ausgehen
18 Armando Records C4
19 El Coq C4
20 Juan Valdéz C8
21 La Puerta Grande E2
22 Pub D5
23 Yumi Yumi C4

Unterhaltung
24 Bardot E2
25 Chachao C5
26 Salomé Pagana C5

Shoppen
27 Brincabrinca C4
28 Centro Comercial Andino D5
Centro Comercial El Retiro .... (siehe 6)

Lokal verströmt mit den Maya-Reliefs und den Standaufnahmen von Filmszenen aus mexikanischen Streifen ein geradezu festliches Flair, das flackernde Kaminfeuer tut ein Übriges.

Asociación Futuro FRÜHSTÜCK **$**
(Karte S. 46; Calle 12D No 2–21; Menüs ab 4900 COP) Frühstück macht hier einfach Spaß, weil sich in dem Vereinslokal Einheimische und Rucksacktouristen gleichermaßen wohlfühlen. Diese gemütliche „Kantine" präsentiert schöne Frühstücksvariationen am laufenden Band und später am Tag auch kolumbianische Gerichte.

CITY CENTER

Pastelería Florida KOLUMBIANISCH **$**
(Karte S. 46; Carrera 7 No 21–46; Snacks 900–15 000 COP, Chocolate Completo 7300 COP) Alle, die ihren *chocolate santafereño* (heiße Schokolade mit Käse) mit ein wenig Pomp oder Geschichte garnieren wollen, sollten einen kurzen Abstecher in dieses klassische Ladenrestaurant machen (legendäre Location für heiße Schokolade seit 1936). Fesch uniformierte Ober fahren eine Vielfalt an Kuchen auf.

Restaurante La Pola KOLUMBIANISCH **$$**
(Karte S. 46; Calle 19 No 1–85; Mittagsmenü 8500 COP; ⌚Mo–Sa 11–17 Uhr) Ein Klassiker für Verschnaufpausen auf dem Weg zum Monserrate. Das Gasthaus bietet nicht nur Räume mit kolonialem Flair, sondern auch einen kleinen Innenhof mit Ambiente. Auf der Speisekarte stehen herrliche Mittagsgerichte vom Grill. Aber auch die Gerichte à la carte schmecken großartig; das *ajiaco* ist hier sogar eines der besten Bogotás.

Olimpica SUPERMARKT **$**
(Karte S. 46; Av. Jiménez No 4–70; ⌚Mo–Sa 7–21, So 9–16 Uhr) Ungefähr fünf Gehminuten von den meisten Hostels entfernt.

MACARENA

Ein Dutzend Häuserblocks nördlich von La Candelaria (oder ein paar Blocks bergauf ab dem Centro Internacional) hat sich Macarena mit einer ganzen Serie ausgezeichneter, stilvoller Lokale zu einem aufstrebenden Ausgehviertel entwickelt, das jedoch nichts von seiner Authentizität eingebüßt hat. Da schauen Stadtbummler mal auf einen Sprung vorbei und plaudern einfach so mit den Gästen am Tisch.

Daneben gibt es auch noch jede Menge lohnenswerte Lokale an der Calle 29, direkt nordöstlich des Museo Nacional im Centro Internacional.

LP TIPP **Agave Azul** MEXIKANISCH **$$$**
(☎315 277 0329; www.restaurantagaveazul.blogspot.com; Carrera 4A No 26B–22; Durchschnittspreis pro Gericht 60 000–70 000 COP; ⌚Di–Fr 12–15 & 18–22, Sa 13–16 & 19–22.30 Uhr) Dieses stetig wachsende Fünf-Tische-Lokal lädt buchstäblich zu einer Reise durch au-

thentisch mexikanische Küche ein, allerdings mit Zwischenstationen in Chicago, New York und Oaxaca. Die Küchenchefin Tatiana Navarro hat kein festes Programm – nur eine täglich wechselnde Speisekarte mit „Verkostungen" aller Art. So werden etwa exotische Leckerbissen aufgetischt wie Ceviche mit Lachs in Havanna-Soße und Passionsfruchtaroma, Tacos mit Königsgarnelen und Adobosoße oder *huitlacoche* (von Pilzen befallene Maiskolben) und Käsenocken, gewöhnlich mit verschiedenen scharfen City-Salsas serviert. Danach: Brand löschen mit einem erstklassigen, eisgekühlten Chipotle-Margarita-Cocktail – Erleuchtung garantiert. Willkommen im *nirvana cocina Mexicana!* Unbedingt vorher einen Tisch reservieren.

La Tapería TAPAS **$$**
(Carrera 4A No 26B–12; Tapas 8900–15 900 COP) Der städtisch verfeinerte Doppelgänger zum Tapas Macarena in nächster Nachbarschaft: Beide Lokale werden von einem holländisch-kolumbianischen Paar geführt, die wie am Fließband köstliche Tapas wie *lomo* mit blauem Schimmelkäse und Miesmuscheln in Whiskey-Soße produzieren, alles serviert in einer coolen, ästhetischen Loft-Lounge. Jeden Donnerstag gibt es Livemusik, am Wochenende legt ein DJ auf.

NÖRDLICHES BOGOTÁ

Die nördlichen Stadtviertel ziehen Lust-Shopper, Gourmets und Lebenskünstler gleichermaßen an, die sich in Boutiquehotels und exklusiven Clubs wohlfühlen. Bogotás nördliche Gefilde bieten dieser Zielgruppe grenzenlose Möglichkeiten.

CHAPINERO

Das Stadtviertel Chapinero Alto blüht gerade voll auf: Hier hat sich eine eng verzahnte Künstlerszene entwickelt, mit einer Vielzahl von Cafés und Läden in trauter Nachbarschaft.

Dulce Mini-Mál SÜSSIGKEITEN **$**
(Karte S. 56; www.mini-mal.org; Calle 57 No 4–09; Menüs ab 4900 COP; ⌚So geschl.) Diese winzig kleine Bäckerei an einer Straßenecke in Chapinero Alto wird von einem bewundernswerten Gastroalchimisten geführt und hat sich auf Süßigkeiten und Kuchen mit kolumbianischen Zutaten spezialisiert. Zu den unerwarteten, wilden Kombinationen gehört z. B. eine Crème Brûlée namens *chontaduro*, hergestellt aus einer Palme aus dem Valle del Cauca; und der *coup de maître*, ein verdammt schmackhafter Brownie-Lollipop mit geräucherten Amazonas-Schoten – einfach himmlisch!

Salvo Patria CAFÉ **$**
(Karte S. 56; www.salvopatria.com; Carrera 4A No 57–28; Hauptgerichte 16 000–21 000 COP; ⌚Mo geschl.) Dieses altertümlich anmutenden Café ist Inbegriff der Chapinero Alto-Szene; es befindet sich in einem historischen Eckgebäude mit weitem Blick auf den Parque Portugal. Einerseits ist das Salvo Patria ein ganz klassisches Kaffeehaus, wo Kaffee mit klarem Herkunftszertifikat auf seltene Art zubereitet wird, wie etwa mit dem Siphon oder mit dem Chemexverfahren, das ähnlich wie ein Kaffeefilter funktioniert (der *bogotano*-Inhaber hat sein Barista-Know-how in Australien verfeinert). Andererseits lockt im Bistro eine unprätentiöse, oft wechselnde Speisekarte mit mediterran-französisch angehauchten Gerichten zu erschwinglichen Preisen.

ZONA G

Bogotás führende Ausgehszene erstreckt sich auf ein paar Häuserblocks aus umgebauten Backsteingebäuden, in denen sich eine Mischung aus hervorragenden Lokalen befindet (argentinische Steaks, italienische und französische Küche), etwa zehn Blocks südlich der Zona Rosa.

LP TIPP **Rafael** PERUANISCH **$$$**
(Karte S. 56; ☎255 4138; www.rafaelosterling.com; Calle 70 No 4–63/65; Hauptgerichte 39 800–59 500 COP $; ⌚So geschl.) Die *Bogotano*-Lokale und ihre Köche sind sich fast alle einig: Die Kochkunst des peruanischen Maestro Rafael Osterling mit seinen Kreationen aus heimischen Zutaten ist seit seinem Durchbruch die innovativste Art zu kochen, und das in ganz Bogotá. Das moderne Interieur lässt kühle Ästhetik wie etwa Betondecken mit einem idyllischen Garten verschmelzen, der ein warmes Ambiente verströmt; und das Essen erfreut ausnahmslos jeden Gaumen. Zum klassischen Repertoire der Favoriten auf der stets wechselnden Speisekarte gehören der in dunklem Bier geschmorte klebrige Entenreis oder das knusprige *cochinillo* (Spanferkel) in *mikakami*-Confit; allerdings sollte man sich etwas Platz für das Dessert aufheben. Das Trio aus *limón suspiros* (Baiser mit *dulce de leche* und Klassiker wie *lúcuma* und *chirimoya*) und der Käsekuchen mit Kochbanane unter einer dicken Nutellaschicht bilden

den krönenden Abschluss einer sinnesbetörenden kulinarischen Reise.

ZONA ROSA & PARQUE 93

Innerhalb der Zona Rosa, auch „Zona T" genannt, denn die von Bars, Restaurants und einigen Ladenketten gesäumte Fußgängerzone ist in ihrem Grundriss T-förmig angelegt, gibt es jede Menge Speiseoptionen in den umliegenden Häuserblocks. Wer zwischendurch einmal etwas sparsamer sein will, findet in der nahe gelegenen Carrera 15 unzählige Imbissstände mit günstigen Empanadas und Pizza & Drink-Specials. Zehn Blocks weiter nördlich locken in den ruhigeren Gegenden rund um die berühmte Straße Parque de la 93 und in der Calle 94 schickere Lokale.

LP TIPP Central Cevicheria KOLUMBIANISCH/MEERESFRÜCHTE **$$**

(Karte S. 62; www.centralcevicheria.com; Carrera 13 No 85–14; Ceviche 14 800–16 800 COP) Diese partybewährte Cevicheria mit Niveau bietet ein sagenhaftes Preis-/Leistungsverhältnis: Bogotás Reiche und Schöne kommen hierher, um zu sehen und gesehen zu werden bzw. die herrlichen Ceviches zu beäugen, die es in scharf gewürzter Version oder in milderen Varianten gibt – auf jeden Fall sind Dutzende originelle Kreationen im Angebot. Unsere beste Wahl: das enggewickelte scharfe *Picoso*, drei gefüllte Paprikas mit Blattkoriander und frischem Mais. Damit aber nicht genug: Es gibt zahlreiche *Tiraditos* (längsgeschnittene Ceviches mit Zwiebeln, Tartar-Variationen) und hochpreisigere Hauptgerichte mit frischen Meeresfrüchten. Kolumbiens Küche befindet sich gerade auf der Überholspur.

Di Lucca ITALIENISCH **$$**

(Karte S. 62; Carrera 13 No 85–32; Pizza 19 900–29 000 COP) Hier wimmelt es nur so von Einheimischen, denn bei der smarten Trattoria sind sich alle einige: Da lacht der Geldbeutel! Pizza, Pasta und Risottos sind tonangebend. Für Individualreisende ist es keine Schande, sich an der Holztheke den Bauch voll zu schlagen und sich ein perfektes Special auszusuchen, dass gar nicht auf der Karte steht, z. B. die *medium*-Pizza mit Schinken (14 000 COP) – gut und günstig!

Harry Sasson FUSION **$$$**

(Karte S. 62; ☎347 7155; www.harrysasson.com; Carrera 9 No 75–70; Hauptgerichte 30 000–56 000 COP) Bogotás berühmtester Koch hat unter seinem Namen ein neues Restaurant in einem prächtigen Herrenhaus aus dem Jahr 1934 eröffnet, das eigens dafür umgebaut wurde. Die atemberaubend schöne Bar ist eine Hommage an die Architektur des Pekinger Nationalstadions Bird's Nest. Alles ist aus Glas, das Tragegebälk fein verästelt – einfach sexy! Ebenso sinnesbetörend ist auch das Essen: eine Verschmelzung asiatischer Einflüsse mit kolumbianischen Geschmacksvorlieben. Zu den kulinarischen Höhepunkten zählen eine Tomatensuppe mit herrlichem Räucheraroma und Holzkohlen-Touch (16 600 COP), bei der einem die Knie weich werden, sowie ein perfekt in Sesamöl gegartes Reisgericht mit Krabben und schmackhaften Hühnchenfleisch (32 900 COP). Reservierung unbedingt erforderlich!

Nick's SANDWICHES **$$**

(Karte S. 62; www.nicks-café.com; Carrera 9 No 79A–28; Sandwiches 14 900–16 900 COP; ⊙So geschl.) Nick hat sein Delikatessen-Knowhow in Boston verfeinert und damit seine Marktnische in seiner Heimatstadt gefunden. Inzwischen sind seine hammermäßigen Gourmet-Sandwiches der Renner in El Nogal, einem ruhigen Stadtviertel gleich östlich der Zona Rosa. An die 20 knautschige Ciabatta-Sandwiches produziert er am laufenden Band und versorgt damit auf engstem Raum ein hungriges Partyvolk; nachts verwandelt sich sein Imbisslokal nämlich in eine Bar mit allen Schikanen. Unbedingt merken: Wer mit dem Fahrrad kommt, erhält einen Rabatt!

Museo del Tequila MEXIKANISCH **$$**

(Karte S. 62; Carrera 13A No 86A–18; Hauptgerichte 9900–32 999 COP) Ein Dekowahnsinn ohnegleichen mit über 3000 Tequila-Flaschen, welche dem Lokal einen Partylook mit maximalen Funfaktor verpassen. Die Ausstattung sorgt bereits für Aufregung, allerdings ist hier das Essen der wahre Publikumsmagnet – mit Spezialitäten aus ganz Mexiko!

La Areparia Venzolana AREPAS, FASTFOOD **$**

(Karte S. 62; Calle 85 No 13–36; Arepas 8500–11 500 COP; ⊙Mo-Sa bis 4 Uhr) Ein Hotspot des Nachtlebens von Bogotá und Anlaufstelle für beschwipste, heißhungrige Partygänger in der Gegend rund um die Zona Rosa. Hier gibt es venezolanisch angehauchte *arepas* (Maiskuchen; besser als kolumbianische), mit allen erdenklichen Füllungen.

RESTAURANTKETTEN IN BOGOTÁ

Keineswegs soll hier die Werbetrommel für Gastronomieketten gerührt werden, doch hat Bogotá in den meisten Stadtvierteln und vor allem im Norden einige überraschend lohnenswerte Lokale dieser Art zu bieten.

Wok ASIATISCH $$$

(www.wok.com.co) Centro Internacional (Karte S. 62; Carrera 6 No 29–07); Parque 93 (Karte S. 62; Calle 93B No 12–28; Hauptgerichte 10 900–28 900 COP); Zona Rosa (Karte S. 62; Carrera 13 No 82-74) Auswahlmöglichkeiten in dieser hippen Filiale mit einem Touch von Engagement für Gesellschaft und Umwelt ist so tödlich wie der Entschluss, welches der eigenen Kinder man auf Rotkäppchens Reise schicken soll: Hier lockt eine Überfülle an vietnamesischen, indonesischen und kambodschanischen Gerichten (einschließlich Sushi-Laufband), was für regen Zulauf durch einheimische Gäste sorgt. Andere angenehme Locations sind in der Zona Rosa und im Museo Nacional nebenan.

La Hamburgueseria BURGERS $$

(www.lahamburgueseria.com) Macarena (Carrera 4A No 27-27; burgers 11 500-21300 COP; ⏲bis 23 Uhr); Parque 93 (Karte S. 62; Calle 93B No 11A-34); Usaquén (Calle 118 No 6A-40) Die besten Hamburger der Stadt gibt es in diesem trendigen Szenetreff mitten in Macarena: dicke Scheiben in Gourmet-Format mit internationalen Geschmacksnoten (Thailändisch, Italienisch, Griechisch, Arabisch etc.), daneben fünf hausgemachte Delikatessen und Soßen. Weitere Filialen gibt es in der Straße Parque de la 93 und in Usaquén, beide mit Livemusik. Außerdem sind überall die Restaurantketten El Corral und El Corral Gourmet vertreten – erstere ist wahrscheinlich die Adresse für den besten Hamburger der Welt.

Bogotá Beer Company BAR $$

(www.bogotabeercompany.com) Usaquén (Karte S. 62; Carrera 12 No 83-33) In diesen pubähnlichen, niveauvollen Bierlokalen fühlen sich Bierfans wie im siebten Himmel: Vom Zapfhahn fließen an die 14 Biere von Mikrobrauereien, je nach Saison. In den Filialen in Usaquén und Macarena geht es ein bisschen lässiger zu als in den anderen sechs Ablegern.

Crepes & Waffles CAFE $$

(Karte S. 62; Carrera 9 No 73–33; Crêpes 9600–31 900 COP) Unter den 35 Crêperien Bogotás dieser stets gut besuchten Franchise-Kette, die übrigens Frauen in Not beschäftigt, bekommt diese die Note eins: Das Café befindet sich in einem zweistöckigen Backsteinhaus mit Stühlen draußen auf dem Gehsteig, zwischen der Zona G und der Zona Rosa. Ebenso wie in den anderen Lokalen gibt es auch hier vegetarisches Essen und Fleischgerichte sowie Crêpes mit Meeresfrüchten und nicht zu vergessen unwiderstehliche Waffeln mit Eiscreme (5000 COP).

LP TIPP **Abasto** FRÜHSTÜCK $$

(Carrera 6 No 119B–52; Frühstück 5500–10 500 COP, Hauptgerichte 18 900–36 900 COP) Wer am Wochenende nach Usaquén pilgert, tut dies in der Regel nur aus einem Grund: um die kreativen Frühstücksvariationen in diesem rustikal-trendigen Lokal in vollen Zügen zu genießen und im Gourmetladen Delikatessen einzukaufen. Echte Kenner der nahrhaften Frühstückskultur ergötzen sich hier an erfinderischen *arepas* und fantastischen Eiergerichten wie *migas* (Rührei-er, vermischt mit *arepas* und *hogao,* einer wirklich originelle und gelungenen Komposition aus Zwiebeln, Tomaten, Kreuzkümmel und Knoblauch, passen dazu Wein oder Biokaffee).

Ausgehen

Einige der gemütlichsten Bars in der Innenstadt – zum Teil untergebracht in 300 Jahre alten Kolonialbauten mit knisterndem Kaminfeuer und alten Kachelböden – befinden sich in La Candelaria. Hier lässt sich der Abend bei einer Kanne dampfenden *canelazo* (ein Getränk aus Anisschnaps, Zuckerrohr, Zimt und Limette) bestens genießen. In der Ausgehszene rund um die Zona Rosa oder an der berühmten Straße Parque de la 93 kann man sich da-

NICHT VERSÄUMEN

ANDRÉS CARNE DE RES

Unbeschreibliches ist nicht zu beschreiben, hier nun wenigstens ein Versuch: Das legendäre **Andrés Carne de Res** (☎863 7880; www.andrescarnederes.com; Calle 3 No 11A–56, Chía; Hauptgerichte 16 202–65 405 COP, Gedeck Fr & Sa 15 000 COP; ⏱11–3 Uhr Do–Sa, So bis Mitternacht) gleicht einem überirdischen Unterhaltungscocktail, der zu gleichen Teilen aus Tim Burton, Disneyland und Willy Wonka besteht – mit einem Spritzer Kitsch und Extravaganz, sprich einem Verschnitt aus Schrottplatz und Gruselkabinett mit Zerrspiegeln. Nein, Moment mal! Ein schwedischer Tourist drückte es noch besser aus: „Es ist wie ein Abendessen in einer Waschtrommel." Wie auch immer: Andrés schleudert alle Gäste durch – sogar Stammgäste –, das Ambiente macht Laune, die ehrfurchteinflößenden Steaks sind spitze, die Speisekarte besteht gar aus einem 62-seitigen Magazin! – und dazu der ganze Klimbim mit surrealer Deko. Noch was vergessen? Für die meisten ist Andrés mehr als ein Abendschmaus: vielmehr ein Spektakel der Superlative, das einen die ganze Nacht hindurch wie eine Torpedo-Show fasziniert. Der einzige Haken dabei ist die Entfernung. Die Party-Location befindet sich in Chía, 23 km nördlich von Bogotá, Richtung Zipaquirá. Eine Taxifahrt dorthin kostet ca. 60 000 COP oder 180 000 COP hin & zurück inklusive Wartezeit. Viele Hostels in La Candelaria organisieren samstags auch einen Partybus für 50 000 COP (inklusive Eintritt und Besäufnis im Bus). Etwas Verrückteres kann man in Bogotá kaum erleben, es sei denn im Drogenrausch.

Eine ruhigere, stadtnahe Partyhöhle ist das **Andrés DC** (Karte S. 62; ☎863 7880; Centro Comercial El Retiro, Calle 82 No 12-21; ⏱12-3 Uhr), eine Neueröffnung – trotz ebenfalls hohem Funfaktor fehlt ihr allerdings dieses unbeschreibliche Etwas.

gegen etwas stilvoller und schicker einen Schwips antrinken.

BOGOTÁ ZENTRUM

LA CANDELARIA

Wie es sich für ein richtiges Studentenviertel gehört, bietet La Candelaria jede Menge Cafés, in denen später am Abend nur noch gebechert wird; besonders regen Zulauf haben die Kneipen im Dunstkreis der Calle 15 und der Carrera 4 – mit Reggae-, Rock- und Tango-Bars – oder entlang der Calle 11, nahe Universidad de la Salle (Ecke Calle 11 und Carrera 2). Unumstrittener Favorit jedoch ist die Callejón del Embudo („Trichtergasse"), die enge Gasse nördlich der Plazoleta del Chorro de Quevedo, gesäumt von Cafés und Bars, wo man ungestört sitzen und quatschen kann, während ein *chicha* (geniales Maisbier) den Durst stillt.

Pequeña Santa Fe BAR

(Karte S. 46; Carrera 2 No 12B–14) Neben der inspirierenden Plazoleta del Chorro de Quevedo lädt dieses heimelig anmutende, zweistöckige Kolonialhaus mit Kaminfeuer und loftiger Lounge bei Schummerlicht (obere Etage) zur Entspannung ein. Das „Kleine Santa Fe" gehört zu den besten Adressen der Stadt, um eine heiße Kanne *canelazo Santa Fe* zu degustieren (Yerba-Buena-Tee mit Anisschnaps) oder einfach nur ein Bier zu zwitschern.

Casa de Citas CAFÉ

(Karte S. 46; Carrera 3 No 12B–35; Eintritt 10 000–15 000 COP; ⏱Mo 12–17, Di–Do bis 16 & 18–22, Fr & Sa bis 16, So bis 15 Uhr) Früher war das Lokal einmal ein Puff, daher kommt auch der Name „Citas" (Rendez-vous) – zu der Zeit warben noch Prostituierte vom Balkon aus um ihre Freier. Das Citas ist heute ein atmosphärisches Café im Saloon-Stil mit originellem Wandschmuck in Form von Fidel-Castro-Fotos. Von Donnerstag bis Samstag finden jeden Abend auch Live-Shows mit Rumba-, Jazz- oder Salsa-Rhythmen statt. Am Wochenende ist es einfach nur nett.

CENTRO INTERNACIONAL

Im Banken- und Geschäftsviertel wird es nach Einbruch der Dunkelheit ziemlich leer. Oben in Macarena sind allerdings einige Bars geöffnet, die ein schickeres Publikum anziehen, wie z. B. Frischvermählte über 30, latente Singles und all jene, die sich in einem Lounge-Ambiente wohler fühlen als in einem Club.

LP TIPP **El Bembe** SALSA-BAR

(Calle 27B No 6–73; Gedeck Fr & Sa 15 000–20 000 COP) Der Weg zum El Bembe, einem Stück „*tropicalia*" mitten im Macarena-Viertel, führt über eine bunt gestrichene Treppe, wie man sie oftmals auf Kuba sieht, und über eine zauberhafte kopfsteingepflasterte Straße. Einer der Inhaber ist ein echter Kubaner, der sich um alles kümmert, inklusive Küche. So könnte Havanna aussehen, wenn es kein US-Embargo gäbe: helle Farben, wunderschöne Balkone, auf denen eine frische Meeresbrise weht und Salsa vom Feinsten. Freitags findet immer der Bolero-Lunch statt, der sich nach und nach in eine ausufernde Salsa-*revolución* wandelt, die bis in den frühen Morgen andauert.

CHAPINERO

Das hippe, weiträumige Künstlerviertel ist ein Tummelplatz der Schwulenszene und bietet auch viele Theaterbühnen. Es liegt südlich der hochpreisigen Lokale der gediegeneren benachbarten Zona G. An der Calle 60 zwischen Carreras 8 und 9 geht es los, dann weiter Richtung Süden auf der Carrera 9. Noch ein Stück weiter südlich befindet sich die „Studentenmeile" Calle 51 zwischen Carrera 7 und 8 mit einem halben Dutzend Flirtlokalen, verglasten Bars und einer Reihe Tanzclubs. Dort feiert das Jungvolk bzw. fühlen sich Teenager zu Hause – Städter wie Anarchisten.

Treffen BAR

(Karte S. 56; Carrera 7 No 56–17) Wie der Name schon sagt, geht es hier darum „sich zu treffen" – hingegen fällt es schwer, diese schrullige Bar in Worte zu fassen: Verwinkelt und verschachtelt wie es ist, herrscht eine seltsame Gruselstimmung, die durch die ausgestopften Tiere noch verstärkt wird. Die Tische sind kunterbunt, und auf der Speisekarte stehen auch üppige Fleischgerichte. Ein Abklatsch des Andrés Carne de Res soll es wohl sein, allerdings nicht mit den fantastischen Spiegel- und Lichteffekten des Originals.

Invitro BAR

(Karte S. 56; www.invitrobar.com; Calle 59 No 6–38, Piso 2; Gedeck 10 000–15 000 COP) Am Dienstag brummt hier das Geschäft, nämlich wenn Independent-Filme über die Leinwand flimmern (Kino gibt es auch mittwochs, jeweils um 20 Uhr). Diese schmuddelige Bar im 2. Stock macht dem Viertel Chapinero alle Ehre. Inzwischen hat sich das Invitro zu einem städtischen Club gemausert, in dem sich ein kunterbuntes Publikum tummelt, darunter junge Früchtchen aus stinkreichen Familien, die den Dresscode umgeschrieben haben, um ihr Herkunftsstigma kräftig aufzuwirbeln. Die Tanzfläche erzittert bei Funk-, House-, Electrocumbia- und Schlagzeug-Rhythmen – ein wenig wie in der Londoner Subkulturszene.

Taller de Té CAFÉ

(Karte S. 56; www.tallerdete.com; Calle 60A No 3A–38; ⌚geschl. So; 📶) Kompliment an die Teehexe Laura: Die ehemalige Tourismusexpertin betreibt ihre eigene Teeoase mit Charme und Verve. Hier gibt es den besten Tee in ganz Bogotá – im Verkauf oder direkt zum Verkosten. Den Tee bezieht sie aus Plantagen überall auf der Welt, um ihn mit kolumbianischen Teesorten zu vermischen. In dem kleinen Garten können Gäste den ganzen Tag verschiedene Tees vor sich hinschlürfen und dabei jeden Schluck genießen.

NÖRDLICHES BOGOTÁ

Zwar wird diese Gegend rund um die Zona Rosa oder die Straße Parque de la 93 größtenteils von der Clubszene beherrscht (und von Einkaufspassagen!), doch findet jeder problemlos einen Tisch, um einen Cocktail zu genießen oder auf ein Bier oder einen Kaffee hocken zu bleiben. Der Streifzug durch die Zona Rosa beginnt in der Fußgängerzone (Zona T), wo ein abwechslungsreiches Nachtleben geboten wird und wo jede Menge Kneipen aller Richtungen zu einem feucht-fröhlichen Bar-Hopping einladen.

LP TIPP **Armando Records** BAR

(Karte S. 62; www.armandorecords.org; Calle 85 No 14–46, piso 4; Gedeck Do–Sa 15 000–20 000 COP; ⌚Mi–Sa bis 3 Uhr) Diese Dachterrassenbar (3. Stock) mit Retroflair ist in Bogotá zurzeit der absolute Knüller und das mit Recht! An einem Ort wie diesen lassen die Klänge das Publikum abheben – mit LCD-Soundsystem und Empire of the Sun. Hier wimmelt es von Jazzfans, die sich bei Schummerlicht und umrankt von grünen Blättern die nächste Spritztour aushecken, während sie einen sagenhaften *lulo* (Mojitos mit Früchten, 18 000 COP) schlürfen und sich fragen, wie sie damit fertig werden, wenn dieser Hotspot einmal aus der Mode kommen sollte.

LP TIPP **El Coq** BAR

(Karte S. 62; Calle 84 No 14–02, Piso 2; Gedeck Fr & Sa 20 000 COP; ⌚Mi–Sa bis spät in die Nacht) Im El Coq schwingen die Latino-Ladys die Hüften, um sich gegenseitig auszustechen und dem Bandleader Armando Records zu gefallen – sehen und gesehen werden, so lautet hier das Motto. Die Trendbar ist eine Mischung aus französischem Landhaustil und Treibhaus. Zum urigen Dekor gehören außerdem Basketballkörbe und mit Dschungelmoos bewachsene, einziehbare Zimmerdecken. Ob Phoenix oder Friendly Fires, der DJ legt mal Elektro, mal Indie-Soundtracks auf, wie es ihm gerade kommt, zwischendurch auch mal mit einem Abstecher in die 1980er-Jahre-Hiphop-Szene. Andrés Juan, ein bekannter und beliebter kolumbianischer Schauspieler, stiehlt den coolen Kids gerne auch die Show mit seinen Sondereinlagen.

La Puerta Grande TAPAS, CLUB

(Karte S. 62; ☎636 3425; www.lapuertagrande.net; Carrera 12 No 93–64; Gedeck Fr & Sa 15 000 COP; ⏲Mo–Sa 12–3, So bis 17 Uhr) Dieser spanische Club ist echt der Hammer: Er bietet sechs Räume, die sich von der Ausstattung her an verschiedenen Themen aus der spanischen Lebenskultur (Barcelona mit Anspielungen auf Gaudí ist einfach unschlagbar) orientieren – alles schön verteilt auf den Restaurantbereich und die Tanzflächen, wo entweder DJs einheizen oder Livemusik spielt. Montags findet immer eine offene Jam-Session statt, mittwochs Flamenco und donnerstags Rockmusik, beides ebenfalls von Live-Bands gespielt. DJs lockern das Ganze zwischendurch gerne mit House, Pop und Electrocumbia auf. Das wenn auch einfache Essen ist wirklich lecker: traditionelle Tapas wie *Jamón Serrano*-Kroquetten (Serrano-Schinken, 18 999 COP) und *tortilla de patatas* (spanisches Kartoffelomelett, 7999 COP) tragen das Ihre zum leiblichen Wohl bei.

Yumi Yumi COCKTAILS

La Candelaria (Karte S. 46; Carrera 3 No 16–40; ⏲So geschl.); Zona Rosa (Karte S. 62; Carrera 13 No 83–83; ⏲Mo–Do 15–1, Fr & Sa 15–3 Uhr) Studenten, Passanten und Gäste aus den Hostels quetschen sich alle scharenweise in die winzige Cocktailbar in La Caneleria, um sich quer durch ausgezeichnete experimentelle Mixturen zu arbeiten (probieren sollte man unbedingt die saure *lulita* mit Tequila, Zimtstaub und *lulo*-Frucht), dazu ein tolles Thai-Curry-Special jeden Dienstag und Mittwoch (10 400 COP). In der Zona Rosa-Filiale sind die Preise doppelt so hoch, dafür aber gibt's auch doppelt so viel Platz und Spaß: in der Regel *two-for-one*, und am Mittwoch sogar *three-for-one*. Prost!

KAFFEEKULTUR

Kaffee gibt es in Bogotá immer und überall – laut Statistik wird in neun von zehn Haushalten eine Kanne pro Tag gebraut – allerdings schmeckt er meistens nicht wirklich gut. Angesichts der exzellenten Qualität der Kaffeebohnen, die Kolumbien hervorbringt, ist das eine echte Schande. Die zwei großen Labels vor Ort sind die Franchise-Ketten Juan Valdéz und Oma – vom Stil her ähnlich wie Starbucks; wie dem auch sei, sie machen ihren *tinto* (schwarzen Kaffee), Cappuccino oder Café Americano genauso zuverlässig gut wie alle anderen Cafés in Bogotá. Man findet sie überall in der Stadt verstreut (vor allem erkennbar an dem Juan Valdéz-Logo mit dem Schnurrbart). Die meisten Filialen liegen im Norden, die beiden hier erwähnten liegen dagegen zentraler.

Juan Valdéz CAFE

(www.juanvaldezcafe.com; 📶) Museo Botero (Karte S. 46; Museo Botero, Calle 11 No 4-41); Zona Rosa (Karte S. #; cnr Calle 73 & Carrera 9)

Oma CAFE

(Karte S. 46; www.cafeoma.com; cnr Carrera 8 & Calle 12; ⏲o. geschl.; 📶)
Hier gibt es auch Sandwiches (7700–9500 COP).

Pub PUB

(www.thepub.com.co) Zona Rosa (Karte S. 62; Carrera 12A No 83–48); Usaquén (Carrera 6A No 117–45) Von diesem seit jeher beliebten, riesigen Irish Pub fühlen sich Bierkenner magnetisch angezogen, weil hier wenigstens ordentlich eingeschenkt wird: Eine Halbe ist eine Halbe. Aus dem Zapfhahn schäumt das gute Murphy's, und dazu gibt's die klassischen Fish & Chips. In Usaquén ist „Pub" auch vertreten.

☆ Unterhaltung

Bogotá bietet weit mehr kulturelle Aktivitäten als jede andere Stadt in Kolumbien. Ein Verzeichnis aktueller Events steht unter der Rubrik *Qué Hacer* in der Lokalzeitung *El Tiempo*. Weitere Veranstaltungstipps finden sich auf den Webseiten von **Plan B** (www.planb.com.co) und **Vivo.In** (www.bogota.vive.in). Kulturelle Veranstaltungen und Kommentare auf Englisch stehen in der kostenlosen Monatsausgabe von *City Paper* (www.thecitypaperbogota.com).

Weitere Spielpläne, Termine und Tickets für diverse Veranstaltungen (Theater, Rockkonzerte, Fußballspiele) finden sich auf dem Internetportal **Tu Boleta** (www.tuboleta.com).

Nachtclubs

In Bogotá geht nachts die Post ab: Das Angebot an musikalischen Events und Tanz-Specials mit viel Ambiente ist riesengroß – angefangen mit Rock und Techno über Heavy Metal bis hin zu Salsa, Vallenato und Samba. Wer nicht tanzen kann, sollte sich darauf gefasst machen, dass er es trotzdem beweisen muss. Oft fordern sich auch Fremde zum Tanz auf, und jeder scheint die Songtexte auswendig zu kennen.

Die relativ lässige Clubszene von La Candelaria ist auf einheimische Studenten ausgerichtet, denen das eigene Outfit ziemlich egal ist. Weiter oben im Norden könnte es jedoch Probleme geben, wenn der Dresscode nicht eingehalten wird, vor allem im Glitzermilieu der vibrierenden (um nicht zu sagen prätentiösen) *salsatecas* (Salsa-Dance-Clubs) und in den Clubs in der Zona Rosa und in der Straße Parque de la 93.

Gedecke sind nicht immer kostenlos. Manchmal kommt ein Aufpreis von 50 000 COP hinzu.

BOGOTÁ ZENTRUM

El Candelario BAR, CLUB

(Karte S. 46; www.elcandelario.net; Carrera 5 No 13–14; ⌚Fr & Sa 21.30–3 Uhr) Diesen Club gibt es schon seit sechs Jahren – für Bogotá eine Ewigkeit! Der Latino-Hotspot ist Inbegriff eines verruchten Nachtlebens im Fegefeuer zwischen Bar und Disko. Das Dekor ist originell: Backsteinoptik, große antike Spiegel, fein säuberlich restaurierte Schaukelstühle, die von der Decke hängen – all das dämpft ein wenig die wabernden Cumbia-Rhythmen (ein Tanz afrikanischen Ursprungs, der sich an der Karibikküste verbreitet hat) wie auch Reggae-Klänge, Tropicalia und Electronica. Das karibische Ambiente zieht ein Publikum an, das es auf Spaß und nicht auf Trübsalblasen abgesehen hat, und der Club ist in angenehmer Gehweite zu den Unterkünften in La Candelaria.

The End CLUB

(außerhalb von Karte S. 46; ☎341 7903; Aparta Suites Tequendema, Carrera 10 No 27–51; ⌚Fr & Sa 20 Uhr bis spät in die Nacht) Wenn in Bogotá die Gehsteige hochgeklappt werden, dann geht's am „Ende“ erst richtig los: In diesem Hotspot lässt sich das Nachtleben Bogotás mit all seinen Facetten hautnah erleben – *bogotano* pur in einem militärisch bewachten Club im 30. Stock. Hier kann selbst die Polizei nichts gegen die Sperrstunde ausrichten! Verrückt sind auch die 360-Grad-Panoramablicke über die Stadt und das gemischte Publikum (dort oben treffen sich Exoten, die sonst nie zu so später bzw. früher Stunde zusammen herumhängen würden). Also dann: Lasst den lieben Gott einen guten Mann sein, bis die Sonne wieder aufgeht!

Quiebra Canto SALSA

(Karte S. 46; www.quiebracanto.com; Carrera 5 No 17–76; ⌚Do–Sa 18.30–2.30 Uhr) Das Canto ist in aller Munde – und das schon seit Jahren –, jedenfalls bei allen Salsafans der Stadt. Die Disko besteht aus zwei Tanzebenen und ist nur ein paar Gehminuten von La Candelaria entfernt. Am Mittwoch steht der Geschmack der Expats im Mittelpunkt: Dann legen die DJs Electronica auf, am Wochenende spielen Salsabands Livemusik.

El Goce Pagano SALSA, REGGAE

(Karte S. 46; www.elgocepagano.com; Carrera 1 No 20–04; ⌚Fr & Sa 19–3 Uhr) Die schummrige Salsa-/Reggae-Bar nahe der Universität Los Andes ist was für Leute um die 40. Leider ist es dort ein wenig verraucht; die hitzigen DJs, die sich hier eins abschwitzen, kommen alle aus Kolumbien und wippen fleißig mit zu den Ethno-Rhythmen.

NÖRDLICHES BOGOTÁ

Cachao SALSA

(Karte S. 62; Carrera 13 No 82–52; ⌚Mo–Sa bis 3 Uhr) Diese ausgezeichnete Salsa-Bar hat sich, was das Design betrifft, vom Künstlerleben des kubanischen Mambo-Musikers Israel Cachao López inspirieren lassen. Die Gäste stapeln sich förmlich auf den Congo-Barhockern oder stehen dicht gedrängt im Patio herum, um frische Luft zu schnappen – wie dem auch sei: Sie halten die besten Mojitos der Stadt in der Hand (18 000–29 700 COP), eine Art Serum für die rhythmische Einstimmung in die hervorragenden Salsa-Klänge bei Nacht.

Bardot CLUB

(Karte S. 62; ☎616 0036; www.bardotbar.com; Calle 93B No 11A–14, piso 2; ⌚Fr & Sa 22.15–3 Uhr) Das Bardot ist zurzeit Bogotás Hotspot der Hautvolee mit Stars und „A-Listers“, die

SCHWULEN- & LESBENSZENE IN BOGOTÁ

Bogotá hat eine große, unstete Schwulenszene, meist aber konzentriert sie sich auf Chapinero, weswegen das Viertel auch den Spitznamen „Chapi Gay" trägt (zwischen Carrera 7 und 13, Calle 58 bis Calle 63). Unter www.guiagayKolumbien.com/bogota finden sich mehr Details zu den verschiedensten Clubs und Bars. Fündig wird man auch in den Online-Verzeichnissen von **Colombia Diversa** (www.colombiadiversa.org), einer Non-Profit-Organisation zur Förderung der Rechte von Schwulen und Lesben in Kolumbien.

Auf einer schmalen Straße (zwischen Carreras 9 und 13) im Herzen von Chapinero zieht das klassische Programm im **Theatron** (Karte S. 56; ☎235 6879; www.theatrondepelicula.com; Calle 58 No 10–32; ⌚Do–Sa 21 Uhr bis spät in die Nacht) Homos wie Heteros an –um die 3000 an Wochenenden! Dort gibt es acht verschiedene Themenbereiche, einige sind jedoch nur Männern vorbehalten.

In der Gegend gibt es Dutzende Bars. Im glamourösen **Romeo* Disco Club** (Karte S. 56; Calle 62 No 11–49, Piso 2; ⌚Do–Sa 22–3 Uhr) verkehren vor allem vornehme Jungs, die den Trend setzen. Am letzten Freitag jeden Monats findet Julieta by Romero statt – Bogotás beste Lesbenparty. In der Straße Parque de la 93 veranstaltet das stillvolle Bardot (S. 71) jeden Sonntag eine Schwulennacht.

hier ihren Reichtum und ihre Schönheit zur Schau tragen. Ein Einheimischer verlor einmal folgende Worte zum Ambiente: „dunkel und im Stil von Elton John". Das stimmt! Das Interieur ist geprägt von violetten und schwarzsamtigen Fauteuils aus der Zeit Ludwig XV. und von Lampen im Rokoko-Stil. Meist wird House, Techno, Reggae und Reggaeton aufgelegt. Warnung: Wer nicht auf der berühmten „A-List" steht, hat keine Chance reinzukommen. Vielleicht hilft es, sich lautstark mit dem Türsteher anzulegen!

Gaira Café LIVEMUSIK

(☎636 2696; Carrera 13 No 96–11) Carlos Vives, die Vallenato-Legende, hat diese megastarke Tanzhalle mit Restaurant gegründet, um Livemusik anzubieten – manchmal wird aber auch „modern" gespielt. Die Einheimischen strömen hier scharenweise herein, zum Essen und oder um sich quer durch verschiedenste Rumcocktails zu trinken. Getanzt wird auf engstem Raum auch rund um die Tische zur Livemusik einer Band mit elf Instrumenten. Die Cocktails kosten zwischen20 000 und 25 000 COP, Sandwiches und Salate ab 13 900 COP. Von der Straße Parque de la 93 geht es drei Blocks weiter nördlich auf der Carrera 13, dann einen Block weiter westlich durch die Calle 95, einen Block Richtung Norden in der Carrera 14 und schließlich zwei Blocks gen Osten in die Calle 96.

Salomé Pagana SALSA

(Karte S. 62; www.salomepaganaclubsocial.com; Carrera 14A No 82–16; ⌚Di–Sa bis 3 Uhr) Diese schummrige *salsateca* mit roten Wänden ist etwas weniger elegant als die meisten Lokale in der hippen Zona Rosa. Betrieben wird die Salomé Pagana von einem grauhaarigen Sammler namens César Pagano, der an den meisten Wochenenden selbst über das schwarzweißgescheckte Tanzparkett schwoft.

Kinos

Bogotá hat Dutzende von Kinos, in denen allgemein die Hollywood-Streifen laufen. In den größeren Universitäten gibt es *cineclubes* (Filmclubs): Die Filme werden auf dem Campus selbst vorgeführt oder in kommerziellen Kinos bzw. in den Aulas anderer Institutionen – und dort frei zugänglich für jedermann. Ansonsten kosten die Tickets bis zu 9000 COP nach 15 Uhr und 6000 COP vor 15 Uhr.

Cine Kolumbien Andino KINO

(Karte S. 62; www.cinecolomba.com; Centro Comercial Andino, Carrera 12 No 82–01, piso 3) Multiplex-Kino im Andino-Einkaufszentrum, Zona Rosa.

Cinemateca Distrital KINO

(Karte S. 46; www.cinematecadistrital.gov.co; Carrera 7 No 22–79) Im Rahmen des Filmkunstkinos werden häufig Filmfestivals veranstaltet.

Multiplex Cine Colombia KINO

(Karte S. 46; www.cineKolumbien.com; Calle 24 No 6–01) Das moderne Multiplex-Kino mit sechs Leinwänden liegt im Stadtzentrum.

Theater

Bogotá hat eine ganz große Theaterszene mit über einem Dutzend Bühnen. In La Candelaria spielen viele linkslastige, politisch eingefärbte Ensembles, während in der „Oberstadt" Bühnen mit Mainstream-Stücken den Ton angeben.

Teatro Colón TRADITIONELLES THEATER
(Karte S. 46; www.bogota-dc.com/eventos/teatro/colon.html; Calle 10 No 5–32) Die berühmteste Theaterbühne in La Candelaria – und auch die schönste Spielstätte der ganzen Stadt – wird gerade aufwendig renoviert. Das kann noch einige Jährchen dauern. Nach seiner Wiedereröffnung wird das Teatro wieder zu seinem klassischen Repertoire zurückkehren: große Oper und gelegentlich auch Sprechtheater für ein hochkarätiges Publikum in schicker Abendgarderobe.

Teatro Nacional TRADITIONELLES THEATER
(Karte S. 56; ☎217 4577; www.teatronacio nal.com.co; Calle 71 No 10–25; Tickets 45 000 COP) Auf dem Spielplan stehen Stand-up-Comedys und ähnliche Stücke wie im Teatro Colón.

Teatro de La Candelaria ALTERNATIVES THEATER
(Karte S. 46; Calle 12 No 2–59; Tickets Erw./Stud. 20 000/10 000 COP) Eine der angesagtesten Theaterbühnen im Stadtzentrum, mit einer Mischung aus Polit-Kabarett (oft linkslastig, manchmal auch feministisch) und wohldosierten Witzeinlagen, die das Ganze etwas auflockern.

Fundación Gilberto Alzate Avendaño KULTURINSTITUT
(Karte S. 46; www.fgaa.gov.co; Calle 10 No 3–16) In diesem Kulturinstitut in La Candelaria finden viele Veranstaltungen statt (einschließlich Tanz und Theater und auch einige Konzerte). 2008 wurde hier während einer Kunstausstellung ein Gemälde von Goya gestohlen.

Teatro Experimental La Mama ALTERNATIVES THEATER
(Karte S. 56; ☎211 2709; www.teatrolamama.com; Calle 63 No 9–60; Eintritt 20 000 COP) Experimentelles Theater, schon seit 50 Jahren! Hier führen Laien-Ensembles verschiedene Stücke auf, mit denen sie ganz ungeniert provozieren.

Livemusik

In den Clubs überall in der Stadt wird abends Livemusik gespielt (s. S. 70). Im Freien finden ebenfalls Events statt, wie etwa im Rock al Parque (S. #53), wo bei riesigen Festivals Fans aus allen Ecken des Kontinents zusammenströmen. Dann prangen quer durch die Stadt auf Werbepostern die Namen großer Stars, die im Estadio El Campín, im Parque Simón Bolívar oder im Parque Jaime Duque (auf dem Weg nach Zipaquirá, nördlich der Stadt) auftreten.

Biblioteca Luis Ángel Arango LIVEMUSIK
(Karte S. 46; www.banrepcultural.org; Calle 11 No 4–14) In dieser riesigen Bücherei wird jeden Monat eine Auswahl an verschiedenen Konzerten (instrumental oder vokal) aufgeführt; Veranstaltungen am Mittwochabend sind teurer (ab 21 000 COP) als an anderen Tagen (3000–6000 COP).

Sport

Viele Outsider setzen Kolumbiens Nationalsport – Fußball – mit dem Attentat auf Andrés Escobar gleich, nachdem dieser bei der WM 1994 gegen den Gastgeber USA den Ball unglücklich ins eigene Tor geschossen hatte. Sonst aber sind Fußballspiele hierzulande in der Regel eine ruhige Angelegenheit. Vielleicht ist es dennoch keine schlechte Idee, im Stadion neutrale Farben zu tragen. Die zwei großen Rivalen sind die (blau-weißen) **Los Millonarios** (Karte S. 56; www.millonarios.com.co; Carrera 9 No 70–09) und die (rot-weißen) **Santa Fe** (www.independientesantafe.com; Calle 64A No 38–08).

Hauptschauplatz ist das **Estadio El Campín** (Karte S. #40; ☎315 8726; Carrera 30 No 57-60). Die Spiele finden immer am Mittwochabend und am Sonntagnachmittag statt. Tickets können direkt am Stadion vor Spielbeginn gekauft werden (ab 14 000 COP). Informationen über internationale Begegnungen gibt es bei der **Federación Kolumbienna de Fútbol** (www.colfutbol.org). Dort erfährt man auch, wo die entsprechenden Tickets verkauft werden.

Stierkampf ist nach wie vor beliebt. Die Corridas finden an der Plaza de Toros de Santamaría an den meisten Sonntagen im Januar und Februar statt. Die Events halten die ganze Gegend in Atem, während die Stierkampfarena selbst (ein Backsteinbau aus dem Jahr 1931) mit 14 500 Zuschauern oft völlig ausgelastet bzw. mit noch mehr Zuschauern überfüllt ist.

Shoppen

Einheimische lieben ihre Einkaufspassagen über alles, doch sind sonntags Flohmärkte und das unüberhörbare Marktgeschrei an der Plaza de Mercado de Paloquemao gerade auch als Touristenattraktion noch einladender. Wer nach Antiquitäten sucht, findet entsprechende Läden in der Carrera 9, südlich der Calle 60, im Chapinero-Viertel.

Modebewusste finden die neuesten Trends Kolumbiens in verschiedenen Designer-Boutiquen, vor allem in der Carrera 7 zwischen den Calles 54 und 55, ebenfalls in Chapinero.

Mambe KUNSTHANDWERK
(www.mambe.org; Carrera 5 No 117–25) Das Mambe bietet eine begrenzte, aber äußerst gute Auswahl an Fair Trade-Kunsthandwerk aus 40 Gemeinden rund um Kolumbien, die sich mit ihrem Kunsthandwerk einen Namen gemacht haben. Das Angebot wechselt wöchentlich im Rotationsverfahren.

Artesanías de Colomba KUNSTHANDWERK
(Karte S. 46; www.artesaniasdecolombia.com.co; Carrera 2 No 18A–58; So. geschl.) In einer Hacienda neben der Iglesia de las Aguas bietet dieser feine Laden hochwertiges Kunsthandwerk (jede Menge Wohnaccessoires sowie Geldbörsen, Spielzeuge, Hängematten und eine paar Kleidungsstücke). 70 Prozent der Erlöse fließen direkt zurück an die Kunsthandwerker im Dorf.

Brincabrinca BEKLEIDUNG
(Karte S. 62; www.brincabrinca.com; Carrera 14 No 85–26; Mo–Sa 10.30–14 Uhr) Wer auf Designer-T-Shirts abfährt, sollte schnurstracks Brincabranca ansteuern. Dort gibt es Bogotás stilvollste T-Shirts (60000COP)nachEntwürfenvoneinerganzen Heerschar kolumbianischer und internationaler Designer, die bereits einige Preise gewonnen haben.

La Casona del Museo KUNSTHANDWERK
(Karte S. 46; Calle 16 No 5–22/24) Beim Goldmuseum befindet sich dieses alte Gebäude mit seiner praktischen Ansammlung schöner Souvenirstände (das Beste, was Kolumbien an Kunsthandwerk hat ist Bella im 2. Stock – steht so auf dem Schild). Dort ist auch ein nettes Café.

Plaza Central de Usaquén MARKT
(Los Toldos de San Pelayo; Carrera 6A zwischen Calles 119 & 119A; Sa & So 8–18 Uhr) Direkt nördlich vom Hauptplatz, in dem dörflich anmutenden Usaquén, finden sich Imbissstände, farbenfrohe Gelbeutel, gut sortiertes Kunsthandwerk und Bambus-Saxophone – einen weiteren „Satelliten" mit ähnlichem Angebot gibt es ein paar Blocks weiter östlich.

Pasaje Rivas KUNSTHANDWERK
(Karte S. 46; Ecke Carrera 10 & Calle 10) Ein paar Blocks westlich der Plaza de Bolívar lockt dieser Kunsthandwerksmarkt mit Objekten zu günstigen Preisen (nicht nur für Touristen); dazu zählen jede Menge Strohhüte, T-Shirts, Spielzeugfiguren, Körbe und *ruanas* (kolumbianische Ponchos). Auf dem Eingang neben der Iglesia de la Concepción steht „Pasaje Paul."

Authors BUCHLADEN
(Calle 70 No 5–23) Ein Buchladen mit einer Fülle an englischsprachiger Literatur auf zwei Etagen, zusammen mit einem netten Café.

Librería Lerner BUCHLADEN
(Karte S. 46; www.librerialerner.com.co; Av. Jiménez 4–35; So. geschl.) Lerner verfügt über ein reichhaltiges Sortiment an spanischsprachigen Reiseführern für Kolumbien sowie ein breites Spektrum an Karten, einschließlich den *AutoGuía Turística de Columbia* (Karte/Reiseführer mit Farbfotos und Spiralbindung; 19 900 COP) und eine 12er-Straßenkartenserie mit Nationalrouten, *Mapas de Ruta* (Einzelpreis 1300 COP oder als Paket für 13 500 COP).

Plaza de Mercado de Paloquemao MARKT
(Karte S. #40; Ecke Av. 19 & Carrera 25; 8–13 Uhr) Ein kunterbunter, chaotisch-kolumbianischer Schnäppchen-Markt. Am besten dienstags oder donnerstags früh losziehen – dann sind immer die Blumentage!

Mercado de San Alejo FLOHMARKT
(Karte S. 46; Carrera 7 zwischen Calles 24 & 26; So 9–17.30 Uhr) Der Klassiker in der Stadtmitte füllt einen ganzen Parkplatz aus und bietet jede Menge Schnickschnack von vorgestern (Poster, Bücher, Nippes) – es macht jedenfalls viel Spaß, die Sachen anzuschauen.

Camping Amarelo CAMPINGAUSRÜSTUNG
(Karte S. 56; 211 8082; www.campingamarelo.com; Calle 57 No 9–29, oficina 301; Mo–Fr 9–12.30 Uhr & 13–17.30, Sa 9–12 Uhr) Dieser kleine Laden verkauft und verleiht Campingausrüstungen für jeden Bedarf (z. B. Zelte 35 000 pro Tag). Außerdem können hier auch Bungalowzimmer in Su-

SMARAGDE KAUFEN

Einige der hochwertigsten Smaragde der Welt werden hauptsächlich im Minengebiet Muzo in Boyacá abgebaut. Kolumbien ist der weltgrößte Smaragd-Exporteur. Daher stehen die wertvollen Steine meist auch auf den Einkaufslisten der Touristen, die Bogotá und Umgebung besuchen.

In den vergangenen Jahren war die Schönheit der kolumbianischen Smaragde überschattet von den gefährlichen Arbeitsbedingungen im Zusammenhang mit dem Untertageabbau. Einige einheimische Kritiker verglichen den Smaragdmarkt mit der Diamantenindustrie in Afrika. 2005 schob die Regierung durch die Abschaffung der Bergbautarife und Steuern dem mächtigen Schwarzmarkt und anderen Auswüchsen der Schattenwirtschaft einen Riegel vor.

Heute können Touristen Smaragde mit gutem Gewissen kaufen, allerdings ist die Besichtigung der Minen nicht ohne vorherige Einladung möglich. In der Hauptstadt werden die Smaragde in dem blühenden **Emerald Dealers Market** (Karte S. 46; Ecke Av. Jiménez & Carrera 7) verkauft und auch an der nahe gelegenen Plazoleta Rosario, wo Dutzende von negociantes (Händler) Edelsteine kaufen und verkaufen – manchmal auch auf den Gehsteigen. Smaragde werden auch direkt auf der Straße angeboten. Jedoch ist vor einem vorschnellen Kauf abzuraten – manchmal wirken die Glasimitate täuschend echt!

Beim Kauf von Edelsteinen sollten folgende Tipps beherzigt werden:

Wer sich die Smaragde näher anschaut, sollte dabei auch die Person genau mustern, die sie verkauft – am besten einen Verkäufer suchen, bei dem sich ein gutes Gefühl einstellt.

Wer seinem Gegenüber wohldosierte Aufmerksamkeit schenkt, wird überrascht sein, wie schnell klar wird, ob es besser ist, das Weite zu suchen oder sich zu entspannen.

Juwelen und Schmuck sind reine Geschmackssache, und oft ist der erste Eindruck der beste und verlässlichste, egal ob in den Läden oder bei Händlern. Wer einen Edelstein oder ein Schmuckstück kauft, sollte nicht in Eile sein. Die Qualität eines Juwels ist in jedem kolumbianischen Geschäft durch festgesetzte Regeln gewährleistet, deshalb gibt es hierüber keine Streitigkeiten. Der Käufer kann sich also voll und ganz auf den Preis konzentrieren. Wem der Betrag zu hoch ist, sollte sich nicht scheuen, einfach weiterzugehen.

Die wichtigsten Bewertungskriterien für einen Edelstein sind seine Harmonie im Zusammenspiel von Farbe, Klarheit, Helligkeit und Größe.

Kolumbianer sind gastfreundlich und oft auch ulkig. Wer einen sympathischen Juwelier oder Händler findet, sollte ihn zum Tee oder auf einen tinto (schwarzen Kaffee) einladen. Auf die Art erfährt man gute Geschichten und bekommt einen Verbündeten im Smaragdgeschäft.

Ein verlässlicher Smaragdhändler in Bogotá ist **Gems Metal** (Karte S. 46; ☎311 493 1602; Carrera 7 No 14–28, oficina 707). Der Inhaber Oscar Baquero hat über 30 Jahre einschlägige Erfahrung. Man spricht Englisch.

esca gebucht werden. Außerdem gibt es Stiefel zu kaufen.

San Miguel HUTMACHER
(Karte S. 46; Calle 11 No 8–88; ⏲So. geschl. So) Der traditionsreiche Hutmacher blickt bereits auf mehr als 70 erfolgreiche Jahre zurück – ein echter Klassiker und in der Tat der beste seiner Zunft im ganzen Block. Die meisten weichen Filz- und Cowboy-Hüte werden vor den Augen der Kunden hergestellt.

Centro de Alta Technología ELEKTRONIK
(Karte S. 62; Carrera 15 No 77–05; ⏲So. geschl.) Der Laden ist gespickt voll mit Digitalkameras und Computer-Accessoires, ähnlich ist es auch im angrenzenden Einkaufszentrum Unilago.

Hacienda Santa Bárbara EINKAUFSZENTRUM
(www.haciendasantabarbara.com.co; Carrera 7 No 115–60) Da das Einkaufszentrum rund um eine *casona* (großes Kolonialhaus; 1847) angelegt wurde, vereinen sich hier historische

und moderne Architektur. Die Atmosphäre ist wesentlich ruhiger als als in der Shopping-Szene der Zona Rosa.

Centro Comercial El Retiro EINKAUFSZENTRUM
(Karte S. 62; www.elretirobogota.com; Calle 81 No 11–84) El Retiro ist das nobelste Einkaufszentrum in der Zona Rosa, zumal es einen Gastronomiehof bietet, der von Andrés Carne de Res (S. #62) betrieben wird.

Centro Comercial Andino EINKAUFSZENTRUM
(Karte S. 62; www.centroandino.com.co; Carrera 11 No 82–71) Beliebtestes Einkaufszentrum der Zona Rosa.

Praktische Informationen

Gefahren & Ärgernisse

Trotz großer Fortschritte im Verlauf der letzten 20 Jahre ist das Leben in Bogotá seit Anfang 2010 wieder unsicherer geworden. La Candelaria (nahe einiger sozial schwächerer Gegenden wie Egipto, gleich südöstlich) ist in der Regel sicher, aber es soll nach 21 Uhr schon vermehrt zu Raubüberfällen und Übergriffen gekommen sein, wenn die Polizeistreifen nach ihrer Tagesschicht abziehen. 2010 rollte eine Diebstahlwelle durch die Hostels und sorgte bei den Rucksacktouristen für viel Wirbel – dabei kam es auch einmal zu einer schweren Vergewaltigung – es empfiehlt sich also die Unterkunft nicht nur nach allgemeinen Kriterien auszuwählen, sondern auch auf die Sicherheit zu achten.

Am nördlichen Ende im Parque de los Periodistas (Av. Jiménez und Carrera 4) kam es in der Vergangenheit nach Einbruch der Dunkelheit zu Raubüberfällen sowie Drogendeals. La Perseverancia, ein zwielichtiges Viertel gleich nördlich von Macarena, hat ebenfalls keinen guten Ruf.

Eine für Überfälle mit Messerstecherei berüchtigte Gegend befindet sich entlang dem scheinbar so unschuldigen Pilgerweg hinauf zum Cerro de Monserrate – sei es auf den Wanderwegen an den Bergflanken oder auf der kurzen Passage zwischen der Seilbahnstation und Quinta de Bolívar gleich unterhalb davon; an Wochenenden mit regem Treiben ist es in der gleichen Gegend generell ziemlich sicher. Als Faustregel gilt, dass man nie östlich der TransMilenio-Linie an der Hauptverkehrsader Av. Caracas entlanglaufen sollte, außer man ist mit einer Person unterwegs, die die Gegebenheiten und damit auch die Risiken genau kennt.

Tatsache ist, dass die Großraumbusse in Bogotá ständig überfüllt sind, und dass die Kriminalitätsrate im öffentlichen Nahverkehr dramatisch angestiegen ist, nachdem das TransMilenio-Verkehrskonzept mit neuen Bustrassen ausgeweitet wurde. Mit 350 zusätzlichen Beamten wurde auch das Polizeiaufgebot im TransMilenio-Revier 2011 aufgestockt, um den Anstieg von einer breiten Palette von Delikten wie Taschendiebstahl und Raubüberfall zu bekämpfen.

Mit dem Norden ist es im Großen und Ganzen eine andere Geschichte. Viele Einheimische bewegen sich, in der Region zwischen der Zona Rosa und der Club-/Restaurantszene entlang der Parque de la 93, relativ unbehelligt. Abgesehen davon muss es aber dort auch schon vereinzelt zu Bombenattentaten gekommen sein.

Wer überfallen oder angegriffen wird, sollte in keinem Fall zurückschlagen – einfach Geld herausrücken und weiterziehen. Aufgrund der unsicheren Lage sollten Reisende einsame Straßen meiden und zu später Stunde lieber ein Taxi nehmen.

Trotz dieser kriminellen Vorkommnisse fühlt es sich jedoch in Bogotá im Allgemeinen immer noch sicherer an als bei seinen kontinentalen „Vettern" Río de Janeiro, São Paulo, Quito und Lima.

Geld

Bogotás Banken sind normalerweise von Montag bis Freitag zwischen 9 und 15 bzw. 15.30 Uhr geöffnet. Die hier verzeichneten Banken wechseln auch Bargeld, allerdings ist es ratsam, die *casas de cambio* (Wechselstuben) vorher nach Wechselkursen und Schnelligkeit zu prüfen. Wer am Flughafen Geld wechselt, kommt mit dem Wechselkurs etwas schlechter weg – und muss seinen Daumenabdruck hinterlassen, bevor er die Pesos einstecken darf!

Folgende Banken zahlen Bargeld auf Kreditkarten wie Visa und/oder MasterCard aus. Die meisten Banken haben auch Geldautomaten mit rund-um-die-Uhr-Service.

Bancolombia (Carrera 8 No 12B–17) wechselt Reiseschecks. Eine weitere Filiale befindet sich in der Carrera 3 No 18–19.

Citibank (Ecke Carrera 12A & Av. 82, Zona Rosa)

Edificio Emerald Trade Center (Av. Jiménez No 5–43) Insgesamt vier Wechselstuben.

Titán Intercontinental (www.titan.com.co; Carrera 7 No 18–42) eine *casa de cambio, die* auch Überweisungen aus Übersee annehmen kann.

Western Union (Calle 28 No 13–22, local 28) kann Geld überweisen.

Internetzugang

Zugang zum Internet zu finden, ist nicht schwer. Nahezu alle Unterkünfte, die hier verzeichnet sind, haben WLAN und/oder frei verfügbare PCs. Es gibt auch jede Menge Internet-Cafés, die meisten haben Telefonzellen für Ferngespräche oder bieten Anrufe ins Ausland. Die PIT-Informationszentren offerieren Besuchern 15 Minuten kostenlosen Internetzugang. WLAN ist in vielen Cafés, Bars und Restaurants verbreitet.

Hier einige praktische Internet-Cafés zur Auswahl, meist mit Telefonservice:

AC&C Internet (Carrera 15 No 94–80; pro Std. 1600 COP)

ETB (Carrera 7 No 19–65; pro Std. 2000 COP; ⌚So geschl.)

Skape Internet (Carrera 3 No 10–24; pro Std. 1200 COP) Näheres zum „Green Guy" (s. Kasten S. 45) weiter oben.

Medizinische Versorgung

In Privatkliniken ist die Versorgung weitaus besser als in staatlichen Krankenhäusern. Letztere sind zwar günstiger, womöglich aber weniger gut ausgestattet.

Clínica de Marly (www.marly.com.co; Calle 50 No 9–67) Eine Klinik mit gutem Ruf und vielen Fachärzten der verschiedensten Richtungen; manchmal werden dort auch Impfungen vorgenommen.

Dr Paul Vaillancourt (☎635 6312; Carrera 11 No 94A–25, oficina 401; ⌚So geschl.) ein empfehlenswerter englischsprachiger, halb französischer, halb kanadischer Privatarzt, der 120 000 COP pro Sprechstunde verlangt (Krankenversicherung wird nicht akzeptiert). Wer nach Brasilien oder in eine andere Region weiterreist, für die eine Gelbfieberimpfung erforderlich ist, bekommt diese am leichtesten in dieser Praxis (54 000 COP). Allerdings sollte die Impfung 10 Tage vor Ankunft in Brasilien erfolgen.

Fundación Santa Fe (www.fsfb.org.co; Av. 9 No 116–20) Sehr professionelles Privatkrankenhaus.

Notfall

Krankenwagen ☎125

Feuerwehr ☎123

Polizei ☎123

Touristenpolizei ☎280 9900

Post

Courier Box (Karte S. 46; Carrera 7 No 16–50) FedEx, DHL, TNT und UPS

Postamt Centro Internacional (außerhalb von Karte S. 46; Carrera 7 No 27–54); Chapinero (außerhalb von Karte S. 62; Ecke Av. Chile & Carrera 15); La Candelaria (Karte S. 46; Ecke Calle 12A & Carrera 8) Filialen 4–72, Kolumbiens Post, inklusive aller Dienstleistungen

Reisebüros

Aventure Colombia (Karte S. 46; ☎702 7069; www.aventurecolombia.com; Av. Jiménez No 4–49, oficina 204) Reisebüro mit gut gelauntem Personal – die Inhaberin ist eine charmante Auslandsfranzösin. Die Agentur hat sich auf landesweite Reiseziele jenseits ausgetretener Pfade spezialisiert, wie z. B. nach Punta Galinas (S. 177) mit Wohnen bei den Wiwa (ethnische Gruppe) im Hochland des Cerro de Santa Nevada und zu den faszinierenden Wasserbecken im Fluss Caño Cristales (Juli bis November) in Meta (S. 87).

Destino Bogotá (☎753 4887; www.destinobogota.com; Calle 110 No 9–25) Der Veranstalter bietet viele abwechslungsreiche Touren durch die Stadt und ihre Umgebung. Wie wäre es mit einer Tour zur Kaffeeplantage? Einem Partybus zum fröhlichen Club-Hopping? Einem Salsakurs bzw. einer Einstiegshilfe in einen Nachtclub? Einfach checken. Dazu gibt es auch noch Standardtagesausflüge wie zur altehrwürdigen Salzkathedrale in Guatavita/Zipaquirá. Für die meisten Tagestouren sind mindestens zwei bis vier Teilnehmer nötig; die Preise für Stadtrundfahrten/Tagesausflüge beginnen bei 60 000/115 000 COP pro Person.

Ecoguías (☎347 5736; info@ecoguias.com) Diese gut geführte Agentur für Abenteuerreisen wird von einem Briten gemanagt, der seit über zehn Jahren in Kolumbien lebt. Das Angebot umfasst landesweite Reiserouten mit Fokus auf Ökotourismus quer durch die Kaffeeregion, Choco, Villa de Leyva, Cartagena, Santa Marta und Umgebung sowie ins Amazonas-Gebiet und Schiffreisen auf dem Río Magdalena mit Besuch der Kolonialstädte Honda und Mompox.

Sal Si Puedes (Karte S. 46; ☎283 3765; www.salsipuedes.org; Carrera 7 No 1–01, oficina 640; ⌚Mo–Do 8–15, Fr bis 14 Uhr) ist ein alteingesessene Verband für Outdoorbegeisterte. Zum Angebot gehören geführte Wanderungen am Wochenende quer durch alle Landesteile (37 000–40 000 COP pro Pers., einschließlich Transport und spanischsprachige Gästeführer). Die meisten dauern neun bis zehn Stunden. Interessierte können sich das Programm direkt dort abholen können.

Touristeninformationen

Kolumbiens dynamisches **Instituto Distrital de Turismo** (www.bogotaturismo.gov.co) verbreitet bei allen Besuchern das Gefühl, willkommen zu sein. An zentralen Stellen rund um Bogotá steht in einer Reihe Puntos de Información Turística (PIT-Filialen) ein sehr freundliches englischsprachiges Personal zur Verfügung. Einige PITs bieten kostenlose Führungen an (in Englisch oder Spanisch, zu unterschiedlichen Zeiten). Zusätzlich zu den hier aufgeführten PITs gibt es noch eine ganze Anzahl weiterer in jedem Flughafenterminal.

Parques Nacionales Naturales (PNN) de Colombia (Ecoturismo; Karte S. 46; ☎353 2400, Nebenstelle 138; www.parquesnacionales.gov.co; Carrera 10 No 20–34) Dieses zentrale Büro hat Informationen über Kolumbiens Nationalparks und kann auch bei der Vermittlung von Unterkünften helfen, s. auch S. 46.

PIT Av Chile (Karte S. 62; ☎248 0181; Ecke

Carrera 11 & Calle 72) Stand am Platz des Centro Commercial Av. Chile, im Freien.

PIT Centro Histórico (Karte S. 46; ☎283 7115; Ecke Carrera 8 & Calle 10) Gegenüber der Plaza de Bolívar organisiert diese PIT von Dienstag bis Donnerstag Stadtrundgänge in Englisch, jeweils um 14 Uhr.

PIT Terminal de Transporte (☎295 4460; La Terminal, Transversal 66 No 35–11, módulo 5) In der Ankunftshalle des Bushauptterminals.

Visainformationen

Kurz nach unserer Recherche wurde der kolumbianische Geheimdienst DAS, der sich bis dahin auch um Visaverlängerungen kümmerte, aufgelöst. Bevor der Reiseführer in den Druck ging, wurden Visaformalitäten immer noch in den früheren DAS-Büros des Außenministeriums, d. h. beim **Ministerio de Relaciones Exteriores** (außerhalb von Karte S. 62; www.cancilleria.gov.co; ☎595 3525; Calle 100 No 11B–27; ⌚Mo–Fr 7.30–16.30 Uhr) abgewickelt. Allerdings war das Prozedere äußerst ungewiss. Bitte vorher die Adresse überprüfen und Folgendes wie ein Mantra verinnerlichen: Eine Visumverlängerung von 30, 60 oder 90 Tagen ist abhängig von der Willkür des Beamten. Erforderlich hierfür sind ein Pass, zwei Passfotos (für die Bildseite und den Ankunftsstempel) sowie zwei passgroße Fotos und all dies meist nur gegen Vorlage eines Flugtickets für die Ausreise. Zuerst einmal muss der Antragsteller persönlich erscheinen, um alle Formulare auszufüllen. Danach wird man an die nahe gelegene Davivienda (Änderungen vorbehalten) weitergelotst, um die Visagebühr in Höhe von 72 350 COP zu zahlen. Die Verlängerung wird vor Ort ausgestellt.

ℹ An- & Weiterreise

Bus

Bogotás Hauptbusbahnhof, **La Terminal** (Karte S. #40; La Terminal; ☎423 3600; www.terminaldetransporte.gov.co; Diagonal 23 No 69–60, bei Av. de La Constitución), liegt ca. 5 km westlich des Stadtzentrums in der blitzblanken Retortenstadt La Salitre. Es ist einer der besten Busbahnhöfe Südamerikas, mit höchsten Standards, was Effizienz und „schockierend" reibunglose Organisation anbelangt. Das Terminal befindet sich in einem riesigen, gewölbten Backsteingebäude, das in fünf *módulos* (Einheiten) aufgeteilt ist. Busse in Richtung Süden starten am westlichen Ende der Halle im Modul Nr. 1 (gelb markiert); Busse in Richtung Osten und Westen im Modul 2 (blau); und Richtung Norden im Modul 3 (rot). *Colectivos* oder Kleinbusse fahren in einige nahe gelegene Städte wie Villavicencio, ihr Start ist in Modul 4, während alle ankommenden Busse im Modul 5 anhalten (am östlichen Ende des Terminals).

Im Terminal gibt es eine Vielzahl an Speisemöglichkeiten, außerdem Geldautomaten, Gebäckaufbewahrung, ein (sauberes) Bad und sogar Duschen (6500 COP) sowie ein PIT-Informationscenter im Modul 5, wo man sich nach Busfahrplänen erkundigen kann oder telefonisch Unterkünfte reservieren kann.

In jedem *módulo* schwirren einige aufdringliche Ticketverkäufer verschiedener Gesellschaften herum, die den Reisenden manchmal Fahrten in ihren Bussen aufdrängen wollen. Für einige Langstreckenziele – vor allem an die Karibikküste – ist es in der Nebensaison manchmal möglich, um die Preise zu feilschen. Gewöhnliche Bustypen sind *climatizado,* d. h. mit Klimaanlage ausgestattet.

INLANDBUSSE

Busse zu allen Inlandreisezielen, die auf der Tabelle der Inlandbusrouten stehen (S. 79), verkehren regelmäßig und im Auftrag von mindestens einer Gesellschaft über den ganzen Tag verteilt (nach Medellín, Cali oder Bucaramanga normalerweise halbstündl.). Ein Preisvergleich bzw. ein Gegencheck von Abfahrtszeiten kann nicht schaden.

Expreso Bolivariano (☎800 011 9292; www.bolivariano.com.co) ist Kolumbiens schönste nationale Busgesellschaft.

INTERNATIONALE BUSSE

Busse zu Städten in Südamerika fahren im *módulo* 2 (blau) des Busterminals ab. **Expreso Ormeño** (☎428 9210; www.grupo-ormeno.com.pe) verkauft Tickets für die meisten Reiseziele. Weitere Einzelheiten siehe Tabelle für internationale Busrouten (S. #72).

Flugzeug

Bogotás betagter Flughafen, der **Aeropuerto Internacional El Dorado** (Karte S. #40; www.elnuevodorado.com; Av. El Dorado), der nahezu alle Inlands- und Auslandsflüge abwickelt, erhielt zur Zeit unserer Recherche für eine horrende Summe von 350 Mio. US$ ein neues Gesicht. Der neue Flughafen befindet sich am altbekannten Standort, 13 km nordwestlich vom Stadtzentrum. Er soll Ende 2014 eröffnet werden. Bis dahin gibt es zwei Terminals: Das Hauptterminal (El Dorado) liegt 1 km westlich der **Puente Aéreo** (☎413 9511; Av. El Dorado). Die Fluggesellschaft Avianca wickelt die meisten In- und Auslandsflüge ab.

Im El Dorado-Terminal gibt es Geldwechselschalter am Ankunftsgate; die Abflughalle geht nahtlos über in die Ankunftshalle. Die Wechselkurse sind in der Regel etwas schlechter als in den Banken im Stadtzentrum. Geldautomaten und Internetdesks befinden sich nur oben in der Abflughalle – einfach vom Check-in-Schalter die Treppen hinauf gehen (zugänglich für alle).

INLANDBUSROUTEN

REISEZIEL	FAHRPREIS (COP)	DAUER	MÓDULO (NR.)
Armenia	30 000–40 000	7 Std.	gelb (1)
Barranquilla	90 000–130 000	17–20 Std.	rot (3) & blau (2)
Bucaramanga	45 000–77 000	8–9 Std.	rot (3)
Cali	40 000–55 000	8–10 Std.	gelb (1) & blau (2)
Cartagena	138 000–160 000	12–20 Std.	blau (2) & rot (3)
Cúcuta	77 000–100 000	15–16 Std.	rot (3)
Ipiales	84 000–104 000	22 Std.	gelb (1)
Manizales	35 000–40 000	8–9 Std.	blau (2)
Medellín	35 000–60 000	8–9 Std.	gelb (1) & blau (2)
Neiva	26 000–39 000	5 Std.	gelb (1) & blau (2)
Pasto	74 000–100 000	18–20 Std.	gelb (1)
Pereira	30 000–43 000	7–9 Std.	gelb (1)
Popayán	65 000–75 000	12–16 Std.	gelb (1) & blau (2)
Ráquira	16 000–22 000	3–4 Std.	rot (3)
Riohacha	95 000–130 000	23 Std.	rot (3) & blau (2)
San Agustín	42 000–52 000	9–10 Std.	gelb (1)
San Gil	30 000–60 000	6–7 Std.	rot (3)
Santa Marta	80 000–120 000	16–18 Std.	blau (2) & rot (3)
Tunja	12 000–18 000	3 Std.	rot (3)
Villavicencio	20 000	3 Std.	blau (2)
Villa de Leyva	20.000	4 Std.	rot (3)
Zipaquirá	3700	1½ Std.	rot (3)

Die meisten Airline-Büros befinden sich im Norden von Bogotá; einige haben mehr als ein Büro. Einzelheiten über internationale Airlines, die Kolumbiens Hauptstadt anfliegen, gibt es auf S. 352. Angeboten werden auch zahlreiche Inlandsflüge zu Reisezielen im ganzen Land. Einige der größeren Routen werden auf S. 357 erläutert. Größere Airlines für Inlandsflüge:

Avianca (www.avianca.com)
Copa/AeroRepública (www.copaair.com)
EasyFly (www.easyfly.com.co)
Lan (www.lan.com)
Satena (www.satena.com)

ℹ Unterwegs vor Ort

Stoßzeiten sind früh morgens und nachmittags nach 12 Uhr. Dann sind die Straßen wirklich verstopft, sodass selbst kein Bus mehr durchkommt.

Zum/vom Busterminal

Während der Stoßzeiten kann eine Busfahrt vom Flughafen zum Stadtzentrum bis zu 60 Minuten dauern. Zum Terminal fährt ein *colectivo* mit dem Fahrtziel „Terminal" in Richtung Norden. Der Bus startet in der Carrera 10 überall zwischen den Calles 17 und 26. Auf seinen Fahrten vom Terminal in die Stadt hält der schwarze *colectivo* „Ruta C-23" (1400 COP) von Montag bis Samstag direkt draußen vor der PIT-Touristeninformation etwa alle 30 Minuten zwischen 6 und 21.30 Uhr (Sonntag bis 18 Uhr). Genz Prktisch ist, dass man unterwegs entlang der Carrera 4 mitten in La Candelaria aussteigen kann.

Der beste und schnellste Weg vom Flughafen in die Stadt ist eine Taxifahrt (ca. 11 000 COP ab La Candelaria). Im *módulo* 5 hat das Busterminal einen organisierten Taxiservice wie am Flughafen. Die verschiedenen Tarife liegen bei ca. 10 400 COP für Fahrten bis La Candelaria, bei 10 600 COP bis Chapinero und bei 8100 COP bis zur Zona Rosa.

Nach Erscheinen dieses Reiseführers wird es eine neue TransMileno-Haltestelle nahe der Carrera 68 direkt außerhalb von La Salitre geben. Damit ist eine kombinierte Taxi-/TransMilenio-Fahrt die schnellste und praktischste Verbindung zum Flughafen.

INTERNATIONALE BUSROUTEN

REISEZIEL	FAHRPREIS (COP)	DAUER	ABFAHRT
Buenos Aires	779,000	6 Tage	Di & So
Caracas	174,000	34 Std.	Do
Guayaquil	174,000	36 Std.	Di & So
Lima	389,000	2½ Tage	Di & So
Mendoza	759,000	5½ Tage	Di & So
Quito	174,000	28 Std.	Di & So
Santiago	603,000	5½ Tage	Di & So

Bus & Buseta

Abgesehen vom TransMilenio-Verkehrsnetz (für Großbusse mit eigenen autofreien Trassen) wird Bogotás öffentlicher Nahverkehr von regulären Bussen und *busetas* (Kleinbussen) betrieben. Das Bussystem deckt die Stadt in voller Länge und Breite ab, normalerweise und je nach Verkehrsaufkommen ohne Verzögerungen im Fahrplanablauf.

Nur in einigen wenigen Straßen gibt es keine Bushaltestellen – einfach den Bus oder die *busetas* herbeiwinken, an der Vordertür zusteigen und beim Fahrer oder seinem Assistenten bezahlen; ein Ticket wird nicht ausgestellt. In Bussen mit Einstieg hinten kann man den Fahrer durch ein Klingelzeichen wissen lassen, wo und wann er anhalten soll. In den *busetas* gibt es normalerweise nur eine Vordertür, an der alle Passagier zu- und aussteigen. Wer aussteigen will, sagt dem Fahrer einfach „*por acá, por favor*" (hier, bitte!).

In jedem Bus bzw. jeder *buseta* ist an der Windschutzscheibe ein Schild angebracht, auf dem die Route und die Nummer der Buslinie stehen. Für Einheimische sind diese Informationen bereits aus der Ferne leicht zu erkennen, für Neulinge jedoch kann es schwierig sein, die Routenbeschreibung schnell genug zu entziffern, um auch den richtigen Bus herbeizuwinken.

Pauschalpreise, unabhängig von der zurückgelegten Entfernung, sind angeschrieben und bewegen sich im Allgemeinen zwischen 1300 und 1400 COP. Manchmal sind die Tarife nachts, sonntags und feiertags etwas teurer (nach 20 Uhr).

Es gibt auch Minibusse namens *colectivos*, die auf den Hauptrouten verkehren. Diese sind schneller, und eine Fahrt kostet ca. 1200 COP.

Fahrrad

Bogotá hat weltweit eines der bestausgebauten Fahrradwegenetze mit über 350 km gut ausgeschilderten und schön aufgeteilten Fahrradwegen, die sogenannte CicloRuta. Kostenlose Bogotá-Stadtpläne, die bei den PIT-Informationsstellen erhältlich sind, zeigen die CicloRuta-Wege.

Zusätzlich gibt es sonntags und feiertags ca. 120 km autofreie Straßen von 7 bis 14 Uhr, damit die stadtweite Ciclovía stattfinden kann. Es handelt sich dabei um ein gut organisiertes Event, das es den Stadtbewohnern erlaubt, Bogotá auf zwei Rädern zu erkunden. In den Straßen verkaufen Händler Fruchtsäfte und kleine Snacks, außerdem säumen Straßenkünstler und Fahrradreparaturstände den Weg durch die Stadt – ganz Bogotá ist in Partystimmung, mit oder ohne Rad. Bei Bogotá Bike Tours (S. 55) ist es möglich, ein Fahrrad zu mieten. Ciclovía geht die gesamte Carrera 7 entlang, von La Candelaria bis Usaquén – selbst für Fußgänger ist es ein echtes Erlebnis.

Vom/zum Flughafen

Die Flugterminals El Dorado und Puente Aéreo sind vom Stadtzentrum aus mit Shuttlebussen wie den *busetas* und *colectivos* erreichbar. Sie fahren alle in Richtung „Aeropuerto". Im Stadtzentrum kann man in der Calle 19 oder in der Carrera 10 zusteigen. Auf dem Weg zu den Flughäfen fahren sie alle über die Puente Aéreo. Ab dem El Dorado-Terminal fahren schwarze "Germania–Carrera 4"-Busse in der Av. El Dorado (Calle 26) ab, nur fünf Gehminuten von der Ankunftshalle entfernt. Busse des öffentlichen Nahverkehrs verkehren nur bis ca. 21 Uhr zwischen City und Flughafen.

Wer mit dem Taxi fährt (ca. 18 000 COP), zahlt einen *sobrecargo* (Aufpreis) von 3300 COP.

Beide Terminals haben einen speziellen Taxiservice, der Passagiere vor Missbrauch schützen soll, denn private Taxifahrer verlangen oft überteuerte Tarife. Am Ausgang der Gepäckaufbewahrungszone ist ein Taxistand, wo Reisende einen Computerausdruck mit Angabe des zu erwartenden Fahrpreises für das jeweiligen Fahrtziel ziehen kann. Dann erst steigt man in das Taxi, das an der Tür wartet, und legt dem Fahrer den Ausdruck vor. Das Fahrgeld wird erst bei Ankunft gegen Quittung bezahlt, unabhängig davon, was der Taxameter anzeigt.

Der Ausbau des TransMilenio-Busnetzes bis zum Fluhafen sollte eigentlich nach Erscheinen dieses Reiseführers abgeschlossen sein, auch wenn die Busse am El Dorado-Buswendeplatz einige Kilometer vor dem Terminal enden. Für die Reststrecke soll ein Shuttleservice eingerichtet werden.

Taxi

Bogotás beeindruckende Taxiflotte besteht aus gelben Taxis *made in Korea*. Sie sind ein sicheres, zuverlässiges und relativ günstiges Fortbewegungsmittel vor Ort. Zur festen Ausstattung gehört ein Taxameter, das von den Fahrern in der Regel auch benutzt wird. Zu Beginn einer Taxifahrt sollte der Taxameter immer auf „25" stehen. Dies entspricht einer kodierten Preistabelle (die laminierte Karte sollte gut sichtbar über dem Beifahrersitz hängen). Die Grundgebühr liegt beim Wert „50", was 3300 COP entspricht. Die Anzeige auf dem Taxameter sollte sich alle 100 m ändern. Sonntags und feiertags sowie nach Einbruch der Dunkelheit wird ein Aufschlag von 1600 COP fällig; dieser beträgt bei Fahrten zum Flughafen 3300 COP. Bei bestellten Taxis beträgt der Aufpreis 600 COP.

Eine 10 km lange Fahrt (z. B. ab der Plaza de Bolívar bis zur Calle 100 im nördlichen Bogotá) sollte nicht mehr als 17 000 COP kosten. Wer vorhat, ein Taxi für mehrere und längere Fahrten zu nutzen, sollte aus Kostengründen vielleicht lieber ein Taxi pro Stunde anheuern (für ca. 16 000 COP).

Ohne Begleitung durch einen Einheimischen ein Taxi herbeiwinken? Kann man vergessen! Wer das versucht, wird gar nicht erst bemerkt und missachtet alle Sicherheits- und Schutzmaßnahmen bzw. erhöht damit enorm sein Risiko, ausgeraubt zu werden. Stattdessen ist es sinnvoll, eine der zahlreichen Taxizentralen anzurufen und ein Fahrzeug per Funk zu bestellen, z. B. bei **Taxis Libres** (☎311 1111), **Taxi Express** (☎411 1111), **Radio Taxi** (☎288 8888) oder bei **Taxi Real** (☎333 3333). Für Freitagabend sollte man im Voraus planen – nach 16 Uhr sind alle Leitungen ständig belegt.

Auf keinen Fall mitfahren, wenn sich der Fahrer weigert, den Taxameter einzustellen. Die meisten Fahrer sind ehrlich, dennoch lohnt es sich, den endgültigen Fahrpreis in Abstimmung mit der Preistabelle festzulegen. Einige Taxifahrer runden die Beträge zu später Stunde etwas auf, denn sie bekommen selten ein Trinkgeld.

TransMilenio

Das ehrgeizige Verkehrskonzept namens **TransMilenio** (www.transmilenio.gov.co) hat Bogotás öffentlichen Nahverkehr revolutioniert. Nach zahlreichen Plänen und Studien für den Bau einer U-Bahn, die in den letzten 30 Jahren alle in der Schublade gelandet sind, wurde das Metro-Projekt schließlich beerdigt und stattdessen die Einführung eines schnellen Busverkehrssystems namens TransMilenio beschlossen.

Im Wesentlichen handelt es sich um ein Verkehrskonzept, dass so ähnlich wie ein U-Bahn-System funktioniert. Das Gesamtstreckennetz beträgt 84 km mit einer Busflotte von 1100 Fahrzeugen. TransMilenio kümmert sich in Eigenregie um 114 Bubsbahnhöfe (und sorgt dafür, dass alles ordentlich und sicher abläuft). Die Busse fahren auf autofreien Busspuren. Die Fahrpreise sind günstig (1700 COP), und die Busse verkehren in schöner Regelmäßigkeit Montag bis Samstag von 5 bis 23 Uhr und am Sonntag von 6 bis 22 Uhr. Tickets sind am Eingang jedes TransMilenio-Busbahnhofs erhältlich. Es gibt auch Chipkarten für insgesamt 50 Fahrten – eine gute Möglichkeit, das lästige Anstehen in der Warteschlange zu vermeiden. Täglich nutzen bis zu 1,7 Mio. Menschen das TransMilenio-Bussystem, eigentlich 500 000 Passagiere zu viel, sodass die Busse zu den Stoßzeiten immer überfüllt sind.

In den Busbahnhöfen sind Streckenpläne angeschlagen, auf denen die Routen mit Farben kodiert sind. Die jeweiligen Busnummern entsprechen verschiedenen Haltestellen. Die TransMilenio-Hauptlinie verläuft entlang der Av. Caracas von Nord nach Süd. Außerdem gibt es Linien in der Carrera 30, Av. 81, Av. de Las Américas und eine Kurzstrekce auf der Av. Jiménez bis zur Carrera 3. Es gibt Pläne für den Ausbau des Streckennetzes einschließlich Verbindungen zum Flughafen. Von den insgesamt drei Teminals wird nur eines wirklich von Touristen genutzt, nämlich das **nördliche Terminal** (Portal del Norte; Calle 170).

Es braucht etwas Übung, bis man versteht, welcher Bus wohin fährt. Auf den „Ruta Facil"-Strecken halten die Busse z. B. an jeder Haltestelle, während andere ohne Zwischenstopp durchfahren – sozusagen im Expresstempo – und das nach einem absolut verwirrenden Hoppingsystem, das einige Haltestellen einfach auslässt.

Fahrten lassen sich auch online im Voraus planen, nämlich über das Portal www.surumbo.com; Startpunkt und Fahrtziel eingeben und aus den angezeigten Optionen auswählen. Auf den meisten Hauptstrecken von Nord in Richtung Zentrum steigt man direkt in der Calle 22 um, während man in der Av. Jiménez gleich mehrere Umsteigemöglichkeiten hat (manchmal sogar mit einem kleinen unterirdischen Fußmarsch zwischen benachbarten Bahnhöfen).

Hauptstrecken:

Von La Candelaria zum Portal del Norte (für Zipaquirá-Busse) In den Bus B74 einsteigen, der direkt zum „Portal del Norte" (Endstation) fährt.

Von La Candelaria zur Zona G Ab „Las Aguas" oder „Museo del Oro" die Linie D70 bis zur Calle 22 nehmen, dann umsteigen in Bus B13 nach „Flores".

Von La Candelaria zur Zona Rosa Ab „Las Aguas" oder „Museo del Oro" Bus D70 zur Calle 22 nehmen, dann umsteigen in Bus B13 zur Calle 85.

Vom Portal del Norte bis nach La Candelaria Bus J72 ab „Portal del Norte" direkt zum „Museo del Oro" oder „Las Aguas".

Von der Zona G nach La Candelaria Ab „Flores" verkehrt die Buslinie H13 zur „Calle 22", dann umsteigen in die J24 zum „Museo del Oro" oder nach „Las Aguas".

Von der Zona G zur Zona Rosa Ab „Flores" fährt der Bus B1 oder B13 bis zur „Calle 85".

Von der Zona Rosa nach La Candelaria Ab „Calle 85" fährt die Linie H13 bis zur Calle 22, dann umsteigen in die J24 zum „Museo del Oro" oder nach „Las Aguas".

UNTERWEGS IN BOGOTÁ

Die meisten *bogotanos*, die einmal eine Auszeit fernab der Stadt brauchen, wollen auch gleichzeitig Wärme tanken. Einige Städte, die ein paar Stunden von der Hauptstadt entfernt sind – wie z. B. Villavicencio –, liegen bei weitem nicht so hoch wie Bogotá. Dort steigen dann nicht nur die Temperaturen, auch die Landschaften sehen ganz anders aus: Neben Seen, Wasserfällen, Nebelwäldern und Bergen findet sich auch ein Gewirr an kleinen Städten und Dörfern mit viel kolonialem Flair als Gruß aus der Vergangenheit.

Nördlich von Bogotá

Viele Tagesausflügler aus der Hauptstadt fahren in diese Richtung. Es ist möglich, innerhalb eines Tages zwei Fliegen mit einer Klappe zu schlagen: mit einer Tour nach Zipaquirá und nach Guatavita. Eine mehrstündige Taxifahrt zu diesen beiden Nahzielen kostet ca. 180 000 COP, je nach Verhandlungsgeschick. Reiseagenturen wie Destino Bogotá (S. 77) bieten kombinierte Touren zu beiden Zielen an.

ZIPAQUIRÁ

☎1 / 101 000 EW. / HÖHE 2650 M

Der beliebteste Tagesausflug ab Bogotá führt zum 50 km nördlich von der Hauptstadt gelegenen Zipaquirá. Mit seinen Salzminen ist es ein schmuckes historisches Städtchen. Salz war eine Hauptressource in diesem Gebiet, bevor die Spanier mit ihren metallenen Bergarbeiterhelmen auftauchten; kolumbianische Salzbergwerke produzieren bis heute 40 % des Landesbedarfs an Mineralsalz. Eine der Minen besitzt in 190 m Tiefe eine Drei-Höhlen-Kathedrale. Diese ist erreichbar durch einen surreal anmutenden Stollen, der als Christi Passionsweg angelegt wurde. Wer dort auf den Spuren des Messias vor seiner Kreuzigung wandelt, trifft am Ende des Wegs auf das weltweit größte unterirdische Kreuz, siehe auch Kasten S. 41.

Zipaquirás zentrale Plaza ist gesäumt von Cafés und Geldautomaten. Es lohnt sich auch ein kurzer Blick in die reizvolle Kirche.

In den Bergen ca. 500 m südwestlich gibt es zwei weitere in Salzwände gehauene Salzkathedralen im Bauch der Erde. Die erste wurde 1954 eröffnet, im Jahr 1992 allerdings aus Sicherheitsgründen geschlossen. Wer Interesse hat, kann jedoch eine atemberaubende zwischen 1991 und 1995 entstandene Rekonstruktion der **Salzkathedrale** (www.catedraldesal.gov.co; Erw./Kind 20 000/ 14 000 COP) besichtigen, für die insgesamt 250 000 t Salz abgetragen wurden.

Alle Besucher müssen sich für den Zugang zur Kathedrale Gruppen anschließen, die sich auf stundenlange Besichtigungstouren begeben. Man kann sich aber – einmal im Salzbauwerk drin – auf Wunsch auch von der Gruppe abseilen. Der Spaziergang führt an den 13 Stationen des schicksalhaften Tages im Leben Jesu vorbei: In Nischen sind allegorische Kreuze herausgemeißelt, die Nacktheit oder Tod symbolisieren (traurigerweise ist der Blick auf Kreuz Nr. 11 – Kreuzigungsszene – inzwischen durch einen unglücklich platzierten Souvenirstand direkt dahinter etwas verschandelt). Die Tradition, Religion mit Salz zu verquicken, wurzelt in einem ganz logischen Zusammenhang: Die Arbeit in den Salzbergwerken war lebensgefährlich, deswegen wurden Altäre errichtet. Die 75 m lange Mine hat Platz für 8400 Menschen; jeden Sonntag werden Gottesdienste abgehalten, die sich eines regen Zulaufs erfreuen.

Etwa 15 km nordöstlich der Stadt **Nemocón** befindet sich eine kleinere (und weniger touristische) Salzmine, die täglich besichtigt werden kann. Diese ist seit 400 Jahren in Betrieb und diente einmal als Rathau

ℹ An- & Weiterreise

Eine Möglichkeit, Zipaquirá zu erreichen, ist an Bord eines regelmäßig verkehrenden Buses ab dem TransMilenio-Bahnhof am Busparkplatz

Portal del Norte in der Calle 170, mit einer ca. 45-minütigen Fahrt ab dem Stadtzentrum. Von dort starten bis 20 Uhr ungefähr alle zehn Minuten Busse nach Zipaquirá (3600 COP, 1½ bis 2½ Std.). Sie starten an der Flota-Busspur östlich des *Portals* vor dem Supermarkt Éxito. Ab Zipaquirá kann man täglich mehrere Busse nach Villa de Leyva erwischen.

Alternativ bietet sich auch eine Fahrt mit dem **Turistren** (www.turistren.com.co) an, der samstags und sonntags von Bogotá nach Zipaquirá fährt (hin & zurück Erw./Kind 38 000/23 000 COP). Der Zug startet um 8.30 Uhr am Hauptbahnhof in Bogotá, der **Estación de la Sabana** (Karte S. 42; Calle 13 No 18–24), hält um 9.20 Uhr kurz am **Bahnhof Usaquén** (Calle 100 & Carrera 9A) und erreicht Zipaquirá um 11.30 Uhr (zur Zeit unserer Recherche fuhr der Zug seltsamerweise ab dem nahe gelegenen Cajicá, 15 km weiter südlich (!) wieder zurück.

Eine Taxifahrt zur Bergwerksbesichtigung ab Bogotá sollte nicht mehr als 180 000 COP kosten (hin & zurück).

SUESCA

☎1 / 14 000 EW. / 2584 HÖHENMETER

Eines der beliebtesten Ziele Kolumbiens für Sportkletterer lockt gleich südlich dieses alten Kolonialstädtchens, 65 km nördlich von Bogotá. Wer mit dem Auto oder mit dem Bus ankommt, fährt den Río Bogotá entlang an den 4 km langen Sandsteinformationen von Guadalupe vorbei, die bis 370 m hoch aufragen. Dort warten 400 (oder mehr) Klettertrails darauf, erklommen zu werden.

Viele Besucher kommen im Rahmen eines Tagesausflugs von Bogotá aus hierher, vor allem am Wochenende. Dann stehen mehrere Ausrüstungsläden bereit, die täglich Hunderte von Kletterern als willkommene Kundschaft begrüßen. Außerdem lassen sich auch Rafting-Touren buchen, ist das Wasser dort viel wärmer als in Tobia. Zwei spanischsprachige Kletterführer für bis zu vier Teilnehmer pro Route kosten 95 000 COP pro Person und können bei Grand Pared in Bogotá (S. 55) vermittelt werden.

Der englischsprachige Guide namens **Hugo Rocha** (☎315 826 2051; contacto@dealturas.com) lebt schon seit über zehn Jahren in der Region und bietet Tages- und Nachttouren sowie Unterricht an. Hugo arbeitet mit der Kletterschule **Dealturas** (www.dealturas.com) zusammen, die einen fünftägigen Kurs für 500 000 COP und eine Tagesklettertour (einschließlich Ausrüstung) für 120 000 COP anbietet sowie Privatzimmer für 25 000 COP. **El Vivac Hostel** (☎311 480 5034; www.elvivachostal.com; Zelt/B/Zi. 20 000/25 000/65 000 COP) ist ein farmähnliches Hostel, das von einer einheimischen Kletterpionierin geführt wird. Dort können auch Klettertouren und Fahrräder ausgeliehen werden (ab 10 000 COP).

Es gibt auch viele Campingplätze und die Möglichkeit, sich auf dem **Campingplatz Amarelo** (☎in Bogotá 1 217 8082) eine ganze Cabaña für 45 000 COP pro Person zu mieten.

Nach Suesca verkehrt ein TransMilenio-Bus bis zum nördlichen Terminal (Portal del Norte); ab da besteht eine regelmäßige direkte Verbindung mit einem Alianza- oder Ayacucho-Bus (4500 COP, 40 Min.).

LAGUNA DE GUATAVITA

3000 HÖHENMETER

Einst richteten sich alle Hoffnungen, das El Dorado zu finden, auf diesen kleinen runden See ca. 50 km nordöstlich von Bogotá – tolle Annahme! Umrahmt von Bergen war der idyllische Guatavita-See ein heiliger See und rituelles Zentrum der Muisca, wo – vor einem halben Jahrtausend – im goldstaubschichtbedeckten Zipa der *cacique* (Sippenoberhaupt der Muisca) von seinem zeremoniellen Floß aus wertvolle Opfergaben in den See warf und dann selbst ins Wasser sprang, um gottähnliche Kraft zu empfangen.

Heute ist diese Zipa-Route nicht mehr befahrbar (Baden verboten!), doch säumen einige Aussichtspunkte auf einem Wanderweg den Flusslauf. Das Gebiet liegt über Bogotá – und der Höhenunterschied ist auf der 15-minütigen Wanderung ab dem **Eingang zur Kultstätte** (Kolumbianer/Ausländer 8800/13 200 COP; ⏲Mo. geschl.) hinauf zu den über dem See aufragenden Gipfeln auch deutlich spürbar.

Das Städtchen **Guatavita**, 18 km südwestlich, ist das Haupteingangstor. An Wochenenden lässt sich wahrscheinlich eine Transportmöglichkeit zum See finden – allerdings ohne Garantie. Die Stadt wurde Mitte der 1960er-Jahre gegründet – für Bewohner, die aufgrund der nahe gelegenen Staustufe Embalse de Tominé umgesiedelt werden mussten. Die weiß getünchten spanischen Kolonialbauten wurden fein säuberlich rekonstruiert, außerdem gibt es eine Stierkampfarena und ein autofreies Einkaufszentrum mit Souvenirläden, ein Museum und ein oder zwei Hotels. Unter der Woche ist es mucksmäuschenstill, sonntags hingegen ist alles auf den Beinen – dann lieber nicht!

An- & Weiterreise

Laguna de Guatavita ist mit öffentlichen Verkehrsmitteln eher umständlich zu erreichen. Ab dem nördlichen TransMilenio-Terminal (Portal del Norte) im Norden von Bogotá fahren ca. alle 20 Min. Busse nach Guatavita via Sesquilé ab, Zustieg an der Intermuncipales-Plattform (7000 COP). Etwa 11 km nördlich der Stadt erklimmt der Bus die 7 km lange Bergstraße bis zum See – Ende des öffentlichen Nahverkehrs! Dort lässt man anhalten, um auszusteigen und läuft die Reststrecke zu Fuß weiter. Eine andere Möglichkeit ist zu trampen (immer den Schildern nach am rechten Wegesrand nahe der Escuela Tierra Negra) oder aber man fährt weiter nach Guatavita, wo sonntags *colectivos* direkt von der zentralen Plaza aus zum See fahren. Taxis gibt es hier nur spärlich.

Eine Taxifahrt ab Bogotá kostet etwa 120 000 COP (hin & zurück).

Westlich von Bogotá

Wer an den Strand will, nach Medellín oder in die Kaffeeregion, verlässt Bogotá in Richtung Westen. An vielen Punkten wird gar nicht erst angehalten, aber es gibt einige Ortschaften, die sich durchaus schon als Reiseziel bewährt haben. Wer mit eigenem Fahrzeug unterwegs ist, hat zwei Möglichkeiten, Bogotá auf der Autobahn zu verlassen – über die schönere nördliche Route via La Vega (westlich in die Calle 80) oder über die südliche Route via Facatavita. Letztere mündet aber dann ca. 65 km weiter westlich doch wieder bei Villeta in die La Vega ein (allerdings erst nach einigen Vorstädten und Lkw-Staus).

20 km westlich von Bogotá warten Nebelwälder (*bosques de niebla*) auf Wanderer, nämlich in dem herrlichen privaten **Parque Natural Chicaque** (☎in Bogotá 1 368 3114; www.chicaque.com; Eintritt 11 000 COP)

DER GOLDSEE – VON WEGEN!

Traditionellerweise glaubten die Muisca, dass die Laguna de Guatavita – einst eingebettet in einen perfekt gerundeten Krater, umrahmt von grünen Bergen – durch einen Meteoriteneinschlag entstand. Er soll der Legende nach einen Goldgott mit auf die Erde gebracht haben, der fortan auf dem Grund des Sees residierte. (Realistisch betrachtet waren wohl eher todlangweilige Vulkane die Schöpfer des Sees.) Die Muisca verehrten diesen Gott mit fein geschnitzten tunjos (dekorativen Goldgehängen) und Figuren, auf denen Wünsche eingraviert waren, und warfen diese in den See. (Viele dieser Stücke sind heute in Bogotás Museo del Oro zu bestaunen; s. S. 52).

Dieses Vorgehen löste bei den Spaniern einen Goldrausch aus, und so fanden sich viele Outsider hier ein, die selbstverständlich ebenso wie alle anderen glaubten, das El Dorado im Wasser ausfindig gemacht zu haben. Über die Jahre hinweg wurden viele mühsame und ergebnislose Anstrengungen unternommen, um die verborgenen Schätze zu heben, die da derart verlockend auf dem Seegrund lagen.

In den 1560er-Jahren ließ ein wohlhabender Kaufmann namens Antonio de Sepúlveda an einem Seeufer eine noch heute zu sehende Kerbe schlagen, um das Wasser aus dem See abfließen zu lassen. Diese Aktion brachte jedoch nur 232 Goldpesos ans Tageslicht, und Sepúlveda starb als bankrotter Mann. Ende des 19. Jhs. gelang es seiner englischen Gesellschaft, die Lagune zu entwässern. Es wurden aber nur 20 seltsame Objekte gefunden, die nicht annähernd so viel wert waren, um 40 000 Britisch Pfund bzw. acht lange Investitionsjahre wettzumachen.

In den 1940er-Jahren suchten amerikanische Taucher mit Metalldetektoren nach den Goldschätzen, und so ging es weiter. Schließlich sprachen kolumbianische Behörden 1965 ein Verbot für solche Aktivitäten aus. Das heißt aber noch lange nicht, dass sich alle Goldsucher daran hielten. In den 1990er-Jahren war eine Genehmigung für den Zugang zum See erforderlich, um die Zahl der Besucher kontrollieren zu können. Viele von ihnen kreuzten mit ihrer Taucherausrüstung auf, um auf illegale Weise nach dem Vermögen zu suchen.

Trotz allen Ruhms spuckte Guatavita nie viel Gold aus. Kolumbiens bekanntestes Stück – die Balsa Muisca (auch im Museo del Oro) – wurde letztlich in einer Höhle nahe dem Dorf Pasca gefunden.

Der Goldgott lacht sich darüber wahrscheinlich einen Ast.

und nur dort. Der Park bietet auf drei km^2 sechs verschiedene Spaziergänge (auf einem insgesamt etwa 8 km langen Wegenetz); so gut wie hier sind die Wanderwege nirgendwo sonst in ganz Kolumbien ausgeschildert. Während der Regenzeit führen die Wanderpfade zu Wasserfällen. An Wochenenden ist es auch möglich, die steilen Berghänge im Rahmen eines Ausritts auf dem Rücken eines Pferdes zu bewältigen.

Wer einmal auf den Wanderpfaden oben angelangt ist, den erwartet ein steiler Abstieg zu den Quartieren. Es stehen verschiedene Übernachtungsmöglichkeiten zur Auswahl (Campingplatz/B/Bungalow inkl. alle Mahlzeiten 51 000/62 000/268 000 COP), darunter auch ein schöner Bungalow für zwei Personen. Am Eingang ist auch zelten erlaubt (8500 COP ohne Mahlzeiten).

Das Reservat ist nur wenige Kilometer von der Straße entfernt, die von Soacha nach La Mesa führt. Um aus der Stadtmitte Bogotás bis hierher zu gelangen, nimmt man einen TransMilenio-Bus zum Portal del Sur, wo jeweils um 9, 12, 15 Uhr und 17 Uhr (6000 COP) Busse Richtung Park abfahren. Wieder zurück geht es um 8, 10, 13.30 und um 16 Uhr.

Südlich von Bogotá

Die einzigartigen klimatischen Bedingungen des Anden-Hochlands haben dazu beigetragen, das quer durchs Land verteilt Mumien erhalten geblieben sind – einige davon fanden sogar ihren Weg ins Londoner British Museum. In der „Mumienstadt" **San Bernardo**, ca. 87 km südöstlich von Bogotá, können Besucher sie direkt vor Ort bestaunen. Vor einem Jahrhundert wurden mehrere Dutzend Leichname vom Friedhof hierher verfrachtet, da die Bestattungskosten nicht bezahlt worden waren. Die Totengräber fanden überraschenderweise Mumien vor – das Produkt eines einzigartigen Bodens und einer lokalen Ernährungsweise mit der *guatila*-Frucht. Einige der Mumien lassen sich in Glasvitrinen in der städtischen Friedhofskrypta bestaunen. Besser mit dem eigenen Fahrzeug hinfahren!

LOS LLANOS

Südöstlich von Bogotá flacht die zerklüftetete Berglandschaft der Anden langsam ab, als hätte eine riesige Guillotine die Bergrücken abrupt gespalten – an ihren Ausläufern geht die Landschaft in ein ausgedehntes Weideland über: Los Llanos (die Ebenen).

Manchmal werden die Ebenen auch als die Serengeti Südamerikas bezeichnet. Es wimmelt nur so von wilden Tieren. Über 100 Säugetierarten und über 700 Vogelarten sind hier beheimatet – letztere Zahl entspricht dem Gesamtbestand der USA. Dem Nature Conservancy zufolge hat in Los Llanos eine der gefährdetsten Krokodilarten der Welt ihr Habitat, inklusive das Orinoco-Krokodil, die Orinoco-Schildkröte, das riesige Gürteltier, die Riesenotter, der Isidoradler und verschiedene Welse.

Die flachen Steppen machen aus der Region ein ideales Weideland. Die *Llaneros* (Kolumbiens Cowboys) verbringen unter strapaziösen Bedingungen Stunden mit dem Zusammentreiben von Vieh auf den riesigen Farmen, einige davon sind mehrere Tausend Hektar groß. Das harte, isolierte Leben der Cowboys ist Inbegriff einer einzigartigen kolumbianischen Lebensart, die sich fernab vom Mainstream herausgebildet hat. *Llaneros* assoziiert man mit den für sie typischen Strohhüten, den *coleo*-Rodeos, dem *joropo*-Tanz und ihrer amerikanischen Bluegrass-Volksmusik, bekannt als *música llanera*.

Die Ebenen von Los Llanos dehnen sich auf mehrere Verwaltungsbezirke des Landes aus: Arauca, Casanare, Guainía, Meta und Vichada. Noch im Jahr 2003 war der Zugang zu dieser Region ein No-go für Ausländer. Heute sind die größeren Städte sicher und handelsoffen, darunter auch Villavicencio, Puerto López und (in geringerem Ausmaß) Puerto Gaitán.

Leider werden einige Landstriche in Los Llanos trotz der jüngsten militärischen Erfolge immer noch von den FARC-Rebellen und anderen Guerillas kontrolliert. Zur Zeit der Recherche war individuelles Reisen in dieser Gegend ein leicht riskantes Unterfan-

NICHT AUF EIGENE FAUST ...

Es sei davor gewarnt, Los Llanos ohne ortskundige Gästeführer zu durchstreifen. Die Sicherheitslage in Kolumbien und speziell in dieser Region ist sehr ungewiss und kann sich schnell ändern. Bevor die Reise losgeht, immer erst die aktuelle Lage bei den zuständigen Behörden und/oder Reisebüros überprüfen.

gen, doch kann man dort relativ ungestört reisen, wenn man im näheren Umkreis der Städte Yopal, Inirida und San José del Guaviare bleibt. Das Gebiet südlich von San José del Guaviare ist dagegen nach wie vor sehr gefährlich, und auch die Straße von Puerto López nach Puerto Carreño an der venezolanischen Grenze gehört zu den unsicheren Gebieten.

Der **Parque Nacional Natural (PNN) Sierra de La Macarena** (www.parquesnacionales.gov.co) lockt mit den faszinierenden Wasserbecken des Caño Cristales (S. 87), welche zur Zeit unserer Recherche die touristenfreundlichste Attraktion in Los Llanos war. Wiedereröffnet wurde der Flussabschnitt 2009 zunächst nur mit Sondergenehmigung für bestimmte Agenturen, nachdem die Armee die Region wieder unter ihre Kontrolle gebracht hatte. Der **Parque Nacional Natural (PNN) El Tuparro** (www.parquesnacionales.gov.co), ein 548 000 ha großes Naturreservat, liegt an der Grenze zu Venezuela. Sandstrände am Flussufer und grünes Weideland sind Lebensraum für etwa 320 Vogelarten und darüberhinaus für Jaguare, Tapire und Otter. **De Una Colombia Tours** (☎1 368 1915; www.deunacolombia.com; Carrera 26A No 40–18, Studio 202, La Soledad, Bogotá) organisiert geführte Touren nach Tuparro.

VILLAVICENCIO

☎8 / 385 000 EW. / 467 HÖHENMETER

Die vom Militär streng überwachte Autobahn führt ab Bogotá in Richtung Süden nach Villavicencio, auch „La Puerta al Llano", Eingangstor zu Los Llanos, genannt. Die quirlige, doch nicht besonders interessante Stadt liegt 75 km südöstlich der Hauptstadt und hat ein geradezu ausgeprägtes Nachtleben und jede Menge Grillfleisch zu bieten.

Ihre Hauptattraktionen sind die Grünflächen wie der innerstädtische Parque de los Fundadores und der Bioparque Los Ocarros (ein Zoo 3 km nördlich der Stadt, wo Krokodile und Wasserschweine zu sehen sind) sowie *asaderos* (Restaurants mit Fleischgerichten vom Grill oder in der Bratpfanne gebrutzelt), welche die regionale Spezialität *mamona* (Kalbfleisch, gegrillt über dem Holzfeuer) anbieten. Die Stadt ist aber auch ein guter Ausgangspunkt für Erkundungstouren in den Ebenen und für Abstecher zum Caño Cristales.

Turismo Villavicencio (www.turismovillavicencio.gov.co) betreibt vier Touristeninformationen: am Flughafen, am Busbahnhof, im Centro Comerciales La Sabana und im Llano Centro.

Gringos sind immer noch eine Neuheit in Villavo – gewöhnlich ernten die „Exoten" harmlose Blicke.

Schlafen & Essen

Hotel Serranía Real HOTEL $

(☎662 0250; hotelserraniareal@gmail.com; Calle 37A No 29–63; EZ/DZ/3BZ 39 950/59 000/70 500 COP;) Budget-Hotels gibt es in der Stadtmitte von Villavicencio wie Sand am Meer, aber dieses Hotel verdient aufgrund der sagenhaften Gastfreundlichkeit und Hilfsbereitschaft ein besonderes Lob. Das Personal spricht etwas Englisch und Französisch. Geboten werden einfache, saubere Zimmer an einer hektischen Straße gegenüber einem Éxito-Supermarkt und nur ein paar Schritte entfernt von einer (mittelmäßigen) Bäckerei, die rund um die Uhr geöffnet ist.

Hotel Sol Dorado HOTEL $$

(☎670 1717; hotelsoldorado@hotmail.com; Calle 37 No 29–66; EZ/DZ inkl. Frühstück ab 78 000/112 200 COP;) Dieses funkelnagelneue Hotel bewegt sich im oberen Marktsegment. Die Qualität reicht schon sehr nahe an ein Boutiquehotel heran, auch wenn die 31 Zimmer besser eingerichtet sein könnten

ABSTECHER

HONDA – DER HEISSE TIPP!

Etwa 132 km westlich von Bogotá – dort wo sich die Straßen nach Medellín, Cartagena und Cali kreuzen – zieht das historische Honda, ein Kolonialstädtchen am Fluss, einige Aufmerksamkeit auf sich: Der alte Stadtkern mit den kopfsteingepflasterten Gassen und den guterhaltenen, eleganten Kolonialvillen ist einfach sehenswert! Ecoguías (S. 77) in Bogotá kann Kurzreisen dorthin inklusive Übernachtung organisieren sowie Flussfahrten auf dem Río Magdalena und Touren zum nahe gelegenen Río Claro (S. 222).

Eine tolle Art zu logieren bietet die **Casa Belle Epoque** (☎312 478 0173; www.casabelleepoque.com; Calle 12 No 12A–21; EZ/DZ inkl. Frühstück 75 000/120 000 COP;) mit ihren zehn Zimmern, einem Whirlpool und Terrassen mit tropischen Blumen und Hängematten.

(die Möbel wirken kunterbunt zusammengewürfelt und der Stil der Bettdecke erinnert an Großmutters Zeiten). Allerdings ist es komfortabel und besitzt ein sauberes Restaurant.

El Ranchón del Karteoral KOLUMBIANISCH **$$**
(Km 1 via a Restrepo; Hauptgerichte 12 000–26 500 COP) In diesem trendigen Restaurant am Stadtrand kommen ordentliche Steaks auf den Teller, die Meeresgerichte können sich aber auch sehenlassen. Das Essen im Freien hat Stil. Je länger der Abend, desto hübscher die Gäste: Hier verkehren jede Menge schicke Menschen, und das Restaurant verwandelt sich zu später Stunde in eine Bar, wo an Wochenenden DJs auflegen.

Dulima KOLUMBIANISCH **$**
(Carrera 30A No 38–46; Menüs 9000–10 000 COP) Beste Adresse für *comida corriente* (Tagesmenü) seit 1967: Das stets überfüllte Lokal tischt traditionell-kolumbianische Menüs auf, serviert von freundlichen Bedienungen in Cowgirl-Kluft. Ein tolles Frühstück gibt's hier auch, jeden Tag ab 7 Uhr.

☆ Unterhaltung

Los Capachos CLUB
(www.loscapachos.com; km 4 via Acacias; Gedeck 5000–25 000 COP; ⏲Fr–So bis spät in die Nacht) Villavo lässt nachts den Bären tanzen: Dieser Nachtclub, ein massiver Bau mit verschiedenen Themenräumen – ist einer der berühmtesten in ganz Kolumbien. Die DJs haben ihre eigenen Backsteinboxen, bemalte Milchkannen hängen von den Decken, und die Gäste sind so aufgedreht, dass sie erst nach Hause gehen, wenn man sie zum Gehen zwingt. Wer sich in einem Themenbereich einmal nicht amüsiert, der geht einfach ein Häuschen weiter!

ℹ An- & Weiterreise

Täglich verkehren zahlreiche Busse ab Bogotá nach Villavicencio (20 000 COP, 3 Std.). **Aires** (☎664 8550) und **Satena** (☎662 1260) bieten täglich Inlandsflüge an, aber alles in allem ist man deswegen auch nicht schneller dort. Charterflüge nach La Macarena (200 000–400 000 COP) zu einem Besuch der Wasserbecken des Caño Cristales starten ebenfalls von hier, mal in einer Cessna mit sechs Sitzen, mal in einer DC-3 aus den 1940er-Jahren!

CAÑO CRISTALES

Lange Zeit konnte man Kolumbiens beeindruckendstes ökologisches Wunder nicht einfach so besuchen – in den letzten Jahrzehnten verhinderten Guerrillas, paramilitärische und Armeeeinsätze im Verwaltungsbezirk von Meta den Besuch des **Parque Nacional Natural (PNN) Sierra de La Macarena,** besser bekannt unter dem Namen **Caño Cristales.** Seit 1989 blieb er für den Tourismus geschlossen. Auch wenn das offiziell noch immer zutrifft, haben ein paar umweltfreundliche Reiseveranstalter mit viel Pioniergeist 2009 damit begonnen, Genehmigungen einzuholen, um das Naturwunder zur Besichtigung anbieten zu können. Seither locken sie mit sorgfältig ausgearbeiteten Touren in das Gebiet, obwohl die FARC-Rebellen nach wie vor im weiteren Umkreis ihr Unwesen treiben.

Der Caño Cristales in den Macarena-Bergen hat schon viele schöne Namen bekommen, angefangen bei „Fluss der fünf Farben" bis zu „Flüssiger Regenbogen". Warum all diese Huldigungen? Nun gut, die meiste Zeit wird man sich die berechtigte Frage stellen dürfen, aber für ein paar Monate im Jahr, nämlich zwischen Juli und November, sind die Wasserpegel gerade so hoch, dass ein einzigartiges biologisches Phänomen auftritt: eine explosionsartige Vermehrung von Algen, für die eine einzigartige Pflanzenart namens *Macarenia Clavigera*

EINE GRÜNE ERFOLGSSTORY

Abseits ausgetretener Pfade und ca. 100 km südöstlich von Villavicencio hat sich ein „grüner Traum" namens **Gaviotas** (www.friendsofgaviotas.org), verwirklicht. Die Vereinten Nationen würdigen das Dorf als Modell für nachhaltige Entwicklung. Gabriel García Márquez nannte den Gründer Paolo Lugari den „Erfinder der Welt". Das 200-Seelen-Dorf wird allein mit Wind- und Sonnenenergie gespeist. Seine Einwohner betreiben Ökolandbau und haben Millionen Bäume gepflanzt. Das Städtchen ist zu einem Weltklasseforschungs- und Entwicklungszentrum für grüne Technologien geworden, und die kommunenähnliche Dorfgemeinschaft braucht keine Polizei, keinen Bürgermeister und keine Waffen. Das Ökowunder wurde von dem Journalisten Alan Weisman in einem Buch porträtiert, das unter dem Titel „Gaviotas: Ein Dorf erfindet die Welt neu" (Piper Verlag, München 2012) im Buchhandel zu haben ist.

verantwortlich ist, bildet einen hellroten Unterwasserteppich, der das kristallklare Wasser in einen Cabernet-Fluss verwandelt. Der Kontrast zwischen der Mondlandschaft aus altem ausgehöhltem Flussbettfelsen und der Landschaftskulisse aus Savanne und Dschungel lässt das ganze Gebiet in Tausenden von unheimlichen Schattierungen schimmern.

Darüber hinaus gibt es zahlreiche Wasserfälle und natürliche Wasserbecken entlang des Flusses, wo auch baden möglich ist. Auf der 10-minütigen Flussfahrt von La Macarena entlang des Río Guayabero offenbart sich den Besuchern eine beeindruckende Wildnis: riesige Schildkröten und Leguane, Aras und *aguilas* (Kolumbiens Nationalvogel – nicht das gleichnamige Bier!) und Hoatzins (Schopfhühner), faszinierende tropische Fasane mit furchteinflößendem Blick!

Caño Cristales lässt sich allerdings nicht auf eigene Faust erkunden, sondern nur im Rahmen von geführten Touren oder über eine Reiseagentur. *Aventure Colombia* (S. 77) und *De Una Colombia Tours* (S. 86) bieten faszinierende Dreitagestouren in die Region an (ab 950 000 COP). Wer trotzdem unabhängig bleiben will, fährt direkt nach Villavicencio (einfache Busfahrt ab Bogotá; 20 000 COP, 3 Std.) und wendet sich an **Ecoturismo Sierra de La Macarena** (☎8 664 2691; www.ecoturismosierradelamacarena.com; Aeropuerto) am Flughafen. Dort werden Charterflüge zum ansonsten unzugänglichen Ausgangsstädtchen La Macarena inklusive Gästeführer organisiert.

Caño Cristales ist kein Geheimtipp – Kolumbianer kommen an Wochenenden und feiertags in Scharen hierher, doch hält sich der Besucherstrom mit maximal 160 Personen pro Tag in Grenzen.

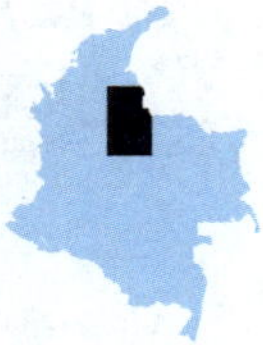

Boyacá, Santander & Norte de Santander

Inhalt

Gut essen

» Greengoes Pizzeria (S. 115)
» La Bonita (S. 97)
» Color de Hormiga (S. 115)
» Gringo Mike's (S. 111)

Schön übernachten

» Greengoes Gasthaus (S. 113)
» Renacer Gasthaus (S. 96)
» Finca San Pedro (s. Kasten S. 92)

Auf nach Boyacá, Santander und Norte de Santander!

Boyacá, Santander und Norte de Santander bilden zusammen eines der frühesten Siedlungsgebiete der spanischen Konquistadoren. Viele der Kolonialstädte existieren noch heute, und die Bezeichnung als „Herzland Kolumbiens" ist keine Übertreibung. Hier begann die Revolution, die im Sieg in Puente de Boyacá gipfelte und schließlich zur Unabhängigkeit Kolumbiens führte.

Zwischen tiefen Schluchten, schnell fließenden Flüssen und hoch aufragenden schneebedeckten Bergen können Abenteurer wählen unter Wildwassertouren und Gleitschirmfliegen in San Gil, Mountainbiken und Reiten in Villa de Leyva oder Trekking auf den vergletscherten Gipfeln des Parque Nacional Natural (PNN) El Cocuy.

Höhepunkt ist der gut erhaltene Ort Barichara, ein malerisches Dorf mit Kopfsteinpflaster, Kirchen und einer einheitlichen Architektur, die den Eindruck vermittelt, einem Gemälde gegenüberzustehen.

Reisezeit

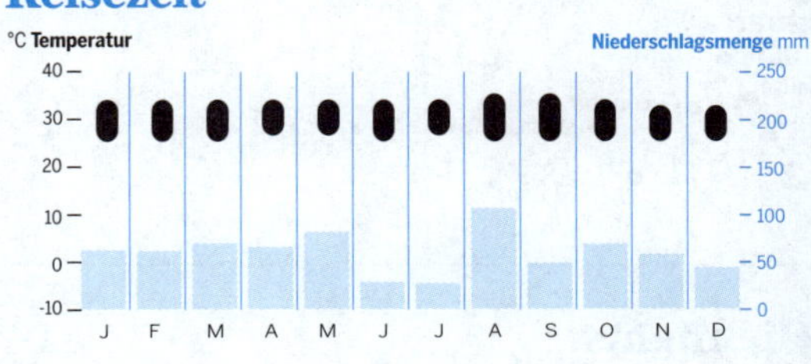

Jan. In diese Jahreszeit fallen die trockensten, Tage in El Cocuy, einem beliebten Treckingziel.

Feb. & März In der Zeit vor der Semana Santa sind weniger Reisende unterwegs.

Dez. Wie in anderen Gegenden Kolumbiens erhellt ein Lichterfest die Dörfer der Region.

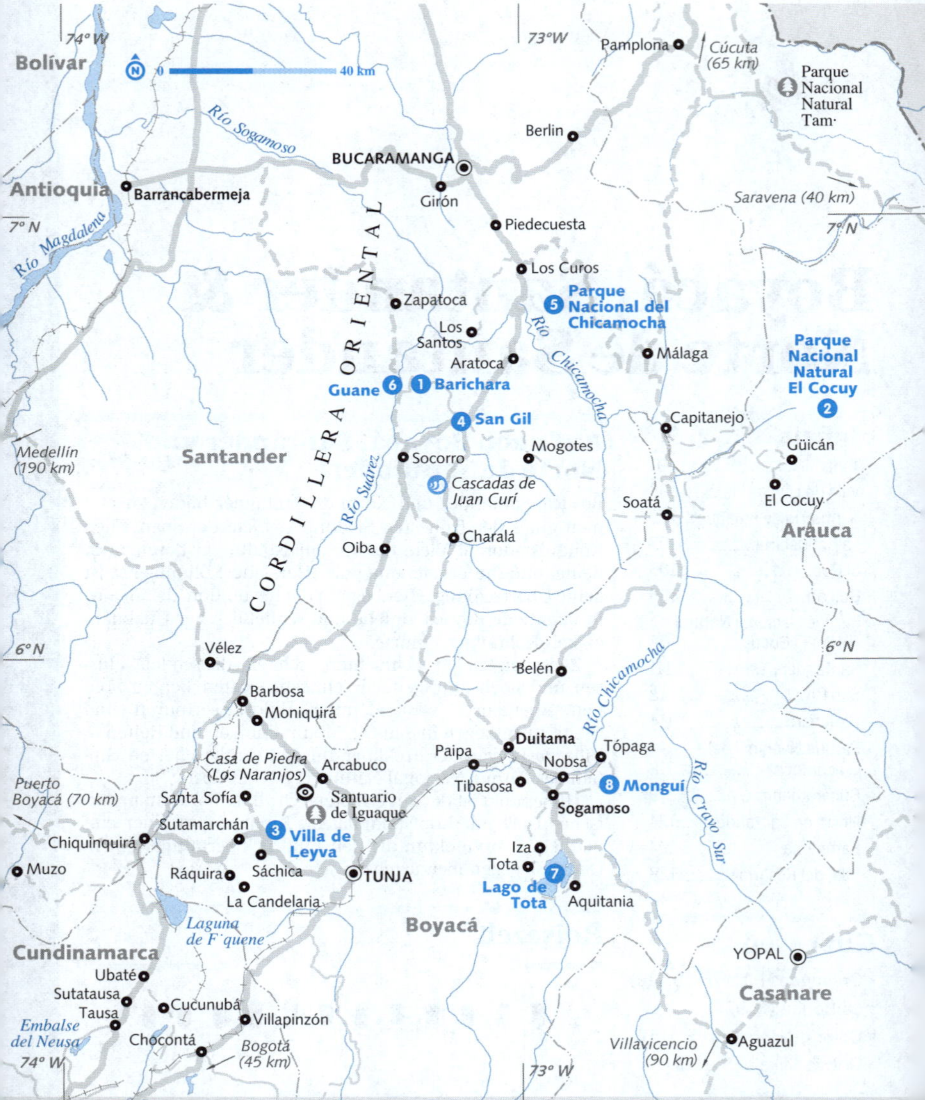

Highlights

1. Ein Bummel durch das Kolonialdorf **Barichara** (S. 114)
2. Eine Tour zu den Llanos durch den **Parque Nacional Natural (PNN) El Cocuy** (S. 108)
3. Ein Rundkurs durch die **Villa de Leyva** (S. 93)
4. Höhlenerkundung in der Gegend von **San Gil** (S. 112)
5. Ein Gleitschirmflug über den **Parque Nacional del Chicamocha** (S. 118)
6. Eine Wanderung zum Weiler **Guane** (S. 116)
7. Ein Sonnenbad auf 3015 m Höhe im weißen Sand der Playa Blanca am **Lago de Tota** (S. 94) genießen.
8. Durch das farbenfrohe **Monguí** (S. 94) schlendern

Geschichte

Die Muisca (Boyacá) und die Guane (Santander) lebten einst im Gebiet nördlich des heutigen Bogotá. Die Muisca besaßen gut entwickelte Acker- und Bergbautechniken und betrieben Handel mit ihren Nachbarn. Dabei hatten sie häufig Kontakt zu den spanischen Konquistadoren. Ihre Geschichten über Gold und Smaragde lieferten Stoff für den Mythos von El Dorado. Die Suche der Konquistadoren nach der berühmten Stadt führte zur Errichtung von Siedlungen, so gründeten die Spanier mehrere Städte, darunter Tunja im Jahr 1539.

Einige Generationen später erhoben sich kolumbianische Nationalisten erstmalig in Socorro (Santander) gegen die spanische Herrschaft; der Kampf um die Unabhängigkeit griff auf andere Städte und Regionen über. Hier war es auch, dass Simón Bolívar und seine Armee von Neureichen sich auf einen Kampf mit der spanischen Infanterie einließen und bei Pantano de Vargas und bei dem Puente de Boyacá entscheidende Siege errangen. Wenig später entstand Kolumbiens erste Verfassung in Villa del Rosario, zwischen der venezolanischen Grenze und Cúcuta gelegen.

An- & Weiterreise

Die Region ist mit öffentlichen Verkehrsmitteln sehr gut zu erreichen. Die meisten der Städte liegen an der sicheren, modernen Autobahn, die von Bogotá in Richtung Süden zur Karibikküste führt. Busse verkehren häufig, sie sind bequem und preiswert. Regelmäßig bedienen Busse die Strecke über die Hauptautobahn von Bogotá nach Bucaramanga und darüber hinaus. In Cúcuta betreten viele aus Venezuela kommende Reisende das Land.

Zwischen den größeren Städten der Region verkehren häufig Busse und Minibusse, längere Wartezeiten sind die große Ausnahme. In kleineren Städten fahren Busse mitunter nur ein- oder zweimal täglich. Taxis gibt es viele, doch sie können teuer sein. In Villa de Leyva eignet sich vielleicht ein Fahrrad oder ein Pferd am besten, um die Landschaft zu erkunden – das ist praktisch und bringt viel Spaß.

Viele Städte, darunter auch Bucaramanga und Cúcuta, werden in verstärktem Maße von Billig-Airlines bedient.

BOYACÁ

Das Departamento Boyacá weckt in vielen Kolumbianern ein starkes Nationalgefühl; hier errangen kolumbianische Truppen in der Schlacht von Boyacá die Unabhängigkeit von Spanien. Es gibt viele malerische Kolonialstädte, wer alle besuchen möchte, benötigt gut ein paar Tage. Boyacás Highlight ist der beeindruckende Parque Nacional Natural (PNN) El Cocuy, der 249 km nordöstlich von Tunja, der Hauptstadt des Departamento liegt.

Tunja

☎8 / 171 000 EW. / HÖHE 2820 M

Kolumbianer preisen die Stadt in den höchsten Tönen; Reisende, die es eilig haben, nach Villa de Leyva zu kommen, übersehen sie dagegen oftmals: Tunja, Hauptstadt von Boyacá und quirlige Universitätsstadt, kann sich nicht mit Boyacás Topzielen messen, doch es besitzt einen mächtigen Hauptplatz, die Plaza de Bolívar, elegante Herrenhäuser mit einigen der schönsten Kunstwerken Südamerikas und eine Vielzahl herausragender Kirchen aus der Kolonialzeit.

Gonzalo Suárez Rendón gründete Tunja 1539 an der Stelle einer vorspanischen Muisca-Siedlung. Vom indigenen Erbe ist so gut wie nichts erhalten, doch stehen noch viele koloniale Bauten. Tunjas Bekanntheit beruht vor allem auf seinen Kirchen im Kolonialstil; mehrere eindrucksvolle Beispiele wurden seit dem 16. Jh. kaum verändert. Mit fast einem Dutzend Universitäten ist Tunja auch ein Zentrum der Wissenschaft. Studenten machen ein Fünftel der Bevölkerung aus und geben der Stadt ein jugendliches Flair.

Von allen Departamento-Hauptstädten Kolumbiens ist Tunja die höchstgelegene und kälteste. Das Gebirgsklima kann zu jeder Jahreszeit mit Wind oder Niederschlägen aufwarten.

Sehenswertes

Tunja ist eine Schatztruhe an kolonialen Kirchen. Viele wurden im Mudéjarstil errichtet, einer vom Islam beeinflussten Kunstrichtung, die im christlichen Spanien zwischen dem 12. und dem 16. Jh. entstand. Besonders typisch für diesen Baustil sind die Verzierungen der Gewölbe.

LP TIPP Iglesia y Convento de Santa Clara La Real KIRCHE

(Carrera 7 No 19–58; Eintritt 3000 COP; ⌚8–12 & 14–18 Uhr) Die 1571 gegründete Iglesia y Convento de Santa Clara La Real gilt als erstes Kloster in Nueva Granada. 1863 wurden die Nonnen vertrieben, danach wurden die Gebäude auf unterschiedliche Weise, z.

B. auch als Krankenhaus genutzt. In der Kirche fanden jedoch weiterhin Gottesdienste statt. Das einschiffige Innere des Gotteshauses beherbergt an seinen Wänden zahlreiche koloniale Kunstwerke, die meisten aus dem 16., 17. und 18. Jh. Bemerkenswert ist die goldene Sonne an der Decke, ein Trick der Spanier, um die *indígenas* zum katholischen Glauben zu bekehren (die Sonne war die wichtigste Gottheit der Muisca). Beim Chor liegt die Klause, in der Madre Francisca Josefa 53 Jahre (1689–1742) zubrachte; die geheimnisvolle Nonne gilt als heilige Therese von Kolumbien.

GRATIS Iglesia de Santo Domingo — KIRCHE

(Carrera 11 No 19–55) Das eher langweilige Äußere der Iglesia de Santo Domingo aus dem 16. Jh. birgt einen der am reichsten geschmückten Innenräume Kolumbiens. Links vom Eingang liegt die Capilla del Rosario, die den Beinamen La Capilla Sixtina del Arte Neogranadino (Sixtinisches Kapelle der Kunst Nueva Granadas) trägt. Fray Pedro Bedón aus Quito schuf die überschwänglichen vergoldeten Holzschnitzereien – ein wirklich großartiges Beispiel hispano-amerikanischer Kunst.

Casa del Fundador Suárez Rendón — MUSEUM

(Carrera 9 No 19–68; Eintritt 2000 COP; ⌚8–12 & 14–18 Uhr) Eines der schönsten historischen Herrenhäuser der Stadt war einst Wohnsitz des Gründers von Tunja. Es entstand in der Mitte des 16. Jhs. an der Ostseite der Plaza de Bolívar und ist ein gutes Beispiel für eine Adelsresidenz aus der Zeit der spanischen Eroberung. Das interessanteste Detail bildet die Decke, die mit faszinierenden Szenen bemalt ist (s. Kasten unten). Diese wurden erst jüngst entdeckt, als die Decke einbrach.

Casa de Don Juan de Vargas — MUSEUM

(Calle 20 No 8–52; Eintritt 2000 COP; ⌚Di–Fr 9–12 & 14–17, Sa & So 10–16 Uhr) Der ehemalige Wohnsitz des Gelehrten Juan de Vargas, die Casa de Don Juan de Vargas, ist ein weiteres großartiges Herrenhaus des 16. Jhs., das in ein Museum umgewandelt wurde. Es beherbergt eine Sammlung kolonialer Kunst. Auch hier faszinieren die Decken, die mit vielfältigen Gemälden geschmückt sind.

GRATIS Casa Cultural Gustavo Rojas Pinilla — MUSEUM

(Calle 17 No 10–64; ⌚Mo–Fr 8–19, Sa & So 8.30–15.30 Uhr) In diesem kleinen, aber hübschen Haus aus der Kolonialzeit kam Gustavo Rojas Pinilla zur Welt, der 1953 durch einen Militärputsch Präsident von Kolumbien wurde. Hatte er dem Volk Reformen versprochen, war seine Amtszeit stattdessen von Korruption und brutaler Unterdrückung geprägt, bis ihn nach drei Jahren ein Umsturz zu Fall brachte. Im Erdgeschoss befindet sich eine Galerie mit lokalen und regionalen Exponaten. Im oberen Stockwerk präsentiert ein kleines Museum das Leben Pinialls anhand von Fotografien, Dokumenten und persönlichen Habseligkeiten.

Iglesia de San Francisco — KIRCHE

(Carrera 10 No 22–23) Die Iglesia de San Francisco wurde 1550–72 erbaut. Sie besitzt einen herrlichen Hauptaltar, den ein reich verzierter Bogen am Eingang zum Presbyterium umrahmt. Beachtenswert ist auch die realistische Christusfigur (1816 geschnitzt), Cristo de los Mártires.

TUNJAS RÄTSELHAFTE DECKENGEMÄLDE

In Tunja besitzen mehrere Herrenhäuser aus der Kolonialzeit, darunter die Casa del Fundador Suárez Rendón und die Casa de Don Juan de Vargas, Decken, die mit außergewöhnlichen Gemälden geschmückt sind. Diese zeigen eine seltsame Mischung von Sujets aus verschiedenen Traditionen. Es gibt Szenen aus der Mythologie, menschliche Figuren, Tiere und Pflanzen, Wappen und Architekturdetails. Zeus und Jesus halten sich inmitten tropischer Pflanzen auf, ein Elefant steht unter einer Renaissance-Arkade. Wo gibt es sonst noch Ähnliches: In Lateinamerika sucht man so etwas jedenfalls vergeblich!

Quelle dieses bizarren Schmucks war wohl Juan de Vargas selbst. Als Gelehrter besaß er eine große Bibliothek mit Werken zur europäischen Kunst und Architektur, zum antiken Griechenland und Rom, zu Religion und Naturgeschichte. Und die Illustrationen dieser Bücher lieferten wohl den unbekannten Malern, den Schöpfern der Deckengemälde, ihre Motive. Da die Originalillustrationen in Schwarz-Weiß waren, beruht die Farbgebung offenbar auf dem Geschmack dieser anonymen Künstler.

BOLÍVARS BRÜCKE

Der **Puente de Boyacá** ist eines der wichtigsten Schlachtfelder in der Geschichte des modernen Kolumbiens. Am 7. August 1819 besiegten die Truppen von Simón Bolívar wider jedes Erwarten das spanische Heer unter General José María Barreiro und besiegelten so Kolumbiens Unabhängigkeit.

Auf dem ehemaligen Schlachtfeld erheben sich heute mehrere Denkmäler. Am bedeutendsten ist das Monumento a Bolívar, eine 18 m hohe Skulptur, die Kolumbiens Held zeigt, umgeben von fünf Engeln, die für die países bolivarianos stehen, also für Venezuela, Kolumbien, Ecuador, Peru und Bolivien, jene Länder, die Bolívar befreit hat. Ganz in der Nähe brennt eine ewige Flamme für Bolívar.

Der Puente de Boyacá, die Brücke, nach der das Schlachtfeld benannt ist und über die einst Bolívars Truppen marschierten, um gegen die Spanier zu kämpfen, ist nur eine kleine einfach konstruierte Brücke, die 1939 rekonstruiert wurde.

Das Schlachtfeld liegt an der Hauptstraße von Tunja nach Bogotá, 15 km südlich von Tunja. Jeder Bus, der die Straße entlangfährt, lässt Reisende auf Wunsch hier aussteigen.

Schlafen

Hotel Casa Real GASTHAUS $$

(☎743 1764; www.hotelcasarealtunja.com; Calle 19 No 7-65; EZ/DZ/3BZ 50 000/70 000/90 000 COP;) Die bei weitem hübscheste und freundlichste Unterkunft in Tunja liegt zwischen Busbahnhof und Plaza de Bolívar; sie ist elegant mit geschmackvollen Möbeln und neuen Kleiderschränken ausgestattet, alles ist in Pastellfarben gehalten. Die Zimmer 1, 10 und 11 haben am meisten Tageslicht.

Hostería San Carlos GASTHAUS $

(☎742 3716; Carrera 11 No 20-12; EZ/DZ/3BZ 35 000/60 000/75 000 COP;) Das San Carlos, in einem weitläufigen Haus aus der Kolonialzeit untergebracht und von einer freundlichen Matriarchin geführt, ist die beste Budgetunterkunft der Innenstadt. Die elf mit abgenutzten antiken Möbeln ausgestatteten Zimmer besitzen Charakter. Es gibt sogar einen speziellen Schutz gegen Zug, damit kein kalter Windstoß unter der Türe durchweht.

Hotel American GASTHAUS $

(☎742 2471; Calle 11 No 18-70; EZ/DZ 25 000/40 000 COP, ohne Bad 18 000/30 000 COP) Dieses einfache, aber saubere Hotel ist die billigste Unterkunft in der Innenstadt. Alle Zimmer besitzen lauwarmes Wasser und ein Fernsehgerät.

Essen & Ausgehen

Es gibt einige elegantere Restaurants an der plazoleta Ecke Carrera 8 und Calle 20. Die Pasaje de Vargas, die von der Westseite der Plaza de Bolívar abgeht, säumen zahlreiche beliebte Cafés.

Pussini CAFÉ, BAR $

(Carrera 10 No 19-53; Kaffee 2500 COP, Bier ab 2500 COP) Tagsüber Café, abends Pub: Im Pussini schlägt das Herz der Plaza de Bolívar. Die malerische Bar auf zwei Ebenen ist ganz in Holz gehalten, bis hin zur Bambusdecke. Wer am Abend einen günstigen Platz an der Bar wählt, genießt einen unvergesslichen Blick über die Plaza auf die Kathedrale Santiago de Tunja.

Shalom CAFÉ, FRÜHSTÜCK $

(Calle 19A No 10-64; Pasaje de Vargas; Frühstück 3000-7000 COP; ⏲7-17 Uhr) Es gibt viele Cafés an der Pasaje de Vargas, aber nur wenige, darunter dieses, servieren Frühstück, sogar mit *huevos pericos* (Rührei mit Tomaten und Zwiebeln) und warme, klebrige *arepas con queso* (Maismehlpfannkuchen mit Käse).

El Salon de Onces El Hojaldre CAFÉ, DESSERTS $

(Carrera 11 No 19-96; Snacks 900-3700 COP; ⏲So geschl.) In dieser klassischen Anlaufstelle für Kaffee und kleine Snacks treffen sich Nonnen, gelangweilte Hausfrauen, Yuppies und Politiker. Wir haben uns jedenfalls förmlich in die *galletas de arequipe* (Karamellplätzchen) gestürzt.

Santo Domingo de Guzmán KOLUMBIANISCHE $

(Carrera 11 No 19-66; Hauptgerichte 5000 bis 22 000 COP) Dieses familiengeführte Restaurant, eines der beliebtesten Lokale in der Innenstadt von Tunja, serviert traditionelle

ABSTECHER

DAS TAL DER SONNE

77 km östlich von Tunja liegt die weitgehend unberührte Region, die in der Sprache der Muisca, dem Chibcha, „Sugamuxi" – Tal der Sonne – heißt. Nach der Vertreibung der Guerillas durch die kolumbianische Armee vor rund fünf Jahren beginnt hier langsam der Ökotourismus aufzublühen. Die Natur hat das Sagen, und es gibt herrliche Treckingmöglichkeiten rund um den **Lago de Tota**, Kolumbiens größtem See. Zahlreiche vom internationalen Tourismus fast unberührte Dörfer, die noch aus der Kolonialzeitstammen, liegen hier, außerdem stößt man überraschenderweise auch auf einen Strand mit weißem Sand, die 3015 m hoch in den Anden gelegene **Playa Blanca** (☎312 522 3003; Stellplatz für ein Zelt pro Pers. 2500 COP).

Das Páramo-Ökosystem der Region, ein seltenes, von Gletschern geformtes tropisches Ökosystem, das in Gebirgslagen zwischen 3000 und 5000 m vorkommt, ist gekennzeichnet durch Seen und Ebenen mit zahlreichen Torfmooren und Feuchtwiesen mit Buschwerk und Baumgruppen. Dieses Ökosystem existiert nur in wenigen Ländern der Welt, ein Großteil davon liegt in Kolumbien. Wie im Parque Nacional Natural (PNN) El Cocuy (S. 108) im Norden, wo ebenfalls der Páramo vorherrscht, gibt es auch hier ausgezeichnete Trekkingmöglichkeiten. Zwei lohnende Wanderungen durch die Wälder sind der **Gran Salto de Candelas**, 8 km durch den Tropenwald zu einem 250 m hohen Wasserfall, und die **Páramo Ocetá**, auch 8 km durch das Páramo-Ökosystem zu einem spektakulären Aussichtspunkt über die Laguna Negra. Fernando de la Montaña von **Andino Ecoturismo** (☎312 521 7290; www.ecoturismoboyaca.com) hat genau den richtigen Namen; er bietet geführte Treckingtouren durch die Region.

Um den See liegt eine Reihe malerischer kolonialer Dörfer, darunter **Monguí**, das einst zum schönsten Dorf von Boyacá gewählt wurde. Die einheitliche grün-weiße Kolonialarchitektur des 1601 gegründeten Dorfs wird nur von einigen Backsteinbauten unterbrochen, die an englische Dörfer erinnern. All die schönen Fassaden ziert reicher Blumenschmuck, vorwiegend Geranien und Efeu. Es ist ein wirklich bezaubernder Ort, eine Art Miniaturausgabe von Villa de Leyva. Monguí besitzt eine kleine **Touristeninformation** (☎320 344 2201; culturayturismomongui@gmail.com; Calle 5 No 3–24).

Ein wunderbarer Ausgangspunkt für Streifzüge in die Region ist die **Finca San Pedro** (☎312 567 7102; www.fincasanpedro.com; B ab 20 000 COP, EZ/DZ inkl. Frühstück 35 000/70 000 COP; @📶), ein zum familiengeführten Hostel umgewandelter Bauernhof im Valle de Iraka, nur fünf Minuten Fahrt von Sogamoso entfernt. Auf dem gut ausgestatteten Anwesen, das mit seinen auf dem gesamten Areal verstreuten Bougainvilleen, Dattelpalmen und Araukarien viel ländlichen Charme verströmt, helfen die Englisch sprechenden Gastgeber bei der Planung der Ausflüge. Mit ihrer großen Gastfreundschaft – wozu auch Yoga-Kurse und sogar tragbare Dampfbäder gehören – geben sie ihren Gästen das großartige Gefühl, zu Hause zu sein.

Wer lieber in Monguí übernachten möchte, findet mit La Casona (☎778 2498; totoyacaly@hotmail.com; EZ/DZ inkl. Frühstück 35 000/70 000 COP) eine saubere, einfache Unterkunft in einem Einfamilienhaus, zu dem eines der besten Restaurants des Ortes gehört (Hauptgerichte 14 500–18 500 COP).

Sogamoso wird regelmäßig von Bussen aus Bogotá (18 000 COP, 3–4 Std.) und Tunja (6500 COP, 1 Std.) angefahren. Ab Sogamoso gibt es Verbindungen nach Iza (2400 COP, 40 Min.) und Monguí (3000 COP, 1 Std.).

Gerichte (Mittagsmenüs für 6800 COP) in einer anheimelnden Atmosphäre. Es gibt auch einen Gebäck- und Fruchtstand.

ℹ Praktische Informationen

Aromatica de Frutas (Carrera 10 No 19-83; pro Std. 600 COP; ⌚9–19 Uhr) Teils Café, teils Internet-Shop.

Banco BBVA (Carrera 11) Mit einem Geldautomaten ausgestattet.

Bancolombia (Carrera 10 No 22–43) Besitzt einen Geldautomaten (mit 24-Stunden-Service und tauscht Reiseschecks und Bargeld um.

Touristeninformation (☎742 3272; Carrera 9 No 19–68; ⌚8–12 & 14–18 Uhr) Secretaría de

Educación, Cultura y Turismo, in der Casa del Fundador Suárez Rendón.

An- & Weiterreise

Der Busbahnhof liegt an der Av. Oriental, von der Plaza de Bolívar einen kurzen Fußweg hügelaufwärts in südöstlicher Richtung. Busse nach Bogotá (18 000 COP, 2½ bis 3 Std.) starten alle 10 bis 15 Minuten. Busse nach Norden bis San Gil (20 000–25 000 COP, 4½ Std.), Bucaramanga (30 000–35 000 COP, 7 Std.) und noch weiter verkehren mindestens einmal pro Stunde.

Minibusse nach Villa de Leyva (6000 COP, 45 Min.) starten regelmäßig zwischen 5.30 und 19.30 Uhr, nach Sogamoso (6500 COP, 1½ Std.) zwischen 5 und 20.30 Uhr.

TIP !!

Villa de Leyva

8 / 9645 EW. / HÖHE 2140 M

In einem der hübschesten von der Kolonialzeit geprägten Orte Kolumbiens, Villa de Leyva, scheint die Zeit stehengeblieben zu sein. Die reizende und absolut fotogene Siedlung wurde 1954 unter Denkmalschutz gestellt und ist als architektonische Einheit mit gepflasterten Straßen und weiß verputzten Häusern erhalten.

Die Schönheit des Ortes und das milde trockene Klima ziehen seit langem Fremde an. Hernán Suárez de Villalobos gründete die Siedlung 1572 und benannte sie nach seinem Vorgesetzten, Andrés Díaz Venero de Leyva, dem ersten Präsidenten des Neuen Königreichs von Granada. Ursprünglich zogen sich hier Offiziere, hohe Geistliche und Adlige zurück.

In den vergangenen Jahren hat ein Zustrom reicher Besucher und Auswanderer dieses verborgene Kleinod stetig verändert. Boutiquehotels, Gourmetrestaurants und geschmacklose Touristenläden ersetzen die alten, in Familienbesitz befindlichen hosterías und Cafés. Die Telenovela von 2007 Zorro: La Espada y la Rosa wurde hier gedreht und brachte dem Ort noch mehr Publicity. An Wochenenden sind die engen Straßen mitunter regelrecht verstopft mit Tagesausflüglern aus Bogotá. Doch glücklicherweise verwandelt sich das Dorf an Wochentagen wieder zu einem friedlichen, ländlichen Platz, einem der schönsten in Kolumbien – voller Geschichte, Museen, Festen und anderen Attraktionen. Unbedingt auf den Reiseplan setzen.

Sehenswertes

Villa de Leyva ist ein ruhiger Ort, wie geschaffen dafür, um in den hübschen, gepflasterten Straßen auf und ab zu bummeln, dem Klang der Kirchenglocken zu lauschen und den geruhsamen Rhythmus vergangener Zeiten zu genießen. So klein die Stadt auch ist, sie besitzt sechs Museen, die zumeist in alten Gebäuden aus der Kolonialzeit untergebracht sind. Villa de Leyva ist auch berühmt für die Vielzahl an Fossilien aus der Kreidezeit und älteren Abschnitten des Mesozoikums, einem Erdzeitalter, als das Gebiet unter Wasser lag. Bei genauerem Hinsehen lässt sich feststellen, dass Fossilien auch als Baumaterial für Böden, Wände und Straßenpflaster genutzt worden sind. Einen wunderbaren Blick aus der Vogelperspektive bieten die vielen Hügel rund um das Dorf (s. S. 95).

LP TIPP Casa Museo de Luis Alberto Acuña MUSEUM

(Plaza Mayor; Eintritt 4000 COP; 9–18 Uhr) Hier befinden sich die Werke eines der einflussreichsten Maler, Bildhauer, Schriftsteller und Historiker Kolumbiens, der in seinen Arbeiten verschiedenste Einflüsse, von der Mythologie der Muisca bis hin zur zeitgenössischen Kunst, verarbeitete. Das Museum, entstanden im ehemaligen Wohnhaus von Luis Alberto Acuña (1904–1993), bietet die umfassendste Sammlung seiner Werke in Kolumbien.

Plaza Mayor PLAZA

Mit einer Fläche von 120 mal 120 m ist die Plaza Mayor einer der größten Stadtplätze in Amerika. Sie ist mit großen Steinen gepflastert und von großartigen kolonialen Bauten sowie einer schlichten Gemeindekirche umgeben. Nur ein kleiner im Mudéjarstil errichteter Brunnen in der Mitte, der fast 400 Jahre lang das Wasser für die Dorfbewohner lieferte, ziert den weiten Platz. Anders als in den meisten kolumbianischen Orten, deren Hauptplätze nach historischen Helden benannt sind, heißt dieser einfach nur traditionell Plaza Mayor.

Beim Bummeln lohnt sich ein Zwischenstopp in der **Casa de Juan de Castellanos** (Carrera 9 No 13–15), der **Casona La Guaca** (Carrera 9 No 13–57) und der **Casa Quintero** (Ecke Carrera 9 & Calle 12), drei sorgfältig restaurierte koloniale Herrenhäuser nahe der Plaza, die heute malerische Cafés, Restaurants und Läden beherbergen.

Villa de Leyva

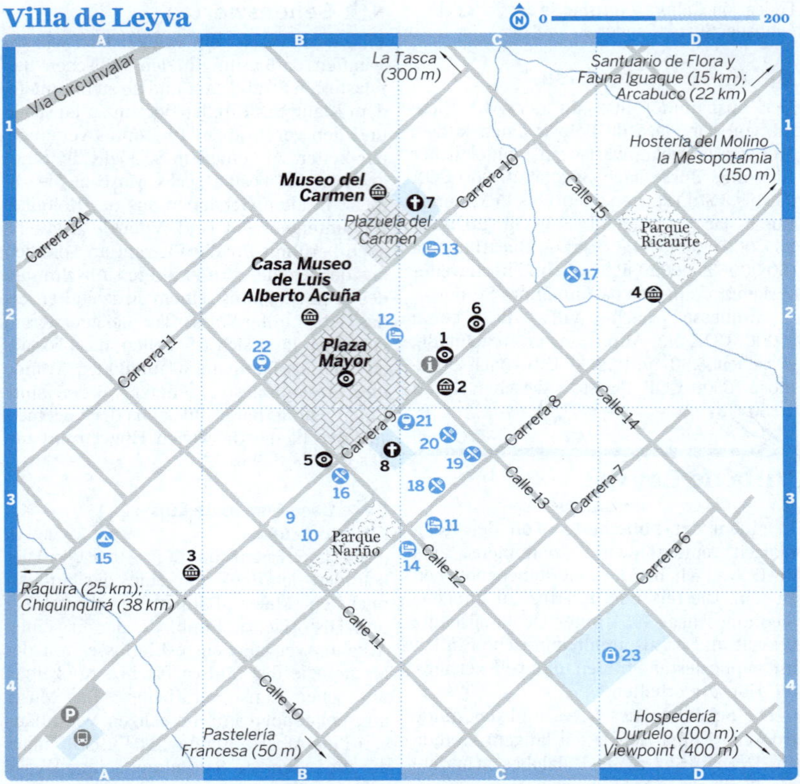

Museo del Carmen MUSEUM
(Plazuela del Carmen; Eintritt 2500 COP; ⌚Sa & So 10–13 & 14–17 Uhr) Das Museo del Carmen, eines der führenden Museen für sakrale Kunst, befindet sich im gleichnamigen Kloster. Es präsentiert kostbare Gemälde, Skulpturen, Altäre und andere religiöse Exponate ab dem 16. Jh.

GRATIS **Casa Museo de Antonio Ricaurte** MUSEUM
(Calle 15 No 8–17, Parque Ricaurte; ⌚Mi–So 9–12 & 14–17 Uhr) Antonio Ricaurte, der unter Bolívar kämpfte, erlangte Berühmtheit, weil er sich in der Schlacht von San Matteo (bei Caracas in Venezuela) 1814 selbst opferte. Als er bei der Verteidigung eines Waffenlagers von den Spaniern eingekreist war, ließ er sie in das Gebäude ein, zündete die Schießpulverfässchen an und jagte alles in die Luft, einschließlich sich selbst. Dank seiines Einsatzes wurde die Schlacht gewonnen. Hinter der Casa Museo de Antonio Ricaurte verbirgt sich Ricaurtes Geburtshaus, wo der Kriegsheld 1786 das Licht der Welt erblickte. Heute ist das Bauwerk ein durchaus interessantes Museum, das Möbel und Waffen jener Zeit sowie eine Auswahl an Dokumenten zeigt.

GRATIS **Casa Museo de Antonio Nariño** MUSEUM
(Carrera 9 No 10–25; ⌚Mo–Sa 9–12.30 & 14–18, So 8.30–12.30 & 14–17 Uhr) Antonio Nariño gilt als Wegbereiter der Unabhängigkeit Kolumbiens. In der Casa Museo de Antonio Nariño verbrachte Nariño die letzten zwei Monate seines Lebens, bevor er 1823 einer Lungenkrankheit erlag. Er war ein leidenschaftlicher Verteidiger der Menschenrechte und wird auch verehrt, weil er Thomas Paines *Rights of Man* ins Spanische übersetzte. Das Haus wurde in ein Museum mit Exponaten aus der Kolonialzeit und Erinnerungs-

Villa de Leyva

Highlights
Casa Museo de Luis Alberto Acuña ... B2
Museo del Carmen ... B1
Plaza Mayor ... B2

Sehenswertes
1 Casa de Juan de Castellanos ... C2
2 Casa Del Primer Congreso De Las Provincias Unidas ... C2
3 Casa Museo de Antonio Nariño ... A3
4 Casa Museo de Antonio Ricaurte ... D2
5 Casa Quintero ... B3
6 Casona La Guaca ... C2
7 Iglesia del Carmen ... C1
8 Iglesia Parroquial ... B3

Aktivitäten, Kurse & Touren
9 Colombian Highlands ... B3
10 Guías y Travesías ... B3

Schlafen
11 Hospedaje Sol de La Villa ... C3
12 Hospedería La Roca ... B2
13 Posada de los Ángeles ... C2
14 Posada de San Antonio ... C3
15 Zona de Camping ... A3

Essen
Don Salvador ... (siehe 23)
16 Expreso Boyacá ... B3
La Bonita ... (siehe 5)
17 La Waferia ... C2
18 Mercado Municipal ... C3
19 Mi Cocina ... C3
20 Restaurante Estar de la Villa ... C3
Restaurante Savia ... (siehe 5)
Zarina ... (siehe 5)

Ausgehen
Antique ... (siehe 6)
21 Dortkneipe ... C3
22 La Cava de Don Fernando ... B2

Shoppen
23 Markt ... D4

stücken an diesen großen Kolumbianer umgewandelt.

GRATIS **Casa del Primer Congreso de las Provincias Unidas** MUSEUM
(Ecke Carrera 9 & Calle 13; hMo–Sa 10–13 & 14–17 Uhr) Am 4. Oktober 1812 trafen sich hier die Gesetzgeber, um den ersten Kongress der nur kurze Zeit bestehenden Vereinten Provinzen von Neugranada zu bilden und deren ersten Präsidenten, Camilo Torres Tenorio, zu wählen. Der 1. Stock der Casa del Primer Congreso beherbergt ein kleines Museum mit dem Rednerpult aus dem Kongress, Dokumenten und anderen Exponaten. Bei unserem Besuch war es leider wegen Renovierung geschlossen.

Kirchen KIRCHEN
In Villa de Leyva gibt es vier Kirchen, die alle aus den frühen Jahren der Stadt stammen und von denen zwei noch heute für Gottestdienste genutzt werden. Die **Iglesia Parroquial** (Plaza Mayor; Messe Mo, Mi, Do & Fr 18, Sa 12 & 19, So 7, 10, 12 & 19 Uhr), die Pfarrkirche an der Plaza Mayor, entstand 1608 und hat sich seitdem kaum verändert. Sie besitzt einen wunderschönen barocken Hauptaltar. Auch in der **Iglesia del Carmen** (Calle 14 No 10-04; hMesse Di 18, Sa 6, 7, 9 & 11, So 6, 7 & 11 Uhr). Ewerden Gottesdienste abgehalten. Ein Besuch lohnt sich schon allein wegen der großartigen Gemälde im Chorraum und der bemerkenswerten Holzkonstruktion, die das massive Dach trägt. Außerdem beherbergt die Kirche das Museo del Carmen, eines der interessantesten Museen der Stadt.

Aktivitäten

Rund um Villa de Leyva bieten sich viele Möglichkeiten zum **Wandern**, außerdem einige längere Trecks in der Santuario de Iguaque (S. 100). Im Dorf beginnt ein großartiger Weg direkt hinter der Pension Renacer (S. 96). Er führt an zwei Wasserfällen vorbei zu einem Aussichtspunkt mit fantastischem Blick über den Ort. Der relativ einfach zu bewältigende Rundkurs dauert weniger als zwei Stunden.

Die Alternativen zum Wandern sind **Radfahren** oder **Reiten**; beides wird von verschiedenen Veranstaltern angeboten (s. S. 95). Fahrräder kosten etwa pro Std./halbem Tag 4000/15 000 COP, Pferde für drei Stunden 40 000 COP.

Badeplätze gibt es unterhalb der Wasserfälle oder am Ortsrand an den **Pozos Azules** (Eintritt 5000 COP). Die zwei spektakulärsten Wasserfälle der Gegend sind La Periquera und El Hayal. Im Ort bietet der Süßwasserpool der Hostería del Molino La

Mesopotamia (S. 97) Gelegenheit zu einem Sprung ins kühle Nass.

Zu den extremeren Sportangeboten der Gegend zählen **Abseilen**, **Canyoning** und **Höhlenerkundung**. Die nachfolgend genannten Anbieter arrangieren entsprechende Touren.

Geführte Touren

Die Taxis am Busbahnhof bieten Rundfahrten zu den Sehenswürdigkeiten der Umgebung. Zur Standardtour gehören El Fósil, El Infiernito und Convento del Santo Ecce Homo (60 000 COP) sowie Ráquira und La Candelaria (80 000 COP). Die Preise gelten pro Taxi für bis zu vier Personen und beinhalten Stopps an den diversen Sehenswürdigkeiten.

Colombian Highlands ABENTEUERSPORT
(☎732 1379; www.colombianhighlands.com; Carrera 9 No 11–02) Der Biologe und Inhaber der Pension Renacer Oscar Gilède führt diese Agentur und bietet außergewöhnliche Touren, darunter Ökotouren, Nachtwanderungen, Vogelbeobachtung, Abseilen, Canyoning, Höhlenerkundung und Wandern; außerdem werden Fahrräder und Pferde vermietet. Englischkenntnisse sind vorhanden.

Guías y Travesías RADFAHREN
(☎732 0742; guiadevilladeleyva@yahoo.com; Carrera 9 No 11–02) Diese Agentur vermietet Fahrräder, liefert Landkarten und empfiehlt Radtouren. Auch Wanderungen und Touren in der Region sind im Angebot.

Feste & Events

Encuentro de Musica Antigua MUSIK
(Semana Santa) Ein Festival mit Barroco-Musik – die Konzerte finden in den Kirchen des Ortes wie der Iglesia Parroquial und der Iglesia del Carmen statt.

Ferias y Fiestas Patronales de la Virgen Del Carmen KIRCHLICH
(Mitte Juli) Bei diesem Fest dreht sich alles um die Schutzpatronin von Villa de Leyva.

Festival de las Cometas DRACHEN
(Aug.) Einheimische treten ebenso wie einige Auswärtige im Wettstreit um den schönsten, farbenprächtigsten Drachen an.

Festival Gastronómico GASTRONOMIE
(Sep.) Ein Festival für Gourmets, bei dem die köstlichen kulinarischen Traditionen der Region im Mittelpunkt stehen.

Festival Nacional del Árbol UMWELT
(Mitte Okt.) Ein grünes Fest, das darauf abzielt, das Bewusstsein für die Umwelt und deren Schutz zu fördern.

Festival de Luces FEUERWERK
(Dez.) Dieses große Feuerwerk findet in der Regel am ersten oder zweiten Wochenende im Dezember statt.

Schlafen

In Villa de Leyva gibt es seine große Auswahl an Hotels in allen Preisklassen. Am Wochenende liegen die Preise höher, und es kann schwierig sein, ein Zimmer zu bekommen. Während der Hochsaison, einschließlich der Semana Santa und der Zeit vom 20. Dezember bis zum 15. Januar, können die Preise sich mehr als verdoppeln. Gute Planung ist nötig.

LP TIPP **Renacer Gasthaus** HOSTEL $$
(☎732 1201; www.colombianhighlands.com; Stellplatz für ein Zelt pro Pers. 9000 COP, B 16000COP,EZ/DZab50000/55000COP,EZohneBad 25 000 COP; @📶) Dieses hübsche Boutique-Hostel, das 1,2 km nordöstlich der Plaza Mayor liegt, geht auf den Biologen und Tourenorganisator Oscar Gilède von Colombian Highlands zurück. Hier können sich Gäste wirklich zu Hause fühlen – Hängematten im makellosen Garten, eine Gemeinschaftsküche mit einem gemauerten Ofen und blitzsaubere Schlafsäle und Zimmer. Das Hostel ist etwas schwierig zu finden, aber Oscar zahlt seinen Gästen die erste Taxifahrt ab dem Busbahnhof (5000 COP). Während der Recherche für dieses Buch entstand gerade ein natürlich gespeistes Tauchbecken und ein Café (Hauptgerichte 12 000–16 000 COP), außerdem war eine gemütliche Sauna in Planung.

Posada de San Antonio BOUTIQUEHOTEL $$$
(☎732 0538; www.hotellaposadadesanantonio.com; Carrera 8 No 11–80; EZ/DZ inkl. Frühstück 179 000/210 000 COP; @📶) Ursprünglichkeit durchflutet alle Winkel dieses mit Antiquitäten angefüllten, stimmungsvollen Kolonialhauses von 1860, wahrscheinlich Villas anspruchsvollste Unterkunft. In den Zimmern blitzt das originale Mauerwerk durch, außerdem gibt es eine hübsche offene Küche, einen stilvollen Aufenthaltsraum, einen kleinen tragbaren Altar und natürlich einen hübschen Innenhof.

Casa Viena GASTHAUS $$
(☎732 0711; www.casaviena.com; Carrera 10 No 19–114; B 15 000 COP, EZ/DZ 40 000/50 000 COP, ohne Bad 28 000/35 000 COP; @📶) Hans und seine Familie flohen vor der Hitze der Casa Viena in Cartagena und eröffneten diese kleine Pension am Ortsrand an der Straße nach Renacer. Zur Zeit unserer Recherche gab es drei einfache Zimmer mit guten Matratzen und warmen Decken. Am schönsten ist das Zimmer mit Bad, das auch über eine hübsche Terrasse verfügt. Hans backt Pizza und kocht indisch, sein Sohn Ewald bietet Fahrradtouren in die Gegend an.

Hostería del Molino La Mesopotamia HISTORISCHES HOTEL $$$
(%732 1832; Carrera 8 No 15A–265; EZ/DZ/3BZ inkl. Frühstück 145 000/180 000/230 000 COP; nWs) Diese alte Mühle von 1568 ist eines der ältesten und schönsten Gebäude des Ortes. Auch wenn die Gäste hier nicht immer ganz glücklich waren, sind die Kolonialarchitektur, die Möblierung, die Kunstwerke und der natürliche Pool, dessen Wände Fossilien zieren, eindeutige Pluspunkte. Auch Nichthotelgäste dürfen für 5000 COP im Pool baden.

Hospedería La Roca GASTHAUS $
(☎732 0331; larocahospederia@gmail.com; Plaza Mayor; Zi. pro Pers. Woche/Wochenende 50 000/60 000 COP; 🚭📶) Direkt an der Plaza Mayor gelegen, bietet La Roca 23 freundliche Zimmer, die einen hinreißenden begrünten Innenhof umgeben. Alle Räume haben hohe Decken und besitzen ein neues Fernsehgerät mit Flachbildschirm sowie ein modernes Bad mit heißem Wasser.

Zona de Camping San Jorge CAMPING $
☎732 0328; campingsanjorge@gmail.com; Vereda Roble; Stellplatz für ein Zelt pro Pers. Haupt-/Nebensaison 11 000/10 000 COP) Rund 2 km nordöstlich des Ortes liegt dieses riesige Grasland, auf dem 120 Zelte mit einem bezaubernden Blick auf die Berge der Umgebung Platz finden. Es gibt ein kleines Restaurant und einen Laden sowie makellose Bäder mit heißem Wasser. Zu Fuß dauert der Weg 25 Minuten – von der Carrera 9 am Museo Paleontológico vorbei Richtung Norden. An der T-förmigen Kreuzung geht es nach rechts, dann gleich wieder nach links auf den gut ausgeschilderten Kiesweg zum Campingplatz.

Hospedaje Sol de La Villa HOTEL $$
(☎732 0224; Carrera 8A No 12–28; Zi. pro Pers. Haupt-/Nebensaison inkl. Frühstück 60 000/80 000 COP; 🚭📶) An einer ruhigen Seitenstraße gelegen, bietet dieses sonnige Hotel saubere und gut ausgestattete Zimmer mit Bad (heißes Wasser) und neuen Flachbildfernsehern.

Posada de los Ángeles HOTEL $
(☎732 0562; Carrera 10 No 13–94; Zi. pro Pers. inkl. Frühstück 50 000 COP; 🚭) Das Hotel punktet mit modernen Badezimmern, Pastellfarben, gefliesten Fußböden und Moskitonetzen („nur zur Verzierung"). Das historische Haus gibt den Blick frei auf die Iglesia del Carmen. Das Frühstück ist großartig; allerdings sollte nicht unerwähnt bleiben, dass von Diebstählen auf den Zimmern berichtet wurde.

Zona de Camping CAMPING $
(☎311 550 7687; Ecke Carrera 10 & Calle 11; Stellplatz für ein Zelt pro Pers. Haupt-/Nebensaison 11 000/10 000 COP) Dieses eingefriedete Grasland bietet Stellplätze und ein einfaches Badehaus, das ist nahezu der einzige Komfort. Wer ankommt, stellt einfach sein Zelt auf, der Platzwart kommt später vorbei. Wenn das Tor geschlossen ist, einfach nach dem Schlüssel rufen.

Essen

Villa ist für Gourmets das beste Ziel in Boyacá. Es gibt einige Feinschmeckerrestaurants im Ort. Die beste und größte Auswahl bieten die Casa Quintero und die Casona La Guaca.

LP TIPP **La Bonita** MEXIKANISCH $$$
(Casa Quintero, Ecke Carrera 9 & Calle 12; Hauptgerichte 19 000–32 000 COP; ⌚10–17 Uhr) Hier gibt es cochinita pibil (würzige Tacos mit Schweinefleisch), die den Vergleich mit Yucatán nicht zu scheuen brauchen. Keine Frage, dass die Tortilla-Suppe (15 000 COP) oder der gebackene Lachs mit Mangobutter (29 000 COP) ebenso gut sind, aber man kommt einfach nicht an der cochinita (25 000 COP) vorbei.

Restaurante Estar de la Villa KOLUMBIANISCH $
(Calle 13 No 8–85; Menüs 7000–10 000 COP; ⌚So–Fr 8.30–17, Sa bis 19 Uhr) Das Restaurant bietet peiswerte Menüs von guter Qualität, serviert in angenehm häuslicher Atmosphäre. Es gibt zwar eine Speisekarte, doch warum sich damit abmühen – das Menü ist perfekt, vor allem wenn es *sopa de colí* (Suppe aus grünen Bananen) gibt.

Mercado Municipal KOLUMBIANISCH $$$
(Carrera 8 No 12–25; Hauptgerichte 18 000–44 000 COP; ⏲Di–Do 11–17, Fr–So bis 22 Uhr) Dieses Restaurant, in einem Kolonialgebäude von 1740 auf dem Gelände der Iglesia Parroquial untergebracht, hat alte Methoden des Fleischkochens wieder zum Leben erweckt. Ein unterirdischer, 1,80 m tiefer, mit Holz befeuerter *barbacoa* sorgt für die absolute Zartheit des Fleisches. Das Ochsenschwanzragout mit Spinat-Gnocchi ist fantastisch (29 000 COP), ebenso die einheimischen Austernpilze (orellanas) in einer *pilpil* (Chili-Knoblauch)-Sauce. Der große Garten ist abends besonders stimmungsvoll.

Zarina FUSION $$$
(Casa Quintero, Ecke Carrera 9 & Calle 12; Hauptgerichte 25 000–26 000 COP; ⏲Do–Di 12–23 Uhr) Eines der besten Speiselokale im Ort, bemerkenswert vor allem wegen seinem libanesischen Einschlag – die Frau des Besitzers stammt aus dem Libanon. Hier gibt es z. B. echte Falafel mit Tahini (15 000 COP). Ausgezeichnet sind auch die Rinderlende (*lomo*) auf thailändische Art, einige kolumbianische Standardgerichte und die sehr beliebte arabische Gemüseplatte.

Restaurante Savia VEGETARISCH, ORGANISCH $$
(Casa Quintero, Ecke Carrera 9 & Calle 12; Hauptgerichte 12 000–28 000 COP; ⏲Do–So 12–22 Uhr; v) Das entzückende Savia spezialisiert sich auf einfallsreiche vegetarische, vegane und organische Kost. Fleischesser mögen den frischen Fisch und die Geflügelgerichte wie Hühnchen mit Äpfeln und karamellisierten Zwiebeln. Eine Tafel an der Fassade erinnert an das letzte Konzert, dass der frühere Drummer von Elvis Presley, Bill Lynn, gab, bevor er 2006 in Villa de Leyva starb.

Pastelería Francesa BÄCKEREI, FRANZÖSISCH $
(Ecke Calle 10 & Carrera 6; ⏲Do–Mo 8–19 Uhr) Oh la la! Eine authentische, französische Bäckerei mit Croissants, Baguettes, Obstkuchen, Quiches, Kaffee und heißer Schokolade. Wer das Lokal geöffnet vorfindet, wird begeistert sein – der Besitzer gönnt sich allerdings gern Ferien.

Expreso Boyacá FASTFOOD, REGIONAL $
(Carrera 9 No 11–102; Hauptgerichte 3500–12 000 COP; ⏲ab 13 Uhr) Dieser *boyacense*-Imbissstand gehört den Besitzern des Mercado Municipal und bietet preiswerte regionale Kost für den späten Appetit. Herausragend die mazorcada, eine klebrige Mischung aus Mais, Rindfleisch, regionaler Wurst, Käse, knusprigen Kartoffeln und karamellisierten Zwiebeln.

La Waferia CAFÉ $
(La Casona del Arroyo, Carrera 9 No 14–14; Waffeln 7500-10 900 COP; WLAN) Altmodisches Café mit einem großen Angebot an süßen und pikanten Crêpes und Waffeln.

Don Salvador KOLUMBIANISCH $
(Markt; Mahlzeiten 6000 COP; ⏲Sa 6–15 Uhr) Der geschäftige Samstagsmarkt von Villa bietet eine gute Gelegenheit, um die regionale *boyacense*-Küche kennenzulernen. An diesem Stand serviert Don Salvador die absolut besten *mute* (Maissuppe mit einem Rinderfuß oder einem Hähnchenschenkel) und *carne asada* (Steak vom Grill) des gesamten Marktes.

KERAMIKMARKT AM SONNTAG

25 km südwestlich von Villa de Leyva liegt **Ráquira**, die Töpferhauptstadt von Kolumbien, wo es von Keramikschüsseln, -krügen und -tellern bis hin zu Spielzeug und Weihnachtsdeko alles gibt. Bunt gestrichene Fassaden, Kunsthandwerksläden und aufgereihte frisch gebrannte Tongefäße geben der Hauptstraße des Provinznests ein einladendes Flair. Im Ort und in der Umgebung befinden sich viele Töpferateliers, in denen Besucher hautnah erleben können, wie Keramikarbeiten entstehen. Ein Dutzend Kunsthandwerksläden um den Hauptplatz präsentieren etwa das gleiche Angebot, darunter Keramik, Hängematten, Körbe, Taschen, Ponchos, Schmuck und Schnitzarbeiten. Am schönsten ist ein Besuch am Sonntag, wenn der **Markt** in vollem Gange ist.

Ráquira liegt 5 km abseits der Straße von Tunja nach Chiquinquirá, an einer Seitenstraße, die in Tres Esquinas abzweigt. Vier Minibusse verkehren von Montag bis Freitag zwischen Villa de Leyva und Ráquira (5000 COP, 45 Min.), am Wochenende kommt ein fünfter hinzu. Ein Taxi ab Villa de Leyva kostet etwa 30 000 COP. Auch von Bogotá aus fährt täglich eine Hand voll Busse Ráquira an.

Ausgehen

Die Kneipenszene von Villa gruppiert sich liegt um die hübsche Plaza. Hier auf den Stufen entlang der Carrera 9 lassen sich Einheimische und Besucher gleichermaßen gerne nieder und machen den Platz zur regelrechten Partymeile.

Dorfkneipe BAR

(Carrera 9 No 12–88) Gut besucht ist die kleine Bar an der Plaza Mayor mit dem so gar nicht spanischen Namen und einer großen Auswahl an Bieren vom Fass, die in 1-Liter-Krügen zu 5000 COP serviert werden. Aguila gibt es ebenso wie ein regionals Bier namens Donato.

Antique BAR

(Casona La Guaca, Carrera 9 No 13–55; Hauptgerichte 13 900–22 900 COP) Auch wenn Einheimische die Nase rümpfen über das Essen hier, sind sich doch alle einig, dass die Terrasse im 1. Stock des Restaurants ein romantischer Ort für einen Drink ist, z. B. ein Glas Wein (6000 COP) oder ein *canelazo* (5900 COP) – *Aguardiente* (Schnaps mit Anisgeschmack) mit *panela* (Rohrzucker) und Zimtwasser. Jeden Abend gibt es hier Livemusik.

La Cava de Don Fernando BAR

(Carrera 10 No 12–03; Bier 3000–3500 COP) Eine gemütliche Bar an der Ecke der Plaza Mayor mit lautstarker Musik und Bierflaschen als Kerzenhaltern.

La Tasca CLUB, LIVEMUSIK

(Calle 15 No 12A–25; Gedeck 5000–15 000 COP; ⌚Fr–So 18 Uhr bis spät) Im La Tasca, der einzigen *discoteca* des Ortes, stehen Livemusik, Drinks, Tanzen und spätes Essen im Mittelpunkt.

Shoppen

Nicht versäumen sollten Besucher den farbenfrohen Markt, der jeden Samstag auf dem Platz drei Blocks südöstlich der Plaza Mayor abgehalten wird. Der lebhafteste Betrieb herrscht am frühen Morgen.

In Villa de Leyva gibt es eine ganze Anzahl von Kunsthandwerksläden, die für ihre schönen Korb- und Webwaren wie Pullover oder ruanas (Ponchos) bekannt sind. Einige der Geschäfte liegen an der Plaza Mayor, weitere in den Seitenstraßen, vor allem an der Carrera 9. Eine Reihe von Webern hat sich im Ort angesiedelt; ihre Arbeiten sind von ausgezeichneter Qualität und die Preise angemessen. Die meisten Kunsthandwerksläden haben nur am Wochenende geöffnet.

Praktische Informationen

Eine virtuelle Tour durch Villa de Leyva präsentieren www.expovilla.com oder www.villadeleyva.net.

Geldautomaten (Plaza Mayor, Calle 12) An der Südseite der Plaza gibt es einige Geldautomaten.

Polizei (☎320 225 1707; Carrera 10 No 11–10)

Q.inter.net (Carrera 9 No 11–96; pro Std. 1600 COP; ⌚Mo–Fr 8–22, So 9–22 Uhr) Internetcafé.

Quinternet (Carrera 9 No 11–75; pro Std. 1600 COP; ⌚9–21 Uhr) Internetcafé.

Touristeninformation (Oficina de Turismo; ☎732 0232; Ecke Carrera 9 & Calle 13; ⌚Mo–Sa 8–12.30 & 14–18, So 9–13 & 15–18 Uhr) Bietet kostenloses Kartenmaterial, Broschüren und Informationen auf Spanisch.

An- & Weiterreise

Der Busbahnhof liegt drei Blocks südwestlich der Plaza Mayor an der Straße nach Tunja. Von 5.30 bis 19.30 Uhr verkehren Minibusse alle 15 Minuten zwischen Tunja und Villa de Leyva (6000 COP, 45 Min.). Eine direkte Busverbindung nach Bogotá gibt es täglich (20 000 COP, 4 Std., 4.30, 5, 12, 12.30, 13, 14, 16 und 17 Uhr).

Rund um Villa de Leyva

Einige der nahe gelegenen Attraktionen wie archäologische Stätten, koloniale Baudenkmäler, Felszeichnungen, Höhlen, Seen und Wasserfälle sollten Besucher keinesfalls versäumen.

Die Gegend ist sicher. Die nächstgelegenen Sehenswürdigkeiten lassen sich zu Fuß, per Fahrrad oder zu Pferd (s. S. 96) erreichen. Es ist auch möglich, mit Regionalbussen oder Taxis zu fahren oder eine Tour mit einem der Anbieter in Villa de Leyva zu buchen (S. 95). Wer mit dem Taxi fährt, sollte vor dem Start mit dem Fahrer besprechen, welche Sehenswürdigkeiten besucht werden sollen und wie viel die Fahrt kostet.

Der **Convento del Santo Ecce Homo** (Eintritt 4000 COP; ⌚9–17 Uhr), von Dominikanermönchen 1620 gegründet, ist ein großer Bau aus Stein und Lehmziegeln mit einem hübschen Innenhof. Die Böden sind mit Steinen aus der Region gepflastert, in denen Ammoniten und Fossilien eingeschlossen sind, darunter auch versteinerter Mais und

NICHT VERSÄUMEN

SUTAMARCHÁN

Bei einer Fahrt durch die Gegend von Villa de Leyva lohnt sich ein Stopp in **Sutamarchán**, der Longaniza-Hauptstadt von Kolumbien, 14 km westlich von Villa an der Straße nach Ráquira. *Longaniza* ist eine regionale Wurstspezialität, ähnlich der portugiesischen *linguiça*. Überall in der Stadt wird sie gegrillt – einfach immer der Nase folgen. Eine gute Adresse ist die Fabrica de Longaniza, Piqueteadero y Asadero Robertico (Portion 5000 COP; ⌚7–20 Uhr) an der zentralen Kreuzung der Stadt.

Blumen. Auch im Sockel einer Statue in der Kapelle finden sich Fossilien.

Das Prunkstück der Kapelle bildet der vergoldete Hauptaltar mit einem kleinen Ecce-Homo-Bild; die originale hölzerne Decke steckt voller faszinierender Details: Die Darstellungen von Ananas, Adlern, Sonnen und Mond sollten helfen, die Indigenen zum Christentum zu bekehren. Außerdem beachtenswert: die Darstellung eines Schädels und gekreuzter Knochen mit einer Art bolivianischer Mütze in der Sakristei und das Kruzifix im Kapitelsaal, das Jesus noch lebend zeigt (mit geöffneten Augen), eine Seltenheit in Südamerika. Im westlichen Kreuzgang gibt es ein Wandgemälde von Jesus, auf dem er - je nach Blickwinkel - die Augen offen oder geschlossen hält.

Das Kloster liegt 13 km von Villa de Leyva entfernt. Besucher nehmen den morgendlichen Bus nach Santa Sofía; von der Haltestelle aus sind es 15 Minuten Fußweg bis zum Kloster. Eine Rundfahrt mit dem Taxi (bis zu vier Personen) von Villa de Leyva zu El Fósil, El Infiernito und Ecce Homo kostet einschließlich Wartezeit rund 60 000 COP.

El Fósil (www.museoelfosil.com; Eintritt 4000 COP; ⌚7–18 Uhr) ist ein beeindruckendes 120 Millionen Jahre altes Kronosaurus-Baby-Fossil und mit seinen 7 m das kompletteste Exemplar dieses prähistorischen Meeresreptils weltweit. Das Tier hatte wohl eine Länge von ungefähr 12 m, der Schwanz ist jedoch heute nicht mehr erhalten. Das Fossil liegt an der Straße nach Santa Sofía, 6 km westlich von Villa de Leyva, und befindet sich damit noch immer an der ursprünglichen Stelle, wo es 1977 gefunden wurde. Zu Fuß dauert der Weg etwas mehr als eine Stunde; Besucher können aber auch den Bus nach Santa Sofía nehmen, von der Ausstiegsstelle sind es nur etwa 80 m bis zu El Fósil.

Die **Estación Astronómica Muisca** (El Infiernito; Eintritt 4000 COP; hDi–So 9–12 & 14–17 Uhr) stammt aus den ersten nachchristlichen Jahrhunderten und diente den Muiscas dazu, die Jahreszeiten zu bestimmen. Das Monument, das an Stonehenge erinnert, besteht aus 115 zylindrischen Monolithen, die in einem Abstand von 1 m in zwei 9 m voneinander entfernten parallelen Reihen senkrecht im Boden stecken. Die indígenas maßen die Länge der von den Steinen geworfenen Schatten und erkannten daran die Zeiten zum Pflanzen.

Die archäologische Stätte liegt 2 km nördlich von El Fósil. Öffentliche Verkehrsmittel fahren nicht dorthin, aber vom Fossil aus sind es nur 25 Minuten Fußweg. Andere Transportmöglichkeiten sind Fahrrad, Pferd oder Taxi.

Santuario de Iguaque

Hoch über dem benachbarten Tal und in Dunst eingehüllt, liegt eine unberührte Wildnis, die bei den Muisca als Geburtsstätte der Menschheit galt. Nach der Legende der Muisca tauchte die wunderschöne Göttin Bachué mit einem männlichen Baby in den Armen aus der Laguna de Iguaque auf. Als der Junge erwachsen war, heirateten sie, bekamen Kinder und bevölkerten die Erde. Im Alter verwandelte sich das Paar in Schlangen und tauchte schließlich wieder in den heiligen See ein.

Heute ist dieses Muisca-Paradies zum Nationalpark erklärt worden: der **Santuario de Flora y Fauna de Iguaque** (Kolumbianer/Ausländer 13 000/35 000 COP) hat eine Fläche von 67,5 km². Im Norden des Parks gibt es acht kleine Bergseen, darunter auch die Laguna de Iguaque, - alle liegen auf einer Höhe von 3550 und 3700 m. Dieses einzigartige neotropische Páramo-Ökosystem ist Heimat von Hunderten von Tier- und Pflanzenarten, aber am bekanntesten sind die *frailejones*, Espeletia-Arten, ein Halbstrauch, der typisch für diese Höhenlage der Anden ist.

Hier oben kann es mit Temperaturen zwischen 4 und 13 °C ganz schön kalt werden. Obendrein ist es sehr feucht; die jährlichen Niederschläge erreichen bis zu 1648 mm.

Die besten Monate für einen Besuch sind Januar, Februar, Juli und August – in jedem Fall sollten Besucher sich auch auf schlechtes Wetter einstellen.

Das **Besucherzentrum** (naturariguaque @yahoo.es; B pro Pers. Haupt-/Nebensaison 35 000/28 000 COP, Stellplatz für ein Zelt pro Pers. 8000 COP) bietet ein Restaurant und einfache Unterkünfte in einem schmuddelig wirkenden Schlafsaal. Es ist auch möglich, draußen ein Zelt aufzustellen. Für 8000 COP kann auch ein Zelt gemietet werden. Unterkünfte müssen im Voraus reserviert werden, dazu in Bogotá das Büro der Parques Nacionales Naturales (PNN) de Colombia (S. 77) ansteuern.

Wer von Villa de Leyva aus zum Park möchte, nimmt den Bus nach Arcabuco (Abfahrt 6, 7, 8, 10, 13.30, 15 und 16 Uhr) und bittet den Fahrer, ihn bei der Casa de Piedra (auch als Los Naranjos bekannt, 3000 COP) bei Kilometer 12 aussteigen zu lassen. Von hier führt eine holprige Straße zum B esucherzentrum (3 km). Die Wanderung vom Besucherzentrum zur Laguna de Iguaque dauert etwa drei Stunden. Ein gemächlicher Rundtrip ist in fünf bis sechs Stunden zu bewältigen, stehen als Wanderziel noch weitere Seen auf dem Programm, dauert der Weg entsprechend länger.

La Candelaria

☎8 / 300 EW. / HÖHE 2255 M

Dieser Weiler inmitten trockener Hügel, 7 km hinter Ráquira, ist bekannt für das **Monasterio de La Candelaria** (Eintritt 3000 COP; ⏲9–12 & 14–17 Uhr). 1597 gründeten Augustinermönche das Kloster, das 1660 endgültig fertiggestellt wurde. Auch heute noch führen Mönche durch die Kapelle (bemerkenswert ein Gemälde der Virgen de la Candelaria aus dem 16. Jh. über dem Altar), durch ein kleines Museum, einen atemberaubend schönen Hof, einen Kreuzgang mit einer Sammlung von Gemälden aus dem 17. Jh. und durch die Höhle, in der die Mönche zunächst lebten. Einige der hier präsentierten Kunstwerke stammen möglicherweise von Gregorio Vásquez de Arce y Ceballos und den Brüdern Figueroa.

Eine Rundfahrt mit dem Taxi von Villa de Leyva nach Ráquira und La Candelaria – mit

ABSTECHER

EIN WUNDER!

Chiquinquirá ist die religiöse Hauptstadt Kolumbiens. Das heilige Gemälde der Jungfrau Maria, das im 16. Jahrhundert Gegenstand eines Wunders war, zieht jedes Jahr viele kathohlische Pilger an.

Der spanische Künstler Alonso de Narváez malte die Rosenkranzmadonna um 1555 in Tunja. Das Bild zeigt Maria, wie sie das Jesuskind auf dem Schoß hält, zu ihren beiden Seiten stehen der heilige Antonius von Padua und der Apostel Andreas. Kurz nach der Fertigstellung begann das Bild zu verblassen, ein Ergebnis des schlechten Materials und des undichten Kapellendachs. 1577 kam das Bild nach Chiquinquirá, wurde eingelagert und geriet in Vergessenheit.

Einige Jahre später entdeckte Maria Ramos, eine fromme Frau aus Sevilla, das Bild wieder. Obwohl es in einem schrecklichen Zustand war, setzte sich Ramos gern davor und betete. Am 26. Dezember 1586 erhielt das Gemälde vor ihren Augen und während ihrer Gebete seine alte Pracht zurück. Danach wuchs sein Ruhm rasch, und es geschahen immer mehr Wunder, die der Jungfrau zugeschrieben wurden.

1829 erklärte Papst Pius VII. die Jungfrau von Chiquinquirá zur Schutzpatronin von Kolumbien. Das von den Einheimischen liebevoll „La Chinita" genannte Bild wurde 1919 offiziell anerkannt, das Heiligtum 1927 zur Basilika erklärt. Papst Johannes Paul II. besuchte die Stadt 1986.

Die **Basílica de la Virgen de Chiquinquirá**, in der das **heilige Bild** ausgestellt ist, beherrscht die Plaza de Bolívar. Der Bau der riesigen klassizistischen Kirche begann 1796 und wurde 1812 abgeschlossen. Das geräumige dreischiffige Innere besitzt 17 Kapellen und einen kunstvollen Hochaltar, in den das Gemälde eingearbeitet ist. Das Bild misst nur 113 mal 126 cm und ist eines der ältesten Zeugnisse kolumbianischer Malerei.

Achtmal täglich verkehrt ein Bus zwischen Villa de Leyva und Chiquinquirá (7000 COP, 1 Std.). Busse nach Bogotá starten alle 15 Minuten (14 000 COP, 3 Std.).

Sierra Nevada del Cocuy

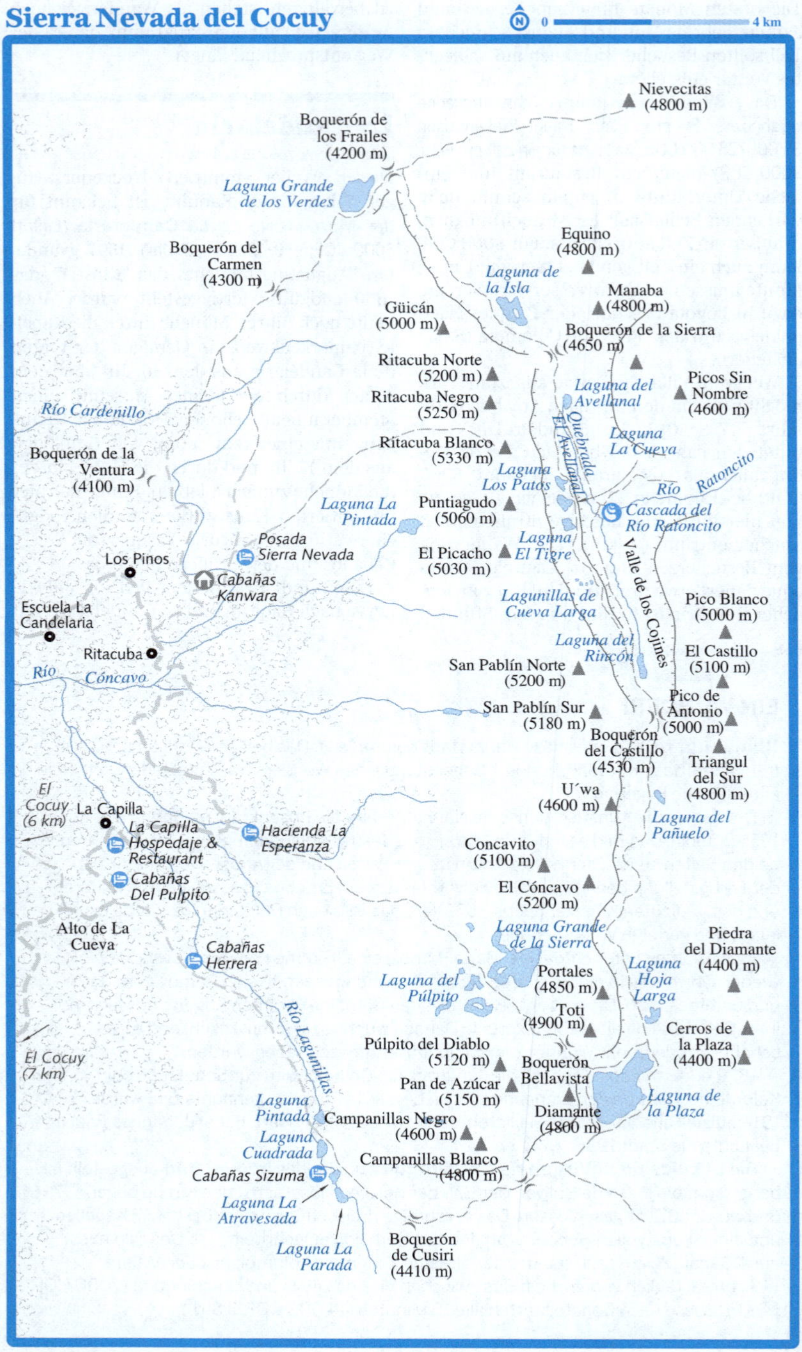

etwas Zeit in beiden Dörfern – kostet etwa 80 000 COP (bis zu vier Personen).

Möglich ist auch, den Weg nach Ráquira zu Fuß zurückzulegen (1 Std.). Der Weg beginnt am Hauptplatz von Ráquira, windet sich einen Hügel hinauf zu einem kleinen Schrein und führt dann hinunter zur Straße nach La Candelaria.

Sierra Nevada del Cocuy

Obwohl sie außerhalb Kolumbiens nur wenige kennen, ist die Sierra Nevada del Cocuy eine der spektakulärsten Gebirgszüge Südamerikas. Dieses himmlische Stück Erde besitzt einige der dramatischsten Landschaften Kolumbiens, von schneebedeckten Bergen und brausenden Wasserfällen bis zu eisigen Gletschern und kristallklaren blauen Seen.

Die Region nimmt den höchsten Teil der Cordillera Oriental, des östlichen Teils der kolumbianischen Anden, ein, der aus zwei parallelen Bergzügen besteht. Eine Kette herrlicher Täler erstreckt sich dazwischen. In der Sierra Nevada del Cocuy gibt es 21 Gipfel, von denen 15 mehr als 5000 m hoch aufragen. Der höchste von ihnen, Ritacuba Blanco, erreicht immerhin 5330 m.

Wegen des Klimas und der Topographie besitzt die Sierra Nevada del Cocuy ein Ökosystem mit einer faszinierenden Pflanzenvielfalt, die mehr als 700 Arten zählt. Bekannt sind vor allem die *frailejónes*, von denen viele hier endemisch sind. Zur Tierwelt gehören Brillenbären, Pumas, Weißwedelhirsche und der berühmte Andenkondor, ein Symbol Kolumbiens. Diese Region ist auch die Heimat des indigenen U'wa-Volkes, das noch immer in dieser rauen und recht unwirtlichen Gegend lebt.

1970 wurde ein großes Areal unberührten Landes zum Parque Nacional Natural (PNN) El Cocuy (S. 108) erklärt. Mit beeindruckenden 306 000 ha ist der PNN El Cocuy der fünftgrößte Nationalpark in Kolumbien. Er erstreckt sich über die Departamentos Boyacá, Arauca und Casanare.

Die Berge sind relativ einfach zu erreichen und ideal für Treckingtouren, allerdings vorwiegend für erfahrene und ausdauernde Wanderer. Als Ausgangspunkte für solche Touren eigenen sich die hübschen Dörfer Güicán (S. 106) und El Cocuy. In den beiden miteinander konkurrierenden Orten gibt es gute Ess- und Unterkunftsmöglichkeiten; auch wer nicht zu einer Wanderung aufbrechen will, schätzt die Schönheit der landschaftlichen Kulisse.

El Cocuy

☎8 / 5400 EW. / HÖHE 2750M

Das hübsche, von dramatisch hoch aufragenden Bergen umgebene Kolonialdorf El Cocuy bietet Reisenden als Ausgangspunkt für den PNN El Cocuy viele Annehmlichkeiten, darunter mehrere Hotels und Restaurants sowie einige Bars. El Cocuy hat sich seinen kolonialen Charakter bewahrt: Fast jedes Haus des Ortes ist weiß verputzt, mit meergrünen Verzierungen und hat ein mit roten Ziegeln gedecktes Dach. Mittelpunkt des Dorfes ist die **Iglesia de Nuestra Señora de la Paz**, die Kirche in Lachs- und Goldtönen, die den **Parque Principal**, den Hauptplatz, beherrscht. Hier treffen sich die Dorfbewohner nach dem Abendessen, um zu plaudern, Basketball zu spielen oder bei Straßenhändlern erstandene Kebabs und *arepas* (Maiskuchen) zu genießen. An der Plaza gibt es auch ein **Diorama**, das die Bergwelt der Umgebung darstellt, doch für Touristen ist die Hauptattraktion die Schönheit der Umgebung.

Schlafen & Essen

In El Cocuy gibt es seine gute Auswahl an Hotels, die alle innerhalb von drei Blocks um den Hauptplatz liegen. Die meisten Restaurants gehören zu Hotels. Am Abend verkaufen am Hauptplatz Straßenhändler *comida corriente* (Fastfood).

LP TIPP **La Posada del Molino** HISTORISCHES HOTEL $

(☎310 494 5076; elcocuycasamuseo.blogspot.com; Carrera 3 No 7–51; Zi. pro Pers. Haupt-/Nebensaison 35 000/20 000 COP, Cabaña Hauptsaison 180 000 COP) Dieses 220 Jahre alte renovierte koloniale Herrenhaus bietet sehr viel Atmosphäre. Im Inneren herrschen die Farben Blau und Gelb vor – und im Hotel spukt es erwiesenermaßen. (Unser Fernseher schaltete sich nachts um 2.49 Uhr von allein ein, und nein, wir haben nicht auf der Fernbedienung geschlafen.) Die sieben Zimmer sind mit schönen Möbeln aus der Kolonialzeit ausgestattet und verfügen jeweils über ein tolles Bad, während schlichtere neuere *cabañas* je fünf Betten bieten. Durch den großartigen, von Fossilien gezierten Innenhof plätschert ein Bach, der die Gäste in den Schlaf singt.

Casa Vieja HISTORISCHES HOTEL $
(☎313 876 8783; Carrera 6 No 7–78; Zi. pro Pers. ohne Bad 10 000 COP) Wie der Name besagt, befindet sich diese Budget-Unterkunft in einem alten Kolonialhaus. Der Besitzer, der Künstler Roberto Arango, hat den Gartenhof mit seinen Gemälden geschmückt und spielt oft Livemusik für seine Gäste. Der Charakter des Hauses entschädigt für die kahlen Zimmer.

Hotel Casa Muñoz HOTEL $
(☎789 0328; www.hotelcasamunoz.com; Carrera 5 No 7–28; Zi. pro Pers. 20 000 COP) Am Marktplatz gelegen, bietet dieses neuere Hotel saubere, bequeme Zimmer mit Kabelfernsehen, festen Betten und eigenem Bad mit heißem Wasser. Sie sind alle um einen allerdings nicht sehr schönen Betonhof mit Geranien gruppiert. Die Zimmer im 1. Stock verfügen über verborgene Dachböden, sodass auch größere Gruppen dort schlafen können.

Hotel Villa Real HOTEL $
(☎789 0038; Calle 7 No 4–50; Zi. pro Pers. mit/ohne Bad 15 000/12 000 COP) Das weitläufige Hotel mit seinen einfachen Zimmern liegt gleich beim Hauptplatz. Beliebt ist es vor allem wegen seines Restaurants, das mittags Menüs für 5000 COP anbietet.

ℹ Praktische Informationen

Banco Agrario de Colombia (Ecke Carrera 4 & Calle 8) Der einzige Geldautomat des Ortes.

El Pino.com (Carrera 3 No 8–53; pro Std. 1500 COP; ⏲8–12 & 14–20 Uhr) Schrecklich langsames Internet, einen Block entfernt von La Posada del Molino.

Parque Nacional Natural (PNN) El Cocuy, Verwaltung (☎789 0359; cocuy@parquesnacionales.gov.co; Calle 8 No 4–74, ⏲8–12 & 13–17.45 Uhr) Alle Besucher des Parks müssen sich hier melden, ihre Reiseroute angeben und den Eintritt bezahlen.

ℹ An- & Weiterreise

Ankunfts- und Abfahrtsort aller Busse ist vor den jeweiligen Büros am Hauptplatz entlang der Carrera 5.

Die luxuriösen Libertadores-Busse nach Bogotá starten täglich um 20 Uhr vor dem Hotel Casa Muñoz am Platz ab (40 000 COP, 11 Std.), in Bogotá am Busbahnhof um 8.30 Uhr. Concorde-Busse verlassen den Platz um 4 und um 18 Uhr in Richtung Bogotá (40 000 COP, 11 Std.). Die *busetas* von Fundadores nach Bogotá fahren um 4.30, 17.30 und 19.30 an der Carrera 5 No 5–38 ab (40 000 COP, 11 Std.); sie verlassen Bogotá in Richtung El Cocuy täglich um 6, 18.30 und 20.30 Uhr.

Wer nicht den ganzen Tag in El Cocuy herumhängen möchte, nimmt um 7.30, 12 oder 12.30 einen Cootradatil-Bus nach Soatá (15 000 COP, 4 Std.), von dort aus gibt es regelmäßige Verbindungen nach Bogotá.

Die Cootradatil-Busse nach Güicán starten um 12, 16 und 20 Uhr (3000 COP, 30 Min.). Von Bogotá verkehren Fundadores-Busse nach Güicán. Für das letzte Stück der Route können Reisende in El Cocuy um 6.30 und 7.30 zusteigen (3000 COP, 30 Min.).

Reisende nach Bucaramanga nehmen zuerst den Concorde-Bus bis Capitanejo und steigen dort um. Die gesamte Fahrt dauert etwa 14 Stunden meist auf Staubpisten. Zusätzlich verzögern Erdrutsche oftmals die Weiterfahrt. Daher ist es günstiger und viel besser, nach Tunja zurückzufahren und dort in einen der Busse zu steigen, die häufig Richtung Norden nach Buca und noch weiter fahren.

Information über An- und Weiterreise vom Park siehe S. 109.

Güicán

☎8 / 7416 EW. / HÖHE 2963 M

Auch wenn Güicán nicht so fotogen ist wie El Cocuy, hat es sich doch zum wichtigsten Ausgangspunkt für Treckingtouren in die Berge gemausert, vor allem weil es kürzere und einfachere Wege zum PNN El Cocuy bietet. Und wer nicht wandern will, findet in Güicán viele Sehenswürdigkeiten und Attraktionen. Der größte Teil der kolonialen Architektur des Ortes wurde durch Brände und Bürgerkriege zerstört. Heute dominieren moderne Bauten, die in kühnen, leuchtenden Farben gestrichen sind. Güicán ist das Zentrum der indigenen U'wa-Gemeinschaft. Eine wichtige Einnahmequelle stellt auch der religiöse Tourismus dar, der dem Wunder der Virgen Morenita de Güicán huldigt.

Sehenswertes & Aktivitäten

Güicáns bekannteste Sehenswürdigkeit ist die **Virgen Morenita de Güicán,** das Bild einer dunkelhäutigen Jungfrau Maria, das 1756 dem indigenen Volk der U'wa erschien (s. Kasten S. 107). Der Schrein der Morenita befindet sich in der Kirche **Nuestra Señora de la Candelaria** am Hauptplatz des Ortes, dem Parque Principal. Das Äußere des Baus aus braunen Ziegelsteinen und falschem

VIRGEN MORENITA DE GÜICÁN

Güicán ist wegen des Wunders der Virgen Morenita de Güicán in ganz Kolumbien bekannt, der Erscheinung einer dunkelhäutigen Jungfrau Maria bei den indigenen U'wa. Die Geschichte beginnt im späten 17. Jh., als die spanischen Konquistadoren das Gebiet erreichten und versuchten, die U'wa zum Christentum zu bekehren. Doch diese beugten sich der spanischen Herrschaft nicht. Der U'wa-Häuptling Güicány, nach dem der Ort benannt ist, führte sein Volk stattdessen zu einer Klippe, von der sie in den Tod sprangen. Diese Klippe heißt heute El Peñol de Los Muertos. Güicánys Frau Cuchumba blieb verschont, weil sie schwanger war. Cuchumba und eine Handvoll Überlebender flohen in die Berge und versteckten sich in einer Höhle. Am 26. Februar 1756 kam es zu einer wunderbaren Erscheinung der Jungfrau Maria auf einem Stück Stoff. Das Bild war dunkelhäutig und trug den U'wa ähnlichen Gesichtszüge, die sich daraufhin rasch zum Christentum bekehrten.

In Güicán entstand eine kleine Kapelle, um die Virgen Morenita aufzunehmen. Während einem der zahlreichen Bürgerkriege zwischen den rivalisierenden Orten Güicán und El Cocuy wurde die Virgen gestohlen. Versteckt wurde sie in El Cocuy, vermutlich hinter einer Hauswand, die heute zum Hotel La Posada del Molino gehört. Den Bewohnern des Hauses stießen wiederholt Unglücksfälle zu, bis die Virgen schließlich an Güicán zurückgegeben wurde, wo sie heute gut gesichert ist.

Das große Fest der Virgen Morenita findet alljährlich vom 2. bis 4. Februar statt und zieht zahlreiche Pilger von nah und fern an.

Marmor macht nicht viel her, doch das Innere ist reich verziert und in Pastelltönen wie Rosa, Grün und Blau ausgemalt.

Östlich des Ortes liegt eine 300 m hohe Klippe, **El Peñol de los Muertos**, wo sich die U'wa bei der Ankunft der Konquistadoren in den Tod stürzten. Der Weg zur Klippe beginnt am Ende der Carrera 4. Eine Wanderung zum höchsten Punkt der Klippe dauert etwa zwei Stunden. Das diesem Massenselbstmord gewidmete **Monumento a la Dignidad de la Raza U'wa** befindet sich am Ortseingang.

Schlafen & Essen

Hotel El Eden GASTHAUS $

(☎311 808 8334; luishernandonc@hotmail.com; Transversal 2 No 9–58; Stellplätze für ein Zelt/Zi. pro Pers. 5000/25 000 COP) Auch wenn es mehr Noahs Arche ähnelt als dem Garten Eden, ist diese Pension bei Ausländern besonders beliebt. Im Garten tummeln sich Truthähne, Enten, Kaninchen und Wüstenrennmäuse rund um einen Forellenteich. Die Zimmer, meist mit einem eigenen Bad ausgestattet, riechen mit ihrer hölzernen Ausstattung nach Wald. Das Eden liegt zu Fuß etwa 12 Minuten nördlich der Plaza. Der Weg führt die Carrera 4 in nördlicher Richtung entlang, dann rechts über eine Staubpiste an einem Basketballplatz vorbei, anschließend die erste rechts und die zweite links.

Brisas del Nevado HOTEL $

(☎310 629 9001; Carrera 5 No 4–57; Zi. pro Pers. mit/ohne Bad 30 000/25 000 COP) Das bequemste Hotel im Ort rühmt sich auch des besten Restaurants von Güicán. Die meisten Zimmer besitzen ein eigenes Bad und einen Fernseher. Die schönsten Zimmer sind zwei Cabañas, die im Garten hinter dem Hauptgebäude liegen.

Hotel Guaicani GASTHAUS $

(☎312 463 1066; www.hotelguaicani.com; Calle 5 No 6–20; Zi. pro Pers. 15 000 COP) Die neueste und angenehmste Budget-Unterkunft des Ortes mit einfachen, aber sauberen Zimmern. Victor, der Besitzer, organisiert auch Trecking-Touren.

Praktische Informationen

Der nächstgelegene Geldautomat ist in El Cocuy.

Cafeteria La Principal (Carrera 5 No 3–09; pro Std. 15 000 COP; ⌚8 Uhr bis spät) Hier an der Plaza steht ein einsamer Computer für den Internetzugang.

Parque Nacional Natural El Cocuy (☎310 230 3302; Carrera 4 No 3–30; ⌚Mo–Sa 8–12 & 13–17 Uhr) Alle Parkbesucher müssen hier das Eintrittsgeld entrichten und ihre Wanderroute bekannt geben (das Büro ist außerhalb der Hauptsaison oft geschlossen). Reisende tun daher gut daran, sich an die Verwaltung in El Cocuy zu wenden.

An- & Weiterreise

Alle Busse halten vor ihren jeweiligen Büros an der Plaza, mit Ausnahme von Libertadores, deren Büro sich nicht weit von der Plaza in der Casa Cural an der Carrera 5 befindet.

Die luxuriösen Libertadores-Busse fahren täglich um 19 Uhr von der Plaza nach Bogotá ab (45 000 COP, 12 Std.); Busse von Bogotá nach Güicán starten täglich um 20.30 Uhr an Bogotás Hauptbusbahnhof (45 000 COP, 12 Std.). Die weniger komfortablen Concorde-Busse nach Bogotá starten um 3 Uhr und um 17 Uhr an der Plaza (45 000 COP, 12 Std.), die Fundadores-Busse um 3.30, 16.30 und 18 Uhr (43 000 COP, 12 Std.); von Bogotá nach El Cocuy fahren sie um 7.30, 18.30, 19 und 20.30 Uhr.

In Richtung El Cocuy verkehren die regionalen Cootradatil-Busse (7, 11 und 14 Uhr, 3000 COP, 40 Min.). Alle Busse nach Bogotá fahren auf ihrem Weg durch die Hauptstadt auch durch El Cocuy. Wer nach Bucaramanga, Cúcuta, Santa Marta oder zu anderen Plätzen im Nordwesten reisen möchte, nimmt bis Capitanejo einen Bus in Richtung Bogotá und steigt dort um.

Information über die An- und Weiterreise zum Park siehe S. 109.

Parque Nacional Natural (PNN) El Cocuy

Der Parque Nacional Natural (PNN) El Cocuy ist die Hauptattraktion in der Region der Sierra Nevada del Cocuy. Der 1977 eingerichtete Park erstreckt sich über die riesige Fläche von 306 000 ha. Die Westgrenze des Parks liegt auf 4000 m Höhe, die Osthälfte fällt bis auf 600 m zu den kolumbianischen llanos (Ebenen) ab.

Der größte Teil des PNN El Cocuy ist von dem Ökosystem des Páramo bedeckt. Dieses von Gletschern geformte neotropische System von Tälern, Ebenen und Bergseen schließt das größte Gletschergebiet Südamerikas nördlich des Äquators ein. Leider schmelzen die Gletscherfelder des Parks durch den Klimawandel rasch ab. Wenn das Schmelzen mit derselben Geschwindigkeit weitergeht wie im Moment, nehmen Vertreter des Parks an, dass es hier in 20 bis 30 Jahren keine Gletscher mehr geben wird.

Trotz des rauen Lebensraums leben im PNN El Cocuy verschiedene Pflanzen- und Tierarten. Zu den hier heimischen Tieren zählen der Brillenbär, auch Andenbär genannt, Hirsche, Adler, Kondore, Bergtapire, Chinchillas und der herrliche gefleckte Ozelot. Unterschiedliches Strauchwerk bedeckt die Hochebenen, am bekanntesten ist die hier heimische frailejón (Espeletia) mit ihren gelben Blüten.

Im Park gibt es 15 Gipfel, die wenigstens eine Höhe von 5000 m erreichen. Der höchste ist der Ritacuba Blanco mit 5330 m. Die bekannteste Sehenswürdigkeit des Parks ist eine ungewöhnliche Felsformation, El Púlpito del Diablo (die Kanzel des Teufels, 5120 m). Der Park ist beliebt bei allen, die wandern, bergsteigen, campen, klettern und Gleitschirm fliegen wollen, obwohl Letzteres nicht kommerziell angeboten wird (nur für private Sportler).

Von 1985 bis in die ersten Jahre dieses Jahrhunderts war der PNN El Cocuy von Guerillas besetzt, das änderte sich mit dem Eingreifen der kolumbianischen Armee. Heute ist der Park wieder sicheres Terrain (die wenig besuchte Gegend der östlichen Ebene in Arauca und Casanare möglicherweise noch nicht). Kolumbianische Soldaten haben einen Stützpunkt im Park und patrouillieren regelmäßig auf den Wegen. Der Frieden hat die Besucher rasch zu den Gipfeln zurückgebracht. Kletterten 2003 weniger als 100 Menschen im PNN Cocuy, stieg diese Zahl laut offiziellen Angaben bis 2010 auf 9000 an.

Klettern im El Cocuy

Die Berge des PNN El Cocuy sind relativ kompakt und leicht zu erreichen. Der vollständige Trecking-Rundkurs Güicán–El Cocuy dauert sechs oder sieben Tage, aber es gibt auch viele wesentlich kürzere Wanderungen. Bis zur Schneegrenze sind es am Nordrand des Parks nur etwa drei Stunden Fußmarsch.

Spezielle Erfahrungen werden nicht benötigt. Doch die Parkverwaltung empfiehlt wegen der Höhenlage und des Geländes wenigstens ein bisschen Trecking-Erfahrung. Außerdem sollten Wanderer bei guter Gesundheit sein und ausreichend Kondition mitbringen. Der Zugang zum Park ist untersagt für Kinder unter 12 Jahren, für Schwangere und für Menschen mit Herz- oder Lungenkrankheiten.

Ausgangspunkte für Wanderungen im PNN El Cocuy sind die beiden Erzrivalen Güicán und El Cocuy. Bei Weitem am beliebtesten ist der Weg im Uhrzeigersinn ab Güicán, der als relativ einfach gilt. Außerdem ist es möglich, einen Teil der Strecke zu Pferd zurückzulegen, erst kurz vor der

Schneegrenze heißt es dann absteigen und zu Fuß weitergehen.

Alle Besucher des Parks müssen zuerst in einem der Büros des PNN El Cocuy in Güicán oder El Cocuy ihre Route bekannt geben und das Eintrittsgeld bezahlen (Ausländer/Kolumbianer 35 000/13 000 COP). Auf keinen Fall vergessen, sich nach der Wanderung wieder zurückzumelden, wenn Wanderer nicht zum angegebenen Datum zurückkommen, schickt die Parkverwaltung Such- und Rettungsmannschaften los.

Führer sind zwar nicht erforderlich, aber sehr empfehlenswert.

Reisezeit

Die einzige Zeit mit einigermaßen gutem Wetter sind die Monate von Dezember bis Februar. Den Rest des Jahres regnet es viel, und in höheren Lagen, auch auf den höchsten Pässen, schneit es. Die Sierra Nevada ist für häufigen Wetterwechsel und für heftigen Wind bekannt.

Ausrüstung

Alle Parkbesucher müssen autark sein, denn im Park gibt es weder Bewohner noch irgendwelche Serviceangebote. Das heißt also, dass Wanderer die komplette Ausrüstung für das Trecking im Hochgebirge mitbringen müssen, darunter ein gutes Zelt, einen Schlafsack für Temperaturen bis minus 10 °C, warme, wasserfeste Kleidung, gute Wanderstiefel, Taschenlampen, Erste-Hilfe-Kasten, Gaskocher und Nahrungsmittel. In El Cocuy oder Güicán ist keine entsprechende Ausrüstung zu bekommen, wahrscheinlich hat man in Bogotá mehr Glück. Der Rundweg führt (leider) nicht mehr über einen Gletscher; deshalb ist keine spezielle Ausrüstung dafür nötig.

Wer kein Zelt und keine Treckingausrüstung hat, kann die Berge nur in einer Reihe von kurzen eintägigen Wanderungen erkunden. Ausgangspunkt für eine Tageswanderung ist eine der *cabañas*. Diese Touren vermitteln aber natürlich nur einen ersten Eindruck der großartigen Berge.

☞ Geführte Touren

Führer und Pferde können bei jeder der *cabañas* in der Nähe der Berge oder bei Ecoturismo Comunitario Sisuma (s. unten) in El Cocuy angeheuert werden. Ein campesino (der nur den Weg zeigen kann) kostet etwa 45 000 COP für einen Tag und eine Gruppe von bis zu acht Personen; ein echter offizieller Trekking-Führer für bis zu sechs Personen bekommt 80 000 COP. Pferde und Pferdeführer verlangen pro Tag rund 35 000 COP. Einzelne Wanderer und kleine Gruppen können sich mit anderen zusammentun, um die Kosten zu senken.

Der altgediente Kletterer **Rodrigo Arias** (☎320 339 3839; www.colombiatrek.com) bei Coopserguías ist ein erfahrener und oft empfohlener Führer, außerdem der einzige in den Bergen, der Englisch spricht. Er kann individuelle Touren organisieren sowie All-inclusive Touren für Einzelwanderer oder Gruppen. Für den kompletten El-Cocuy-Rundkurs mit allem Drum und Dran fallen bei drei Personen Kosten ab 1500 000 COP pro Person für zwei Führer an, bei einer Gruppe von nur zwei Personen sind es 1800 000 COP pro Kopf; eingeschlossen ist die Anreise von Bogotá oder von anderen Orten. Arias vermietet auch Camping- und andere Ausrüstung.

Ecoturismo Comunitario Sisuma (☎314 348 9718; www.elcocuyboyaca.com) ist eine von der Gemeinde betriebene Verbindung von Führern und Serviceangeboten, die auch die einzigen Cabañas innerhalb des Parks an der Laguna Pintada (S. 94) verwaltet. Sie bringen Wanderer auch für 80 000 COP von El Cocuy zu den Gipfeln der Berge bei La Capilla, Hacienda La Esperanza oder Cabañas Herrera.

RUNDTRECK GÜICÁN–EL COCUY

TAG 1 & 2: GÜICÁN BIS ZUR LAGUNA GRANDE DE LOS VERDES

Dieser Abschnitt lässt sich ab Güicán in einem einzigen Tag bewältigen, allerdings bedeutet das einen anstrengenden, raschen Anstieg bis zu großen Höhen. Es ist besser, es am ersten Tag langsam angehen zu lassen, nur bis zu einer der Cabañas zu wandern und dort zu übernachten.

Am Tag zwei geht es von den Cabañas Kanwara an der sanft ansteigenden Rückseite zum Gipfel des Ritacuba Blanco. Der Aufstieg dauert fünf Stunden, sollte aber sehr früh begonnen werden, weil der Gipfel meist ab mittags in den Wolken verschwindet.

Der nächste Abschnitt führt zur Laguna Grande de los Verdes. Über eine holprige Straße oder einen Pfad erreichen Wanderer in etwa zwei Stunden den Río Cardenillo. Nach der Überquerung dieses Baches geht es zwei Stunden lang stetig aufwärts bis zum Pass Boquerón del Carmen (4300 m). Beim Abstieg vom Pass immer auf der rechten Seite des Tals halten. Der Weg kreuzt das Tal und führt auf dem Hang an der linken

WARNUNG!

Die Tour ist schwierig für Wanderer ohne Trekking-Erfahrung. Die durchschnittliche Wanderhöhe liegt zwischen 4200 und 4600 m, und entlang der Strecke wohnen keine Menschen. Wer die Tour unternimmt, muss also allein zurechtkommen. Es gibt keine Abkürzungen, und das Handy gerät nach dem ersten Tag in Funklöcher. Doch am allerwichtigsten: Das Wetter kann jederzeit umschlagen, sodass Wanderer immer auf Regen oder Schnee vorbereitet sein müssen.

Seite direkt unterhalb der Felsen weiter, bis schließlich die Laguna Grande de los Verdes (4100 m) erreicht ist. Hier besteht für die Wanderer die Möglichkeit, in einer der natürlichen Höhlen dicht beim See ein Zelt für die Nacht aufzustellen.

TAG 3: VON DER LAGUNA GRANDE DE LOS VERDES ZUR LAGUNA DEL AVELLANAL

Die durchschnittliche Dauer der Wanderung zwischen diesen beiden Seen liegt bei sieben Stunden. Der Weg führt um die Ostseite der Laguna Grande de los Verdes und steigt dann zum Pass Boquerón de los Frailes (4200 m) an. Von hier bis zur Laguna de la Plaza (und sogar noch weiter) bieten sich den Wanderern fantastische Blicke auf schneebedeckte Gipfel.

Nach einem kurzen Abstieg teilt sich der Weg. Rechts geht es Richtung Süden am Fuß der Felsen entlang. Nach etwa drei Stunden ist die Laguna de la Isla erreicht, der Weg verläuft hoch über dem Westufer. Weiter geht es zum Pass Boquerón de la Sierra (4650 m). Er ist oft schneebedeckt, vor allem in der Regenzeit, doch der Weg ist leicht zu finden. Bei klarem Wetter reicht der Blick vom Pass bis zur Laguna del Avellanal (4398 m) und über die langgestreckte, großartige Valle de los Cojines, die zu beiden Seiten von verschneiten Gipfeln gesäumt ist. Der Weg führt hinunter zum See, an dessen ziemlich felsigem Ufer eine Möglichkeit zum Zelten besteht. Als Alternative gibt es einige hundert Meter westlich des Sees eine Höhle, wo riesige Felsen ein zeltartiges Dach bilden.

TAG 4: VON DER LAGUNA DEL AVELLANAL ZUR LAGUNA DEL PAÑUELO

Dieser Abschnitt ist, ohne Zwischenpausen, in etwa sieben Stunden zu bewältigen. Von der Laguna del Avellanal folgt der Weg langsam bergab dem Fluss in die Valle de los Cojines. Er führt an einigen kleinen Wasserfällen vorbei, bevor der spektakulärste von allen ins Tal donnert, die Cascada del Río Ratoncito. Hier wendet sich der Hauptweg nach Osten und verläuft weiter am Fluss hinunter in die Llanos. Auf dem Rundtreck ist dies jedoch nur ein Abstecher, um den imposanten Wasserfall zu sehen, dann geht es wieder zurück zu der Abzweigung nach Osten.

Nach der Überquerung des Baches geht es Richtung Süden durch die Valle de los Cojines, und zwar auf deren rechter (westlicher) Seite, nur knapp oberhalb des weiten Talbodens.

Der Weg ist hier oft nur schlecht zu erkennen oder verschwindet ganz, aber keine Angst: Es geht immer geradeaus weiter bis zum Ende des Tals, und zwar die ganze Zeit am rechten Hang entlang. Ist das Ende des Tals erreicht, beginnt der Abstieg. Nun sind es nur noch etwa 30 Minuten bis zur Laguna del Rincón (4350 m).

Vom See folgt wieder etwa eine Stunde ein Anstieg zu einem früher vergletscherten Pass, dem Boquerón del Castillo (4530 m), der heute aus seiner Moräne besteht. Hier gibt es keinen Weg, aber wer sich an der niedrigsten Stelle zwischen den Bergen orientiert, kann den Pass nicht verfehlen. Von dort aus ist nach etwa einer Stunde Bergab-Gehen die kleine Laguna del Pañuelo (4300 m) erreicht, das Ziel dieses Tages, wo das Zelt aufgeschlagen wird.

Der Pass versteckt sich oft in Wolken und Nebel, vor allem während der Jahreszeit mit Regen und Schnee. Weil es zu gefährlich ist, sollten Wanderer bei dieser Witterung lieber auf eine Überquerung verzichten. Lieber an der Laguna del Rincón das Zelt aufschlagen und den Pass am nächsten Morgen überqueren.

TAG 5: VON DER LAGUNA DEL PAÑUELO ZUR LAGUNA DE LA PLAZA

Dieser Abschnitt ist ziemlich schwierig, weil es keinen Pfad gibt. Deshalb sind für die Strecke sechs bis acht Stunden zu veranschlagen, je nachdem, wie lang die Suche nach dem Weg dauert. Am besten hält man sich immer dicht an den Felswänden auf der rechten Seite und bleibt stets auf gleicher Höhe. Keinesfalls absteigen! Besondere Aufmerksamkeit ist bei El Cóncavo nötig, wo es mehrere Felsterrassen gibt; die oberen sind die richtigen. Frühere Wanderer haben

Steinhaufen als Wegmarken zurückgelassen, die eventuell hilfreich sein können.

Wenn alles glatt geht, sollte die Laguna Hoja Larga nach rund fünf Stunden auftauchen. Noch eine Stunde weiter, und die herrliche große Laguna de la Plaza (4200 m) kommt in Sicht, wo es gute Plätze zum Zelten gibt.

TAG 6: VON DER LAGUNA DE LA PLAZA ZU DEN LAGUNILLAS

Der Weg beginnt am Südende der Laguna de la Plaza und stößt bald auf den deutlich zu erkennenden Weg zum Alto de la Cueva. Bis zum letzten Pass, dem Boquerón de Cusiri (4410 m), dauert es drei Stunden, dann geht es etwa eine Stunde bergab zu einer Reihe hübscher Seen, den Lagunillas. Hier gibt es viele schöne Plätze, um das Zelt aufzustellen. Wer sehr früh an diesem Punkt ankommt, kann den Weg zum Alto de la Cueva fortsetzen.

TAG 7: VON DEN LAGUNILLAS ZUM ALTO DE LA CUEVA

Von den Lagunillas aus ist es ein bequemer vierstündiger Spaziergang am Río Lagunillas entlang zum Alto de la Cueva, wo sich die Himat-Wetterstation befindet. Dort treffen Wanderer wieder auf die Straße, die sie in weiteren vier Stunden Fußmarsch nach El Cocuy bringt. Mit viel Glück ergibt sich eine Mitfahrgelegenheit, aber das ist nur selten der Fall. Ein paar Fußwege führen nach Elcocuy und Güicán.

Schlafen

Nach dem Besuch von El Cocuy oder Güicán bleiben die meisten Wanderer eine Nacht in einer der Cabañas direkt außerhalb des Parks, um sich an die Höhe zu gewöhnen. Die bequemsten Cabañas liegen am Nordrand des Parks bei Güicán. Am bekanntesten sind die **Cabañas Kanwara** (☎311 231 6004; Zi. pro Pers. 35 000 COP). Die drei A-förmigen Hütten bieten jeweils 15 Betten, eine Feuerstelle, eine Küche und ein Bad. Ebenfalls eine gute Wahl ist die **Posada Sierra Nevada** (☎311 237 8619; paramoynieve@hotmail.com; Zi. pro Pers. 25 000 COP), auf 3960 m Höhe.

Auf halbem Weg zwischen El Cocuy und Güicán befinden sich die **Cabañas del Pulpito** (☎310 628 8854; Zi. pro Pers. 38 000 COP) und der rustikale Bauernhof **Hacienda La Esperanza** (☎310 209 9812; haciendalaesperanza@gmail.com; Zi. pro Pers. inkl. Frühstück 35 000 COP). Im winzigen Dorf La Capilla bietet **La Capilla Hospedaje & Restaurant** (☎314 249 9395; Zi. pro Pers. 15 000 COP) einige schlichte Zimmer.

Am Südrand des Parks stehen in den **Cabañas Herrera** (☎310 341 3649; Stellplatz für Zelt/Zi. pro Pers. 5000/25 000 COP) vier Zimmer mit Bad sowie ein Campingbereich zur Verfügung. Hinter Herrera, bereits im Park an der Laguna Pintada, betreibt eine Gruppe von Führern die **Cabañas Sizuma** (☎314 348 9718; www.elcocuyboyaca.com; Zi. pro Pers. mit/ohne Bad 35 000/30 000 COP).

An- & Weiterreise

Von Güicán sind es fünf Stunden Wanderung bergauf zu den Cabañas Kanwara, wo der nördliche Teil des Rundtrecks beginnt. Wer sich ein Auto zu den Cabañas mietet, muss dafür zwischen 80 000 und 100 000 COP hinblättern. Einige Cabañas bieten Transportmöglichkeiten; die Preise unterscheiden sich nach Ziel und Gruppengröße. Wenn es gar nicht anders geht, ist die Mitfahrt in einem *lechero* (5000–10 000 COP) eine preiswerte Lösung. *Lecheros* drehen am Morgen ihre Runde, um auf den Bergbauernhöfen die Milch einzusammeln. Es ist jedoch weder eine bequeme noch eine besonders sichere Fahrgelegenheit. Die Fahrzeuge starten an der Plaza in Güicán um 5.30 Uhr, erreichen die Plaza von El Cocuy um 6 Uhr und fahren dann gegen den Uhrzeigersinn zurück nach Güicán. Es gibt mehrere *lecheros*, durch Fragen lässt sich herausfinden, wer welches Ziel anfährt. Die meisten *lecheros* halten nicht direkt an den Cabañas; sie lassen Mitfahrer an der nächstgelegenen Kreuzung aussteigen, der restliche Weg muss zu Fuß zurückgelegt werden.

SANTANDER

Das departamento Santander im zentralen Norden ist ein Flickenteppich aus steilen, schroffen Bergen, tiefen Canyons, herabstürzenden Wasserfällen, wilden Flüssen und unerforschten Höhlen mit einem gemäßigten trockenen Klima. All das zusammengenommen, fällt es nicht schwer, sich vorzustellen, dass Naturliebhaber und Outdoor-Abenteurer gern hierher kommen. Wer Extremsport liebt, kann zwischen Wildwasser-Rafting, Gleitschirmfliegen, Höhlenerkundung, Abseilen, Wandern und Mountainbiken wählen. Weniger abenteuerlustige Besucher können den rustikalen Charme des kolonialen Barichara, einen Einkaufsbummel in Girón oder das Tanzen in den Nachtclubs der Departamento-Hauptstadt Bucaramanga genießen.

San Gil

☎7 / 44 561 EW. / HÖHE 1110 M

Für eine Kleinstadt ist in San Gil ganz schön viel los. Es ist die Outdoor-Hauptstadt Kolumbiens und ein Mekka für Extremsportler. Am bekanntesten ist die Gegend für das Wildwasserrafting, aber auch Gleitschirmfliegen, Höhlenerkundung, Abseilen und Trekking sind beliebt. Für weniger Abenteuerlustige bietet San Gil einen malerischen 300 Jahre alten Stadtplatz und den Parque El Gallineral, ein wunderschönes Naturschutzgebiet an den Ufern des Río Fonce.

San Gil ist vielleicht nicht der hübscheste Ort in Kolumbien, aber wer ein bisschen unter die Oberfläche schaut, findet eine wunderbare Stadt mit natürlicher Schönheit und freundlichen Bewohnern. Oft schon haben Reisende ihren geplanten Aufenthalt hier verlängert. San Gil macht definitiv seinem Motto Ehre: „La Tierra de Aventura“ (das Land der Abenteuer).

Sehenswertes

Cascadas de Juan Curi WASSERFALL

Bei einem Tagesausflug zu diesem spektakulären, 180 m hohen Wasserfall bietet sich Gelegenheit zum Schwimmen im unterhalb gelegenen natürlichen Becken oder zum Ausspannen auf den Felsen. Abenteuerlustige können sich am Wasserfall abseilen – diese Aktivität kann bei einem der Tourenorganisatoren gebucht werden (s. unten). Juan Curi liegt 22 km von San Gil entfernt an der Straße nach Charalá. Busse nach Charalá (3500 COP, 30 Min.) fahren zweimal stündlich von der Ostseite der Brücke an der Calle 10 ab. Auf Wunsch lassen die Fahrer Reisende bei *las cascadas* (den Wasserfällen) aussteigen, von dort führt ein Fußweg von 20 Minuten zu den Fällen. Der Eigentümer des Geländes verlangt möglicherweise 5000 COP.

Parque El Gallineral PARK

(☎724 4372; Ecke Malecón & Calle 6; Eintritt 4000 COP; ⏲8.15–17.15 Uhr) San Gils Prunkstück ist der geheimnisvolle Parque El Gallineral, ein 4 ha großer Park auf einer dreieckigen Insel zwischen zwei Armen von Quebrada Curití und Río Fonce. Fast alle 1876 Bäume sind mit langen silbrigen Strähnen eines Mooses namens barbas de viejo (Bart des alten Mannes) bedeckt. Die von den Ästen hängenden und durchscheinende Blattvorhänge bildenden Strähnen, die das Sonnenlicht filtern, erzeugen eine Szenerie wie aus J. R. R. Tolkiens Mittelerde. Mehrere Wege und überdachte Brücken führen durch den städtischen Wald und über die Stromschnellen. Müde Wanderer können hier im großen von einer Quelle gespeisten Bassin schwimmen oder eine *cerveza* (Bier) in einem der teuren Restaurants und Cafés trinken.

Parque La Libertad PLAZA

Die baumbestandene Plaza des Parque La Libertad, auch Parque Principal genannt, ist der Mittelpunkt von San Gils gesellschaftlichem Leben. Am Wochenende wimmelt es hier am Abend von kolumbianischen Familien. Menschen verschiedener Generationen erfreuen sich an der festlichen Atmosphäre, während Straßenhändler warme *arepas* und kalte *cerveza* anbieten. Die schöne **Catedral Santa Cruz** (Ecke Carrera 9 & Calle 13), Ende des 18. Jhs. erbaut, beherrscht die Nordseite der Plaza.

Kurse

Connect4 SPRACHE

(☎726 2660; www.idiomassangil.com; Carrera 8 No 12–25, local 201) Im Angebot sind ein 12-stündiger Crashkurs in Spanisch (234 000 COP) und Privatunterricht (ab 20 000 COP pro Std.).

Aktivitäten & Geführte Touren

Für Wildwasserrafting auf den lokalen Flüssen gibt es in San Gil mehrere Anbieter. Eine 10-km-Tour auf dem Río Fonce (Grad 1 bis 3) kostet 30 000 COP pro Person und dauert 1½ Stunden. Wer Erfahrung mit Wildwasser hat, kann die extremen Stromschnellen des Río Suárez in Angriff nehmen (125 000 COP, bis Grad 5). Die große Mehrzahl der Anbieter hat auch Gleitschirmfliegen, Höhlenerkundung, Reiten, Abseilen, Mountainbiken, Quadfahren, Paintball und Bungee-Jumping und vieles mehr in ihrem Programm.

Bei den meisten Aktivitäten spielt es keine Rolle, bei wem gebucht wird; die **Allianza Deportes Aventura** (☎724 4545; Carrera 11 No 6–32; ⏲Kartenschalter 8–18 Uhr), ein Zusammenschluss, dem die meisten Ausrüster in San Gil seit 2011 angehören, vermittelt denjenigen, der gerade an der Reihe ist.

Die folgenden Adressen gehören nicht dazu, weil sie sehr spezialisiert sind.

Colombia Rafting Expeditions RAFTING
(☎311 283 8647; www.colombiarafting.com; Carrera 10 No 7–83) Der Rafting-Spezialist für den Río Suárez bietet auch Hydrospeeding und Kajaktouren.

Macondo Adventures OUTDOOR-ABENTEUER
(☎724 8001; www.macondohostel.com; Macondo Gasthaus, Carrera 8 No 10–35)

Colombian Bike Junkies MOUNTAINBIKING
(☎316 327 6101; www.colombianbikejunkies.com; Calle 12 No 8–35) Dieses junge Unternehmen, das sich auf extremes Mountainbiking spezialisiert hat, bietet eine Adrenalin-Überdosis von 50 km auf zwei Rädern bergab durch den Chicamocha Canyon an.

Schlafen

In der Innenstadt von San Gil gibt es viele Budget- und preisgünstige Unterkünfte. Außerdem liegen an der Calle 10 zahlreiche preiswerte Hotels. Wer mehr verwöhnt werden möchte, wählt eines der Luxusresorts am Stadtrand, die sich an der Via Charalá oder der Via Mogotes befinden.

Macondo Gasthaus HOSTEL $
(☎724 8001; www.macondohostel.com; Carrera 8 No 10–35; B ab 15 000 COP, EZ/DZ 40 000/ 50 000 COP, ohne Bad 30 000/40 000 COP; @) Auch in neuen Räumlichkeiten bleibt dieser Klassiker in San Gil ein legeres, aber sicheres (CCTV) Hostel, das seinen Gästen das Gefühl vermittelt, bei Freunden zu übernachten. Im neuen Gebäude gibt es einen herrlich begrünten Innenhof mit einem Jacuzzi für zehn Personen sowie eine Vielzahl von Schlafsälen und Zimmern. Die australischen Besitzer und ihre Angestellten bilden eine nie versiegende Informationsquelle. Es ist möglich, alle Abenteuer in dieser Gegend hier zu buchen. Keinesfalls die Tejo-Dienstage oder die Barbecue-Donnerstage versäumen, aber unbedingt frühzeitig reservieren.

Sam's VIP HOSTEL $
(☎724 2746; www.samshostel.com; Carrera 10 No 12–33; B pro Pers. 15 000 COP, EZ 35 000–50 000 COP, DZ 50 000–70 000 COP; @) Eine neue Alternative an der Plaza, die sehr einladend wirkt und viel gelobt wird, weil sie in der Ausstattung fast einem Boutiquehotel ähnelt. Das Personal ist freundlich – es folgt gern einer Einladung in den kleinen Pool mit herrlichem Blick auf die Berge oder zu einem Drink auf der großen Terrasse mit Blick auf die Plaza. Es gibt auch eine ausgezeichnete Küche, die auf schlichte amerikanische Gerichte spezialisiert ist.

Santander Alemán TV GASTHAUS $
(☎724 0329; www.hostelsantanderalemantv.com; Ecke Carrera 10 & Calle 15; B 18 000 COP, EZ/DZ inkl. Frühstück 35 000/50 000 COP; @) Die neuere, gehobenere Pension des Santander Alemán besitzt eine hinreißende Terrasse mit Ausblick und liegt beim Busbahnhof gleich um die Ecke. Die acht Doppelzimmer sind sauber und bequem. Obwohl die Unterkunft mehr bietet als ein Hostel, gibt es dennoch die gleiche freundschaftliche Atmosphäre unter den Gästen.

La Mansión de Sam Gil BOUTIQUEHOTEL $$
(☎724 6044; Calle 12 No 8–71; EZ inkl. Frühstück Haupt-/Nebensaison ab 30 000/35 000 COP, DZ ab 35 000/50 000 COP; @) Das Hotel in einem Herrenhaus aus der Kolonialzeit an der Ecke des Parque Central gelegen, wurde vor kurzem von Sam, dem Besitzer von Sam's VIP gekauft, der es modernisiert und um einen Pub erweitert hat. Das schönste Zimmer besitzt zwei Balkone mit Blick auf die Plaza an der Ecke Carrera 9 und Calle 12.

Santander Alemán GASTHAUS $
(☎724 2535; www.hostelsantanderaleman.com; Calle 12 No 7–63; B ab 15 000 COP, EZ/DZ inkl. Frühstück 20 000/35 000 COP; @) Die Unterkubft wirkt mehr wie ein Hostel als ein Gästehaus und ist nicht erste Wahl.

Centro Real HOTEL $
(☎724 0387; Calle 10 No 10–41; EZ/DZ ab 15 000/30 000 COP;) Das freundliche, moderne Hotel mit 41 gemütlichen Zimmern zählt zu den nettesten der vielen Budget-Hotels in diesem Block. Am Wochenende und an Feiertagen teurer.

Essen

San Gil ist nicht gerade die Gourmet-Hauptstadt von Kolumbien, doch es gibt einige ordentliche Restaurants mit hausgemachter regionaler Küche. An der Carrera 10 zwischen Calle 11 und 12 liegen viele Fastfood-Lokale. Selbstversorger kaufen im **Cajasan Supermercado** (Carrera 10 No 10–50) und im **Autoservice Vera Cruz** (Calle 13 No 9–24) ein.

LP TIPP **Gringo Mike's** AMERIKANISCH, BURGER $
(www.gringomikes.net; Calle 12 No 8–35; Sandwiches 9500–13 000 COP; ⏲8–12 & 17–23 Uhr;

(📶) In einem stimmungsvollen, von Kerzen erleuchteten Innenhof hilft diese amerikanisch-britische Institution Reisenden, mit leckeren Sandwiches ihr Heimweh zu überwinden: Schinken, Hähnchen, Roastbeef, vegetarisch, Chorizo und … Bacon! Burritos zum Frühstück und Plätzchen runden das Angebot ab. Highlights sind ein Burger mit Brie und Bacon, das Green-Ranch-Hähnchen-Sandwich und ein würziger Burrito mit Hackfleisch. Dazu gibt es tolle Cocktails.

El Maná KOLUMBIANISCH $
(Calle 10 No 9–42; Menüs 10 000 COP; ⏲Mo–Sa 11–14.30 & 18–20.30, So 11–14.30) Dieses beliebte, durch Mundpropaganda bekannte Lokal ist das beste kolumbianische Restaurant der Stadt. Im Mittelpunkt riesiger Menüs stehen traditionelle Gerichte wie Hähnchen in Pflaumensauce, carne asada und gegrillte Forelle. Schade, dass das Lokal abends so früh schließt!

Plaza de Mercado MARKT $
(Carrera 11 zw. Calle 13 & 14; ⏲Mo–Mi 6–15, Do & So bis 14, Fr & Sa bis 16 Uhr) In dieser geschäftigen Markthalle kaufen die Einheimischen ein; hier gibt es auch viele Stände mit *comida corriente*, Tamales und frisch gepresstem Saft. Unbedingt kosten: *arepas* bei Solo Arepas del Mercado (7–12.15 Uhr) – das beste Frühstück der Stadt (1500–1800 COP).

Green Food VEGETARISCH $
(Calle 11 No 8–40; Menü 7500 COP; 🖉) Vegetarier und Veganer werden froh sein, dass Green Food seinem Namen gerecht wird und gesunde, köstliche Menüs ebenso anbietet wie Sandwiches und Salate à la Carte.

Ausgehen

An der Plaza gibt es einige Cafés mit wirklich guten Espresso-Maschinen.

Café Con-Verso LOUNGE
(Calle 12 No 7–81; Drinks 8000–12 000 COP; ⏲ab 17 Uhr) Die bunten Wandgemälde, Porträts von Sinatra, Kafka und Obregón, sowie die Art-déco-Ausstattung bieten ein angenehmes, in San Gil ungewohntes, trendiges Flair. Die schicke Lounge erfreut ihre Kunden mit starken Drinks und cooler Musik.

Santa Lucia Cafe CAFÉ, BAR
(Carrera 9 No 11–68) Im Hof eines hübschen Einkaufszentrums im Kolonialstil bietet das Santa Lucia tagsüber Latte und Cappuccino, abends Bier und Livemusik (am Wochenende). Es ist oft voll, viele Mittelklassegäste sind vom La Habana, das sich im 1. Stock befindet, hierhergewechselt, während oben mehr Teenager zu finden sind.

Discoteca El Trapiche CLUB
(Via Charalá; ⏲Fr & Sa 10 bis zur Morgendämmerung) El Trapiche ist eine von mehreren Diskos am Stadtrand von San Gil. Es bietet alles, was zu einem Nachtclub gehört: Rauch, Lasers und ein starkes Sound-System, dazu verrückte DJs, die Salsa und Reggae auflegen. Ein Besuch des 2 km südöstlich von San Gil an der Straße nach Charalá gelegenen Clubs lohnt nur Samstagabend.

Praktische Informationen

An und um die Plaza gibt es mehrere Geldautomaten. Die offizielle Tourismus-Website ist www.sangil.com.co.

4-72 (Carrera 10 No 10–50) Postamt, neben dem Cajasan Supermercado.

Bancolombia (Calle 12 No 10–44) Geldautomat.

Telecom (Calle 13 No 9–63; pro Std. 1200 COP) Eines von mehreren Internetcafés an der Plaza.

Touristeninformation (☎724 4617; Ecke Carrera 10 & Calle 12)

An- & Weiterreise

San Gil hat viele Bushaltestellen, doch die meisten Reisenden werden wohl am Überlandbusbahnhof, 3 km westlich der Innenstadt an der Straße nach Bogotá ankommen. Innerstädtische Busse verkehren regelmäßig zwischen dem Busbahnhof und dem Stadtzentrum, auch Taxis sind nicht teuer (3000–3300 COP).

Häufig starten Busse nach Bogotá (35 000 COP, 7 Std.), Bucaramanga (15 000 COP, 2½ Std.), Santa Marta über Bucaramanga (60 000 COP, 13 Std.), Barranquilla (70 000 COP, 15 Std.), Medellín (65 000 COP, 11 Std.) und Cúcuta (40 000 COP, 9 Std.).

Busse nach Bucaramanga (15 000 COP, 2 Std.) über den Parque Nacional del Chicamocha fahren bis 19.30 Uhr alle 20 Minuten vom **Cotrasangil Busbahnhof** (Ecke Carrera 11 & Calle 8) ab.

Vom **regionalen Busbahnhof** (Ecke Calle 15 & Carrera 10) gibt es zwischen 6.15 und 20.15 Uhr häufige Busverbindungen nach Barichara (3800 COP, 45 Min.). Von hier aus werden auch Guane, Charalá und Curití bedient.

Barichara

☎7 / 7447 EW. / HÖHE 1336 M

Von einem Ort wie Barichara träumen Hollywoods Filmemacher. Eine spanische Kolonialstadt von bezaubernder Schönheit mit gepflasterten Straßen und weiß verputzten Häusern mit roten Ziegeldächern, die fast so neu aussehen wie vor rund 300 Jahren, als sie entstanden. Es ist kein Wunder, dass viele spanischsprachige Filme und Telenovelas hier gedreht werden. Zugegeben, der historische Eindruck ist zu einem guten Teil Restaurierungsarbeiten zu verdanken, die vorgenommen wurden, seit der Ort 1978 zum Nationalmonument erklärt wurde.

Barichara liegt 20 km nordwestlich von San Gil hoch über dem Río Suárez. Die Legende erzählt, dass 1702 ein Bauer auf einem Felsen auf seinem Feld ein Bild der Jungfrau Maria sah. Eine Kapelle wurde gebaut, um an dieses Wunder zu erinnern. Drei Jahre später gründete der spanische Kommandant Francisco Pradilla y Ayerbe die Stadt Villa de San Lorenzo de Barichara; der Name kommt vom Guane-Wort *barachalá*, das „Ort der Erholung" bedeutet.

Die natürliche Schönheit, das gemäßigte Klima und der lässige Lebensstil zogen schon immer Besucher in die Stadt. In den vergangenen Jahren entwickelte sich Barichara zu einem Anziehungspunkt für wohlhabende Kolumbianer. Verglichen mit Villa de Leyva ist Barichara eleganter, aber weniger touristisch. Hier eröffneten in jüngster Zeit viele Boutiquehotels, Spas und Gourmetrestaurants. Trotzdem konnte sich der Ort seine traditionelle Atmosphäre bewahren und seinen Ruf als eine der schönsten kleinen Kolonialstädte Kolumbiens retten. Keinesfalls versäumen!

Sehenswertes

Die Hauptattraktion von Barichara ist seine Architektur. Die im 18. Jh. aus Sandstein erbaute **Catedral de la Inmaculada Concepción** (Parque Principal) ist der aufwendigste Bau des Ortes und wirkt fast ein bisschen überdimensioniert. Der golden schimmernde Schein (der bei Sonnenuntergang in Orange leuchtet) bildet einen Kontrast zu den weißen Häusern der Umgebung. Die Kirche besitzt einen Obergaden (eine zweite Reihe von Fenstern hoch oben im Schiff) – ungewöhnlich für eine spanische Kolonialkirche. Die Kathedrale erhebt sich gegenüber dem **Parque Principal**, dem Hauptplatz des Ortes, der sich mit seinen Palmen, tropischen Pflanzen, Springbrunnen und Sitzbänken perfekt zum Leutebeobachten eignet.

Die **Iglesia de Santa Bárbara** (Ecke Carrera 11 & Calle 6) auf einem Hügel am Nordrand des Ortes ist in den 1990er-Jahren behutsam rekonstruiert worden (nur die Fassade war erhalten). Hinter der Kirche weiter oben am Hügel erstreckt sich der **Parque para las Artes**, ein hübscher kleiner Park mit Brunnen und Statuen von örtlichen Bildhauern sowie einem **Freilicht-Amphitheater**, in dem gelegentlich Konzerte stattfinden. Vom Park bietet sich ein atemberaubender Blick über das benachbarte Tal.

Die Friedhofskapelle, die **Capilla de Jesús Resucitado** (Ecke Carrera 7 & Calle 3), hat leider einen Teil ihres Glockenturms durch einen Blitzeinschlag verloren. Einen Besuch lohnt der **Friedhof** neben der Kapelle, der wegen seiner aufwendig gearbeiteten Grabsteine bekannt ist. Auch die **Capilla de San Antonio** (Ecke Carrera 4 & Calle 5), die neueste Kirche des Ortes von 1831, verdient Beachtung.

Die **Casa de Cultura** (☎726 7002; Calle 5 No 6–29; Eintritt 1000 COP; hMo–Sa 9–12 & 14–17.30, So 9–13 Uhr), ein Haus aus der Kolonialzeit mit einem schönen Patio, liegt am Hauptplatz und präsentiert ein buntes Allerlei an Fossilien, Keramiken der Guane, Gemälden, Schreibmaschinen, Werkzeugen und Nippes.

Schlafen

Barichara ist nicht billig, daher tun Reisende mit kleinem Budget gut daran, in San Gil zu übernachten. Die Preise können während der *temporada alta* (Hochsaison), vom 20. Dezember bis zum 15. Januar und in der Semana Santa, um 30 % und mehr steigen. Während der Hauptsaison unbedingt reservieren.

LP TIPP **Greengoes Gasthaus** GASTHAUS $$
(☎316 237 6343; www.greengoestravel.com; ,Calle 6 No 5–24; Zi. pro Pers. 80 000–100 000 COP, ohne Bad 40 000–60 000 COP; @) Diese kleine Pension, die von einem kolumbianisch-amerikanischen Team betrieben wird, strahlt in ihrem 200 Jahre alten Gebäude Ruhe und Frieden aus. Sie lockt mit einem weitläufigen, etwas verwilderten Garten mit Obstbäumen, wilden Kanarienvögeln und Hängematten, Duschen im Freien und der besten Pizza von ganz Kolumbien (ja, wirklich). Die zwei großen Zimmer sind geräumig und geschmackvoll eingerichtet, mit asiatischen Anklängen und fantastischen steinernen Bädern und Duschen. Ein kleiner Raum mit

Barichara

Barichara

Highlights

Capilla de Jesús Resucitado Cemetery A2
Capilla de San Antonio A4
Catedral de la Inmaculada Concepción B3

Sehenswertes

1 Capilla de Jesús Resucitado A3
2 Casa de la Cultura A3
3 Iglesia de Santa Bárbara B1
4 Parque para las Artes B1

Schlafen

5 Greengoes Guesthouse B4
6 Hotel Coratá A3
7 La Nube Posada B3
8 Tinto Hostel B5

Essen

9 Filomena B2
Greengoes Pizzeria .... (siehe 5)
10 Panadería Central B3
11 Plenilunio Café B3
12 Restaurante La Casona B3

Shoppen

13 Fundación Tierra Viva B3

Gemeinschaftsbad ist für Backpacker reserviert. Nico und Mary sind vollendete Gastgeber, die das Wohl ihrer Gäste, aber auch die Nachhaltigkeit im Auge behalten. Im Preis ist das Frühstück inbegriffen, das beste in der ganzen Region.

La Nube Posada BOUTIQUEHOTEL $$$

(☎726 7161; www.lanubeposada.com; Calle 7 No 7–39; Zi. Hauptsaison ab 265 000 COP, EZ/DZ Nebensaison ab 150 000/225 000 COP;) Hinter dem unscheinbaren Äußeren dieses Hauses aus der Kolonialzeit verbirgt sich ein bescheidenes Boutiquehotel mit minimalistischer Ausstattung. Die acht einfach möblierten Zimmer mit französischen Betten und Gewölben, deren Balken bloß liegen, umgeben einen Innenhof. Das zugehörige Gourmetrestaurant ist eines der besten am Ort. Das einzige Manko sind die Badezimmer – sie wären für ein Holiday Inn in Ordnung, aber in Barichara wäre etwas Besseres angebracht.

Hotel Coratá HISTORISCHES HOTEL $$

(☎726 7110; hotelcorata@hotmail.com; Carrera 7 No 4–08; Zi. inkl. Frühstück Hauptsaison 120 000 COP, EZ/DZ inkl. Frühstück Nebensaison 60 000/90 000 COP $;) Fans historischer Wohnhäuser werden sich in das Coratá verlieben – ein 300 Jahre alter Bau, ausgestattet mit Antiquitäten und Massivholzmöbeln. Die Zimmer besitzen ein Gewölbe, einen Fernsehapparat und ein eigenes Bad. Drei Zimmer für Backpacker mit Gemeinschaftsbad gibt es für 35 000 bis 40 000 COP.

Tinto Hostel HOSTEL $

(☎726 7725; tinto-hostel@hotmail.com; Calle 6 No 2–61; B 15 000 COP, EZ/DZ/3BZ 40 000/50 000/60 000 COP; @) Endlich gibt es in

Barichara auch ein Hostel, versteckt in einem modernen, 15 Jahre alten Wohnblock, der sich gut in die historische Altstadt einfügt. Die Schlafsäle sind eng, aber es gibt eine schöne Küche und eine kleine Terrasse.

La Mansión de Virginia GASTHAUS $$
(☎315 625 4017; hostalMV@hotmail.com; Calle 8 No 7–26; EZ Haupt-/Nebensaison ab 75 000/55 000 COP, DZ Haupt-/Nebensaison ab 120 000/80 000 COP; W) Die ruhige, freundliche Unterkunft bietet saubere, bequeme Zimmer mit Fernseher und eigenem Bad (manche mit heißem Wasser) sowie den unvermeidlichen Innenhof. Das Frühstück ist im Preis inbegriffen. Um die Pension zu erreichen, geht es vom Parque Principal zwei Blocks nach Osten und vier Blocks nach Norden.

Essen & Ausgehen

Barichara ist ein Gourmet-Paradies. In den letzten Jahren haben viele Feinschmecker-Restaurants eröffnet, die kolumbianische Nouveau Cuisine und traditionelle regionale Gerichte wie *cabrito* (gegrilltes Zicklein) servieren. Die besondere Spezialität der Region sind die berühmten *hormigas culonas* (s. Kasten S. 117).

Nachtleben gibt es praktisch nicht. Einige Tante-Emma-Läden verkaufen Aguardiente, Bier und die örtliche Spezialität *chicha de maíz*, ein alkoholisches Getränk aus Mais.

LP TIPP **Greengoes Pizzeria** VEGETARISCH, PIZZERIA $$
(Calle 6 No 5–24; Pizza 11 000–32 000 COP; ⏲Do–So 12–15 & Fr, Sa 19–21 Uhr; 🅥) Die Küchenchefin Mary, die sich selbst als amerikanisch-palästinensisch bezeichnet, ist „besessen von Nahrungsmitteln". Fantastische Pizzas sind ihre Spezialität, allen voran die *papa* (mit Kartoffeln, saurer Sahne und Gruyère-Käse) und die *pesto especial* (Pesto, Ricotta, Mozzarella und Tomaten), doch es gibt auch wöchentlich wechselnde Menüs (15 000 COP) und einen köstlichen Burger mit Linsen und Blauschimmelkäse („The Cadillac"). Wenn es außerhalb Indiens ein Restaurant gibt, das seine Gäste in Vegetarier verwandeln kann, ist es dieses.

LP TIPP **Color de Hormiga** KOLUMBIANISCH $$$
(Calle 8 No 8–44; Hauptgerichte 16 000–25 000 COP; ⏲12.30–16.30 Uhr) Sobald Reisende einen Fuß nach Santander gesetzt haben, hören sie von diesem Restaurant. Sein Name bedeutet wörtlich „Farbe der Ameise", und Baricharas bester Koch ist spezialisiert auf Gerichte mit der berühmten Delikatesse der Region. Das Filet Mignon mit Ameisensoße und gebratenen Ameisen ist ein Muss. Es gibt auch viele Gerichte ohne Insekten, etwa Hähnchenbrust mit Blauschimmelkäse, aber wer schon einmal hier ist, sollte die Ameisen kosten. Vom Restaurant, das sich im Freien unter dem hübschen Strohdach befindet, geht der Blick auf den üppigen Garten und die Fischteiche.

Plenilunio Café ITALIENISCH $$
(Calle 6 No 7–74; Hauptgerichte 6000–17 000 COP; ⏲8.30–21 Uhr) Vieles kommt heutzutage aus der Mikrowelle, aber dieses einfache italienische Lokal schafft es noch, gute hausgemachte Ravioli, Pasta und Crêpes in einem gemütlichen, von Laternen erhellten Raum mit nur fünf Tischen zu servieren.

Filomena CAFÉ $$
(Calle 6 No 8–7; Panini 8500–10 000 COP; ⏲Di–Fr 18–22, Sa & So 11–22 Uhr) Das winzige, hinreißende Café hat ein reiches Angebot an Panini, in Schokolade getauchten Erdbeeren und Cappuccino.

Restaurante La Casona KOLUMBIANISCH $
(Calle 6 No 5–68; Menüs 8000 COP) Dieses freundliche, familiengeführte Restaurant serviert preiswertes Mittagessen und typische Gerichte der Region in einem kunstvollen Innenhof.

Panadería Central BÄCKEREI $
(Calle 6 No 5–82; Gebäck 300–1500 COP) Typisch kolumbianische Bäckerei: gefüllte Donuts, fette Schinken-Käse-Croissants, leckere *milhojas* (Blätterteig, dick bestrichen mit *arequipe*) und starker Espresso.

Shoppen

Barichara ist bekannt für seine schönen Steinarbeiten. Es gibt mehrere Werkstätten an der Calle 5, in denen Skulpturen und andere Steinarbeiten angeboten werden. Barichara ist auch bekannt für seinen Tabak.

Zu den zahlreichen Boutiquen und Galerien gehört auch die **Fundación Tierra Viva** (www.fundaciontierraviva.org; Carrera 7 No 6–20; ⏲Mo geschl.), wo aus Schmutz Kunst geschaffen wird.

Praktische Informationen

Es gibt einige Geldautomaten im Ort; am bequemsten gelegen ist der an der Plaza rechts neben der Kathedrale. Die offizielle Touristen-

ABSTECHER

AUF DEM EL CAMINO REAL NACH GUANE

Ein Muss ist die großartige Wanderung ins winzige Dorf Guane auf dem historischen **Camino Real**. Diese alte, mit Steinen gepflasterte Straße, vom indigenen Volk der *Guane* gebaut und über die Jahrhunderte immer wieder erneuert, wurde 1988 zum Nationalmonument erklärt. Von Barichara aus dauert die gesamte leichte Wanderung über 9 km etwa zwei Stunden. Die meiste Zeit geht es bergab, und gelegentlich wird die moderne Straße nach Guane gequert. Zuerst führt der Weg in einen mit Kakteen und Bäumen bestandenen Canyon hinunter, bei dessen Durchquerung höchstens Begegnungen mit grasenden Ziegen oder Kühen stattfinden, aber kaum mit anderen Menschen. Bemerkenswert sind die vielen Fossilien in den Steinen der Straße. El Camino Real beginnt am Nordende der Calle 4, wo ein Schild den Anfang des Weges kennzeichnet.

In dem verschlafenen Ort am attraktiven Hauptplatz steht eine schöne bäuerliche Kirche, die **Santa Lucía Iglesia** von 1720. Auf der anderen Seite des Platzes liegt das einzigartige **Museum für Paläontologie & Archäologie** (Eintritt 2000 COP; ⌚8–12 & 13–17 Uhr) mit einer Sammlung von mehr als 10 000 Fossilien, einer 700 Jahre alten Mumie, Arbeiten der Guane und religiöser Kunst. Der Kurator verschließt die Tür, um Besucher persönlich durch die Ausstellung zu führen (auf Spanisch). Bei verschlossener Tür lohnt es sich also zu warten.

Bei Tag wandern die meisten Besucher nach Guane und fahren am besten mit dem Bus zurück. Busse nach Barichara starten um 6.30 10, 12, 15 und 18 Uhr an der Plaza von Guane. Wer den letzten Bus verpasst oder keine Lust hat, zu warten, hält auf der Plaza nach einem grünen 77er -Renault Ausschau – der Fahrer bringt Reisende nach Barichara (18 000–20 000 COP).

Nicht vergessen: Wasser, Sonnencreme und gutes Schuhwerk.

Website findet sich unter www.barichara-santander.gov.co.

4-72 (Carrera 6 No 4–90) Postamt.

Barichara On Line (Ecke Calle 5 & Carrera 7; pro Std. 1800 COP) Internet an der Plaza.

Krankenhaus (Carrera 2, zw. Calle 3 & 4)

Telecom (Carrera 7, No 4–67; pro Std. 1500 COP) Internet.

Touristeninformation (☎315 630 4696; Carrera 5) An der Einfahrt in die Stadt, wenn man von San Gil kommt. Studenten betreiben manchmal einen Kiosk an der Plaza, aber es gibt keine festgelegten Öffnungszeiten.

An- & Weiterreise

Von 5 bis 18.30 Uhr verkehren alle 30 Minuten Busse zwischen Barichara und San Gil (3800 COP, 45 Min.). Sie starten am Büro der **Cotrasangil-Busse** (Carrera 6 No 5–74) am Hauptplatz. Busse nach Guane (1700 COP, 15 Min.) fahren um 6, 9.30, 11.30, 14.30 und 17.30 Uhr ab.

Parque Nacional del Chicamocha

Auf halbem Weg zwischen San Gil und Bucaramanga liegen der spektakuläre Canyon des Río Chicamocha und Kolumbiens neuester Nationalpark, der **Parque Nacional del Chicamocha** (www.parquenacionaldelchicamocha.com; km 54 via Bucaramanga–San Gil; Erwachsener/Kind 13 000/7000 COP; ⌚Di–Do 9–18, Fr–So bis 19 Uhr), der den Beinamen „Panachi" trägt. Die kurvige Straße, die sich zwischen den beiden Orten elegant an die Felsen schmiegt, ist eine der malerischsten Strecken in Santander.

Im 2006 eröffneten Park gibt es ein **Museum für die Kultur der Guane**, mehrere Restaurants, eine wenig interessante **Straußenfarm** (Eintritt 2000 COP) und das **Monumento a la Santandereanidad**, das an den revolutionären Geist der Bewohner von Santander erinnert. Doch die eigentliche Attraktion hier ist der majestätische Canyon selbst.

Den besten Ausblick mit festem Boden unter den Füßen bietet der **Mirador**, mit einem 360-Grad-Rundumblick auf die Landschaft. In wahrsten Sinne des Wortes aus der Vogelperspektive können Besucher die Aussicht aus dem neuen **teleférico** (Seilbahnticket 38 000 COP; ⌚Mi–Do 9–12 & 13–17.30, Fr–So 9–16.30 Uhr) genießen. Die Gondeln legen die 6,3 km lange Strecke zum Grund des Canyons in 22 Minuten zurück und fahren dann auf der gegenüberliegenden Seite wieder hinauf. Das Ticket schließt die Eintrittsgebühr in den Park ein.

Adrenalin-Junkies können an einer Seilrutsche durch die Gegend düsen (25 000 COP) – dazu allerdings eine Warnung: 2009 starb dabei eine junge Frau unter unklaren Umständen (als Reaktion nahm der Park einige Sicherungsarbeiten vor, und seitdem ist nichts mehr passiert) – oder mit einem Gleitschirm fliegen (170 000 COP), ein wunderbarer, friedlicher Flug.

Jeder Bus, der zwischen San Gil und Bucaramanga verkehrt, lässt Reisende am Park aussteigen. Wer wieder zurück in die Stadt möchte, stellt sich an die Straße und hält einen vorbeifahrenden Bus an. Um in Richtung Norden zu fahren, ist es noch besser zum Parkplatz beim Parkeingang zu gehen und auf den häufig verkehrenden Cotrasangil-Bus nach Bucaramanga (10 000 COP, 1 Std.) zu warten. Dieser verkehrt regelmäßig alle 30 Minuten und hält von sich aus nach Fahrgästen Ausschau.

Bucaramanga

7 / 524 000 EW. / HÖHE 960 M

Bucaramanga , die Hauptstadt des Departamento von Santander mit etwa einer Million Menschen im Großraum, ist eine der größten Städte Kolumbiens. Von Bergen umgeben und voller langweiliger Wolkenkratzer vermittelt diese moderne Stadt ein Gefühl wahrer Geschäftigkeit.

Buca, wie die Stadt von Einheimischen genannt wird, wurde 1622 gegründet und entwickelte sich um das Areal, das heute der Parque García Rovira belegt. Die meiste Kolonialarchitektur ist längst verschwunden. Über die Jahrhunderte verlagerte sich das Stadtzentrum ostwärts, und heute ist der Parque Santander das Herz von Bucaramanga. Weiter östlich liegen neuere, elegante Viertel mit vielen Hotels und Nachtclubs.

Buca mit seinen vielen Grünflächen trägt den Beinamen „Stadt der Parks" nicht zu Unrecht. Leider ist ein Großteil der Stadt nicht besonders attraktiv und wird durch Verkehrsprobleme und Überbevölkerung ganz und gar nicht schöner.

Wirklich zum Leben erwacht Buca in der Nacht. Dank eines Dutzend an Clubs, Hunderter von Bars und zehn Universitäten ist das Nachtleben legendär. Wer Partys nicht mag, wird sich möglicherweise langweilen. Doch trotz allem lohnt Buca einen Stopp an der langen Straße von Bogotá zur Küste; es eignet sich auch als Ausgangspunkt für einen Besuch der nahe gelegenen Kolonialstadt Girón.

Sehenswertes

Museo Casa de Bolívar MUSEUM

(Calle 37 No 12–15; Eintritt 2000 COP; Mo–Fr 8–12 & 14–18, Sa 8–12 Uhr) Dieses Museum, untergebracht in einem kolonialen Herrenhaus, in dem Bolívar 1828 zwei Monate verbrachte, präsentiert verschiedene historische und archäologische Exponate, darunter Waffen, Dokumente, Gemälde, Mumien und kunstvolle Arbeiten des Volkes der *Guane*, die vor Ankunft der Spanier in dieser Region lebten.

Mercado Central MARKT

(Ecke Calle 34 & Carrera 16; Mo–Sa 4–18, So bis 14 Uhr) Bucas farbenprächtiger, gut organisierter zentraler Markt lohnt einen Bummel, vor allem wegen des Gastronomiebereichs im 3. Stock. Dort gibt es alle Arten regionaler Spezialitäten und viel Bergpanorama.

Catedral de la Sagrada Familia KIRCHE

(Calle 36 No 19–56) Gegenüber dem Parque Santander liegt Bucas bedeutendstes sakrales Bauwerk. Die Errichtung des gewaltigen Gotteshauses dauerte fast ein Jahrhundert

ZUM ANBEISSEN: BARICHARAS INSEKTEN

Von allen kulinarischen Traditionen Kolumbiens ist wohl keine so speziell wie die Delikatesse in Santander: *hormigas culonas* – wörtlich übersetzt „Ameisen mit dickem Hintern". Die Tradition reicht mehr als 500 Jahre zurück, als die indigenen Guane Ameisen wegen ihrer angeblich aphrodisierenden und heilsamen Eigenschaften züchteten und aßen. Die riesigen dunkelbraunen Ameisen werden gebraten oder geröstet und ganz oder zu Pulver zermahlen verzehrt. In fast jedem Laden in Santander, aber vor allem in Barichara, San Gil und Bucaramanga werden Snacks aus gebratenen Ameisen verkauft. Eigentlich haben sie im Frühling Saison, aber inzwischen findet man sie ganzjährig. Sie schmecken, na ja, wie knuspriger Schmutz, gemischt mit altem Kaffeepulver. Der Geschmack ist definitv gewöhnungsbedürftig.

Bucaramanga

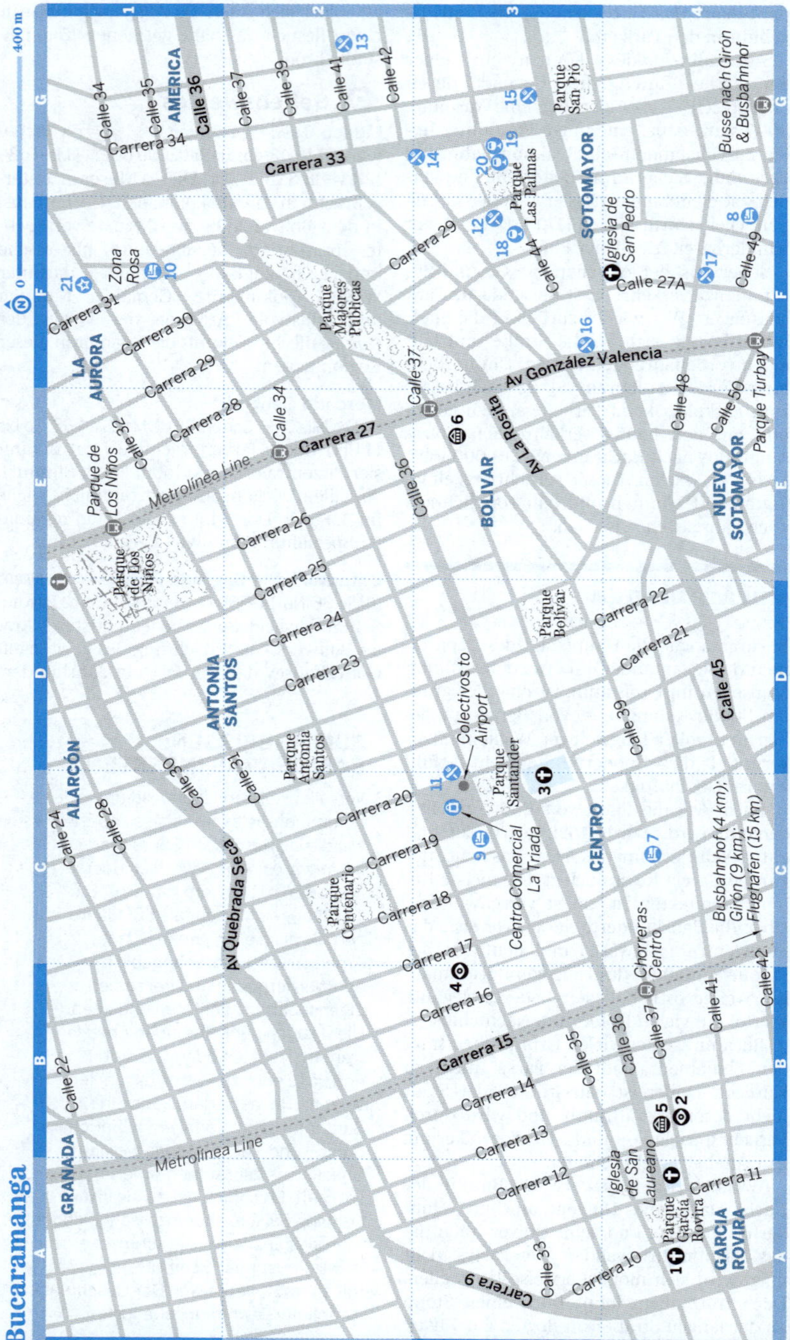

Bucaramanga

Sehenswertes
1 Capilla de los Dolores ... A4
2 Casa de la Cultura ... B4
3 Catedral de la Sagrada Familia ... C3
4 Mercado Central ... B3
5 Museo Casa de Bolívar ... B4
6 Museo de Arte Moderno de Bucaramanga ... E3

Schlafen
7 Hotel Principe ... C4
8 Kasa Guane Bucaramanga ... F4
9 La Mansion del Marquez ... C3
10 Solar Hotel Chicamocha ... F1

Essen
11 Govinda's ... C3
12 Guru Rock & Food ... F3
13 Kebab ... G2
14 Mercagán ... G3
15 Mercagán ... G3
16 Restaurante La Carreta ... F3
17 SazonArt ... F4

Ausgehen
Buddha ... (siehe 19)
18 Café Con-Verso ... F3
19 Moe's Bar ... G3
20 Santander Beer Club ... G3

Unterhaltung
21 Calison ... F1
Cepita ... (siehe 10)

(1770–1865). Buntglasfenster und eine Keramikkuppel aus Mexiko zieren das Gebäude.

GRATIS **Museo de Arte Moderno de Bucaramanga** MUSEUM
(www.bucaramanga.gov.co; Calle 37 No 26–16; Mo–Fr 8–12 & 14–18, Sa 8–12 Uhr) Dieses Museum bietet Wechselausstellungen moderner Gemälde und Skulpturen.

Capilla de los Dolores KIRCHE
(Ecke Carrera 10 & Calle 35) Am Parque García Rovira liegt Bucaramangas älteste, noch bestehende Kirche. Der steinerne Bau entstand von 1748 bis 1750; heute werden hier keine Gottesdienste mehr abgehalten.

GRATIS **Casa de la Cultura** MUSEUM
(Calle 37 No 12–46; Mo–Fr 8–12 & 14–18, Sa 8–12 Uhr) Schräg gegenüber dem Museo Casa de Bolívar präsentiert dieses Museum, das in einem historischen Gebäude untergebracht ist, eine Sammlung von Gemälden, die einheimische Künstler stifteten.

Aktivitäten

Colombia Paragliding GLEITSCHIRMFLIEGEN
(312 432 6266; www.colombiaparagliding.com; Ruitoque) Der populärste Sport in Bucaramanga ist das Gleitschirmfliegen. Diese hochfliegende Aktivität findet vor allem auf der Mesa de Ruitoque statt. Colombia Paragliding bietet einen 15-minütigen Tandemflug für 50 000 COP. Wer mehr Zeit und Geld investieren will, kann in zehntägigen Kursen eine internationale Lizenz als Gleitschirmflieger erwerben; das kostet inklusive Unterkunft ab 1900 000 COP. Der Besitzer und Lehrer Richi spricht fließend Englisch und führt auch das Nest Hostel, außerdem ist er auch Mitbesitzer der Kasa Guane Bucaramanga (KGB).

Schlafen

Nest HOSTEL $$
(678 2722; www.colombiaparagliding.com; km 2 via Mesa Ruitoque; B/EZ/DZ pro Pers. 30 000/45 000/70 000 COP; @) Das Schwester-Hostel des KGB liegt direkt neben dem Startplatz von Colombia Paragliding, 20 Minuten Fahrt von der Innenstadt entfernt. Die Lage auf einem Hügel bietet einen fantastischen Blick auf die Stadt. Die Mehrheit der Gäste nimmt an Gleitschirmkursen teil, doch das Hostel ist auch eine gute Wahl für alle, die Frieden und Stille suchen. Im Preis sind Frühstück und Wäscheservice inbegriffen; es gibt eine herrliche Gästeküche und einen kleinen Pool.

Kasa Guane Bucaramanga HOSTEL $
(657 6960, 312 432 6266; www.kasaguane.com; Calle 49 No 28–21; B/EZ/DZ pro Pers. 21 000/35 000/50 000 COP; @) Zwei junge Engländer haben die Führung dieser Institution in Buca übernommen, die besser als KGB bekannt ist. Und sie haben dem Ganzen wieder Pfiff verliehen. Das Hostel in einer der hübschesten Gegenden der Stadt bietet Schlafsäle und Zimmer, große Bäder mit heißem Wasser, Koch- und Waschgelegenheiten, Hängematten, einen Raum mit

Satellitenfernsehen und eine Terrasse mit Billardtischen. Während der Recherche zu diesem Buch waren Renovierungsarbeiten im Gang – möglicherweise werden die Preise dementsprechend steigen.

Hotel Principe HOTEL $$
(☎630 4317; www.hotel-principe.net; Carrera 17 No 37–69; EZ/DZ mit Klimaanlage 70 000/80 000 COP, mit Ventilator 60 000/78 000 COP;) Dieses relativ preiswerte Hotel im Herzen der Innenstadt ist bei Touristen und Geschäftsreisenden gleichermaßen beliebt. In den großen Zimmern gibt es Kabelfernsehen und superbequeme Betten. Weitere Annehmlichkeiten sind WLAN, eine Bar und ein Restaurant.

La Mansion del Marquez HOTEL $$
(☎630 4632; hotelmansiondelmarquez@hotmail.com; Calle 35 No 18–83; EZ/DZ mit Ventilator 50 000/60 000 COP, mit Klimaanlage 68 000/80 000 COP;) Gleich beim Parque Santander liegt dieses erschwingliche Hotel mit kleinen sauberen Zimmern – manche sind hübscher als die anderen.

Solar Hotel Chicamocha BUSINESSHOTEL $$$
(☎634 3000; Calle 34 No 31–24; EZ/DZ 263 000/309 000 COP;) Das zehnstöckige Standardhotel für Geschäftsleute bietet 192 Zimmer. Zu den Annehmlichkeiten zählen ein Pool, ein Fitnessraum, ein Türkisches Bad, zwei Restaurants, drei Bars und Zimmerservice.

Essen

In Buca gibt es jede Menge Restaurants von Fastfood-Lokalen bis zu edlen Bistros. Zu den typischen Gerichten der Region gehören *mute* (eine dicke Suppe aus Fleisch und Gemüse) und *cabro* oder *cabrito* (Ziege). Die legendäre *hormiga culona* ist ein Snack, der in Lebenmittelgeschäften und Tante-Emma-Läden zu kaufen ist.

LP TIPP **Mercagán** STEAKHAUS $$
(Carrera 33 No 42–12; Steaks 15 900–36 400 COP) Diese traditionelle parrilla (Restaurant, in dem Grillfleisch serviert wird), von der es heißt, dass sie die besten Steaks in ganz Kolumbien bietet, wird an vier verschiedenen Plätze von vier Brüdern betrieben. Auf heißen Metalltellern werden hier zusammen mit Yucca und *arepa* perfekte Fleischstücke zu 200 g, 300 g oder 400 g aus der eigenen Zucht serviert. Auch Burgers (13 900–19 500 COP) kommen auf den Grill. Vielleicht sind es nicht die besten im ganzen Land, aber mit Sicherheit sind es die besten in Bucaramanga. Die nahe gelegene Filiale am Parque San Pío ist an Abenden geöffnet, an denen diese hier geschlossen ist.

Restaurante La Carreta KOLUMBIANISCH $$$
(Carrera 27 No 42–27; Hauptgerichte 31 000–43 000 COP; ⏲12–15.30 & 18–24 Uhr) La Carreta, in einem historischen Herrenhaus untergebracht, besitzt eine 40-jährige Tradition. Das Restaurant ist eine gute Adresse für ein köstliches Abendessen in einem hübschen Innenhof mit einem herrlichen Mangobaum. Wir bestellten Forelle, waren dann aber ein bisschen neidisch auf die Riesensteaks, die vorbeigetragen wurden.

SazonArt KOLUMBIANISCH $
(Ecke Calle 48 & Carrera 27A; Menüs 7000 COP; ⏲Di–Sa 7–13, So–Mo 8–15 Uhr) Eines der besten Lokale für Mittagsmenüs in Santander. Dieses beliebte Eckrestaurant bietet täglich einige Gerichte zur Auswahl, auf Spanisch angeschrieben auf einer Tafel für alle.

Kebab Spice ORIENTALISCH, ASIATISCH $
(www.kebab.com.co; Calle 41 No 35–30; Hauptgerichte 8000–21 000 COP; ⏲Mo geschl.;) Dieses kolumbianisch-pakistanische Lokal bietet Kebabs, Biryanis, Currys und Falafel und mischt dabei Rezepte aus Indien, Pakistan und der Türkei – nicht weltbewegend, aber immerhin schon eine ganz angenehme Abwechslung in Kolumbien.

Guru Food & Drink CAFÉ, BAR $$
(www.gurucafebar; Carrera 29 No 42–44; Hauptgerichte 14 000–21 000 COP; ⏲14.30 Uhr bis spät, So geschl.;) Die Einheimischen sind begeistert von diesem Café am Parque Las Palmas, das Lonely-Planet-Team war aber nicht so überzeugt. Die Kellner scheinen ... verwirrt? Und die Tex-Mex-Küche mit kolumbianisch-thailändischem Einfluss brachte zwar ein gutes Hähnchen-Curry zustande, aber ohne Reis! Die Einheimischen müssen es wissen.

Govinda's VEGETARISCH $
(Carrera 20 No 51–95; Menüs 6000 COP; ⏲Mo–Sa 8–15 Uhr;) Vegetarier werden die scharfe, gesunde Küche dieses Hare-Krishna-Restaurants im legeren Rahmen genießen.

Ausgehen

Viele tolle Bars liegen in Sotomayor beim Parque Las Palmas, obwohl sich in dieser Gegend in jüngster Zeit einiges Gesindel breitmacht. Die angesagten Lokale finden sich an der Calle 52 nahe der Carrera 33. Wer zu Fuß unterwegs ist, geht die Carrera 33 bis zur Calle 52 nach Süden und dann weiter nach Osten.

Das **Café Con-Verso** (Calle 44 No 28–63; ⌚Mo–Sa ab 17 Uhr) ist eine schöne Chill-out-Lounge mit großartiger Musik und super Drinks. Der **Santander Beer Club** (Calle 44 No 29A–06; ⌚ab 16 Uhr) wirbt mit den Bieren kleiner Brauereien (7000 COP), die meisten scheinen aber vorwiegend ausverkauft zu sein. Stattdessen schmeckt eine würzige Mischung aus michelada (Steinsalz und Limettensaft) mit Aguardiente. Das **Buddha** (Carrera 33 No 44–04; ⌚bis 2 Uhr) mit asiatischer Atmosphäre und **Moe's Bar** (Carrera 33 No 44–12; ⌚ab 18 Uhr), deren Thema die Simpsons sind, liegen nebeneinander an der Carrera 33; doch das Moe's wollte zur Zeit der Recherche gerade umziehen. Das **Dash** (Calle 52 No 34–27; ⌚So & Mo geschl.), neben dem Malabar an der Calle 52, lockt Kolumbiens Reiche und Schöne an.

☆ Unterhaltung

Bucaramanga erwacht bei Sonnenuntergang zum Leben. *La vida nocturna* (Nachtleben) zieht Partygänger aus der ganzen Region an. Die besten Bars und Clubs von Buca liegen auf der Ostseite der Stadt an der Carrera 39 zwischen der Calle 48 und 49 und an der Calle 52 zwischen der Carrera 34 und 35. Hier wandelt sich alles sehr schnell, sodass vermutlich die Clubs, die bei unserem Aufenthalt angesagt waren, schon bald wieder geschlossen sein werden. Doch die folgenden Adressen sollten immer einen guten Aufenthalt garantieren. Das **Malabar** (Calle 52 No 34–27; ⌚Do–Sa 21 Uhr bis spät) galt während der Recherchen für dieses Buch jedenfalls als Topadresse.

Wer Salsa tanzen will, versucht es im **Cepita** (Hotel Chicamocha, Calle 34 No 31–24) und im **Calison** (Calle 33 No 31–35). Die meisten Clubs füllen sich erst gegen 23 Uhr und sind an Wochenenden bis in die Morgendämmerung hinein geöffnet.

ℹ Praktische Informationen

Es gibt jede Menge Geldautomaten, verstreut über die ganze Stadt; viele befinden sich beim Parque Santander an der Calle 35 und in Sotomayor an der Carrera 29.

Bancolombia (Carrera 18 No 35–02)

Click & Play (Calle 34 No 19–46, Raum 115, Centro Comercial La Triada; pro Std. 1800 COP;

NICHT VERSÄUMEN

GIRÓN

Zwischen den gepflasterten Straßen, den Pferdewagen sowie der lässigen Atmosphäre von **San Juan de Girón** und dem nur 9 km entfernten geschäftigen Bucaramanga liegen Welten. Die hübsche Stadt wurde 1631 am Ufer des Río de Oro gegründet und 1963 zum Nationalmonument erklärt. Heute lockt sie Künstler und Tagesausflügler an, die der Großstadt entfliehen wollen, dafür aber hohe Temperaturen in Kauf nehmen – Girón liegt in einem windstillen Winkel des Tals und ist meist glutheiß.

Ein Bummel in Girón lohnt sich: durch enge Kopfsteinpflasterstraßen, vorbei an alten weiß verputzten Häusern, schattigen Patios, kleinen steinernen Brücken und über die *malecón* (Promenade) am Ufer. Der Bau der **Catedral del Señor de los Milagros** am Parque Principal (dem Hauptplatz) begann 1646, wurde aber erst 1876 vollendet. Ein Muss sind auch die hübschen Plazas **Plazuela Peralta** und **Plazuela de las Nieves**, an der letzteren steht eine reizende Dorfkirche, die **Capilla de las Nieves** aus dem 18. Jh.

Wer hier übernachten möchte, findet im **Giron Chill Out** (☎646 1119; www.gironchill-out.com; Carrera 25 No 32–06; EZ/DZ 98 000/124 000 COP, ohne Bad 45 000/85 000 COP; @📶) ein angenehmes Zimmer an einer ruhigen Straße.

Preiswertes Essen bieten die Imbissstände an der Uferpromenade. Unter mehreren guten Restaurants im Ort ist das **Restaurante La Casona** (Calle 28 No 28–09; Hauptgerichte 15 000–34 000 COP; ⌚bis 20 Uhr) das beste; hier wird typisches herzhaftes Essen in kolonialer Atmosphäre serviert.

Die häufig verkehrenden Busse aus Bucaramanga (1550 COP) halten an der Ecke Carrera 26 und Calle 32, einen Block vom Parque Principal entfernt. Busse zurück nach Buca sammeln ihre Fahrgäste an der Ecke Calle 29 und Carrera 26 auf.

⌚Mo–Fr 8–19, Sa 9–15 Uhr) Internet und internationale Telefonate.

Davivienda (Carrera 20 No 48–72)

HSBC (Centro Comercial, Raum 121)

Polizei (☎633 9015; Calle 41 No 11–44)

Touristeninformation/Touristenpolizei (☎634 5507; www.imct.gov.co; Parque de Los Niños) In der Biblioteca Pública Gabriel Turbay erfüllt die Touristenpolizei zweierlei Aufgaben. Sie bietet Karten, Broschüren und – große Hilfsbereitschaft bei allen Fragen und Anliegen von Seiten der Besucher. Weitere Informationsstellen gibt es auch am Flughafen und am Busbahnhof.

ℹ An- & Weiterreise

Bus

Bucaramangas **Busbahnhof** (☎637 1000; www.terminalbucaramanga.com) liegt südwestlich des Stadtzentrums auf halbem Weg nach Girón; Stadtbusse mit der Aufschrift „Terminal" verkehren häufig von der Carrera 15 aus (1550 COP) dorthin, alternativ gibt es auch ein Taxi (6000 COP). Busse fahren regelmäßig nach Bogotá (50 000 COP, 10 Std.), Cartagena (80 000 COP, 12 Std.), Santa Marta (60 000 COP, 9 Std.), Pamplona (25 000 COP, 4 Std.) und Cúcuta (30 000 COP, 6 Std.).

Flugzeug

Der Flughafen Palonegro liegt auf einer *meseta* (Plateau) hoch über der Stadt, nahe der Straße nach Barrancabermeja. Die Landung hier ist atemberaubend. Lokalbusse mit dem Schriftzug „Aeropuerto" verbinden stündlich den Flughafen und das Stadtzentrum; sie starten an der Carrera 15. Schneller geht es mit den **colectivos**, den Sammeltaxis (10 000 COP; ⌚Mo–Sa 6–18 Uhr), die beim Parque Santander an der Carrera 20 gegenüber von Govindas Restaurant parken. Der Festpreis für ein Taxi von der Innenstadt zum Flughafen liegt bei 30 000 COP. Avianca, Copa, Lan und Satena verkehren alle in Richtung Buca.

ℹ Unterwegs vor Ort

Metrolínea

Um die Staus, die den Stadtverkehr lahm legen, in den Griff zu bekommen, gibt es in Buca ein umfangreiches Netz an öffentlichen Verkehrsmitteln. **Metrolínea** (www.metrolinea.gov.co) orientiert sich seit 2009 an Bogotás TransMilenio. Die erste Phase des 500 000 000 COP teuren Projekts umfasst Bucaramanga bis Floridablanca. Die folgenden Phasen nach Piedecuesta, Girón, Ciudadela Real de Minas und entlang der Carrera 33 befinden sich noch im Stadium der Planung und Umsetzung. Unspekrakulär verlaufen die gegenwärtigen Hauptlinien an der Carrera 15 und der Carrera 27.

Die einfache Fahrt kostet 1550 COP.

NORTE DE SANTANDER

Norte de Santander liegt dort, wo die Cordillera Oriental auf die heißen Ebenen trifft, die bis nach Venezuela hineinreichen. Die malerische Straße von Bucamaranga zur Grenzstadt Berlin steigt erst auf 3300 m an, bevor sie ihren raschen Abstieg nach Venezuela beginnt. Die Ostseite der Berge bietet Abkühlung, und Kolonialstädte wie Pamplona eignen sich gut als Zwischenstopps auf der Fahrt. Cúcuta ist eine trockene, heiße Marktstadt, die eher für Schmuggel als für auserlesene Sehenswürdigkeiten bekannt ist. Wer über die Grenze will, muss möglicherweise trotzdem hier einen Halt einlegen, ob er will oder nicht.

Pamplona

☎7 / 55.300 EW. / HÖHE 2290 M

Im atemberaubend tiefen Valle del Espíritu Santo in der Cordillera Oriental liegt Pamplona, eine hübsche geschäftige Stadt aus der Kolonialzeit mit alten engen Straßen. Mit einer Durchschnittstemperatur von nur 16 °C bietet sie eine willkommene Erholung von der Hitze der nahe gelegenen Städte Bucaramanga und Cúcuta. Pamplona ist auch ein angenehmer Zwischenstopp auf dem Weg nach Venezuela.

Pedro de Orsúa und Ortún Velasco gründeten 1549 Pamplona, die älteste Stadt der Region. Kurz nach der Gründung wurden fünf Klöster errichtet, und die Stadt entwickelte sich rasch zu einem wichtigen religiösen und politischen Zentrum. In einem wahren Bauboom entstanden Kirchen und elegante Herrenhäuser. Doch 1875 vernichtete ein Erdbeben einen Großteil der Stadt. Die Plaza ist heute ein Gemisch aus wiederaufgebauten kolonialen und modernen Bauten.

Pamplona war bereits in seiner frühen Zeit ein Zentrum der Gelehrsamkeit, und das hat sich bis heute nicht geändert. Heute liegt hier die Universidad de Pamplona, und die große Zahl an Studenten ist prägend für die Stadt. Pamplona ist definitiv eine Kulturstadt und besitzt mehr Museen als Cúcuta und Bucaramanga zusammen.

👁 Sehenswertes

Fast alle der zahlreichen Museen Pamplonas befinden sich in restaurierten Häusern aus der Kolonialzeit. Einen Besuch lohnen auch die **Casa de las Cajas Reales** (Ecke Carrera 5 & Calle 4), ein koloniales Herrenhaus, und

Pamplona

Pamplona

Highlights

- Museo Arquidiocesano de Arte Religioso B1
- Museo de Arte Moderno Ramírez Villamizar C2

Sehenswertes

1 Casa Anzoátegui B3
2 Casa Colonial A1
3 Casa de las Cajas Reales B1
4 Casa de Mercado B2
5 Catedral B2
6 Iglesia del Humilladero D1
7 Museo Fotográfico D1

Schlafen

8 1549 Hostal A3
9 El Solar D2
10 Hotel El Álamo C2

Essen

El Solar .... (siehe 9)
11 Paelo's Gourmet D2
12 Piero's A3
13 Town Cafe B3

die **Casa de Mercado** (Ecke Carrera 5 & Calle 6), eine Markthalle aus dem 19. Jh., nicht weit vom Hauptplatz entfernt. In der Stadt gibt es rund zehn alte Kirchen und Kapellen, Zeugen von Pamplonas religiöser Stellung zur Kolonialzeit. Heute haben sie jedoch viel von ihrem Glanz verloren. Die **Iglesia del Humilladero**, am Eingang zum Friedhof, beherbergt den berühmten Cristo del Humilladero, eine realistische Christusstatue, die im 17. Jh. aus Spanien hierher kam. Auch der Friedhof ist interessant.

Museo de Arte Moderno Ramírez Villamizar MUSEUM
(www.mamramirezvillamizar.com; Calle 5 No 5–75; Eintritt 3000 COP; ⏲Di–Sa 9–11.30 & 14–17.30 Uhr) In einem 450 Jahre alten Herrenhaus präsentiert dieses Museum mehr als 40 Werke von Eduardo Ramírez Villamizar, einem der herausragenden Künstler Kolumbiens, der 1923 in Pamplona zur Welt kam. Die Sammlung gibt einen Überblick über seine künstlerische Entwicklung, vom Expressionismus der 1940er-Jahre bis zu den realistischen Skulpturen der letzten Jahrzehnte.

Museo Arquidiocesano de Arte Religioso MUSEUM
(Carrera 5 No 4–53; Eintritt 1000 COP; ⏲Mi–Sa & Mo 10–12 & 15–17, So 10–12 Uhr) Das Museum präsentiert religiöse Kunst, u. a. Gemälde, Statuen und Altäre, aus der Region. Außerdem gibt es eine reiche Silbersammlung.

GRATIS **Casa Colonial** MUSEUM

(Calle 6 No 2–56; ⌚Mo–Fr 8–12 & 14–18, Sa 8–12 Uhr) Die Casa Colonial, eines der ältesten Gebäude der Stadt, stammt aus der frühesten spanischen Zeit. Die Sammlung umfasst vorkolumbische Keramik, koloniale religiöse Kunst, Arbeiten mehrerer indigener Gruppen wie der Motilones und der Tunebos (zwei indigene Gruppen, die im Departamento Norte de Santander leben), dazu Antiquitäten. Spenden sind erwünscht.

Catedral KIRCHE

(Parque Agueda Gallardo) Die Kathedrale aus dem 17. Jh. wurde 1875 durch ein Erdbeben schwer beschädigt und beim anschließenden Wiederaufbau umgestaltet. Das fünfschiffige Innere (zwei äußere Schiffe wurden zu Beginn des 20. Jhs. ergänzt) ist bis auf den Hauptaltar, der die Katastrophe unbeschadet überstand, karg. Die zentrale Statue von San Pedro entstand 1618 in Spanien.

Casa Anzoátegui MUSEUM

(Carrera 6 No 7–48; Eintritt 1000 COP; ⌚Mo–Sa 8–12 & 14–18 Uhr) Ein enttäuschendes Museum, das sich den wichtigsten Ereignisse um General José Antonio Anzoátegui widmet, dem venezolanischen Helden des Unabhängigkeitskampfs, der unter Bolívar kämpfte. Sein strategisches Geschick und taktisches Können trug zum Sieg in der Schlacht von Boyacá 1819 bei. Er starb hier im Alter von 30 Jahren drei Monate nach der Schlacht.

GRATIS **Museo Fotográfico** MUSEUM

(Carrera 7 No 2–44) Mit Hunderten alter Fotos ist diese Adresse eher eine Kuriosität als ein Museum. Der hier lebende freundliche Maler liebt es geradezu, seine Sammlung Ausländern zu zeigen.

Feste & Events

Semana Santa KIRCHLICH

(Heilige Woche; Osterwoche) Die Stadt ist im ganzen Land für Feierlichkeiten bekannt.

Fiestas del Grito de Independencia KULTURELL

(Juni–Juli) Das in den zwei Wochen vor dem 4. Juli gefeierte Fest wird auch Fiestas de Pamplona genannt. Es erinnert an den Tag, an dem Rebellen in Pamplona am 4. Juli 1810 die Unabhängigkeit von Spanien erklärten. Im Rahmen der Feierlichkeiten gibt es Konzerte, Stierkämpfe, Umzüge und einen Schönheitswettbewerb.

Schlafen

1549 Hostal BOUTIQUE-GASTHAUS $$$

(☎568 0451; www.1549hostal.com; Calle 8B No 5–84; EZ/DZ inkl. Frühstück 80 000/120 000 COP; @ WLAN) Pamplonas anspruchsvollste Unterkunft ist eine Pension mit sieben Zimmern und einem guten Café, die in einem Kolonialhaus an einer Seitenstraße untergebracht sind. Die Zimmer sind zwarnicht sehr groß, dafür allerdings wunderschön und kreativ mit einheimischer Kunst ausgestattet. In zwei Räumen gibt es einen Kamin.

El Solar HOTEL $$

(☎568 2010; www.elsolarhotel.com; Calle 5 No 8–10; EZ/DZ ab 65 000/110 000 COP; @ WLAN) Die Website verspricht zwar etwas mehr, als das Hotel hält, doch El Solar ist trotzdem eine gute Wahl. Das beliebte Restaurant wird abends von einer hängenden Feuerschale erwärmt. Die Zimmer im Erdgeschoss sind groß mit neuen Bädern; die teureren, moderneren Zimmer im Obergeschoss locken mit fantastischen Fenstern und großen Küchen. Ruhig ist es allerdings nicht.

Hotel El Álamo HOTEL $

(☎568 2137; Calle 5 No 6–68; EZ/DZ/3BZ 30 000/40 000/50 000 COP) Eine freundliche Unterkunft und vermutlich die beste Wahl unter den Budget-Hotels. Die zwar etwas kleinen, dafür aber sauberen Zimmer haben ein eigenes Bad. Heißes Wasser steht den Gästen allerdings nur von 6 bis 9 Uhr morgens zur Verfügung.

Essen

LP TIPP **Paelo's Gourmet** KOLUMBIANISCH, FUSION-KÜCHE $$

(Calle 5 No 8–77; Hauptgerichte 12 000–20 000 COP) Der venezolanische Küchenchef spricht von „emotionaler Gastronomie“. Auf der Speisekarte stehen leckere Pasta, Fleisch- und Fischgerichte. Doch am interessantesten sind raffinierte Rezepte wie *Pamplonas*: Hähnchenbrust, gefüllt mit regionalem Gemüse, gekocht in Weißwein und serviert auf Karotten, die in Butter und Olivenöl eingelegt wurden.

Piero's PIZZERIA $$

(Carrera 5 No 8B–67; Pizza 13 000–25 000 COP; ⌚17–22 Uhr) Keine Ahnung, wie ein echter Italiener hier gestrandet ist, aber es ist so, und die grandiose Pizza und Pasta beweisen es. Seltsamerweise fehlen die Klassiker (wo ist die Pizza Margarita?), aber die leicht auf den kolumbianischen Geschmack zugeschnittenen italienischen Varianten schmecken lecker, vor allem auch die Spaghetti *rabiata* (*arrabiata*).

El Solar KOLUMBIANISCH $
(Calle 5 No 8–10; Menüs 7000 COP) Das zum Hotel El Solar gehörende Lokal bietet das beste Mittagsmenü in Pamplona, wie der Zustrom an Einheimischen beweist. Die täglichen Köstlichkeiten sind auf der Tafel, die draußen steht, angeschrieben, und das wunderbare Personal sorgt dafür, dass alles schnell serviert wird. Unser Dessert, *rollitos de guava* (Guave gefüllt mit *arequipe*), war das beste *comida corriente*-Dessert in ganz Kolumbien!

Town Cafe CAFÉ $
(Calle 6 No 8–20; ⌚ab 15 Uhr; 📶) Das beste Café in der Stadt bietet seinen Gästen viel Schick und Eleganz sowie guten Espresso und eine grOße Aiuswahl an Gebäck, WLAN und seltsamerweise auch eine umfangreiche Hot-Dog-Speisekarte.

ℹ Praktische Informationen

4-72 (Calle 6 No 6–36) Postamt.

Banco de Bogotá (Carrera 6) Östlich des Parque Agueda Gallardo. Mit einem Geldautomaten.

Click (Carrera 6 No 8–12; pro Std. 1500 COP) Internet.

Davivienda (Calle 6 No 6–70) Geldautomat.

ℹ An- & Weiterreise

Der neue Busbahnhof von Pamplona befindet sich gerade einmal 600 m südwestlich des Hauptplatzes. Zu Fuß sind es etwa zehn Minuten, ein Taxi kostet 2500 COP.

Pamplona liegt an der Straße von Bucaramanga nach Cúcuta, und Busse kommen in beide Richtungen regelmäßig vorbei: Cúcuta (10 000 COP, 2 Std., 72 km) und Bucaramanga (25 000 COP, 4½ Std., 124 km). Es gibt mehrmals täglich direkte Busverbindungen nach Bogotá (50 000 COP) sowie zur Karibikküste.

Die Straße von Bucaramanga nach Pamplona ist in extrem schlechtem Zustand, vor allem bei Berlin, wo die meisten Busse ein Essens- und

EINREISE NACH VENEZUELA

Für viele Reisende ist die Grenzstadt Cúcuta der erste oder letzte Eindruck von Kolumbien – und der ist nicht gut. Cúcuta ist eine heiße, stickige, schmutzige Stadt, in der es zahlreiche Verbrechen gibt. Ihre größte Attraktion ist der zwielichtige Busbahnhof,: einsteigen, aussteigen.

Wer nach Venezuela möchte, nimmt einen der zahlreichen Busse oder *colectivos* (Gemeinschaftstaxis, etwa 2000–2500 COP, entweder in Pesos oder Bolívar zu bezahlen), die vom Busbahnhof in Cúcuta nach Antonio del Táchira in Venezuela fahren. Ein Taxi kostet rund 15 000 COP. Auch in der Innenstadt von Cúcuta an der Avenida Diagonal Santander und der Calle 8 fahren Busse und colectivos nach San Antonio ab. Ein Umstiegen an der Grenze ist nicht nötig. Reisende müssen vor der Brücke aussteigen, um ihren Pass von der Einwanderungsbehörde abstempeln zu lassen. Der Grenzübergang ist an sieben Tagen pro Woche rund um die Uhr geöffnet.

Zwischen Kolumbien und Venezuela besteht ein Zeitunterschied von 30 Minuten, seit dem Zeiterlass des venezolanischen Präsidenten Hugo Chávez von 2007. Beim Grenzübertritt von Kolumbien nach Venezuela muss die Uhr 30 Minuten vorgestellt werden. Bürger der meisten west- und nordeuropäischen Länder, der USA, Kanadas, Australiens, Neuseelands und Japans brauchen kein Visum, um nach Venezuela einzureisen. In Venezuela wird allerdings eine Touristenkarte verlangt, die direkt beim DIEX-Büro in San Antonio an der Carrera 9 zwischen Calle 6 und 7 ausgestellt wird. Ab San Antonio verkehrt siebenmal täglich ein Bus nach Caracas (80–95 BsF, 14 Std.); alle starten am späten Nachmittag oder frühen Abend und fahren die Nacht durch.

Es ist günstig, so viele US-Dollar wie möglich mit nach Venezuela zu nehmen, die entweder erschreckend teuer (zum offiziellen Wechselkurs) oder wesentlich günstiger (auf dem Schwarzmarkt, genannt *dólar paralelo*) sind. Es ist nicht schwierig, jemanden zu finden, der US-Dollar zum Schwarzmarktkurs umtauscht – auf www.dollar.nu findet sich der aktuelle Kurs für den dólar paralelo.

Wer im Grenzgebiet übernachten möchte, sollte sich am besten für San Antonio entscheiden. Das **Hotel Don Jorge** (☎771 1932; hoteldongjorge@hotmail.com; Ecke Calle 5 & Carrera 9, San Antonio del Táchira; Dz/3BZ/Suite 220/240/320BsF; ❄📶) ist eine ganz ordentliche Adresse, um ein Quartier zu beziehen.

Toilettenpause einlegen. Reisende, die zu Reise- oder Höhenkrankheit neigen, sollten besser ein entsprechendes Medikament einnehmen. Es wird manchmal kalt, Pullover nicht vergessen.

Villa del Rosario

☎7 / 78 611 EW. / HÖHE 280 M

Etwa 10 km südöstlich von Cúcuta liegt an der Straße zur venezolanischen Grenze der Vorort Villa del Rosario. Hier trafen sich 1821 die kolumbianischen Gründerväter, um eine Verfassung für das neue Land Gran Colombia zu schaffen und Simón Bolívar als ersten Präsidenten einzusetzen. Geschichtsfans möchten sich hier vielleicht umsehen.

Der Ort dieses bedeutenden Ereignisses ist in einen Park umgewandelt worden, den **Parque de la Gran Colombia**. Hauptsehenswürdigkeit im Park ist die Ruine des **Templo del Congreso** (erbaut 1802), wo einst die Sitzungen des Kongresses abgehalten wurden. Die Debatten des Kongresses fanden von Mai bis Oktober in der Sakristei der Kirche statt, bevor man sich auf eine endgültige Version der Verfassung einigte. Dann fand in der Kirche die Einsetzungszeremonie von Bolívar und Santander als Präsident und Vizepräsident von Gran Colombia statt. Das ursprüngliche Gebäude wurde durch das Erdbeben von 1875 fast völlig zerstört, und nur die Kuppel wurde wiederaufgebaut. Eine Marmorstatue von Bolívar wurde im wiedererrichteten Teil der Kirche aufgestellt.

Wer von Cúcuta zum Parque de la Gran Colombia reisen will, nimmt den Bus nach San Antonio del Táchira (2000–2500 COP), der auf seinem Weg zur Grenze dort vorbeikommt. Aber Achtung: Die Busse mit der Aufschrift „Villa del Rosario“ fahren nicht einmal in die Nähe des Parks.

Karibikküste

Inhalt

Gut essen

» Josefina's (S. 185)
» Ouzo (S. 160)
» Punta Gallinas (S. 177)
» Pachamama (S. 165)
» La Cevicheria (S. 144)

Schön übernachten

» Reserva Natural El Matuy (S. 167)
» Gypsy Residence (S. 163)
» Barlovento (S. 170)
» Hotel Casa Lola (S. 141)
» Punta Gallinas (S. 177)

Auf zur Karibikküste!

Von der Sonne verwöhnt und von Kultur durchtränkt: Kolumbiens 1760 km lange Karibikküste ist die wichtigste Urlaubsregion des Landes. Hier verbringen mehr Menschen ihre Ferien als in jedem anderen Teil Kolumbiens.

Die Ökosysteme an der langgezogenen Küste reichen vom dichten Regenwald des Tapón del Darién (Darién Gap) an der Grenze zu Panama im Südwesten bis zur kargen Wüstenlandschaft der Halbinsel La Guajira nahe der venezolanischen Grenze im Nordosten.

Das Kronjuwel der Küste ist die Kolonialstadt Cartagena: schöner und romantischer als jeder andere Ort in Kolumbien. Auch in Santa Marta, wo der legendäre Unabhängigkeitskämpfer Simón Bolívar seinen letzten Atemzug tat, ist der Hauch der Geschichte zu spüren. Die größte Attraktion der Region ist jedoch der Parque Nacional Natural Tayrona. Die anstrengende Wanderung zur Ciudad Perdida, der Verlorenen Stadt, stellt auch Abenteurer und Adrenalin-Junkies zufrieden und ist für viele Reisende eine Art Initiationsritus.

Reisezeit

Cartagena

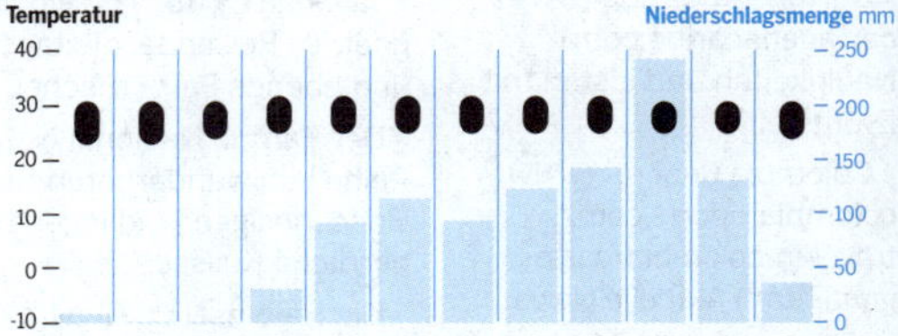

Dez. & Jan. Um Weihnachten, wenn es nicht so schwül wird, ist Strandurlaub am schönsten.

Feb. Barranquilla Carnaval – ein viertägiges Faschingstreiben.

April Für das Festival de la Leyenda Vallenata sollte man frühzeitig buchen

WICHTIGSTE ANKUNFTSORTE

» Cartagena: Rafael Nuńez International Airport

» Barranquilla: Ernesto Cortissoz International Airport

» Santa Marta: Símon Bólivar International Airport

» Maicao: Endhaltestelle der Busse aus Venezuela

Kurzinfos

» Einwohner: 9 750 000

» Fläche: 1760 km Küste

» Vorwahl: 5

Top-Tipp

Die Flughäfen an diesem Küstenabschnitt sind allesamt sehr klein – der häufig gegen Gebühr angebotene Gepäckträgerservice ist wirklich nicht nötig.

Infos im Internet

» Das Lonely-Planet-Portal (www.lonelyplanet.com/colombia/caribbean-coast) bietet Infos über Reiseziele, ein Traveller-Forum und mehr.

» Cartagena Caribe (www.cartagenacaribe.com) Neuigkeiten und Listen mit Events etc.

» Colombia Reports (www.colombiareports.com/travel-in-colombia/cartagena.html) Aktuelle News.

» Turismo Colombiano (www.buritaca2000.com) Information über die Cuidad Perdida.

» Parques Nacionales (www.parquesnacionales.gov.co) Allgemeine Infos über Nationalparks.

Karibikküche

An alle Freunde von Seafood: Das Boot ist eben eingelaufen! Snapper, Zackenbarsch, Garnele, Hummer, Ceviche (Gericht aus Fischen und Shrimps) – all das bekommt man hier viel frischer als sonst irgendwo. Aber es gibt im Leben mehr als Krusten- und Schalentiere, und so finden sich sowohl in Cartagena als auch in Santa Marta stimmungsvolle Restaurants für jeden Geldbeutel. Überall wird kreative Küche geboten. Wer auf das Geld achten muss, kauft sich an den Straßenständen einfaches, aber leckeres Streetfood: Köstlich sind z. B. *papa rellena* – mit gewürztem Hackfleisch gefüllte Bällchen aus zerdrückten Kartoffeln –, und auch die Fruchtsaftstände sind unvergleichlich. Das Obst ist so exotisch, dass die meisten Sorten noch nicht einmal englische geschweige denn deutsche Namen haben.

NICHT VERSÄUMEN

In Barranquilla, eine Autostunde nordöstlich von Cartagena, steigt der nach Rio de Janeiro zweitgrößte Karneval des Kontinents. Die meiste Zeit des Jahres ist Barranquilla eine geschäftige, verkehrsreiche Hafenstadt mit über einer Million Einwohner. Doch ab dem Samstag vor Aschermittwoch (Februar oder März) übernehmen Rum und Maskerade, gigantische Festwagen mit wummernden Soundsystemen, Karnevalsumzüge mit unzähligen Tanzwütige das Regiment (s. S. 156). Auch wenn es mitunter chaotisch, rüpelhaft und einschüchternd wird, ist der Karneval aber vor allem ein Riesenspaß. Mimosen sind hier fehl am Platz.

Die besten Strände

» Capurganá und Sapzurro (S. 183), die etwas marode wirkenden Ortschaften an der Grenze zu Panama, verströmen gemächliches Karibikflair. Da sie abseits ausgetretener Pfade liegen, sind sie ruhiger als andere Ferienorte.

» Die Islas de San Bernardo (S. 182) und Tolú (S. 180) sind insbesondere bei kolumbianischen Familien beliebt.

» Taganga (S. 162) ist ein Urlaubsort für Taucher und ein Magnet für Reisende, die tagsüber günstige PADI-Tauchkurse und abends Party machen wollen.

» Der Parque Nacional Natural Tayrona (S. 167) bietet eine Reihe von wunderbaren Stränden mit einer beständigen Brise, riesigen Findlingen und urtümlichem Regenwald als herrliche Kulisse.

» Die Halbinsel La Guajira (S. 174) in Kolumbiens Ödland im Nordosten hat nur wenige Fremdenverkehrseinrichtungen zu bieten, aber die Strände (z. B. Playa Taroa) belohnen den beherzten Besucher mit 60 m hohen Sanddünen und gewaltigen Panoramen, die jeden Zyniker demütig verstummen lassen.

» Palomino (S. 166) ist ein perfekter Strand und das bestgehütete Geheimnis der Küste. Pssst!

CARTAGENA & UMGEBUNG

Die Hauptstadt des Departamento Bolívar rühmt sich ihrer herben Schönheit und historischen Bedeutung. Cartagena ist aber auch eine große Hafenstadt und Tor zu den der Küste vorgelagerten Zielen wie dem nördlichen Abschnitt des Parque Nacional Natural Corales del Rosario y San Bernardo sowie zu verschlafenen Orten im Landesinneren wie Mompóx.

Cartagena

☎5 / 944 000 EW. / HÖHE 2 M

Cartagena de Indias ist die unangefochtene Königin der Karibikküste. Die Märchenstadt der Romantik und der Legenden präsentiert sich innerhalb der 13 km langen, jahrhundertealten Stadtmauer aus Kolonialzeiten als makellos erhaltene Schönheit. Cartagenas Altstadt ist eine Unesco-Welterbestätte – ein Labyrinth aus Kopfsteinpflastergassen, von Bougainvilleen überwucherten Balkonen und massiven Kirchen, die ihre Schatten auf die Plazas werfen.

Jenseits der Mauern liegt die äußere Stadt: die Stadt der Arbeiter, voller Verkehr und Lärm und so chaotisch, dass man innerhalb weniger Minuten verwirrt und benommen wird. Hier wird Cartagena zur typischen südamerikanischen Arbeiterstadt. Weiter südlich, auf der Halbinsel Bocagrande – Cartagenas Miami Beach – nippen modebewusste *cartagenos* in trendigen Cafés an ihrem Kaffee, dinieren in noblen Restaurants und wohnen in luxuriösen Anlagen mit Eigentumswohnungen, die diese Gegend wie Wegweiser in die Neue Welt prägen.

Cartagena ist ein Ort, an dem Besucher am besten jegliches Sightseeing-Programm über Bord werfen. Stattdessen einfach zu jeder Tages- und Nachtzeit durch die Altstadt schlendern, die geradezu sinnliche Atmosphäre aufsaugen und hin und wieder in einem der unzähligen Straßencafés der Hitze und Schwüle entfliehen.

Cartagena kann es im Wettstreit der mitreißendsten und guterhaltenen Kolonialstädte mit Brasiliens Ouro Preto oder Perus Cuzco durchaus aufnehmen – hier zieht man ungern weiter, denn diese Stadt schlägt ihre Besucher in Bann und lässt sie einfach nicht mehr los.

Geschichte

Cartagena wurde 1533 von Pedro de Heredia an der Stelle der Karibensiedlung Calamari gegründet. Schnell wuchs es zu einer wohlhabenden Stadt heran, doch 1552 zerstörte ein Großbrand viele der hölzernen Bauten. Seitdem waren nur noch Stein, Ziegel und Kacheln als Baumaterialien erlaubt.

Innerhalb kürzester Zeit entwickelte sich Cartagena zum bedeutsamsten spanischen Hafen an der Karibikküste und zum wichtigsten Tor nach Südamerika. Die Spanier nutzten es zudem als Lagerplatz für die im Land erbeuteten Schätze, die dann weiter nach Spanien verschifft wurden. Dies machte die Stadt zum begehrten Ziel von Freibeutern aller Art, die in der Karibik ihr Unwesen trieben.

Allein im 16. Jh. wurde Cartagena fünfmal von Piraten belagert, so auch vom berühmt-berüchtigten Sir Francis Drake. Er plünderte 1586 den Hafen und ließ sich von der horrende Summe von 10 Mio. Pesos – die er in seine Heimat England verbrachte – „gnädigerweise" überzeugen, die Stadt nicht dem Erdboden gleichzumachen.

Als Reaktion auf die Piratenüberfälle bauten die Spanier rund um die Stadt eine Reihe von Befestigungsanlagen, die sie vor späteren Belagerungen schützten, so auch vor dem heftigsten Angriff im Jahr 1741 unter Edward Vernon. Blas de Lezo, ein spanischer Offizier, der in früheren Schlachten bereits einen Arm, ein Bein und ein Auge verloren hatte, führte die erfolgreiche Gegenwehr an. Mit gerade einmal 2500 schlecht ausgebildeten und ausgerüsteten Männern schaffte es Don Blas, 25 000 englische Soldaten und eine Flotte aus 186 Schiffen zurückzuschlagen. In dem Kampf verlor er sein zweites Bein und kurz darauf sein Leben. In die Geschichte Cartagenas ging er als der große Retter ein. Seine Statue steht heute stolz vor dem Castillo de San Felipe (S. 139).

Trotz des hohen Preises, den die Piratenangriffe Cartagena abverlangten, gedieh die Stadt weiter. Der Canal del Dique, der 1650 gebaut wurde, um die Cartagena-Bucht mit dem Río Magdalena zu verbinden, machte die Stadt zum wichtigsten Tor für Schiffe, die flussaufwärts unterwegs waren. Und ein Großteil der Waren, die ins Landesinnere verschifft wurden, passierte Cartagena. In der Kolonialzeit war die Stadt die bedeutendste Bastion des spanischen Reichs in Übersee und prägte Kolumbiens Geschichte entscheidend mit.

Highlights

1 Beim Bummel durch die Altstadt von **Cartagena** (S. 131) in Kolonialgeschichte schwelgen

2 Strand-Hopping im **Parque Nacional Natural (PNN) Tayrona** (S. 167

3 Durch dichten kolumbianischen Regenwald zur geheimnisvollen **Ciudad Perdida** (S. 170), der präkolumbischen Hauptstadt des Tairona-Volks, wandern

4 Die wilde, küstennahe Wüstenlandschaft der **Punta Gallinas** (S. 177), Südamerikas

atemberaubenden nördlichsten Punkt, durchstreifen

5 In den beschaulichen Dörfern **Capurganá und Sapzurro** (S. 183) und an ihren exzellenten Stränden die kolumbianisch-panamaische Grenze ausloten

6 In **Aracataca** (S. 162), Geburtsort von Gabriel García Márquez, Realität und Fiktion verschmelzen lassen

7 Menschenmengen umgehen und in **Palomino** (S. 166) relaxen

Zu Zeiten der Unabhängigkeitsbestrebungen wurde die Unbeugsamkeit der Einwohner erneut geweckt. Cartagena war eine der ersten Städte, die sich bereits 1810 von Spanien unabhängig erklärten und Bogotà und andere Städte veranlassten, es ihnen gleichzutun. Die Unabhängigkeitserklärung wurde am 11. November 1811 unterzeichnet, doch die Stadt bezahlte teuer dafür. 1815 schickte man unter der Führung von Pablo Morillo spanische Truppen, um die Stadt zurückzuerobern und zu „befrieden", was nach einer vier Monate andauernden Belagerung schließlich auch gelang. Bis dahin waren mehr als 6000 Bewohner verhungert oder an Krankheiten gestorben.

Im August 1819 bezwangen Simón Bolívars Truppen die Spanier in der Schlacht von Boyacá und brachten Bogotá die Freiheit. Cartagena indes musste bis zum Oktober 1821 auf Befreiung warten: Dann erst kam die erhoffte Hilfe für die Stadt – und zwar über das Meer. Es war Bolívar, der Cartagena den wohl verdienten Beinamen verlieh: „La Heroica" – „Die Heldenhafte".

Cartagena erholte sich und wurde erneut zum wichtigen Handels- und Verschiffungszentrum. Der Wohlstand der Stadt lockte Einwanderer aus anderen Ländern an, und viele Juden, Italiener, Franzosen, Türken, Libanesen und Syrer ließen sich hier nieder. Viele ihrer Nachfahren sind heute Geschäftsleute, die in Cartagena z. B. Hotels und Restaurants führen.

Sehenswertes

ALTSTADT

Die Altstadt ist zweifellos Cartagenas Hauptattraktion, vor allem die innere ummauerte Stadt mit den Vierteln El Centro und San Diego. Das westlich gelegene El Centro war einst das Refugium der oberen Klassen, in San Diego im Nordosten lebte dagegen die Mittelklasse. In beiden Vierteln finden sich perfekt erhaltene Kirchen, Klöster, Plätze, Paläste und Herrenhäuser mit Balkonen und schattigen Patios, allesamt noch aus der Kolonialzeit.

Getsemaní, die äußere ummauerte Stadt, ist weniger beeindruckend und architektonisch bescheidener, mit ihren zauberhaften Plätzen lohnt sich aber durchaus einen Besuch. Auch wenn diese Gegend im Vergleich weniger vom Tourismus unterwandert ist, bietet sie dennoch die größte Konzentration an Budget-Unterkünften und viele Nightlife-Spots. Die schöne Flaniermeile **Muelle Turístico de los Pegasos** verbindet Getsemaní mit der Altstadt.

Die Altstadt ist komplett von **Las Murallas** umgeben, den dicken Mauern, die zu ihrer Verteidigung hochgezogen worden waren. Die Bauarbeiten begannen Ende des 16. Jhs., nach dem Angriff von Sir Francis Drake – zuvor war Cartagena fast völlig ungeschützt. Da die Mauern wiederholt von Stürmen und Piratenattacken beschädigt wurden, dauerte es 200 Jahre, bis das Projekt vollendet war. 1786 war die Mauer fertig, nur 25 Jahre, bevor die Spanier schließlich vertrieben wurden.

Las Murallas sind ein herausragendes Beispiel militärischer Bautechnik und bemerkenswert gut erhalten – außer einem Abschnitt in La Matuna, den „fortschrittliche" Stadtobrigkeiten unglücklicherweise Mitte des 20. Jhs. abreißen ließen.

Ein gemächlicher Bummel gibt viel Gelegenheit, um die architektonischen Details zu würdigen und das Leben in den Straßen und die zahllosen Imbissstände zu aufzusuchen. Auf einem Spaziergang lassen sich neben den hier aufgeführten Sehenswürdigkeiten noch viele weitere Attraktionen entdecken und besichtigen.

LP TIPP Palacio de la Inquisición MUSEUM
(Plaza de Bolívar; Erw./Kind 13 000/10 000 COP; ⌚Mo–Sa 9–18, So 10–16 Uhr) Der bewegende Palast der Inquisition ist eines der schönsten Bauwerke der Stadt. Obwohl sich hier schon seit 1610 der Sitz des Straftribunals der Inquisition befand, wurde der Palast erst 1776 fertiggestellt. Er ist ein schönes Werk spätkolonialer Architektur, besondere Beachtung verdienen das prächtige steinerne Portal mit dem spanischen Wappen obenauf und die langgezogenen Balkone an der Fassade.

An der Seite, vom Eingang aus um die Ecke, ist ein kleines Fenster mit einem Kreuz darüber zu sehen. Hier wurden damals Ketzer angeklagt, Voraussetzung dafür, dass die Inquisition das Verfahren gegen den Beschuldigten einleiten konnte. Das „Verbrechen" bestand zumeist in Zauberei, Hexerei oder Blasphemie. Wenn die Delinquenten für schuldig befunden wurden, verurteilte man sie in einem *auto-da-fé* (portugiesisch für „Glaubensgericht"; öffentliche Hinrichtung von Ketzern) zum Tode. Bis zur Unabhängigkeit im Jahr 1821 fanden hier fünf Autodafés statt. Etwa 800 Personen wurden zum Tode verurteilt und hingerichtet. Über die indigene Bevölkerung richtete die Inquisition jedoch nicht.

Der Palast dient heute als Museum, in dem u. a. die Folterinstrumente des Inquisitors ausgestellt sind (ein grausamer Anblick, aber auch bei weitem die faszinierendsten Exponate hier). Daneben sind auch präkolumbische Tonwaren und historische Objekte aus kolonialer Zeit und aus der Zeit der Unabhängigkeitskämpfe zu sehen, darunter Waffen, Gemälde, Möbel und Kirchenglocken. Ein gutes Modell Cartagenas aus dem frühen 19. Jh. und eine interessante Sammlung alter Karten des Nuevo Reino de Granada aus verschiedenen Epochen sind ebenfalls ausgestellt. Die Beschriftungen sind ausnahmslos auf Spanisch, Besucher können sich aber für 35 000 COP einen Englisch sprechenden Führer nehmen. Dieser Preis gilt bis zu fünf Personen – am besten also ein paar Leute zusammentrommeln.

LP TIPP Convento & Iglesia de San Pedro Claver — MUSEUM, KIRCHE

Dieses Kloster gründeten Jesuiten in der ersten Hälfte des 17. Jhs., ursprünglich als San Ignacio de Loyola. Später wurde es zu Ehren des in Spanien geborenen Mönchs Pedro Claver (1580–1654), der hier lebte und starb, umbenannt. Claver, der „Apostel der Schwarzen" und „Sklave der Sklaven", kümmerte sich sein ganzes Leben um die versklavten Menschen aus Afrika. 1888 wurde er als erste Person aus der Neuen Welt heiliggesprochen.

Das Kloster ist ein monumentales dreistöckiges Gebäude rund um einen von Bäumen bestandenen Innenhof. Ein Teil ist als **Museum** (☎664 4991; Plaza de San Pedro Claver; Erw./Kind 6000/4000 COP; ⌚Mo–Sa 8–17, So bis 16.30 Uhr) öffentlich zugänglich. Zur Sammlung gehören religiöse Kunst und präkolumbische Töpferwaren.Eine neue Abteilung widmet sich außerdem zeitgenössischen afrokaribischen Werken wie wunderbaren haitianischen Gemälden und afrikanischen Masken.

Besucher können auch die Zelle, in der San Pedro Claver lebte und starb, besichtigen und in der **Kirche** nebenan die schmale Treppe zur Chorempore erklimmen. Führer (16 000 COP, englischsprachig, für bis zu sieben Personen) finden sich normalerweise am Ticketverkauf. Die Iglesia de San Pedro Claver wurde in der ersten Hälfte des 18. Jhs. vollendet. Hinter der eindrucksvollen Steinfassade verbirgt sich ein Innenraum mit schönen Buntglasfenstern und einem Hochaltar aus italienischem Marmor. Die sterblichen Überreste von San Pedro Claver liegen in einem gläsernen Sarg im Altar. Sein Schädel ist deutlich zu sehen – dieser Altar ist also etwas ganz Spezielles.

Iglesia de Santo Domingo — KIRCHE

(Plaza de Santo Domingo; Erw./Kind 12 000/8000 COP; ⌚Di–Sa 9–19, So 12–20 Uhr) Die Iglesia de Santo Domingo, die gegen Ende des 16. Jhs. errichtet wurde, ist angeblich die älteste Kirche der Stadt. Ursprünglich wurde sie 1539 auf der Plaza de los Coches errichtet, doch nachdem der Originalbau einem Feuer zum Opfer gefallen war, baute man die Kirche 1552 an ihrer jetzigen Stelle wieder auf. Die Bauherren verpassten ihr ein besonders breites Hauptschiff und ein schweres Dach – leider waren sie keine guten Statiker, und das Gewölbe bekam schon bald Risse. Massive Stützpfeiler an den Mauern waren nötig, um das Bauwerk vor dem Einsturz zu bewahren. Auch der Glockenturm machte Probleme: Er ist eindeutig schief.

Der Innenraum ist großflächig und hoch. Den Barockaltar im rechten Seitenschiff ziert eine aus Holz geschnitzte Christusfigur. Der Boden vor dem Hochaltar und in beiden Seitenschiffen ist mit alten Grabsteinen gepflastert, die größtenteils aus dem 19. Jh. stammen.

Bis vor kurzem war die Kirche nur zu Gottesdiensten geöffnet, doch inzwischen ist es möglich, den ganzen Tag über die 20-minütige Audiotour (in vielen Sprachen erhältlich) zu absolvieren.

Puerta del Reloj — TOR

Dieses Tor, ursprünglich Boca del Puente genannt, war der wichtigste Zugang zur inneren ummauerten Stadt. Eine Zugbrücke über dem Graben verband das Tor mit Getsemaní. In seinen seitlichen Bögen, die heute als Fußgängerdurchgänge geöffnet sind, waren früher eine Kapelle und eine Waffenkammer untergebracht. Der Turm im republikanischen Stil mit vierseitiger Uhr wurde 1888 hinzugefügt.

Plaza de los Coches — PLATZ

Auf der dreieckigen Plaza de los Coches, früher Plaza de la Yerba, gleich hinter der Puerta del Reloj fand einst der Sklavenmarkt statt. Den Platz säumen alte Häuser mit Balkonen und kolonialen Bögen im Erdgeschoss. Am Bogengang, El Portal de los Dulces, sind heute Stände mit regionalen Süßwaren zu finden. Die Statue des Stadt-

Cartagena Altstadt

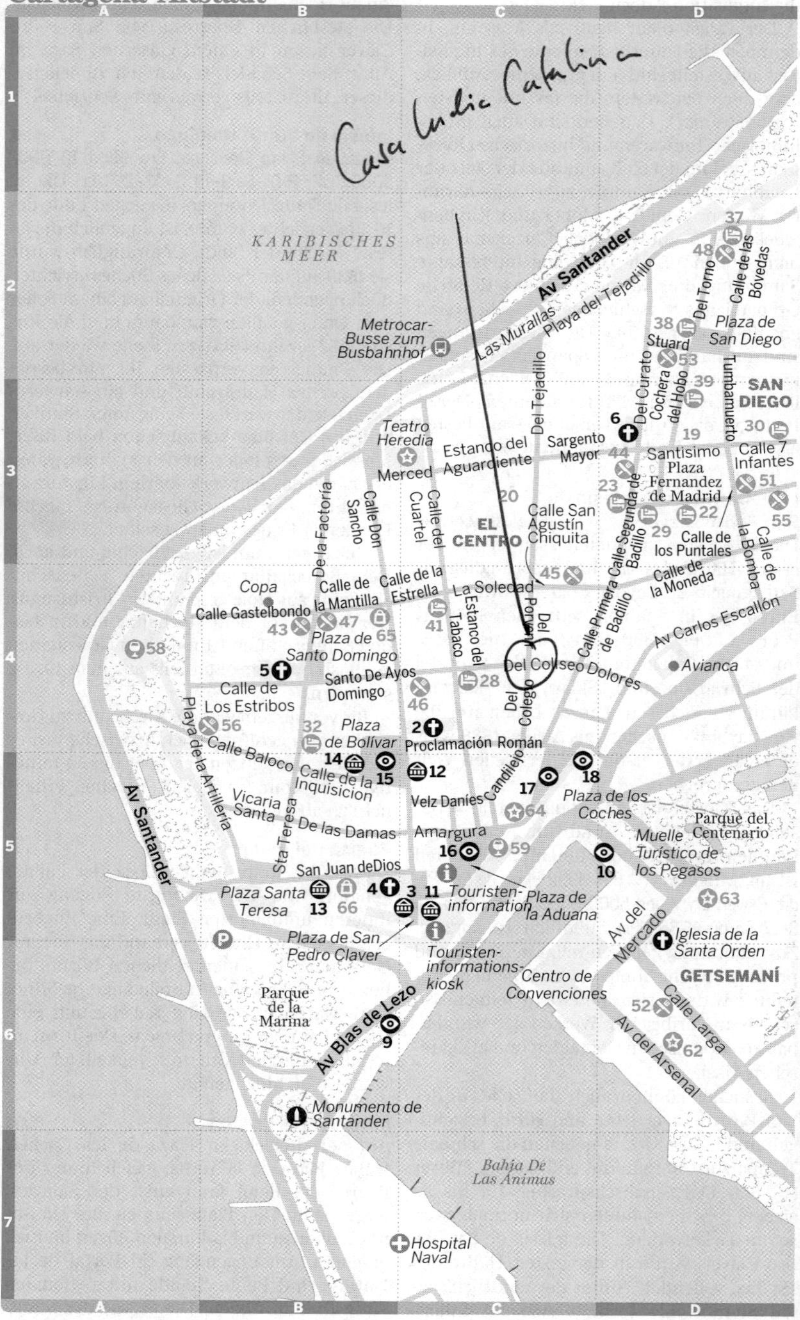

gründers Pedro de Heredia thront in der Mitte des Platzes.

Plaza de la Aduana PLATZ

Der größte und älteste Plaza in der Altstadt diente einst als Paradeplatz. Zu Kolonialzeiten standen hier alle wichtigen Regierungs- und Verwaltungsgebäude. Das alte Königliche Zollhaus hat man restauriert, es fungiert heute als Rathaus. Das Zentrum des Platzes schmückt eine Statue von Christoph Kolumbus.

Museo de Arte Moderno MUSEUM

(Plaza de San Pedro Claver; Erw./Kind 5000/3000 COP; ⏲Mo–Do 9–13 & 15–18, Fr 9–12 & 15–19, Sa 10–13, So 9–13 Uhr) Das gut proportionierte (und nicht einschüchternd große) Museum für Moderne Kunst ist in einem Abschnitt des früheren Königlichen Zollhauses aus dem 17. Jh. untergebracht. Gezeigt werden Wechselausstellungen der eigenen Sammlung, darunter Werke von Alejandro Obregón, einem der berühmtesten kolumbianischen Maler, der in Cartagena zur Welt kam. Auch die Skulpturen und die abstrakte Kunst sind einen Blick wert. Im Obergeschoss finden andere wechselnde Ausstellungen statt.

MuseoNaval del Caribe MUSEUM

(Calle San Juan de Dios No 3-62; Erw./Kind 7000/4000 COP; ⏲10–17.30 Uhr) 1992, zum 500. Jahrestag von Kolumbus' Entdeckung der Neuen Welt, eröffnete das Museo Naval del Caribe seine Pforten. Es befindet sich in einem großen Kolonialgebäude, das in seinem ersten Leben ein Jesuitenkolleg war. Kernstück des Museums ist eine umfangreiche Sammlung rekonstruierter Stadtansichten und Bootsmodelle aus mehreren Jahrhunderten. Echte Artefakte sucht man jedoch leider fast vergeblich – immerhin gibt es ein paar hübsche Torpedos.

Plaza de Bolívar PLATZ

Dieser Platz mit Schatten spendenden Bäumen, ehemals die Plaza de Inquisición, ist von einigen der elegantesten Kolonialhäusern mit schönen Balkonen umgeben und bietet Schatten unter Bäumen – eine herrliche Zuflucht vor der karibischen Hitze. Auch diese Plaza dominiert eine Statue: die des namengebenden Simón Bolívar.

GRATIS **Museo del Oro y Arqueología** MUSEUM

(Plaza de Bolívar; ⏲Di–Fr 10–13 & 15–19, Sa 10–13& 14–17, So 11–16 Uhr) Diese Miniaturausgabe des Goldmuseums in Bogotá (S. 50)

Cartagena Altstadt

liefert einen kleinen Vorgeschmack auf die große Schwester von Weltformat. Cartagenas Museo del Oro ist zwar klein, die faszinierende Sammlung mit Gold und Keramik der Sinú (auch als Zenú bekannt) funkelt dafür umso mehr. Die Sinú lebten vor der Eroberung durch die Spanier im Bereich der heutigen Departamentos Bolívar, Córdoba und Sucre sowie im nördlichen Antioquia. Einige der Exponate sind wunderbar fein gearbeitet. Da die Klimaanlage auf beinahe schon arktische Temperaturen eingestellt ist, kann man sich hier hervorragend von der Hitze der Stadt erholen.

Catedral KATHEDRALE
(Erw./Kind 12 000/8000 COP; ⏲Di–So 10.30–19 Uhr) 1586, elf Jahre nach dem Baubeginn der Kathedrale, zerstörten Francis Drakes Kanonen Teile der Konstruktion, sodass das Gotteshaus erst 1612 fertiggestellt werden konnte. Zwischen 1912 und 1923 ließ der erste Erzbischof von Cartagena Umbaumaßnahmen durchführen: Das Bauwerk wurde

mit Stuck versehen und so bemalt, dass es Marmor glich, der Turm bekam eine Kuppel. Bei einer Restauration wurde an der Fassade der schöne Kalkstein wieder freigelegt. Außer der Turmkuppel präsentiert sich die Kathedrale heute in ihrer ursprünglichen Form. Sie ähnelt einer Festung und ist in drei Schiffe und massive halbrunde Bogengänge mit hohen Steinsäulen gegliedert. Der Blattgoldaufsatz am Hauptaltar stammt aus dem 18. Jh. Wer möchte, kann eine 25-minütige Audio-Tour unternehmen.

Iglesia de Santo Toribio de Mangrovejo KIRCHE

Verglichen mit den anderen Kirchen der Stadt ist diese richtig klein. Die Decke des zwischen 1666 und 1732 errichteten Gotteshauses ist mit Mudejar-Täfelung verkleidet. Während Vernons Angriff im Jahr 1741 flog eine Kanonenkugel durch ein Fenster, als die Kirche gerade voll betender Besucher war, doch wie von Zauberhand waren keinerlei Toten zu beklagen. Die Kanonenkugel ist in einer verglasten Nische in der linken Kirchenwand zu besichtigen.

Las Bóvedas HISTORISCHES BAUWERK

Las Bóvedas besteht aus 23 Verliesen, die 1792–96 in die 15 m dicke Stadtmauer eingelassen wurden. Das letzte größere Bauprojekt in kolonialer Zeit sollte militärischen Zwecken dienen. Die Spanier nutzten die Verliese als Lagerräume für Munition und Proviant. Später, in der republikanischen Zeit, wurden sie zum Gefängnis umfunktioniert. Heute beherbergen die Räume Läden für Kunsthandwerk und Souvenirs.

Casa de Rafael Núñez MUSEUM

(Erw./Kind 1000/500 COP; ⌚Di–Fr 9–17.30, So 10–16 Uhr) In diesem Haus gleich hinter den Mauern von Las Bóvedas wohnte der frühere Präsident, Richter und Poet Rafael Núñez (1825–94). Er verfasste den Text zu Kolumbiens Nationalhymne und war einer der Autoren der Verfassung von 1886, die bis 1991 (mit ein paar Veränderungen) Bestand hatte. Das aus Holz errichtete Haus ist heute ein Museum und zeigt Dokumente und persönliche Habseligkeiten aus dem Besitz von Núñez. In der Kapelle gegenüber, der Ermita del Cabrero, ist seine Urne verwahrt.

Monumento a la India Catalina STATUE

Das Denkmal am Hauptzugang zur Altstadt (von der Festlandseite) aus zollt den Kariben Tribut, die einst hier lebten, bevor die Spanier kamen. Die Bronzestatue zeigt Catalina, eine schöne Karibin, die bei der Ankunft der Spanier als Übersetzerin für Pedro de Heredia fungierte. Die 1974 entstandene Statue ist das Werk des spanischen Bildhauer Eladio Gil, der viele Jahre seines Lebens in Cartagena verbrachte.

Muelle Turístico de la Bodeguita HAFEN

Der Muelle Turístico de la Bodeguita wird häufig mit der Flaniermeile Muelle Turístico de los Pegasos ganz in der Nähe verwechselt. Doch hinter der Adresse verbirgt sich Cartagenas alter Hafen an der Bahía de las Ánimas. Hier legen nur noch Ausflugsboote zur Playa Blanca und zur Isla del Rosario ab (es gibt ein Büro für Reservierungen), sonst ist nicht viel los. Der neue Hafen für große Schiffe befindet sich auf der Insel Manga.

SPANISCHE FORTS

Die Altstadt ist eine Festung für sich, doch auch außerhalb bauten die Spanier an strategischen Punkten Befestigungsanlagen. Im Folgenden sind zwei der bedeutendsten beschrieben.

Castillo de San Felipe de Barajas FESTUNG

(Av. Arévalo; Erw./Kind 16 000/8000 COP; ⌚8–18 Uhr) Das Castillo ist die größte und wehrhafteste Festung, die die Spanier jemals in ihren Kolonien errichteten. Das ursprüngliche Bauwerk, 1630 in Auftrag gegeben, war noch recht klein. 1657 begann man auf dem 40 m hohen Hügel San Lázaro mit den Bauarbeiten. 1762 wurden umfangreiche Erweiterungen durchgeführt, bis schließlich der gesamte Hügel von dem mächtigen Bollwerk bedeckt war. Es erwies sich tatsächlich als unbezwingbar und konnte niemals eingenommen werden – trotz zahlreicher Versuche. Um an Lebensmittel zu gelangen und um das Castello nötigenfalls zu evakuieren, war die Festung mit einem komplizierten Tunnelsystem ausgestattet. Die Tunnel waren so konstruiert, dass sie Geräusche ins ganze System weiterleiteten, sodass auch die leisesten Schritte von Eindringlingen zu hören waren und man sich untereinander verständigen konnte.

Ein paar Tunnel sind heute beleuchtet und für die Öffentlichkeit zugänglich – ein einmaliges, gespenstisches Erlebnis! Im Rahmen einer Führung (30 000 COP, in Englisch) erfahren die Besucher mehr über die wunderlichen Erfindungen von Antonio de Arévalo, dem Militärtechniker, der die Konstruktion des Forts leitete.

Von der Altstadt sind es 20 Gehminuten bis zur Festung, alternativ startet ein

Bus vom Parque del Centenario oder man nimmt ein Taxi (6000 COP). Von Februar bis November ist am letzten Sonntag im Monat der Eintritt frei.

Fuerte de San Sebastián del Pastelillo FORT

Diese Festung am westlichen Ende der Insel Manga wurde Mitte des 16. Jhs. als eine der ersten Verteidigungsbastionen der Stadt errichtet. Sie ist zwar recht klein und nicht allzu interessant, liegt aber unweit der Altstadt – von Getsemaní aus auf der anderen Seite der Brücke. Heute ist im Fort der Club de Pesca zu Hause, in dessen kleinem Hafen heimische und ausländische Boote vor Anker liegen.

CONVENTO DE LA POPA

Dieses **Kloster** (Erw./Kind 8000/6000 COP; ⌚8.30–17 Uhr) steht auf einem 150 m hohen Hügel, dem höchsten Punkt der Stadt, etwa 2 km vom Castillo de San Felipe de Barajas entfernt. Sein Name bedeutet „Konvent des Hecks" – nach der augenfälligen Ähnlichkeit des Hügels mit einem Schiffshinterteil. Der offizielle Name des 1607 von Augustinermönchen gegründeten Klosters lautet Convento de Nuestra Señora de la Candelaria. Ursprünglich stand hier nur eine kleine Holzkapelle, die jedoch durch eine stabilere Konstruktion ersetzt wurde, als man 200 Jahre später, kurz vor Pablo Morillos Belagerung, den Hügel befestigte.

In der Kapelle ist ein schönes Bildnis von Cartagenas Schutzheiligen, La Virgen de la Candelaria, zu bewundern, und der Patio voller Blumen ist einfach zauberhaft. Grausam ist indes die Statue des aufgespießten Padre Alonso García de Paredes, eines Priesters, der zusammen mit fünf spanischen Soldaten ermordet wurde, als er das Wort Gottes lehren wollte. Die Aussicht von dort oben über die gesamte Stadt ist grandios. Der Feiertag der Schutzheiligen ist übrigens der 2. Februar (s. S. 141).

Zum Kloster hinauf führen eine im Zickzack-Kurs verlaufende Straße (keine öffentlichen Verkehrsmittel) und Wege, die die Haarnadelkurven der Straße abschneiden. Zu Fuß würde der Weg nach oben eine halbe Stunde dauern, Sicherheit und Gesundheit sprechen jedoch dagegen – der Marsch käme nämlich einer Wüstenwanderung gleich! Bequemer ist es mit dem Taxi (45 000 COP). Wer höflich, aber bestimmt zu feilschen versteht, bezahlt vielleicht nur halb so viel, wie vom Fahrer verlangt wird.

MERCADO BAZURTO

Nur für abenteuerlustige Zeitgenossen zu empfehlen ist Cartagenas labyrinthartiger zentraler **Markt** (Av. Pedro de Heredia; ⌚24 Std.). Schmutzig und spannend zugleich ist er ein Angriff auf alle Sinne. Hier wird an den zahllosen Ständen einfach alles angeboten, was man sich so vorstellen kann: Obst und Gemüse, Fleisch, Fisch, unzählige Snacks und kühle Getränke. Mit etwas Glück findet man Cecilias Restaurant, in dem es manchmal Flussschildkröten, Hai oder Rinderzunge gibt. In der Gegend ist das Lokal als Pescado Frito bekannt, am besten die Leute nach dem Weg fragen. Auch wer nichts kauft, bekommt einen faszinierenden Einblick in den Alltag echter *cartagenos*. Besucher sollten auffälligen Schmuck besser zu Hause lassen, und auch auf Kamera und Geldbeutel gut achten. Ein Taxi von der Altstadt zum Markt kostet 7000 COP.

Aktivitäten

Cartagena hat sich dank der ausgedehnten Korallenriffe entlang der Küste zum wichtigen Tauchzentrum entwickelt. La Boquilla, gleich vor der Stadt, ist auch bei Kitesurfern beliebt.

aQuanaútica KITESURFEN

(☎656 8243; www.kitesurfcolombia.com; Hotel Las Americas, Cielo Mar) Kurse im Kitesurfing.

Diving Planet TAUCHEN

(☎664 2171; www.divingplanet.org; Calle Estanco del Aguardiente No 5–94) Ausflüge mit zwei Tauchgängen inkl. Transport, Mittagessen und zertifizierten Lehrern kosten 225 000 COP. Hier werden auch Tauchkurse mit PADI-Zertifikat (990 000 COP) angeboten.

Kurse

Amaury Martelo SPANISCH

(☎313 526 3910; amartesi@yahoo.com; pro Std. 25 000 COP; ⌚Mo–Sa 13–17 Uhr) Privater Spanischunterricht von einem absolut empfehlenswerten Lehrer.

Nueva Lengua SPANISCH

(☎660 1736; www.nuevalengua.com; Calle del Pozo No 25–95, Getsemaní) Die Sprachkurse in dieser zwanglosen Schule fangen an bei 350 000 COP für 15 Stunden, verteilt auf fünf Tage.

Geführte Touren

Stadtrundfahrten in einer *chiva* (einem bunt bemalten traditionellen Bus) starten täglich um 14 Uhr an mehreren Hotels im noblen Bocagrande. Die vierstündige Tour umfasst die Fahrt durch Bocagrande und Castillo Grande, einen Spaziergang in der ummauerten Stadt sowie den Besuch im Convento de la Popa und im Castillo de San Felipe de Barajas. Buchungen sind in allen Touragenturen möglich, den Weg nach Bocagrande müssen Interessierte jedoch selbst finden. Ein Taxi von der Altstadt aus kostet etwa 7000 COP.

Auch Pferdekutschen bieten sich zum eher gemächlichen Kennenlernen von Bocagrande und der ummauerten Stadt an. Die Kutschen fahren von etwa 16 oder 17 Uhr bis Mitternacht an der Ecke von Avenida San Martín und Calle 4 in Bocagrande ab. Die einstündige Fahrt zum Hafen und durch die Altstadt kostet etwa 50 000 bis 60 000 COP. Nach der Tour durch die ummauerte Stadt fahren sie entweder über die Avenida San Martín oder am Meer entlang zurück – je nach Wunsch der Fahrgäste. Die nächtlichen Kutschfahrten sind eher Partyparade denn Sightseeing-Tour.

Touren zur Isla del Rosario siehe S. 157; Touren zum Volcán de Lodo El Totumo siehe S. 151.

Feste & Events

Feria Taurina STIERKAMPF

In der ersten Woche des Jahres werden in der Arena an der Avenida Pedro de Heredia Stierkämpfe ausgetragen.

Fiesta de Nuestra Señora de la Candelaria PROZESSION

Am 2. Februar, dem Tag von Cartagenas Schutzheiligen, findet am Convento de la Popa eine stille Prozession statt, bei der die Gläubigen brennende Kerzen tragen. Schon an den neun Tagen zuvor, den sogenannten Novenas, ziehen lange Pilgerscharen zum Kloster.

Reinado Nacional de Belleza SCHÖNHEITSWETTBEWERB

Mit dem landesweiten Beauty Contest wird Cartagenas Unabhängigkeitstag gefeiert. Am 11. November steht der Höhepunkt der Feierlichkeit an: die Wahl zur Miss Kolumbien. Doch schon Tage zuvor wird in den Straßen getanzt, musiziert und in schrillen Kostümen umhergezogen: Die ganze Stadt ist außer Rand und Band. Dieses Fest, auch als Carnaval de Cartagena oder Fiestas del 11 de Noviembre bekannt, ist Cartagenas wichtigstes jährliches Event.

Schlafen

Cartagena hat eine ganz ordentliche Auswahl an Unterkünften, und trotz der vielen Touristen sind die Preise – verglichen mit anderen großen Städten – recht vernünftig. Wer es sich leisten kann, sollte in einem der wunderbaren restaurierten Kolonialhäuser absteigen. Auch in der Hauptsaison von Dezember bis Ende Januar sind noch Zimmer zu bekommen.

Die meisten Besucher nächtigen innerhalb der Stadtmauer. Hier ist Getsemaní das Viertel mit den meisten Budget-Unterkünften, die sich hauptsächlich in der Calle de la Media Luna befinden. In El Centro und San Diego dagegen verwöhnen die Nobelhotels der Altstadt ihre Gäste.

LP TIPP **Hotel Casa Lola** HOTEL $$$

(☎664 1538; www.casalola.com.co/en; Calle del Guerrero, No 29–108, Getsemaní; Zi. 294 736–736 840 COP) Das stilvolle Boutiquehotel hat ein kunstvolles Interieur, das im Kontrast zur schlichten Eingangstür steht. Das Dekor ist sehr durchdacht – bahnbrechende Kunst und Kuhfell-Läufer reihen sich hier an allerhand eklektischen Schnickschnack. Die lichtdurchfluteten Gästezimmer mit freiliegendem Mauerwerk sind superschick, der Service ist grandios.

Casa Villa Colonial HOTEL $$

(☎664 5421; http://casavillacolonial.com; Calle de la Media Luna No 10–89, Getsemaní; EZ/DZ 80 000/120 000 COP; ❄📶) Angesichts der Ausstattung ein echtes Schnäppchen: persönlicher 4-Sterne-Service, schöne Gemeinschaftsbereiche mit bequemen Sofas und geräuscharme Klimaanlagen. Die besten Zimmer verfügen über kleine Balkone zum Innenhof, und in der kleinen Küche, die die Gäste benutzen dürfen, gibt es wirklich guten Kaffee.

El Viajero Cartagena HOSTEL $

(☎660 2598; Calle 7 Infantes No 9–45 Cartagena de Indias; B 22 000 COP, Zi. pro Pers. 55 000 COP; ❄📶) Besitzer dieses großen Backpacker-Knüllers ist Federico Lavagna, ein herrlich lustiger, weitgereister Fußballfan aus Uruguay. Alle Zimmer sind mit einer Klimaanlage ausgestattet – bei dieser Hitze und angesichts der Preise ein absoluter Traum! Die Betten sind nicht zu weich, die Küche ist gut organisiert und blitzsauber, und im zauberhaften offenen Innenhof geht es recht gesellig zu. Das Frühstück ist im Übernachtungspreis inbegriffen.

La Passion HOTEL $$$
(☎664 8605; www.lapassionhotel.com; Calle Estanco del Tabaco No 35–81, El Centro; EZ/DZ ab 250 000/390 000 COP; ❄📶🏊) Hinter dem diskretesten Hoteleingang der Stadt betreiben ein französischer Filmproduzent und seine kolumbianische Partnerin ein wahres Juwel. Das Wohnhaus im republikanischen Stil stammt aus dem frühen 17. Jh. und bietet heute acht individuell dekorierte Gästezimmer und ein Potpourri internationaler Design-Elemente (marokkanisch, griechisch, mexikanisch) neben modernen kolumbianischen Fotos. Ein paar Zimmer haben römische Bäder und Duschen im Freien, noch besser sind allerdings der Pool und die Dachterrasse mit Blick auf die Kathedrale.

Media Luna Hostel HOSTEL $$
(☎664 3423; www.medialunahostel.com; Calle de la Media Luna No 10–46, Getsemaní; B/EZ/DZ 23 000/50 000/81 000 COP; ❄📶) Dieses Boutiquehostel stellt eine pfiffige Ergänzung in Cartagenas Hotellerie dar. Mit großen Gemeinschaftsbereichen, der sonnigen Dachterrasse, einer Bar, Fahrradverleih, Pool, minimalistischem Dekor und sauberer Bettwäsche sowie coolen Angestellten schlägt es mit großem Vorsprung die Konkurrenz.

Bantú HOTEL $$$
(☎664 3362; www.bantuhotel.com; Calle de la Tablada No 7–62, San Diego; EZ/DZ inkl. Frühstück ab 382 500/440 500 COP; ❄📶🏊) Zwei wunderbar restaurierte Wohnhäuser aus dem 15. Jh. bilden zusammen dieses zauberhafte Open-Air-Boutiquehotel mit Bögen aus freiliegendem Mauerwerk, Original-Steinwänden und viel Grün. Die 23 elegant eingerichteten Zimmer mit lokaler Kunst passen sich hervorragend in das alte Gemäuer ein. Weitere Pluspunkte sind Pool, Dusche und Whirlpool auf dem Dach.

Hotel Sofitel Santa Clara HOTEL $$$
(☎664 6070; www.hotelsantaclara.com; Plaza de San Diego, San Diego; Zi. ab 420 000 COP; ❄📶🏊) Die Originalelemente in diesem Kloster aus dem 17. Jh. sind fantastisch. Das ganze Hotel wurde in das Kloster eingefügt – der frühere Kreuzgang etwa bildet heute massive Flure innerhalb der alten Klostermauern rund um einen geräumigen Innenhof, und in der Krypta befindet sich heute ein trendige Bar. Details wie authentische Kanonenkugeln (die heute jedoch als Türstopper dienen) und Kapellen heben dieses Hotel über alle anderen in der Altstadt.

Casa Mara HOSTEL $$
(☎664 5480; http://casamarahostalcartagena.com; Calle del Espiritu Santo No 29–129, Getsemaní; EZ/DZ 70 000/120 000 COP; ❄📶) Wer dem Trubel an der Hauptstraße entkommen möchte, ist in diesem Haus in einer ruhigen Seitengasse richtig. Die schlicht dekorierten Zimmer gruppieren sich um einen gepflegten Innenhof mit tollem Pool und von Ventilatoren gekühlten Gemeinschaftsbereichen. Die Besitzer sind nett, aufmerksam und sehr hilfsbereit.

Hotel Yolanda HOTEL $$
(☎664 8310; www.yolandahotelcartagena.com; Calle del Espiritu Santo No 29–101, Getsemaní; Zi. mit Ventilator 140 000 COP; ❄📶) Die in üppige tropische Vegetation getauchten öffentlichen Areale rund um den Pool wirken unglaublich entspannend, und die natürlich gehaltenen Gästezimmer mit viel Holz und noch mehr Dschungelpflanzen tragen ebenfalls zur Erholung bei.

Centro Hotel HOTEL $$$
(☎664 0461; www.centrohotelcartagena.com; Calle del Arzobispado No 34–80, El Centro; EZ/DZ inkl. Frühstück ab 160 000/199 000 COP; ❄📶) Das einfache, aber saubere Centro Hotel steht nur ein paar Schritte von der Plaza de Bolívar entfernt. Die gepflegten Zimmer sind um einen offenen Hof angeordnet, einige von ihnen haben Romeo-und-Julia-Balkone zur Straße hin.

Hotel Tres Banderas HOTEL $$$
(☎660 0160; www.hotel3banderas.com; Calle Cochera del Hobo No 38–66, San Diego; Zi. inkl. Frühstück ab 185 500 COP; ❄📶) Das von Frankokanadiern geführte Hotel bietet hübsche Gemeinschaftsbereiche mit einem künstlichen Wasserfall und Kokospalmen. Gegen 10 000 COP extra gibt es auch ein Zimmer im Obergeschoss mit schönem Balkon, aber kleinem Bad. Die Umgebung ist ruhig und malerisch.

Casa La Fe B&B $$$
(☎664 0306; www.casalafe.com; Calle Segunda de Badillo No 36–125, San Diego; Zi. inkl. Frühstück ab 280 000 COP; ❄📶) Ein britisch-kolumbianisches Paar führt dieses Boutique-B&B, das mit (durchaus geschmackvoller) religiöser Kunst dekoriert ist. Die Gäste speisen im Innenhof mit Dschungelambiente. Der Whirlpool auf dem Dach ist unglaublich

erholsam. Die teureren Zimmer haben Balkone mit Blick auf die Plaza Fernandez de Madrid. Für Hardcore-Radler – in diesem Breitengrad hat man nach einer Stunde sein Körpergewicht herausgeschwitzt – stehen kostenlose Fahrräder zur Verfügung.

The Chill House HOSTEL **$**
(☎660 2386; www.thechillhousecartagena.com; Calle La Tablada No 7–12, El Centro; B ab 16 000 COP, Zi. ohne/mit Klimaanlage 65 000/90 000 COP; ❄📶) Wer sich in Getsemaní nicht wirklich wohlfühlt (was vor allem auf allein reisende Frauen zutreffen kann), dem sei dieser Newcomer in El Centro empfohlen. Das Chill House ist weniger überfüllt als die Casa Viena und steht an einem schönen Platz in der Nähe von guten, günstigen Restaurants. Prima Wahl!

Hotel Familiar HOSTEL **$**
(☎664 2464; www.hotelfamiliarcartagena.com; Calle El Guerrero No 29–66, Getsemaní; EZ/DZ ab 23 000/40 000 COP) Das Familiar, eine weitere solide Unterkunft in Getsemaní, bietet etwas mehr Ruhe als andere Budget-Optionen, weil sie an einer Seitenstraße steht; ein paar Zimmer liegen zudem nach hinten raus. Wenn man bedenkt, wie Getsemaní floriert, hätte das Hostel einige Schönheitsreparaturen nötig.

Hostal Santo Domingo HOSTEL **$$**
(☎664 2268; Calle Santo Domingo No 33–46, El Centro; Zi. ohne/mit Klimaanlage 66 000/76 700 COP; ❄) Stünde das gleiche Hostel in Getsemaní, könnte es nur halb so viel verlangen – aber es befindet sich nun mal an einer schönen Straße im Stadtzentrum, einen Steinwurf von einigen der attraktivsten Gebäude ganz Lateinamerikas entfernt. Das Santo Domingo ist vor allem bei älteren, etwas relaxteren Urlaubern als Downtown-Haus sehr beliebt.

Casa Relax B&B **$$**
(☎664 1117; www.cartagenarelax.com; Calle del Pozo No 25–105, Getsemaní; Zi. inkl. Frühstück ab 150 000 COP; ❄📶🏊) Ein guter Ort, um in (restauriertes) Kolonialflair einzutauchen, ohne gleich Hab und Gut verpfänden zu müssen. Das von einem pfeifenrauchenden französischen Gentleman geführte Haus ist vor allem wegen dem großen Pool und den drolligen Papageien erwähnenswert.

Casa Viena HOSTEL **$**
(☎664 6242; www.casaviena.com; Calle San Andrés No 30–53, Getsemaní; B mit Klimaanlage 20 000 COP, DZ ohne/mit Bad 44 000/58 000 COP; ❄📶) Das altmodische Hostel unter österreichischer Leitung steht an einer lauten Straße in Getsemaní – Ohrenstöpsel sind in der Nacht die beste Einschlafhilfe. Der kühle Schlafsaal könnte einen neuen Anstrich vertragen. Internet, Kaffee und Ortstelefonate sind kostenlos. Statt Komfort und hoher Preise gibt es hier Kameradschaft und Zweckmäßigkeit.

Hotel Holiday HOSTEL **$**
(☎664 0948; www.hotelholidaycartagena.com; Calle de la Media Luna No 10–47, Getsemaní; B/EZ/DZ 15 000/20 000/40 000 COP; 📶) In diesem Hostel steigen vor allem gesellige junge Leute ab. Im Angebot sind viele Touren – und etwas schmuddelige, aber noch akzeptable Zimmer.

Hotel Marlin HOSTEL **$**
(☎664 3507; www.hotelmarlincartagena.com; Calle de la Media Luna No 10–35, Getsemaní; EZ/DZ mit Ventilator 35 000/45 000 COP, EZ/DZ mit Klimaanlage 40 000/50 000 COP; ❄📶) Fenster? Wer braucht Fenster? Die lassen doch nur Hitze und Lärm rein. Diese bei Kolumbianern beliebte freundliche Budget-Unterkunft bietet Wasch- und Kochgelegenheit. Einige der Zimmer sind düster, und die zur Straße hin auch noch laut.

Hostal La Casona HOSTEL **$**
(☎664 1301; www.lacasonahostel.com; Calle Tripita y Media No 31–32, Getsemaní; EZ/DZ mit Ventilator 40 000/60 000 COP, EZ/DZ mit Klimaanlage 50 000/70 000 COP; ❄) Dieses preisgünstige Hotel hat einen herrlich grünen Innenhof, der einen für die einfachen (aber sehr ordentlichen) Zimmer entschädigt. Das kitschige tropische Dekor kann bei empfindlichen Gemütern Migräne auslösen.

Essen

In vielen Snackbars in der Altstadt gibt's hiesige Spezialitäten wie *arepas de huevo* (mit Ei gefüllte gebratene Maisfladen), *dedos de queso* (frittierte Käsesticks), *empanadas* (Teigtaschen mit Fleisch- oder Käsefüllung) und *buñuelos* (frittierte Mais-Käse-Bällchen).

Probieren sollte man auch die einheimischen Süßwaren an den Ständen, die das Portal de los Dulces an der Plaza de los Coches (S. 134) säumen.

In den Restaurants wird zu den meisten Fleisch- und Fischgerichten *arroz con coco* (Reis mit Kokos) serviert. Obststände sind überall zu finden – ihre tropischen Früchte sind reif und farbintensiv – und wirken, als wären sie mit Photoshop bearbeitet.

Einen Teil des Vergnügens, in Cartagena zu essen, besteht darin, einfach über die Plazas zu bummeln und sich treiben zu lassen. Die Plaza Santo de Domingo und die Plaza de San Diego sind beliebte Optionen, um im Freien zu dinieren und dabei die Leute zu beobachten. Erstere ist jedoch viel touristischer – die Bedienungen locken hier die Passanten mit dem Versprechen *„Es diferente!“* in ihr Lokal, dass sich tatsächlich aber in nichts vom Café nebenan unterscheidet.

LP TIPP La Cevicheria FISCH & MEERESFRÜCHTE **$$**
(☎664 5255; Calle Stuart No 7–14, San Diego; Hauptgerichte 25 000–52 000 COP, Ceviche 16 000–42 500 COP; ⊙Mittag- & Abendessen) Das Lokal ist klein und nicht leicht zu finden, aber sein Ceviche ist der beste auf dieser Seite des Himmels, und die Chilisauce würde sogar der Teufel fürchten. Jedes Gericht wird mit Elan und Eleganz zubereitet. Der Oktopussalat mit Pesto-Sesam-Dressing ist eine Wucht!

La Vitriola FISCH & MEERESFRÜCHTE **$$$**
(☎664 8243; Calle Balocco No 2–01, El Centro; Hauptgerichte 20 000–59 000 COP; ⊙Mittag- & Abendessen) Dieses 400 Jahre alte, zum Fischrestaurant umfunktionierte Kolonialhaus ist zu Recht berühmt. Der *mero* (Zackenbarsch) *Don Román* mit Tamarinden-Nam-Pla-Chili-Sauce ist die Spezialität des Hauses – wer sie bestellt, fühlt sich wie auf einem Tagesausflug nach Bangkok. Auch der Teriyaki-Oktopus tut dem Gaumen einen großen Gefallen. Zudem gibt es eine tolle Weinkarte und kubanische Livemusik.

El Santíssimo KOLUMBIANISCHE FUSIONKÜCHE **$$$**
(☎550 1531; Calle del Torno No 39–76, San Diego; Hauptgerichte 30 000–60 000 COP; ⊙Mittag- & Abendessen) Dieses gehobene und doch legere Restaurant stellt mit den Aromen und Gerichten Kolumbiens überaus interessante Sachen an. Der Star der Küche ist *obatala*, ein traditioneller karibischer Rindfleischeintopf mit aufgelöster Yucca und herrlich pampiger Kochbanane. Zu jedem Gericht wird ein spezieller Wein empfohlen.

La Mulata Cartagena KOLUMBIANISCH **$**
(☎664 6222; Calle Quero No 9–58, El Centro; Menü 7000–8000 COP; ⊙Mittagessen) Das stilvolle Lokal bietet hervorragende und sehr günstige *comida corriente* (Menüs). Zur Auswahl stehen mehrere Tagesmenüs und frische Säfte in einem für diesen Preis eigentlich zu hippen Ambiente. Vermutlich ist es das preiswerteste Lokal in ganz Cartagena. Draußen hängt leider kein Schild – man findet das Restaurant unter der Defensoría del PuI

Balconi PIZZERIA **$$**
(☎660 9880; Calle del Guerrero 29–146; Getsemaní; Pizzas 16 000–19 000 COP; ⊙Mittag- & Abendessen) Im Balconi über der Havana-Bar wird die wohl beste Pizza Cartagenas, wenn nicht ganz Kolumbiens, serviert. Der italienische Wirt ist derart besessen von hochwertigen Zutaten, dass er einen kolumbianischen Käser eingestellt hat und ihm die Herstellung von Gorgonzola und Parmesan beibrachte. Die Resultate sind einfach fabelhaft. Der Service ist super, und der Gastraum mit cooler Kunst an den Wänden macht einen luftigen Eindruck.

La Guacha STEAKHAUS **$$**
(☎664 1683; Calle de Espiritu Santo No 29–07; Getsemaní; Steaks 20 000–30 000 COP; ⊙Mittag- & Abendessen) Manchmal muss es einfach ein großes, blutiges Steak und ein Glas kräftiger Malbec sein. Und genau das kann man hier bekommen. In dem kühlen, eleganten Raum mit hohen Decken und freiliegendem Mauerwerk wird Fleisch der Superlative verarbeitet (besonders *punta de anca*, das beste Stück aus der Oberschale des Rinds). Das Fleisch wird in stilvoll geschnittenen und kunstvoll gebratenen Stücken serviert, die vor Geschmack triefen. Bei dieser Qualität ein Schnäppchen.

8-18 KOLUMBIANISCHE FUSIONKÜCHE **$$$**
(☎664 2632; Calle Gastelbondo No 21–24, El Centro; Hauptgerichte 32 000–50 000 COP; ⊙Mo–Sa Mittag- & Abendessen) In diesem ruhigen, angesagten Boutique-Restaurant werden einfallsreiche Versionen der modernen *Costeña*-Küche serviert. Verkaufsschlager ist in Rotwein geschmorter Ochsenschwanz. Eines der besten Lokale der Stadt – auch wenn die Kellner zuweilen etwas hochnäsig sind.

El Bistro EUROPÄISCH **$$**
(☎664 1799; Calle de Ayos No 4–46, El Centro; Sandwiches ab 11 000 COP, Hauptgerichte 12 500–22 000 COP; ⊙Mo–Sa Mittag- & Abendessen) Das legere Restaurant unter deutscher Leitung serviert ein täglich wechselndes Angebot (an der Tafel angeschrieben) aus europäischer Bistrokost, dazu gibt es erstklassiges selbst gebackenes deutsches

Brot und natürlich tolles Bier. Es ist hip, ohne sich dafür anstrengen zu müssen – und das Essen ist solide.

Gato Negro CAFÉ $
(☎660 0958; Calle San Andrés No 30–39, Getsemaní; Hauptgerichte 7000–8000 COP; ⏲Frühstück & Mittagessen; 📶) Dieses neue Lokal mit deutschen Besitzern hat eine einfache Frühstückskarte – Omeletts, Nutella-Crêpes, Müsli –, aber die Resultate sind gut. Zu Mittag wird ein Tagesmenü angeboten. Hier gibt es auch WLAN – eine Rarität, warum auch immer.

BrianZola EISCREME & PIZZA $
(☎664 2564; Ecke Calle San Agustín Chiquita & Calle de la Universidad, El Centro; Pizzas 12 000–22 000 COP, Eiscreme ab 6500 COP; ⏲Frühstück, Mittag- & Abendessen) Hier können sich die Gäste abkühlen: mit italienischem *gelato* in vielen exotischen kolumbischen Geschmacksrichtungen wie *mora* (Brombeere), *arequipe* (Milchkaramell), *zapote* (eine Art roter Avocado) und *guanábana* (Sauerklee). Auch die Pizzas sind zu empfehlen. Das BrianZola liegt direkt neben dem Café Juan Valdéz.

El Rincón de la Mantilla SEAFOOD $$
(☎660 1436; Calle de la Mantilla No 3–32, El Centro; Hauptgerichte 19 000–30 000 COP; ⏲Mo–Sa 8–24 Uhr) Körbe und Muscheln hängen von den Dachsparren herab und wiegen sich in der leichten Brise – klar, dass es in diesem stimmungsvollen Ambiente typische Gerichte des Meeres gibt.

Mehrere einfache Restaurants in Getsemaní servieren Menüs für ca. 6000–12 000 COP, darunter das **Restaurante Coroncoro** (☎664 2648; Calle Tripita y Media No 31–28, Getsemaní; ⏲Frühstück, Mittag- & Abendessen) und das **Getsemaní Café** (☎317 781 5694; Calle San Andrés No 30–34, Getsemaní; ⏲Frühstück, Mittag- & Abendessen). In San Diego gibt es in dem vegetarischen Restaurant mit Reformkostladen **Girasoles** (☎664 5239; Calle de los Puntales 37-01, San Diego; Menü 5000 COP; ⏲Frühstück & Mittagessen; 🌱) ein täglich wechselndes fleischfreies Menü.

Ausgehen

Cartagenas Barszene konzentriert sich an der Plaza de los Coches in El Centro – hier hört man Salsa und Vallenato – und entlang der Calle del Arsenal in Getsemaní, wo die Clubs größer und die Preise höher sind. Am Wochenende ist am meisten los, dann steigt die Stimmung allerdings erst in den Stunden nach Mitternacht.

Donde Fidel SALSA
(☎664 3127; El Portal de los Dulces No 32–09, El Centro; ⏲11–2 Uhr) Das Soundsystem in diesem Schuppen soll mit seinen Bässen schon erwachsene Männer zum Weinen gebracht haben – das schafft allerdings auch die tolle Salsasammlung von Don Fidel: Salsa, das ist Musik der Liebe, des Verlusts und Klagens. Im Donde Fidel, einer Institution in Cartagena, tanzen knutschende Pärchen in Nischen unter den Porträts vom Wirt und grimassenschneidenden Megastars. Die große Terrasse mit Tischen und Stühlen ist ideal zum Leutebeobachten.

LP TIPP **Café del Mar** BAR
(☎664 6513; Baluarte de Santo Domingo, El Centro; Cocktails 18 000–26 000 COP; ⏲17 Uhr bis frühmorgens) Meeresbrisen bringen willkommene Kühle in diese schicke Open-Air-Lounge auf der westlichen Stadtmauer. Wer hier herein möchte, sollte sich schon etwas aufbrezeln. Die DJs liefern möglicherweise ihr Sortiment an Pop-House-Musik mit Ibiza-Touch per Fax, aber der Blick auf Bocagrande macht das wieder wett.

La Casa de la Cerveza BAR
(☎664 9261; Baluarte San Lorenzo del Reducto, Getsemaní; ⏲16–4 Uhr) Eine weitere angesagte Bar hoch auf der Stadtmauer – diesmal mit atemberaubendem Blick auf das Castillo de San Felipe. Allabendlich legen DJs auf, und wer hungrig wird, kann sich Grillfleisch, Empanadas und guten Ceviche bestellen (alles unter 40 000 COP).

☆ Unterhaltung

Nachtclubs

Spaßig sind abendliche Touren auf *chivas* (den charakteristischen kolumbianischen Bussen) mit Vallenato-Band und All-you-can-drink-*aguardiente*. Die *chivas* fahren gegen 20 Uhr von Hotels in Bocagrande ab und setzen die Fahrgäste nach drei bis vier Stunden an einem Club ab. Die Buchung ist in den meisten Touragenturen und Hostels möglich.

LP TIPP **Café Havana** BAR
(☎664 7568; Ecke Calle del Guerrero & Calle de la Media Luna, Getsemaní; Eintritt 5000 COP; ⏲Do–Sa 20–4, So 17–2 Uhr) Das Café Havana bietet alles: Live-Salsa mit kubanischen Trompetern, Alkohol, Holztäfelung und zahlreiche

Ventilatoren an der Decke. Ein kundiger Kolumbianer kann einem all die in Ungnade gefallenen Ex-Präsidenten, ihre Frauen und Geliebten, die Fernsehmoderatoren und Supermodels zeigen, die sich rund um die massive Theke in der Mitte niederlassen. Noch immer mit Abstand die wohl beste Bar der Stadt.

Mister Babilla CLUB
(☎664 7005; Av del Arsenal No 8B-137, Getsemaní; Eintritt 15 000 COP; ⏲21–4 Uhr) Dieser große Club mit mehreren Räumlichkeiten ist eine Kuriosität. Ist das jetzt ein Rockclub? Ein Salsa-Laden? Eine House-Disko mit stampfendem Beat? Ein Vallenato-Club? Mister Babilla ist alles zugleich – und immer voll und flirty. Am besten das Dekor ignorieren, und ab auf die Tanzfläche!

Quiebra-Canto CLUB
(☎664 1372; Camellon de los Martines, Edificio Puente del Sol, Getsemaní; ⏲Di–Sa 19–4 Uhr) Dieser exzellente Schuppen für Salsa, Son (eine Art langsamer Salsa) und Reggae in Getsemaní ist vollgepackt mit Gästen aller Größen und Figuren. Von diesem Club im 1. Stock lässt sich der Pegasos und der Uhrenturm überblicken. Puristen behaupten, der Salsa hier sei mitreißender als im Café Havana.

Tu Candela CLUB
(☎664 8787; El Portal de los Dulces No 32–25, El Centro; Eintritt 12 000 COP; ⏲20–4 Uhr) Reggaeton, Merengue und einen anständigen Salsa bietet das Tu Candela. Es geht sehr eng zu, aber die Atmosphäre ist trotzdem cool. Das Dekor, die Beleuchtung und der Service sind gut. Man sagt, das Management habe eines Nachts die großen Plasmabildschirme, auf denen ständig schlechte Musikvideos gelaufen sind, einfach abgeschaltet. Für den Eintrittspreis gibt es Cocktails, die man an der Bar bestellen kann.

Sport

Cartagenas Fußballteam, Real Cartagena, spielt im Estadio Olímpico Jaime Merón León, 5 km südlich der Stadt in Villa Olímpico. Matches finden das ganze Jahr über statt. Tickets gibt es am Stadion. Das Taxi dort hinaus kostet ca. 12 000 COP.

Shoppen

In Cartagena findet sich eine große Auswahl an Läden für – im Allgemeinen hochwertiges – Kunsthandwerk und Souvenirs. Das größte Shoppingcenter für Touristen innerhalb der Stadtmauern ist **Las Bóvedas** (S. 138) mit Handwerk, Kleidung, Mitbringseln und vielem mehr. Zu den besten Läden hier gehören **Artesanías India Catalina II** (No #6) für Haushaltswaren und Kunst, **D'Yndias** (No #15) für erstklassige Hängematten, Juan-Valdéz-Kaffee und Handtaschen sowie **La Garita** (No #23) für farbenfrohes Geschirr, T-Shirts und andere hochwertige Waren.

Wer etwas Außergewöhnlicheres sucht, wird bei **Upalema** (☎664 5032; Calle San Juan de Dios, Edificio Rincon No 3–99, El Centro; ⏲Mo–Sa 9.30–22, So 10–22 Uhr) fündig: Die exklusiven handgefertigten Haushaltsartikel und Handarbeiten führt ansonsten kein anderer Laden hier. Sie sind teuer, aber hochwertig und eben einzigartig.

Ábaco (☎664 8338; Ecke Calle de la Iglesia & Calle de la Mantilla No 3–86; ⏲Mo–Sa 9–20.30, So 14–20.30 Uhr) führt eine gute Auswahl an Büchern über Cartagena und ein paar Titel in englischer Sprache. Zur trockenen Lektüre bekommt man italienisches Bier und spanischen Wein.

Praktische Informationen

Gefahren & Ärgernisse

Cartagena ist die sicherste Großstadt Kolumbiens – etwa 2000 Polizisten patrouillieren allein in der Altstadt. Dennoch sollten Reisende ihre Wertsachen nicht offen zeigen und abends in weniger frequentierten Gegenden wie Getsemaní auf der Hut sein. Es ist wahrscheinlicher, dass einen Bettler nerven, als dass man Opfer von Verbrechen wird. Aufdringliche, illegale Straßenverkäufer, die in aggressiver Manier Souvenirs, Frauen oder Kokain anbieten, sind hier definitiv das größte Ärgernis. Ein einfaches „*No quiero nada*" („Ich will nichts") reicht meist, um sie zu verscheuchen.

Geld

Überall in Cartagena bieten auf der Straße „Geldwechsler" fantastische Kurse an. Sie sind ausnahmslos erfahrene Betrüger. Offizielle *Casas de cambio* (Wechselbüros) und Banken gibt es im historischen Zentrum zuhauf, vor allem um die Plaza de los Coches und die Plaza de la Aduana.

Citibank (Av. Venezuela, edificio Citibank, piso 1; ⏲Mo–Fr 8–12 & 14–16.30 Uhr)

Davivienda (Ecke Av. Venezuela & Carrera 9) Bank mit Geldautomat.

Giros y Finanzas (Av. Venezuela No 8A–87; ⏲Mo–Fr 8–17, Sa bis 13 Uhr) Diese *casa de cambio* in der Altstadt vertritt die Western Union.

Internetzugang

Diese zwei Lokale sind klimatisiert:

Contact Internet Café (☎664 0681; Calle de la Media Luna No 10–20; pro Std. 1000 COP; ⌚8–21 Uhr) Hat eine 4Mbit/s-Verbindung und wirklich angenehme Temperaturen.

Micronet (☎664 0328; Calle de la Estrella No 4–47; pro Std. 1500 COP; ⌚Mo–Fr 9–21, Sa bis 18 Uhr)

Post

4-72 (Calle 8B, No 173, edificio Villa Anamaria, local 1; ⌚Mo–Fr 8–17, Sa bis 12 Uhr) Postdienstleistungen.

Reisebüros

Aventure Colombia (☎314 588 2378; www.aventurecolombia.com; Calle del Santíssimo No 8–55; ⌚Mo–Do 9–12 & 14–19, Fr & Sa 9–19 Uhr) Die nette französisch-kolumbianische Agentur bietet Ausflüge rund um Cartagena und an die Küste an, darunter nach La Guajira und zum PNN Tayrona.

Touristeninformation

Touristeninformation (Turismo Cartagena de Indias; ☎660 1583; www.turismocartagenadeindias.com; Plaza de la Aduana; ⌚Mo–Sa 9–13 & 14–18, So 9–17 Uhr) Die Hauptstelle befindet sich an der Plaza de la Aduana. Kleinere Infostände gibt es an der Plaza de San Pedro Claver und Plaza de los Coches sowie in den Verwaltungsstellen am Muelle Turístico.

Visa

Ministerio de Relaciones Exteriores (☎666 0172; Carrera 20B No 29–18, Pie de la Popa; ⌚8–12 & 14–17 Uhr) Einwanderung und Visaverlängerungen; ca. 1 km östlich der Altstadt. Wer ein Visum benötigt, sollte etwa einen halben Tag für die Formalitäten einplanen.

ℹ An- & Weiterreise

Bus

Der Busbahnhof befindet sich am östlichen Stadtrand, weit weg vom Zentrum – die Fahrt dorthin dauert (außer nachts) etwa eine Dreiviertelstunde.

Große Metrocar-Busse mit grün-rotem Schild verkehren alle 15–30 Minuten zwischen City und Busbahnhof (2000 COP, 40 Min.). Im Zentrum halten sie an der Avenida Santander. Ein Taxi vom Busbahnhof nach El Centro kostet 15 000 COP (plus 500 COP Aufschlag nach 20 Uhr).

Mehrere Busunternehmen fahren tagsüber nach Bogotá und Medellín. **Expreso Brasilia** (☎663 2119; www.expresobrasilia.com) steuert Bogotá (128 000 COP, 18 Std., 6 Busse tgl.) und Medellín (108 000 COP, 13 Std., 6 Busse tgl.) an. **Unitransco** (☎663 2067) fährt nach Barranquilla (12 000 COP, 2½ Std.) mit Weiterfahrt nach Santa Marta (28 000 COP, 4 Std., 4 Busse tgl.), Mompóx (40 000 COP, 6 Std., 1 Bus tgl.) und Tolú um 18.30 Uhr (23 000 COP, 3 Std., 1 Bus tgl.). Darüber hinaus gibt es täglich weitere Busse nach Barranquilla mit Umsteigemöglichkeit nach Santa Marta. Von 6.30 bis 15.30 Uhr startet alle 45 Minuten ein Expreso-Brasilia-Bus nach Montería (40 000 COP, 4½ Std.).

Wer im täglichen Bus nach Mompóx keinen Platz bekommt und die Alternativroute über Mangangue nehmen möchte, wählt den **Torcoroma**-Bus (☎663 2379), der von 5.30 bis 12 Uhr alle 30 Minuten fährt (35 000 COP, 3 Std.), oder den Expreso-Brasilia-Bus um 10.30 Uhr (30 000 COP). Nach Riohacha, auf der Halbinsel La Guajira gelegen, verkehrt **Rapido Ochoa** (☎663 2119) täglich um 21.30 Uhr (30 000 COP, 8 Std.).

Expreso Brasilia und **Expreso Amerlujo** (☎653 0907) betreiben Busse nach Caracas in Venezuela (220 000, 20 Std.) via Maracaibo (135 000 COP, 12 Std). Unitransco ist etwas günstiger als diese beiden, dafür ist es aber notwendig an der Grenze in Paraguachón umzusteigen. Alle diese Busse starten um 8.30 Uhr und fahren über Barranquilla, Santa Marta und Maicao. Die Fahrt ist flott und komfortabel, aber nicht wirklich preisgünstig. Wer den Ausflug nach Caracas in den öffentlichen Bussen absolviert, mit Umstieg in Maicao und Maracaibo, kann viel Geld sparen.

Unitransco und Expreso Brasilia steuern Panama auf dem Landweg an. Die Busse fahren nach Montería (50 000 COP, 7 Std.), wo Reisende nach Turbo (ab 25 000 COP, 5 Std.) umsteigen. Wer es nicht schafft, Cartagena bis 11 Uhr vormittags zu verlassen, läuft Gefahr, den letzten Bus nach Turbo zu verpassen und muss dann in Montería übernachten.

Flugzeug

Der Flughafen liegt in Crespo, 3 km nordöstlich der Altstadt, und wird regelmäßig von Lokalbussen angefahren. Auch *colectivos* (1500 COP) sowie die klimatisierten Shuttles namens Metrocar (die grün markierten Busse, 1800 COP) steuern Crespo an, beide starten am Monumento a la India Catalinas. Taxis fordern für Fahrten zum Flughafen einen Aufschlag von 4000 COP. Vom Zentrum aus kostet die Fahrt 10 000–13 000 COP. Am Busbahnhof gibt's vier Geldautomaten und eine *casa de cambio* (bei den Inlandsankünften), in der Bargeld und Reiseschecks getauscht werden.

Alle großen kolumbianischen Fluggesellschaften bieten Flüge nach und von Cartagena an: nach Bogotá (One-Way ab 353 420 COP), Cali (One-Way ab 288 260 COP), Cúcuta über Bogotá (ab 463 820 COP), nach Medellín (One-Way ab 250 380 COP), San Andrés (hin & zurück ab 273 000 COP) und in andere große Städte.

Avianca (☎664 7822; www.avianca.com; Av. Venezuela, Centro Edificio Citibank, local B1; ⌚Mo–Fr 8–12.30 & 14–18, Sa 8–13 Uhr) fliegt über Bogotá nach Miami, in wichtige inländische Städte und nach San Andrés (Do, Sa & So 10.15 Uhr). **COPa** (☎655 0428; Carrera 3 No 8–116, Bocagrande, ⌚Mo–Fr 8–12.30 & 14–18, Sa 9–13 Uhr) bietet täglich Flüge ab 442 600 COP nach Panama City an. **COPa Airlines Colombia** (☎664 1388; Calle del Cabo, Centro Comercial Invercredito No 18; ⌚Mo–Fr 8–12 & 14–18, Sa 9–12.30 Uhr), die ehemalige Aerorepública, hat Flüge nach Bogotá und Weiterflüge nach Cali, Medellín und San Andrés (Mo, Mi, Do & Fr 13 Uhr) im Programm.

Schiff

Eine schöne Art, nach Panama zu reisen, ist ein Segeltörn. Verschiedenste Boote, hauptsächlich ausländische Yachten, nehmen Passagiere mit von Cartagena über den San-Blas-Archipel bis nach Colón (Panama) und zurück, es gibt aber keinen festen Fahrplan. Der Ausflug dauert vier bis sechs Tage und beinhaltet normalerweise ein paar Tage Aufenthalt auf den San-Blas-Inseln zum Schnorcheln und Speerfischen. Die Ausflüge kosten rund 800 000 COP, häufig inklusive Verpflegung. Einigermaßen regelmäßig fahren z. B. die **Papillon** (☎314 540 5411; sailwithtom@gmail.com) unter deutscher Flagge, die französisch-brasilianische **Atoll** (☎301 422 2662; federico_layolle@yahoo.com.br) und **Seeadler** (☎507 448 2426; www.sailseeadler.com), das Boot eines bärtigen Deutschen namens Guido.

2011 ersuchten kolumbianische Kapitäne die Regierung, dieses Geschäft zu reglementieren, da viele Kapitäne Ausländer sind und eigentlich eine Arbeitserlaubnis benötigten – die sie jedoch häufig nicht besitzen.

Die Boote sind oftmals überfüllt, und das betrifft sowohl die kolumbianischen wie auch die fremdländischen. Passagiere sollten zuvor nach dem Handelsnamen und der Modellnummer des Bootes fragen und im Internet recherchieren, wie viele Personen an Bord sein dürfen. Wie immer gilt auch hier Gewährleistungsausschluss. Außerdem sollte man sich auf einem überlaufenen, stark wettbewerbsorientierten Markt immer neutralen Rat einholen und sich die Namen und E-Mail-Adressen früherer zufriedener Kunden geben lassen.

> **i IRRE KAPITÄNE**
>
> Vorsicht vor Betrügern, die einen zu „verblüffenden" Karibikausflügen überreden wollen. Lieber in der Casa Viena (S. 143) nachfragen, die jetzt auch ein Informationsbüro hat. Eine gute Idee wäre es auch, im Yachtclub direkt vor Ort die Boote zu begutachten und die Kapitäne persönlich kennenzulernen, ehe man an Bord geht. Manche Reisende erzählen von Crack rauchenden Verrückten oder völlig unfähigen Stümpern am Steuer solcher Boote.

Fuerte de San Fernando & Batería de San José

Auf der Südspitze der Isla de Tierrabomba, an der Einfahrt in die Bahía de Cartagena durch die Bocachica-Meerenge, thront das **Fuerte de San Fernando**. Auf der anderen Seite der Meerenge steht eine weitere Festung, die **Batería de San José**. Zusammen bewachten sie einst die Zufahrt in die Bucht. Zwischen den beiden Forts wurde im 18. Jh. eine schwere Kette gespannt, um Überraschungsangriffe zu vereiteln.

Ursprünglich gab es zwei Einfahrten in die Bucht von Cartagena: Bocachica und Bocagrande. Die nach Bocagrande war zum Teil von einer Sandbank versperrt, an der zwei Schiffe untergingen. Nach Vernons Angriff wurde eine Unterwassermauer errichtet, um diese natürliche Barriere zu verstärken und die Enge für Schiffe unpassierbar zu machen. Noch heute können hier keine Schiffe durchfahren – alle müssen nach Bocachica einlaufen.

Das Fuerte de San Fernando wurde 1753–60 erbaut und so gestaltet, dass es jedweder Belagerung standhielt. Die Festung hatte ihren eigenen Hafen, außerdem Kasernen, Sanitäranlagen, Küche, Lazarett, Lagerräume für Proviant und Waffen, zwei Brunnen, eine Kapelle und sogar ein Gefängnis – viele Bauten sind noch heute zu sehen.

Die Festung ist nur übers Wasser zu erreichen. Wassertaxis in diese Richtung starten am Muelle Turístico de la Bodeguita in Cartagena (7000 COP). Der Eintritt zum Fort kostet ebenfalls 7000 COP. Für einen Führer sind weitere 10 000 COP zu veranschlagen.

Islas del Rosario

Diese Inselgruppe rund 35 km südwestlich von Cartagena besteht aus 27 kleinen Koralleninseln, darunter wirklich winzige Eilande. Der gesamte Archipel ist von Korallenriffen umgeben, und die Farbe des Meeres changiert hier von Türkis bis Violett. Die ganze Gegend wurde zum Nationalpark

Rund um Cartagena

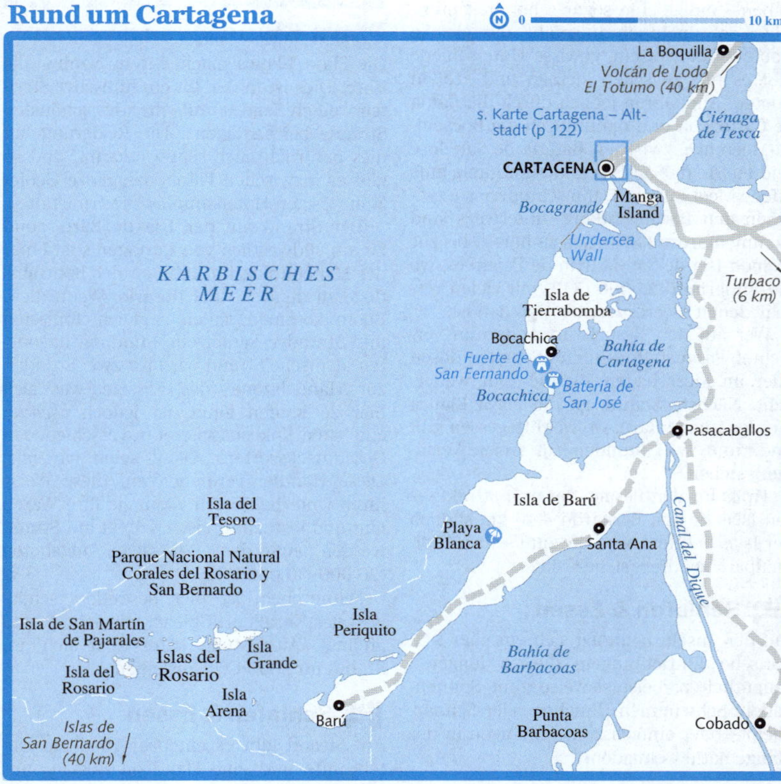

erklärt, der den Namen Parque Nacional Natural (PNN) Corales del Rosario y San Bernardo trägt. Leider haben Warmwasserströme die Riffe rund um die Islas del Rosario im Laufe der Zeit erodieren lassen, und inzwischen ist das Tauchen hier nicht mehr ganz so schön wie einst. Aber Wassersport ist nach wie vor beliebt, und die zwei größten Inseln, Isla Grande und Isla del Rosario, haben Lagunen im Landesinneren und ein paar touristische Einrichtungen wie Hotels und eine Ferienanlage.

Die meisten Touristen besuchen den Park im Rahmen eines eintägigen Bootsausflugs zu den Inseln. Sie starten das ganze Jahr über am Muelle Turístico de la Bodeguita (S. 139) in Cartagena. Die Boote legen täglich zwischen 8 und 9 Uhr ab und kehren zwischen 16 und 18 Uhr zurück. Das Ausflugsbüro am *muelle* (Pier) bietet Touren in großen Booten (pro Pers. 70 000 COP) und private/öffentliche Fahrten in kleineren Booten (65 000/50 000) an. Auch viele kleinere Unternehmen bieten Ausflüge vom Pier aus an, meist zu niedrigeren Preisen. Einige Budget-Unterkünfte in Cartagena organisieren ebenfalls Touren für weniger Geld – meist für rund 40 000 COP (Die Ausflüge beinhalten in der Regel Mittagessen, nicht jedoch Hafengebühren und den Eintritt in den Nationalpark oder ins Aquarium; am besten vorher nachfragen).

Die großen Boote sind meistens langsamer unterwegs und bieten verschiedene Extras. Das beliebteste, die *Alcatraz*, kann bis zu 160 Passagiere aufnehmen. An Bord gibt es Essen, Musik und einiges an Platz zum Herumschlendern. Auf kleineren Booten müssen die Passagiere sitzen bleiben, sind dafür aber schneller unterwegs und bekommen mehr zu sehen. Es wird jedoch berichtet, dass einige der kleineren Boote ihre Fahrstrecken viel zu schnell absolvieren und mit Sicherheitsproblemen zu kämpfen haben – einige sind sogar schon gekentert. Die Boote nehmen ungefähr die gleiche Route zu den Inseln, gewisse Unterschiede gibt es nur zwischen kleinen und großen Booten. Alle fahren jedoch durch die Bahía de Cartagena und dann durch die Bocachica-Meerenge, zwischen Batería de San José und Fuerte de San Fernando hindurch, aufs offene Meer hinaus. Dann schippern sie zwischen den Inseln entlang (unterwegs sind Kommentare auf Spanisch zu hören) bis zur kleinen Isla de San Martín de Pajarales, wo ein Aquarium (25 000 COP) mit vielen verschiedenen Meerestieren vorhanden ist.

Wer auf den Besuch im Aquarium verzichtet, kann stattdessen im Schatten dösen oder im Meer baden, bis die Tour weitergeht. Nächste Station ist die Playa Blanca auf der Isla de Barú, wo es Mittagessen gibt und rund zwei Stunden zur freien Verfügung stehen.

Tipps für den Besuch der weit attraktiveren Islas de San Bernardo – 40 km südlich der Islas del Rosario –, die zum selben Nationalpark gehören, siehe S. 182.

Schlafen & Essen

Auf den Inseln befinden sich ein paar touristische Einrichtungen, die zu längeren Aufenthalten, beispielsweise zum Sonnenbaden, Schwimmen, Tauchen oder Schnorcheln – oder einfach zum Abhängen in der Hängematte – einladen.

Eco Hotel Las Palmeras HOTEL **$$**
(☎314 584 7358; www.ecohotellaspalmas.com; Isla Grande; All-inclusive-Pakete für 2 Tage ab 160 00 COP pro Pers.) Die auf Ökotourismus ausgerichtete Anlage auf der Isla Grande beschäftigt nur einheimische Frauen und bietet Hängematten in einem Schlafsaal mit Strohdach sowie Einzel- und Doppelzimmer. Im Preis sind drei Mahlzeiten am Tag inbegriffen. Jeder weitere Tag kostet jeweils 160 000 COP.

Hotel San Pedro de Majagua HOTEL **$$$**
(☎5 664 6070, Nebenanschluss 4008; www.hotelmajagua.com; Isla Grande; Zi. & Bungalows ab 357 600 COP) In dieser luxuriösen Unterkunft auf der Isla Grande schlafen die Gäste in schicken Steinbungalows mit gewebten Stoffdächern und minimalistischem Dekor. Es gibt zwei Strände und ein Restaurant. Zimmer sind über die Niederlassung in Cartagena (Karte S. 136) buchbar. Für die Abholung in Cartagena werden pro Person 82 000 COP extra berechnet.

Playa Blanca

Die Playa Blanca macht ihrem Namen alle Ehre: Dies ist in der Tat ein hübscher Streifen weißen Sandes und einer der schönsten Strände bei Cartagena. Die Regierung hat dies natürlich auch schon erkannt, und so gibt es inzwischen Pläne, das ganze Gebiet zum riesigen Hotelkomplex zu verunstalten.

Der Strand auf der Isla de Barú, rund 20 km südwestlich von Cartagena, ist einer der Haltepunkte im Rahmen der Bootsausflüge zu den Islas del Rosario. Wenn diese Boote kommen, fallen zugleich Touristen und Strandverkäufer ein – und der ansonsten idyllische Strand wird für zwei Stunden zur Handelszone (das Einzige, was sich hier zu kaufen lohnt, ist jedoch *cocada*, eine süße Kokosnascherei in verschiedenen Geschmackssorten). Okay, seien wir fair: Diese Händler verdienen auf diese Weise ihren Unterhalt, auch wenn sie ihre Waren laut und lästig anpreisen. Direkt am Strand werden außerdem Massagen angeboten (20 000–30 000 COP).

Schnorcheln ist hier besonders schön, weil das Korallenriff gleich vor dem Strand anfängt. Ausrüstung kann man sich am Strand für 5000 COP ausleihen.

Schlafen & Essen

Am Strand gibt es ein paar rustikale Unterkünfte und eine Handvoll Restaurants, die alle mehr oder weniger das Gleiche servieren: frischen Fisch und Reis für rund 15 000 COP.

La Estrella HÜTTEN **$$**
(☎312 602 9987; Hängematte 8000 COP, B ab 50 000 COP) Wer nahe am Strand übernachten möchte, ist bei Jose, einem freundlichen Einheimischen, richtig. Er bietet hübsche Zelte unter Strohdächern für drei bis vier Personen, typische Hängematten (mit Moskitonetz) und Hütten mit Sandboden.

An- & Weiterreise

Wie üblich in Cartagena, ist eine organisierte Tour die einfachste Möglichkeit, zur Playa Blanca zu gelangen – weit ruhiger ist es jedoch, wenn gerade keine Ausflugsboote dort sind. Am besten an der Avenida El Lago, hinter Cartagenas Mercado Bazurto, ein Taxi nehmen (7000 COP) und den Fahrer bitten, an den Booten zur Playa Blanca zu halten. Die Boote starten (wenn genügend Fahrgäste an Bord sind) täglich außer sonntags zwischen 7.30 und 9.30 Uhr. Die Fahrt dauert eine Stunde und kostet ca.

25 000 COP – jedoch sollten Passagiere niemanden (auch nicht den Kapitän) bezahlen, ehe sie den Strand erreicht haben.

Alternativ ist es möglich, an der Ecke von Avenida Luis Carlos Lopes und Calle del Concolon in La Matuna in einen Bus (1500 COP) zu steigen mit der Aufschrift „Pasocaballos" (diese Busse fahren den ganzen Tag hindurch) und den Fahrer zu bitten, einen an der Fähre (1500 COP) über den Canal del Dique aussteigen zu lassen. Auf der anderen Seite fahren Mototaxis (15 000 COP) zur Playa Blanca. Für diese Route benötigt man etwa drei Stunden.

La Boquilla

La Boquilla, ein kleines Fischerdorf und ein Paradies für Kitesurfer, liegt 7 km nördlich von Cartagena an der nördlichen Spitze einer schmalen Halbinsel. Diese wird auf der einen Seite vom Meer, auf der anderen Seite von der Ciénaga de Tesca umspült. Wer es schafft, um 4 Uhr morgens aufzustehen, sieht die Einheimischen in der *ciénaga* (Lagune oder seichter See) mit ihren berühmten *atarrayas* (runden Fischernetzen) arbeiten, die in ganz Kolumbien, hauptsächlich aber an der Karibikküste, verbreitet sind.

Fünf Gehminuten von der Bushaltestelle entfernt liegt El Paraíso, ein toller Platz für einen Tag am Strand. Einheimische fahren Touristen auch gerne durch die schmalen Kanäle, die sich durch die Mangrovenwälder etwas nördlich vom Dorf verlaufen. Der Preis ist Verhandlungssache und sollte erst bei der Rückkehr bezahlt werden.

Am Strand finden sich in strohgedeckten Hütten ein paar Restaurants, die am Wochenende gern von Cartagenern besucht werden – die meisten sind den Rest der Woche geschlossen. Zum Fisch werden hier üblicherweise *arroz con coco* (Kokosreis) und *patacones* (gebratene Kochbananen) gereicht.

Von der India Catalina in Cartagena aus starten regelmäßig Stadtbusse nach La Boquilla (1500 COP, 30 Min.).

Volcán de Lodo El Totumo

Nein, das ist nicht der größte Termitenhügel der Welt! Der faszinierende 15 m hohe Hügel ca. 50 km nordöstlich von Cartagena, ein paar Kilometer hinter der Küste gelegen, schaut wie die Miniaturversion eines Vulkans aus – und ist tatsächlich einer. Doch statt Lava und Asche zu spucken, kommt Schlamm aus seinem Schlund.

Einer Legende zufolge stieß der Vulkan einst Feuer aus, aber der damalige Priester, der darin ein Werk des Teufels zu erkennen glaubte, besprengte den Vulkan regelmäßig mit Weihwasser. Er löschte damit nicht nur das Feuer, sondern verwandelte auch das Innere des Vulkans in Schlamm, in dem der Teufel ertrank.

Der Krater ist mit lauwarmem Matsch gefüllt, der die Konsistenz von Schlagsahne hat. Wer mag, kann in den Krater steigen und ein erfrischendes Schlammbad nehmen – die darin enthaltenen Mineralien sollen heilsame Kräfte haben. Danach läuft man die 50 m zur Lagune und wäscht sich den Dreck wieder ab.

Der Vulkan ist von Sonnenaufgang bis Sonnenuntergang zugänglich, ein Schlammbad kostet 5000 COP. Besucher sollten genügend Kleingeld parat haben, um den Einheimischen, die einen hier verwöhnen, das erwartetete Trinkgeld geben zu können: Sie verabreichen dilettantische Massagen, spülen den Schlamm ab, halten die Kamera und machen Fotos – alles in allem ein großer Spaß.

An- & Weiterreise

El Totumo liegt an der Grenze der Departamentos Atlántico und Bolívar, ungefähr in der Mitte zwischen Barranquilla und Cartagena, aber Cartagena ist der bei weitem beliebtere Ausgangspunkt für Ausflüge zum Vulkan. Hier gibt es bessere öffentliche Verkehrsmittel und zahlreiche Tourenanbieter.

Von Cartagena aus geht die Fahrt ca. 50 km auf dem Highway entlang, dann 1 km auf einer unbefestigten Straße im Landesinneren. In Cartagena nimmt man ein Taxi zum Busbahnhof (1500 COP) und steigt dort in den stündlich verkehrenden Bus nach Galerazamba. In Lomita Arena, noch vor Galerazamba, steigt man aus (3000 COP, 1½ Std.). Am besten den Fahrer bitten, an der Tankstelle anzuhalten. Von dort geht es am Highway entlang 2,5 km nach Barranquilla (30 Min.), dann rechts abbiegen und noch 1 km zum Vulkan weitergehen. Wer möchte, kann sich auch mit dem Mototaxi zum Vulkan chauffieren lassen (5000 COP). Der letzte Bus von Lomita Arena auf direktem Weg zurück nach Cartagena fährt um etwa 15 Uhr.

Eine bequemere und fixere Art, El Totumo zu besuchen – und obendrein nicht viel teurer als die Fahrt auf eigene Faust –, ist eine organisierte Tour. Mehrere Agenturen in Cartagena bieten Minibus-Ausflüge zum Vulkan an (30 000 COP nur Fahrt, 33 300 COP inkl. Mittagessen in Manzanilla del Mar, einem Fischerdorf mit mittelmäßigem Strand). Die Touren können in Hotels wie

Casa Viena (S. 143) und Hotel Holiday (S. 143) gebucht werden.

NORDÖSTLICH VON CARTAGENA

Die Departamentos Atlántico und Magdalena liegen im Nordosten von Cartagena, wo sich kurz hinter Barranquilla das höchste Küstengebirge der Welt, die Sierra Nevada de Santa Marta, aus dem Meer erhebt. Das wunderschöne und malerische Santa Marta, die zweite Kolonialstadt an der Küste, sowie die herrliche Küsten- und Berglandschaft in der nahen Umgebung – vor allem der Parque Nacional Natural Tayrona und Ciudad Perdida – gehören zweifellos zu den meistbesuchten Attraktionen Kolumbiens.

Barranquilla

☎5 / 1,2 MIO EW. / HÖHE 10 M

Barranquilla ist eine typische, von Industrie geprägte Hafenstadt, die in Form eines gewundenen Bands entlang der Mangroven und der Karibik angelegt ist. Sie schwitzt und schuftet unter der sengenden Sonne und hat sich vor allem dem Geldverdienen verschworen. Doch einmal im Jahr macht die Stadt Feierabend, legt ihre Vernunft an der Türschwelle ab, zieht ihre fröhlichsten Klamotten an und tobt sich auf der größten Straßenparty des Landes aus.

Außerhalb der Karnevalszeit gibt es kaum einen Grund, Barranquilla zu besuchen. Meist sehen Reisende nur den Busbahnhof, von wo aus sie ins weit attraktivere Santa Marta oder ins Dorf Taganga fahren, die beide nur eine Stunde nördlich liegen und Touristen viel mehr zu bieten haben.

Geschichte

Barranquilla wurde 1629 gegründet, Bedeutung erlangte es jedoch erst Mitte des 19. Jhs. Trotz seiner Lage an dem wichtigsten Wasserweg des Landes verhinderten Navigationsprobleme an der Mündung des Río Magdalena die Weiterentwicklung. Die meisten Waren, die auf dem Fluss auf- oder abwärts verschifft wurden, gelangten auf dem Canal del Dique, der den Fluss etwa 100 km flussaufwärts mit dem Meer verband, nach Cartagena.

Erst Ende des 19. Jhs. kam der Fortschritt wirklich an. Zu verdanken war dies der Eröffnung des Puerto Colombia, Barranquillas Hafen am Meer, 15 km westlich der Stadt.

Im frühen 20. Jh. war Barranquilla einer der wichtigsten Häfen, in denen einheimische Waren, vor allem Kaffee, nach Übersee verschifft wurden.

Die blühende Stadt lockte sowohl Kolumbianer aus anderen Teilen des Landes als auch Ausländer an, hauptsächlich aus den USA, Deutschland, Italien und dem Nahen Osten. Dies wiederum sorgte für eine Devisenspritze und beschleunigte das Wachstum noch zusätzlich. Zu dieser Zeit entwickelte Barranquilla sein für heute typisches kosmopolitisches Flair.

Sehenswertes

Das Stadtzentrum (das ursprüngliche Siedlungsgebiet) erstreckt sich entlang dem Paseo Bolívar in Flussnähe. Dieser Teil der Stadt, vor allem die Gegend zwischen Paseo und Fluss, wird von wildem Straßenhandel dominiert –tatsächlich ist dies ein einziger großer Markt, der sich wie eine abgeflachte hügelige Barackenstadt zum Flussufer erstreckt.

Ein paar Kilometer nordwestlich liegt El Prado, Barranquillas neues Zentrum und der hübscheste Teil der Stadt. El Prado ist sauberer, grüner und sicherer als die Innenstadt. Größte Shoppingmeile ist hier die Calle 72 mit Restaurants, Läden und Supermärkten. Bei einem Bummel lassen sich architektonische Zeugnisse aus dem späten 19. und frühen 20. Jh. entdecken. Beachtung verdienen z. B. die Gebäude im islamisch beeinflussten maurischen Stil – einige säumen die Carrera 54 und deren Umgebung.

Iglesia de San Nicolás KIRCHE

(Ecke Paseo Bolívar & Carrera 42) Die Kirche im pseudogotischen Stil ungefähr in der Mitte des Paseo Bolívar lohnt die Besichtigung wegen ihres Hauptaltars und der Kanzel.

Museo de Caribe MUSEUM

(www.culturacaribe.org, Parque Cultural del Caribe, Calle 36 No 46–66; Eintritt 10 000 COP; ⏲Mo–Fr 8–17, Sa & So 9–18 Uhr) Die sehr stilvolle, modernistische Dauerausstellung mit vielen Multimediaelementen stellt die Kultur, Geschichte, Natur und die Völker von Kolumbiens Karibikküste vor. Angestellte raten den Besuchern, in der oberen Etage zu beginnen und sich dann von oben nach unten durchzuarbeiten – allerdings gibt es keinen wirklich plausiblen Grund dafür. Wer Horden von Schulkindern aus dem Weg gehen möchte, sollte lieber entgegengesetzt vorgehen.

ABSTECHER

ALTE STADT AM FLUSS – MOMPÓX

Mompóx hängt irgendwie in der Zeit fest, in der Pause zwischen zwei Schlägen der Uhr oder des Herzens.

Das beständige Dahinfließen des Río Magdalena erinnert stets daran, dass die Zeit nicht stehenbleibt – auch wenn Besucher in den beschaulichen Gassen oftmals das Gefühl haben, als befände man sich im 16. Jh. Dieser Eindruck entsteht insbesondere zur Zeit der feierlichen Osterprozessionen, die nach jenen in Popayán zu den zweitgrößten des Landes gehören.

1540 gründete Alonso de Heredia (der Bruder von Pedro de Heredia, dem Gründer Cartagenas) die Stadt am rechten Ufer des Río Magdalena. Mompóx entwickelte sich zum wichtigen Handelszentrum und verkehrsreichen Hafen, wo alle Waren von Cartagena durch den Canal del Dique und den Río Magdalena ins Landesinnere der Kolonie verschifft wurden. Die Stadt blüte, sie prägte die Münzen der Kolonie und war für ihre Goldschmiedekunst berühmt – von deren Vermächtnis noch heute Mompóx' prächtiger Filigranschmuck zeugt. 1810 erklärte sich Mompóx als erste Stadt Kolumbiens für unabhängig. Gegen Ende des 19. Jhs. wurde der Schiffsverkehr auf den anderen Arm des Flusses, den Brazo de Loba, umgeleitet – Mompóx' Blütezeit war vorbei, die Stadt plötzlich isoliert.

Dennoch: Ein Ausflug nach Mompóx ist sehr zu empfehlen. Mit seinen vielen schönen Kolonialkirchen und -häusern, den ruhigen Straßen, der faszinierenden Geschichte und den tollen Unterkünften ist die Stadt mit Cartagena vergleichbar – nur ohne Trubel und Schikanen.

El Kilate (☎685 5151; Calle 13 No 1–47; ⏲7–20 Uhr) führt guten Filigranschmuck, während La Casa del Artesano (Carrera 1 with Calle 20) die besten Schaukelstühle der Stadt verkauft (Mompóx ist berühmt für seine Möbel). Ein echtes Highlight für Freunde des Makaberen ist ein Spaziergang über den schon fast grotesk stimmungsvollen Cementerio Municipal (Calle 18; h8–12 & 14–17 Uhr).

Ein gutes Mittagessen wird im **Comedor Costeño** (☎685 5263; Calle de la Albarrada No 18–45; Menü 4000–8000 COP; ⏲7–17 Uhr) angeboten. An der Plaza Santo Domingo, einem schönen Kolonialplatz, werden gute Snacks verkauft. Für einen Drink am Abend empfiehlt sich das **Luna de Mompóx** (☎311 412 2843; Calle de la Albarrada; ⏲Mo–Do 18–1, Fr–So 18–3 Uhr) direkt am Fluss.

Ein großartiger Ort, um nachts sein Haupt zu betten, ist **La Casa Amarilla** (☎685 6326/301 362 7065; www.lacasaamarillamompos.com; Carrera 1 No 13–59; B 16 000 COP, Zi. pro Pers. ab 45 000 COP, Luxus-Suite 250 000 COP; ❄📶). Der nette Besitzer Richard McColl ist sowohl Bürger von Mompóx als auch britischer Reisejournalist. Er arrangiert Ausflüge in die Sümpfe, hat hilfreiche Tipps auf Lager und verleiht Fahrräder.

Die meisten Mompóx-Besucher kommen aus Cartagena hierher. Ein **Unitransco**-Bus fährt von Cartagena direkt nach Mompóx (45 000 COP, 8 Std., tgl. 7 Uhr) – da er jedoch nicht wirklich zuverlässig verkehrt, sollte man vorher anrufen. Schneller ist der **Expreso-Brasilia**-Bus nach Magangué (35 000 COP, 4 Std., tgl. 6 Busse). In Mangangué einfach die Straße weitergehen, am Fluss nach rechts biegen und sich ein Ticket für eine *chalupa* (Boot) nach Bodega (7000 COP, 20 Min., regelmäßig bis ca. 15 Uhr) kaufen. Der Ticketverkauf ist gegenüber dem El Punto del Sabor. In Bodega starten *colectivos* (Sammeltaxi oder Minivans) nach Mompóx (12 000 COP, 45 Min.). Chalupas fahren auch von Magangué direkt nach Mompóx.

Omaira (☎311 414 8967) bietet eine Direktverbindung (70 000 COP, 6–8 Std., tgl. 3 & 11 Uhr) von Santa Marta oder Taganga nach Mompóx und zurück. Dafür am besten einen oder zwei Tage vorher anrufen.

Wer von Bucaramanga nach Mompóx gelangen möchte, fährt mit einem Overnight-Bus von **Cotransmagadalena** oder **Cotaxi** nach El Banco, Magdalena (60 000 COP, 12 Std.) und von dort mit einem Gelände-*colectivo* weiter (35 000 COP, 2 Std.).

In Mompóx startet um 6 Uhr ein Bus nach El Banco, um 9 Uhr ein anderer Bus nach Bucaramanga (mit Verbindung nach San Gil/Barichara).

Museo Romantico MUSEUM
(Carrera 54 No 59–199; Erw./Kind 5000 COP/frei; ⌚Mo–Fr 9–11.30 & 14.30–17.30 Uhr) Nicht vom Namen verwirren lassen: Das Museo Romantico widmet sich der Geschichte der Stadt und präsentiert Exponate aus Barranquillas Vergangenheit.

GRATIS **Museo de Antropología** MUSEUM
(Calle 68 No 53–45; ⌚Mo–Fr 8–12 & 14.30–17 Uhr) Das Museum im Gebäude der Universidad del Atlántico präsentiert eine kleine Sammlung präkolumbischer Töpferwaren aus verschiedenen Regionen, darunter Exponate der Calima-, der Tumaco- und der Nariño-Kultur.

Museo de Arte Moderno MUSEUM
(Carrera 56 No 74–22; Eintritt 3000 COP; ⌚Mo 15–19, Di–Fr 9–13 & 15–19, Sa 9–13 Uhr) In seinen Räumlichkeiten zeigt das Museum für Moderne Kunst immer nur einen Teil seiner großen Sammlung, darunter Werke landesweit bekannter Maler, beispielsweise Obregon Alejandro.

Catedral Metropolitana KIRCHE
(Ecke Calle 53 & Carrera 46) Die moderne Kathedrale wurde 1982 fertiggestellt. Besucher sollten sich nicht von ihrem plumpen, schweren und irgendwie bunkerartigen Äußeren abschrecken lassen. Das schöne Interieur glänzt durch die imposanten, großen Buntglasfenster noch mehr.

Schlafen

Die meisten Budget-Unterkünfte konzentrieren sich am und um den Paseo Bolívar (Calle 34). Da diese Gegend recht zwielichtig ist, empfiehlt es sich, nachzufragen, wie viel bewaffnetes Personal zugegen ist, auch tagsüber. Hier kostet ein Zimmer gerade einmal 10 000 COP, man erfährt aber wenig darüber, was darin schon alles passiert sein mag. Wer mehr Wert auf Sicherheit und angenehmeres Ambiente legt, sollte in El Prado absteigen – wenn auch dieses noblere Viertel um einiges teurer ist. Die besten Restaurants und Nachtclubs finden sich ebenfalls in der Gegend von Carrera 53 und zwischen Calle 79 und Calle 80.

Hotel Howard Johnson HOTEL $$$
(☎368 2183; Carrera 48 No 70–188; EZ/DZ inkl. Frühstück 136 000/181 000 COP; ❄📶🏊) Das moderne Hotel im Business-Stil ist eine exzellente Wahl: Zu den Museen und zum Nachtleben von El Prado sind es nur wenige Gehminuten, und die Mitarbeiter sind freundlich.

Hotel Barahona 72 HOTEL $$
(☎358 4600; www.hotelesbarahona.com; Carrera 49 No 72–19; EZ/DZ inkl. Frühstück 83 000/100 000 COP; ❄📶) Einige der größeren Gästezimmer in El Prados billigstem Hotel sind frisch renoviert. Angesichts der Lage bieten aber alle ein gutes Preis-Leistungs-Verhältnis.

Hotel Skal HOTEL $
(☎351 2069; Calle 41 No 41–35; EZ/DZ mit Ventilator 20 000/25 000 COP, mit Klimaanlage 25 000/35 000 COP; ❄🏊) Falls es Rucksackreisende tatsächlich mal in Barranquillas Downtown verschlägt, übernachten sie häufig in diesem muffigen Haus – der Swimmingpool macht das ganze schäbige Ambiente ein bisschen wett. Das Hotel steht in einer sicheren Straße direkt neben einer Polizeiwache.

Hotel Colonial Inn HOTEL $
(☎379 0241; Calle 42 No 43–131; EZ/DZ mit Ventilator 35 000/45 000 COP, mit Klimaanlage 45 000/60 000 COP; ❄📶) Edas Hotel im Zentrum ist eine komfortable Option mit dem Flair verblasster Pracht in der Lobby.

Hotel El Prado HOTEL $$$
(☎369 7777; www.hotelelpradosa.com, auf Spanisch; Carrera 54 No 70–10; EZ/DZ inkl. Frühstück ab 175 500/213 500 COP; ❄📶🏊) Dieses Herrenhaus, in den 1920er-Jahren im republikanischen Stil erbaut, ist eine Grand Dame an der Küste und Barranquillas nobelstes Hotel. Die Zimmer sind hübsch, aber etwas schlicht gehalten – der Reiz liegt eher in der historischen Atmosphäre sowie im großen tropischen Poolbereich.

Essen & Ausgehen

Ein Pluspunkt in Barranquilla ist das Essen. Die meisten guten Restaurants finden sich in El Prado. Im Zentrum rund um den Paseo Bolívar gibt es Snacks für weniger als 2000 COP.

El Veradero KUBANISCH $$$
(☎356 5638; Carrera 51B No 79–97; Hauptgerichte 30 000–50 000 COP; ⌚Mittag- & Abendessen) Okay, es ist ein Kettenrestaurant – aber diese Kette ist sehr gut. Hier gibt's großartiges Seafood, die Portionen sind großzügig, und sogar *moros y cristianos* (Reis und Bohnen) schmecken köstlich. Die Livemusik ist mal so, mal so.

La Casa del Sancochito KOLUMBIANISCH $
(Calle 74 No 47–48; Menü 7000 COP; ⌚Mittagessen) In diesem tollen kleinen Lokal werden Menüs serviert, die aus kolumbianischen Spezialitäten zusammengestellt sind wie z. B. dem Namensgeber des Lokals, einem traditionellen Fleischeintopf, oder großartigem *Carne-asada*-Curry. Die Holztische im Freien sind immer gut besetzt.

Harry's Café BAR
(☎345 6431; Calle 80 No 53–18; Hauptgerichte 10 000–28 000 COP; ⌚Abendessen) Wie ein vom Latin Fever berauschter Kerl, der das Wochenende durchfeiert, ist diese gesellige, ausgelassene Yankee-Bar mit Grillrestaurant, die zugegebenermaßen ein bisschen wie ein Kaufhaus wirkt. Jeden Abend machen hier Anwohner Party zur Rockmusik.

Feste & Events

Carnaval de Barranquilla KARNEVAL
(www.carnavaldebarranquilla.org) Der Karneval in Barranquilla ist eine der größten Straßenpartys des Kontinents. Die Fete steigt an den vier Tagen vor Aschermittwoch (Februar oder März). Wie beim Karneval in Rio de Janeiro gibt es auch hier Straßenbands, viele Masken und Kostüme sowie Shows. Überall in der Stadt herrscht eine zügellose, ausgelassene Stimmung, während ganz Barranquilla bis zur Erschöpfung trinkt und tanzt. Es kann recht ungehobelt zugehen, und Besucher sollten ihre Habseligkeiten und Begleiter immer im Blick haben – aber für den, der sich dem Treiben hingibt, kann dies ein echtes Highlight auf der Reise sein.

Unterhaltung

Das hiesige Fußballteam, Junior de Barranquilla, spielt im **Estadio Olympico Metropolitano Roberto Meléndez** (Vía Circunvalación & Av Murillo) südlich von El Centro. Tickets sind am Eingang zu bekommen.

Praktische Informationen

Cappucino.com (☎358 4465; Carrera 48 No 72–65; pro Std. 1500 COP; ⌚Mo–Sa 7.30–19.30 Uhr) Internetcafé.

HSBC (Carrera 52 No 72–131; ⌚Mo–Fr 8–11.30 & 14–16 Uhr) Bank mit Geldautomat.

Panamaisches Konsulat (☎360 1870; Carrera 57 No 72–25, Edificio Fincar 207–208; ⌚Mo–Fr 9.30–12 & 14–16 Uhr)

Servientrega (☎356 0527; Calle 70 No 52–63; ⌚Mo–Fr 8–11.30 & 14–18.30, Sa 8–12.30 Uhr) Postdienstleistungen.

Touristeninformation (Comité Mixto de Promoción Mixta del Atlántico; ☎330 3864; Vía 40 No 36–135; ⌚Mo–Fr 8–12 & 14–17 Uhr) Das Büro befindet sich im Antiguo Edificio de Aduana, das auf einem wohltuenden Spaziergang von El Prado in Richtung Südosten zu erreichen ist. Es bietet viele Infos, das Personal fiebert allerdings nicht gerade danach, der Kundschaft behilflich zu sein.

An- & Weiterreise

Bus

Der Busbahnhof liegt 7 km außerhalb des Zentrums – also nicht eben ideal –, und der Stadtbus benötigt für diese Strecke etwa eine Stunde. Schneller geht es mit dem Taxi (15 000 COP, 30 Min.).

Busse von **Expreso Brasilia** (☎323 0111; www.expresobrasilia.com) fahren nach Bogotá (110 000 COP; 18 Std., mehrmals tgl. ab 5.30 Uhr) und Medellín (85 000 COP, 12 Std., ab 6 Uhr). Dasselbe Unternehmen bietet Busse nach Santa Marta (8000 COP, 2 Std., 2.30–22.20 Uhr alle 30 Min.) mit Verbindung nach Riohacha auf der Halbinsel Guajira (32 000 COP, 4 Std.) an. Expreso Brasilia fährt auch nach Cartagena (12 000 COP, 2 Std. 4–23 Uhr alle 15–30 Min.). **Unitransco** (☎323 0030) lässt morgens stündlich Busse nach Tolú (35 000 COP, 5 Std.) und Mompóx verkehren (40 000 COP, 6 Std., nur 7.30 Uhr). Busse von **La Costeña** (☎323 1360) fahren zwischen 5 und 20.30 Uhr alle 10 Minuten nach Santa Marta – zu etwas niedrigeren Preisen als die Konkurrenz (7000 COP, 2 Std.). Einmal täglich um 23 Uhr fährt ein Bus von Expreso Brasilia nach Maracaibo in Venezuela (85 000 COP, 9 Std.) und weiter nach Caracas.

Flugzeug

Der Flughafen befindet sich ca. 10 km südlich vom Zentrum und wird von Bussen mit der Aufschrift „Aeropuerto" angesteuert (1300 COP). Mit dem Taxi kostet es 15 000 COP. Die Fahrt dauert so oder so über eine Stunde. Beinahe alle kolumbianischen Fluggesellschaften steuern Barranquilla an.

In El Prado haben die meisten Fluggesellschaften Ticketbüros. **LAN** (☎368 8845; www.lan.com; Carrera 54 No 72–27; ⌚Mo–Fr 8–12 & 14–18, Sa 9–12 Uhr) fliegt nach Medellín (One-Way ab 288 000 COP) und Montería (One-Way ab 316 000 COP). **COPa/AeroRepública** (☎368 4040; www.aerorepublica.com; Calle 72 No 54–49; ⌚Mo–Fr 8–18, Sa 9–13 Uhr) bietet Flüge nach Bogotá (One-Way ab 212 000 COP) an, außerdem nach Medellín (One-Way ab 289 000 COP), Panama City (One-Way 667 000 COP) und San Andrés (hin & zurück ab 1 000 000 COP, Di, Sa & So; Ankunft der Flüge aus San Andrés an den gleichen Tagen um 11 Uhr). **Avianca** (☎353

4691; www.avianca.com; Calle 76 Cra 55, Carrefour-Gebäude; ⏲Mo–Fr 8–18, Sa 9–13 Uhr) fliegt nach Bogotá (One-Way ab 205 000 COP), Medellín (One-Way ab 339 100 COP), Cali (One-Way ab 317 060 COP) und Miami (One-Way ab 1 250 000 COP). Es gibt ständig Werbeaktionen, und so können die Preise schon einmal um die Hälfte niedriger sein als hier angegeben.

Santa Marta

☎5 / 448 000 EW. / HÖHE 2 M

Santa Marta ist Südamerikas älteste noch bestehende Stadt und die zweitwichtigste Kolonialstadt an Kolumbiens Karibikküste.

Schon immer war Santa Marta eine gute Ausgangsbasis für die Erkundung der Attraktionen in der Nähe wie der Ciudad Perdida und des Parque Nacional Natural Tayrona, doch nach einer Komplettüberholung des Parque de los Novios (auch als Parque Santander bekannt) und dem Bau zahlreicher befestigter Straßen hat die Stadt nun auch dringend benötigte öffentliche Bereiche dazugewonnen. Heute treffen sich hier am Abend Freunde auf einen Drink oder zum Essen in tollen neuen Restaurants.

Santa Marta zieht Heerscharen von kolumbianischen Urlaubern an, die die simplen Freuden von Rum, Spaß und Sonne schätzen. An den Wochenenden ist die Stadt voller Feierwütiger, die Eis schlecken, sich gegenseitig im Sand verbuddeln und auf schwankenden Piers zuschauen, wie die Sonne glitzernd im Meer versinkt. Das Klima ist durchaus heiß, aber weniger schwül als in Cartagena, und bei der abendlichen Meeresbrise lässt es sich angenehm flanieren.

Geschichte

Rodrigo de Bastidas hisste 1525 an dieser Stelle die spanische Flagge. Er hatte bewusst einen Platz am Fuß der Sierra Nevada de Santa Marta gewählt, um leicht an die angeblich unendlichen Goldschätze der indigenen Tairona heranzukommen.

Sobald die Spanier mit der Plünderung der Sierra begannen, stellten sich die Anwohner ihnen mutig entgegen. Ende des 16. Jhs. waren die Tairona jedoch ausgerottet, und viele ihrer fantastischen Kunstwerke aus Gold lagen – eingeschmolzen – in den Truhen der spanischen Krone.

Santa Marta war auch eines der ersten Tore zum Landesinneren der Kolonie. Von hier aus brach Jiménez de Quesada 1536 zu seinem mühsamen Marsch hoch zum Magdalena-Tal auf, wo er zwei Jahre später Bogotá gründete.

Aufgrund der Kämpfe mit den Tairona und regelmäßigen Plünderungen durch Piraten hatte Santa Marta in seiner Kolonialzeit wenige glorreiche Momente und wurde schon bald von der jüngeren, fortschrittlicheren Nachbarstadt Cartagena in den Schatten gestellt. Ein wichtiges Datum in Santa Martas Geschichte, dem heute landesweit gedacht wird, ist der 17. Dezember 1830, als Simón Bolívar hier starb, nachdem er sechs lateinamerikanischen Ländern die Unabhängigkeit gebracht hatte.

Sehenswertes

Auf der Avenida Rodrigo Bastidas (Carrera 1C), der beliebtesten Seepromenade, tobt bis spät in die Nacht hinein das Leben. Von hier bietet sich ein großartiger Blick über die Bucht und zur kleinen Felseninsel El Morro vor der Küste.

Die meisten Besucher tummeln sich zwischen Meer und Avenida Campo Serrano (Carrera 5), der Hauptgeschäftsstraße. Der Strandort El Rodadero, 5 km südlich vom Zentrum, ist bei kolumbianischen Urlaubern sehr beliebt. Regelmäßig verkehren Busse auf der 15 Minuten langen Strecke zwischen Innenstadt und El Rodadero.

GRATIS **Museo Del Oro** MUSEUM

(Calle 14 No 2-07; ⏲Mo–Fr 8–11.45 & 14–17.45 Uhr) Das Goldmuseum ist in einem schönen kolonialen Herrenhaus, der Casa de la Aduana (Zollhaus), untergebracht. Es präsentiert eine interessante Sammlung an Tairona-Objekten, hauptsächlich Ton- und Goldwaren, sowie Artefakte der indigenen Kogi und Arhuaco. Nicht versäumen darf man das imposante Modell der Ciudad Perdida – besonders wenn man vorhat, die Stadt einmal wirklich zu besuchen.

Catedral KIRCHE

(Ecke Carrera 4 & Calle 17) Die massive, weiß getünchte Kathedrale rühmt sich, Kolumbiens ältestes Gotteshaus zu sein. Die Bauarbeiten begannen zwar bereits kurz nach der Stadtgründung, sie waren jedoch erst Ende des 18. Jhs. abgeschlossen. Entsprechend vereinigt die Kathedrale Einflüsse verschiedener architektonischer Stilepochen. Sie beherbergt die Asche des Stadtgründers Rodrigo de Bastidas (vom Eingang aus gleich links). Simón Bolívar wurde hier 1830 ebenfalls bestattet, 1842 wurden seine Überreste jedoch nach Caracas, seinem Geburtsort, überführt.

ÜBER DIE WIRKUND DER KOKA-KALK-MISCHUNG

Wenn man die Karibikküste hoch- und runterfährt, sieht man in Bussen immer wieder Mitglieder des Kogi-Volks mit Taschen voller Muschelschalen. Sie sammeln sie jedoch nicht zur Dekoration. Die Kogi in der Sierra Nevada de Santa Marta benutzen die Muscheln für ihre heilige, ritualisierte Methode, Koka zu konsumieren, bekannt als *poporo*.

Wenn Kokablätter chemikalisch zu Kokain verarbeitet und in dieser Form geschnupft, geraucht oder injiziert werden, wirken die enthaltenen aktiven Alkaloide sehr stimulierend. Werden die Blätter jedoch nur gekaut, haben sie kaum Wirkung. Kaut man sie aber zusammen mit einer alkalischen Substanz, multiplizieren sich ihre aktiven Inhaltsstoffe und befähigen einen, meilenweit ohne Pause oder Essen zu marschieren, auch in großen Höhen – sehr praktisch, wenn man im höchsten Küstengebirge der Welt lebt.

Für den *poporo* werden Tausende von Muscheln, *caracucha* genannt, gesammelt, über einem Feuer geröstet und dann zu feinem Pulver zerrieben. Dieser Muschelkalk wird in einen ausgehöhlten Flaschenkürbis, *totuma*, gefüllt, der die Weiblichkeit symbolisiert. Männer erhalten solch ein Gefäß, wenn sie erwachsen werden.

Die Frauen dieser Stämme sammeln Kokablätter und trocknen sie, indem sie sie zusammen mit heißen Steinen in *mochilas* (kübelförmige, gewebte Umhängetaschen) füllen. Die Männer stopfen sich große Büschel Blätter in den Mund und tauchen ein Stäbchen in die *totuma*, um damit etwas Muschelkalk aufzunehmen, den sie dann vom Stäbchen absaugen. Die überschüssige Spucke-Pulver-Mischung wird außen auf den Flaschenkürbis gerieben, um ihn wachsen zu lassen – ein Symbol für Weisheit. Die Koka-Kalk-Mischung kauen die Kogi bis zu einer halben Stunde lang. Durch den alkalisierten Speichel setzen die Kokablätter ihre aktiven Komponenten frei, wodurch die Konsumenten in leichten Kokainrausch fallen. Die Kogi glauben, dass der *poporo* Wissen einflößt, so, als würde man Bücher lesen oder Vorlesungen besuchen.

Quinta de San Pedro Alejandrino HAZIENDA (Av Libertador; Erw./Kind 10 000/6000 COP; ⌚9.30–16.30 Uhr) In der Hazienda am Stadtrand verbrachte Simón Bolívar seine letzten Tage, und hier starb er auch. Auf dem im frühen 17. Jh. begründeten Landgut wurde Zuckerrohr angebaut und verarbeitet. Es verfügte über seine eigene *trapiche* (Zuckerrohrpresse) und eine *destilería* (Brennerei).

In der Bolívar-Ära gehörte die Hazienda dem Spanier Joaquín de Mier, einem eifrigen Befürworter von Kolumbiens Unabhängigkeit. Er lud Bolívar ein, sich vor seiner geplanten Reise nach Europa in seinem Haus auszuruhen. Im Lauf der Zeit wechselte das Gut 15-mal den Besitzer. Zu den Highlights der Hazienda gehört eine absolut dekadente Marmorbadewanne.

Auf dem Gelände wurden mehrere Denkmäler errichtet, die an Bolívar erinnern. Das beeindruckendste Monument ist eine massive, zentral stehende Konstruktion namens **Altar de la Patria**. Gleich rechts davon präsentiert das **Museo Bolivariano** Werke, die Künstler aus lateinamerikanischen Ländern spendeten, hauptsächlich aus den von Bolívar befreiten Nationen Kolumbien, Venezuela, Panama, Ecuador, Peru und Bolivien.

Ebenfalls auf dem Anwesen wurde Santa Martas 22 ha großer **Jardín Botánico** angelegt, der ebenfalls einen Spaziergang lohnt. Schon allein einige der Bäume sind den Ausflug wert. Zur Zeit der Recherche zu diesem Buch wurde außerdem an einem Tagungszentrum und einem Konzertsaal gebaut.

Die *quinta* liegt im östlichsten Vorort Mamatoco, rund 4 km vom Stadtzentrum entfernt. Mit dem Bus (1200 COP) von der Carrera 1C ist die Hazienda in 20 Minuten zu erreichen.

Aktivitäten

Die meisten Tauchschulen haben sich im nahe gelegenen Taganga niedergelassen, aber auch im Zentrum finden sich ein paar, so etwa **Atlantic Divers** (☎421 4883; Calle 10C No 2–04; ⌚8–20 Uhr). Ein viertägiger Kurs mit PADI-Zertifikat kostet hier 800 000 COP.

In der Umgebung von Santa Marta erstrecken sich einige gute **Wanderwege**, darunter Pfade durch den Parque Nacional Natural Tayrona. Wer auf eine längere und abenteuerlichere Tour Lust hat: Die Wanderung zur Ciudad Perdida ist der Paradeweg in dieser Region.

Santa Marta

Geführte Touren

Der besondere Attraktion von Santa Martas Tourenangebot ist natürlich die Ciudad Perdida. Inzwischen sind vier große Unternehmen autorisiert, Touristen auf den fünf- bis sechstägigen Treck zu begleiten – drei davon sind in Santa Marta ansässig (s. S. 170f). Daneben gibt es aber auch andere Optionen für Wanderungen. Individuell zugeschnittene Wandertouren in die Berge stellt **José „Chelo" Gallego** (☎316 232 5366; jose087301@hotmail.com) zusammen. Er ist ein wahrer Experte und verfügt über eine langjährige Erfahrung.

Schlafen

In Santa Martas *centro* befinden sich zahllose kleine Hotels und Familienpensionen, die meisten davon sind günstig und recht zwanglos. Falls die im Folgenden aufgeführten Unterkünfte ausgebucht sein sollten, dann finden sich nur ein paar wenige Schritte weiter schon die nächsten Übernachtungsmöglichkeiten. Aber Achtung! Einige Straßen rund um die 10C sind für Prostitution – und alles, was das „älteste Gewerbe der Welt" so an negativen und unerfreulichen Begleiterscheinungen mit sich bringt – berüchtigt.

Santa Marta

Sehenswertes

1 Kathedrale ... D4
2 Museo del Oro ... B2

Aktivitäten, Kurse & Touren

3 Atlantic Divers ... B1
4 ExpoTur ... B3
Guias y Baquianos Tours ... (siehe 12)
5 Magic Tours ... D3
6 Turcol ... A4
7 Turcol ... B1

Schlafen

8 Aluna ... D5
9 Casa De Isabella ... B4
10 Casa Familiar ... C1
11 Casa Verde ... D4
12 Hotel Miramar ... B1
13 La Brisa Loca ... C3
14 La Casa ... C4
15 Solymar Hotel ... B4

Essen

16 Agave Azul ... C3
17 Basilea ... B3
18 Ben & Josep's ... A4
19 Cocteleria Juancho ... A5
20 El Santo ... B5
21 Ouzo ... B4
22 Son Tapas ... C5

Unterhaltung

23 Crabs ... C4
24 La Puerta ... B3

LP TIPP **Casa Verde** HOTEL $$$

(☎431 4122; http://casaverdesantamarta.com; Calle 18 No 4–70; EZ/DZ 165 000/220 000 COP) Das hübsche Haus mit Kieselwänden, eleganten Bädern, sauberer Bettwäsche und fünf gut gestalteten, weiß getünchten Gästezimmern ist *die* Unterkunft für alle, die der selbst hier wohnende, aufmerksame Besitzer „Backpacker im Ruhestand" nennt. Wer im kühlen Pool bei der Lobby döst, fühlt sich geradezu wie ein römischer Kaiser.

Aluna HOSTEL $$

(☎432 4916; www.alunahostel.com; Calle 21 No 5–72; B 20 000 COP, EZ/DZ 40 000/60 000 COP, mit Klimaanlage 60 000/80 000 COP; ❄) Das nette Aluna bietet gut proportionierte Schlafsäle, gemütliche Zimmer und geräumige, luftige Gemeinschaftsbereiche. In der gut ausgestatteten Küche gibt es Schließfächer. Die beste Büchertauschbörse an der Küste lässt auf eine intelligente, belesene Klientel schließen. Der Besitzer Patrick hat in Paso Del Mango ganz in der Nähe ein Anwesen, ein wahres Paradies für Vogelbeobachter.

La Brisa Loca HOSTEL $$

(☎431 6121; www.labrisaloca.com; Calle 14 No 3–58; B mit/ohne Klimaanlage ab 28 000/20 000 COP, Zi. mit Klimaanlage ab 70 000 COP; ❄📶) Das große Hostel mit insgesamt 82 Betten hat alles, was die jungen, fröhlichen Gäste brauchen. Die Matratzen sind fest, die Zimmer und Schlafsäle mit Spinden sind kühl und groß. Pool, Bar, Billardtisch und Kostümpartys am Wochenende sorgen für eine vergnügliche Zeit. Ryan und Evan, die pfiffigen amerikanischen Besitzer, schauen wie Surfer aus, sind aber clevere Geschäftsmänner, die ihr Hostel mit Leidenschaft, aber auch des Geldes wegen führen.

The Dreamer HOSTEL $$

(☎433 3264; www.thedreamerhostel.com; Diagonal 32, Los Trupillos (Mamatoco); B ab 18 000 COP, EZ/DZ 60 000/75 000 COP; ❄) Die Zimmer dieses noblen und durchdacht gestalteten Hostels gruppieren sich um einen der besten Pools der Stadt. Sogar die Schlafsäle haben Klimaanlage, ein sauberes Gemeinschaftsbad und gute Betten. Die Unterkunft liegt etwas außerhalb der Stadt, ist aber ideal für Trips in die Ciudad Perdida, den Parque Nacional Natural Tayrona, nach Minca und zu einigen der besseren Stränden der Region. Die italienischen Besitzer sind auch für die Küche verantwortlich – somit ist auch das Essen fantastisch.

La Casa HOTEL $$$

(☎421 2483; http://lacasasantamarta.com; Calle 18 No 3–53; Suite inkl. Frühstück ab 208 000 COP; ❄📶🏊) Dieses Boutiquehotel mit drei Suiten voller Werke hiesiger Künstler ist in einem restaurierten Wohnhaus aus dem 18. Jh. untergebracht und wird von einer entzückenden jungen Frau geführt, die seit zehn Jahren mit den indigenen afrokaribischen und Sierra-Gemeinden zusammenarbeitet. Jedes Zimmer des Hauses ist ein Tribut an diese Menschen und besitzt Originalfliesenböden und -türen. Zum Frühstück gibt es u. a. Bio-Produkte aus der Sierra.

Solymar Hostal HOTEL $$

(☎431 0208; www.solymarhostal.com; Carerra 2 No 19–06; EZ/DZ mit Ventilator 50 000/60 000 COP, mit Klimaanlage 60 000/75 000 COP; ❄📶)

Ein bisschen wirkt es wie ein Motel oder ein sogar wie ein lateinamerikanisches „Liebeshotel", aber das 33-Zimmer-Hotel in Strandnähe ist nichts dergleichen. Die Gästezimmer sind klein, aber ordentlich, sauber und neu. Wer der Backpackerszene aus dem Weg gehen möchte, ist hier an der richtigen Adresse.

Casa De Isabella HOTEL **$$$**
(431 2082; www.casadeisabella.com; Carerra 2N No19–20; Zi. ab 287 000 COP, Suite 430 000 COP) Die Lobby ist ein Spektakel mit leicht kitschigem lateinamerikanischem Klunker, aber die Zimmer sind groß und stilvoll. Die Suite oben – mit minimalistischem Schick, Antiquitäten und freiliegenden Balken – hat ein gigantisches Himmelbett und eine eigene Dachterrasse mit Pool und Meerblick. Normalsterbliche können sich am Pool unten in Positur werfen.

Casa Familiar HOTEL **$**
(421 1697; www.hospederiacasafamiliar.freeservers.com; Calle 10C No 2–14; B/EZ/DZ 15 000/22 000/35 000 COP) Das freundliche und sehr beliebte Hotel verfügt über Zimmer und Schlafsäle sowie einen Highspeedwäscheservice. Die Zimmer sind spartanisch eingerichtet, die Betten sind steinhart – für eine oder zwei Nächte aber okay.

Hotel Miramar HOTEL **$**
(423 3276; elmiramar_santamarta@yahoo.com; Calle 10C No 1C–59; B 10 000 COP, EZ/DZ ohne Bad 12 000/20 000 COP, mit Bad 15 000/25 000 COP;) Das Miramar zieht eine ganz bestimmte Art von Reisenden an: „Shoestringers" (Individualreisende mit kleinem Budget) und reiche Kids, die sich hier zum Spaß unters gemeine Volk mischen. Aber das Hotel hat Geschichte, es ist beliebt und gesellig, verfügt über ein Restaurant und ein eigenes Reisebüro.

Essen

In Santa Marta wird mit das beste Essen an der Küste angeboten. Der Zuzug von latein- und nordamerikanischen Restaurants hat die Speisekarten vereinfacht, man legt Wert auf Ambiente, klassische Gerichte und stilvolle Präsentation, statt die prätentiöse Fusionküche Cartagenas zu kopieren. Die besten Restaurants finden sich an oder nahe der Callejon de Restaurantes (Carrera 3 zwischen 16 und 17) sowie rund um den Parque de los Novios.

LP TIPP **Ouzo** MEDITERRAN **$$**
(423 0658; Carrera 3 No 19–29, Parque de los Novios; Hauptgerichte 20 000–40 000 COP; Mo–Sa Abendessen) Das Ouzo hat eine kurze, klassische griechisch-italienische Speisekarte mit hervorragenden Bruschette. Spezialität des Hauses ist Oktopus, der zwei Stunden lang in Knoblauchbrühe gegart und dann über Kohlenglut scharf angebraten wird, um den Geschmack einzuschließen. Durch das clever gestaltete Interieur bleibt die Hitze in der Küche. Toller Service.

Agave Azul MEXIKANISCH **$$**
(431 6121; Calle 14 No 3–58; Hauptgerichte 18 000–40 000 COP; Mo–Sa Abendessen) Okay, das ist nicht wirklich Mexiko. Aber wer die Augen schließt und in die perfekte Tostada beißt, die mit dem zartesten Fleisch der Stadt, den süßesten, buttrigsten Avocados und einem scharfen, knackigen Salat belegt ist, möchte vor Freude ein paar Salutschüsse zur Decke abfeuern. Dann sollte man jedoch die Augen wieder öffnen, um den schön angerichteten Teller zu würdigen. Auch die Steaks sind wunderbar.

LP TIPP **El Santo** MEDITERRAN **$$**
(423 6170; Calle 21 No 2A–52; Hauptgerichte 21 000–30 000 COP; Mi–So Abendessen) Die Spezialität des romantischen, aber relaxten Bistros ist ein unglaublich zartes, in Rotwein geschmortes Lamm mit einer kräftigen Füllung aus Knoblauch, Thymian und Rosmarin. Alle Zutaten sind von bester Qualität und werden in einer theaterähnlichen offenen Küche verarbeitet. Der Küchenchef betreibt seit Neuestem auch noch eine moderne Tapasbar.

Cocteleria Juancho IMBISSSTAND **$**
(Carrera 1 zwischen Calle 22 & 23 No 18–67; Ceviche 5000–13 000 COP; Frühstück, Mittag- & Abendessen) Vor dem Ceviche-Straßenstand neben dem Gino-Passcalli-Laden stehen einheimische Stammkunden seit 33 Jahren Schlange. Alles dreht sich um Garnelen-Ceviche, den es in vier Portionsgrößen gibt. Mit der gefürchteten Golfsoße sind die Köche hier ein bisschen zu großzügig, also am besten um etwas Zurückhaltung bitten.

Ben & Josep's STEAKHAUS **$$**
(317 280 5039; Carrera 1 No 18–53; Hauptgerichte 24 000–39 000 COP; Mo–Sa Abendessen) Im besten Restaurant am Meer sidn Fleichgerichte top. Etwas zu trinken gibt es bereits ab 16 Uhr (Tische im Freien sollten

am Wochenende telefonisch reserviert werden). Das Filet mignon mit Pfeffersauce ist einfach, aber erstklassig zubereitet.

Basilea EUROPÄISCH **$$$**
(☎431 4138; Calle 16 No 2–58; Hauptgerichte 30 000 COP; ⊙Mo–Sa Mittag- & Abendessen) In dem romantischen mediterran-französischen Restaurant mit leistungsstarker Klimaanlage und massiven Kunstwerken werden klassische Gerichte wie Steak mit Cayennepfeffer mit kühnem Touch zubereitet. Das hochnäsige Ambiente und den ebensolchen Service ignoriert man am besten.

☆ Unterhaltung

Bis zur Umgestaltung des Parque de los Novios hatte Santa Marta kein wirkliches Nightlifezentrum. Heute dient der Park als zwangloser Treffpunkt, wo Jung und Alt ein kühles Bierchen trinken, Freunde treffen, flirten und plaudern, ehe sie losziehen, um bis in den Morgen zu tanzen und zu feiern.

Bars

Son Tapas SALSA
(Calle 21 No 3–10; ⊙Di & Mi 16–1, Do–Sa 16–3 Uhr) Live-Salsa, Gratishäppchen und tolle, romantische Stimmung bis spät in die Nacht: Diese Bar gleich beim Parque de los Novios richtet sich an eine etwas ältere Klientel als andere Lokale wie etwa das La Puerta und versprüht eine Art Mitternachtszauber.

Crabs ROCKBAR
(Calle 18 No 3-69; ⊙Mi–Sa 20–3 Uhr) Santa Marta rockt! Die großartige neue Bar bietet Billardtisch, Raucherterrasse, Bier und Drinks zu anständigen Preisen sowie Videoclips, die die obskureren Monsters of Rock feiern. Wann hat man denn das letzte Mal ein Alice-Cooper-Video gesehen?

La Puerta CLUB
(☎Calle 17 No 2–29; ⊙Di & Mi 18–1, Do–Sa bis 3 Uhr) Hier mustern sich Studenten und Gringos gegenseitig und betrinken sich fröhlich nach harmloser kolumbanischer Art. Soca, Salsa, House, Hip-Hop und Reggae heizen auf der rammelvollen Tanzfläche ein. Die kräftigen Ventilatoren lassen die Tanzenden gar dramatisch windumtost und noch attraktiver aussehen – vor allem nach einer halben Flasche *aguardiente*.

Sport

El Union Magdalena, Santa Martas Fußballmannschaft, spielt im **Estadio Eduardo Santos** (Ecke Av. Liberatador & Carrera 19), knapp 2 km vom Zentrum entfernt. Das ganze Jahr über finden Spiele statt. Die Tickets werden am Stadion verkauft. Ein Taxi dorthin kostet 8000 COP.

ℹ Praktische Informationen

4-72 (☎421 0180; Calle 22 3 No 2–08; ⊙Mo–Fr 8–12 & 14–18, Sa bis 12 Uhr) Postamt.

Aviatur (☎421 3848; Calle 15 No 3–20; ⊙Mo–Fr 8–12 & 14–16 Uhr) Hier kann man Reservierungen für den genehmigungspflichtigen Campingplatz und die nobleren Unterkünfte (Ecohabs) im Parque Nacional Natural (PNN) Tayrona tätigen.

Bancolombia (☎421 0185; Carrera 3 No 14–10; ⊙Mo–Do 8–11.30 & 14–16, Fr 8–11.30 & 14–16.30 Uhr) Wechsel ausschließlich von Reiseschecks und US-Dollar.

Davivienda (Ecke Calle 14 & Carrera 4) Bank mit Geldautomat.

Fondo de Promoción Turística de Santa Marta (☎422 7548; Calle 10 No 3–10, El Rodadero; ⊙Mo–Fr 8–12 & 14–18, Sa 8–12 Uhr) Santa Martas mitgliederbasiertes Informationsbüro hat viel mehr Tipps parat als die Touristeninformation der Regierung.

Hospital Centro Julío Mendez Barreneche (☎421 2226; Carrera 14 No 23–42)

Parques Nacionales Naturales de Colombia (☎423 0758; www.parquesnacionales.gov.co; Calle 17 No 4–06) Kurz gefasste Informationen über Nationalparks.

Policía Nacional (☎421 4264; Calle 22 No 1C–74)

Tamá Café (☎431 2289; Carrera 2 No 16–06; pro Std. 1500 COP; ⊙Mo–Fr 8.30–18.30, Sa 9–13 Uhr) Internetcafé und Bio-Coffeeshop.

Touristeninformation (☎438 2587; Calle 17 No 3–120; ⊙Mo–Fr 8–12 & 14–18 Uhr) Das städtische Informationsbüro.

Villa Café.Bar (☎431 0431; Calle 17 No 2–43; pro Std. 1500 COP; ⊙Mo–Sa 7–19 Uhr) Internetcafé.

ℹ An- & Weiterreise

Bus

Der Busbahnhof befindet sich am südöstlichen Stadtrand. Von der Carrera 1C im Zentrum fahren regelmäßig Minibusse dorthin.

Expreso Brasilia (☎430 6244) bietet täglich drei Busse nach Bogotá (80 000 COP, 18 Std.) und Medellín (108 000 COP, 15 Std.). Bis 19.30 Uhr fahren alle 30 Minuten Busse nach Barranquilla (10 000 COP, 2 Std.), und bis 17.30 Uhr verkehren stündlich Busse nach Cartagena (20 000 COP, 4 Std.). Bis 17 Uhr fahren Expreso-Brasilia-Busse alle 30 Minuten gen Norden nach Riohacha (15 000 COP, 2½ Std.) mit Verbindung nach Maicao (25 000 COP,

4 Std.), der letzten kolumbianischen Stadt vor der venezolanischen Grenze. Hier ist es möglich, in Busse nach Maracaibo in Venezuela umsteigen. (außerhalb des Busbahnhofs sollten sich Reisende in Maicao nicht länger aufhalten – zwar ist die Stadt viel sicherer geworden, hier wird aber nach wie vor alle erdenkliche Schmuggelware aus Venezuela verhökert). Es gibt auch täglich zwei Direktverbindungen nach Tolú (40 000 COP, 7 Std.) und drei nach Bucaramanga (70 000 COP, 9 Std.).

Rapido Ochoa (☎430 1040) bietet ähnliche Verbindungen wie Expreso Brasilia, darüber hinaus aber auch Fahrten nach Sincelejo (44 000 COP, tgl. viermal – nur der Bus um 13.30 Uhr fährt nonstop) und Riohacha (15 000 COP, stündlich. Wer nach Venezuela möchte, nimmt besser den Direktbus von Santa Marta nach Maracaibo (95 000 COP, 7 Std.) von **Expreso Amerlujo** (☎430 4144), der täglich um 12 Uhr abfährt und eine Anschlussverbindung nach Caracas (185 000 COP, 18 Std.) bietet. Falls die Abfahrtszeiten nicht passen sollten, kann man auch täglich um 10 Uhr mit **Cootragua** (☎430 1650) nach Paraguachón (30 000 COP, 4½ Std.) an der Grenze fahren und dort in den Bus nach Maracaibo umsteigen. Alle Einreiseformalitäten sind in Paraguachón zu erledigen, wo auch die Taschen kontrolliert werden. Hier lässt sich auch Geld tauschen. Und nicht vergessen: die Uhr eine Stunde vor stellen.

Flugzeug

Der Flughafen liegt etwa 16 km südlich der Stadt an der Straße von Barranquilla nach Bogotá. Stadtbusse mit der Aufschrift „El Rodadero Aeropuerto" verkehren von der Carrera 1C zum Flughafen. Neben mehreren Destinationen werden Bogotá (One-Way ab 200 000 COP) und auch Medellín (One-Way ab 300 000 COP) angeflogen.

AeroRepública/COPa (☎421 0120; www.aerorepublica.com; Carrera 3 No 17–27; ⌚Mo–Fr 8–18, Sa 9–13 Uhr)

Avianca (☎421 4018; www.avianca.com; Carrera 2A No 14–47; ⌚Mo–Fr 8–18, Sa 9–13 Uhr)

Minca

In 600 m Höhe in der Sierra Nevada über Santa Marta thront Minca, ein kleines Bergdorf, das für organisch angebauten Kaffee und – vielleicht noch wichtiger – für seine milden Temperaturen berühmt ist. Das Dorf selbst bietet nicht viel, es gibt aber eine Handvoll schöne Unterkünfte, um sich in der frischen Bergluft ein paar Tage zu erholen. Außerdem ist die ganze Gegend ein Paradies für Vogelliebhaber – hier zwitschern mehr als 300 Arten.

Sans Souci (☎310 590 9213; sanssouciminca@yahoo.com; Zeltplatz pro Pers. 10 000 COP, B 15 000 COP, Zi. pro Pers. 35 000 COP;) ist eine einfache Finca unter deutscher Leitung, hoch über dem Dorf. Der Blick über die Sierra bis nach Santa Marta ist spektakulär.

In toller Lage am Anfang des Río Gaira bietet das **Sierra's Sound** (☎421 9962; www.mincahotelsierrasound.com; Calle Principal; EZ/DZ 70 000/140 000 COP), eine stilvolle kleine Bergoase, gut ausgestattete Zimmer voller Kunstwerke der italienisch-kolumbianischen Besitzerin. Im Restaurant werden leckere kolumbianische und italienische Gerichte serviert.

Ein guter Guide für Freunde der Vogelbeobachtung ist **Francisco Trancoso** (☎316 815 9378; francisco_troncoso@hotmail.com).

Minca ist von Santa Marta aus leicht mit dem Taxi (40 000 COP) oder dem Mototaxi (6000 COP; recht holprig) zu erreichen. Letzteres startet an der Kreuzung La Y (wie englisch *Jay* ausgesprochen) im Vorort El Yucol, 8 km westlich von Santa Martas Zentrum in Richtung Riohacha.

Taganga

☎5 / 5000 EW.

Taganga in einer schönen, tiefen, hufeisenförmigen Bucht, 5 km nordöstlich von Santa Marta, ist ein fast obligatorischer Zwischenstopp auf dem „Gringo Trail". Die Frage, ob einen diese Tatsache freut oder erschreckt, bestimmt darüber, wie einen dieses einst winzige kolumbianische Fischerdorf anspricht. Es wurde rasch ausgebaut – ohne Rücksicht auf die Anwohner oder die Umwelt, aber ob man es nun liebt oder hasst: Taganga ist einer der meistbesuchten Orte an der Karibikküste.

Taganga ist inzwischen offiziell in die globale Tourismus-Landkarte aufgenommen und hat einen gewissen Ruf als Partymeile. Vor allem viele Israeli kommen nach dem Ende ihres Wehrdienstes hierher, um zu relaxen und zu feiern.

Der Strand ist nicht sonderlich attraktiv, aber mit den vielen Fischerbooten in der Bucht und den imposanten Sierras im Hintergrund ist dies dennoch einer der malerischsten Plätze an der Küste. Viele Urlauber bleiben hier für mehrere Wochen – und einige für immer. Da hier jugendlich-unbekümmerter Kameradschaftsgeist herrscht, ist dies ein guter Platz für Alleinreisende, die Gleichgesinnte für die Weiterreise suchen.

ABSTECHER

MACONDO: MAGIE & WIRKLICHKEIT

Willkommen in Macondo! Laut Einheimischen, Landkarten, Busfahrern und Regierungsbeamten heißt der Ort Aracataca, und die Anwohner entschieden sich 2006 in einem Referendum gegen die Umbenennung in „Aracataca-Macondo" – doch jeder, der Gabriel García Márquez' Meisterwerk *Hundert Jahre Einsamkeit* gelesen hat, spürt in den Straßen der Stadt, dass er hier Macondo, den Geburtsort des magischen Realismus, betritt.

Der niederländische Künstler Tim Buendía, der behauptet, das letzte noch lebende Mitglied der Familie Buendía aus dem Roman zu sein, hat die landesweit einzige Márquez-Tour zusammengestellt, die einen wunderbar zwischen Träumen und Erinnerungen schweben lässt.

Buendía – dessen wirklicher Name Aan't Goor ist – kam 2008 hierher und war von der Stadt so eingenommen, dass er hier ein Hostel eröffnete: die **Gypsy Residence** (☎321 251 7420; www.thegypsyresidence.com; Calle 9 No 1–74, Barrio Cataquita; B 20 000 COP, EZ/DZ 50 000/60 000 COP; WLAN). Das Haus ist nach einer Schlüsselfigur in *Hundert Jahre Einsamkeit* benannt: Der Zigeuner (englisch *gypsy*) Melquíades verblüfft die Stadt, als er ihr das erste Eis präsentiert, und sagt Macondos Vernichtung vorher.

Die ganztägige Tour (pro Pers. 99 000 COP) führt zu allen mit Márquez in Zusammenhang stehenden Bauwerken der Stadt – und Buendía erzählt mit solch einer Begeisterung und solch einer Liebe, dass man die Baufälligkeit des Präsentierten glatt übersieht. Das hervorragende Museum indes, ein Nachbau von Marquez' Familiensitz, ist sehr gut zusammengestellt.

Das Telegrafenamt, in dem der Vater des Schriftstellers arbeitete, ist zu besichtigen – ebenso, wenn alles nach Plan verläuft, das Grab des Melquíades mit seinem Grabstein, den Buendía (oder Aan't Goor?) in eine ruhige Seitenstraße versetzen möchte. Die Tour ist unglaublich unterhaltsam und das nicht nur für Leseratten.

Regelmäßig fahren Busse vom Marktplatz in Santa Marta hin & zurück (7000 COP, 1½ Std.). Fahrgäste können dem Fahrer ruhig sagen, dass sie nach Macondo wollen. Es existiert – auch wenn jeder das bestreitet.

Die meisten Besucher nutzen Taganga als Basis für Ausflüge in die Ciudad Perdida und in den Parque Nacional Natural Tayrona.

Aktivitäten

Taganga ist ein populäres Tauchrevier mit vielen Tauchschulen, die Kurse und Exkursionen anbieten – zu weltweit unschlagbaren Preisen: Viertägige PADI-Kurse auf dem offenen Meer kosten zwischen 550 000 und 670 000 COP. Leider gibt es aber auch einige schlechte Anbieter. Die folgenden Schulen sind zu empfehlen.

Aquantis Dive Center TAUCHEN
(☎421 9344; www.aquantisdivecenter.com; Calle 18 No 1–39; ⌚6.30–21 Uhr) Das freundliche und professionelle Unternehmen unter belgischer Leitung bietet Kurse mit PADI-Zertifikat für 630 000 COP und Ausflüge mit zwei Tauchgängen für 150 000 COP. Die beste Schule der Stadt.

Poseidon Dive Center TAUCHEN
(☎421 9224; www.poseidondivecenter.com; Calle 18 No 1–69; ⌚7–19 Uhr) Die Kurse in der gut ausgerüsteten Tauchschule kosten etwa 670 000 COP.

Tayrona Dive Center TAUCHEN
(☎421 5349; www.tayronadivecenter.com; Calle 18 No 1–39) In der Nebensaison verlangt dieses Zentrum für einen Kurs mit PADI-Zertifikat nur 580 000 COP.

Kurse

Academia Latina (☎421 9390; www.academia-latina.com; Calle 14 No 1B–75) Die Sprachschule in der Casa Holanda bietet Spanischkurse ab 150 000 COP (mindestens 10 Std. die Woche).

Schlafen

Casa de Felipe HOSTEL $
(☎421 9120/316 318 9158; www.lacasadefelipe.com; Carrera 5A No 19–13; B 16 000–20 000 COP, EZ/DZ 45 000/60 000 COP, Apt. für 2/4 Personen 100 000/120 000 COP; WLAN) Das von einem netten Franzosen geführte Hostel ist eine der besser ausgestatteten Budget-Unterkünfte im ganzen Ort. In dem attraktiven Haus,

Taganga

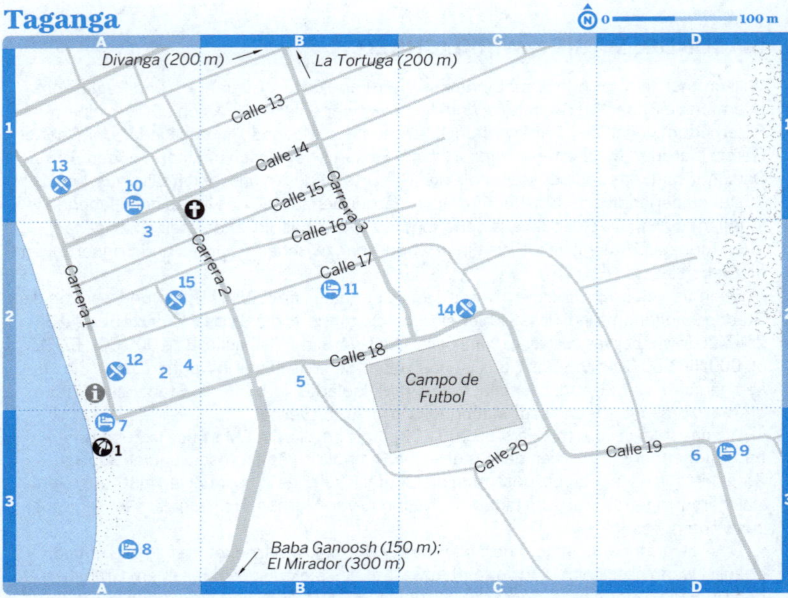

Taganga

Sehenswertes
1 Strand A3

Aktivitäten, Kurse & Touren
Academia Latina .... (siehe 10)
2 Aquantis Dive Center A2
3 Magic Tours A2
4 Poseidon Dive Center A2
5 Tayrona Dive Center B2
6 Turcol D3

Schlafen
7 Ballena Azul A3
8 Casa Blanca A3
9 Casa de Felipe D3
10 Casa Holanda A1
11 Oso Perezoso B2

Essen
12 Bitácora A2
13 Cafe Bonsai A1
14 La Baguettes de Maria C2
15 Pachamama A2

das sich inmitten üppiger Gärten oberhalb der Bucht befindet, gibt es ein freundliches Personal, schöne Zimmer, eine gute Bar, Küche, Kabelfernsehen, zahlreiche Hängematten und ein exzellentes Frühstück sowie eine fröhliche Gästeschar aus aller Welt. Die Unterkunft befindet sich vom Strand aus ein paar Blocks den Hügel hoch, am Fußballplatz vorbei.

La Tortuga HOSTEL $
(☎320 258 9677; Calle 9 No 3–116; B ab 20 000 COP, EZ/DZ 60 000/70 000 COP; 📶) Ein neues Hostel in schöner Bambusbauweise mit komfortablen Betten, großer Küche und einer frischen Meeresbrise auf der Terrassenbar mit Blick auf den Sonnenuntergang. Im Garten steht ein großer Plastikpool zur Erfrischung bereit. Der kolumbianische Besitzer tut alles, um seinen Gästen einen angenehmen Aufenthalt zu verschaffen.

Oso Perezoso HOSTEL $
(☎421 8041; www.hotelosoperezoso.com; Calle 17 No 2–36; Hängematte 15 000 COP, Zi. pro Pers. inkl. Frühstück ab 22 000 COP; 📶) Die Zimmer sind zwar klein, aber gepflegt – die Treppen, die nach oben führen, sind allerdings „lebensgefährlich“. In der luftigen Dachbar ist es möglich, die eigene Hängematte aufzuhängen.

Divanga HOTEL $$
(☎421 9092; www.divanga.com; Calle 12 No 4–07; B 30 000 COP, Zi. pro Pers. inkl. Frühstück 40 000 COP;) Im Divanga, einem weiteren stimmungsvollen Hotel in französischer Hand, schmücken einheimische Kunstwerke die Wände und Türen der Zimmer, die sich fast alle um einen Swimmingpool gruppieren. Auf der Dachterrasse mit Bar weht beständig eine angenehme Meeresbrise. Hier geht es weniger fröhlich-lautstark zu als in der Casa de Felipe – wem Ruhe und Erholung wichtig sind, der sollte also unbedingt hier übernachten.

Casa Blanca HOSTEL $$
(☎421 9232; www.casablancahosteltaganga.com; Carrera 1 No 14–61; Zi. pro Pers. inkl. Frühstück 35 000 COP;) Die billigste Unterkunft am Strand ist inzwischen ein bisschen verschlissen, und abends dröhnen die Bässe vom neuen Nachtclub El Mirador herüber. Die Casa Blanca steht am südlichen Ende des Strands; die Zimmer oben gewähren bessere Aussicht.

Casa Holanda HOTEL $$
(☎421 9390; www.hotelcasaholanda.com; Calle 14 No 1B–75; EZ/DZ mit Ventilator ab 70 000/ 80 000 COP, mit Klimaanlage ab 110 000/ 120 000 COP;) Die Casa Holanda mitten in der Stadt verfügt über einfache, ordentliche und saubere Gästezimmer mit weißen Baumwolllaken und festen Matratzen. Das Restaurant im Erdgeschoss ist okay und bietet solide Kost.

Ballena Azul HOTEL $$$
(☎421 9009; www.hotelballenaazul.com; Ecke Carerra 1 & Calle 18; Zi. ohne/mit Klimaanlage 80 000/140 000 COP;) Auf der Website sieht es beinahe so aus, als befände man sich in Miamis South Beach – das stimmt freilich nicht, aber das Ballena Azul ist sicherlich das schickste Hotel in Taganga. Das weiß getünchte, historische Kolonialhaus steht direkt am Strand, daneben steht ein neueren Anbau.

Essen

Die vielen preiswerten Open-Air-Restaurants servieren *comida corriente* mit frischem Fisch schon ab 10 000 COP. Wer selber kochen möchte, kann täglich am nördlichen Ende des Strands frischen Fisch kaufen. An Doña Meras Getränkestand – dem ersten auf dem Weg in die Stadt – ist wohl der besten Saft zu kaufen.

LP TIPP **Pachamama** FRANZÖSISCH $$
(☎421 9486; Calle 16 No 1C–18; Hauptgerichte 14 000–20 000 COP; ⏲Abendessen) Das Pachamama befindet sich auf einem kleinen ummauerten Gelände in einer ruhigen Seitenstraße. Das Restaurant im Tikistil besitzt ein herrlich relaxtes Flair und schaut wie eine Indoor-Strandbar aus. Aber so leger es auch ist: Der französische Küchenchef hat eine der kreativsten Speisekarten an der Küste zusammengestellt. Die Langusten in Speck und Estragon sind sensationell, und das Thunfisch-Carpaccio ist schlicht perfekt.

Los Baguettes de María SANDWICHES $
(Calle 18 No 3–47; Sandwiches 5000–10 000 COP; ⏲So–Fr Mittag- & Abendessen, Sa nur Abendessen) María produziert wuchtige, reich belegte frische Baguettes mit köstlichem Hühnchen, Rindfleisch oder Thunfisch. Und sie weiß, wie sehr einem zuweilen nach Oliven gelüstet. Pluspunkt: Alles wird nach Wunsch zubereitet. Minus: Es verschieben sich schon mal die Kontinente, bis die Sandwiches fertig sind.

Bitácora ITALIENISCH $$
(☎421 9121; Carrera 1 No 17–13; Hauptgerichte 10 000–20 000 COP; ⏲Frühstück, Mittag- & Abendessen) In dem stilvoll-legeren Lokal wird alles von Filet mignon in Speck-Pilz-Sauce bis zu Gemüselasagne serviert. Abends ist es ideal für einen Drink und zum Leutebeobachten, bevor man sich ins Nachtleben stürzt.

Café Bonsai BÄCKEREI $$
(Calle 13 No 1–07; Gerichte ab 12 000 COP; ⏲Frühstück, Mittag- & Abendessen;) „Hi, kann ich bitte ein Brathähnchen, eingelegten Käse und Ei mit Mayo auf Sauerteig-Roggenbrot haben?" Dieser Satz ist in Kolumbien nicht gerade alltäglich. Das Bonsai ist cool und kühl (mit Klimaanlage und WLAN). Zu dem großen Angebot an Speisen gehören auch tolles frisch gebackenes Brot und wunderbare Schokotrüffel. Überteuert, aber einfach fantastisch.

Babaganoush THAILÄNDISCH $$
(☎Carrera 1 No 18–22; Hauptgerichte ab 17 000 COP; ⏲Abendessen) Die 60 Plätze dieses neuen Thai-Restaurants verteilen sich über zwei Etagen mit prächtigem Blick auf die Bucht. Die Teppiche und niedrigen Polstersitze sorgen für ein gewisses asiatisches Flair. Bei unserem Besuch war gerade einmal die Farbe getrocknet, doch der Besitzer und Küchenchef Patrick Verdegall hatte schon eine

große Fangemeinde, als er noch in der Casa de Felipe hinter dem Herd stand. Sein Filet mignon war berühmt, und seine grünen Currys waren echt thailändisch. Später wurde uns gesagt, dass er mit dem neuen Lokal an diesen Erfolg anknüpfen konnte.

Ausgehen

El Garaje CLUB
(☎421 9003; Calle 8 No 2–127; ⌚Mi–Sa 20.30 Uhr bis spätnachts) El Garaje musste seine Krone als Top-Spot in Taganga an das neue El Mirador abgeben. Heute ist der Club ein After-Party-Treff für die Zombies der Stadt, die die Morgendämmerung fürchten. Der knorrige Baum auf der Tanzfläche ist trotzdem noch echt cool.

El Mirador CLUB
(Carrera 1B No 18–117; ⌚Mi–Sa 20.30 Uhr bis spätnachts) Ein echtes Backpacker-Disko-Paradies: In flatterndem Tropenschick tanzen und stampfen, bechern und flirten hier die jungen Rucksacktouristen. Der Rum fließt, aus den Lautsprechern hämmert Mainstream-Pop, und die Tanzfläche mit Meerblick wummert vor heißen Versprechungen und Lust (oder ist es nur der Sonnenbrand?). Wer Disko, Zechen und Flirten mag, wird El Mirador lieben.

Praktische Informationen

Wie in allen Backpacker-Ferienorten werden auch hier Diebstähle beobachtet. Gelegenheit macht Diebe, deshalb: am Strand immer auf seine Siebensachen achten und sie auch nicht an offenen Fenstern oder in Reichweite anderer Personen herumliegen lassen.

In Taganga gibt es nur einen Geldautomaten – und der ist wirklich immer entweder kaputt oder leer. Der nächste befindet sich in Santa Marta. Die Touristeninformation ist direkt am Strand, gleich auf der Hauptstraße am Ortsanfang.

Centro de Salud (☎421 9067; Calle 14 No 3–05)

Litera-Te (☎317 273 2862; Calle 20 No 3B–24) Bücherbörse mit Titeln in 18 Sprachen.

Mojito Net (☎421 9149; Calle 14 No 1B–61; pro Std. 1000–2000 COP; ⌚9–2 Uhr) Nettes klimatisiertes Lokal, in dem Gäste im Internet surfen und einen Cocktail schlürfen können.

Policía Nacional (☎421 9561; Carrera 2 No 17A–38)

An- & Weiterreise

Taganga ist leicht zu erreichen. Von Santa Martas Carrera 1C und Carrera 5 fahren regelmäßig Minibusse (1200 COP, 15 Min.) das Ziel an. Ein Taxi kostet 10 000 COP. Nach Cabo San Juan de la Guía im Parque Nacional Natural Tayrona fährt täglich um ca. 10 Uhr ein Boot (40 000 COP, 1 Std.) – eine großartige und unkomplizierte Art der Anreise. Das Boot legt an der Touristeninformation ab. Früher war diese Fahrt illegal, inzwischen haben die Parkbehörden sie erlaubt und verlangen gleich am Strand die Parkgebühr (35 000 COP).

Palomino

☎5 / 4000 EW.

500 m abseits des Highways zwischen Santa Marta und Riohacha versteckt sich einer der schönsten Strände Kolumbiens mit prima Unterkünften – von Boutiquehotels bis zu einfachen Zeltplätzen.

Wem der Sinn nicht nach Tagangas Partyleben und Hedonismus steht, dem bietet Palomino absolute Ruhe, tolles Essen und perfekte weiße Sandstrände zu erschwinglichen Preisen. Früher war Palomino von paramilitärischen Aktionen und Kriminalität geschüttelt, doch inzwischen ist es sicher, und viele neue Hotels haben hier ihre Pforten geöffnet.

Palomino liegt zwischen den Flüssen San Salvador und Palomino, die in der Sierra Nevada de Santa Marta ihren Ursprung haben. An den Stränden sind regelmäßig Fischer des Wayúu-Volks zu sehen, die nach traditionellen Methoden mit Netzen auf Fang gehen. Diese Knochenarbeit endet nicht selten damit, dass sie kein Abendessen heimbringen, manchmal jedoch gibt es aber auch einen wahren Fischsegen, den sie großzügig untereinander aufteilen.

In Palomino ist es so beschaulich, so sauber und ruhig, dass die Höhepunkte eines Tages der Sonnenaufgang, der Sonnenuntergang und ein Schwarm Pelikane am Himmel sind. Das genügt eigentlich auch, ist es doch alles, was man von einem Karibikstrand erwartet kann. Der Bus, der vom Marktplatz in Santa Marta nach Mamatoco fährt, hält an der Tankstelle in Palomino (7000 COP, 1½ Std.). Von dort geht es zu Fuß oder mit dem Mototaxi (2000 COP) zum 500 m entfernten Strand. Die Busse und Mototaxis fahren den ganzen Tag über bis spät in die Nacht hinein.

Schlafen

La Casa de Rosa CAMPINGPLATZ $
(☎315 445 9531; Stellplatz 6000 COP, Zelt 8000 COP) Wer der Härte, dem Gedränge und dem Stress des mordernen urbanen Le-

bens entfliehen möchte, zieht mit der Casa de Rosa den Jackpot. Hinter dem Namen versteckt sich der einfachste Campingplatz an der Küste – geduscht wird mit Brunnenwasser aus Eimern. Die kessen Schwestern Milena und Paolina sind süßer als *panela* und kochen ihren Gästen ein Mittagessen, wenn sie es morgens bestellen. Wenn Milena jemanden *wirklich* mag, dann schlachtet sie für denjenigen sogar ein Hähnchen, das dann vorzüglich zubereitet wird.

Finca Escondida HÜTTEN $

(☎320 560 8280; http://chillandsurfcolombia.com; B ab 25 000 COP, Zi. pro Pers. ab 50 000 COP) Ein sehr relaxter österreichischer Biker und eine Deutsche führen diese schöne Anlage aus Zimmern und Holzhütten zwischen Dutzenden von Obstbäumen. Im dazugehörigen Restaurant mit Helikonien auf jedem Tisch wird ein fabelhaft frischer Red Snapper (12 000 COP) mit aufrichtigem Lächeln und eiskaltem Bier serviert.

LP TIPP **Reserva Natural El Matuy** HÜTTEN $$

(☎315 751 8456; www.elmatuy.com; Cabañas pro Pers. inkl. Vollpension 160 000 COP) Die sechs schlichten, aber sehr schön eingerichteten Hütten bieten bestickte Bettüberwürfe, Outdoor-Bäder und -Duschen sowie Nischen mit Hängematten. Kerzen sind die einzigen Lichtquellen. Eine Reservierung ist obligatorisch, der Preis beinhaltet drei (wunderbare) Mahlzeiten.

La Sirena HÜTTEN $

(☎312 861 4850; www.ecosirena.com; Cabañas ab 55 000 COP) In den luftigen Hütten am Strand mit viel Platz und gesundheitsbewussten, ganzheitlichen Grundsätzen werden die Chakren so richtig gepflegt. Wenn einen das New-Age-Tamtam zu viel wird, dann gibt es immer noch hervorragendes Essen und tolle Säfte, die wunderbare Aussicht und den Klang der Wellen.

Hukumeizi HOTEL $$

(☎315 354 7871; http://turismoguajira.com; Cabañas pro Pers. inkl. Vollpension 180 000 COP) Weiße Vorhänge wogen an den Eingängen der riesigen, minimalistisch dekorierten Zimmer, die so unberührt wie eine Weltraumstation aussehen. Die Betten sind gewaltig, die Duschen ultramodern, die Sofas am Strand sind überdacht. Beliebt bei Familien und super-chilligen Kolumbianern.

Parque Nacional Natural (PNN) Tayrona

Der Parque Nacional Natural Tayrona , einer der beliebtesten Nationalparks Kolumbiens, umgibt die Karibikküste am Fuß der Sierra Nevada de Santa Marta in urwaldartiger Manier. Der Park erstreckt sich von der Bahía de Taganga bei Santa Marta die Küste entlang bis zur Mündung des Río Piedras, 35 km weiter östlich, und bedeckt rund 12 000 ha Land und 3000 ha Meeresfläche.

Die Landschaften reichen von Sandstränden an der Küste im Norden bis zum Regenwald auf 900 m Höhe am südlichen Rand des Parks. Ganz im Westen ist es trocken, hier bestimmen hellbraune Hügel und an extreme Trockenheit angepasste Pflanzen das Bild. Der mittlere und der östliche Abschnitt des Parks sind feuchter und fruchtbarer und größtenteils von Regenwald bedeckt. Die regenreichsten Zeiten sind Mai und Juni sowie September bis November. Im Park leben mindestens 56 gefährdete Tierarten, die meisten außer Sichtweite des Menschen tief im Wald.

Die Region war einst die Heimat der Tairona, von denen Archäologen im Park einige Funde gemacht haben. Am bedeutendsten sind die Ruinen der präkolumbischen Stadt Pueblito (in der Sprache der Tairona Chairama genannt), die wohl eine der größten Siedlungen der Tairona war. Hier grub man Überreste von mehr als 500 Wohnstätten aus, in denen schätzungsweise einst um die 4000 Menschen lebten.

Für viele Besucher (in der Hauptsaison *zu* viele) sind die Strände die größte Attraktion des Parks. Die Sandstrände mit Schatten spendenden Kokospalmen liegen an tief eingeschnittenen Buchten. Aufgrund der heftigen Strömungen ist an den meisten Stellen schwimmen verboten, nur an ein paar wenigen Küstenabschnitten kann man gut baden und schnorcheln. Die Tayrona-Strände gehören zu den malerischsten in ganz Kolumbien – manche grenzen an Korallenriffe, wo das Schnorcheln und Tauchen besonders viel Spaß macht. Wer keine eigene Schnorchelausrüstung mitgebracht hat, kann sich Entsprechendes im Park ausleihen. Mückenschutz ist absolut nötig, außerdem sollte man in der Gegend auch vor Schlangen auf der Hut sein. Wer dennoch gebissen wird, bekommt – was die wenigsten wissen – bei

Ecohabs (S. 168) ein wirksames Antiserum. Keiner muss deswegen bis nach Santa Marta gebracht werden!

Rund 95 % des Tayrona-Parks ist in Privatbesitz. Verwaltet wird der Park von der Fremdenverkehrsorganisation Aviatur (S. 161), die bei der Errichtung von Luxusunterkünften einen sehr guten Job zu machen scheint, aber in Sachen Instandhaltung der Wanderwege eher nachlässig ist.

Was Reisende unbedingt bedenken sollten: In der Hauptsaison kommen inzwischen derart viele Touristen in den Park, dass dessen Kapazitäten häufig einfach gesprengt werden. Im Dezember 2010 teilten sich am Cabo San Juan de la Guía ganze 400 Leute, die gleichzeitig Einlass in den Park bekommen hatten, die drei verfügbaren Spülklosetts. Die Armee musste anrücken, um sicherzustellen, dass keine weiteren Besucher eingelassen wurden. Viele Reisende berichten von Überfüllung, schlecht gewarteten Wegen, dreckigen Toiletten und nervenaufreibendem Warten auf Essen und Service. Um zu vermeiden, dass Tayronas Einzigartigkeit durch die Menschenmassen zerstört wird, sollte man nach Möglichkeit den Besuch auf die Nebensaison (Februar bis November) verschieben.

Sehenswertes

Der Osten, wo sich die meisten Attraktionen und Besuchereinrichtungen befinden, ist der mit Abstand beliebteste und meistbesuchte Teil des Parks. Die wichtigste Zufahrt ist **El Zaíno**, an der Küstenstraße in Richtung Riohacha 34 km östlich von Santa Marta. Hier wird der Eintrittspreis von 35 000 COP fällig (Kolumbianer bezahlen 13 000 COP). Am Eingang durchsucht das Militär gnadenlos alle Besucher nach Drogen und Glasflaschen. Hier versammeln sich auch die inoffiziellen Tour-Guides, die meist viel weniger verlangen als die offiziellen Führer von Aviatur (für Pueblito z. B. 100 000 COP statt 122 000 COP), aber im Grunde ist gar kein Guide nötig,so lange man auf den Touristenrouten bleibt.

Von El Zaíno führt eine 4 km lange geteerte Nebenstraße gen Nordwesten nach **Castilletes**, den längsten Strand des Parks. Hier gibt es die erste Übernachtungsmöglichkeit. Ein Lieferwagen ist ständig auf der Strecke unterwegs und verlangt für die Fahrt nur 2000 COP.

Ein paar Kilometer die Straße hinab liegt, ebenfalls am Meer, **Cañaveral**. Hier gibt es einen Campingplatz, noble Cabañas und ein Restaurant. Die Strände sind gut, allerdings ohne Schatten, und das Baden kann wegen der tückischen Strömungen gefährlich sein. Alljährlich ertrinken hier vier bis fünf Touristen. Wer nicht weiter zu Fuß gehen möchte, kann sich für den Weg nach Arrecifes Pferde ausleihen (One-Way 16 000 COP).

Die meisten Reisenden nehmen jedoch den 45-minütigen Marsch von Cañaveral nach **Arrecifes** auf sich, wo sie Budget-Unterkünfte und Restaurants vorfinden – inzwischen sind dies die preisgünstigsten und bestgeführten im ganzen Park. Die Strömungen sind hier genauso gefährlich wie in Cañaveral, aber in der Nähe gibt es auch sichere Strände.

Von Arrecifes aus sind es zehn Gehminuten bis nach **La Aranilla**. Die herrliche, winzige Bucht mit körnigem Sand ist von massiven Findlingen gesäumt, im Wasser

Parque Nacional Natural Tayrona

glitzert Katzengold. Wer den Strand entlang in Richtung Nordwesten geht, erreicht nach 20 Minuten **La Piscina**, eine lange und schmale Bucht mit ruhigem Wasser. Hier ist das Schwimmen und Schnorcheln sicher und ungefährlich.

Eine weitere 20-minütige Wanderung führt zum **Cabo San Juan de la Guía**, einem schönen Kap mit prima Strand – die bei weitem meistfrequentierte Region im gesamten Park.

Nur wenige Leute kennen jedoch die zwei anderen Strände auf den 20 Gehminuten zwischen La Piscina und Cabo: **Playa Del Puerto** und **Playa Caiman** sind schön und bieten etwas Erholung vom Trubel am Cabo. Wer durch den Wald zum Meer spaziert (den Landkrabben ausweichen!), findet diese Strände.

Vom Kap führt ein reizvoller Weg hoch nach **Pueblito**, unterwegs eröffnet sich herrlicher tropischer Regenwald. Pueblito ist zwar nur gut eine Stunde entfernt, der Weg nach oben ist aber anstrengender als andere im Park – zumeist führt er über große Steine. Die Wanderung ist nicht einfach, und wenn es regnet oder viel Gepäck transportiert werden muss, sollte man besser darauf verzichten.

Von Pueblitos urbanem Gefüge ist außer kleinen Fragmenten der steinernen Wege und Hausfundamenten nicht viel übrig, aber der Besuch lohnt sich – vor allem für all diejenigen, die einen Ausflug in die Ciudad Perdida planen.

Von Pueblito aus führt ein Weg weiter gen Südwesten nach Calabazo an der Hauptstraße. Nach fünf Minuten teilt sich der Weg: Rechts geht's runter zur **Playa Brava**.

Schlafen & Essen

Castilletes, der erste Ort nach El Zaino, hat einen ruhigen Campingplatz mit Meerblick. Während Cañaveral als bevorzugter Urlaubsort der Gutsituierten gilt, ist Arrecifes bei Familien und Leuten, die Ruhe und saubere Badezimmer wünschen, beliebt. Und in Cabo San Juan de la Guía sind viele Rucksackreisende anzutreffen. Die Unterkünfte dort sind alledings nicht unbedingt zu empfehlen – stattdessen sollte man lieber noch die 20 Minuten nach Arrecifes laufen.

CASTILLETES

Camping Castilletes CAMPINGPLATZ $

(☎313 653 1830; Stellplatz/Zelt pro Pers. 12 000/24 000 COP) Der Zeltplatz befindet sich an einem 1,5 km langen Strand, der zugleich der bevorzugte Nistplatz der Schildkröten im Park ist. Im Meer zu baden ist im September und Oktober möglich (den Rest des Jahres sollten hier nur trainierte Schwimmer ins Wasser gehen). Wer das Gepäck abstellen und sich ausschlafen möchte, trifft hier eine gute Wahl. Dank der Lage nahe dem Haupteingang des Parks kann man auch die schlecht instand gehaltenen Wege meiden, auf denen man in der Regenzeit unter Umständen knietief im Schlamm zu versinken droht.

CAÑAVERAL

Ecohabs HÜTTEN $$$

(☎344 2748; www.concesionesparquesnaturales.com; Hütte 550 000 COP; 📶) Diese von der Parkverwaltung (Aviatur) betriebene Cabañas-Kolonie bietet kleine LCD-Fernseher mit DirecTV, L'Occitane-Pflegeprodukte und eine spektakuläre Ausicht. Die Hütten (für 2–4 Personen) sind in der Tairona-Bauweise errichtet und stehen auf einem Hügel an der Küste verstreut. In der Hauptsaison steigen die Preise um rund 20 %. In einer großen Hütte am Fuß des Hügels ist ein Restaurant untergebracht. Mit Abstand der hübscheste Platz zum Übernachten, aber leider überteuert.

Campsite CAMPINGPLATZ $

(Stellplatz pro Pers. 14 000 COP) Die Organisation Aviatur führt auch diesen Campingplatz. Er liegt jedoch direkt neben den Pferdeställen, weshalb nichts von der tropischen Meeresbrise zu spüren ist. Die Stellplätze lassen sich über die Aviatur-Büros in Santa Marta (S. 144) und Bogotá (S. 78) reservieren.

ARRECIFES

Camping Don Pedro CAMPINGPLATZ $
(☎315 320 8001; fincadonpedro@yahoo.es; Hängematten 10 000 COP, Stellplatz pro Pers. 8000 COP, Zelt 12 000 COP, Cabaña 80 000 COP) Von den drei Möglichkeiten zum Schlafen und Essen in Arrecife ist dies der beste und über einen 300 m langen Nebenpfad zu erreichen, der direkt vor Arrecifes vom Hauptweg abzweigt. Das weitläufige Gelände ist gepflegt und dicht von Obstbäumen bestanden. Den Gästen stehen Kochgelegenheiten zur Verfügung, aber fertig zubereitete Mahlzeiten, z. B. mit sehr gutem frischen Fisch, kosten im Schnitt auch nur 12 000 COP.

Yuluka CAMPINGPLATZ $
(☎344 2748; www.concesionesparquesnaturales.com; Hängematte 20 000 COP, Stellplatz pro Pers. 11 500 COP, Cabaña inkl. Frühstück ab 351 500 COP) Der Platz ist mit Abstand die beste Option für Camper. Die Sanitäreinrichtungen haben 5-Sterne-Niveau wie in einem Boutiquehotel. Die Hütten für bis zu fünf Personen sind ähnlich wie bei Ecohabs, aber ohne Meerblick. Im Restaurant werden Gourmetmenüs, z. B. gegrillte Garnelenspieße mit Zwiebeln und Paprika, serviert (drei Gänge ab 20 000 COP).

Finca El Paraíso CAMPINGPLATZ $
(☎317 312 1945, in Santa Marta 431 3130; Stellplatz 10 000 COP, Hängematte 13 000 COP, Zelt für 2/4/6 Personen 25 300/30 500/50 000 COP, Hütte ab 120 000 COP) El Paraíso, der dem Strand nächstgelegene Campingplatz, hat einen Stand mit frisch gepressten Säften, Schließfächer für Wertsachen und ein Restaurant (Hauptgerichte 17 000–50 000 COP) mit tollem Strandblick. Am besten die Nummer in Santa Marta anrufen, weil vor Ort die Verbindung nur schlecht ist.

Bucarú CAMPINGPLATZ $
(☎in Santa Marta 431 3130) Zehn Gehminuten gen Westen am Strand entlang befindet sich diese Zweigstelle des El Paraíso mit ähnlichen Einrichtungen zu etwas niedrigeren Preisen (und weniger Komfort). Buchungen für beide Campingplätze können Gäste im **Büro in Santa Marta** (Carrera 7B No 28A–103) tätigen, es geht aber sicher auch ohne Anmeldung.

CABO SAN JUAN DE LA GUÍA

Camping Cabo San Juan de la Guía CAMPINGPLATZ $
(Stellplatz 15 000 COP, Hängematte 20 000 COP, Zelt pro Pers. 30 000 COP) Die meisten Backpacker landen auf diesem Campingplatz (allerdings ohne Festnetzanschluss und Mobilfunknetz!), auf dem es in der Hauptsaison zugeht wie auf den Zeltplätzen bei europäischen Festivals. Es gibt einen ordentlichen Strand und ein Restaurant (Hauptgerichte 8000–30 000 COP). Für gut 25 000 COP kann man in Hängematten hoch oben im *mirador* auf einem Felsen über dem Strand schlafen – dort hört man auch das permanente Surren des Generators nicht. Auf dem *mirador* gibt es auch zwei Doppelzimmer (100 000 COP). Schnorchelausrüstung kann ausgeliehen werden (nach Leonard fragen).

LOS NARANJOS

Barlovento HOTEL $$
(Zi. pro Pers. inkl. Mahlzeiten 150 000 COP) Der allerschönste Platz in dieser Gegend – vielleicht in ganz Kolumbien –, um sein Haupt zu betten. Er befindet sich direkt am Park an der Playa Los Naranjos. In der atemberaubenden Landschaft, wo der Río Piedras aus der Sierra Nevada seinen Weg bahnt und sich in die Karibik ergießt, klammert sich ein architektonisch einzigartiges Haus an einen Felsen. Das Barlovento bietet Betten im Freien auf Terrassen über dem Meer– direkt unter den Matratzen brechen sich die Wellen! Und auch das Essen ist sensationell. Reservierung durch Aventure Colombia (S. 146) in Cartagena obligatorisch.

Ciudad Perdida

Kaum etwas ist so geheimnisumwoben wie die Entdeckung einer uralten verlassenen Stadt, und die Ciudad Perdida („Verlorene Stadt") wird ihrem Namen seit vier Jahrhunderten gerecht. Die Stadt mit dem indigenen Namen Teyuna wurde von den Tairona an den nördlichen Hängen der Sierra Nevada de Santa Marta erbaut und war vermutlich ihr größtes urbanes Zentrum. Heute ist die Ciudad Perida eine der größten je entdeckten präkolumbischen Städte auf dem amerikanischen Kontinent.

Die Stadt entstand zwischen dem 11. und dem 14. Jh., ihre Ursprünge sind jedoch noch viel älter und reichen vermutlich bis ins 7. Jh. zurück. Mit einer Fläche von rund zwei Quadratkilometern ist Teyuna die größte bis dato gefundene Tairona-Siedlung, und wie es scheint, war es das wichtigste politische und wirtschaftliche Zentrum mit einstmals 2000 bis 4000 Einwohnern.

Im Zuge ihrer Landnahme löschten die Spanier die Tairona aus. Ihre Siedlungen verschwanden spurlos unter dichter tropischer Vegetation – so auch die Ciudad Perdida, bis sie Mitte der 1970er-Jahre von *guaqueros* (Grabräubern) gefunden wurde. Ein Einheimischer, Florentino Sepúlveda, und seine zwei Söhne Julio César und Jacobo stolperten auf einer ihrer räuberischen Expeditionen buchstäblich über die Stadt.

Die Nachricht verbreitete sich wie ein Lauffeuer, und schon bald kamen weitere *guaqueros* zur Ciudad Perdida. Zwischen zwei Gangs brachen bewaffnete Konflikte aus, bei denen u. a. Julio César ums Leben kam. 1976 schickte die Regierung Soldaten und Archäologen, um die Stätte zu sichern und ihr ihre Geheimnisse zu entlocken. Doch die Kämpfe und Plünderungen sollten noch einige Jahre lang weitergehen. In dieser Zeit nannten die *guaqueros* den Ort *Infierno Verde* (Grüne Hölle).

Die Ciudad Perdida erstreckt sich über die steilen Hänge des oberen Río-Buritaca-Tals auf 950 bis 1300 Höhenmetern. Der zentrale Teil der Stadt liegt auf einem Bergkamm, von dem aus mehrere steinerne Wege in die anderen Stadtteile hinabführen. Tayronas Holzhäuser sind schon lange verschwunden, aber die Steinkonstrukte, darunter Terrassen und Treppen, sind erstaunlich gut erhalten.

Die meisten der ca. 170 Terrassen dienten einst als Fundamente der Häuser. Auf den größten Terrassen auf dem zentralen Kamm fanden rituelle Zeremonien statt. Heute ist die gesamte Anlage stark überwuchert, was ihr ein mysteriöses Flair verleiht.

Bei archäologischen Grabungen wurden Objekte der Tairona gefunden (glücklicherweise konnten die *guaqueros* nicht alles mitnehmen), hauptsächlich verschiedene Töpferwaren (für Zeremonien wie für den Haushalt), Goldarbeiten und einzigartige Halsketten aus Halbedelsteinen. Einige dieser Artefakte sind im Museo del Oro in Santa Marta (S. 157) und in jenem in Bogotá (S. 50) ausgestellt. Idealerweise sollte man zuerst mit dem Museum in Santa Marta beginnen, bevor man sich auf die Erkundung der Ciudad Perdida macht.

☞ Geführte Touren

Früher hatte nur eine einzige Agentur, Turcol, Zutritt zur Ciudad Perdida. Doch 2008 vertrieb das kolumbianische Militär die paramilitärischen Organisationen aus dieser Region, wodurch sich auf der Route in

DIE UNTERGEGANGENE ZIVILISATION

In präkolumbischer Zeit war die Sierra Nevada de Santa Marta an der Karibikküste Heimat mehrerer indigener Stämme. Das dominanteste und fortschrittlichste Volk war das der Tairona, die zur Sprachfamilie der Chibcha gehörten. Die Tairona haben sich, so glaubt man, ab dem 5. Jh. n. Chr. zu einer eigenständigen Kultur entwickelt. Tausend Jahre später, kurz bevor die Spanier kamen, waren die Tairona eine überlegene Zivilisation mit komplexen gesellschaftlichen und politischen Organisationen sowie hoch entwickelten technischen Fähigkeiten.

Die Tairona lebten an den nördlichen Hängen der Sierra Nevada, wo sie Hunderte von Siedlungen errichteten – alle nach demselben Muster. Aufgrund des bergigen Geländes mussten sie viele von hohen Mauern gestützte Steinterrassen anlegen, auf die sie ihre strohgedeckten Holzhäuser bauten. Ein Netzwerk aus befestigten Wegen und Treppen verband diese Terrassen miteinander.

Kürzlich durchgeführte Studien haben auf den Berghängen rund 300 Tairona-Siedlungen lokalisiert, die einst über Steinwege verbunden waren. Unter all diesen Stätten ist die 1975 entdeckte Ciudad Perdida, die Verlorene Stadt, die größte. Sie war wohl die Hauptstadt der Tairona.

Die Zivilisation der Tairona war 1499 die erste indigene Hochkultur, auf die die Spanier in der Neuen Welt stießen. Hier in der Sierra Nevada staunten die Eroberer das erste Mal über das viele Gold vor Ort – der Mythos von El Dorado war geboren.

Die Spanier zogen kreuz und quer durch die Sierra Nevada, trafen dabei aber auf indigene Völker, die sich ihnen mutig entgegenstellten. Die Tairona verteidigten sich erbittert, wurden in den 75 Jahren unentwegter Kriege jedoch nahezu vollständig ausgerottet. Eine Handvoll Überlebender verließ ihre Dörfer und floh in die höher gelegenen Gebiete der Sierra. Ihre Spuren gingen für immer verloren.

die Ciudad Perdida ein gesunder Wettbewerb entwickeln konnte. Inzwischen bieten hauptsächlich vier große Unternehmen – mit Sitz in Santa Marta bzw. Taganga – die fünf- oder sechstägigen Wanderungen zu den antiken Ruinen an. Sich allein oder mit einem selbstständigen Guide auf den Weg zu machen, ist jedoch nicht möglich.

Als sich der Markt im Jahr 2008 öffnete, begann die Abwärtsspirale: Mit den Preisen sank auch die gebotene Qualität. Die Regierung schritt ein und regulierte Preise und Service. Der offizielle Preis für die Tour liegt nun bei 650 000 COP – wer weniger verlangt, bekommt die Differenz vom Lohn, von seiner Kranken- oder seiner Lebensversicherung abgezogen. Oder von der Versicherung der Teilnehmer!

Im Preis enthalten sind Transport, Verpflegung, Unterkunft (Hängematten mit Moskitonetzen und in manchen Nächten auch Matratzen), Proviantträger, nur Spanisch sprechende Führer und alle nötigen Gebühren.

Tourenteilnehmer sollten sich vor Schlangen, stechenden Raupen, Wespen und anderem Getier, das nachts auf Beutezug geht, in Acht nehmen. Absolut nötig ist auch – das kann nicht deutlich genug gesagt werden – ein wirklich starkes Insektenschutzmittel, das alle paar Stunden erneut aufgetragen werden sollte. Das im Land erhältliche Nopikex enthält nur 21 % Diethyltoluamid (DEET), empfehlenswert sind jedoch mindestens 50 % DEET – solche Mittel gibt es in Kolumbien aber nicht zu kaufen, sie sollten daher aus Deutschland mitgebracht werden. Auf unserer Wanderung wurde ein bemitleidenswerter Kerl an einem Bein insgesamt 175 gebissen zu werden.

Die Gruppenwanderung (vier bis zwölf Teilnehmern) findet das ganze Jahr über statt, sobald genügend Leute zusammen sind. In der Hauptsaison startet fast jeden Tag eine Tour, in der Nebensaison bündeln die vier Agenturen jedoch ihre Anmeldungen und bilden gemeinsam Tourengruppen. Andere Unternehmen fungieren lediglich als Zwischenhändler der vier Agenturen – es gibt daher keinen Grund, sie zu nutzen.

Die Wanderung

In der Regenzeit dauert der Treck zur Ciudad Perdida hinauf zweieinhalb Tage. An der Grabungsstätte haben die Wanderer, sofern das Wetter beständig ist, einen halben Tag Aufenthalt, danach geht es zwei Tage wieder hinunter. Insgesamt sind 40 km zu marschieren. In der Trockenzeit weicht der Zeitplan etwas ab: Dann erreichen die Gruppen die Ciudad Perdida am Morgen des vierten Tages, ehe es wieder nach unten geht. Zur Wahl steht auch, sowohl in der Regen- als auch in der Trockenzeit, eine sechstägige Wanderung. Details zu den Trecks gibt es bei den Tourenanbietern.

Die Wanderung ist anstrengend (jeden Tag sind 5–8 km zurückzulegen), aber nicht erbarmungslos. Wer nie zuvor gewandert ist, findet sie hart, aber auf unserer Tour haben auch konditionsschwache Neulinge die Strecke geschafft. Unterwegs kraxelt man an schwindelerregenden Schluchten entlang und klammert sich dabei an Schlingpflanzen fest, viele schwören auch auf Wanderstöcke für die Balance. Die Regenzeit bringt ihre ganz eigenen Schrecken mit sich: anschwellende Flüsse (ein Tourist wurde bei den schweren Regenfällen im Jahr 2011 mitgerissen und kam ums Leben), tiefer Schlamm, in dem die Stiefel stecken bleiben, und eingestürzte Stege.

Zu erwähnen ist auch, dass das Camp, das alle Touragenturen am dritten Tag nutzen, in einem erbärmlichen Zustand ist: Die Moskitonetze sind zerrissen, und Wanderer berichteten von Bettwanzen.

Manche Aufstiege sind in der sengenden Dschungelhitze brutal. Und wenn die Sonne nicht scheint, dann ist es oft schlammig – man tauscht also Schweiß gegen unsicheren Tritt (die trockenste Zeit ist von Ende Dezember bis Februar oder Anfang März). Je nach Saison ist am dritten Tag der zuweilen knöcheltiefe Río Buritaca bis zu neunmal zu durchqueren, und schließlich müssen sich die mutigen Wanderer noch die bemoosten Steinstufen – 1260 an der Zahl! – zur Ciudad Perdida hochquälen.

Das Essen entlang des Wegs ist überraschend gut, und die Unterkünfte sind besser als erwartet – außerdem liegen sie oft an Flüssen, die häufig eine willkommene Erfrischung bieten. Und die Landschaft ist ganz einfach grandios.

Lohnt es sich? Durchaus. Die Stätte auf einer Hochebene, umgeben von herrlichem Regenwald, ist schlicht faszinierend, und in der Nebensaison teilt man sie sich wahrscheinlich nur mit den Teilnehmern der eigenen Tour.

Die Berge gelten den indigenen Völkern, die hier leben, als heilig – Besucher sollten deshalb die Wanderung mit Respekt und Demut antreten, indem sie z. B. keinen Müll

WANDERAUSRÜSTUNG

Wir baten 20 Personen mit unterschiedlicher Wandererfahrung um eine Liste der unbedingt nötigen Ausrüstung, die man auf der Wanderung mitnehmen sollte. Hier sind die meistgenannten:

Unbedingt nötig

- ☐ Taschenlampe
- ☐ Wasserbehälter
- ☐ Insektenschutzmittel
- ☐ Sonnenschutzmittel
- ☐ Lange Hosen
- ☐ Zwei Paar Schuhe (für die Flussdurchquerungen sind Riemensandalen am besten)
- ☐ Tabletten zum Reinigen des Wasser
- ☐ Ciprofloxacin oder Loperamid (Antibiotikum bzw. Durchfallmittel)

Evetntuell zusätzlich

- ☐ Spielkarten
- ☐ Medikamente und Verbandsmaterial für Blasen an den Füßen
- ☐ Wanderstock
- ☐ Schweißband
- ☐ Schirmmütze
- ☐ Wasserdichter Rucksackschutz
- ☐ Jogginghose oder Pyjama für den Abend
- ☐ Druckverschlussbeutel, um Klamotten trocken zu halten
- ☐ Kniestütze oder -bandage
- ☐ Handtuch
- ☐ Kleine Tasche mit Hüftgurt
- ☐ Antihistaminikum (für Mückenstiche) und Blasensalbe
- ☐ Fünf zusätzliche Paar Socken
- ☐ Ein Buch für den Abend
- ☐ Ohrenstöpsel, um sich vor dem Schnarchen der Wanderkameraden zu schützen

liegen lassen und sich in der Verlorenen Stadt wie in einer Kirche, Moschee oder Synagoge verhalten. Zu bedenken ist auch, dass der Wettbewerb zwischen den Agenturen nach wie vor heftig ist – mit allem, was man sich darunter vorstellen kann.

Tourunternehmen

Magic Tour WANDERUNGEN
(Karte S. 146; ☎317 679 2441; www.magictourtaganga.com; Calle 14 No 1B–50, Taganga; ⏲8–18 Uhr) Diese gut geführte Agentur ist die einzige, die ihren sehr kundigen und professionellen Guides Rente, Kranken- und Lebensversicherung bezahlt. Die Verpflegung unterwegs ist exzellent, häufig wird Kaffee gereicht, und viele Guides stammen *aus* den Bergen (nicht aus Santa Marta). In Santa Marta gibt es eine Filiale (☎421 5820).

ExpoTur WANDERUNGEN
(Karte S. 158; ☎420 7739; www.expotur-eco.com; Calle 17 No 2–59, Santa Marta; ⏲8–12 & 14–18.30 Uhr) Bei unserem Besuch gab es hier Englisch sprechende Mitarbeiter. E-Mails werden regelmäßig gecheckt und beantwortet. Außerdem behandelt die Agentur ihre Guides sehr gut.

Guias y Baquianos Tour WANDERUNGEN
(Karte S. 158; ☎431 9667; www.guiasybaquianos.com; Calle 10C No 1C–59, Santa Marta; ⏲Mo–Sa 8–12 & 14–18 Uhr) Die Agentur im Hotel Miramar gehört zu den allerersten Unternehmen, die Trecks zur Ciudad Perdida anboten.

Turcol WANDERUNGEN
(Karte S. 158; ☎421 2256; www.turcol.i8.com; Carrera 1C No 20–15, Santa Marta) Dieses Unternehmen hat auf der Route die längste Erfahrung: Seit Ende der 1990er-Jahre organisiert es Touren zur Ciudad Perdida. Turcol bietet neue Moskitonetze, ordentliche Verpflegung, gereinigtes Wasser und in manchen Nächte Unterbringung im eigenen Haus. Die Mitarbeiter könnten zwar professioneller sein, die Guides sind aber genau so gut wie in anderen Agenturen. Ein zweites Büro befindet sich in der Calle 10C No C1–83 (Karte S. 158). Im Casa de Felipe in Taganga (Karte S. 146) gibt es auch eine Niederlassung.

An- & Weiterreise

Die Ciudad Perdida liegt Luftlinie ca. 40 km südöstlich von Santa Marta entfernt. Sie versteckt sich tief im dichten Wald inmitten zerklüfteter Berge, weit entfernt von jeglicher menschlichen Siedlung und ohne Zufahrtswege. Die einzige Möglichkeit, sie zu erreichen, ist zu Fuß – für die Strecke hin & zurück sind fünf bis sechs Tage nötig. Der Weg beginnt in El Mamey.

HALBINSEL LA GUAJIRA

Britische Piraten, niederländische Schmuggler und spanische Perlentaucher haben versucht, die Halbinsel La Guajira – einen großen Streifen kargen Lands, der Kolumbiens nördlichsten Punkt bildet – zu erobern. Doch ohne großen Erfolg, denn niemand konnte die indigenen Wayúu unterwerfen, die clever entweder mit den Eindringlingen Handel trieben oder gegen sie Krieg führten.

Aufgrund ihrer komplexen und eigenständigen politischen und wirtschaftlichen Strukturen konnten die Wayúu ihr Land außerordentlich gut verteidigen – auf Pferden und, zur Überraschung der Spanier, auch mit Feuerwaffen.

In dieser Diesel-und-Staub-Landschaft weht ein strenger Wind der Gesetzlosigkeit. Schmuggler transportieren in Bussen und Lkws alles – von Kühlschränken über Kameras bis zu Menschen – von Maicao nahe der venezolanischen Grenze in den Rest Kolumbiens oder in andere Länder. Und dann sind da die Wayúu, die autonom am Rand des Kontinents in kleinen Familiendörfern als *rancherías* leben.

Die Halbinsel besteht aus drei Abschnitten: Baja Guajira (Unter-Guajira) mit der Hauptstadt Riohacha, Media Guajira (Mittel-Guajira) an der Grenze zu Venezuela, und Alta Guajira (Ober-Guajira) mit einsamen Paradiesen wie Cabo de la Vela und Punta Gallinas, wo Wüste und Meer derart mustergültig aufeinandertreffen, dass dies als der atemberaubendste Punkt der gesamten Karibikküste gilt.

Riohacha

☎5 / 213 000 EW.

Riohacha, 175 km nordöstlich von Santa Marta, ist das Tor zur semiariden Wüstenregion im Norden und war früher Endstation der Reisen durch Kolumbien. Doch in den letzten Jahren entwickelte sich auf der Halbinsel der Öko-Tourismus. Wer in Riohacha übernachtet, kann die einsame und wunderschöne, nördlichste Region des Landes erkunden. Die Stadt wimmelt nicht gerade vor Unterhaltungsangeboten, aber es gibt einen 5 km langen Strand mit Kokospalmen, und der 1937 errichtete lange Pier lädt zum netten Abendspaziergang

Sehenswertes & Aktivitäten

Der Highway, der von Santa Marta nach Riohacha führt, geht in der Stadt in die Carrera 15, die Hauptgeschäftsstraße, und später in die Carrera 1 über; diese verläuft parallel zum Strand durchs Stadtzentrum. Riohachas Hauptplatz, der Parque José Prudencio Padilla, liegt zwei Blocks vor dem Meer zwischen Carrera 7 und 9.

Der 1,2 km lange **Fußgängerpier**, der 1937 gebaut wurde, ist ein bemerkenswertes Beispiel maritimer Architektur. Am Wochenende sind der **Malecón** (Strandpromenade) und die Parallelstraße Carrera 1 abends voll mit Menschen, die die Restaurants und Bars aufsuchen. Wenn es nicht regnet, dann sieht man hier traditionell gekleidete Wayúu-Frauen, die Kunsthandwerk verkaufen.

Der grüne Hauptplatz der Stadt, der **Parque José Prudencio Padilla**, liegt zwei Blocks vom Strand entfernt und bietet eine willkommene Zuflucht vor der gleißenden Sonne. Hier steht die **Catedral de Nuestra Señora de los Remedios** mit einem von der Bevölkerung hochverehrten Bildnis der Jungfrau am Hochaltar.

Die Hauptattraktion der Stadt ist jedoch ein Ausflug zum **Santuario de Flora y Fauna Los Flamencos**. Der Weg von Santa Marta nach Riohacha führt an dem 700 ha großen Naturschutzgebiet, 25 km außerhalb der Stadt in Camarones gelegen, vorbei. In dieser ruhigen Oase leben rosa Flamingos –

in der Regenzeit (September bis Dezember) bis zu 10 000 Exemplare. In einer der vier Lagunen im Park leben meist Gruppen von bis zu 2000 Flamingos.

Der Eintritt in den Park ist kostenlos, wer aber unbedingt die Flamingos sehen möchte, braucht ein Kanu (1–3 Personen 30 000 COP, jede weitere Person 15 000 COP), um damit hinauszufahren. Die Skipper wissen für gewöhnlich, wo die Vögel gerade sind, fahren aber nur bis zu einer ganz bestimmten Stelle hinaus. Eine Warnung: Ist gerade nicht Flamingo-Saison, ist dies ein langweiliger Tagesausflug.

Schlafen & Essen

El Castillo del Mar HOTEL **$$**
(727 5043; hotelcastillodelmar@gmail.com; Calle 9A No 15–352; Cabañas mit Ventilator pro Pers. 25 000 COP, EZ/DZ mit Klimaanlage 60 000/90 000 COP;) Von außen sieht es ein bisschen wie eine Festung aus, aber innen ist das von Deutschen geführte Hotel sehr farbenfroh und originell. Die weiß getünchten Cabañas sind groß und komfortabel, und überall blühen Bougainvilleen. Das beste Preis-Leistungs-Verhältnis der Stadt.

Mi Casona HOTEL **$$**
(728 5680; Calle 2 No 10–16; EZ/DZ 60 000/70 000 COP;) Das Mi Casona ist die billigste Unterkunft im *centro* in Strandnähe – und noch immer viel zu teuer. Immerhin sind die Gästezimmer in dem kleinen *residenciales* gepflegt und haben hübsche Bäder.

La Cascada KOLUMBIANISCH **$$**
(727 4446; Calle 2 No 9–93; Hauptgerichte 10 000–29 000 COP; Frühstück, Mittag- & Abendessen) Das bei Anwohnern beliebte Restaurant serviert einfache *comida corriente* für 9000 COP und aufwendigere Gerichte wie Hünchen mit Mandarinensauce. Es gibt auch leckere Frappés.

Asadero Don Pepe GRILLRESTAURANT **$**
(727 4446; Ecke Calle 1 & Carrera 10; Hauptgerichte 6000–12 000 COP; Abendessen) Pepe bietet seinen Gästen an der Hauptdurchfahrtsstraße über Holzkohle gegrilltes Fleisch mit riesigen Beilagen aus Kartoffeln und Salaten; das Ziegenfleisch ist besonders gut. Das Lokal ist in Wayúu-Besitz.

Donde Aurora KOLUMBIANISCH **$**
(Carrera 8 zwischen No 23 & 24; Hauptgerichte 8000 COP; 18.30–21.30 Uhr) Wer die Wayúu-Spezialität *friche* – im eigenen Blut und mit Innereien geschmortes Zicklein – probieren möchte, sollte ein Taxi zum Donde Aurora nehmen. Aber möglichst früh, denn meist ist um 19 Uhr schon alles ausverkauft. Die Hütte mit Blechdach hat kein Schild, keinen Namen, keine Hausnummer und keine Speisekarte; die Tische sind aus Plastik, das Herren-WC ist eine Mauer. Aber das Essen ist fantastisch – fast jeder isst hier, bis er Schluckauf bekommt.

Praktische Informationen

4-72 (727 3853; Calle 2 No 06–46 Mo–Fr 8–17 Uhr) Postdienstleistungen.

Banco AV Villas (Carrera 7 No 03–16) Bank mit Geldautomat.

Electrocomputer (727 3101; Calle 2 No 9–62; pro Std. 1500 000 COP; Mo–Sa 7–20 Uhr) Internetcafé mit 4Mbit/s-Verbindung.

Hospital (727 3312; Av. de los Estudiantes)

Kaí Ecotravel (311 436 2830; www.kaiecotravel.com) Diese exzellente Agentur öffnete La Guajira für den Öko-Tourismus und pflegt seit Jahren gute Beziehungen zu den Wayúu. Sie gewährt Zutritt nach Punta Gallinas und in den Parque Nacional Natural (PNN) Macuira, beide unter Aufsicht der Wayúu. Die Agentur ist die beste Informationsquelle über Touren auf der Halbinsel und Übernachtungen bei indigenen Familien. Sie bietet außerdem Transportmöglichkeiten nach Cabo de la Vel, wenn Sitzplätze frei sein sollten.

Policía de la Guajira (727 3879; Ecke Calle 15 & Carrera 7)

Touristeninformation (727 1015; Carrera 1 No 4–42; Mo–Fr 8–12 & 14–18 Uhr)

An- & Weiterreise

Bus

Der Busbahnhof ist dort, wo Avenida El Progreso und Carrera 11 aufeinandertreffen, ca. 1 km vom Zentrum entfernt. Ein Taxi dorthin kostet 5000 COP. **Expreso Brasilia/Unitransco** (727 2240) fährt alle halbe Stunde nach Santa Marta (15 000 COP, 2½ Std.) und Barranquilla (25 000 COP, 5 Std.), stündlich nach Cartagena (35 000 COP, 7 Std.) und Maicao an der venezolanischen Grenze (5000 COP, 1 Std.) sowie einmal täglich um 15 Uhr nach Bogotá (90 000 COP, 18 Std.).

COPetran (313 333 5707) verkehrt zweimal täglich um 8 und 15.30 Uhr nach Bucaramanga (80 000 COP; 12 Std.). Die Busse nach Valledupar (20 000, 3½ Std.) starten um 8, 15 und 15.30 Uhr.

Nach Cabo de la Vela gelangen Reisende mit *colectivos* von **Cootrauri** (728 0000; Calle 15 No 5–39) täglich von 5 bis 18 Uhr, die Busse starten, sobald sie voll sind. Sie fahren nach Uribia (12 000, 1 Std.), wo ein Umstieg nötig ist

(10 000–15 000 COP, 2½ Std.). Wer dem Fahrer sagt, dass er nach Cabo will, wird am Umsteigeplatz abgesetzt. Der letzte Wagen nach Cabo de La Vela fährt in Uribia um 13 Uhr los. Es ist auch möglich, mit Privatpersonen nach Cabo zu fahren (4 Personen), die die Strecke hin & zurück an einem Tag meistern und dabei die Highlights in halsbrecherischem Tempo absolvieren, um nicht zu sagen, dran vorbeirauschen (40 000 COP – wer feilscht, zahlt meist viel weniger). **Kaí Ecotravel** (☎311 436 2830) nimmt Fahrgäste täglich für 50 000 COP mit nach Cabo, wenn Sitzplätze frei sind.

Wer den Santuario de Fauna y Flora Los Flamencos besuchen möchte, nimmt am Kreisverkehr Francisco El Hombre (bei Almacen 16 de Julio) ein *colectivo* in Richtung Camarones. Der Fahrer hält am Parkeingang.

Busse nach Caracas (175 000, 18 Std.) fahren ebenfalls täglich. Der Expreso-Brasilia-Bus startet um 16 Uhr.

Flugzeug

Der Flughafen liegt 3 km südwestlich der Stadt. Ein Taxi von der Innenstadt aus kostet 5000 COP. **Avianca** (☎727 3627; www.avianca.com; Calle 7 No 7–04; ⊙Mo–Fr 8–18, Sa 9–13 Uhr) fliegt jeweils einmal täglich nach Bogotá (One-Way ab 323 000 COP, 12.35 Uhr) bzw. von Bogotá nach Riohacha (10.30 Uhr).

Cabo de la Vela

☎5 / 1500 EW.

Das abgelegene Wayúu-Fischerdorf Cabo de la Vela, 180 km nordwestlich von Riohacha, bildet an der Halbinsel La Guajira die Form eines Höcker von einem verschollenen Kamel, das in der Wüste zwischen dem Kap und Urribia umherzog. Das Dorf selbst ist kaum mehr als eine staubige Siedlung der Wayúu. Diese leben in traditionellen Hütten aus Kaktus, die sich in Richtung Meer aneinanderreihen. Doch die Umgebung ist ein Highlight von Alta Guajira und eine der absolut schönsten Landschaften Kolumbiens. Das Kap, nach dem das Dorf benannt ist, besteht aus vielen felsigen Klippen und Sandstränden, alles vor der Kulisse einer überwältigenden ocker-aquamarinfarbenen Wüstenlandschaft.

Im Dorf gibt es Strom nur vom Generator und ein paar wenige Festnetz- und Internetanschlüsse. Andere Möglichkeiten zum Zeitvertreib sind rar. In den letzten Jahren hat sich Cabo entschieden zum Öko-Tourismus zugewandt und rühmt sich inzwischen einiger Unterkünfte im indigenen Stil.

Cabo de la Vela ist ein ganz spezielles Ziel, denn der Ort ist nahezu gänzlich von der für uns gewohnten Zivilisation abgeschnitten. Wayúu-Männer gehen mit großen Flinten umher, und in Wohnzimmern werden Ziegen geschlachtet. Aber für eine bestimmte Art von Reisenden – fühlt sich jemand angesprochen? – ist Cabo der beste Ort, um auf unbestimmte Zeit abzuhängen.

Wer Ruhe sucht, sollte Cabo an Ostern sowie im Dezember und Januar meiden, wenn die Kolumbianer hier Party machen.

Sehenswertes & Aktivitäten

Wayúu wie Touristen kommen zu **El Faro**, einem kleinen Leuchtturm am Rand einer Landzunge, um die postkartengleichen Sonnenuntergänge zu bestaunen. Die Aussicht ist wirklich atemberaubend – aber Vorsicht vor *langosta*, fliegenden, heuschreckenartigen Insekten von der Größe eines Modellflugzeugs, die eine gewisse Ähnlichkeit mit Hummern haben. Vom Dorf aus sind es 45 Gehminuten bis zum Leuchtturm – vielleicht fährt auch ein Dorfbewohner für ca. 30 000 COP den Weg hin und zurück. Unbedingt mitnehmen: viel Trinkwasser, Insektenschutzmittel und Hut.

Gleich hinter El Faro liegt **Ojo del Agua**, ein schöner halbmondförmiger Strand mit dunklem Sand, von 5 m hohen Klippen gesäumt. Seinen Namen hat der Strand von einem kleinen Süßwasserbecken, das für die Wayúu heilig ist.

Doch das Juwel dieser Gegend ist die **Playa del Pilón**, mit Abstand der schönste Strand von Cabo. Hinter der erstaunlich rostorangefarbenen Sandfläche erheben sich schroffe Klippen, die – vor allem bei Sonnenaufgang und -untergang – in einem spektakulären Grünblau leuchten. In der Regenzeit, wenn sich das Grün der Wüstenflora dazumischt, ist die Szenerie geradezu filmreif (in der Hauptsaison ist der Strand allerdings mit 1000 Touristen und ein paar Kitesurfern bevölkert). **Pilón de Azucar**, ein 100 m hoher Hügel am Strand, fungiert als bester Aussichtspunkt der Gegend: Von oben lässt sich ganz Alta Guajira mit der Bergkette Serranía del Carpintero im Hintergrund überblicken. Wie ein Tropenstrand an der felsigen Küste Irlands – so schaut es hier aus. Im Jahr 1938 stellten spanische Perlentaucher auf dem Hügel eine Statue von Cabos Schutzpatronin, **La Virgen de Fátima**, auf.

Schlafen & Essen

In Cabo de la Vela gibt es mehr als 60 rustikale **Posadas Turísticas de Colombia** (www.posadasturisticasdecolombia.com), die zu einem von der Regierung finanzierten Öko-Tourismus-Projekt gehören. Die Unterkünfte befinden sich in Wayúu-Hütten aus *yotojoro*, dem Kern des Cardón-Kaktus, der hier in der Wüste wächst. Gäste haben die Wahl zwischen kleineren Hängematten, größeren, wärmeren traditionellen Wayúu-*chinchorros* (vor Ort gewebten Hängematten) und Zimmer mit Bad (fließendes Wasser ist jedoch selten). Handtücher müssen mitgebracht werden. Fast alle Posadas sind zugleich Restaurants, in denen mehr oder weniger überall das Gleiche serviert wird: Fisch oder Ziege für 10 000–15 000 COP und Hummer zum Marktpreis.

Pujuru Hostal-Restaurant GASTHAUS $
(☎310 659 4189; Hängematte 10 000 COP, *chinchorro* 15 000 COP, EZ/DZ 25 000/50 000 COP) Die fürsorgliche Wayúu-Frau Nena führt diese *posada ecoturística* mit Zimmern in durchdacht gestalteten Hütten. Für alle, die in Hägematten schlafen, gibt es Schließfächer. Die Generatoren sind von 18 bis 22 Uhr in Betrieb, und im Restaurant (Hauptgerichte 10 000–15 000 COP) gibt es leckeren *pargo rojo* (Red Snapper). Die Garnelen mit Reis sind fettig – nicht bestellen! Das Duschwasser kommt aus Eimern.

Hostería Jarrinapi GASTHAUS $
(☎311 683 4281; Hängematte 10 000 COP, Zi. pro Pers. 30 000 COP) Diese Hütten samt Rezeption und fließendem Wasser stehen in der infrastrukturellen Hierarchie etwas weiter oben. Hier fühlen sich die Gäste fast wie in einem richtigen Hotel. Die Generatoren sorgen die ganze Nacht dafür, dass sich die Ventilatoren drehen. Im Restaurant (Hauptgerichte 5000–35 000 COP) wird das Übliche, aber auch billigeres Fastfood serviert.

Refugio Pantu GASTHAUS $
(☎313 581 0858; *chinchorro* 20 000 COP, Zi. pro Pers. 30 000 COP) Wem Einsamkeit wichtiger ist als ein schöner Strand, der ist in der Posada nördlich des Dorfs – der letzten einer langen Reihe, die sich in Richtung El Faro erstreckt – gut aufgehoben. Restaurant und Cabanãs sind in *Yorotoro-chic*-Bauweise errichtet: Neben Kaktus wurde hier auch Stein verwendet. Die Badezimmer haben Hotelniveau. 2005 nächtigte hier der damalige Präsident Álvaro Uribe Vélez. Der Strand hier ist weder hübsch noch sandig, aber in den Ort kann man zu Fuß laufen.

An- & Weiterreise

Die Fahrt nach Cabo de la Vela ist nicht gerade die leichteste Reise in Kolumbien, und die meisten Besucher kommen im Rahmen organisierter Touren an diesen Ort. **Kaí Ecotravel** (www.kaiecotravel.com) ist dafür ein guter Tipp. Natürlich ist es auch möglich – und wohlschöner –, auf eigene Faust anzureisen: Von Riohacha aus ein *colectivo* von **Cootrauri** (☎728 0976; Calle 15 No 5–39) nach Urribia (12 000 COP, 1 Std.) nehmen; los geht's zwischen 5 und 18 Uhr immer dann, wenn alle Plätze belegt sind. Der Fahrer lässt seine Fahrgäste vor der Panaderia Peter-Pan raus, wo Lkws und Geländewagen nach Cabo (10 000–15 000 COP, 2½ Std.) abfahren. Mit normalen Pkws ist die Strecke jedoch nicht zu schaffen.

Punta Gallinas

Punta Gallinas ist ein schöner Beweis für eine der simpelsten Lektionen im Leben: je größer die Anstrengung, umso größer die Belohnung. Wer den beachtlichen Marsch hierher geschafft hat, wird mit einer der umwerfendsten Landschaften ganz Südamerikas entschädigt.

Der Weh nach Punta Gallinas, rund 75 km nördlich von Cabo de la Vela, führt über Bahía Hondita, wo dunkelbraun-orangefarbige Klippen eine smaragdgrüne Bucht mit breitem, natürlichem Strand umgeben. Hier gibt es nichts außer einer großen Kolonie rosafarbener Flamingos und gerade einmal sechs Wayúu-Familien mit insgesamt ca. 60 Mitgliedern. Das Land, das sie ihre Heimat nennen, ist spektakulär: eine Wüstenlandschaft, (im Winter) durchsetzt von kräftig grüner Vegetation, die Ziegenherden und riesiger Heuschreckenschwärme anzieht.

Wo die Küste an das Karibische Meer grenzt, erheben sich vor dem glitzernden türkisblauen Wasser gewaltige, bis zu 60 m hohe Sanddünen – wie ein fünf Stockwerke hoher Tsunami. Dies ist die **Playa Taroa**, Kolumbiens schönster und am wenigsten frequentierter Strand. Am besten einfach eine Düne herunterrutschen direkt ins Wasser. Der Strand ist erstaunlich unberührt und verströmt ein wundersam einsames Flair, das eine derartige Wirkung hat, dass man entweder laut juchzen und kichern oder sich für sehr lange Zeit ganz ruhig hinsetzen möchte.

Wer in der Abenddämmerung durch die Wüste zurückwandert, stößt ab und zu auf Scherben uralter Tontöpfe und Berge verbrannter Muschelschalen – Zeugnisse einfacher Mahlzeiten am Lagerfeuer vor Tausenden von Jahren.

Es gibt hier eine einzige Unterkunft, die über die auf S. 178 genannten Agenturen zu buchen ist. Sie bietet tolles Essen (z. B. gegrillten Hummer), außerdem sind die Mitarbeiter gerne bereit, die Wüste zu zeigen.

Punta Gallinas ist nur im Rahmen von organisierten Touren zu erreichen. Obwohl sich die Gegend erst vor kurzem auch ausländischen Touristen geöffnet hat, ist die Zahl der Besucher 2008 bis 2011 bereits von ursprünglich 1500 auf 3000 pro Jahr angestiegen.

Wer zwischen September und November Punta Gallinas erreichen möchte, startet per Boot von Puerto Bolívar aus. Der Hafen liegt wenige Autominuten von Cabo de la Vela in der Nähe der Kohlenmine El Cerrejón. Die Bootsfahrt dauert etwa drei Stunden. Den Rest des Jahres können Fahrzeuge nach Bahía Honda, der ersten der drei Buchten in der Gegend, fahren. Von dort führt eine einstündige Bootsfahrt nach Punta Gallinas. Die Tour haben Aventure Colombia (S. 146) in Cartagena und Kaí Ecotravel (S. 175) in Riohacha in ihrem Programm – letzteres Unternehmen ist in dieser Region ein Pionier in Sachen Öko-Tourismus.

VALLEDUPAR

Im langgezogenen, fruchtbaren Tal zwischen der Sierra Nevada de Santa Marta im Osten und Venezuelas Serrania del Perija im Westen liegt Valledupar. Die Stadt befindet sich nach wie vor außerhalb des Touristenradars, und der Fremdenverkehr spielt keine sehr große Rolle. In den dunklen Zeiten der kolumbianischen Unabhängigkeitskämpfe war Valledupar von der Außenwelt abgeschlossen und eine Art Geisel der Guerillas, die die Berge damals kontrollierten.

Diese Tage sind jedoch vorbei, und heute hat die Stadt einiges zu bieten: z. B. ein kleines, gut erhaltenes Zentrum aus der Kolonialzeit sowie tolle Möglichkeiten für Outdoor-Spaß in der Nähe. In Sachen Nachtleben spielt Valledupar sogar in der Oberliga.

Dieses Land der Viehherden und Cowboys, könnte man als das kulturelle Herz Kolumbiens bezeichnen. Für die Kolumbianer ist Valledupar Ursprungsort und Wiege, Kindergarten und Hochschule des *vallenato*, der an der Küste allgegenwärtigen, temperamentvollen, vom Akkordeon dominierten Volksmusik, die von Liebe, Politik und dem Kummer erzählt, seine Frau (oder sein Pferd) an einen anderen Mann zu verlieren.

Noch wird die Stadt nicht von Touristen überschwemmt, was leider auch bedeutet, dass Tourarrangements und andere Unternehmungen improvisiert sind und daher eher unzuverlässig sein können – aber das ist Teil des Charmes dieser Stadt.

Das Festival de la Leyenda Vallenata, das jedes Jahr im April stattfindet, ist eine vier Tage dauernde Orgie aus *vallenato* und Old-Parr-Whisky – dem Lieblingsgetränk der Einwohner. Sie mögen ihn so sehr, dass viele ihre Stadt Valle De Old Parr nennen. Die Zimmer sind in dieser Zeit viermal so teuer wie sonst – und bereits ein Jahr im Voraus ausgebucht.

Sehenswertes & Aktivitäten

Valledupar ist nicht nur ein Ort zum Abschalten, Relaxen und Kräftetanken, sondern auch ein hervorragender Zwischenstopp auf der Rundreise von Santa Marta über La Guajira und weiter nach Aracataca.

Balneario La Mina SCHWIMMEN

Der Río Badillo fließt in bizarren, Gehirnwindungen ähnlichen Kurven von der Sierra Nevada herab und bildet schließlich dieses Schwimmbecken. Man sollte ausreichend Insektenmittel mitnehmen und sich in der Regenzeit vor den anschwellenden Wassermassen in Acht nehmen! Von der Carrera 6 im Stadtzentrum fahren *colectivos* von 11 bis 14 Uhr in Richtung Atanquez. Man kann den Fahrer bitten, in La Mina anzuhalten (6500 COP, 45 Min.). Die Rückfahrt ist etwas kniffliger, aber Mototaxis verlangen für die Strecke für 10 000 COP. Laut den Einheimischen sollte man vor 16 Uhr aufbrechen, um noch ein Mototaxi zu bekommen.

In der Region gibt es auch eine interessante Frauenkooperative unter Leitung von Maria Martinez, die alle nur La Maye nennen. Alle Einnahmen aus dem Verkauf der hochwertigen gewebten Taschen kommen hiesigen Frauen zugute, die ihre Männer und Söhne in den Unabhängigkeitskämpfen verloren haben. Im Hof ihres einfachen Hauses serviert La Maye außerdem einen billigen (10 000 COP), aber fantastischen *sancocho de gallina*, einen Hähncheneintopf, der über Holzfeuer gekocht wird.

„ROCKSTAR? ICH SPIELE LIEBER AKKORDEON."

Andres „Turco" Gil, ein Akkordeonist von großer Virtuosität, der auch „El Maestro" genannt wird, führt in einem Vorort von Valledupar eine Schule für angehende Ziehharmonikaspieler. Hinter der bescheidenen Fassade herrscht eine hingebungsvolle Atmosphäre, in der Dutzende junger Hoffnungen eifrig das Akkordeonspiel erlernen. El Maestro nimmt Kinder aus armen Verhältnissen – viele wurden im Bürgerkrieg vertrieben – kostenlos auf und ermutigt sie, ihre Träume zu verwirklichen. Die Schule wird nicht von der Regierung unterstützt, und dennoch treten ihre Schüler in der ganzen Welt auf, einmal spielten sie sogar im Weißen Haus (Bill Clinton war ein großer Fan).

Viele Ausländer finden nur schwer Zugang zu der Musik, die die kratzigen Rhythmen der *guacharaca* (einem Percussion-Instrument), das Stampfen der *Caja-vallenata*-Trommel und gebrüllte Liedtexte kombiniert. Doch man muss nur tiefer eintauchen, um herauszufinden, dass sie mehr ist als das, was das Ohr erreicht: Sie ist eine faszinierende, ja politische Methode des kulturellen Ausdrucks und wird von nahezu allen Kolumbianern heiß geliebt.

Die Instrumente stammen aus drei Kulturen: die Trommeln von afrikanischen Sklaven, die *guacharaca* von den indigenen Kogi und das Akkordeon von den europäischen Neuankömmlingen. Anfang des 20. Jhs., vor Einführung der Post, dienten die *vallenatos*, wie die Lieder heißen, der Nachrichtenübermittlung von Dorf zu Dorf. Die Leidenschaft von El Maestros Schülern, etwa dem jungen blinden Juan David Atencia, ist ansteckend. Die Schule befindet sich in der Calle 31, No 04–265, eine 7000-COP-Taxifahrt von der Stadt entfernt. Interessierte können sich im Provincia Hostel erkundigen, wie sie hier freiwillige Hilfe leisten können.

Balneario Hurtado SCHWIMMEN

An Sonn- und Feiertagen kommen die *vallenatos*, um im Río Guatapurí zu schwimmen, zu kochen und zu plaudern: ein sehr entspannter Familienausflug. Es gibt auch ein paar einfache Restaurants und umherziehende Imbissverkäufer. Das Bad liegt am Parque Lineal; Busse starten von Cinco Esquinas im Stadtzentrum.

Schlafen & Essen

Provincia Hostel HOSTEL $

(☎580 0558; Calle 16A No 5–25; B 18 000 COP, EZ/DZ mit Ventilator 40 000/45 000 COP, mit Klimaanlage 45 000/50 000 COP; 📶) Zweifellos die beste Unterkunft der Stadt – und das für jede Reisekasse. Gesellig, aber nicht laut, ruhig, aber nicht langweilig – so präsentiert sich dieses Hostel. Die Besitzer haben derart gute Tipps parat, dass die Stadtverwaltung alle Ausländer zu dieser Adresse schickt, weil sie hier einfach mehr erfahren. Die Besitzer schlagen z. B. großartige Tagesausflüge vor. Die Zimmer sind besser als in jedem anderen Hotel der Stadt. Außerdem werden auch Fahrräder verliehen.

Parrillada El Joe GRILLRESTAURANT $$

(☎574 9787; Calle 16A No 11–40; Hauptgerichte 19 500–40 000 COP; ⏲Mittag- & Abendessen) Die Spezialität des Hauses in dieser Valledupar-Institution ist der gemischte Grillteller. Er reicht für zwei Personen und besteht aus einem Berg aus Fleisch für relativ wenig Geld. Man sollte aber vielleicht darum bitten, das *ubre* (Euter) wegzulassen.

Compae Chipuco KOLUMBIANISCH $

(☎311 40 4078; Calle 16 No 6–05; Hauptgerichte 7000 COP; ⏲Mittagessen) Unter einem Mangobaum genießen die Gäste ein wirklich gutes *corriente* (Menü) mit Fisch, Fleisch oder Hühnchen. Toller Service, herzhaftes Essen und einfache Zubereitungsarten.

El Varadero KUBANISCH $$

(☎570 6175; Calle 12 No 6–56; Hauptgerichte 20 000–32 000 COP, ⏲Mittag- & Abendessen) In diesem Kettenrestaurant gibt es kubanisches Seafood von sehr guter Qualität. Der Hummersalat als Vorspeise ist großartig, ebenso die Knoblauchmuscheln. Das internationale Menü bietet danach Meeresfrüchte Al Macho auf peruanische Art mit gelbem Paprika. Wer nicht gerade ein heimwehkranker Italiener ist, sollte die Pasta weglassen.

☆ Unterhaltung

Parque Lineal MUSIK

Die größte Party der Stadt steigt im Parque Lineal: Die Leute parken ihre Autos, öffnen die Türen und lassen Salsa und Vallenato aus ihren Lautsprechern dröhnen. Pärchen tanzen und knutschen, Freunde hängen zusammen ab und trinken, und Machos wetteifern, wer das lauteste, teuerste Soundsystem hat. Manche lassen sogar vom Kofferraum ihrer Prados Lasershows aufleuchten, an speziellen Abenden sollen gar Stroboskope und Nebelmaschinen zum Einsatz kommen. Fremde sind mehr als willkommen (noch lieber, wenn sie eine Flasche Old Parr dabeihaben), auch ohne eigenes Auto – das Taxi hierher kostet 4000 COP. So ist das hier in Valledupar.

La Iguana CLUB
(Carrera 9 No 10–44, Barrio Novalito; Eintritt frei; ⏲ Mi–Sa 21–4 Uhr) Diese Ein-Raum-Schachtel hat an einem Ende ein Soundsystem und eine Klimaanlage, die einen Elefanten betäuben könnte, und ist voller netter, sehr betrunkener Einheimischer, die ratlos schweigend herumstehen, bis der Vallenato einsetzt. Dann jauchzen, brüllen und trinken sie und schnappen sich skrupellos die nächste Person ohne Begleitung. Ein Riesenspaß – auch wenn man als Mann nur im Hemd reinkommt. Wem das nicht passt, wankt eben in eines der anderen Lokale in der Nähe.

An- & Weiterreise

Der Busbahnhof liegt eine halbstündige Taxifahrt (4000 COP) vom Zentrum entfernt; es gibt keine Stadtbusse. Fernbusse von **COPetran** (☎571 6205) fahren von Valledupar nach Riohacha (20 000 COP, 3 Std.), Santa Marta (22 000 COP, 2 Std.), Cartagena (25 000COP, 5½ Std.), Barranquilla (25 000 COP, 4½ Std.), Medellín (90 000 COP, 12 Std.) und Bucaramanga (60 000 COP, 8 Std.).

SÜDWESTLICH VON CARTAGENA

Unberührte Strände und verkehrsarme Straßen kennzeichnen die Karibikküste südwestlich von Cartagena – eine Gegend, die in den letzten 20 Jahren aufgrund mangelnder Sicherheit kaum Touristen gesehen hat. Heute sind die Gebiete wie Tolú und die Islas de San Bernardo unbedenklich und stehen bereit, um nicht mehr nur den Kolumbianern, sondern auch immer mehr Ausländern einen angenehmen Aufenthalt zu bescheren.

Bei einer Fahrt durch die Nordküsten-Departamentos Sucre, Córdoba, Antioquia und Chocó verändert sich die Landschaft merklich. Sumpfiges Weideland mit vereinzelten Kapokbäumen, den Boden überwuchernden Mangroven und kristallklare Lagunen säumen die Küste des Golfo de Morrosquillo, während sich der Regenwald nahe dem Tapón del Darién (Darién Gap) bis zum azurblauen Wasser und den Stränden des Golfo de Urabá erstreckt, wo hinter den malerischen Dörfern Capurganá und Sapzurro Panama beginnt.

Tolú

☎5 / 48 000 EW.

Auch wenn es auf den ersten Blick nicht so scheint:Das beschauliche Tolú, Hauptort des Golfo de Morrosquillo, ist eines der meistbesuchten Urlaubsziele Kolumbiens. In der Hauptsaison bevölkern Kolumbianer den Ort mit seinem Kleinstadtflair, umgeben von Stränden und natürlichen Spielwiesen. Ausländer sind jedoch ein eher seltener Anblick. Den Rest des Jahres ist der Ort eine gute Möglichkeit, um mal vom „Gringo-Trail" abzuweichen und wie die Einheimischen Ferien zu machen. Tolú ist eine kleine Stadt, in der die Einheimischen eher mit dem Rad als mit dem Auto unterwegs sind. Die Fahrradtaxis, *bicitaxis*, sind wahre Kunstwerke: Jedes ist individuell geschmückt – und aus großen, voll aufgedrehten Lautsprechern klingt Salsa und Reggaeton.

Tolús langgezogener *malecón* mit vielen Bars, Restaurants und kleinen Kunsthandwerksständen ist die perfekte Flaniermeile. Der größte Reiz für Besucher aus dem Ausland besteht jedoch in der Nähe zu den Islas de San Bernardo, Teil des Parque Nacional Natural (PNN) Corales del Rosario y San Bernardo. Die malerischen Strände der Isla Múcura mit Mangroven und postkartentauglichen Kokospalmen gehören zu den zauberhaftesten Stränden der Küste.

Sehenswertes & Aktivitäten

Tolú ist die wichtigste Ausgangsbasis für Tagesausflüge auf die Islas de San Bernardo (S. 182). In der Hauptsaison quillt die Stadt über vor kolumbianischen Urlaubern, die am Golfo de Morrosquillo – der sich bis nach Coveñas erstreckt – zum Essen und Trinken herkommen. In Coveñas gibt es zwar weniger Einrichtungen, dafür aber bessere Strände. Dort stehen strohüberdachte Tische, an denen sich Gäste nachmittags ganz entspannt einen oder zwei Drinks genehmigen können.

Wem der Sinn nach Natur steht, der sollte die wunderbare **La Ciénega de Caimanera** auf halbem Weg zwischen Tolú und Coveñas besuchen. Das 1800 ha große Naturschutzgebiet ist ein Süß- und Salzwassersumpf mit fünf verschiedenen Mangrovenarten. Die Wurzeln der Roten Mangrove drehen und winden sich wie hyperaktive Spaghettistränge im und auf dem Wasser. Eine Kanufahrt in dieser Region ist eine schöne Art, eineinhalb Stunden diesen Lebensraum kennzulernen: Man mäandert durch künstliche Mangroventunnel und klaubt die Austern direkt von den Wurzeln.

Wer nach Ciénega gelangen möchte, nimmt irgendeinen Bus (2000 COP) in Richtung Coveñas und bittet den Fahrer, bei La Boca de la Ciénega anzuhalten. Kanu-Guides warten auf der Brücke auf Touristen. Sie verlangen 20 000 COP für eine bis zwei Personen und bei größeren Gruppen nur 8000 COP pro Person.

Tolús Strände machen nicht viel her – besser sind jene im 20 km südlich gelegenen Coveñas. Zur **Playa Blanca** fährt von Coveñas aus ein Mototaxi. *Colectivos* starten vom Supermercado Popular an der Ecke Carrera 2 und Calle 17 in Tolú alle zehn Minuten für 2500 COP. Und nach **Punta Bolivar** sind es von Coveñas aus mit dem Mototaxi nur fünf Minuten (4000 COP).

Schlafen

Villa Babilla HOSTEL $

(☎312 677 1325; www.villababillahostel.com; Calle 20 No 3–40; EZ/DZ 30 000/40 000 COP; 📶) Das Hostel/Hotel unter deutscher Leitung steht drei Blocks vor der Küste. Das Highlight des Gringo-freundlichen Ortes ist die Open-Air-Fernsehlounge mit Strohdach. Zudem gibt es eine Küche, Wäscheservice und den ganzen Tag kostenlosen Kaffee. Die Villa Babilla ist nicht beschildert, ist aber leicht zu erkennen, weil sie das höchste Gebäude im ganzen Block ist.

Ibatama del Mar HOTEL $

(☎288 5110; Carrera 1 No 19–45; EZ/DZ mit Ventilator 20 000/30 000 COP, mit Klimaanlage 40 000/60 00 COP) Dieses anständige Mittelklassehotel am Strand hat einen interessanten Hof voller alter Kanonen, Statuen und verschiedenen Miniaturgärten.

El Velero HOSTEL $$

(☎286 0058; www.hostalelvelero.com; Av. 1A No 9–31; EZ/DZ 45 000/70 000 COP; ❄) Das zweite Strandhotel ist neuer, sauberer und bietet ein viel besseres Preis-Leistungs-Verhältnig als das Ibatama del Mar. Alle Gästezimmer haben TV, Kühlschrank und ein blitzsauberes Bad.

Essen & Trinken

Terraza La 15 SEAFOOD $

(☎288 6226; Ecke Carrera 1 & Calle 15; Hauptgerichte 10 000–32 000 COP; ⏲Frühstück, Mittag- & Abendessen) Direkt am Meer wird hier einfach gebratener Fisch serviert. Es gibt aber auch andere Optionen wie z. B. gute *cazuela*. Die Bedienungen sind strahlender als der karibische Sonnenaufgang.

La Red SEAFOOD $$

(☎314 501 4631; Ecke Calle 20 & Carrera 2; Hauptgerichte 7000–25 000 COP; ⏲Frühstück, Mittag- & Abendessen) Den Ceviche sollten Gäste besser übergehen – der hat schon bessere Zeiten gesehen – und stattdessen Red Snapper in Knoblauch und Butter bestellen. Der Fisch ist erst vor wenigen Stunden gefangen worden. Den Service könnte man höflich als „bedächtig" bezeichnen, das Dekor ist Schildkrötenpanzer-Schick.

Das **Casino de Comida** an der Ecke Calle 20 und Carrera 1 am Meer serviert billige *Costeño*-Gerichte aus Fleisch und Fisch für ca. 7000 COP. An der zentralen **Plaza** bieten ein paar Bäckereien Snacks an. Reisende sollten Tolú nicht verlassen, ohne Kolumbiens grandioseste *arepas*, gefüllt mit Ei und Hackfleisch, zu probieren: knusprig, lecker, perfekt! Zu bekommen sind sie an **Doña Mercedes' Imbissstand** an der südöstlichen Ecke des Platzes neben dem Büro von Expreso Brasilia.

Praktische Informationen

Bancolombia (☎288 5711; Calle 14 No 2–88; ⏲Mo–Do 8–16, Fr bis 16.30 Uhr) Bank mit Geldautomat; an der Südseite der Plaza Pedro de Heredia.

Hospital de Tolú (☎288 5256; Calle 16 No 9–61; ⏲24 Std.)

iC@fe (☎286 0118; Calle 17 No 2–20; pro Std. 2000 COP; ⏲9–22.30 Uhr) Internetcafé.

Mundo Mar (☎288 4431; www.clubnauticomundomartolu.com.co; Carrera 1 No 14–40; ⏲6.30–20 Uhr) Die gut geführte Agentur bietet täglich Touren zu den Islas de San Bernardo (35 000 COP) an. Abfahrt ist um 8.30 Uhr, Rückkehr gegen 16 Uhr.

Policía Nacional (☎288 5030; Ecke Carrera 5 & Calle 16)

Servientrega (☎286 0630; Carrera 4 No

15–40; ⌚Mo–Fr 8–12 & 14–17, Sa 8–12 Uhr) Postdienstleistungen.

Touristeninformation (☎286 0599; Carrera 2 No 15–40; ⌚8–12 & 14–18 Uhr) In der *alcadía* an der Westseite der Plaza Pedro Heredia. Die Mitarbeiter öffnen, wenn es ihnen gerade gefällt.

An- & Weiterreise

Expreso Brasilia/Unitransco (☎288 5180), **Rapido Ochoa** (☎288 5257) und **Caribe Express** (☎288 5223) teilen sich eine kleine Bushaltestelle an der Südwestseite der Plaza Pedro de Heredia. Busse nach Cartagena (30 000 COP, 3 Std.) und Montería (18 000 COP, 2 Std.) fahren stündlich. Weitere Busse starten nach Bogotá (120 000 COP, 19 Std.) um 8 und 17.30 Uhr, nach Medellín (70 000 COP, 10 Std.) fünfmal am Tag und nach Santa Marta (45 000 COP, 6 Std.) um 7.30 und 17.30 Uhr.

Wer weiter nach Turbo und an die panamaische Grenze möchte, fährt nach Montería und steigt dort in den Bus nach Turbo um. Alle Busse nach Medellín halten in Montería, so auch jene von **Transportes Luz** (☎288 6069; Calle 16 No 10–79), eine gute Tür-zu-Tür-Option für Gruppen oder alle, die außerhalb der normalen Abfahrtszeiten nach Montería fahren möchten. Das Unternehmen bietet auch Mitfahrgelegenheiten in Privatwagen – *aerovan* genannt – nach Cartagena an. Dafür ist allerdings eine telefonische Reservierung nötig.

Islas de San Bernardo

Die zehn Inseln, die den San-Bernardo-Archipel vor der Küste Tolús bilden, sind bei weitem spekakulärer und interessanter als ihre Nachbarinseln im Norden (S. 148), mit denen sie zusammen den Parque Nacional Natural (PNN) Corales del Rosario y San Bernardo bilden.

Einst nannten karibische *indígenas* die Inseln ihre Heimat. Heute werden sie aber immer mehr von kolumbianischen Urlaubern verdrängt, die es lange Zeit schafften, den Archipel vor ausländischen Touristen geheim zu halten. Die malerischen Inseln mit kristallklarem Wasser, Mangrovenlagunen und weißen Sandstränden sind eine einzigartige Oase der Ruhe und Entspannung an der Karibikküste.

Tagesausflüge (35 000 COP) zur Inselgruppe starten täglich um ca. 8.30 Uhr am Muelle Turístico in Tolú. Die ganztägigen Touren führen an einer der dichtest besiedelten Inseln der Welt, **Santa Cruz del Islote**, vorbei, wo bis zu 1000 Menschen, zumeist Fischer, in einer tropischen, gerade einmal 1200 m² großen Barackenstadt am Meer leben. Auch die Isla Tintípan, die größte Insel des Archipels, steht auf dem Programm.

Die meisten touristischen Einrichtungen finden sich auf der **Isla Múcura**, wo die Boote für drei Stunden anlegen. Dort können die Passagiere eine Schnorchelausrüstung ausleihen (5000 COP), relaxen, sich ein Mittagessen und ein Bier genehmigen (nicht im Tourpreis enthalten) oder einfach durch die Mangroven wandern. Der beste Strand zum Baden und Schnorcheln befindet sich auf der **Isla Palma**, wo der Ausflug mit dem Besuch des **Aquariums** (Eintritt 12 000 COP) endet. Allerdings ist dies eher ein rustikaler Zoo als eine Wasserwelt (auch wenn es tatsächlich ein Aquarium mit allerdings recht trüben Scheiben gibt). Neben Unterwassertieren leben hier auch Affen, rosafarbene Flamingos, unzählige Vögel (darunter viele frei umher fliegende Aras) und sogar ein Büffel! Irgendwie seltsam, aber nicht uninteressant.

Schlafen & Essen

In der Hauptsaison sind Zimmerreservierungen obligatorisch – und die Preise können weit höher liegen als hier angegeben.

Punta Faro HOTEL **$$$**
(☎1 616 3136 in Bogotá; www.puntafaro.com; Isla Múcura; DZ für 3 Nächte all inclusive ab 1,9 Mio COP; ❄📶) Für die schöne Lobby und die Gästezimmer in diesem nobelsten Hotel des Archipels wurde viel Mangrovenholz verwendet. Hier steigen sehr wohlhabende Kolumbianer und Geschäftsreisende ab. Es gibt einen eigenen Strand, drei Restaurants, zwei Bars, und die Gäste werden in Cartagena abgeholt. Sportequipment wie Kajaks und Schnorchelausrüstung ist im Preis enthalten.

Decameron Isla Palma HOTEL **$$$**
(☎310 360 9647; www.decameron.com; Isla Palma; DZ ab 365 000 COP; ❄📶) Die Club-Med-ähnliche All-inclusive-Ferienanlage auf der Isla Palma bietet alles, was man erwartet, plus einen schmalen Sandstreifen, der als der beste Strand des Archipels gilt.

Donde Wilber HÜTTEN **$$**
(☎316 605 5840; Isla Múcura; Hütte pro Pers. 25 000 COP, inkl. Vollpension 80 000 COP) Reisende müssen an der Anlegestelle nur nach Angelo fragen, und er bringt sie durch das

Dorf (wo Schweine im Müll schnüffeln) zu ein paar klapprigen Buden und einer rustikalen Blockhütte am Strand. Die Matratzen sind alt, aber die Aussicht ist spektakulär. Die Unterkunft hat höchstens einen Stern verdient, verströmt aber relaxtes, nettes Flair und wird von Einheimischen geführt – das heißt, das Geld der Gäste bleibt auf der Insel. Die Besitzer organisieren auch Angel- und Schnorchelausflüge.

Turbo

☎4 / 140 000 EW.

Die Stadt Turbo, 373 km nordwestlich von Medellín, gehört zum Departamento Antioquia. Wer morgens ein Boot nach Capurganá oder Sapzurro nehmen will, muss in der rauen Hafenstadt übernachten.

Schlafen & Essen

Residencias Florida HOTEL **$**

(☎827 3531/311 327 2569; Carrera 13 No 99A–56; EZ/DZ mit Ventilator 20 000/30 000 COP; 📶) Die Residencias unweit von Bushaltestellen und Docks machen nicht viel her, aber die einfache Unterkunft an Turbos lautem Parque Principal ist die beste Option für Ausländer. Der extrem freundliche und hilfsbereite Besitzer John bucht für seine Gäste Tickets nach Capurganá. Wer hungrig ankommt: Das Restaurant gegenüber im Park ist die einzige Möglichkeit, noch spät am Abend etwas zu essen.

Information

Banco de Bogotá (Calle101 No 12–131) Bank mit Geldautomat.

Turbo Internet.com (☎827 5100; Carrera 13; pro Std. 2000 COP; ⏲Mo–Fr 10–20, Sa & So bis 21 Uhr) Internetcafe.

An- & Weiterreise

In Cartagena muss man einen Bus vor 11 Uhr nach Montería (45 000 COP, 4½ Std.) nehmen und dort in den Bus nach Turbo (40 000–45 000 COP, 5 Std.) umsteigen. Busse von **Sotracor** (☎784 9023), **Gomez Hernandez** (☎784 9010) und **Coointur** (☎312 851 4723) starten zwischen 7 und 17 Uhr abwechselnd im Abstand von 30 bis 60 Minuten. In Turbo gibt es keinen zentralen Busbahnhof, die meisten Unternehmen befinden sich aber an der Calle 101. Busse zurück nach Montería verkehren zwischen 4.30 und 16 Uhr. **Sotrauraba** (☎827 2039) steuert von Turbo zwischen 5 und 22 Uhr einmal die Stunde Medellín an (60 000 COP, 8 Std.).

Boote nach Capurganá (55 000 COP, ,2½ Std.) legen in der Hauptsaison täglich ab 6 Uhr ab, in der Nebensaison einmal täglich um 8.30 Uhr. Die Plätze sind schnell von Einheimischen besetzt – am besten mindestens eine Stunde vor Abfahrt zum Hafen kommen. Das die Fahrt feucht und zuweilen unruhig werden kann, sollte das Gepäck in Plastikbeutel verstaut werden (Straßenverkäufer bieten sie für 1000 COP an). Bei der Rückkehr sollten Reisende geflissentlich den Einheimischen aus dem Weg gehen, die einem lauthals zum Bus „helfen" wollen. Sie arbeiten als Nepper in Kommission. Für die Weiterreise nach Panama siehe Kasten S. 185.

Capurganá & Sapzurro

☎4 / 2000 EW.

Die Ferienorte Capurganá und Sapzurro, wenige Minuten vor der Grenze zu Panama, schafften es bisher, vom Welttourismus verschont zu bleiben. Die beiden idyllischen, relaxten Dörfer sind die einsamsten Orte zwischen dieser Region und Punta Gallinas auf der Guajira-Halbinsel. Aber wie bei Punta Gallinas ist die Tatsache, dass sie so abgeschieden sind, nicht eben ein Nachteil. Weil sowohl Capurganá als auch Sapzurro nur durch eine lange Bootsfahrt – oder mit dem Flugzeug – von Turbo aus erreichbar sind, gehören ihre Strände zu den einsamsten in ganz Kolumbien. Aufgrund der Unzugänglichkeit und der Sicherheitsprobleme in der Vergangenheit (dies ist schließlich Grenzgebiet), kommen die Urlauber zu 90 % aus dem eigenen Land. Doch das ändert sich nun nach und nach: So gibt es immer mehr Unterkünfte in ausländischem Besitz, und die Zahl der Touristen hat sich in den letzten Jahren verdoppelt.

Viele Reisende verbringen lieber hier ihren Urlaub als in Taganga und an den Stränden des Parque Nacional Natural Tayrona, die in der Hauptsaison häufig überlaufen sind. Wer die exzellenten Strände und Naturpfade in der Umgebung erkunden möchte, bleibt schnell statt ein paar Tage eine ganze Woche. Das Korallenriff vor der Küste ist nahezu unberührt und zum großen Teil noch unerforscht. Weil das Wasser wärmer ist als irgendwo sonst an der Küste, ist kein Taucheranzug nötig.

Capurganá liegt am nordwestlichen Rand des Departemento Chocó an der Einfahrt in den Golfo de Urabá. Es bietet mehr touristische Infrastruktur, z. B. zahlreiche Unterkünfte als das Nachbardorf und ist doch erstaunlich entspannt – außer in der Semana

Santa (Karwoche) sowie im November und Dezember. Sapzurro, der letzte Ort vor der Grenze zu Panama, befindet sich gleich um die Ecke an einer zauberhaften Bucht. Er ist kleiner und noch ruhiger. In beiden Dörfern gibt es übrigens keine Autos.

Wer auf dem Landweg nach Panama reist, kann in diesen zwei ruhigen Dörfern haltmachen, an den herrlichen Stränden dösen oder sich in der Umgebung sportlich betätigen.

Reisende sollten sich aber immer bewusst sein, dass sie sich in einem Grenzgebiet befinden, noch dazu an keiner gewöhnlichen Grenze: Dies ist die Pforte zwischen Süd- und Mittelamerika, und entsprechend viele Soldaten sind unterwegs.

Sehenswertes

Capurganá und Sapzurro sind anders als der Rest der Küste: Die bemalten Holzhäuser und das ruhige Flair wirken viel karibischer. Beide Dörfer sind perfekt, um sich einfach zu entspannen und die Zeit verstreichen zu lassen. Es gibt hier aber auch wunderschöne Strände und wunderbare Möglichkeiten, sich in der Natur zu beschäftigen. Die einstündige Wanderung auf dem **El-Cielo**-Treck in die Berge von Capurganá führt an mehreren Tümpeln und Teichen sowie Wasserfällen vorbei, wo Brüllaffen und Totenkopfäffchen, Tukane und Papageien zu beobachten sind. Auf der schönen, ebenfalls eine Stunde dauernden Küstenwanderung nach **Aguacate** passiert der Weg mehrere ruhige Strände.

Die zwei besten Strände in dieser Gegend sind **La Miel** und **Playa Soledad**. La Miel liegt bei Sapzurro gleich hinter der panamaischen Grenze (Pass mitnehmen – man passiert einen militärischen Checkpoint!). Über die Grenze führen ein paar steile Stufen, dahinter geht es wieder eine Treppe hinunter (an den Telefonzellen rechts gehen und dem Fußweg folgen). Der kleine Strand bietet perfekten weißen Sand und azurblaues Wasser – ebenso wie die **Playa Soledad**, die von Capurganá aus auf einer dreistündigen Wanderung gen Osten oder im Rahmen einer Tour zu erreichen ist.

Aktivitäten

Capurganá hat bessere Tauchgründe als Taganga, das eigentlich wichtigste Tauchzentrum der Küste: Das Riff ist besser in Schuss, und von August bis Oktober hat man bis zu 25 m weit Sicht. Zwischen Januar und März ist die See recht rau. Bei **Dive and Green** (☎316 781 6255; www.diveandgreen.com; ⌚8.30–12.30 & 14–17.30 Uhr) kosten Ausflüge mit zwei Tauchgängen 190 000 COP und Kurse mit PADI-Zertifikat 820 000 C

Schlafen & Essen

Da Restaurants in Capurganá Mangelware sind, bieten die meisten Hotels All-inclusive-Pakete. Ein paar billige Lokale finden sich beim Fußballplatz. Die Hotelbesitzer warten häufig an der Anlegestelle auf potenzielle Gäste. Sie sind ein cooles Grüppchen, aber keine Nepper.

Für einen Drink am Abend bieten sich die Bars am Fußballplatz an.

Luz de Oriente HOSTEL, RESTAURANT $
(☎310 371 4902; Playa Blanca, Capurganá; B 15 000 COP, EZ/DZ 25 000/40 000 COP) Die Gästezimmer des Hostels am Hafen sind sauber und ordentlich und alle mit Blick auf das Meer. In der Bar gibt es tolle Mojitos, und das dreigängige Mittagsmenü kostet gerade einmal 10 000 COP.

La Posada HOSTEL $$
(☎312 662 7599; www.sapzurrolaposada.com; Sapzurro; EZ/DZ 65 000/130 000 COP, Campingplatz pro Pers. mit/ohne Zelt 10 000/15 000 COP) Die komfortabelste und bestgeführte Unterkunft im Dorf hat einen schönen Garten mit blühenden Guaven, Kokospalmen und Mangobäumen, Open-Air-Duschen für die Camper und attraktive, luftige Zimmer mit Holzböden und freiliegenden Balken sowie Hängematten auf den Balkonen. Wem nach Monaten auf den Straßen der Sinn nach etwas Romantik steht, der kann den wirklich netten Besitzer um ein Candle-Light-Dinner auf dem Steg bitten.

Zingara HOTEL $$
(☎314 646 8974; Sapzurro; Zi. pro Pers. 40 000 COP) Clemencia, die Eigentümerin, sorgt dafür, dass sich die Gäste in ihrem hölzernen Hotel, in dem sie auch selbst wohnt, sofort zu Hause fühlen. Die Zimmer sind schlicht, sauber und luftig, ein paar haben Meerblick.

Campamento Wittenberg HOTEL $
(☎311 4366 215; Sapzurró; Hängematte 10 000 COP, Zi. pro Pers. 20 000 COP; 📶) Direkt an der Grenze zu Panama steht dieses freundliche Hotel unter französischer Leitung. Es bietet einfache Gästezimmer, gesundes Frühstück, Angelausflüge und Segelkurse. Der nette, professionelle Besitzer lebt schon seit Jahren in Kolumbien und ist sehr hilfsbereit.

Camping El Chileno HOTEL $
(☎313 685 9862; Sapzurro; Hängematte 10 000 COP, Campingplatz pro Pers. 12 000 COP) Einfacher Zeltplatz und Hängematten-Schlafplätze am schönsten Ende von Sapzurros Strand. Jeder im Dorf kennt „El Chileno" (so der Spitzname des Besitzers) und weist einem den Weg hierher. Sein Lächeln ist schon von Weitem zu sehen.

Hostal Los Delfines HOTEL $
(☎310 421 5703; Capurganá; Zi. pro Pers. 14 000 COP; ❄) Für diesen Preis ein Schnäppchen: Die Zimmer haben Fernseher, eigene Bäder und Hängematten im Patio sowie – wenn der Generator läuft – Klimaanlage. Der Besitzer Anibal Palacio kommt immer zum Dock, wenn das Boot von Turbo einläuft.

Cabañas Darius HOTEL $
(☎314 622 5638; www.dariuscapurgana.es.tl; Capurganá; B 15 000 COP, Zi. pro Pers. 20 000 COP) Ein hilfsbereiter Amerikaner führt diese gemütliche Blockhütte mit gepflegten, sauberen Zimmern, frisch gefliesten Böden und einer Outdoor-Küche für die Gäste. Einfach an der Anlegestelle nach Joey fragen, der einem mit seinem Pferdewagen den 20-minütigen Marsch zur Playa Roca erspart.

Hotel Almar HOTEL $$$
(☎01 8000 941 013; www.almar.com.co; Capurganá; Zi. pro Pers. all inclusive 280 000 COP; ❄📶🏊) Dieses noble Hotel steht direkt am besten Strand, an der Playa Blanca. Das einem Blockhaus ähnelnde Gebäude bietet große Zimmer und eine weitläufige Sonnenterrasse. Auf dem Anwesen befindet sich eine Tauchschule. Alkoholische Getränke sind im Preis inbegriffen.

LP TIPP **1** RESTAURANT $$
(☎310 627 1578; Playa Blanca, Capurganá; Hauptgerichte 15 000–35 000 COP; ⏲Mittag- & Abendessen) An der ganzen Küste findet sich kein besseres Seafood – und kein herzlicherer Empfang – als bei Josefina. Ihr Krebs in würziger Kokos-Sahne-Sauce, in unglaublich knusprigen, waffeldünnen Kochbananenkörbchen serviert, schmeckt einfach großartig. Josefina könnte inzwischen in einen kleinen Strandkiosk umgezogen sein – einfach im Dorf herumfragen. Ein absolutes Muss.

Hernán Patacón KOLUMBIANISCH $
(Playa Blanca, Capurganá; Hauptgerichte 5000–14 000 COP; ⏲11.30–19.30 Uhr) Wer all die Meeresfrüchte satt hat, der kann sich hier mit dünnen, knusprig gebratenen Kochbananen und allen erdenklichen Beilagen wie Hühnchen, Pilzen, *arequipe* (Milchkaramell) oder Käse den Bauch vollschlagen. Daneben gibt es aber auch Seafood.

ℹ Praktische Informationen

Capurganá Tours (☎824 3173; www.capurganatours.com; ⏲Mo–Sa 8–12 & 14–18 Uhr) Das Englisch sprechende Personal dieser sympathischen Agentur bucht Flüge nach Panama und Exkursionen in der Gegend. Auch wenn es hier keine Bank gibt, gewährt die Agentur gegen Kreditkarten Bargeld. Sie organisiert außerdem Reisen von Turbo aus durch ganz Kolumbien.

Coffee Internet (pro Std. 2500 COP; ⏲Mo–Sa 8–16 Uhr) Die Straßen hier haben keine Namen – das Internetcafé findet sich aber nahe dem Werkzeugladen.

Ministerio de Relaciones Exteriores (☎311 746 6234; ⏲Mo–Fr 8–17, Sa 9–16 Uhr) Das Ministerium, an Capurganás Hauptstraße gelegen, regelt Einreiseformalitäten für alle, die nach Panama reisen wollen. Die Öffnungszeiten werden recht flexibel gehandhabt.

Panamaisches Konsulat (☎314 653 4081; ⏲Mo–Fr 8–16 Uhr) In der Nähe des Fußballplatzes in Capurganá.

ABSTECHER

GOLFO DE URABÁ

Am Golfo de Urabá schmiegen sich ein paar kleine Dörfer an den Rand des Tapón del Darién. Hier finden sich erschwingliche Unterkünfte, ruhige Strände und herrliche Wanderwege. Per Boot geht es von hier aus nach **Acandí**, **Triganá** und **San Francisco**. Im winzigen San Francisco bieten sich Übernachtungsmöglichkeiten im **Ralle's Hostel** (☎314 70 35 151; B 25 000 COP, Hütte pro Pers. COP50,000), in Triganá in der **Hosteria Triganá** (☎314 615 6917) oder in **Anayansi Cabañas** (☎320 697 9025). In beiden gibt es Zimmer und Hütten für weniger als 40 000 COP pro Person, je nach Saison. In Acandí kommen von März bis Mai Hunderte von Lederschildkröten an Land, um ihre Eier zu legen. Die Kolosse werden bis zu 2 m lang und 750 kg schwer. Der passionierte Naturschützer **Giueseppe Thaler** (☎313 746 2725; giutha2009@hotmail.com) arrangiert in dieser Zeit Ausflüge zum Schildkröten-Beobachten.

DER LANGE WEG NACH PANAMA

Von Kolumbien nach Panama zu fahren, ist nicht möglich – die Panamericana (Carretera Panamericana) endet vor dem Tapón del Darién. Immer wieder ignorieren Verrückte die Gefahren und versuchen, mit Geländewagen oder sogar zu Fuß die 87 km lange Strecke zu meistern, und riskieren dabei unschöne Begegnungen mit Guerilleros, Paramilitärs oder Drogenhändlern.

Es ist aber durchaus möglich und relativ sicher, Panama (hauptsächlich) auf dem Landweg zu erreichen – mit ein paar eingeschobenen Bootsfahrten und einem kurzen Flug. Zur Zeit der Recherche zu diesem Buch war die folgende Route gesichert und ruhig – dennoch sollten Reisende immer im Voraus aktuelle Sicherheitswarnungen checken und stets an der Küste bleiben.

1. Busfahrt nach Turbo. Die Strecke Medellín–Turbo (51 000 COP, 8 Std.) ist inzwischen ungefährlich, eine Fahrt aber noch immer nur bei Tage zu empfehlen. Von Cartagena aus fährt man nach Montería (35 000 COP, 4½ Std.) und steigt dort in den Bus nach Turbo (25 000 COP, 5 Std.). Die Busse verkehren im regelmäßigen Rhythmus zwischen 7 und 17 Uhr; am besten in Cartagena vor 11 Uhr losfahren, um nicht in Montería übernachten zu müssen. Die Nacht verbringt man in Turbo.

2. Bootsfahrt von Turbo nach Capurganá (55 000 COP, 2½ Std.). In der Nebensaison startet ein Boot täglich um 8.30 Uhr, in der Hauptsaison fahren ab 6 Uhr mehrere Boote (immer wenn eines voll besetzt ist). Passagiere müssen mindestens eine Stunde vor Abfahrt vor Ort sein, um noch Tickets zu bekommen. Gut festhalten – die Fahrt kann ganz schön unruhig werden. Wer mehr als 10 kg Gepäck hat, muss 500 COP pro Kilo Aufpreis bezahlen.

3. Bootsfahrt von Capurganá nach Puerto Obaldia in Panama (30 000 COP, 45 Min.). Am Tag zuvor ist beim Ministerio De **Relaciones Exteriores** (☎311 746 6234; ⌚Mo–Fr 8–17, Sa 9–16 Uhr) in der Nähe von Capurganás Hafen der Abreisestempel abzuholen. Die Boote legen in Capurganá täglich um 7.30 Uhr ab – spätestens um 7 Uhr sollten die Fahrgäste am Dock sein. Auch diese Fahrt kann je nach Wetterbedingungen unangenehm sein.

4. Im panamaischen Einreisebüro in Puerto Olbaldia bekommen Reisende den Einreisestempel in den Pass. Dann geht es weiter mit **Air Panama** (☎+507 316 9000 in Panama; www.flyairpanama.com) zum Flughafen Albrook in Panama City. Von Montag bis Freitag gibt es drei Flüge täglich (80 US-$): um 7, 9.15 und 16.20 Uhr. Da Puerto Olbaldia nicht viel zu bieten hat, sollte man so bald wie möglich nach Panama City aufbrechen.

ℹ An- & Weiterreise

Capurganá und Sapzurro sind per Boot oder Flugzeugzu erreichen. Am ökonomischsten ist die Bootsfahrt von Turbo aus (55 000, 2½ Std.), in der Hauptsaison täglich ab 6 Uhr, den Rest des Jahres einmal täglich um 8.30 Uhr. Zurück nach Turbo fährt in der Nebensaison ebenfalls nur ein Boot täglich: um 7.30 Uhr.

ADA (☎01-8000 514 232; www.ada-aero.com) bietet Flüge von Medellín (One-Way 400 000 COP), die in der Nebensaison montags, dienstags, donnerstags, freitags und samstags um 12 Uhr mittags starten; in der Hauptsaison gibt es bis zu drei Flüge täglich.

Der Darien Gapster (www.thedariengapster.com) ist ein Motorboot, das von Sazpurro aus Ausflüge zum Kuna-Yala-Archipel (früher San Blas) in Panama anbietet. Da dabei die Grenze überschritten wird, müssen sich Reisende vorher in Capurganá ein Abreisestempel abholen.

San Andrés & Providencia

Inhalt

Gut essen

» Restaurante La Regatta (S. 195)

» Caribbean Place (S. 200)

» Gourmet Shop Assho (S. 195)

» Mahi Mahi (S. 195)

» Café Studio (S. 201)

Schön übernachten

» El Viajero San Andrés (S. 194)

» Sol Caribe Providencia (S. 200)

» Decameron Los Delfines (S. 194)

» Casa Harb (S. 194)

» Sirius Hotel (S. 201)

Auf nach San Andrés und Providencia!

San Andrés und Providencia heißt eine Inselgruppe und damit auch eine kolumbianische Provinz, die nur 150 km vor der nicaraguanischen Küste liegt. Die Inseln sind historisch eng mit England verbunden, gehören heute aber zu Kolumbien. Ihre Postkartenlage machen sie zu einem kleinen Paradies.

Besucher finden hier abgelegene Strände, unberührte Korallenriffe und eine verführerische Inselatmosphäre. Und die Reisenden müssen nicht tief graben, um die 300 Jahre alte englisch-kreolische Raizal-Kultur zu entdecken.

San Andrés, die größte Insel der Inselgruppe und ihr wirtschaftliches und administratives Zentrum, zieht viele Touristen auf der Suche nach zollfreien Schnäppchen an.

Providencia hat ebenfalls türkisblaues Wasser und große Korallenriffe zu bieten, darunter das zweitgrößte Barriereriff der nördlichen Halbkugel.

Reisezeit

San Andrés

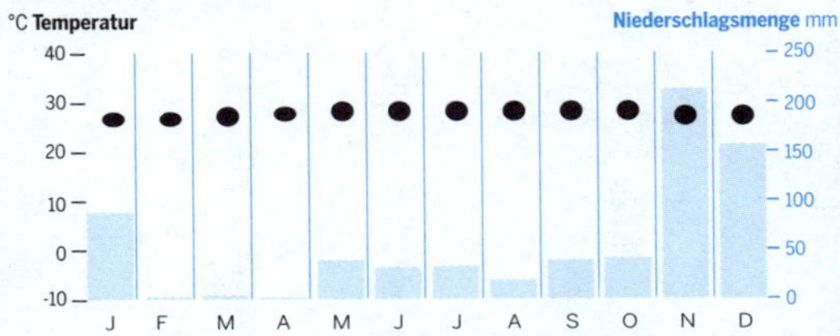

Jan.-Juni In der Trockenzeit entgehen Reisende den karibischen Orkanen.

Mai-Juni In der Zeit der großen Krabbenwanderung sind Straßen gesperrt.

Juni-15. Dez. Außerhalb der Weihnachtszeit sind die Preise auf beiden Inseln deutlich niedriger.

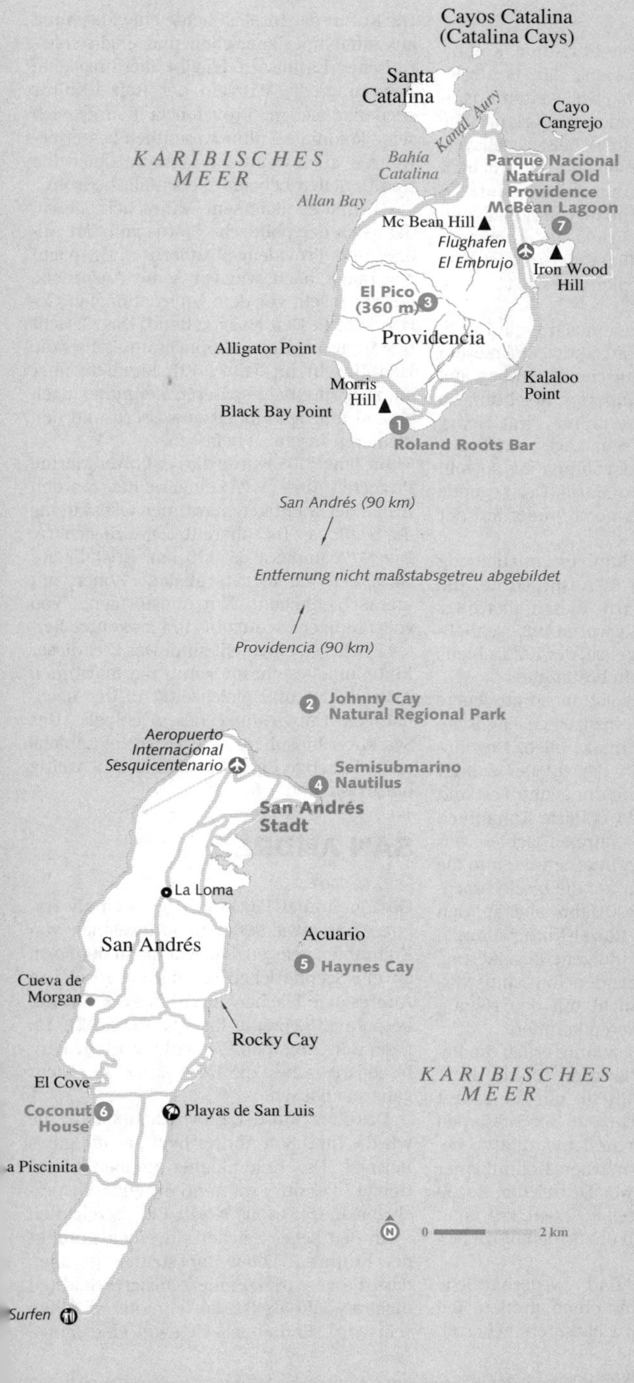

Highlights

1. Reggae-Rhythmen in **Roland Roots Bar** (S. 202) hören
2. Den feinen Sand der wunderschönen Insel **Johnny Cay** (S. 191) unter, den Füßen spüren eines Teils des 4 ha großen Parque Regional Johnny Cay
3. Eine Wanderung durch das Land der Leguane auf den **El Pico** (S. 199) mit einem tollen Blick auf Providencia
4. Selbst **tauchen** (S. 199) oder mit einem Klein-U-Boot wie dem **Semisubmarino Nautilus** (S. 193) ins Blau eintauchen und Kolumbiens schönste Korallenriffe und Meeresbewohner beobachten
5. Bei Sonnenuntergang vor **Haynes Cay** (S. 192) mit den Stachelrochen schwimmen
6. Das **Kokusnushaus** und den Naturgarten in West View bestaunen (S. 196)
7. Ein Besuch des schönen **Parque Nacional Natural Old Providence McBean Lagoon** (S. 199)

Geschichte

Die Inseln wurden von Christoph Kolumbus bei seiner vierten Fahrt 1502 entdeckt. Gegen Ende des 16. Jhs. besiedelten Spanier die Inseln, bald kamen niederländische Kolonisten. Ab etwa 1630 ließen sich verstärkt Engländer hier nieder; sie brachten dunkelhäutige Sklaven aus Jamaika mit und begannen mit dem Anbau von Tabak und Baumwolle. Die vom Erfolg der Engländer erzürnten Spanier griffen den Archipel 1635 erfolglos an, konnten allerdings 1641 Providencia erobern.

Ihre strategische Lage machte die Inseln besonders für Piraten attraktiv; sie lauerten in den Gewässern spanischen Galeonen auf, die mit Gold und anderen Reichtümern beladen waren. Der berühmte Pirat Henry Morgan schlug 1670 sein Lager auf Providencia auf und überfiel von hier aus sowohl Panama als auch Santa Marta. Der Legende zufolge ist sein Schatz noch immer auf der Insel versteckt.

Bald nachdem Kolumbien unabhängig geworden war, erhob es Anspruch auf die Inseln. Nicaragua bestritt diesen allerdings energisch. Der Konflikt wurde 1928 schließlich in einem Vertrag gelöst, der Kolumbiens Anspruch auf die Inseln bestätigte.

Die geografische Isolation sorgte lange Zeit dafür, dass der einzigartige englische Charakter der Inseln intakt blieb. Dies änderte sich erst, als in den 1950er Jahren eine Fluglinie die Verbindung zum Festland herstellte. Im Jahr 1954 erklärte Kolumbien die Inseln zu einem zollfreien Gebiet, was Tourismus, Kommerz, Unternehmer und die kolumbianische Kultur auf die Inseln brachte. Damit wurde die 300 Jahre alte, auf den Eilanden bestehende Raizal-Kultur allmählich verdrängt, da die indigene Bevölkerung nicht auf den zunehmenden Tourismus vorbereitet waren und nicht mit den Neuankömmlingen konkurrieren konnten.

Zu Beginn der 1990er-Jahre erließ die Regionalregierung Obergrenzen für die Neuansiedlung auf den Inseln, um die rasant wachsende Zuwanderung zu verlangsamen und die lokale Kultur und Identität zu bewahren. Mittlerweile machen Kolumbianer vom Festland aber zwei Drittel der Bevölkerung von San Andrés aus. Seit 1991 sind Englisch und Spanisch die beiden offiziellen Amtssprachen.

Der touristische und wirtschaftliche Boom hat San Andrés einen großen Teil seines ursprünglichen Charakters gekostet. Die Kultur der Insel ist heute eine Mischung aus lateinamerikanischen und englisch-karibischen Einflüssen. Es gibt allerdings eine Bewegung, die Wurzeln der Raizal-Kultur wiederzubeleben. Providencia konnte sich seine koloniale Kultur wesentlich besser bewahren, auch wenn der Tourismus hier den traditionellen Lebensstil ebenfalls bedroht.

Obwohl es nicht sehr wahrscheinlich ist, dass sich der politische Status von San Andrés und Providencia ändern wird, macht Nicaragua nach wie vor seine Ansprüche auf die Inseln vor dem Internationalen Gerichtshof in Den Haag geltend. Das Gericht bestätigte Kolumbiens Souveränität über die Hauptinseln im Jahr 2007, kündigte aber an, sich zu einem späteren Zeitpunkt noch einmal mit den Hoheitsgewässern und den kleineren Inseln zu befassen.

Im Jahr 2005 wurde die Seaflower Marine Protected Area (MPA) eingerichtet, um den Erhalt der wichtigen maritimen Ökosysteme des Seaflower Biosphere Reserve zu sichern. Die MPA umfasst 65 000 km^2 kristallklare Gewässer, die in verschiedene Zonen mit unterschiedlichen Nutzungsformen, von vollständigem Schutz bis hin zu kontrollierter Fischerei, eingeteilt sind. Das Ziel dieser Einteilung besteht im Schutz der maritimen Artenvielfalt und gleichzeitig in der nachhaltigen Entwicklung des Archipels. Das Seaflower Biosphere Reserve ist Kolumbiens erste derartige Einrichtung und gleichzeitig die größte in der Karibik.

SAN ANDRÉS

☎8 / 68 000 EW.

Gerade einmal 150 km östlich von Nicaragua, aber etwa 800 km nordwestlich von Kolumbien gelegen, bedeckt die in der Form an ein Seepferdchen erinnernde Insel San Andrés eine Fläche von 27 km^2. Die von Kokospalmen geprägte Insel ist die größte im gesamten Archipel. Sie wirkt wie ein karibisches Paradies, die Realität ist aber nicht ganz so idyllisch.

Das Zentrum der Provinzhauptstadt, die wie die Insel San Andrés heißt, ist ein gutes Beispiel. Die Kolumbianer nennen dieses Gebiet El Centro, während die englischsprachigen Raizal es als North End bezeichnen – ein deutliches Zeichen für einen Konflikt der Kulturen. Völlig unbestritten ist aber, dass dieser stark kommerzialisierte Stadtteil nicht so bald als Postkartenmotiv zu sehen sein wird. Es handelt sich um eine monströse Ansammlung von Betonkästen voller Duty-Free-Läden, die nur hin und wieder von den unvermeidlichen Hotels und Restaurants unterbrochen wird.

In San Andrés ist aber noch nicht alles verloren. Am Hafen findet sich eine reizende Backsteinpromenade: ein schöner Ort, um einen Drink zu nehmen oder einen Abendspaziergang zu unternehmen. Und das wirkliche Paradies ist nur eine kurze Kanufahrt entfernt. Die unglaublich idyllische Insel Johnny Cay liegt 1,5 km vor der Küste. In der Hauptsaison kann es hier so voll wie am Mittelmeer sein, aber sonst gehört Johnny Cay zu den absoluten Höhepunkten des Archipels.

Die Insel San Andrés ist außerhalb der Hauptstadt am schönsten. Eine 30 km lange, malerische Straße führt an der Küste um die Insel herum, während mehrere kleinere Straßen das Binnenland erschließen. Es gibt noch zwei weitere Städtchen: La Loma in der bergigen Mitte der Insel und San Luis an der Ostküste. Beide Orte sind weit weniger touristisch als San-Andrés-Stadt und begeistern u. a. mit einigen schönen englisch-karibischen Holzhäusern. Überall an der Küste gibt es tolle Reviere fürs Schnorcheln oder Tauchen. Die Wassertemperatur und die Sichtverhältnisse sind in der gesamten Karibik unerreicht.

Besucher brauchen nur ein oder zwei Tage, um die Raizal von den Kolumbianern unterscheiden zu können. Die Raizal sind mit nur noch einem Drittel der Inselbevölkerung mittlerweile in der Minderheit. Doch ihre langsam verschwindende Kultur, die von englischen Siedlern, afrikanischen Sklaven und karibischen Einflüssen geprägt wurde, verleiht San Andrés einen einzigartigen Charakter, der sich deutlich vom kolumbianischen Festland unterscheidet.

San Andrés

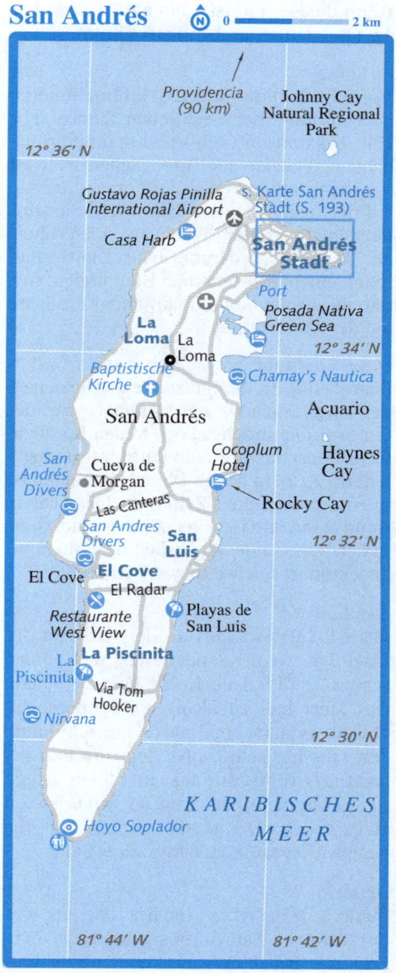

Sehenswertes

Parque Regional Johnny Cay STRAND
(Karte S. 191) Diese unter Naturschutz stehende, nur 4 ha große Insel Johnny Cay liegt etwa 1,5 km nördlich von San-Andrés-Stadt. Die Insel ist mit Kokosbaumhainen besetzt und von einem wunderbaren weißen Sandstrand eingefasst. Das Sonnenbaden hier ist einzigartig, Schwimmer sollten wegen der Strömungen aber sehr vorsichtig sein. Die Insel kann recht überlaufen sein, sodass sich die Touristen mit den etwa 500 einheimischen Leguanen um die Plätze streiten müssen. Besucher können auf Johnny Cay auch etwas zu essen bekommen. Die Boote zur Insel legen am Hauptstrand von San-Andrés-Stadt ab (hin & zurück 15 000 COP). Die letzte Rückfahrt ist um 17 Uhr.

La Piscinita STRAND
(Karte S. 191; Eintritt 2000 COP) Auch unter dem Namen West View bekannt, ist La Piscinita, unmittelbar südlich von El Cove gelegen, ein guter Tipp für Schnorchler. Das Wasser ist meist ruhig, es sind viele Fische – die Tauchern aus der Hand fressen – zu sehen, und es gibt ein wenig Infrastruktur wie ein Restaurant mit traditioneller Küche und einen Verleih für Schnorchelausrüstung.

Wenn die See rau ist, können die Besucher die Fische nur vom Land aus füttern.

La Loma DORF

(Karte S. 191) Diese Ortschaft im Inselinneren ist auch unter dem englischen Namen „The Hill" bekannt und gehört zu den ursprünglichsten Plätzen der Insel. Sehenswert ist die Baptistenkirche von La Loma, die erste auf der Insel (aus dem Jahr 1847). Sie wurde 1896 in großen Teilen aus Kiefernholz aus Alabama wiederaufgebaut. Die Gegend lohnt einen Spaziergang: Hier finden sich die wenigsten kolumbianischen Einflüsse auf der ganzen Insel.

Hoyo Soplador GEOLOGISCHE ATTRAKTION

(Karte S. 191) An der Südspitze der Insel liegt der Hoyo Soplador, ein kleiner Geysir, der durch ein natürliches Loch in den Korallenfelsen Meerwasser in die Luft bläst (manchmal bis zu 20 m hoch). Dieses Phänomen ist nur zu bestimmten Zeiten zu beobachten, wenn Wind und Gezeiten günstig sind. Ganz in der Nähe findet alljährlich im Januar ein bedeutender Surfwettbewerb statt.

San Luis DORF

(Karte S. 191) San Luis an der Ostküste der Insel hat weiße Sandstrände und einige schöne traditionelle Holzhäuser zu bieten. Das Meer hier ist ideal zum Schnorcheln, obwohl es manchmal etwas rau sein kann. San Luis hat kein echtes Zentrum und besteht im Grunde nur aus einer 3 km langen Reihe von mehr oder weniger windschiefen Häusern. Der Ort ist aber ganz sicher eine ruhige Alternative zu San-Andrés-Stadt.

Acuario STRAND

(Karte S. 191) Neben Haynes Cay vor der Ostküste von San Andrés gelegen, ist Acuario ein beliebtes Ziel für Bootsausflüge (hin & zurück 10 000 COP). Die Gewässer sind seicht und ruhig und daher ein ideales Schnorchelrevier. Wer seine Ausrüstung nicht dabei hat, kann sich alles Nötige am Strand leihen.

Cueva de Morgan HÖHLE

(Karte S. 191; Eintritt 5000 COP) In dieser Höhle soll der Legende nach der Pirat Henry Morgan einen Teil seines Schatzes vergraben haben. Die Höhle ist 120 m lang, aber mit Wasser gefüllt, sodass nur der Eingang zu sehen ist. Der Mythos angeblicher Reichtümer zieht aber dennoch viele Touristen an. Weitere Attraktionen sind die traditionellen Tänzer, die den Calypso aufführen.

Aktivitäten

Mit seinen wunderschönen Korallenriffen hat sich San Andrés zu einem wichtigen Tauchzentrum entwickelt, das über mehr als 35 Reviere verfügt.

Banda Dive Shop TAUCHEN

(Karte S. 193; ☎513 1080; www.bandadiveshop.com; Hotel Lord Pierre, Av. Colombia, San Andrés; ⏲Mo–Sa 8–12 & 14–18 Uhr) Ein besonders freundlicher Tauchladen, der Zwei-Flaschen-Touren für 150 000 COP und PADI-Tauchscheine für das Tauchen auf offener See für 750 000 COP im Angebot hat. Die beste Wahl auf der Insel.

Chamay's Nautica WASSERSPORT

(Karte S. 191; ☎513 2077; Via San Luis Km 4, San Luis) Genau der richtige Laden für Wassersportler, um sich Kajaks (25 000 COP), Surfbretter (70 000 COP) und Kiteboards (100 000 COP) auszuleihen.

Karibik Diver TAUCHEN

(Karte S. 193; ☎512 0101; www.karibikdiver.com; Av. Newball No 1–248, San Andrés; ⏲8–16 Uhr) Diese kleine Tauchschule verfügt über hochwertige Ausrüstung, bietet einen guten Service und hat lange Tauchtouren im Angebot.

San Andrés Divers TAUCHEN

(Karte S. 191; ☎312 448 7230; www.sanandresdivers.com; Av. Circunvalar Km 9) Obwohl diese große Tauchschule mit Tauchladen nicht so zentral wie die Konkurrenz liegt, hat sie einen ausgezeichneten Ruf und ein PADI-Zertifikat für einen etwas geringeren Preis zu bieten (700 000 COP).

Geführte Touren

Coonative Brothers STRANDTRIP

(Karte S. 193; ☎512 1923) Diese Bootkooperative am Strand von San-Andrés-Stadt fährt nach Johnny Cay (10 000 COP) und Acuario (10 000 COP) und hat auch einen kombinierten Ausflug im Angebot, der auf beide Inseln (15 000 COP) führt. Das Unternehmen befindet sich im Besitz von Mitgliedern der Raizal und ist gleichzeitig ein guter Ort für eine ausgezeichnete morgendliche Stärkung in Form von *panela* (Zuckerrohrsaft) und Krabbenplätzchen.

Snorkeling, Sting Rays, Sunset & Beer NATURTOUR

(Karte S. 193; ☎316 240 2182; 3-stündige Tour 55 000 COP) Der Name sagt schon alles. Jaime Restrepo organisiert einen Ausflug mit den Stachelrochen und legt noch Tiefseetau-

San-Andrés (Stadt)

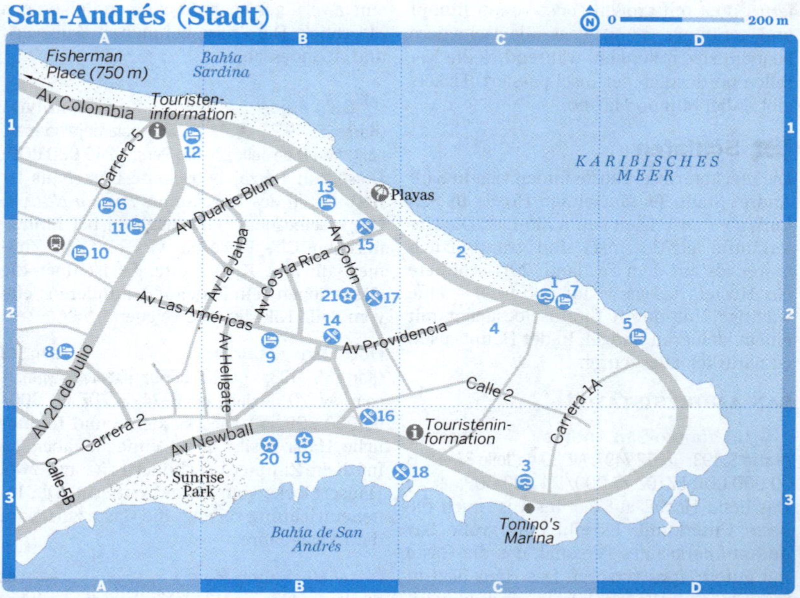

San Andrés (Stadt)

Aktivitäten, Kurse & Touren
- 1 Banda Dive Shop C2
- 2 Coonative Brothers C2
- 3 Karibik Diver C3
- 4 Mundo Marino C2
- Semisubmarino Nautilus .... (siehe 2)

Schlafen
- 5 Apartahotel Tres Casitas D2
- 6 Cli's Place A1
- 7 Decameron Los Delfines C2
- 8 El Viajero San Andrés A2
- 9 Freeport Hotel B2
- 10 Hotel Hernando Henry A2
- 11 Hotel Mary May Inn A2
- 12 Hotel Portobelo A1
- 13 Noblehouse Hotel B1

Essen
- 14 Gourmet Shop Assho B2
- 15 Mahi Mahi B2
- 16 Miss Celia O'Neill Taste B3
- 17 Mr Panino B2
- 18 Restaurante La Regatta C3

Unterhaltung
- 19 Banzai B3
- 20 Blue Deep B3
- 21 Éxtasis B2

chen und Bier oben drauf. Die Atmosphäre ist sehr locker, die Gruppen bestehen maximal aus zehn Personen. Die Tour startet um 15 Uhr von Tonino's Marina.

Mundo Marino BOOTSFAHRT
(Karte S. 193; ☎512 1749; www.mundomarino.com; Centro Comercial New Point Plaza, local 234, San Andrés; ⌚Mo–Sa 8–12 & 14.30–18.30, So 8.30–12 Uhr) Dieses Unternehmen betreibt das Partyschiff *Captain Morgan*. Es handelt sich um eine zweistündige Abendfahrt (Abfahrt Di, Do & Sa um 20.30 Uhr) mit Livemusik und einheimischen Spirituosen bis zum Abwinken (pro Pers. 58 000 COP). Das *Semisubmarino Nautilus* gehört ebenfalls diesem Unternehmen.

Semisubmarino Nautilus NATURTOUR
(Karte S. 193; 2-stündige Tour 45 000 COP) Wer nicht tauchen oder schnorcheln möchte, findet hier die beste Alternative, um das üppige Meeresleben zu beobachten. Das *Semisubmarino Nautilus* ist ein eigens konstru-

iertes Boot mit großen Fenstern am Rumpf und geräumig genug, dass alle Passagiere bequem sitzen können, während es die Korallen nordöstlich der Insel passiert. Tickets gibt es bei Mundo Marino.

Schlafen

Die meisten Unterkünfte finden sich in San-Andrés-Stadt. Es gibt einige Hotels in San Luis, aber ansonsten kaum Zimmer. Die Unterkünfte auf der Insel sind grundsätzlich teurer als auf dem Festland. 2011 eröffnete ein Hostel, das erste auf der Insel – eine wichtige Unterkunft für Inselbesucher mit einem kleineren Budget. In der Hauptsaison ist natürlich alles teurer.

SAN-ANDRÉS (STADT)

LP TIPP El Viajero San Andrés HOSTEL $
(Karte S. 193; ☎512 7497; Av. 20 de Julio 3A–12; B 30 000 COP, EZ/DZ 75 000/114 000 COP;) Das erste Hostel auf der Insel ist auch die beste Unterkunft. Es gibt eine große Bar und aufmerksames Personal, das die Gäste mit guten Tipps versorgt. Das Haus liegt in Strandnähe. Alle Schlafsäle sind klimatisiert; die sauberen, einfachen Zimmer bieten Plasma-TV und gute Matratzen.

Decameron Los Delfines BOUTIQUEHOTEL $$$
(Karte S. 193; ☎512 4083; www.decameron.com; Av. Colombia No 16–86; Zi. pro Pers. 324 000 COP;) Das erste Boutiquehotel auf der Insel und gleichzeitig das erste der Decameron-Kette hat 36 Zimmer und ist ausgesprochen ruhig. Die Gäste können sich an einem über dem Wasser gelegenen Restaurant, einem kleinen Pool und hübschen Möbeln erfreuen. Das modern gestaltete Hotel wäre auch in Los Angeles nicht fehl am Platz.

Casa Harb HOTEL $$$
(Karte S. 191; ☎512 6348; www.casaharb.com; Calle 11 No 10–83; DZ ab 850 000 COP;) Dieses Hotel auf einem beeindruckenden Anwesen hinter dem Flughafen spielt in seiner eigenen Liga und richtet sich an ein sehr exklusives Publikum. Die fünf exquisiten Suiten sind jeweils minimalistisch gestaltet und bieten u. a. tiefe Badewannen.

Apartahotel Tres Casitas HOTEL $$
(Karte S. 193; ☎512 5813; www.apartahoteltrescasitas.com; Av. Colombia No 1–60; Zi. pro Pers. 100 000 COP;) In dem niedlichen gelb-blauen Schindelhaus wohnen die Gäste in extragroßen Zimmern, allesamt mit Kitchenette und getrenntem Wohnbereich, einige verfügen sogar über einen Balkon mit Meerblick. Die Preise beinhalten Frühstück und Abendessen.

Cli's Place GÄSTEHAUS $
(Karte S. 193; ☎512 6957; luciamhj@hotmail.com; Av. 20 de Julio; Zi. pro Pers. ab 40 000 COP) Diese von Raizal betriebene Gästehaus ist Bestandteil des Programms *Posada Nativa*: Die Inselbesucher übernachten bei Einheimischen. Cli's Place hat vier einfache Zimmer, alle mit Kitchenette. Es ist über die Gasse neben dem Park auf der anderen Seite vom Pollo Kikiriki zu erreichen.

Hotel Mary May Inn HOTEL $$
(Karte S. 193; ☎512 5669; jfgallardo@gmail.com; Av. 20 de Julio No 3–74; EZ/DZ 60 000/90 000 COP;) Diesess kleine und freundliche Haus besitzt neun einfache, aber gemütliche Zimmer in schöner Lage: nur zwei Häuserblocks vom Strand entfernt. Die Inneneinrichtung versetzt die Gäste zurück in die 1950er-Jahre.

Hotel Hernando Henry HOTEL $$
(Karte S. 193; ☎512 3416; Av. Las Américas No 4–84; EZ/DZ mit Deckenventilator 50 000/80 000 COP, mit Klimaanlage 60 000/100 000 COP;) Zu Hause wird man kaum von diesem Hotel schwärmen, aber die meisten Zimmer haben einen Balkon und alle ein eigenes Bad.

Freeport Hotel HOTEL $$
(Karte S. 193; ☎513 1212; Av. Las Américas No 2A–101; EZ/DZ 75 000/140 000 COP;) Von außen wirkt dieses Hotel düster, innen ist es aber nett und hell. Eine praktische und preiswerte Unterkunft in einer freundlichen Umgebung. Die Preise beinhalten Frühstück und Abendessen.

Portobelo Hotel HOTEL $$
(Karte S. 193; ☎512 7008; www.portobelohotel.com; Av. Colombia No 5A–69; EZ/DZ inkl. Frühstück 124 000/152 000 COP;) Das unauffällige Haus am Strand ist nichts Besonderes. Es verfügt über einfache Zimmer (einige mit Meerblick) mit Kabel-TV und Klimaanlage.

Noblehouse Hotel HOTEL $$$
(Karte S. 193; ☎512 8264; www.sanandresnoblehouse.com; Av. Colón No 3–80; EZ/DZ inkl. Frühstück 144 000/179 000 COP;) Dieses Hotel in italienischem Besitz zeichnet sich durch ein recht wildes Design aus. Die 15 großen und kitschigen Zimmer sind aber komforta-

bel, und das Personal ist sehr freundlich und hilfsbereit. Die Unterkunft liegt nur einen Häuserblock vom Strand entfernt.

SAN LUIS

Der Ort ist mit dem Auto von San-Andrés-Stadt aus in zehn Minuten zu erreichen. Es gibt auch eine regelmäßige Busverbindung.

Posada Nativa Green Sea
(Karte S. 191; ☎512 6313/317 7514 314; http://posadags.blogspot.com; Harmony Hall Hill; Zi. pro Pers. 30 000 COP; ❄) Die Besitzerin Flory Perez hat noch niemals in ihrem Leben die Insel verlassen. Die Anlage besteht aus kleinen Hütten für Selbstversorger und besticht eher durch Privatsphäre und Ruhe als durch Luxus. Die Gäste der Unterkunft können sich aber immerhin an einer kleinen Terrasse und einer Küche erfreuen. Die Anlage findet sich an der Hauptstraße nach San Luis, direkt um die Ecke von der etwas schrägen Krabbenskulptur.

Cocoplum Hotel HOTEL $$$
(Karte S. 191; ☎513 2121; www.cocoplumhotel.com; Carretera a San Luis No 43–39; EZ/DZ 160 000/218 000 COP; ❄📶🏊) An einem Privatstrand im Schatten von Palmen lockt diese kürzlich renovierte Anlage am Strand mit karibischer Architektur. Die 44 Zimmer sind eine gute Alternative im mittleren Preissegment zu den kostspieligeren Häusern in San-Andrés-Stadt. Das Restaurant serviert den ganzen Tag über frisches Fleisch und ist auch für Hungrige geöffnet, die nicht hier wohnen. Rocky Cay, ein schönes Schnorchelrevier, liegt in der Nähe.

Essen

Der karibische Einfluss kommt in Zutaten wie Brotfrucht, frittierter Kochbanane und der allgegenwärtigen Meeresschnecke zum Ausdruck. Reisende sollten auf jeden Fall auch das wohl traditionellste Gericht, *rundown* (oder *rondón* im lokalen Kreolisch), probieren, eine Suppe, bestehend aus leicht paniertem Fisch, Kochbanane, Maniok und anderen Zutaten, allesamt gekocht in Kokosmilch.

Restaurante La Regatta MEERESFRÜCHTE $$$
(Karte S. 193; ☎512 0437; Av. Newball, San Andrés; Hauptgerichte 20 000–90 000 COP; ⌚Mo–Sa mittags & abends) Das beste Restaurant der Insel: Das Kokosnuss-Curry schmeckt ausgezeichnet. Der Speisesaal selbst ist schon ein besonderes Erlebnis – man fühlt sich wie auf einem Piratenschiff.

Gourmet Shop Assho EUROPÄISCH $$
(Karte S. 193; ☎512 9843; Av. Newball, San Andrés; Hauptgerichte 24 000–40 000 COP; ⌚abends) Tagsüber ist dieses Lokal eine Weinbar, später eine großartige Wahl fürs Abendessen. Das Innere des Restaurants ist sehr hübsch, die Steaks sind sehr lecker, und die Meeresfrüchte werden sorgfältig und mit Klasse zubereitet. Gäste können aus einer großen Auswahl an Aperitifs und Digestifs wählen, darüber hinaus gibt es hier vorzüglichen Kaffee.

Mahi Mahi THAILÄNDISCH $$
(Karte S. 193; ☎512 4115; Hotel Casablanca, Av. Colombia, San Andrés; Hauptgerichte 24 000–45 000 COP; ⌚mittags & abends) Dieses schicke Thai-Restaurant am Wasser, das zum Hotel Casablanca gehört, verwöhnt seine Gäste mit perfekt gewürzten Currys und den inseltypischen Gerichten.

Miss Celia O'Neill Taste MEERESFRÜCHTE $$
(Karte S. 193; ☎513 1062; Av. Colombia, San Andrés; Hauptgerichte 20 000–35 000 COP; ⌚mittags & abends) Eine gute Wahl für einheimische Gerichte wie *rondón*. Das Restaurant befindet sich in einem farbenfrohen Haus mit großem Garten und Terrasse und liegt gegenüber vom Club Nautico.

Mr Panino ITALIENISCH, FEINKOST $$
(Karte S. 193; ☎512 0549; Edificio Breadfruit, local 106-107, San Andrés; Hauptgerichte 20 000–70 000 COP; ⌚mittags & abends) Parmaschinken, Käse und andere italienische Delikatessen, zahlreiche Sandwiches, Pasta, Risotto und ein herrliches Tintenfisch-Carpaccio. Dieses Restaurant ist schöner als die meisten im Ort, allerdings auch teurer.

Fisherman Place MEERESFRÜCHTE $
(Karte S. 193; ☎512 2774; Av. Colombia, San Andrés; Hauptgerichte 13 000–45 000 COP; ⌚12–16 Uhr) Dieses Strandrestaurant ist eine ausgezeichnete Möglichkeit, die örtlichen Fischer zu unterstützen und gleichzeitig gut zu essen. *Rondón* und Backfisch sind die beliebtesten Gerichte, der Hummer ist angesichts seines Preises aber der beste Tipp.

Restaurante West View MEERESFRÜCHTE $$
(Karte S. 191; ☎513 0341; Av. Circunvalar Km 11, West View; Hauptgerichte 20 000–60 000 COP; ⌚morgens, mittags & abends) Dieses Lokal sieht recht durchschnittlich aus, das Essen ist aber super. Man sollte das Fischfilet kosten – und auf keinen Fall den angeschlossenen Naturgarten auslassen, der mindestens

ein Exemplar von jeder auf der Insel wachsenden Baumart enthält.

☆ Unterhaltung

In San-Andrés-Stadt gibt es am Ostende der Avenida Colombia einige gute Lokale für ein wenig Nachtleben. Man sollte einfach schauen, wo gerade etwas los ist.

Banzai BAR
(Karte S. 193; Av. Newball, local 119, San Andrés; ⌚19–2 Uhr) Wer nicht in einen Club gehen, aber trotzdem etwas trinken möchte, ist im Banzai richtig. Die Cocktailbar ist auch bei den Einheimischen sehr beliebt. Die gut zubereiteten Drinks werden zur Begleitung von Reggae serviert. Die Bar ist schick, aber nicht zu ausgefallen.

Blue Deep CLUB
(Karte S. 193; Sunrise Beach Hotel, Av. Newball, San Andrés; Eintritt nach 23 Uhr 10 000 COP; ⌚Do–Sa 21.30–3 Uhr) Die größte Disko der Stadt bietet Livemusik (Salsa und Reggae) und kann 700 Tänzer fassen. Man findet dort eine gute Mischung aus Einheimischen und Touristen, die nach ein paar Rumpunsch zu viel manchmal nicht mehr ganz sicher auf den Beinen sind.

Éxtasis CLUB
(Karte S. 193; ☎512 3043; Hotel Sol Caribe San Andrés, Av. Colón, San Andrés; Eintritt 20 000 COP; ⌚Mo–Do 21.30–3, Fr & Sa bis 4 Uhr) Eine gute Disko mit TV-Monitoren (natürlich Fußball) und drei Reihen Salonsesseln für all diejenigen, die lieber nur zusehen. Vom Eintritt können 12 000 COP in Cocktails angelegt werden.

ℹ Praktische Informationen

4-72 (☎Av. Newball, Edificio Cámara de Comercio, local 101, San Andrés; ⌚Mo–Fr 8–12 & 14–18, Sa 8–12 Uhr) Postamt.

Banco de Bogotá (Karte S. 193; ☎512 4195; Av. Colón No 2-86, San Andrés) Geldautomat.

Café Internet Platinium (Av. 20 de Julio, San Andrés; pro Std. 2500 COP; ⌚8–22 Uhr) Vor dem Supermarkt Supertodo.

Touristeninformation (Secretaría de Turismo; Karte S. 193; ☎513 0801; Av. Newball, San Andrés; ⌚Mo–Fr 8–12 & 14–18 Uhr) Auf der anderen Straßenseite vom Restaurante La Regatta. Es gibt auch noch einen Informationsstand an der Ecke der Avenida Colombia und der Avenida 20 de Julio.

ℹ An- & Weiterreise

Flugzeug

Der Flughafen von San Andrés, der Aeropuerto Internacional Gustavo Rojas Pinilla, liegt nordwestlich des Zentrums von San-Andrés-Stadt. Reisende müssen auf dem Festland einen Touristenausweis (44 000 COP) kaufen, bevor sie für ihren Flug nach San Andrés einchecken können. Die Fluglinien **Avianca** (☎512 3349; Av. Colón, Edificio Onaissi, San Andrés; ⌚Mo–Fr 8–12 & 14–18, Sa 8–13 Uhr) und **Copa Airlines Colombia** (☎512 7619; Sucursal Centro Comer-

DAS HAUS AUS KOKOSHOLZ

Hinter dem Restaurant in West View (*rondón* für 25 000 Cop) befinden sich ein kurioses Haus und ein Ökoparkprojekt unter der Leitung des vornehmen Mr. Forbes. Das ganze Haus inklusive der gesamten Dekoration besteht aus Kokosholz: Boden, Wände, Decken, Betten, der Schreibtisch, die Stühle, Lampen, die Flügel des Ventilators, die Vorhänge und Vorhangstangen, die Türgriffe, Garderobenhaken, sogar die künstlichen Blumen und ihre Vasen – alles ist aus Materialien hergestellt, die aus der Kokospalme gewonnen wurden. Sogar die Lichtschalter sind aus dem Holz der Kokospalme gefertigt.

Mr. Forbes erzählt bei einem Glas köstlichen Kokosweins gern, dass jeder Teil der Kokospalme vom Zeitpunkt des Pflanzens an sinnvoll verwendet werden kann, bis er 50 Jahre später abstirbt. Er hat sich schon sein ganzes Leben danach gesehnt, dieses Kokosnusshaus zu bauen, und zwar seitdem er als Junge von seinem Vater bestraft worden war, weil er zwei Kokosnüsse gestohlen hatte. Seine Strafe? Er musste den ganzen Tag mit ausgestreckten Armen in jeder Hand eine Kokosnuss halten.

Mr. Forbes ist der Architekt, Designer, Zimmermann und Erbauer des Hauses. Es steht in einem friedlichen Garten inmitten von einheimischen Bäumen und Obststräuchern, unter denen die Kokosnuss natürlich einen Ehrenplatz einnimmt. Gäste können hier auch wohnen. Es war aber selbst nach mehreren Gläsern Kokoswein unmöglich, ihm einen Preis zu entlocken. Mr. Forbes kletterte aber immerhin auf eine Palme und warf ein paar Kokosnüsse herunter.

cial San Andrés, San Andrés; ⌚Mo–Fr 8–12 & 14–18, Sa 9–13 Uhr) unterhalten Flugverbindungen von und nach San Andrés. Es gibt Direktflüge nach Bogotá (ab 388 000 COP), Cali (ab 388 000 COP), Cartagena (ab 334 000 COP), Medellín (ab 365 000 COP) und Barranquilla (ab 294 500 COP). **Copa** (☎512 6248) fliegt direkt nach Panama-Stadt (ab 494 000 COP).

Satena (☎512 3139; Aeropuerto Internacional Gustavo Rojas Pinilla) fliegt in der Nebensaison zweimal täglich zwischen San Andrés und Providencia (Hin- und Rückflug ab 398 200 COP), in der Hauptsaison bis zu sechsmal täglich. Die Decameron angeschlossene Fluglinie **Searca** (☎512 2237) fliegt ebenfalls diese Route.

Schiff

Frachtschiffe fahren von San Andrés nach Providencia und nehmen häufig auch Passagiere an Bord. Dies kann aber eine fünf Stunden lange, raue Überfahrt bedeuten. Die Passage kostet 40 000 bis 45 000 COP.

ℹ Unterwegs vor Ort

Der Flughafen von San Andrés liegt in San-Andrés-Stadt. Er ist nur zehn Fußminuten vom Stadtzentrum entfernt. wenn man mit dem Taxi oder Mototaxi fahren möchte, kostet die Fahrt 10 000/5000 COP.

Ein großer Teil der Insel wird durch Buslinien erschlossen, die etwa auch ins Binnenland nach El Cove führen. Dies ist das preiswerteste Verkehrsmittel (pro Fahrt 1200 COP) für all diejenigen, die nicht gerade zu Fuß gehen möchten. Die Busse setzen die Reisenden in der Nähe aller wichtigen Attraktionen ab.

Ein Bus mit dem Ziel San Luis fährt an der Ostküste entlang bis zur Südspitze der Insel. Dies ist die beste Verbindung nach San Luis und zum Hoyo Soplador. Der Bus nach El Cove fährt ins Binnenland und kommt dabei durch La Loma. Er setzt seine Fahrgäste vor der Baptistenkirche ab. Reisende können von hier aus in wenigen Fußminuten die Cueva de Morgan und La Piscinita erreichen. Beide Busse haben Haltestellen in der Nähe des Hotels Hernando Henry.

Bequemer geht es natürlich mit dem Taxi, das man etwa auch für eine Rundfahrt (50 000 COP) nutzen kann. Es gibt auch Leihfahrräder (halber/ganzer Tag 10 000/20 000 COP). Mit dem Fahrrad bekommen Reisende ein besonders gutes Gefühl für den Charakter der Insel.
Die Straßen sind recht gut, und es gibt nur wenig Verkehr. Wer es etwas weniger anstrengend haben möchte, kann einen Motorroller (40 000 COP pro Tag) und einen Golfcart (etwa 80 000 COP pro Tag) leihen. Ein großer Teil der Verleiher ist an der Avenida Newball zu finden. Bei Interesse sollte man sich bei mehreren Anbietern erkundigen, da die Preise und Bedingungen durchaus variieren.

PROVIDENCIA

☎8 / 5000 EW.

Etwa 90 km nördlich von San Andrés liegt die deutlich kleinere und malerischere Insel Providencia. Besucher fühlen sich wie in einer anderen Welt. Der Tourismus hat noch keinen Eingang in die Gene der Einheimischen gefunden. Die ruhigen kleinen Dörfer an den weißen Sandstränden wirken deshalb viel echter und authentischer als die auf San Andrés. Und da es keine direkte Verbindung zum kolumbianischen Festland gibt, ist die Insel auch weitgehend von der kulturellen Invasion verschont geblieben, sodass die ursprünglichen Traditionen und Bräuche noch nahezu intakt sind. Aufgrund der großartigen Lage inmitten des türkisblauen Meeres wirkt Providencia deshalb fast wie das Paradies.

Die Insel bedeckt eine Fläche von 17 km² und ist damit die zweitgrößte des Archipels. Sie ist sehr bergig, hat einen vulkanischen Ursprung und ist deutlich älter als San Andrés. Hier befindet sich auch das zweitgrößte Barriereriff Amerikas.

Santa Isabel, ein Dorf an der Nordspitze, ist das administrative Zentrum. Santa Catalina, eine kleine Insel gegenüber von Santa Isabel, wird durch den seichten Canal Aury von Providencia abgetrennt, über den allerdings eine Fußgängerbrücke führt.

Strikte Vorschriften und Regelung haben dafür gesorgt, dass es keine großflächigen touristischen Anlagen gibt. Anders als auf San Andrés wird auf Providencia noch viel Englisch gesprochen. Es gibt viele Gebäude im englisch-karibischen Stil, und jeder Hausbesitzer bemüht sich, seine Nachbarn durch eine besonders farbenfrohe Gestaltung auszustechen.

Die relativ wenigen touristischen Angebote konzentrieren sich vor allem in den kleinen Dörfern **Aguadulce** und **Bahía Suroeste** an der Westküste, die mit dem *colectivo* vom Flughafen aus in etwa 15 Minuten zu erreichen sind. Hier gibt es kleine Hütten, Hotels und *cabañas* sowie eine Handvoll Restaurants. Die Insel ist durchaus an einem Tag zu bewältigen, viele Besucher bleiben aber länger, als sie ursprünglich wollten, um die herrlichen Tauchreviere und wunderbare Wandermöglichkeiten zu genießen oder sich einfach zu entspannen.

Die freundlichen Einheimischen, das warme Meer und die eindrucksvolle Berglandschaft machen Providencia schlichtweg zu Kolumbiens Garten Eden.

Providencia

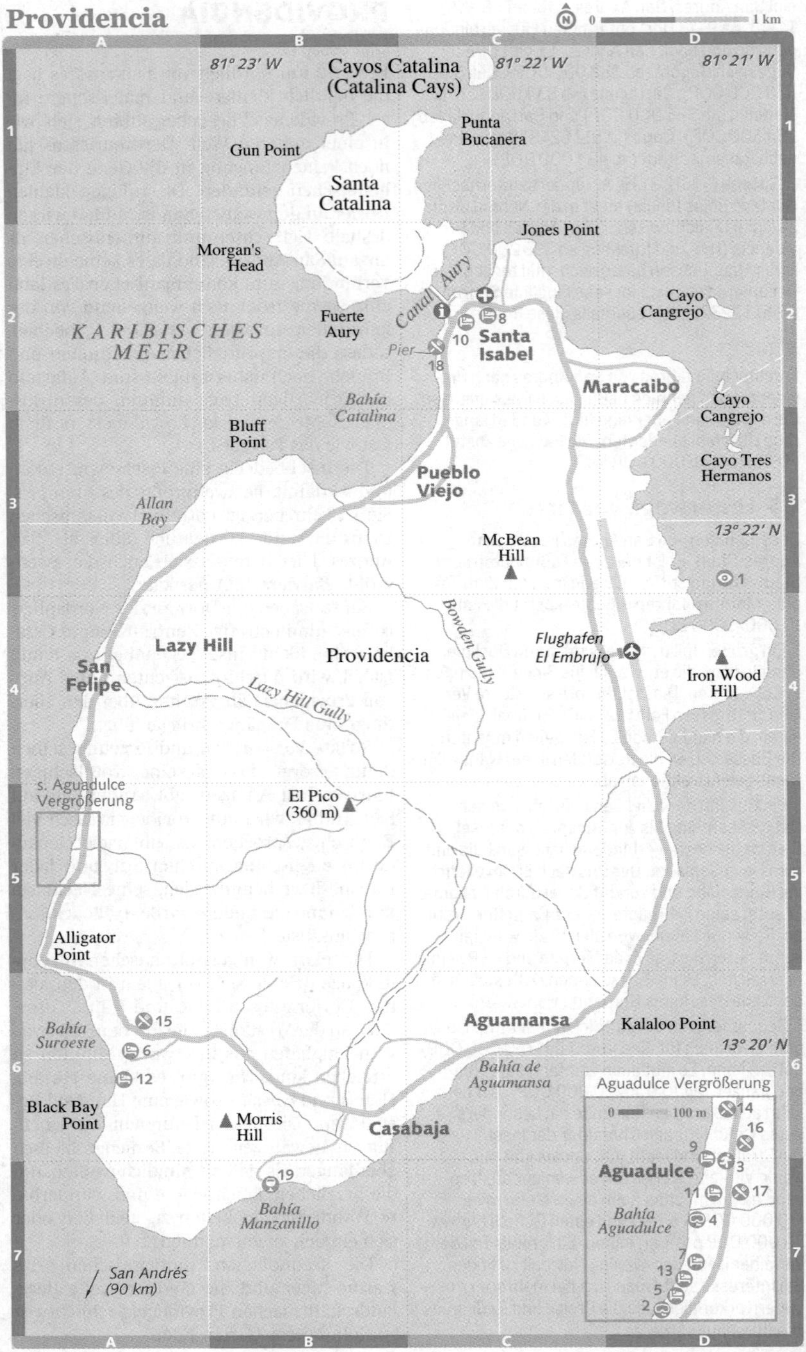

Providencia

Sehenswertes
1 Parque Nacional Natural Old Providence McBean Lagoon D3

Aktivitäten, Kurse & Touren
2 Felipe Diving Shop D7
3 Paradise Tour Contact D7
Sirius Dive Shop .... (siehe 12)
4 Sonny Dive Shop D7

Schlafen
5 Cabañas Miss Elma D7
6 Cabañas Miss Mary A6
7 Hotel El Pirata Morgan D7
8 Hotel Flaming Trees C2
9 Mr Mac D6
10 Old Providence Hotel C2
11 Posada del Mar D7
12 Sirius Hotel A6
13 Sol Caribe Providencia D7

Essen
14 Arts & Crafts Café D6
15 Café Studio A6
16 Caribbean Place D6
17 Pizza's Place D7
18 Restaurante Eneidy C2

Ausgehen
19 Roland Roots Bar B7

Aber Achtung: Auch dadurch kann sich der Aufenthalt auf der Insel verlängern. Mitunter kann es vorkommen, dass die Flugverbindungen nach und von Providencia aufgrund widriger Windverhältnisse zeitweise eingestellt werden.

Sehenswertes & Aktivitäten

Providencias Strände sind wirklich schön, aber relativ klein und eng. Die wichtigsten finden sich an der Bahía Aguadulce, der Bahía Suroeste und der Bahía Manzanillo am Südende der Insel.

Parque Nacional Natural Old Providence McBean Lagoon — NATIONALPARK

(Eintritt 12 000 COP) Die Regierung hat 1995 zum Schutz des Ökosystems auf einer 10 km² großen Fläche ein Naturschutzgebiet eingerichtet. Etwa ein Zehntel der Fläche wird von Mangroven an der Küste östlich vom Flughafen eingenommen. Der Rest des Parks bedeckt einen Gürtel vor der Küste, zu dem auch die kleinen Inseln Cayo Cangrejo und Cayo Tres Hermanos gehören. Ein 800 m langer Ökologiepfad hilft bei der Identifikation der Mangroven und der Fauna des Parks.

Santa Catalina — INSEL

Auf dieser Insel gibt es einige winzige, verlassene Strände. Ein Abstecher lohnt sich allein schon, um Morgan's Head, eine einem menschlichen Gesicht ähnelnde Klippe, zu sehen, die am besten vom Wasser aus zu erkennen ist. Am Fuß der Klippe befindet sich eine unterirdische Höhle. Die Küste verändert sich im Zuge der Gezeiten erheblich. Bei Flut sind manche Strände sehr schmal, manche verschwinden ganz.

Wandern

Das bergige Inselinnere mit seiner üppigen Vegetation und zahlreichen kleinen Tieren ermöglicht Wanderern schöne und landschaftlich reizvolle Touren. Es gibt wahrscheinlich keinen anderen Ort in Kolumbien, an dem so viele farbenfrohe Eidechsen im Buschwerk zu sehen sind. Vorsicht ist bei einem weit verbreiteten Busch mit spektakulären hornförmigen Dornen geboten: Die Ameisenart, die er beherbergt, hat einen sehr schmerzhaften Biss. Auf der Insel gibt es außerdem viele Moskitos.

Auf keinen Fall auslassen sollten Besucher den **Nationalpark El Pico** mit seinem atemberaubenden 360-Grad-Panorama vom El Pico (360 m) aus. Der beliebte Wanderweg beginnt in Casabaja. Wanderer sollten sich über die Wegführung informieren, weil sich im unteren Bereich viele Pfade kreuzen (weiter oben gibt es dieses Problem nicht mehr) und die Orientierung schwierig ist. In Casabaja gibt es aber Führer, und einige Einheimische bringen Wanderer für wenig Geld bis zum Gipfel, eine stramme Tour von etwa eineinhalb Stunden. Trinkwasser gehört unbedingt ins Gepäck!

Schnorcheln & Tauchen

Die beiden anderen Hauptattraktionen der Insel bestehen im Schnorcheln und Tauchen. Schnorchelausrüstung kann in Aguadulce geliehen werden (10 000 COP). Tauchausflüge und Kurse organisieren der **Felipe Diving Shop** (☎514 8775; www.felipediving.com), der **Sonny Dive Shop** (☎514 8231), beide in Aguadulce, und der **Sirius Dive Shop** (☎514 8213; www.siriusdivecenter.com) in Bahía Suroeste. Alle organisieren einen Kurs für Fortgeschrittene für etwa 750 000 COP.

Geführte Touren

Paradise Tour Contact GEFÜHRTE TOUREN
(514 8283; www.oldprovidence.com.co; Aguadulce; Mo–Sa 8–12 & 14–18 Uhr) Diese kleine Agentur organisiert geführte Touren (zum El Pico pro Pers. 60 000 COP), verleiht Räder (pro Tag 20 000 COP) und bietet Ausritte (50 000 COP), Kajakfahrten (50 000 COP) und Bootsfahrten um die Insel (pro Pers. 75 000 COP) an. Die Boote halten gewöhnlich am Canal Aury, an Morgan's Head, vor Cayo Cangrejo und an Roland Roots Bar.

Feste & Events

Krabbenwanderung NATUR
Dieses alljährliche Phänomen im Mai und Juni dauert ein oder zwei Wochen. Zu dieser Zeit sind tatsächlich viele Krabben unterwegs, vor allem in Aguadulce und Bahía Suroeste. Die Straßen sind dann häufig gesperrt, um die Tiere zu schützen. Aber auch zu anderen Jahreszeiten kann man Krabben begegnen, also Augen auf!

Kulturfest VOLKSFEST
Providencias wichtigstes Fest findet in der letzten Juniwoche statt. Es besteht aus Musik, Tanz, einer Motorradparade und, um den Spaß zu steigern, einem Schönheitswettbewerb für Leguane.

Schlafen & Essen

Unterkünfte und Restaurants auf Providenia sind recht kostspielig und sogar noch teurer als auf San Andrés.

AGUADULCE

Dieses Dörfchen bestehend aus 20 Häusern, lockt mit Ruhe und nichts anderem. Es gibt mehr als ein Dutzend Unterkünfte. Einige besitzen ein eigenes Restaurant und bieten auch Halb- oder Vollpension an. Die Decameron-Kette hat die meisten der Unterkünfte übernommen, sodass Reisende, die kein Paket gebucht haben, in der Hauptsaison Schwierigkeiten haben können.

Sol Caribe Providencia HOTEL $$
(514 8036; www.solarhoteles.com; Zi. pro Pers. 180 000 COP;) Dieses leuchtend gelbe Hotel ist das beste in Aguadulce. Es besitzt ein nettes Restaurant am Meer, Zimmer mit schönem Holzmobiliar und farbenfroher karibischer Kunst sowie einen sehr kostspieligen Internetzugang (10 000 COP pro Std.). Die Preise beinhalten Frühstück und Abendessen (50 000 COP weniger ohne).

Hotel El Pirata Morgan HOTEL $$
(514 8232; www.elpiratamorgan.org; EZ/DZ inkl. Frühstück 144 000/216 000 COP;) Eine solide Wahl im Stadtzentrum mit einem praktischen Minimarkt im Untergeschoss. Das karibische Flair der Konkurrenz fehlt, aber dieses Hotel ist dafür auch etwas günstiger im Preis und bietet eine feudalere Umgebung als die anderen Strandhotels. Es ist jedoch das einzigevor Ort ohne englischsprachige Rezeption.

Mr Mac HOTEL $
(514 8283; EZ/DZ 30 000/50 000 COP) Mr Mac ist die preiswerteste Alternative vor Ort, aber keine schlechte Wahl. Die Zimmer sind geräumig, haben eine Kitchenette und liegen direkt am Wasser.

Cabañas Miss Elma HOTEL $$$
(315 303 4208; Zi. pro Pers. 180 000 COP;) Dieses Hotel lockt mit farbenfrohen Gemeinschaftsräumen und einem wunderbaren Restaurant am Meer. Der Zimmerpreis beinhaltet drei Mahlzeiten.

Caribbean Place MEERESFRÜCHTE $$
(514 8698; Hauptgerichte 18 000–53 000 COP; mittags & abends) Obwohl dieses Fischrestaurant nicht billig ist, serviert der in Bogotá ausgebildete Koch Martín Quintero ausgezeichnete Küche in einer lockeren und legeren Atmosphäre.

Arts & Crafts Café CAFÉ $
(514 8297; 13.30–21 Uhr) Diese Kombination aus Café und Geschäft in französischem Besitz ist ein guter Tipp für Espresso und Eis aus den örtlichen Früchten. Zu kaufen gibt es lokale Produkte wie Honig, Marmelade und Tamarindenwein. Zudem gibt es hier eine kleine Leihbibliothek.

Pizza's Place PIZZERIA $
(514 8224; Hauptgerichte 6000–55 000 COP; abends) Eine preiswerte Alternative, in der man Sandwiches (6000 COP) und Pizzas (ab 13 000 COP) sowie eine Handvoll einheimischer Klassiker bekommt.

SANTA ISABEL

Es ist in der Tat eine Überraschung, dass sich nur wenige Touristen nach Santa Isabel verirren – trotz der atemberaubenden Lage in einer malerischen Bucht.

Old Providence Hotel HOTEL $
(514 8691; EZ/DZ 50 000/90 000 COP;) Dieses Hotel im Ortskern besitzt langweilige, aber geräumige Zimmer mit Kabel-TV.

Hotel Flaming Trees HOTEL $$

(☎514 8049; EZ/DZ 600 000/100 000 COP; ❄) Die beste Wahl in diesem Teil der Insel besitzt neun geräumige Zimmer mit Kühlschrank, TV und einheimischer Kunst.

Restaurante Eneidy MEERESFRÜCHTE $

(☎514 8758; Hauptgerichte 8000–40 000 COP; ⏲12–15 & 18–22 Uhr) Das Restaurant unter freiem Himmel ist zweifellos das beste in der Stadt, auch wenn die Gerichte an sich einfach gehalten sind.

BAHÍA SUROESTE

Der zweite Ort für Touristen neben Aguadulce ein kleinere das Angebot an Unterkünften. Der Strand hier ist aber schöner und die Lage günstiger für Wanderungen, Ausritte und einen Drink am Strand.

Sirius Hotel HOTEL $$$

(☎514 8213; www.siriushotel.net; EZ/DZ in *cabañas* ab 105 000/170 000 COP, EZ/DZ ab , 130 000/230 000 COP; ❄📶) Ein Hotel mit etwas mehr Charakter als die Konkurrenz auf der Insel. Es besitzt einen eigenen Tauchladen. Die Suiten sind groß und komfortabel (die *cabañas* allerdings weniger).

Cabañas Miss Mary HOTEL $$$

(☎514 8454; EZ/DZ inkl. Frühstück 120 000/ 180 000 COP; ❄📶) Miss Mary beherbergt die Gäste in nett dekorierten Zimmern direkt am Strand, allesamt mit großer Terrasse und Hängematten. Es gibt auch Kabel-TV.

LP TIPP **Café Studio** MEERESFRÜCHTE $$

(☎514 9076; Hauptgerichte 15 000–40 000 COP; ⏲Mo–Sa 11–22 Uhr) Das beste Restaurant auf der Insel befindet sich im Besitz einer Kanadierin und ihres Mannes Wellington, eines Einheimischen. Er kocht die Gerichte, die sie „nicht hinbekommt". Die Resultate sind großartig und nicht überteuert. Besucher sollten auf jeden Fall Wellingtons Meeresschnecken probieren, die er in einer kreolischen Soße mit Basilikum kocht, oder aber alle Gerichte mit Knoblauchsauce. Und unbedingt auch noch Platz lassen für den Cappuccinokuchen!

TAUCHEN VOR SAN ANDRÉS & PROVIDENCIA

Taucher sind begeistert von dem, was es alles in den Gewässern vor San Andrés und Providencia zu sehen gibt. Die Kurse mögen in Taganga (S. 162) preiswerter sein, die Korallen und die Vielfalt des maritimen Lebens können es hier aber mit fast allen anderen Revieren in der Karibik aufnehmen.

Sowohl San Andrés als auch Providencia besitzen ausgedehnte Korallenriffe – mit einer Länge von 15 bzw. 35 km. Die Riffe an beiden Inseln sind berühmt für ihre Schwämme, die in einer faszinierenden Vielfalt an Formen, Größen und Farben auftreten. Weitere Attraktionen sind Barrakudas, Meeresschildkröten, Hummer, Rochen und Rote Schnapper. Wracktaucher interessieren sich für die *Blue Diamond* und die *Nicaraguense*, die beide vor San Andrés gesunken sind.

Die fünf besten Tauchreviere sind:

» **Palacio de la Cherna** Eine steile Meeresschlucht südöstlich von San Andrés, die von 12 m auf über 300 m Tiefe abfällt. Papageienfische, Tigerbarsche, Königskrabben, Hummer und sogar Ammen- und Riffhaie sind häufig zu sehen.

» **Cantil de Villa Erika** Südwestlich von San Andrés, Tiefe von 12 bis 45 m. In diesem farbenfrohen Riff sind Schwämme, Weich- und Hartkorallen, Meeresschildkröten, Mantas und Adlerrochen sowie Seepferdchen zu Hause.

» **Piramide** Ein seichter Tauchgang im Riff an der Nordseite von San Andrés. Ein Paradies für Stachelrochen. Die Vielzahl an Fischen, Tintenfischen und Muränen macht dieses Revier zu einem der schönsten vor der Insel.

» **Tete's Place** Große Schwärme von Meerbarben, Grunzern, Schulmeister-Schnappern und Gemeinen Husaren frequentieren das Meer 1 km vor der Bahía Suroeste auf Providencia.

» **Manta's Place** Trotz des Namens bevölkern keine Mantas dieses Revier vor Providencia. Dafür schweben hier Stachelrochen mit einer Spannbreite von bis zu 5 m durchs Wasser. Taucher, die den Sand unter sich genau beobachten, werden Felder von Röhrenwürmern sehen, in denen sich Braune Röhrenaale im Sand verstecken, wenn sich Taucher nähern.

NICHT VERSÄUMEN

ROLAND ROOTS BAR

Niemand sollte Providencia verlassen, ohne vorher die herrlich stimmungsvolle **Roland Roots Bar** (☎514 8417; Bahía Manzanillo) besucht zu haben. Die Sitznischen bestehen aus Bambus und befinden sich unter einem windschiefen Reetdach; dazu dröhnt Reggae. Die Bar ist für nächtliche Partys ebenso berühmt wie für den Cocktail Coco Loco – eine aufgepeppte und in Kokosnüssen servierte Piña Colada.

Praktische Informationen

Banco de Bogotá (Santa Isabel; ⏲Mo–Do 8–11.30 & 14–16, Fr 8–11.30 & 14–16.30 Uhr) Geldautomat.

Communication Center (☎514 8871; Santa Isabel; pro Std. 2500 COP; ⏲Mo–Sa 9–12.30 & 16–21, So 14.30–21 Uhr) Neben den teuren Möglichkeiten in den Hotels ist dies die einzige Chance auf der Insel, ins Internet zu kommen.

Touristeninformation (☎514 8054; Santa Isabel) Im Gebäude des Hotels Aury neben der Mole gelegen.

An- & Weiterreise

Satena und Searca unterhalten Flugverbindungen zwischen San Andrés und Providencia (Hin- und Rückflug ab 366 200 COP). Die Flugzeuge verkehren in der Nebensaison zweimal täglich, in der Hauptsaison häufiger. Die meisten Besucher kaufen ihr Ticket auf San Andrés. In der Hauptsaison sollte man das Ticket weit im Voraus buchen und bei der Ankunft auf Providencia sofort den Rückflug rückbestätigen.

Unterwegs vor Ort

Das Umherreisen auf der Insel ohne eigenen fahrbaren Untersatz ist nicht ganz einfach. *Colectivos* und Pickups fahren in beiden Richtungen die Straße hinunter. Eine Fahrt kostet unabhängig von der Entfernung 2000 COP. Diese Transportmittel kommen meist nur ein- oder zweimal in der Stunde vorbei, aber häufig nehmen einen auch die Einheimischen mit.

Pickups warten vor allem am Flughafen auf Passagiere, die für eine Fahrt, ebenfalls unabhängig von der Entfernung, bis zu 20 000 COP bezahlen müssen. Nur wenige Schritte vom Flughafen entfernt können Reisende für deutlich weniger Geld mit ein wenig Glück aber ein *colectivo* oder einen Pickup für die üblichen 2000 COP bekommen. Bei viel Gepäck ist dies jedoch ziemlich unbequem.

Taxis sind auf der Insel selten und im Vergleich zum Festland recht teuer. Für eine Fahrt vom Flughafen nach Santa Isabel oder Aguadulce muss mit 20 000 COP gerechnet werden. In der Regel ist es teurer, wenn man das Taxi selbst ruft. Wer auf das nächste vorbeikommende Taxi warten kann, kommt billiger davon.

Eine wirklich schöne Möglichkeit, die Insel zu erkunden, besteht per Fahrrad: zu leihen bei Paradise Tour Contact (S. 200). Motorroller (pro Tag 40 000 bis 50 000 COP) sind bei einer Reihe kleinerer Verleiher in Aguadulce und Santa Isabel zu bekommen.

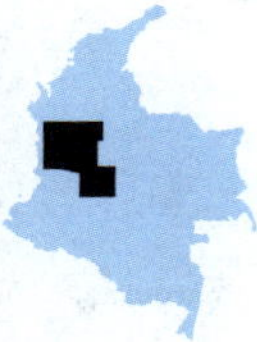

Medellín & Zona Cafetera

Inhalt

Gut esssen

» Carmen (S. 214)
» El Mirador (S. 233)
» Mondongos (S. 214)
» La Fogata (S. 238)
» Bahía Mar (S. 214)

Schön übernachten

» El Delirio (S. 240)
» Hacienda Bambusa (S. 240)
» 61 Prado (S. 210)
» Casa Kiwi (S. 211)
» Hacienda Venecia (S. 229)

Auf nach Medellín!

Willkommen im país paisa – paisa bedeutet übersetzt „Land" –, eine spannende ländliche Region mit Kaffeeplantagen und Blumenfarmen, wild wucherndem Nebelwald, dynamischen Universitätsstädten und der lebhaften Metropole Medellín. Diese Region, die zu den reizvollsten von ganz Kolumbien zählt, sollte wirklich niemand verpassen.

In Medellín, der zweitgrößten Stadt des Landes, ragen moderne Türme hoch in den Himmel. Jedenfalls bezaubert das attraktive Medellín jeden Reisenden auf der Stelle: Das Klima, die vielen Grünflächen, aber auch die Restaurants, Museen, öffentlichen Kunstwerke und sogar die dröhnenden Diskos sind einfach perfekt.

Weiter im Süden erstreckt sich die Zona Cafetera, ein Kaleidoskop aus alten Dörfern, reizenden Kaffeefarmen, herrlichen Naturschutzgebieten und majestätischen Berggipfeln. Der Kaffee ist hier mehr als eine Einnahmequelle – er ist ein Lebensstil. Wer ihn probiert hat, sieht seine Tasse Kaffee am Morgen plötzlich mit ganz anderen Augen.

Reisezeit

Medellín

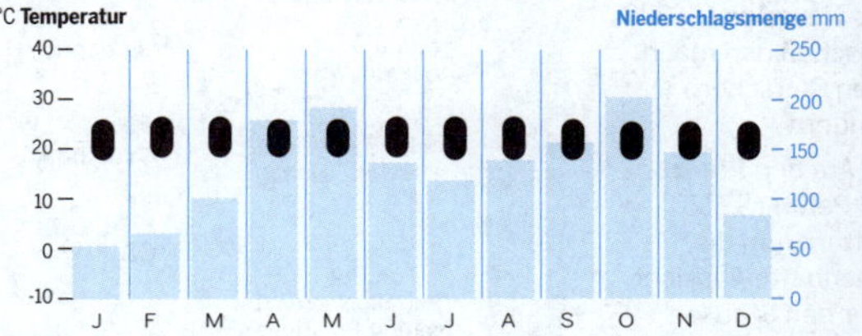

Jan.–März Man kann bei gutem Wetter die Berggipfel des Parque National Natural (PNN) Los Nevados sehen.

Aug. In den Straßen von Medellín feiert man die farbenfrohe Feria de las Flores.

Okt.–Dez. Kaffeepflücker in der Zona Cafetera.

Highlights

❶ Den Hals recken, um die Wipfel der majestätischen Wachspalmen im Nebelwald des **Valle de Cocora** (S. 243) zu erspähen

❷ In der **Zona Cafetera** (S. 223) auf einer der Plantagen eigenhändig Kaffee pflücken

❸ Sich in den Naturparks um Manizales wie – **Reserva Ecológica Río Blanco** (S. 227), **Recinto del Pensamiento** (S. 227) und **Los Yarumos** (S. 228) von der Fülle an Orchideen, Kolibris und Schmetterlingen beeindrucken lassen

❹ Hoch oben in den Bergen in den knallheißen Thermalquellen der at **Termales San Vicente** (S. 235) baden

❺ Die vielen hervorragenden Restaurants und Bars in **Medellín** (S. 213) ausprobieren

❻ Einmal in **Río Claro** (S. 213) übernachten – in einem Zimmer direkt am Dschungel und dem tosenden Fluss weiter unten

❼ Im **Parque Nacional Natural (PNN) Los Nevados** (S. 229) zwischen den mächtigen Gletschern wandern

❽ Auf den **Piedra del Peñol** (S. 220) klettern, um die sagenhafte Aussicht über den Stausee Embalse Guatapé zu genießen

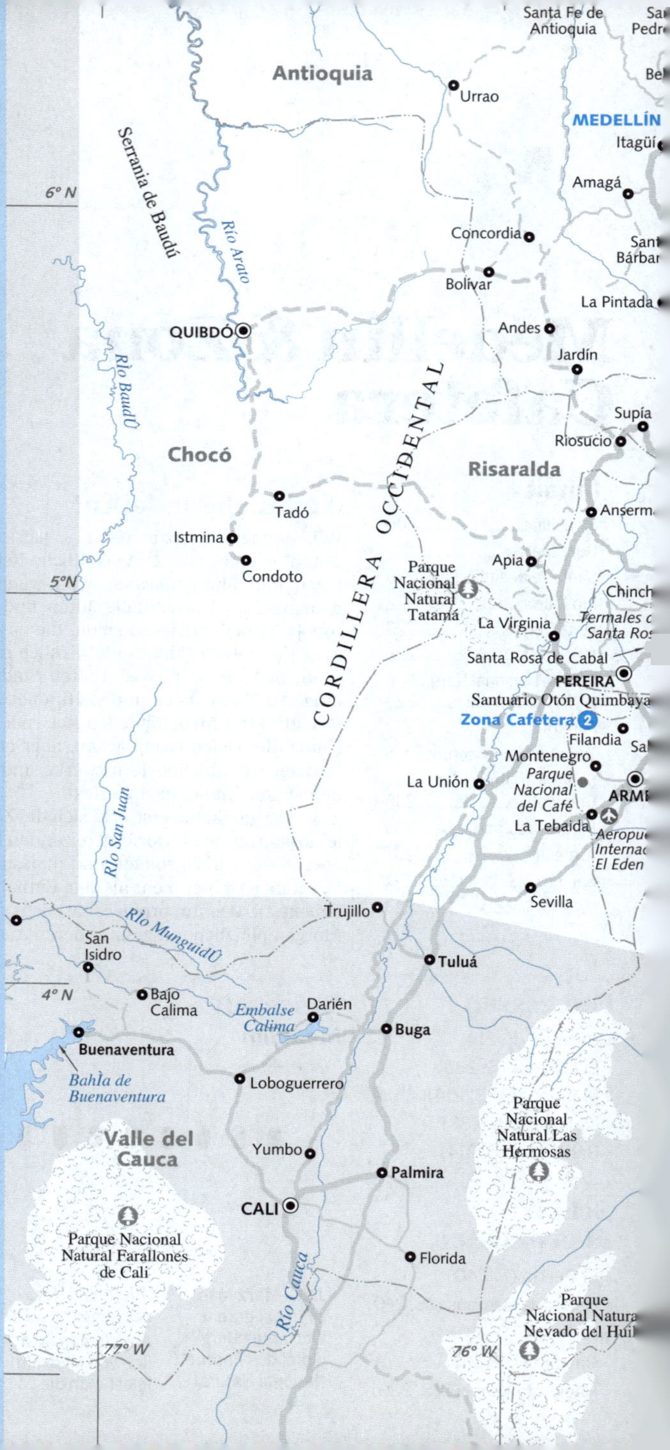

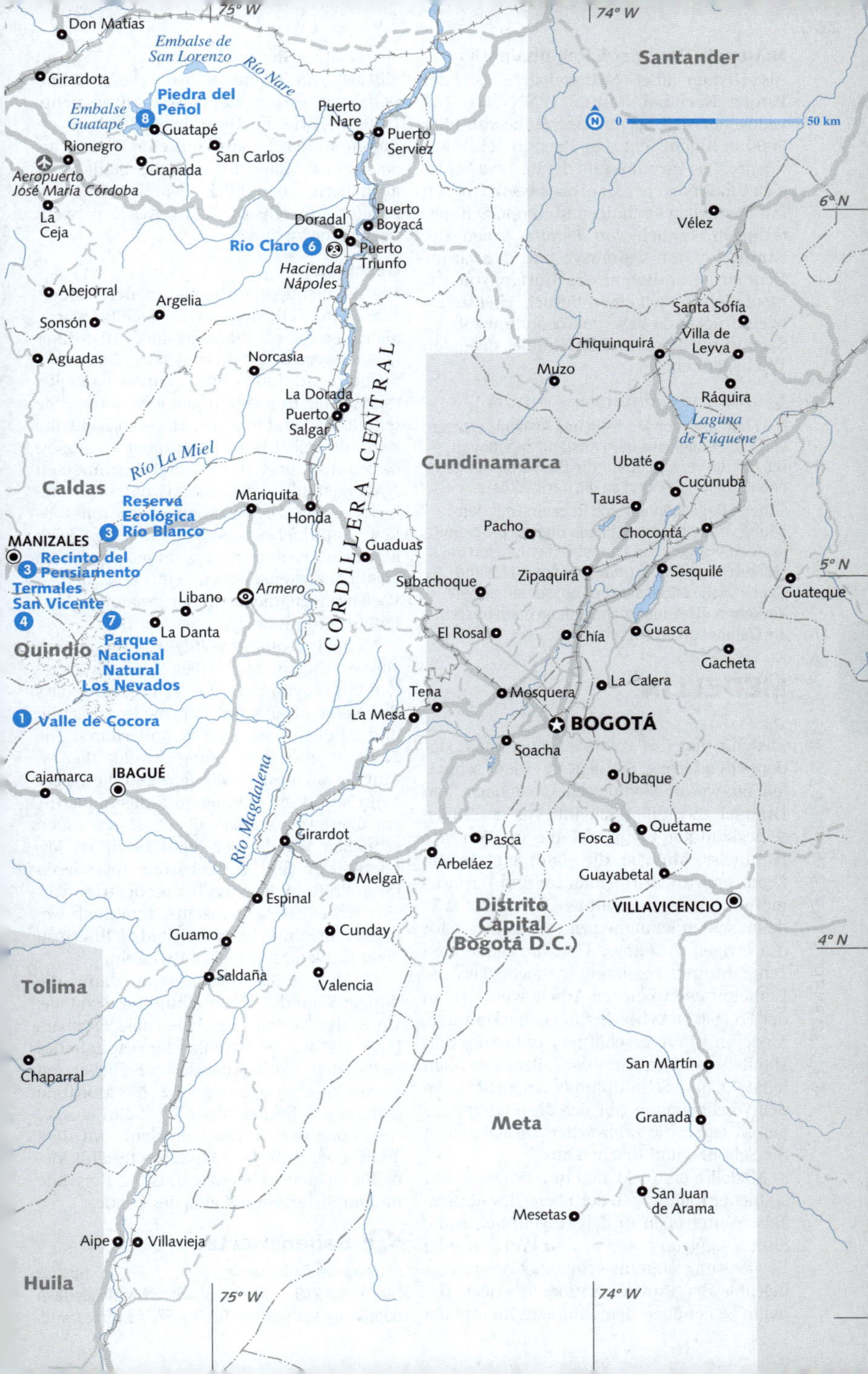

75° W
74° W
Santander
0
50 km
6° N
5° N
4° N
Don Matías
Girardota
Embalse de San Lorenzo
Río Nare
Piedra del Peñol
Embalse Guatapé
8
Guatapé
Rionegro
San Carlos
Granada
Aeropuerto José María Córdoba
La Ceja
Puerto Nare
Puerto Serviez
Puerto Boyacá
Doradal
Río Claro
6
Puerto Triunfo
Hacienda Nápoles
Vélez
Abejorral
Argelia
Sonsón
Aguadas
Norcasia
Santa Sofía
Villa de Leyva
Chiquinquirá
Muzo
Ráquira
Laguna de Fúquene
La Dorada
Puerto Salgar
CORDILLERA CENTRAL
Río La Miel
Cundinamarca
Ubaté
Cucunubá
Caldas
Reserva Ecológica Río Blanco
3
Mariquita
Honda
Tausa
Chocontá
Pacho
MANIZALES
Recinto del Pensiamento
Guaduas
Zipaquirá
Sesquilé
Termales San Vicente
4
Subachoque
Guateque
Libano
Armero
7
La Danta
Parque Nacional Natural Los Nevados
Quindio
El Rosal
Chía
Guasca
Gacheta
La Calera
Mosquera
Tena
La Mesa
1
Valle de Cocora
BOGOTÁ
Soacha
Ubaque
Cajamarca
IBAGUÉ
Río Magdalena
Girardot
Pasca
Fosca
Quetame
Arbeláez
Melgar
Guayabetal
Espinal
Distrito Capital (Bogotá D.C.)
VILLAVICENCIO
Guamo
Cunday
Saldaña
Valencia
Tolima
Chaparral
San Martín
Meta
Granada
San Juan de Arama
Mesetas
Aipe
Villavieja
Huila

National-, Provinz- & Regionalparks

Als Urvater aller Nationalparks gilt der Parque Nacional Natural (PNN) Los Nevados, der sich bis auf eine Höhe von über 5000 m hinaufzieht. Der Recinto del Pensamiento, Los Yarumos und die Reserva Ecológica Río Blanco bei Manizales beeindrucken mit herrlichen Orchideenarten und Schmetterlingen. Östlich von Pereira liegen der Santuario Otún Quimbaya und der Parque Ucumarí. Der Botanische Garten von Armenia lohnt auch einen Besuch, ebenso das beeindruckende Valle de Cocora unweit von Salento mit hoch in den Himmel ragenden Wachspalmen.

Anreise & Unterwegs vor Ort

Die Flughäfen von Medellín und Armenia werden von Flugzeugen aus dem Ausland angeflogen. Die Region verfügt über gute Busverbindungen nach Bogotá, Cali und an die Karibikküste.

In der Regel können sich Reisende mit den häufig verkehrenden, billigen Bussen problemlos fortbewegen. Auf Langstreckenfahrten bei starken Regenfällen (meist im April/Mai und Sept./Okt.) sollten sie aber besser auf andere Verkehrsmittel ausweichen, denn dann besteht die Gefahr von Erdrutschen.

MEDELLÍN

☎4 / 3 MIO. EW. / HÖHE 1494 M

Medellín hat das Potenzial einer Stadt der doppelten Größe. Sie liegt in einem schmalen Tal, wo die Skyline scheinbar nach dem Himmel zu greifen scheint. Vor der Kulisse zerklüfteter Berggipfel, die in allen vier Himmelsrichtungen die Stadt einrahmen, ragen Apartment-Hochhäuser und Bürotürme auf. Dem angenehmen Klima hat Medellín seinen Beinamen zu verdanken: Stadt des ewigen Frühlings. Und die moderaten Temperaturen bewirken wirklich, dass die Einheimischen bei der Arbeit wie auch in der Freizeit stets beschwingt daherkommen. Medellín ist ein geschäftiger Industrie- und Handelsstandort, der vor allem Textilien herstellt und Schnittblumen exportiert. An den Wochenenden gibt sich die Stadt jedoch betont leger; die zahlreichen Diskos locken die Schönen und Reichen an.

Medellín erstreckt sich in nördlicher und südlicher Richtung in der Ebene des Aburrá-Tals. Weiter oben in den Hügeln liegen die Slums. Aufgrund seiner *paisa*-Wurzeln – die Bevölkerung stammt schließlich ursprünglich aus der Provinz Antioquia – legt Medellín gegenüber dem übrigen Kolumbien eine relative Gleichgültigkeit an den Tag und gibt sich ganz kosmopolitisch: Die Verkehrspolizisten tragen italienisch angehauchte Hüte, die wie die Hüte der Gondolieri anmuten, in den Diskos läuft eher Techno als Salsa oder Vallenato, und die Stadt wirft auch gern einen Blick nach Übersee, um sich für ihr nächstes öffentliches Kunstwerk inspirieren zu lassen.

Geschichte

Die Spanier kamen bereits in den 1540er-Jahren ins Valle de Aburrá, Medellín wurde allerdings erst 1616 gegründet. Historiker gehen davon aus, dass es sich bei den ersten Siedlern um Juden aus Spanien handelte, die vor der Inquisition geflohen waren. Sie teilten das Land in kleine Haciendas auf, die sie dann selbst bewirtschafteten – ganz im Gegensatz zur auf Sklaverei begründeten Plantagenkultur, die einen Großteil Kolumbiens prägte. Diese frühen *paisas* mit starken Autarkiebestrebungen machten sich als harte Arbeiter mit enorm ausgeprägtem Unabhängigkeitsdenken einen Namen – Wesenszügen, die sie in der gesamten Zona Cafetera verbreiteten.

Medellín avancierte 1826 zur Hauptstadt von Antioquia, blieb aber dennoch lange Zeit ein Provinzkaff – Erklärung dafür, dass die Kolonialgebäude hier nie so prächtig und zahlreich waren wie andernorts. Die Stadt begann erst Anfang des 20. Jhs. rasant zu wachsen. Auslöser waren die Eisenbahn sowie die boomende Kaffeeindustrie, ein überaus lukratives Geschäft, das einen schnellen Wandel der Stadt bewirkte. Minenbesitzer und Kaffeebarone investieren ihren Profit in die neue Textilindustrie – was sich schnell bezahlt machte. Innerhalb weniger Jahrzehnte konnte sich Medellín so zu einer großen Metropole entwickeln.

In den 1980er-Jahren trat dann die dunkle Seite des Unternehmertums zutage. Unter der Gewaltherrschaft Pablo Escobars (s. S. 317) wurde Medellín zur Kapitale des weltweiten Kokainhandels. Schießereien waren an der Tagesordnung, die Mordrate gehörte zur höchsten der Welt. Ein langsames Ende der Gewalt kam dann mit dem Tod Escobars im Jahr 1993. Heute zählt Medellín zu den sichersten und für Reisende unkompliziertesten Zielen des Landes.

Sehenswertes

Museo de Antioquia MUSEUM

(Karte S. 210; ☎251 3636; www.museodeantioquia.org.co; Carrera 52 No 52–43; Erw./Stud.

8000/ 4000 COP; ⌚Mo–Sa 10–17.30, So bis 16 Uhr) Der prachtvolle Jugendstil-Palacio Municipal ist – nach dem Museo Nacional in Bogotá – das zweigrößte Museum Kolumbiens und eines der schönsten des Landes. Die Sammlung präsentiert prä-kolumbische, koloniale und moderne Kunst, dazu viele Werke, die Fernando Botero, ein Sohn der Stadt, gestiftet hat.

Plazoleta de las Esculturas PLAZA
(Karte S. 210) Der Platz vor dem Museo de Antioquia ist auch unter dem Namen Plaza Botero bekannt, denn hier stehen 23 große Bronzeskulpturen des Künstlers. Wer noch mehr sehen möchte, sollte sich die berühmte Skulptur **La Gorda** (Karte S. 210) – „Die Dicke" – vor der Banco de la República im Parque Berrío anschauen. Drei weitere Werke von Botero warten im Parque San Antonio, darunter der **Pájaro de Paz** (Friedensvogel; Karte S. 213).

Cerro Nutibara HÜGEL
(Karte S. 213) Oben auf dem 80 m hohen Hügel, 2 km südwestlich vom Stadtzentrum, befindet sich das kitschige **Pueblito Paisa,** ein typisch antioquisches Dorf im Miniaturformat. Der Blick von der Aussichtsplattform daneben ist herrlich. Am besten mit dem Taxi auf den Hügel hinauffahren und dann einen Spaziergang zurück in die Stadt machen. Unterwegs wartet der **Parque de las Esculturas** mit abstrakten Skulpturen verschiedener südamerikanischer Künstler auf einen Besuch.

GRATIS **Jardín Botánico** GARTEN
(Karte S. 213; www.botanicomedellin.org; Calle 73 No 51D–14; ⌚9–17 Uhr) Der sagenhafte Botanische Garten von Medellín nimmt stattliche 14 ha ein und umfasst 600 Baum- und Pflanzenarten, einen See, ein Herbarium, ein Auditorium sowie ein Schmetterlingshaus. Die Gärten lassen sich von der Metrohaltestelle Universidad gleich in der Nähe mühelos erreichen.

GRATIS **Casa Museo Pedro Nel Gómez** MUSEUM
(Karte S. 213; ☎233 2633; Carrera 51B No 85–24; ⌚Mo–Sa 9–17, So 10–16 Uhr) Das Museum befindet sich im ehemaligen Wohnhaus des Künstlers Pedro Nel Gómez (1899–1984). Zu bestaunen ist nicht nur die umfangreiche Sammlung von Werken des bekannten einheimischen Malers, sondern es stehen auch Wechselausstellungen mit Arbeiten anderer einheimischer Maler sowie Workshops auf dem Programm.

Parque Arví PARK
(www.parquearvi.org; Veredas Mazo & Piedras Blancas, Santa Elena) Der Parque Arví lässt sich mit der tollen neuen Seilbahn, Arví Metrocable (Linea L), ab dem Autobahnkreuz Santo Domingo (einfache Fahrt 3500 COP, 15 Min.), erreichen. Der Park, ein weitläufiges Gebiet mit wilder Berglandschaft in Santa Elena, stellt ein gutes Kontrastprogramm zur Stadt dar. In dem 17,61 km² großen Naturschutzpark gibt es Wanderwege, Seilrutschen, Seen und ein *mariposario* – ein Schmetterlingshaus. Da die Attraktionen recht weit auseinanderliegen, macht es Sinn, bereits am frühen Morgen zu starten, damit ausreichend Zeit bleibt. Die Seilbahn ist wegen Wartungsarbeiten montags außer Betrieb.

Parque Explora MUSEUM
(Karte S. 213; ☎516 8300; www.parqueexplora.org; Carrera 52 No 73–75; Eintritt 15 000–30 000 COP; ⌚Di–Fr 8.30–16, Sa & So 10–17 Uhr) Das Museum beeindruckt mit Exponaten zur Physik, Biologie und Technik sowie einem 3D-Kino und einem sagenhaften Aquarium mit Unmengen Fischen aus dem Amazonas und anderen Wasserläufen Kolumbiens. Das Wissenschaftsmuseum ist bei Kindern der Hit, erfreut aber auch das innere Kind im Erwachsenen.

Monumento a la Raza MONUMENT
(Karte S. 213; Centro Administrativo La Alpujarra, Calle 44) Rodrigo Arenas Betancurs beeindruckendstes Werk erzählt die Geschichte Antioquias in Form von dramatisch geschwungenem Metall.

Basílica de la Candelaria KIRCHE
(Karte S. 210; Ecke Carrera 50 & Calle 51 Boyacá) Medellíns bedeutendste Kirche wacht über den Parque Berrío. Sie wurde in den 1770er-Jahren an einer Stelle errichtet, wo zuvor ein Holzgebäude stand. Interessant ist die in Deutschland gefertigte Orgel. Sie wurde mit dem Boot den Río Magdalena heraufgeschifft und dann auf einem starken Pferd zur Basilika transportiert.

Catedral Metropolitana KIRCHE
(Karte S. 210; zwischen Carreras 48 & 49) Medellíns neo-romanische Kathedrale am Parque de Bolívar wurde 1931 vollendet. Den weitläufigen, aber etwas düsteren

Medellín

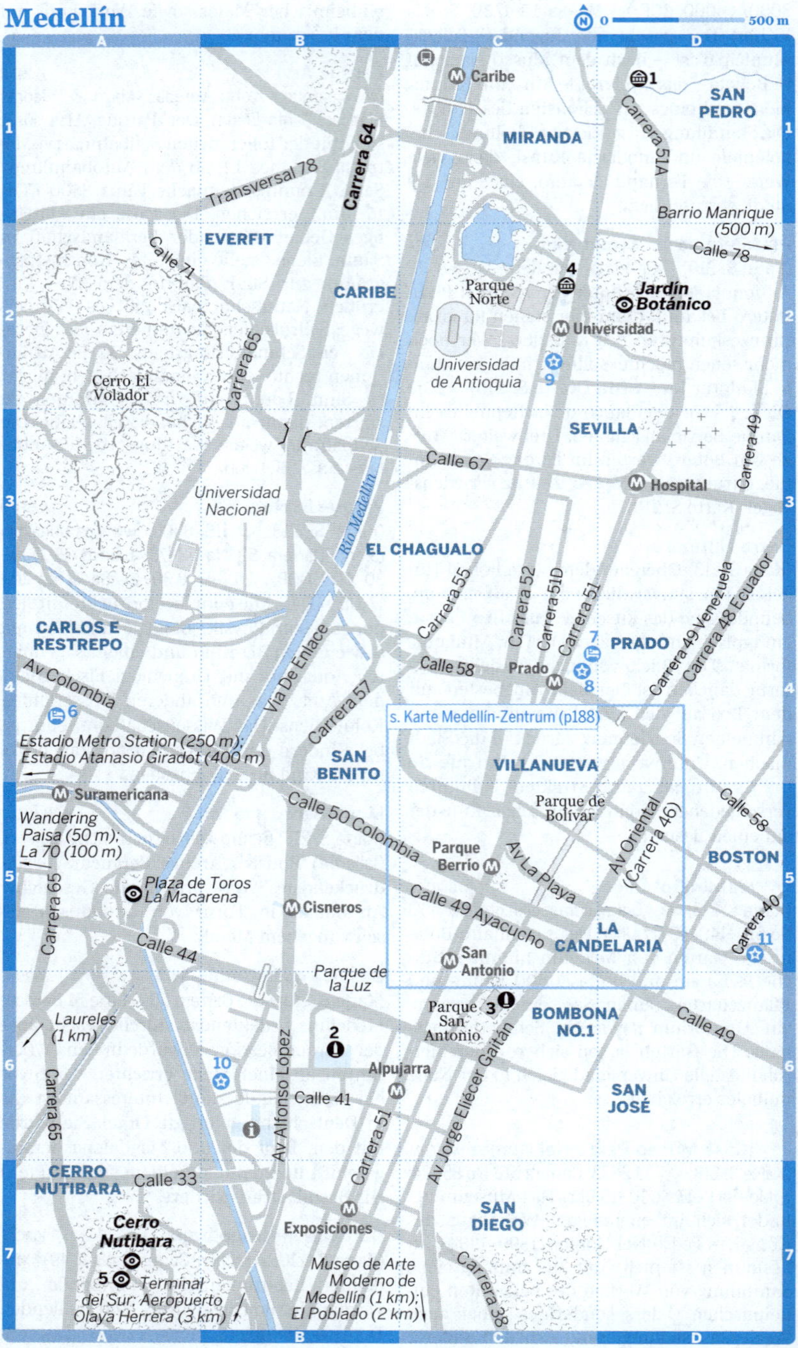
0 — 500 m
A
B
C
D
1
2
3
4
5
6
7
Caribe
1
SAN PEDRO
MIRANDA
Carrera 51A
Carrera 64
Transversal 78
Barrio Manrique (500 m)
Calle 78
EVERFIT
Calle 71
4
Parque Norte
Jardín Botánico
CARIBE
Universidad
Universidad de Antioquia
9
Carrera 65
Cerro El Volador
SEVILLA
Carrera 49
Calle 67
Hospital
Universidad Nacional
Río Medellín
EL CHAGUALO
Carrera 55
Carrera 52
Carrera 51D
Carrera 51
Carrera 49 Venezuela
Carrera 48 Ecuador
CARLOS E RESTREPO
7
PRADO
Via De Enlace
Calle 58
Prado
8
Av Colombia
6
Carrera 57
s. Karte Medellín-Zentrum (p188)
Estadio Metro Station (250 m); Estadio Atanasio Giradot (400 m)
SAN BENITO
VILLANUEVA
Suramericana
Calle 58
Parque de Bolívar
Calle 50 Colombia
Wandering Paisa (50 m); La 70 (100 m)
Av Oriental (Carrera 46)
Parque Berrío
Av La Playa
BOSTON
Plaza de Toros La Macarena
Carrera 65
Calle 49 Ayacucho
Cisneros
Carrera 40
LA CANDELARIA
11
Calle 44
San Antonio
Parque de la Luz
Parque San Antonio
3
BOMBONA NO.1
Calle 49
Laureles (1 km)
2
Av Alfonso López
10
Alpujarra
Av Jorge Eliécer Gaitán
SAN JOSÉ
Carrera 65
Calle 41
Carrera 51
CERRO NUTIBARA
Calle 33
SAN DIEGO
Exposiciones
Cerro Nutibara
Carrera 38
5
Terminal del Sur; Aeropuerto Olaya Herrera (3 km)
Museo de Arte Moderno de Medellín (1 km); El Poblado (2 km)

Medellín

Highlights

Sehenswertes

Schlafen

Unterhaltung

Innenraum schmücken schöne Buntglasfenster aus Spanien.

Ermita de la Veracruz KIRCHE
(Karte S. 210; Ecke Calle 51 Boyacá & Carrera 52 Carabobo) Die mit Spenden europäischer Einwanderer finanzierte wunderschöne Kolonialkirche wurde 1803 geweiht. Sie besitzt eine Steinfassade; der bemerkenswerte Innenraum der schönen Kirche ist in Weiß und Gold gehalten.

Museo de Arte Moderno de Medellín GALERIE
(außerhalb der Karte S. 213; ☎444 2622; www.elmamm.org; Carrera 44 No 19°–100; Eintritt 7000 COP; ⊙Mo–Fr 9–17.30, Sa & So 10–17.30 Uhr) Die Galerie für moderne Kunst (El MAMM), in einem restaurierten Industriegebäude in Ciudad del Río untergebracht, präsentiert insbesondere verschiedene zeitgenössische kolumbianische Kunst in Wechselausstellungen.

Aktivitäten

Rund um Medellín herrscht eine starke Thermik, und das bedeutet, dass man hier hervorragend Gleitschirmfliegen kann. Praktisch Alle Unternehmen, die Paragliding im Programm haben, befinden sich in San Felix in Bello. Ein Bus in diese Richtung startet vom Terminal del Norte (2800 COP, 45 Min.).

Zona de Vuelo GLEITSCHIRMFLIEGEN
(☎388 1556, 312 832 5891; www.zonadevueloparapentemedellin.com; Km 5,6 Via San Pedro de los Milagros) Der erfahrene Veranstalter bietet Tandemflüge (80 000–100 000 COP) sowie zehntägige Kurse (1 100 000 COP) an. Außerdem werden Ausflüge in die nähere Umgebung organisiert.

Psiconautica ABENTEUERSPORT
(☎388 1992, 312 795 6321; Km 5,6 Via San Pedro de los Milagros) Das Unternehmen, im gleichen Komplex wie Zona de Vuelo ansässig, bietet zu etwa den gleichen Preisen Gleitschirmflüge an, aber auch Klettertouren in den Felsen, Canyoning und Abseilen. Ein kleines Hostel mit schönem Blick befindet sich vor Ort.

Kurse

Universidad EAFIT SPRACHKURS
(außerhalb der Karte S. 213; ☎261 9399; www.eafit.edu.co; Carrera 49 No 7 Sur–50) Die Privatuniversität bietet kurze Spanisch-Intensivkurse, aber auch längere Sprachkurse in Gruppen an. Den aktuellen Kursplan samt Preise verrät die Website.

Baila Latino TANZKURS
(☎448 1338; www.academiabailalatino.com; Carrera 43 No 25A–233; Privatunterricht 30 000 COP pro Std.) Der Name ist Verpflichtung: Salsa und andere heiße lateinamerikanische Rhythmen unterrichten die netten und engagierten Lehrer dieser Schule.

Geführte Touren

Turibus BUSTOUREN
(Karte S. 210; ☎371 5054; www.turibuscolombia.com; Touren 17 000 COP; ⊙9 & 13 Uhr) Die preiswerten Touren führen zu allen bedeutenden Sehenswürdigkeiten der Stadt. Manchmal können die Guides auch Englisch. Zustieg am Parque Poblado oder am Parque de Bolívar.

Feste & Events

Feria Taurina de La Macarena STIERKAMPF
(Jan. & Feb.) Die Stierkampfsaison spielt sich in der Plaza de Toros La Macarena ab, einer Arena mit 11 000 Plätzen, die 1927–1944 erbaut wurde.

Festival Internacional de Tango TANZ
(Juni; www.festivaldetangomedellin.com) Die Stadt feiert ihre Liebe zum Tango mit Wettbewerben, Konzerten und Workshops.

Medellín Zentrum

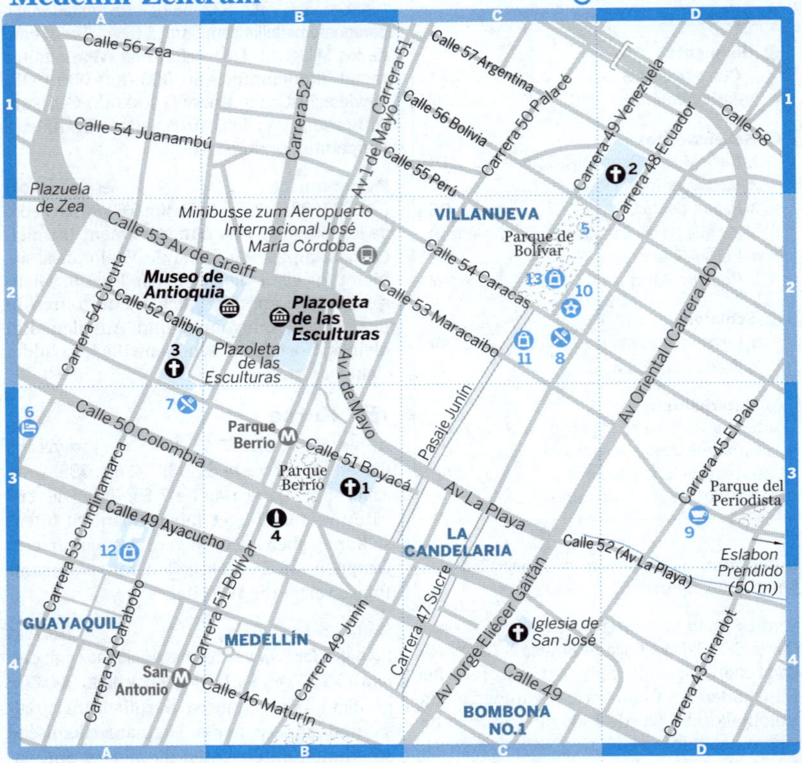

Festival de Poesía de Medellín
LITERATUR

(Juli; www.festivaldepoesiademedellin.org) Das internationale Festival lockt Dichter aus aller Welt an.

Feria de las Flores
KULTUR

(Aug.; www.feriadelasfloresmedellin.gov.co) Medellíns spektakulärste Veranstaltung dauert eine ganze Woche lang. Höhepunkt ist das Desfile de Silleteros, bei dem bis zu 400 *campesinos* (Bauern) aus den Bergen in die Stadt strömen, um mit Blumen auf dem Rücken durch die buntet und hell erleuchteten Straßen zu ziehen.

Festival Internacional de Jazz y Músicas del Mundo
MUSIK

(Sept.; www.medejazz.com) An diesem Jazz- und Weltmusikfestival mit Renomee nehmen viele Bands aus Nordamerika teil. Meistens finden auch ein paar kostenlose Konzerte statt.

Alumbrado Navideño
RELIGION

(Dez. & Jan.) Tausende Lichter in den Straßen und Parks lassen die Stadt in buntem, weihnachtlichem Glanz erstrahlen, und zwar vom 7. Dezember bis zum 7. Januar.

Schlafen

El Poblado ist schnell zum angesagten Viertel avanciert, in dem die meisten Backpacker logieren. Es liegt nicht weit von den Bars und Restaurants entfernt und ist in der Regel sicher – sogar spät in der Nacht. Wer keine Lust auf Partystimmung hat oder Medellín in weniger geordneten Bahnen erleben möchte, logiert in der ruppigeren Innenstadt.

61 Prado
GASTHAUS $$

(Karte S. 213; ☎254 9743; www.61prado.com; Calle 61 No 50A–60; EZ/DZ/Suite 45 000/70 000/80 000 COP; @🛜) Das elegante Gästehaus im historischen Viertel Prado gibt

Medellín Zentrum

einen hervorragenden Standort ab, um die Sehenswürdigkeiten in der Innenstadt zu erkunden. Die unlängst renovierten Zimmer sind geräumig, haben hohe Decken und wirken einen Tick künstlerisch angehaucht. Im von Kerzen erleuchteten Hof schmeckt das in der gut ausgestatteten Gästeküche zubereitete Essen besonders lecker. Ein Schild fehlt leider, deshalb einfach nach dem schwarzen Tor Ausschau halten.

Casa Kiwi HOSTEL $$
(Karte S. 213; ☎268 2668; www.casakiwi.net; Carrera 36 No 7–10, El Poblado; B 20 000 COP, EZ/DZ 60 000/70 000 COP, EZ/DZ ohne Bad 40 000/50 000 COP; @📶) In der Casa Kiwi verwischen sich die Grenzen zwischen Hostel und Boutiquehotel. Die Unterkunft wurde unlängst komplett renoviert und sieht jetzt einfach super aus. Die hellen Zimmer sind mit modernen Möbeln ausgestattet, überall kommt Bambus als Dekoelement zum Einsatz. Auf der Dachterrasse befinden sich ein kleiner Pool zum Abkühlen und eine Terrasse mit Blick unten auf die Straße. Das Hostel liegt zentral mitten in der *zona rosa* (Ausgehviertel mit Nachtlokalen) und ist deshalb ein zweischneidiges Schwert: Hartgesottene Partygänger wohnen hier besonders gern, alle anderen müssen sich nachts auf einen gewissen Lärmpegel einstellen.

Black Sheep HOSTEL $$
(Karte S. 213; ☎311 1589, 311 341 3048; www.blacksheepmedellin.com; Transversal 5A No 45–133; B 20 000–22 000 COP, EZ/DZ 60 000/75 000 COP, EZ/DZ ohne Bad 45 000/60 000 COP; @📶) Das beliebte Hostel in der Nähe der Metrostation Poblado gibt sich gesellig, aber nicht übertrieben umtriebig. Der Aufenthaltsraum ist nett, die Betten sind groß, und aus der Dusche kommt kochend heißes Wasser. Das nette Personal kennt sich gut aus, und sonntags veranstaltet der Besitzer eine Grillfete für 11 000 COP – mit garantiertem Kater am nächsten Morgen. Es findet hier auch empfehlenswerter Spanischunterricht statt.

Hotel Dann Carlton HOTEL $$$
(Karte S. 213; ☎1 800 094 5525; www.dann carlton. com; Carrera 43A No 7–50; EZ/DZ 189 000/248 000 COP, Suite 389 000–448 000 COP; ❄@🏊) Das professionell geführte Hotel liegt qualitativ ein kleines bisschen über der Konkurrenz, denn die Zimmer sind hochwertig, und zudem werden noch jede Menge Extras geboten wie frische tropische Früchte und elegante Blumenarrangements. Die Suiten fallen mit ihrem Wohnzimmer, dem begehbaren Schrank und dem riesigen Bad besonders groß aus. Im 19. Stock befindet sich ein Drehrestaurant mit tollem Blick über die ganze Stadt. Der einzige Minuspunkt: Die Zimmer haben kein WLAN.

Hotel Victoria HOTEL $$$
(www.hotelcasavictoria.com; Carrera 32 No 1 Sur–13; EZ/DZ/Suite 220 000/269 000/390 000 COP; ❄@📶) Das noble Hotel am Hügel unterhalb von El Tesoro bietet geräumige Zimmer mit Parkettboden und riesigen Fenstern, von denen sich ein herrlicher Blick über die Stadt bietet. Die Suiten verfügen über eine Privatterrasse. Das Frühstück ist im Tarif enthalten. Am Wochenende gibt es erheblichen Preisnachlass.

In House Hotel HOTEL $$
(Karte S. 213; ☎444 1786; www.inhousethehotel.com; Carrera 34 No 7–109; EZ/DZ/3BZ 138 000/155 000/212 000 COP; @📶) Das Hotel ist ein

Neuzugang im reich bestückten Boutiquehotel-Angebot von El Poblado. Die Zimmer sind schick und hell mit Kiefernmöbeln ausgestattet – sogar ein Schreibtisch steht da – und haben ein großes Bad. Zu manchen gehört auch ein kleiner privater Patio. Das kontinentale Frühstück ist im Preis inbegriffen.

Wandering Paisa HOSTEL **$$**
(außerhalb der Karte S. 213; ☎436 6759; www.wanderingpaisahostel.com; Calle 44A No 68A–76; B 19 000 COP, EZ/DZ 55 000/70 000 COP, EZ/DZ ohne Bad 45 000/55 000 COP; @) Das nah an den Bars und Restaurants in der La 70 gelegene, gemütliche, neue Hostel ist etwas für Leute, die das umtriebige El Poblado lieber meiden wollen. Hier findet sich eine kleine Bar, und das engagierte Management organisiert allerlei Events und Gruppenexkursionen. Zur Erkundung der Umgebung stehen Fahrräder zur Verfügung.

Hotel Conquistadores HOTEL **$**
(Karte S. 210; ☎512 3232; hotelconquistado res@gmail.com; Carrera 54 Cúcuta No 49–31; EZ/DZ 28 000/34 000 COP;) Das saubere Hostel in einer lauten, unschönen Seitenstraße in der Innenstadt ist ein Familienbetrieb. Gäste mit schmalem Geldbeutel bekommen hier

PROFIT MIT PABLO

Selbst nach seinem Tod verdient Pablo Escobar Gaviria noch gutes Geld. Als die Backpacker wieder nach Medellín strömten – was erst durch den Sturz des Drogenkartellbosses möglich wurde –, sahen ein paar junge Unternehmer ihre Stunde gekommen: Sie veranstalteten Stadtbesichtigungen unter dem Motto Escobar, die zu den einschlägigen Orten seines Blutregimes führten: zu seinem Luxusdomizil und seinen Büros, zu dem Haus in der Vorstadt, wo er erschossen wurde, und zu seinem Grab. Konventionellere Tourenveranstalter griffen die Idee bald auf, und sogar Mitglieder der Familie Escobar führten Exkursionen durch, in deren Rahmen die Teilnehmer mit dem Bruder des *capo* (Boss) über dessen Vorlieben diskutieren konnten. Es erübrigt sich eigentlich anzumerken, dass die Mehrzahl der Kolumbianer von der Glorifizierung des butrünstigen Terroristen nicht gerade begeistert ist – schließlich hatte er Flugzeuge in die Luft gesprengt und seinen Gefolgsleuten über 2000 US$ für den Kopf eines jeden ermordeten Polizisten bezahlt. Andere hingegen akzeptieren Escobar als historische Persönlichkeit und vergleichen die Exkursionen mit Touren, wie sie auch in anderen Ländern stattfinden: z. B. in München zum Thema „Hitler und der Nationalsozialismus".

Die typische Escobar-Tour kostet zwischen 55 000 COP und 110 000 COP und dauert in der Regel einen halben Tag. Wer teilnehmen möchte, ist mit **Paisa Road** (☎317 2629; www.paisaroad.com) bestens bedient. Das Unternehmen wird für seine informativen und zugleich vorurteilslosen Exkursionen immer wiedergelobt.

Einen noch besseren Eindruck vom Ausmaß des Reichtums, Ehrgeizes und auch zweifelhaften Geschmacks Escobars vermittelt die Hacienda Nápoles, eine riesige Farm vier Stunden von Medellín entfernt. Escobar machte sie zu seinem Privatreich mit mehreren Herrschaftshäusern, einer Stierkampfarena und exotischen Haustieren – darunter Giraffen, Zebras und Nilpferde.

Nachdem die Regierung Escobar unter Druck gesetzt hatte, wurde die gesamte Anlage einfach sich selbst überlassen. Irgendwie schafften es die Nilpferde, in freier Wildbahn zu überleben – und stehen heute im Mittelpunkt eines neuen **Dinosaurier-Abenteuerparks** (☎1800 510 344; www.haciendanapoles.com; Eintritt 27 000–50 000 COP), der auf der Hacienda eröffnet wurde. Ein wahrlich bizarrer Ort! Die Besucher können eine Runde durch Escobars ehemaliges Anwesen drehen und seine gesprengten Fahrzeuge besichtigen – ein Tyrannosaurus Rex aus Zement sieht ihnen dabei aus der Ferne zu. Es gibt hier auch allerlei Karussells für Kinder, ein Schmetterlingshaus. Die Grafiken einer Ausstellung vermitteln die Gewalt, die mit der Herrschaft Escobars einherging. Wie gesagt: sehr bizarr und allein deshalb schon den Ausflug wert.

Der Abzweig zur Hacienda Nápoles liegt 1 km von Doradal entfernt an der Autobahn Medellín–Bogotá. Von hier geht es noch 2 km über eine unbefestigte Straße zum Eingangstor des Parks. Von der Stadt aus kostet ein Taxi etwa 10 000 COP. Fahrgäste lassen sich vom Fahrer am besten die Telefonnummer für die Rückfahrt geben. Von Río Claro aus kann der Park auch problemlos im Rahmen eines Tagesausflugs besichtigt werden.

El Poblado

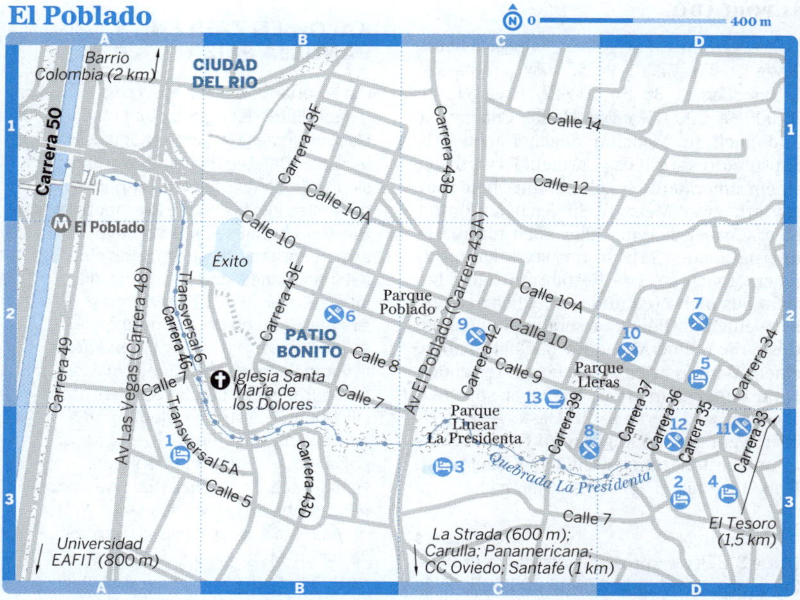

ein wirklich gutes Preis-Leistungsverhältnis. Alle Zimmer haben ein eigenes Bad, heißes Wasser und Kabel-TV.

Samán Hostel HOSTEL **$$**
(Karte S. 213; ☎581 8908; www.samanhostel.com.co; Calle 10 No 36–24; B/EZ/DZ/3BZ ohne Bad 21 000/65 000/75 000/85 000 COP; 📶) Das kleine, anheimelnde Hostel mit nettem Personal kann mit gemütlichen Zimmern direkt in der *zona rosa* aufwarten. Da es an einer lauten Straße liegt, sind Gäste mit einem Zimmer nach hinten auf jeden Fall besser bedient.

Palm Tree Hostal HOSTEL **$**
(Karte S. 213; ☎260 2805; www.palmtreemedellin.com; Carrera 67 No 48D–63; B/EZ/DZ ohne Bad 18 000/28 000/40 000 COP; @📶) Medellíns echtes Backpacker-Hostel liegt nah an der Metro und jeder Menge billigen Speiselokalen. Es bietet wirklich viel fürs Geld. Das einfache Frühstück ist inklusive, außerdem steht ein passabler Internetzugang zur Verfügung. Hier werden sogar Grillfeten veranstaltet.

Essen

In El Poblado findet sich eine Fülle von teuren Restaurants. Wer weniger tief in die Tasche greifen will, besucht südwestlich vom Stadtzentrum im Viertel Laureles (rund um die Avenida Nutibara) eines der vielen eher bescheidenen Speiselokale, die aber gar nicht mal so schlecht, sonder gut und überaus beliebt sind. Wem tagsüber der Magen knurrt, bummelt in der Innenstadt die Pasaje Junín hinunter; dort gibt es Imbissstände und Snackbars mit allerlei Billigfutter.

El Poblado

Schlafen
1 Black Sheep A3
2 Casa Kiwi D3
3 Hotel Dann Carlton C3
4 In House Hotel D3
5 Samán Hostel D2

Essen
6 Bahía Mar B2
7 Carmen D2
8 Il Forno C3
9 La Casa de Beto C2
10 Mondongos D2
11 Tabun D3
12 Verdeo D3

Ausgehen
13 Café Le Bon C2

EL POBLADO

LP TIPP Carmen INTERNATIONAL $$$

(Karte S. 213; ☎311 9625; www.carmenmedellin.com; Carrera 36 No 10A–27; Hauptgerichte 70 000–96 000 COP) Die Haute Cuisine ist nun auch in Medellín angekommen. Als feinste Adresse gilt das Carmen. Es wird von einem amerikanisch-kolumbianischen Paar geführt, zwei Meistern in Sachen Cordon bleu. Carmen bereitet aber auch raffinierte internationale Gerichte mit stark kalifornischem Touch zu. Das Restaurant selbst besteht aus mehreren unterschiedlichen Arealen – einem intimen Speiseraum, in dem die Gäste die offene Küche im Blickfeld haben, einem Wintergarten sowie einem reizenden Patio hinter dem Haus. Die Ober sprechen Englisch und beraten die Gäste gern, welcher Wein der umfangreichen Getränkekarte am besten zum jeweiligen Essen passt. Unbedingt einen Tisch reservieren.

Verdeo VEGETARISCH $

(Karte S. 213; www.ricoverdeo.com; Carrera 35 No 8A–3; Hauptgerichte 12 000–16 000 COP; ⏲Mo geschl.;) Man muss kein Vegetarier sein, um sich die kreativen Gerichte dieser sagenhaften Kooperative in El Poblado schmecken zu lassen. Die Gäste können unter köstlichen vegetarischen Kebabs, Burgern, Ravioli und Salaten wählen. Im zugehörigen Laden sind Biogemüse, Tofu und eine Vielzahl anderer Produkte erhältlich, die ein regulärer Supermarkt ganz bestimmt nicht im Sortiment hat.

Mondongos KOLUMBIANISCH $$

(Karte S. 213; www.mondongos.com.co; Calle 10 No 38–38; Hauptgerichte 18 000–26 000 COP) Familien aus Medellín strömen in dieses unspektakuläre Speiselokal, um sich mit köstlicher *Sopa de Mondongo* (Kuttelsuppe) abzufüllen. Sie wird mit Avocado, Banane, Zitrone und *arepas* (Maiskuchen) serviert, die ganz nach persönlichem Gusto und Ritual entweder in die Suppe eingetunkt oder auch hinzugefügt werden können. Das Mittagessen am Sonntag bietet ein Rundum-Erlebnis. Eine Zweigstelle des Restaurants befindet sich in der La Strada 70.

Bahía Mar MEERESFRÜCHTE $$$

(Karte S. 213; ☎352 0938; Calle 9 No 43B–127; Hauptgerichte 20 000–40 000 COP; ⏲Mo–Sa Mittag- & Abendessen, So Mittagessen) Das hochkarätige Restaurant serviert *mariscos* (Meeresfrüchte) in einem keineswegs hochgestochenen karibischen Ambiente. Die Spezialität des Hauses ist *Langostino Providencia* (Langusten à la Providencia), aber auch die Garnelencocktails sind gewaltig, außerdem gibt es kleinere Gerichte wie Crêpes mit Meeresfrüchten. Ganz klar die beste Adresse in Medellín, um in Meeresfrüchten zu schwelgen.

KALORIEN ZÄHLEN: BANDEJA PAISA

Die Kalorienbombe *bandeja paisa* (*paisa*-Platte) ist in ganz Kolumbien als typischstes Gericht Antioquias und der Zona Cafetera bekannt. Worüber sich aber nicht so leicht ein Konsens herstellen lässt, sind die Bestandteile. Das Gericht hat seine Ursprünge bei armen Bauern; sie verdrückten eine kalorienreiche Mahlzeit am Tag, die ihnen ausreichend Energie für die Arbeit im kühlen Bergklima spenden sollte. Heutzutage kommt das Gericht in verschiedenen Variationen in allen Restaurants des Landes auf den Tisch. Die Puristen vertreten allerdings die Auffassung, dass eine echte *bandeja paisa* nur aus Reis, roten Bohnen, Hackfleisch, Schweinebauch, Avocado, gebratenen Eiern, Kochbananen, Wurst, *arepas* (Maisfladen), *hogao* (warmes Tomaten-Chutney) und Blutwurst bestehen darf. All diese Zutaten müssen auf einen einzigen ovalen Teller getürmt werden.

Tabun ARABISCH $$

(Karte S. 213; www.eltabun.com; Carrera 33 No 7–99; Hauptgerichte 18 000–25 000 COP) Das stimmungsvolle Lokal in El Poblado steht bei den Gourmets von Medellín hoch im Kurs, denn die Portionen der pikanten klassisch arabischen Gerichte fallen groß aus. Das Fleisch vom Grill mundet ebenso lecker wie die Salatteller, die mit Pitabrot serviert werden – es wird im Speisebereich frisch gebacken. Am Wochenende finden manchmal Bauchtanzvorführungen statt.

Il Forno ITALIENISCH $

(Karte S. 213; Carrera 37A No 8–9; Hauptgerichte 7000–18 000 COP) Das italienische Restaurant im Freien liegt mitten in der *zona rosa*. Irgendwelchen Firlefanz gibt es hier ebenso wenig wie Schnäppchenangebote, dafür aber herzhaftes Essen zu anständigen

Preisen. Auf den Tisch kommen Pizza und Sandwiches, Lasagne und Ravioli – und sogar Steaks. Haute Cuisine ist das zwar nicht gerade, aber wen kümmert das schon bei diesem Preis?

La Casa de Beto KOLUMBIANISCH **$**
(Karte S. 213; Carrera 42 No 9–53; Hauptgerichte 8000–11 000 COP) Das Lokal im schicken El Poblado ist eigentlich arg deplatziert. Auf den Tisch kommen im bodenständigen Beto herzhafte *paisa*-Gerichte ohne viel Extras, aber zu Budgetpreisen. Das Menü (500 COP) besteht aus einer Suppe, einer Fleischspeise, Beilagen, Salat und einem Getränk. Reichhaltiges Frühstück gibt es hier auch.

Carulla SUPERMARKT **$**
(außerhalb der Karte S. 213; ⌚24 Std.) Der Supermarkt befindet sich direkt neben dem CC Oviedo. Er verfügt über eine sehr gute Salatbar (auch Obstsalat), der Salat wird nach Gewicht verkauft. Jedenfalls kann man hier die leckeren Tropenfrüchte Kolumbiens probieren. Sandwiches und warme Gereichte sind ebenfalls erhältlich.

INNENSTADT VON MEDELLÍN

Los Toldos KOLUMBIANISCH **$$**
(Karte S. 210; Calle 54 Caracas No 47–11; Hauptgerichte 15 000–18 000 COP; ⌚Mittag- & Abendessen) Die ältlichen Ober tragen Tracht, aus der Stereoanlage tönt altmodische kolumbianische Volksmusik – ein typisches *paisa*-Lokal eben. Eine gute Wahl ist immer das Tagesgericht für rund 15 000 COP, aber auch die herzhafte *bandeja paisa* (*paisa*-Platte) erfreut die Geschmacksknospen.

Govinda's VEGETARISCH **$**
(Karte S. 210; Calle 51 Boyacá No 52–17; Mahlzeiten 6500–7500 COP; ⌚Mo–Sa Mittagessen; 🌶) Das Govinda's ist halb Restaurant, halb Kulturzentrum und überzeugt mit seinem vegetarischen Büffet, das wirklich viel fürs Geld bietet. Die Gäste haben die Qual der Wahl unter vielerlei Suppen, Hauptgerichten auf Sojabasis, Salaten und vegetarischen Beilagen. Wer arg spät kommt, muss sich aber womöglich mit Fastfood begnügen.

Ausgehen

Die *zona rosa* von Medellín erstreckt sich um den Parque Lleras in El Poblado, eine Art Disneyland mit noblen Restaurants und Bars. Lokale, in denen es spät nachts hoch hergeht, finden sich im Barrio Colombia, einem Industriegebiet, während die größten Diskos an der Autopista Sur liegen, einer Autobahn, die in Richtung Süden aus der Stadt herausführt. Medellíns exklusivste Bars und Clubs liegen in der Avenida El Poblado, genau gesagt in einem Abschnitt, der als *Milla de Oro* (Goldene Meile) bekannt ist. Die Bars um den Parque del Periodista haben etwas Bohemien-Flair.

Café Le Bon CAFÉ
(Karte S. 213; Calle 9 No 39–09; ⌚Mo–Sa 9–1, So bis 23 Uhr) Das Le Bon, eines der wenigen reinen Cafés in Medellín, wäre auch in einem flippigen Künstlerviertel irgendwo sonst auf der Welt nicht deplatziert. Die Gäste haben die Qual der Wahl unter 14 verschiedenen Arten Espresso und zehn Sorten Cappuccino. Da auch abends die Stereoanlage nicht voll aufgedreht wird, können Gäste in diesem Café in aller Ruhe einen Cocktail schlürfen oder ein Bier trinken.

El Acontista BAR, CAFÉ
(Karte S. 210; www.elacontista.com; Calle 53 Maracaibo No 43–81; ⌚So geschl.) Die coole Café-Bar nicht weit vom Parque del Periodista entfernt lockt ein entspanntes, intellektuelleres Volk an, das bei einem Drink gern ein gutes Gespräch führt. Montags wird Live-Jazz gespielt, und im Obergeschoss ist ein Buchgeschäft untergebracht.

La Strada BAR, CLUB
(außerhalb der Karte S. 213; www.lastrada.com.co; Carrera 43 No 1 Sur–155) Viele der meist exklusiven (und teuren) Clubs und Bars in Medellín finden sich in dieser auf mehreren Ebenen angelegten „Amüsier-Mall" in El Poblado. Hierhin strömen die Schönen und Reichen – sehen und gesehen werden, lautet die Losung. Wer sich nicht entsprechend aufgebrezelt hat, muss draußen bleiben.

☆ Unterhaltung

Kino

Teatro Lido KINO, THEATER
(Karte S. 210; ☎251 5334; www.medellincultura.gov.co/teatrolido; Carrera 48 No 54–20) Das renovierte Theater am Parque de Bolívar zeigt regelmäßig kostenlose Dokus und alternative Filme; es finden aber auch Konzerte und andere Events hier statt.

Parque de los Deseos KINO
(Karte S. 213; ☎516 6404; www.fundacionepm.org.co; Carrera 52 No 71–11) Für das kostenlose Open-Air-Kino in einem schicken Betonareal gegenüber vom Jardín Botánico sollte man sich ein weiches Sitzkissen mitbringen. Die Filme werden in der Regel am Wochen-

ende gezeigt; einfach anrufen und nach dem Programm fragen.

Nachtclubs

El Tibiri SALSACLUB

(Ecke Carrera 70 & Calle 44B; ⌚Do–Sa 20–2 Uhr) Der intime Salsaclub versteckt sich in einem nicht ausgeschilderten, heißen Basement an der La Strada 70 und zählt zu den besten Locations der Stadt, um seinen Tanzstil zu perfektionieren. Es wird kein Eintritt verlangt, und die billigen Drinks und netten Leute animieren sogar Nicht-Tänzer, sich auf die Tanzfläche zu werfen.

Luxury CLUB

(Carrera 43G No 24–15) Der heißeste Club im Barrio Colombia ist voll mit jungen, hippen *paisas,* die sich bei Reggaeton und Hip-Hop amüsieren. Den VIP-Bereich im Obergeschoss kann man getrost vergessen – die Post geht ganz klar im Erdgeschoss ab. Wer anderswo schon ein bisschen vorgeglüht und abgefeiert hat, ganz hervorragend zu dem lustigen Völkchen hier.

Eslabon Prendido SALSACLUB

(Papayera; außerhalb der Karte S. 210; Calle 53 No 42–55) Die schlichte Salsakneipe steht bei Backpackern und Expats enorm hoch im Kurs. Dienstags, wenn hier eine Livevband spielt, ist oft kein Durchkommen mehr. Einen Tanzpartner bzw. eine Tanzpartnerin muss man nicht mitbringen – hier geht es sehr gesellig zu.

i WAS LÄUFT WO IN MEDELLÍN?

» **El Colombiano** (www.quericomedellin.com) – umfassende Auflistung von Veranstaltungen aller Art

» **Opción Hoy** (www.opcionhoy.com) – Zusammenstellung von Kultur-Events

» **www.guiaturisticademedellin.com** –zweisprachiger Stadtführer; in den Buchgeschäften auch als Buch erhältlich.

» **www.medellinenescena.org** – Auflistung von Theaterveranstaltungen

» **www.medellinzonarosa.com** – Kinoprogramm und Nachtleben

» **www.tangomedellin.co** – Zusammenstellung von Events, die mit Tango zu tun haben

Forum CLUB

(www.forumcolombia.com; Carrera 45 No 72–115) Das Forum liegt außerhalb der Stadt in Itagüí. In dem großen Technoclub legen regelmäßig renommierte DJs aus dem In- und Ausland auf. Gefeiert wird bis zum Sonnenaufgang – und somit ist das Forum die letzte Station von wirklich eingefleischten Partygängern.

Tango

Tango war früher der Lieblingstanz der *paisas,* die sich nicht für Kolumbianer im eigentlichen Sinn hielten. Heute schwebt er geradezu durch die Erinnerungen der älteren Generation und ist insbesondere bei Leuten mit mehr oder weniger starken Hang zur Nostalgie sehr beliebt.

Casa Gardeliana TANZ

(☎212 0968; Carrera 45 No 76–50; Eintritt frei) Die Casa Gardeliana im Barrio Manrique galt jahrelang als die bedeutendste Tango-Location der Stadt, in der auch Tango-Orchester aufspielten und Tango-Shows gezeigt wurden. Hin und wieder ist das heute auch noch so, doch im Grunde ist das Gardeliana vielmehr ein Tango-Museum und vor allem eine Tanzschule, in der in erster Linie Gruppen- (20 000 COP pro Kurs) und Einzelunterricht (40 000 COP pro Std.) erteilt wird.

El Patio del Tango TANZ

(☎351 2856; www.patiodeltango.com; Calle 23 No 58–38; Hauptgerichte 20 000–26 000 COP; ⌚Mi–So Abendessen) Das Steak-Restaurant, das wie eine typische Kneipe in Buenos Aires aufgemacht ist, gilt heute als die bedeutendste Tangobühne in Medellín. Für die Shows von Donnerstag bis Samstung ist eine Reservierung unbedingt notwendig. Das Lokal befindet sich südlich vom Stadtzentrum, ein paar wenige Blocks nordwestlich vom Tierpark.

Sport

Medellín hat zwei Fußballmannschaften: **Independiente Medellín** (DIM; www.dim.com.co) und **Atlético Nacional** (www.atlnacional.com.co). Beide spielen im **Estadio Atanasio Giradot** (außerhalb der Karte S. 203), in der Nähe der Metrostation Estadio, wie sie passenderweise heißt.

Theater

Neben Bogotá kann Medellín mit der lebhaftesten Theaterszene im ganzen Land aufwarten.

Teatro Metropolitano THEATER
(Karte S. 203; ☎232 4597; www.teatrometropolitano.com; Calle 41 No 57–30) Medellíns größtes und modernstes Theater präsentiert Konzerte, Oper und Ballett, außerdem ist hier das Philharmonische Orchester von Medellín zu Hause.

Teatro Pablo Tobón Uribe THEATER
(Karte S. 203; ☎239 7500; www.teatropablotabon.com; Carrera 40 No 51–24) Das Haus ist die bedeutendste Mainstream-Bühne der Stadt.

Casa del Teatro Medellín THEATER
(Karte S. 203; ☎254 0397; www.casadelteatro.org.co; Calle 59 No 50A–25) Hier treten ganzjährig verschiedene einheimische Theater-Ensembles auf. In der Bibliothek des Theaters stehen Unmengen Titel, die sich mit dem Theater in Kolumbien beschäftigen.

Shoppen

Centro Comercial Palacio Nacional EINKAUFSZENTRUM
(Karte S. 210; Ecke Carrera 52 Carabobo & Calle 48) Das palastartige Gebäude in der Innenstadt, 1925 erbaut, wurde in ein Einkaufszentrum mit über 200 Budgetläden umgewandelt, in denen nun vor allem Kleidung und Schuhe angeboten werden. In der Umgebung des Einkaufszentrums – von den Einheimischen mit dem Spitznamen *El Hueco* (Das Loch) geschmückt – finden sich ebenfalls Unmengen an Billigläden.

Centro Artesanal Mi Viejo Pueblo KUNSTHANDWERK
(Karte S. 210; Carrera 49 No 53–20) Der auf Touristen ausgerichtete Kunsthandwerksmarkt bietet eine breite Auswahl an Souvenirs, darunter Hängematten, Taschen und traditionelle Bekleidung.

Mercado de San Alejo MARKT
(Karte S. 210; Parque de Bolívar; ⏲1. So im Monat) Auf dem bunten Kunsthandwerksmarkt werden jede Menge sehr preiswerte Waren angeboten, aber es macht auch Spaß, einfach nur ein bisschen herumzustöbern.

Panamericana BÜCHER
(außerhalb der Karte S. 213; www.panamericana.com.co; Carrera 43A No 6S–150) Das rieisige Buchgeschäft hat auch einige englische Titel im Sortiment. Außerdem sind hier Stadtpläne von Medellín sowie Laptops und Zubehör erhältlich.

Ein nobles – und kostspieliges – Einkaufserlebnis bieten die Einkaufszentren in El Poblado, so z. B. **El Tesoro** (außerhalb der Karte S. 213; Carrera 25A No 1AS–45), **Santafé** (außerhalb der Karte S. 213; Carrera 43A No 7 Sur–170) und **CC Oviedo** (außerhalb der Karte S. 213; Carrera 43A No 6S–15).

Praktische Informationen

Weitere Informationen in Sachen Reiseplanung, Empfehlungen des Autors, Kommentare von Backpackern und Insidertipps finden sich bei Lonely Planet unter www.lonelyplanet.com/colombia/medellin.

Geld

Banco de Bogota (Calle 50 No 51–37)
CC Oviedo (Carrera 43A No 6 Sur–15) Im Centro Comercial (CC) Oviedo finden sich mehrere Wechselstuben, Geldautomaten und auch Banken.
Citibank (Carrera 43A No 1A Sur–49)

Internetzugang

In El Poblado und im Stadtzentrum gibt's jede Menge Internetcafés. Die meisten verlangen pro Stunde etwa 2000 COP.
Internet Center (Calle 53 No 47–44; ⏲9–21 Uhr) Telefonate ins In- und Ausland sowie Fax.
Movil Shock (Carrera 43A No 9–70; ⏲7.30–19.30 Uhr) Nicht weit vom Parque Poblado.

Medizinische Versorgung

Das Personal dieser beiden Privatkliniken spricht etwas Englisch.
Clínica Las Vegas (☎315 9000; www.clinicalasvegas.com; Calle 2 Sur No 46–55)
Clínica Medellín (☎311 2800; www.clinicamedellin.com; Calle 7 No 39–290)

Reiseformalitäten

Ministerio de Relaciones Exteriores (☎238 9252; www.cancilleria.gov.co; Calle 19 No 80°–40, Barrio Belén) Das Außenministerium nimmt Visaverlängerungen vor. Von El Poblado den Bus Circular Sur 302/303 nehmen, der auf der Avenida Las Vegas (Carrera 48) in Richtung Süden fährt.

Touristeninformation

Touristeninformation (Subsecretaría de Turismo; Karte S. 203; ☎ 385 6966, 261 6060; www.medellin.travel; Calle 41 No 55–35) Im Palacio de Exposiciones.

An- & Weiterreise

Bus

Medellín hat zwei Busbahnhöfe. Das **Terminal del Norte** (Nördlicher Busbahnhof), 3 km nördlich vom Stadtzentrum, wickelt die Busverbindungen in den Norden, Osten und Südosten ab, beispielsweise nach Santa Fe de Antioquia

(10 000 COP, 2 Std.), Cartagena (130 000 COP, 13 Std.), Santa Marta (130 000 COP, 16 Std.) und Bogotá (60 000 COP, 9 Std.). Der Busbahnhof lässt sich sehr gut und bequem mit der Metro von der Innenstadt aus erreichen (an der Station Caribe aussteigen) oder natürlich mit dem Taxi (8000 COP).

Das **Terminal del Sur** (Südlicher Busbahnhof), 4 km südwestlich vom Stadtzentrum, wickelt alle Busverbindungen in den Westen und Süden ab, so auch nach Manizales (35 000 COP, 5 Std.), Pereira (33 000 COP, 5 Std.), Armenia (37 000 COP, 6 Std.) und Cali (50 000 COP, 9 Std.). Von El Poblado ist man mit dem Taxi (5000 COP) schnell dort.

Flugzeug

Medellín hat zwei Flughäfen. Alle internationalen Flüge starten am **Aeropuerto Internacional José María Córdoba,** 35 km südöstlich der Stadt nicht weit von der Ortschaft Ríonegro entfernt. Inlandsflüge von Avianca gehen ebenfalls hier ab, darunter die häufige Verbindung nach Bogotá. Shuttlebusse verkehren von der Innenstadt (hinter dem Hotel Nutibara) zum Flughafen im 15-Minutentakt (7000 COP, 1 Std., 5–21 Uhr); ein Taxi kostet etwa 54 000 COP.

Der kleinere **Aeropuerto Olaya Herrera** befindet sich direkt neben dem Terminal del Sur. Hier starten viele Inlandsflüge, beispielsweise die von Satena durchgeführten Flüge von Medellín an die Pazifikküste.

ℹ Unterwegs vor Ort

Bus

Medellín verfügt über ein gutes innerstädtisches Busnetz. Für die Bedürfnisse der meisten Backpacker reichen die Metro und die Taxis aber bereits aus. Nahezu alle Linien beginnen in der Avenida Oriental und dem Parque Berrío und verkehren bis etwa 22 Uhr oder 23 Uhr.

Metro

Die **Metro** (www.metrodemedellin.gov.co; einfache Fahrkarte 1525 COP; ⌚Mo–Sa 4.30–23, So 5–22 Uhr) von Medellín ist der einzige Nahverkehrszug in Kolumbien. Sie ging 1995 in Betrieb und besteht aus einer 23 km langen Nord-Süd-Linie sowie einer 6 km langen Ost-West-Linie. Die Züge verkehren auf Bodenniveau bis auf die 5 km, die durch die Innenstadt führen; dort fahren sie auf einer Trasse über der Stadt. Das Metrounternehmen betreibt auch drei Seilbahnen; diese sogenannten Metrocables wurden eingerichtet, um die Armenviertel in den umliegenden Hügeln sowie den Park Arví in Santa Elena verkehrstechnisch zu erschließen. Die Fahrten in den großen Gondeln sind nicht nur praktisch, um die Stadt zu erkunden, sondern bieten auch einen wirklich wundervollen Ausblick über Medellín.

Taxi

Taxis gibt es in Medellín zuhauf; alle sind mit einem Taxameter bestückt. Die Grundgebühr beträgt 4200 COP. Ein Taxi vom Stadtzentrum nach El Poblado kostet etwa 10 000 COP.

RUND UM MEDELLÍN

Die Landschaft rund um Medellín war für Touristen aufgrund des Bürgerkriegs lange Zeit tabu – sie saßen in den Städten fest. Heute ist die Sicherheitslage gut, und so tummeln sich hier nun die Massen. Im Osten liegt ein künstlicher Stausee, der Embalse Guatapé – ein beliebtes Naherholungsgebiet am Wochenende. Nicht weit davon entfernt ragt ein 200 m hoher Monolith aus Granit auf, die Piedra del Peñol. Wer ihn erklimmt, dem bietet sich von oben ein schöner Blick über den Stausee.

Im Norden der Stadt liegt Santa Fe de Antioquia, ein verschlafenes Kolonialstädtchen, das früher einmal die Provinzhauptstadt war. Heute lockt es viele Wochenendgäste aus Medellín an, die sich hier aufwärmen wollen – der Ort liegt auf nur 550 m Höhe und bietet eine große Vielzahl an Restaurants sowie Hotels mit Pool zum Herumplantschen.

Drei Stunden östlich von Medellín lockt Río Claro, ein herrliches Naturschutzgebiet, mit einem beschaulichen Fluss, der sich zum Raften eignet. Hier gibt es außerdem riesige Höhlen mit Fledermäusen.

Guatapé

☎4 / 4229 EW. / HÖHE 1925 M

Wer sich in Medellín zwei Stunden in den Bus setzt, gelangt in den netten Ferienort Guatapé, der 1811 gegründet wurde. Jahrelang glich er eher einer Geisterstadt, doch mittlerweile ist der Tourismus mit Vehemenz zurückgekehrt. Das Angebot an Hotels, die um das Wohl der Wochenendgäste bemüht sind, ist breit; unter der Woche halbieren sich die Preise nahezu. In den Restaurants kommt herzhaftes *paisa*-Essen auf den Tisch. Jedenfalls bietet sich der Ort für einen tollen Tagesausflug an, und zwar vor allem am Wochenende, wenn sich hier Unmengen Kolumbianer erholen und Partystimmung herrscht. Boote schippern über den See – manche sogar mit Bar und Tanzfläche –, und am Ufer verläuft eine Seilrutsche *(cable vuelo).*

Guatapé ist auch für die freskenartigen Verzierungen an seinen traditionellen Häusern bekannt. Die bunten Basreliefs an der unteren Hälfte vieler Gebäude zeigen Menschen, Tiere und allerlei Schnörkel.

Sehenswertes

Einen Block südlich vom Hauptplatz befindet sich die **Calle de los Recuerdos,** eine Straße mit Kopfsteinpflaster, die den Hügel hinaufführt; hier stehen mit Fresken verzierte Häuser, die zu den schönsten der ganzen Ortschaft gehören.

La Casa del Arriero, das älteste und größte Haus in Guatapé, wird noch von Nachfahren des ursprünglichen Besitzers bewohnt. Die Eingangstür steht immer offen, sodass Besucher den Innenhof in der Mitte besichtigen können. Ein typisches Haus in Guatapé – beim Eintreten auf die bemalten Falttüren achten.

Die **Iglesia del Calma** lässt eine griechisch-römische Fassade sehen; der Kirchenraum besteht aus poliertem Holz. Das Gotteshaus soll angeblich 1811 als eine Art Buße von einem Mann erbaut worden sein, den sein Gewissen plagte, weil er einen Orangendieb getötet hatte.

Aktivitäten

Mehrere Unternehmen am *malecón* (Promenade) bieten Bootsausflüge auf dem See an. Bei den Standardtouren steht die Besichtigung von La Cruz (Kirche im alten Peñol – heute unter Wasser) mit auf dem Programm, ein wahrlich beeindruckender Anblick. Auch die Isla de las Fantasias, eine Insel, wird angesteuert. Die meisten Boote verfügen über ein gutes Soundsystem und eine Tanzfläche. Alle Exkursionen kosten pro Person rund 10 000 COP; preiswerte Getränke sind an Bord erhältlich. Es besteht aber auch die Möglichkeit, ein kleineres Boot mit bis zu zehn Sitzplätzen zu chartern (100 000 COP), um sich die Sehenswürdigkeiten im Rahmen einer Privattour anzuschauen. Das Lakeview Hostel bietet preiswerte Bootsausflüge (20 000 COP pro Pers.) an, bei denen alle üblichen Sehenswürdigkeiten sowie der Besuch von Pablo Escobars verlassenenem Ferienhaus am anderen Ende des Sees auf dem Programm stehen.

Bei einer **Seilrutschen-Fahrt** (☎861 1083; pro Fahrt 10 000 COP; ⏲Fr–So) am Seeufer können Wagemutige in einem Korb auf die andere Seite des Sees zu einem größeren Hügel gleit

Schlafen & Essen

Überall im Ort gibt es gemütliche Unterkünfte; während der Woche lässt sich oft eine erhebliche Ermäßigung aushandeln. Auch an hochwertigen Restaurants besteht in Guatapé kein Mangel; die meisten liegen rund um die Plaza.

El Encuentro HOSTEL $
(☎861 1374; www.hostelelencuentro.com; Vereda Quebrada Arriba; B 20 000 COP, Zi. 55 000–75 000 COP; 📶) Das Hostel bietet eine gelungene Mischung aus beschaulichem Ambiente, toller Aussicht und Gärten, die sich bis zum privaten Seezugang hinunterziehen, wo die Gäste baden können. Jedenfalls wirkt das El Encuentro eher wie eine Nobelherberge. Einige der eleganten Zimmer haben Balkon mit Seeblick. Es gibt einen Massageraum, Yoga im Freien, eine kleine Küche und eine fetzige Bar, die aus Holz und Flaschen zusammengebastelt wurde. Das Hostel liegt zehn Minuten zu Fuß von Guatapé entfernt. Wer sein Gepäck nicht schlepen will, leistet sich ein Moto-Taxi (Dreirad).

Lakeview Hostel HOSTEL $
(☎861 0097; www.lakeviewhostel.com; B 20 000 COP, Zi. 50 000–60 000 COP; 📶) Das kompakte Hostel jenseits der Hauptbrücke bietet vom Gemeinschaftsbalkon aus einen schönen Blick über den See auf die Stadt und die Piedra del Peñol. Die geselligen Besitzer organisieren vielfältige Aktivitäten, darunter Kajak fahren, Wanderungen zu den Wasserfällen in der Nähe und Ausflüge zum Angeln.

Guatatur HOTEL $$
(☎861 1212; www.hotelguatatur.com; EZ/DZ 115 000/140 000 COP, Suite 232 000–326 000 COP; 📶) Das Hotel mit moderaten Preisen liegt einen Block von der Plaza entfernt und hat sich auf Pauschalangebote am Wochenende für Paare aus Medellín spezialisiert. Einige Zimmer haben Seeblick, die Suiten sind mit einem Whirlpool bestückt und bieten sogar eine noch beeindruckendere Aussicht.

La Fogata KOLUMBIANISCH $$
(Av. El Malecón; Hauptgerichte 15 000–18 000 COP) Das Restaurant direkt gegenüber vom See mit Blick aufs Wasser und die Boote bringt hervorragendes *paisa*-Essen auf den Tisch, darunter auch Frühstück (6500 COP). Wirklich empfehlenswert ist die *trucha* (Forelle). Wenn der Magen richtig knurrt, sorgt eine *bandeja paisa* für Abhilfe.

Praktische Informationen

In Guatapé gibt es keine Geldautomaten – der nächste befindet sich in der Ortschaft Peñol, 20 Minuten mit dem Bus entfernt.

Touristeninformation (☎861 0555) Sie liegt in der *alcaldía* (Rathaus) am Hauptplatz und erteilt wochentags Auskünfte. Am Wochenende übernimmt eine kleine Infobude am Wasser diese Aufgabe.

An- & Weiterreise

Wer im Rahmen eines Tagesausflugs hierher kommt, sollte zuerst die Piedra del Peñol erklimmen und dann erst Guatapé erkunden, denn nachmittags ziehen oft Wolken auf, und manchmal regnet es auch. Busse von/nach Medellín (10 000 COP, 2 Std.) verkehren stündlich. Colectivos pendeln häufig zwischen dem Abzweig nach Piedra del Peñol und Guatapé (1500 COP, 10 Min.) hin und her. Ein Moto-Taxi (Dreirad) bis zum Eingang kostet 8000 COP.

Wer an einem Wochenende von Guatapé zurück nach Medellín fahren möchte, sollte die Rückfahrkarte sofort bei der Ankunft kaufen, denn die Busse sind schnell voll. Der Fahrkartenschalter befindet sich ein Stück bergauf an der Hauptplaza.

Piedra del Peñol

HÖHE 2100 M

Der als **El Peñol** (La Piedra, „Der Fels"; pro Aufstieg 8000 COP) bekannte, 200 m hohe Granitmonolith ragt nicht weit vom Ufer des Stausees (Embalse Guatapé) entfernt auf. Eine Ziegeltreppe führt schweißtreibende 649 Stufen durch einen breiten Spalt seitlich am Felsen nach oben. Von dort bietet sich ein herrlicher Ausblick über die Region. Die einzelenen Ausläufer des Stausees greifen wie Finger in die weitläufigen grünen Berge.

Von Medellín kommend sollte man nicht im Ort Peñol aus dem Bus aussteigen, sondern den Fahrer bitten, einen bei „La Piedra" abzusetzen – zehn Minuten weiter die Straße hinunter. Dann geht es über eine Straße mit Kopfsteinpflaster ein Stück bergauf und an einer Tankstelle vorbei (1 km) zu einem Parkplatz am Fuß des Felsens. Hier finden sich Unmengen an Lokalen sowie Stände, die allerlei Schnickschnack für Touristen feilbieten, und eine Bronzestatue – sie zeigt den ersten Menschen, der diesen Felsen erklommen hat. Zahlreiche Restaurants servieren ein Mittagessen (7000–12 000 COP). Oben sind Fruchtsäfte, Eis und *salpicón* (Bowle mit Obstsalat in Wassermelonensaft) erhältlich.

Santa Fe de Antioquia

☎4 / 23 600 EW. / HÖHE 550M

Die verschlafene Kolonialstadt ist die älteste Siedlung der Region und war einst die Hauptstadt der Provinz Antioquia. Sie wurde 1541 von Jorge Robledo gegründet. Die Uhr stand 1826 still, als die Regierung nach Medellín verlegt wurde. Da der Ort so viele Jahre lang im Schatten der Nachbarstadt, 80 km weiter östlich, stand, fiel die koloniale Innenstadt nie der Abrissbirne zum Opfer und präsentiert sich deshalb heute so schmuck wie im 19. Jh. Die schmalen Straßen sind von einstöckigen, weiß getünchten Häusern gesäumt; viele gruppieren sich um einen reizvollen Patio. Ein wirklich sehr schöner und typischer Anblick sind auch die kunstvollen Schnitzarbeiten um die Fenster und Türen.

Das an den flachen Ufern des Río Cauca gelegene Santa Fe de Antioquia lockt heute viele Touristen aus Medellín an, die in dem feucht-warmen Klima Erholung suchen. Vor allem am Wochenende, wenn sich die Einwohner in den vielen Schwimmbädern vergnügen, bietet sich die Stadt für einen schönen Tagesausflug von Medellín aus an. Und wer schon einmal da ist, sollte unbedingt auch *pulpa de tamarindo* probieren, ein beliebtes süß-saures Konfekt, das aus Tamarinden hergestellt wird, die aus einem Tal in der Nähe stammen.

Sehenswertes

Von den vier Kirchen der Stadt ist die **Iglesia de Santa Bárbara** (Ecke Calle 11 & Carrera 8; ⏲5–18.30, plus So während der Morgenmesse) am interessantesten. Das in der zweiten Hälfte des 18. Jhs. von Jesuiten errichtete Gotteshaus weist eine schöne Barockfassade auf. Innen ist über dem Hochaltar ein interessanter, allerdings verwitterter Altaraufsatz zu bestaunen. Das **Museo de Arte Religioso** (☎853 2345; Calle 11 No 8–12) nebenan ist seit 2010 wegen Renovierungsarbeiten auf unbestimmte Zeit geschlossen. Es beherbergt eine umfangreiche Sammlung von sakralen Objekten, zudem Gemälde von Gregorio Vásquez de Arce y Ceballos. Einige der Werke sind momentan im **Museo Juan del Corral** (☎853 4605; museojuandelcorral@mincultura.gov.co; Calle 11 No 9–77; Eintritt 1000 COP; ⏲10–17 Uhr, Mi geschl.) ausgestellt, einem sehenswerten Museum, das sich in einem herrlich erhaltenen Kolonialgebäude der Geschichte der Region widmet.

Santa Fe de Antioquia

Santa Fe de Antioquia

Highlights

Iglesia de Santa Bárbara C2
Museo Juan del Corral B1

Sehenswertes

1 Kathedrale B2
2 Museo de Arte Religioso C2

Schlafen

3 Hostal Plaza Mayor B2
4 Hotel Caserón Plaza B2

Essen

5 Restaurante Portón del Parque A2

Ausgehen

6 La Comedia C2

Die **Kathedrale** (Plaza Mayor; ⏲Morgen- & Abendmesse, plus So 11-Uhr-Messe) wird manchmal als „Catedral Madre" bezeichnet, denn sie war die erste Kirche, die in dieser Region erbaut wurde. Das originale Bauwerk fiel einem Feuer zum Opfer; das große Gebäude, wie es sich heute präsentiert, wurde erst 1837 vollendet. Innen lohnen ein Blick auf das *Letzte Abendmahl* (im rechten Querschiff) sowie ein Bildnis, das den hl. Francisco de Borja mit einem Totenschädel zeigt (im Querschiff gegenüber).

Rund 5 km östlich von Santa Fe de Antioquia beeindruckt an der Straße nach Sopetrán der **Puente de Occidente** (Westbrücke), eine 291 m lange Brücke über den Río Cauca. Sie wurde 1895 fertiggestellt und war eine der ersten Hängebrücken in Nord- und Südamerika. Diverse Moto-Taxis (Dreiräder) chauffieren die Touristen jetzt auf der Brücke hin und her (12 000 COP hin & zurück). Wer sie zu Fuß überquert, sollte aufpassen: Das Holz ist an manchen Stellen durchgefault, und so mancher ist schon eingebrochen und in den Fluss gestürzt.

Feste & Events

Semana Santa RELIGION
(Karwoche; Ostern) Wie die meisten Traditionsstädte aus den frühen Tagen der spanischen Eroberung begeht auch Santa Fe de Antioquia die Karwoche und Ostern mit viel feierlichem Pomp. Unbedingt rechtzeitig die Unterkunft reservieren.

Fiesta de los Diablitos KULTUR
(Dez.) Das beliebteste Fest der Stadt wird jährlich an den letzten vier Tagen des Jahres mit Musik, Tanz und einem Kunsthandwerksmarkt begangen. Wie bei fast jedem

Fest des Landes dürfen ein Schönheitswettbewerb und Stierkämpfe natürlich nicht fehlen.

Schlafen

Die meisten Leute besuchen Santa Fe de Antioquia im Rahmen eines Tagesausflugs. Die Stadt verfügt jedoch über rund ein Dutzend Hotels in allen Preislagen. Während der Woche liegen die Tarife weit unter denen vom Wochenende.

LP TIPP Hostal Plaza Mayor HOSTEL $

(☎853 3448; Plaza Mayor; Zi. pro Pers. 20 000 COP;) Das auf Backpacker ausgerichtete Hostel in einem alten Kolonialgebäude am Hauptplatz bietet wirklich sehr viel fürs Geld. Die ordentlichen Zimmer im Haus sind frisch renoviert; außerdem warten noch Hütten am Pool auf die Gäste. Von der Terrasse hinter dem Haus eröffnet sich ein herrlicher Blick auf die Berge. Und den Gästen stehen sogar Fahrräder zur Verfügung.

Hotel Caserón Plaza HOTEL $$

(☎853 2040; halcaraz@edatel.net.co; Plaza Mayor; EZ/DZ/3BZ/4BZ 52 000/97 000/142 000/178 000 COP;) Der Gasthof am Hauptplatz der Stadt war einst das Zuhause des hiesigen Landadels. Die Zimmer gruppieren sich um einen attraktiven Hof; hinter dem Haus verlocken ein hübscher Pool und ein Garten, plus ein anständiges Restaurant. Für die Klimaanlage wird ein Aufschlag von 1000 COP erhoben. Tagesgäste können für 30 000 COP hier essen und auch den Pool benutzen.

Essen & Ausgehen

An der Hauptplaza finden sich jede Menge anständige Billigrestaurants. Die meisten Bars ballen sich in der winzigen *zona rosa* rund um die Plazoleta de la Chinca.

Restaurante Portón del Parque KOLUMBIANISCH $$

(☎853 3207; Calle 10 No 11–03; Hauptgerichte 18 000–30 000 COP; ⊙Mittag- & Abendessen) Das Restaurant in einem eleganten Kolonialgebäude mit hohen Decken und einem Patio mit vielen Blumen gilt gemeinhin als die beste Adresse der Stadt. Aus der Küche kommen traditionelle Gerichte sowie internationale Speisen in Topqualität. Auf der Speisekarte dominieren Fleischgerichte. Zu den Hauptgerichten gehört immer auch ein Salat, den sich die Gäste an der tollen Salatbar selbst zusammenstellen können.

La Comedia CAFÉ, BAR $$

(Calle 11 No 8–03) In der künstlerisch angehauchten Café-Bar gegenüber der Iglesia de Santa Bárbara dudelt leiser Jazz, man gibt sich betont entspannt. Auf den Tisch kommt die ganze Palette an heißen und kalten Getränken, aber auch köstliche leichtere Mahlzeiten (Hauptgerichte 15 000–20 000 COP) sind erhältlich. Wem die lauten Bars in der *zona rosa* nicht zusagen, der ist hier abends goldrichtig, um sich in aller Ruhe einen schlichten Drink zu genehmigen.

Praktische Informationen

Banco Agraria (Calle 9 No 10–51) Der Geldautomat funktioniert mit allen Karten (Visa, MasterCard, American Express etc).

Listo Comunicaciones (☎853 3357; 1000 COP pro Std.; ⊙7–22 Uhr) Der Internetladen am Hauptplatz verfügt auch über Telefonkabinen. Auf dem Schild draußen steht „Telecom".

Touristeninformation (Oficina de Fomento y Turismo; ☎853 4139; Plaza Mayor; ⊙8–12 & 14–18 Uhr) Die Touristeninformation befindet sich im Palacio Municipal am Hauptplatz und hält nützliche Informationen zu den verschiedenen Unterkünften bereit. Sie empfiehlt auch Kunsthandwerker und Juweliere vor Ort.

An- & Weiterreise

Busse von/nach (10 000 COP, 2 Std.) Medellín, genauer gesagt zum Terminal de Norte, verkehren stündlich. Der letzte Bus nach Medellín fährt gegen 20 Uhr ab.

Río Claro

HÖHE 350 M

Drei Stunden östlich von Medellín und fünf Stunden westlich von Bogotá erstreckt sich die **Reserva Natural Cañon de Río Claro** (☎265 8855; www.rioclaroelrefugio.com; Autopista Medellín-Bogotá Km 132; Zeltplatz pro Pers. 5000 COP, Zi. pro Pers. inkl. 3 Mahlzeiten 75 000–90 000 COP). Die Schlucht wurde von einem Fluss aus dem Marmor gefräst. Echt spannend sind hier die fantastische Höhle, Wildwasser-Rafting und Fahrten mit der Seilrutsche, aber man kann hier natürlich auch einfach eine Runde schwimmen und am Ufer eine Wanderung unternehmen. Auch Leute, die gern Vögel beobachten, kommen voll und absolut auf ihre Kosten: In der Region lässt sich von Kolibris bis hin zu Reihern und Geiern Unmengen Federvieh sehen.

Etwa 2 km südlich der Autobahn Medellín–Bogotá finden sich in dem Naturreservat verschiedene Unterkunftsmöglichkeiten. Die spektakulärsten lassen sich in 15 Minuten zu Fuß flussaufwärts vom Restaurant aus erreichen: Die Zimmer gehen auf den offenen Dschungel hinaus, die Gäste sinken beim Geräusch des tosenden Flusses in den Schlaf und schlaummern beim nächtlichen Zirpen der Grillen. Am nächsten Morgen steigt dann aus dem von Dschungel überwucherten Cañon der Dunst auf. Nur wer frühzeitig bucht, ergattert ein Zimmer mit Blick auf den Fluss. Unweit der Autobahn gibt es auch noch eine Unterkunft im Stil eines Motels; der ständige Autolärm ist allerdings nervig, auch wenn die Zimmer zweckmäßig und komfortabel sind.

Die **Caverna de los Guácharos** (12 000 COP), eine spektakuläre Höhle gleich in der Nähe, sollte sich wirklich niemand entgehen lassen. Hier öffnet sich -hoch und hohl wie eine Kathedrale - eine Höhle nach der anderen. Durch das ca. 1 km lange Höhlensystem plätschert ein Bach. Die Eingänge bewachen schrille, kreischende *guácharos,* Nachtvögel, die an Fledermäuse erinnern. Die Besucher bekommen eine Schwimmweste verpasst - sehr sinnvoll, denn einen Teil der Strecke muss man wirklich schwimmend zurücklegen.

Der Fluss eignet sich auch prächtig zum Raften (20 000 COP). Die Stromschnellen sind mit dem Schwierigkeitsgrad I klassifiziert - für eingefleischte Wildwasserfahrer vielleicht eher enttäuschend. Über den Fluss sind Seilrutschen verspannt. Jedenfalls vergeht der vergnügliche Nachmittag im wahrsten Sinn wie im Flug, wenn man über den Dschungel gleitet (20 000 COP).

Badezeug, ein Handtuch und eine Taschenlampe sind mitzubringen. Am Wochenende ist das Reservat meist voll mit kolumbianischen Schülern - der Besuch unter der Woche gestaltet sich also ruhiger. Das hier erhältliche Essen taugt übrigens nicht gerade viel. Obst und Gemüse lassen sich auf dem Teller wenig sehen. Im Campingbereich ist es gestattet zu kochen. Bier wird im Restaurant verkauft, Hochprozentiges ist generell verboten.

ℹ Praktische Informationen

Das Reservat liegt 24 km westlich von Doradal; dort gibt es ein paar Budgethotels und auch Internetcafés rund um die Hauptplaza. Der nächste Geldautomat befindet sich in Puerto Triunfo, rund 15 Minuten mit dem Taxi/Bus weiter gen Osten.

ℹ An- & Weiterreise

Die meisten Busse auf der Strecke Medellín–Bogotá halten am Eingang des Reservats. Wer aus einer anderen Richtung kommt, sollte nach Doradal fahren. Von dort verkehrt dann ein Bus, der direkt am Haupteingang (5000 COP, 20 Min.) hält.

ZONA CAFETERA

Willkommen im Land des Kaffees! Kolumbien ist berühmt für seinen Kaffee, doch nirgendwo sonst sind die preisgekrönten Bohnen von solcher Bedeutung wie in den Provinzen Caldas, Risaralda und Quindío, die gemeinsam das Herz der Zona Cafetera bilden; das Gebiet ist übrigens auch unter dem Begriff Eje Cafetero bekannt. Hier kurven Jeeps voll besetzt mit schnauzbärtigen Kaffeepflückern herum, in den Cafés plaudern in Ponchos gekleidete Senioren und trinken dazu eine Tasse heißen Arabica-Kaffee nach der anderen. Viele *fincas* (Kaffeefarmen) haben sich dem Tourismus verschrieben und heißen nun Besucher auf den Plantagen herzlich willkommen. Diese können hier miterleben, wie der Anbau von Kaffee funktioniert. Besonders interessant gestaltet sich der Besuch natürlich während der Erntezeit (April–Mai & Okt.–Dez.), wenn es auf den Farmen wie im Bienenstock zugeht.

Die Region wurde im 19. Jh. von *paisas* kolonialisiert, genauer gesagt während der *colonización antioqueña* (Kolonialisierung der Kaffeeregion), und ist seitdem kulturell eher Medellín verbunden als Cali oder Bogotá - was sich in vielem bemerkbar macht, von der Architektur bis hin zur Kochkunst. Das Gebiet beeindruckt mit seiner wunderschönen Natur. Überall bieten sich herrliche Ausblicke - vor allem Salento und das angrenzende Valle de Cocora, ein weitläufiges Tal, sind atemberaubend. Der Parque Nacional Natural (PNN) Los Nevados reicht auf eine Höhe von stolzen 5000 m hinauf und bietet eine Fülle von Wandermöglichkeiten durch den beeindruckenden *páramo* (Hochebene).

Manizales

☎6 / 388 525 EW. / HÖHE 2150 M

Als nördliches Drehkreuz der sogenannten Kaffeeachse präsentiert sich Manizales als angenehm frische, mittelgroße Universitätsstadt inmitten von grüner Berglandschaft.

Die vielen Studenten prägen die Stadt; viele hervorragende Restaurants und Nachtclubs haben sich auf ihre Vorlieben – und beschränkten Finmanzmittel – eingestellt. Manizales dient auch als Tor zum PNN Los Nevados und zu drei weiteren Naturschutzgebieten in der Nähe: dem Recinto del Pensamiento, der Reserva Ecológica Río Blanco und Los Yarumos. Gleich mehrere Kaffeefarmen bieten beliebte und informative Exkursionen an.

Manizales ist die Hauptstadt der Provinz Caldas und wurde 1849 von einer Gruppe Kolonisten aus Antioquia gegründet, die versuchten, dem Bürgerkrieg zu entkommen. Einer einheimischen Legende zufolge, bestand die ursprüngliche Siedlung aus gerade einmal 20 Familien, darunter auch die Familie von Manuel Grisales, nach dem die neue Stadt dann schlißlich auch benannt wurde. Zwei Erdbeben in den Jahren 1875 und 1878 beeinträchtigten die frühe Entwicklung von Manizales, 1925 auch noch ein Feuer. Aus diesem Grund gibt es hier auch leider nicht viel historisch Interessantes zu sehen. Der eigentliche Reiz der Stadt liegt in den vielfältigen Aktivitäten in der Natur und im fetzigen Nachtleben.

Sehenswertes

Die **Plaza de Bolívar** ist der Hauptplatz der Stadt mit der obligaten Statue von Bolívar, ein Werk von Rodrigo Arenas Betancur. Sie heißt auch Bolívar-Cóndor, denn der Bildhauer hat den Gründer Kolumbiens mit den charakteristischen Merkmalen dieses Vogels versehen. Der **Palacio de Gobierno**, ein schmuckes neoklassizistisches Gebäude aus dem Jahr 1927, steht an der Nordseite der Plaza.

Die Südseite beherrscht die seltsame, aber dennoch beeindruckende **Catedral de Manizales** (Turmbesteigung 7000 COP; Turm Do–Mo 9–12 & 14–18 Uhr). Die Arbeiten an dieser Kathedrale, die ganz aus Stahlbeton besteht, begannen 1929 – sie ist einer ersten dieser Art in ganz Lateinamerika. Der Hauptturm bringt es auf stattliche 106 m und ist damit der höchste Kirchturm des Landes. Wer ihn erklimmt, genießt einen tollen Blick über die ganze Stadt.

Nur ein paar Schritte zu Fuß ragt östlich von der Plaza de Bolívar die **Iglesia de la Inmaculada Concepción** auf. Die Kirche wurde Anfang des 20. Jhs. erbaut. Der Innenraum aus geschnitztem Holz wirkt wie ein Schiffsrumpf.

In Chipre, 2 km weiter nördlich vom Stadtzentum auf einer Anhöhe, bietet die **Torre al Cielo** (880 2345; www.torrealcielo.com; Eintritt 3000 COP; Mo–Mi 11–22, Do–Sa 11–14, So 10–22 Uhr), ein 45 m hoher Aussichtsturm, einen fantastischen Blick über die Stadt bis zum PNN Los Nevados. Auf der Avenida Santander fahren Busse von der Cable Plaza nach Chipre (1100 COP, 15 Min.), und zwar im 30-Sekundentakt. Ja, das ist nun wirklich häufig!

Geführte Touren

Neben den anderen nachfolgend genannten Veranstaltern bietet auch das Mountain House Touren zum Parque Nacional Natural (PNN) Los Nevados an.

Kumanday Adventures ABENTEUERTOUREN
(885 4980, 315 590 7294; www.kumanday.com; Av. Santander No 60–13) Bei dem Veranstalter von Abenteuerexkursionen mit Komplettservice, der sich neben der Universidad Católica befindet, stehen Berg- und Mountainbiketouren im ganzen Land auf dem Programm. Außerdem ist es möglich, sich hier ein Zelt, einen Schlafsack und Bergausrüstung auszuleihen. Und ein Bett in einem Schlafsaal gibt es vor Ort sogar auch noch.

Ecosistemas To
(880 8300; ecosistemas2000@yahoo.com; Carrera 21 No 23–41) Veranstaltet werden Ausflüge sowie mehrtägige Touren in den PNN Los Nevados (s. S. 232).

Comfamiliares TOUREN
(886 0737; Ecke Carrera 25 & Calle 50) Ein weiterer Veranstalter, der Touren in den PNN Los Nevados (s. S. 232) anbietet.

Feste & Events

Feria de Manizales STIERKAMPF
(Jan.) Das Highlight der alljährlich in Manizales veranstalteten Feste sind die Stierkämpfe. Diese Feria lockt so ziemlich die besten Torreros aus aller Welt an, die dann gegen die wildesten Stiere Kolumbiens antreten. Außerdem finden die üblichen Umzüge und Märkte mit Kunsthandwerk statt – und natürlich ein Schönheitswettbewerb.

Festival Internacional de Teatro THEATER
(Sept. & Okt.) Das seit 1968 alljährlich veranstaltete internationale Theaterfestival ist eines von zwei bedeutenden Festivals dieser Art des Landes – das andere findet in Bogotá statt. Es dauert etwa eine Woche. Während

des Festivals gibt es auf der Plaza de Bolívar auch kostenlose Konzerte.

Schlafen

Die meisten Unterkünfte finden sich an der Cable Plaza und Umgebung. Dort gibt es auch eine große Shoppingmall und so ziemlich die besten Restaurants der Stadt. In der Hochsaison können sich die Preise verdoppeln (d. h. im Januar während der Feria).

Mountain House HOSTEL $
(☎887 4736; www.mountainhousemanizales.com; Calle 66 No 23B–137; B 20 000 COP, EZ/DZ 50 000/55 000 COP, EZ/DZ ohne Bad 40 000/45 000 COP; *iW*) Das schöne Hostel, ein kurzes Stück zu Fuß von der *zona rosa* entfernt, ist etwas für ein legeres Publikum und eine der wenigen Unterkünfte, in denen Backpacker und Kolumbianer unter einem Dach wohnen. Ein kleines Veranstaltungsbüro vor Ort bietet vielerlei interessante Trecks in und um den Parque Nacional Natural (PNN) Los Nevados an. Während der Recherchen zu diesem Reiseführer war gerade ein gehobeneres Hotel mit mehr Einzel- und Doppelzimmern ein Stück weiter unten in Bau.

Estelar Las Colinas HOTEL $$$
(☎884 2009, 1 800 097 8000; www.hotelesestelar.com; Carrera 22 No 20–20; EZ/DZ 161 200/202 484 COP; @) Das moderne Hotel aus Glas und Beton gilt als die nobelste Adresse im Stadtzentrum. Ein sonderlich schöner Anblick ist das Estelar Las Colinas zwar nicht, aber dafür sind die Zimmer groß und komfortabel, und ein edles Restaurant findet sich hier auch noch. Das üppige Frühstücksbüffet ist im Preis inbegriffen. Von den Zimmern in den oberen Etagen bietet sich eine schönere Aussicht, außerdem sind sie heller.

Varuna Hotel HOTEL $$$
(☎881 1122; www.varunahotel.com; Calle 62 No 23C–18; EZ/DZ 189 500/229 500 COP; @) Die Unterkunft ist bei Geschäftsleuten sehr beliebt. Die minimalistischen Zimmer haben polierte Parkettböden. Zur Cable Plaze sind es bloß ein paar Schritte zu Fuß. Im Restaurant werden Frühstück, Mittag- und Abendessen serviert. Am besten um ein Zimmer weiter oben bitten, denn dort ist die Aussicht schöner.

Hostal Palogrande HOSTEL $
(☎886 3984; www.hostalpalogrande.com; Calle 62 No 23–36; B/EZ/DZ 25 000/30 000/60 000 COP;) Das neue Hostel direkt in der *zona rosa* ist billig, supersauber und kann auch noch mit großen Bädern und einer hübschen Lounge aufwarten. Einen Minuspunkt bekommen allerdings die windigen Matratzen und die Wände, die so dünn sind, dass man meint, mit den Zimmernachbarn im Bett zu liegen.

Pit Stop Hostel HOSTEL $
(☎887 3797; www.pitstopmanizales.com; Calle 65 No 23B–19; B 21 000 COP, Zi. mit/ohne Bad 40 000/30 000 COP; @) Das gesellige Hostel liegt nicht weit von der Cable Plaza entfernt. Frühstück gibt's kostenlos, außerdem können sich die Gäste auch noch über einen großen heißen Whirlpool und eine äußerst fetzige Bar im Untergeschoss freuen, die bei den einheimischen Metal-Fans hoch im Kurs steht.

Essen

An der Cable Plaza befindet sich ein Carulla-Supermarkt, in der Carrera 23 in der *zona rosa* gibtt es zahlreiche Fast-Food-Lokale.

La Suiza BÄCKEREI $
(Carrera 23B No 26–57; Hauptgerichte 10 000–14 000 COP; Mo–Sa 9–20.30, So 10–19.30 Uhr) In dieser leckeren Bäckerei werden köstliche Pasteten und sogar selbst gemachte Schokolade angeboten. Außerdem kommen preiswertes Frühstück in allerlei Varianten auf den Tisch und leichte Mittagsgerichte wie Crêpes mit Champignons und Sandwiches mit Hühnchen. Eine Zweigstelle befindet sich in der Nähe der Cable Plaza.

Los Geranios KOLUMBIANISCH $$
(☎886 8738; Carrera 23 No 71–67, Milan; Hauptgerichte 16 000–18 500 COP) Das Restaurant ist für seine großen Portionen kolumbianisches Essen berühmt – genau richtig, wenn der Magen knurrt, aber auch, um spät nachts aufzutanken. Auf der Speisekarte stehen *bandeja paisa,* fünf Sorten *sancocho* (Suppe), *ajiaco* (eine sämigere Suppe aus Hühnchen, Mais, unterschiedlichen Kartoffeln, Avocado und *guasca,* eine einheimische Kräuterart) sowie Steaks, Hühnchen und sogar ein paar Fischgerichte. Die Mahlzeiten werden mit fünferlei Soßen serviert.

Spago ITALIENISCH $$
(☎885 3328; Calle 59 No 24a–10; Hauptgerichte 16 000–33 000 COP; Mo–Sa Mittag- & Abendessen, So Mittagessen) In Sachen internationale Küche ist Manizales nicht gerade gut bestückt, doch dieses moderne Bistro überzeugt dann doch mit seinem leckeren italie-

nischen Essen im Stil von Hausmannskost. Der Geschmack ist subtil, die Zutaten sind frisch, und das Personal gibt sich professionell. Die Auswahl an Weinen kann sich ebenfalls sehen lassen.

Don Juaco KOLUMBIANISCH $
(☎885 0610; Calle 65 No 23A–44; Hauptgerichte 12 000-17 000 COP) Das beliebte Restaurant im Herzen der *zona rosa* bringt leckere Burger auf den Tisch, und das Tagesgericht zu Mittag bietet wirklich immer sehr viel fürs Geld – beispielsweise die *cazuela de pollo,* ein Hühncheneintopf, der mit Brot, Salat und einem anschließenden Kaffee serviert wird und gerade einmal schlappe 14 000 COP kostet.

Ausgehen & Unterhaltung

Das Hauptrevier der *zona rosa* befindet sich an der Avenida Santander unweit der Cable Plaza. Hier warten diverse *viejotecas* (Nachtclubs für über 30-Jährige) bei der Stierkampfarena, 1 km südwestlich vom Stadtzentrum. Einen Drink mit schöner Aussicht gibt's in ein paar *estancos* (kleine Alkoholläden mit ein paar Tischen im Freien) in Chipre unweit vom *mirador* (Aussichtspunkt). Ein Hinweis noch: In einigen Club ist kein Bier erhältlich, sondern nur Hochprozentiges, und zwar per Flasche.

Valentino's Gourmet CAFÉ
(Carrera 23 No 63–128; ⌚10–22 Uhr) Das kleine Café ist bei Studenten beliebt, denn hier gibt's die beste heiße Schokolade der ganzen Stadt. Die Gäste haben die Qual der Wahl unter 20 verschiedenen Arten Espresso, Cappuccino und sogar appetitlichen Gourmet-Schokoladen.

Bar C CLUB
(Via Acueducto Niza; ⌚Do–Sa) Wenn alle Bars in Manizales um 2 Uhr dichtmachen, zieht jeder, der noch stehen kann, in diese Bar weiter. Sie befindet sich auf einem Hügel, rund 3 km östlich der Cable Plaza; dementsprechend schön ist der Blick über die Stadt und in den Sternenhimmel. In einem Kiosk am Parkplatz gibt es bis spät nachts auch noch etwas zu essen. Die DJs legen überwiegend unterschiedliche Musikrichtungen aus Kolumbien auf, um die Studenten zu erfreuen. Die Auswahl an teuren alkoholischen Getränken ist groß.

Bar La Plaza CAFÉ, BAR
(Carrera 23B No 64–80; ⌚Mo–Mi 11–23, Do–Sa bis 2 Uhr) Diese Café-Bar bietet sich an, um in eine lange Nacht zu starten. Tagsüber sind hier allerlei Köstlichkeiten erhältlich, abends wird es rasch voll, und gegen 21 Uhr muss man schon warten, um überhaupt einen Tisch zu ergattern. Da die Musik nicht übermäßig laut ist, steht einem guten Gespräch nichts im Wege. Jedenfalls herrscht hier eine lockere Atmosphäre, wie in Studentenkreisen eben üblich. Auf den Tisch kommen Gourmet-Sandwiches (11 000 COP) und Käse-Salami-Platten, die den Bauchumfang in Grenzen halten. Die Cocktails sind gut und lecker.

Chaney BAR
(Carrera 23 No 63–104; ⌚Do–Sa 21–2 Uhr) Im Gegensatz zu vielen anderen Clubs der Stadt kann diese Salsakneipe im Basement mit einer anständig großen Tanzfläche aufwarten, die nicht durch irgendwelche Tische verstellt ist. Jedenfalls ist hier ausreichend Platz, um richtig abzutanzen, ohne dabei gleich ein paar Flaschen *aguardiente* (Anisschnaps) umzuwerfen. Hier lassen die besten Salsa-Tänzer und -Tänzerinnen der Stadt ihre Künste sehen.

In der sogenannten Calle de Tango (Calle 24) finden sich einige traditionelle Tangobars im alten Stil. Einen Besuch lohnen **Los Nuevos Faroles** (Calle 24 No 22–46; ⌚Do–Sa 20–2 Uhr) und **Reminiscencias** (Calle 24 No 22–42; ⌚Do–Sa 19–2 Uhr) gleich nebenan. Aber Achtung: Ohne anständige Lederschuhe kommt hier keiner rein.

DAS **Teatro Los Fundadores** (☎878 2530; www.ccclosfundadores.com; Ecke Carrera 22 & Calle 27) ist die wohl gemerkt bedeutendste Bühne von Manizales, zu der auch ein Kino gehört.

Praktische Informationen

Die Gegend um den zentralen Markt sollten Reisende lieber meiden, denn dort treiben Diebe ihr Unwesen. Aufpassen sollte man auch auf die unmarkierten Verkehrskegel auf den Gehsteigen, an denen man sich gern das Schienbein anhaut.

4-72 (Carrera 23, No 62–65) Post.

BBVA (Casa Luker, neben Cable Plaza) Geldautomat, der alle Karten annimmt.

Ciber Rosales (Carrera 23 No 57–25; 1800 COP pro Std.; ⌚8–20 Uhr) Unmengen Computer und Telefonkabinen.

Citibank (Carrera 23 No 53B–20) Zuverlässiger Geldautomat.

Concesión Los Nevados (☎881 2065; www.concesionnevados.com; Calle 19B No 52–54; ⌚7.30–14.30 Uhr) Bucht Unterkünfte im Parque Nacional Natural (PNN) Los Nevados (s. S. 229).

Touristeninformation (☎873 2901; www.ctm.gov.co; Ecke Carrera 22 & Calle 31; ⏲7–19 Uhr) Engagiertes Personal und jede nur erdenkliche Menge Menge Landkarten, Broschüren und anderes Infomaterial.

ℹ An- & Weiterreise

Bus

DER BRANDNEUE **Busbahnhof** (☎878 7858; www.terminaldemanizales.com; Carrera 43 No 65–100) von Manizales befindet sich im Süden der Stadt und lässt sich von der Innenstadt aus mit einer effizienten Seilbahn (1400 COP) erreichen, von der sich auch gleich noch ein toller Blick über die Stadt bietet. Während der Recherchen zu diesem Reiseführer wurde gerade an einer zweiten Linie nach Villa María gebaut. Wer in der Nähe der Cable Plaza wohnt, nimmt vom Busbahnhof aus am besten ein Taxi (6000 COP).

Busse fahren regelmäßig nach Cali (30 000 COP, 5 Std.), Bogotá (50 000 COP, 8 Std.) und Medellín (35 000 COP, 5 Std.). Minibusse verkehren so etwa im 15-Minutentakt nach Pereira (11 000 COP, 1¼ Std.) und Armenia (17 000 COP, 2¼ Std.).

Flugzeug

DER **Aeropuerto La Nubia** (☎874 5451) liegt 8 km südöstlich vom Stadtzentrum entfernt an der Straße nach Bogotá. Und so ist er zu erreichen: Den Stadtbus nach La Enea nehmen und dann noch fünf Minuten zu Fuß zum Terminal gehen oder mit dem Taxi (10 000 COP) fahren. Die Firmen Avianca, ADA und LAN bieten häufige Verbindungen nach Bogotá, Medellín und Armenia an.

Die Fertigstellung des neuen internationalen Flughafens bei Palestina hinkt weit hinter dem Zeitplan her; wann er in Betrieb gehen kann, ist noch immer ungewiss.

Rund um Manizales

RECINTO DEL PENSAMIENTO

HÖHE 2100 M

Der 11 km von Manizales entfernte **Naturpark** (☎874 4157; www.recintodelpensamiento.com; Km 11 Via al Magdalena; Eintritt 11 000–15 000 COP; ⏲Di–So 9–16 Uhr) im Nebelwald beeindruckt mit einem wunderschönen *mariposario* (Schmetterlingshaus), mehreren kurzen Wanderwegen durch den Wald mit vielerlei Orchideen sowie einem Garten mit Heilpflanzen. Außerdem bekommen die Besucher große Plantagen mit *guadua* und *chusqué*, zwei kolumbianische Bambusarten, zu sehen. Einen Blick lohnt das riesige Besucherzentrum in der Form eines Shitake-Pilzes, das ganz aus *guadua* errichtet wurde. Hier befindet sich auch eine *telesilla* – ein Sessellift, der auf den Gipfel des Berges hinauffährt, über den sich der wunderschöne Park erstreckt.

Im Eintrittspreis enthalten sind die – obligatorischen – Dienste eines Guides von 2½ Stunden; einige der Führer können auch etwas Englisch. Die Vogelwelt hier ist überaus beeindruckend – Exkursionen zum Beobachten der Vögel (8000 COP) müssen von 6 Uhr bis 9 Uhr vorgebucht werden; es empfiehlt sich, grüne oder braune Klamotten anzuziehen. Ein Fernglas wird gestellt.

Zum Recinto Del Pensamiento fährt von der Cable Plaza in Manizales ein Bus mit dem Fahrtziel „Sera Maltería" (1400 COP, 30 Min., alle 10 Min.); ein Taxi kostet 8000 COP.

RESERVA ECOLÓGICA RÍO BLANCO

HÖHE 2100–3800 M

Ungefähr 3 km nordöstlich von Manizales erstreckt sich dieses noch immer sehr ursprüngliche Naturschutzgebiet. Es beeindruckt auch durch seine beeindruckende Artenvielfalt; zahlreiche Spezies stehen unter Schutz, beispielsweise der *oso andino* (Brillenbär). In diesem Park leben 362 Vogelarten, darunter 13 der insgesamt 80 endemischen Arten, die also nur in Kolumbien vorkommen. Das Naturschutzgebiet zieht Ornithologen aus der ganzen Welt an, doch auch Amateure sind begeistert von der Fülle an Kolibris sowie von den schönen Schmetterlingen und Orchideen, die es in der beschaulichen Stille des Nebelwalds zu entdecken gibt. Die Reserva Ecológica Río Blanco eignet sich für einen wunderschönen Halbtagesausflug, und zwar am besten gleich früh morgens, da es am Nachmittag oft regnet.

Vor dem Besuch muss bei der **Fundación Ecológica Gabriel Arango Restrepo** (☎6-887 9770; www.fundegar.com; Av. Kevin Ángel No 59–181) eine Genehmigung (kostenlos) eingeholt werden. Im Gegenzug wird ein ortsansässiger Führer organisiert (pro Tag 20 000 COP, bis zu 15 Pers.), der seine Gäste dann am Eingang des Reservats erwartet, um sie herumzuführen. Im Büro gibt es für Besucher eine Liste mit den hier heimischen Vogelarten. Ein Taxi zum Haupteingang kostet von Manizales rund 20 000 COP. Besucher lassen sich am besten für die Rückfahrt die Telefonnummer geben, denn hier ist kaum Verkehr.

LOS YARUMOS

Vom 53 ha großen städtischen **Abenteuerpark** (☎875 5621; Calle 61B No 15A-01; Grundeintrittspreis 2500 COP; ⌚Di–So 9–17 Uhr) oberhalb von Manizales bietet sich ein schöner Blick über die Stadt. Ein Museum präsentiert eine beeindruckende Sammlung konservierter Schmetterlinge, Insekten und Vögel; im Gastronomiebereich gibt es preiswerte Mahlzeiten und auch Bier. Wochentags werden in einem teilweise überdachten Musikpavillion nachmittags manchmal Konzerte gegeben. Es bieten sich vielerlei Möglichkeiten, Wanderungen durch den Sekundärwald zu unternehmen, außerdem gibt es Seilrutschen (kurz/lang 8500/17 000 COP) und einen anspruchsvollen Abenteuerparcours (14000 COP) mit verschiedenen Brücken und Hindernissen. Guides führen die Besucher kostenlos herum; manche sprechen auch etwas Englisch.

Los Yarumos ist an einem klaren Nachmittag besonders schön, denn dann lassen sich die Gipfel des El Ruiz, Santa Isabel und El Cisne sehen. Ebenso spektakulär sind die Sonnenuntergänge. Eine neue Seilbahn bindet den Park direkt an die Cable Plaza an. Ansonsten sind es von der zona rosa gerade einmal 40 Minuten zu Fuß; ein Taxi kostet 4000 COP.

TERMALES EL OTOÑO

Das edle Resort mit **Thermalbadkomplex** (☎874 0280; www.termaleselotono.com; Km 5 Antigua Via al Nevado; Eintritt 15 000–25 000 COP; Zi. 220 000–452 000 COP) kann mit mehreren Thermalbecken aufwarten. Beim Herumplantschen haben die Gäste die beeindruckenden Berggipfel im Blickfeld. Das zur Anlage gehörende Hotel bietet die üblichen, typischen Hotelzimmer, es gibt aber auch Luxuscottages mit Holzdecke, offenem Kamin und privatem Thermalbecken. Die verschiedenen Thermalbecken stehen nicht nur Hotelgästen offen, man kann also einfach einmal einen Tag hier verbringen. Ein wirkliches Naturerlebnis bietet die Anlage nicht, dazu ist sie dann doch zu erschlossen und zu hektisch, aber für einen entspannenden Tag fern der Stadt taugt der Badekomplex allemal. Am Wochenende haben auf der anderen Seite vom Parkplatz ebenso schöne Thermalbäder geöffnet, die aber billiger sind. Eine Anbindung an den

KAFFEE AUS KOLUMBIEN

Kolumbien ist der drittgrößte Kaffeeexporteur der Welt und der einzige große Produzent, der ausschließlich Arabica-Bohnen anbaut. Diese Kaffeebohne brachten Anfang des 18. Jhs. Jesuiten aus Venezuela nach Kolumbien. Sie wurde zuerst in einem Gebiet kultiviert, das heute Norte de Santander entspricht, und breitete sich dann im ganzen Land aus.

Die lokalen Gegebenheiten erwiesen sich für den Anbau von Arabica-Kaffee als ideal. Aufgrund von Kolumbiens Lage unweit vom Äquator besteht die Möglichkeit, den Kaffee auch in hohen Bergregionen anzubauen, wo die Bohnen langsamer reifen. Das Ergebnis sind härtere, konzentriertere Bohnen, die beim Rösten ein starkes Aroma bekommen. Wegen der häufigen Niederschläge in dieser Region blühen die Büsche fast ständig, sodass zwei Ernten pro Jahr möglich sind. Zudem gedeihen die Pflanzen auch sehr gut in der Vulkanerde, die einen hohen Anteil an organischen Materialien enthält.

Die Hauptsorten des in Kolumbien angebauten Arabica-Kaffees heißen Tipica, Bourbon, Maragogipe, Tabi, Caturra und Colombia. Da die Bohnen eines Baumes zu unterschiedlichen Zeitpunkten reif werden, muss kolumbianischer Kaffee stets von Hand gepflückt werden. Diese Aufgabe übernehmen kleine Trupps von *recolectores* (Kaffeepflücker), die von einer Region zur nächsten ziehen – wo eben gerade Erntezeit ist.

Die starken Regenfälle haben auch zur Folge, dass die Bohnen nicht im Freien getrocknet werden können wie anderswo. Sie werden in nassem Zustand verarbeitet oder „gewaschen", wobei die Frucht, die die Bohne umgibt, vor dem Trocknen entfernt wird. Dieses Verfahren entzieht der Bohne viel Säure, sodass das Endprodukt letztendlich ein erheblich besseres Aroma aufweist.

Auch wenn das Land als bedeutender Kaffeeproduzent gilt, sind die Kolumbianer außerhalb der Zona Cafetera keine großen Kaffeetrinker. Die besten Bohnen werden für den Export gepflückt. Wer Kaffee kaufen möchte, um ihn als Andenken mit nach Hause zu nehmen, sollte einfach ein paar Farmen besuchen und Bohnen aus einem einzigen Anbaugebiet direkt beim Plantagenbesitzer erstehen.

öffentlichen Nahverkehr gibt es nicht. Ein Taxi von der Cable Plaza schlägt mit rund 15 000 COP zu Buche.

TERMALES TIERRA VIVA

Diese kleinen **Thermalbäder** (☎874 3089; www.termalestierraviva.com; Km 2 Vía Enea–Gallinazo; Eintritt 12 000–14 000 COP; ⊙Mo–Do 9–22, Fr–So bis 23 Uhr) liegen am Ufer des Río Chinchiná außerhalb der Stadt. Der Komplex besteht aus drei Thermalbecken aus Felsgestein in einem hübschen Garten, in dem viele Kolibris und Schmetterlinge gaukeln. Das erhöht gelegene Restaurant mit Blick über den Fluss ist hervorragend, aber es ist natürlich auch möglich an den Thermalbecken zu essen. In einem kleinen Kurzentrum werden Massagen angeboten. Für Abwechslung sorgen außerdem Wanderwege, Ausritte und eine Minifarm für Kinder. Unter der Woche geht es hier recht ruhig zu, am Wochenende ist es hingegen oft schon dicht gedrängt. Von der Innenstadt von Manizales aus fährt der Enea- Gallinazo-Bus (1500 COP) das Ziel an. Ein Taxi kostet etwa 10 000 COP.

HACIENDA VENECIA

Diese **Hacienda** (☎320 636 5719; www.haciendavenecia.com; Budget-Zi. pro Pers. mit/ohne Bad 40 000/30 000 COP, EZ/DZ 220 000/300 000 COP, EZ/DZ ohne Bad 180 000/220 000 COP;) hat schon mehrere Preise für ihren Kaffee gewonnen. Das gut erhaltene *paisa*-Farmhaus, in ein reizendes Boutiquehotel umgestaltet, liegt auf einem Hügel mit herrlichem Blick. Die Gärten sind gepflegt, am Teich wachsen Lilien, und der runde blaue Pool wirkt einladend. Die Zimmer sind vollgestopft mit Büchern und alten Fotos. In der umlaufenden Veranda laden Hängematten und Schaukelstühe ein, einfach einmal einen Abend zu vertrödeln.

In einem Neubau am anderen Flussufer gegenüber vom Haupthaus finden sich weniger stimmungsvolle, aber saubere und gemütliche Budgetunterkünfte samt einem netten Pool.

Die Hacienda bietet eine **Kaffeetour** (20 000 COP) auf Englisch oder Spanisch an; sie besteht aus einer informativen Präsentation zum Thema Kaffee aus Kolumbien, einer Einführung in die unterschiedlichen Aromen, einer Unterichtsstunde in Sachen Kaffeekochen und einem Spaziergang durch die Plantage. Anschließend können sich die Teilnehmer im Pool erfrischen; ein typisches Mittagessen ist für 10 000 COP erhältlich. Wer 10 000 COP (hin & zurück) zusätzlich lockermacht, kann sich vom Personal auch in seinem Hotel in Manizales abholen und wieder absetzen lassen.

HACIENDA GUAYABAL

AUF DIESER **Kaffeefarm** (☎850 7831; www.haciendaguayabal.com; Km 3 Vía Peaje Tarapacá, Chinchiná; Zi. pro Pers. inkl. Frühstück, Mittag- & Abendessen 85 000 COP;) bei Chinchiná wird richtig hart gearbeitet. Guayabal kann jedoch auch mit einfachen, funktionalen Unterkünften in einem modernen Haus auf einem Hügel mit weitem Blick über die Plantagen der Umgebung aufwarten. Es werden Kaffeetouren veranstaltet, die den Herstellungsprozess von der Bohne bis zur dampfenden Tasse Kaffee nachvollziehbar machen. Die Tour hier ist nicht ganz so hochgestochen, aber die Guides sind wirklich nett und teilen ihr Wissen begeistert mit. Außerdem wird auch eine *guadua*-Tour angeboten, auf der die Teilnehmer alles über die einheimische Bambusart in dieser Gegend erfahren. Beide Touren kosten jeweils 20 000 COP/25 000 $ auf Spanisch/Englisch. Anschließend können sich die Teilnehmer am Pool noch entspannen. Auf jeden Fall sollte man zum Mittagessen bleiben. Das traditionelle, rustikale Essen schmeckt einfach köstlich.

Wie man hinkommt? Es taugt jeder Bus, der von Manizales nach Chinchiná (2300 COP, 30 Min.) fährt. Dort an der Hauptplaza in den Bus steigen, der mit „Guayabal Peaje" (1000 COP, 10 Min., alle 15–30 Min.) ausgeschildert ist. Einfach den Fahrer bitten, einen an der Mautstation im kleinen Dorf Guayabal aussteigen zu lassen; von hier sind es noch 2 km zu Fuß; die schmale Straße führt zwischen den Häusern bergab.

Parque Nacional Natural (PNN) Los Nevados

HÖHE 2600–5325 M

Der 583 km² große Nationalpark zieht sich an einem Grat mit schneebedeckten Vulkangipfeln entlang und bietet Zugang zu den herrlichsten Regionen der kolumbianischen Anden. In den unterschiedlichen Höhenlagen beeindruckt die Natur mit Nebelwäldern und páramo sowie Gletschern auf den höchsten Berggipfeln. Von Norden nach Süden sind das El Ruiz (5325 m), El Cisne (4750 m), Santa Isabel (4950 m), El Quindío (4750 m) und El Tolima (5Hier entspringen 37 Flüsse, die 3,5 Mio. Menschen in vier Pro-

Parque Nacional Natural Los Nevados

vinzen mit Wasser versorgen. Die Gletscher im Park gehen allerdings zurück; welche Auswirkungen dies auf die Umwelt hat, ist mittlerweile Gegenstand der Forschung.

Die besten Monate, um Los Nevados im Schnee zu sehen, sind der Oktober und November sowie März bis Mai. In den anderen Monaten ist es meist trocken und windig – günstige Bedingungen zum Trecken bei klarer Sicht.

Während der Recherchen zu diesem Reiseführer war ein Großteil des nördlichen

Parkareals – so auch der Campingplatz in Chalet Arenales – gesperrt, da der Vulkan Nevado del Ruiz heftig rumorte. Wanderungen waren ausschließlich am El Cisne gestattet, und auch die nur mit einem offiziellen Führer. Die Informationen in diesem Buch beziehen sich auch auf die gesperrten Areale. Die beste Lösung ist wohl, sich in Manizales nach dem neuesten Stand der Dinge zu erkundigen, bevor man zu einer Tour aufbricht.

Der Südteil des Parks lässt sich nur zu Fuß erreichen. Vom Refugio La Pastora im Parque Ucumarí führt ein 15 km langer Pfad bergauf zur Laguna del Otún. Eine andere Zugangsroute beginnt im Valle de Cocora, einem Tal, von dem sich ein Pfad bergauf in den *páramo* und weiter zum erloschenen Vulkan Nevado del Quindío (4750 m) schlängelt. Die meisten erfahrenen Trecker bevorzugen mittlerweile diesen Anstieg zum Los Nevados. Die Sicherheit hat sich in dieser Gegend inzwischen wirklich stark verbessert, dennoch sollten sich Besucher unbedingt vor dem Aufbruch über die aktuelle Situation informieren.

NEVADO DEL RUIZ

Der Nevado del Ruiz ist der höchste Vulkan der Bergkette. Bei seinem Ausbruch am 13. November 1985 kamen mehr als 20 000 Menschen ums Leben, die Ortschaft Armero am Río Lagunillas wurde von der Landkarte gefegt. Der El Ruiz war davor zuletzt 1845 ausgebrochen, allerdings mit weniger katastrophalen Folgen. Da der Vulkan momentan immer wieder grummelt, mussten die Aktivitäten in diesem Teil des Parks eingeschränkt werden.

Die Hauptzugangsstraße zum Park führt vom Norden heran. Sie zweigt von der Straße Manizales–Bogotá in La Esperanza, 31 km östlich von Manizales, ab und schlängelt sich dann 33 km durch die einzigartige *páramo*-Landschaft bis zur Schneegrenze auf rund 4800 m am Fuß des Nevado del Ruiz hinauf.

Der Vulkan weist derzeit drei Krater auf: Arenas, La Olleta und Piraña. Es ist möglich, den höchsten davon, den Arenas (5321 m), zu erklimmen; zuvor ist allerdings eine Genehmigung bei **Parques Nacionales** (☎886 4703, 885 4581; nevados@parquesnacionales.gov.co) in Manizales einzuholen. Auch wenn klettern angesagt ist, gilt die Tour nicht als übermäßig schwierig.

Der Parkeingang befindet sich in Las Brisas (4050 m); die Eintrittsgebühr muss vorher aber bei **Concesión Los Nevados** (☎881 2065; www.concesionnevados.com; Parkeintritt Kolumbianer/Auswärtige 26 000/40 000 COP; ⏲7.30–14.30 Uhr) entrichtet werden.

Rund 7 km von Las Brisas bergauf liegt Chalet Arenales (4150 m) mit einem Campingplatz (10 000 COP pro Pers.). 10 km weiter die Straße hinauf befindet sich eine Berghütte: El Refugio (4800 m), in der Kaffee und Snacks erhältlich sind. Von hier sind es zu Fuß noch 30 Minuten bis zum Fahnenmast (4900 m). Bei guten Wetterbedingungen besteht die Möglichkeit, weitere 1½ Stunden zum Anfang des Gletschers auf 5100 m Höhe zu trecken – und 30 Minuten zurück. Der Schnee blendet oft teuflisch, deshalb auf jeden Fall eine Sonnenbrille tragen und Sonnencreme mit hohem Lichtschutzfaktor benutzen.

Der erloschene Krater Olleta (4850 m), auf der anderen Straßenseite von El Refugio, ist mit verschiedenfarbigen Schichten sandiger Erde bedeckt und in der Regel schneefrei. Die Wanderung auf den Gipfel dauert von der Straße aus rund 1¼ Stunden. Wer dazu Lust hat, kann in den Krater hinuntersteigen.

CENTRO DE VISITANTES EL CISNE

Von Las Brisas aus erreicht man nach 24 spektakulären Kilometern dieses **Hotel** (Zeltplatz pro Pers. 10 000 COP, EZ/DZ 145 000/165 000 COP) auf einer Höhe von spannenden 4180 m. Die Cabinas am El Cisne sind beheizt und dementsprechend gemütlich; sie liegen inmitten der herrlichen Landschaft des Hochgebirgs-*páramo*. Insgesamt 30 Personen können in den unterschiedlichen Quartieren wohnen, außerdem gibt's einen Campingplatz und ein Restaurant. Das Ambiente ist so romantisch, dass einem schier die Luft wegbleibt – und zwar im wahrsten Sinne des Wortes. Unbedingt vorab im Concesión Los Nevados reservieren.

Von Las Brisas nach El Cisne wird manchmal der Transport (hin & zurück pro Pers. 30 000 COP) im Pick-up des Parks angeboten. Am besten bei Concesión Los Nevados anrufen, um in Erfahrung zu bringen, ob gerade noch Plätze frei sind. Wer mit einem geländegängigen Fahrzeug unterwegs ist, kann die ganze Strecke fahren; in Las Brisas steigt ein Guide zu, der den Weg weist.

NEVADO DEL TOLIMA

Der Nevado del Tolima (5215 m), der zweithöchste Vulkan der Bergkette, ist wegen seines klassisch-symmetrischen Kegels von allen der schönste. An einem klaren Tag ist er sogar im fernen Bogotá noch zu sehen. Der letzte Ausbruch ereignete sich 1943.

Am besten lässt sich der Berg über Ibagué erreichen, die scheußliche Hauptstadt der Provinz Tolima. Weil in diesem Teil des Parks ein Sicherheitsrisiko besteht, sollten sich Wanderer vor dem Aufstieg unbedingt nach den aktuellen Bedingungen erkundigen. Da es auch oft zu Erdrutschen kommt, ist ein erfahrenener Guide unabdingbar. Sehr empfehlenswert sind die Dienste von **„Truman" David Bejarano** (☎273 4433, 315 292 7395). Der mehrtägige Aufstieg stellt eine echte Herausforderung dar und macht einen Eispickel und Steigeisen erforderlich. Wer die Tour hinter sich gebracht hat, kann sich anschließend in den heißen Thermalquellen von El Rancho (2650 m) erholen.

Geführte Touren

Zum Service-Bereich des Parks verkehren keinerlei öffentliche Verkehrsmittel. Die meisten Touristen besuchen Los Nevados im Rahmen eines Ganztagesausflugs zum Nevado del Ruiz von Manizales aus. Diese Touren sind zwar praktisch, bedeuten aber auch, dass die Teilnehmer stundenlang im Bus sitzen und wenig zum Wandern kommen. Wer sich ein richtiges Bergerlebnis wünscht, ist dann oft enttäuscht. **Ecosistemas** (☎880 8300; ecosistemas2000@yahoo.com; Carrera 21 No 23–41, Manizales) und **Comfamiliares** (☎886 0737; cnr Carrera 25 & Calle 50, Manizales) bieten solche Touren (Kolumbianer/Auswärtige 105 000/125 000 COP) ab Manizales an; inbegriffen sind die Fahrt, Frühstück und Mittagessen, die Eintrittsgebühr in den Park sowie der Besuch der Termales El Otoño (S. 228) bei Manizales auf dem Rückweg in die Stadt. Wer länger im Park bleiben möchte, kann 30 000 COP drauflegen und die Rückfahrt auf einen anderen Tag verschieben.

Längere Aufenthalte im Park veranstalten Ecosistemas, Kumanday Adventures und das Mountain House in Manizales; diese mehrtägigen Exkursionen führen in weniger besuchte Parkregionen, außerdem geht es auf die Gipfel des Nevado de Santa Isabel und des Nevado del Tolima hinauf.

Pereira

☎6 / 457 000 EW. / 1410 M

Die geschäftige Großstadt ist nicht gerade das typische Touristenziel – also eigentlich überhaupt keines. Die meisten Besucher kommen nur aus einem einzigen Grund: um Geschäfte zu machen. Pereira wurde 1863 als Hauptstadt von Risaralda gegründet und gilt als Boomtown der Zona Cafetera – ein wichtiges Wirtschaftszentrum, das vor allem für sein Verkehrschaos und das fetzige Nachtleben bekannt ist. An Sehenswürdigkeiten ist nicht viel geboten, aber wer einfach einmal eine schnelllebige kolumbianische Stadt abseits der Touristenpfade kennenlernen möchte, ist mit Pereira gut bedient. Die Stadt fungiert auch als Sprungbrett in den Parque Ucumarí und den Santuario Otún Quimbaya, zwei Naturschutzgebiete der Spitzenklasse, sowie zu den berühmten Thermalquellen von Santa Rosa und San Vicente.

Sehenswertes

Wie gesagt, die Innenstadt ist mit Sehenswürdigkeiten nicht gerade gesegnet, was wohl auch mit den Erdbeben zu tun hat, die das Stadtzentrum immer wieder zerstörten, zuletzt 1995 und 1999. Mitten auf dem Hauptplatz, der über den Handel und Wandel der Stadt wacht, thront Rodrigo Arenas Betancurs **Bolívar Desnudo.** Die 8,5 m hohe und 11 t schwere Bronzestatue zeigt den Befreier nackt zu Pferde, wie er seinen Hengst mit wahnwitziger Leidenschaft vorantreibt, die Schenkel in die Flanken des Tieres gestemmt. Im **Jardín botánico** (☎321 2523; www.utp.edu.co/jardin; Eintritt 5000 COP) an der Universidad Tecnológia de Pereira gedeihen schöne Orchideen, exotische Bambusarten und Heilpflanzen – ein angenehmer Hort der Ruhe abseits der Hektik der Großstadt.

Feste & Events

Fiestas de Pereira KULTUR

(Aug.) Im August schaltet die Stadt in den Partymodus, um ihre Gründung mit Livemusik, Tanzshows, Kunstausstellungen und dem obligatorischen Schönheitswettbewerb zu feiern.

Schlafen

Hotel Abadia Plaza HOTEL **$$$**

(☎335 8398; www.hotelabadiaplaza.com; Carrera 8 No 21–67; EZ/DZ inkl. Frühstück 203 000/208 000 COP; ❄@📶) Das schicke Hotel kommt in Pereira einem Boutiquehotel noch am nächsten. An den Wänden hängen – originale! – Kunstwerke. Die noblen Zimmer haben ein Marmorbad; Schallschutzfenster sorgen für Ruhe. Das Fitnesscenter und die Sauna genügen auch höheren Ansprüchen.

Hostel Sweet Home HOSTEL $
(☎345 4453; www.sweethomehostel.com; Carrera 11 No 44–30; B/EZ/DZ inkl. Frühstück 20 000/ 35 000/55 000 COP; @📶) Das anheimelnde Hostel ist ein Neuzugang unter den sonst eher angegammelten Budgethotels in der Innenstadt. Es liegt zwar nicht gerade günstig, ist dafür aber sauber und gemütlich – und mit dem Taxi lässt sich jedes Ziel im Handumdrehen erreichen.

Hotel Cumanday HOTEL $
(☎324 0416; Carrera 5 No 22–54; EZ/DZ 25 000/50 000 COP) Das kleine Hotel liegt nur einen Schritt von den anderen Budgetbleiben in der Innenstadt entfernt. Geboten werden heißes Wasser, Kabel-TV und Wäscheservice. Die Gäste dürfen nach Rücksprache mit dem Personal sogar die Hotelküche benutzen. Die Zimmer nach hinten sind ruhiger.

Hotel Mi Casita HOTEL $$
(☎333 9995; Calle 25 No 6–20; EZ/DZ 49 000/ 69 000 COP; @📶) Das Hotel nicht weit vom Parque El Lago ist bei Reisenden beliebt, da es über alle erforderlichen Einrichtungen verfügt. Die Zimmer sind allerdings eher durchschnittlich, haben niedrige Decken, und die Farben wollen auch nicht recht zueinander passen.

Essen

LP TIPP **El Mirador** ARGENTINISCH $$$
(☎331 2141; www.elmiradorparrillashow.com; Entrada Av. Circunvalar Calle 4; Hauptgerichte 24 000–38 000 COP; ⏲Mo–Sa 12–2 Uhr) Das Kleinod von einem Restaurant liegt außerhalb der Stadt auf einem Berg mit tollem Blick über die funkelnden Lichter Pereiras. Das Essen ist größtenteils argentinisch – Spezialität des Hauses sind die hochwertigen Cuts vom Rind. Sie lassen sich mit einer Flasche Wein von der umfangreichen Weinkarte bestens hinunterspülen. Es wird hier auch oft Livemusik gespielt – einfach anrufen und fragen, was gerade auf dem Programm steht. Taxis nehmen einen Aufpreis von 2000 COP für die Fahrt.

Grajales Autoservicios CAFETERIA $
(Carrera 8 No 21–60; Hauptgerichte 8000–15 000 COP; ⏲24 Std.) In diesem großen, rund um die Uhr geöffneten Lokal mit Selbstbedienung samt Bäckerei können sich die Gäste ihr Mittag- oder Abendessen selbst zusammenstellen. Auch zum Frühstücken eine Topadresse.

Mama Flor KOLUMBIANISCH $$$
(Calle 11 No 15–12, Los Alpes; Hauptgerichte 18 000–34 000 COP; ⏲Mo–Sa 12–23, So bis 17 Uhr) Das altmodische Restaurant auf einem Hügel in einer ruhigen Wohngegend ist berühmt für seine kolumbianische Hausmannskost. Besonders gut schmecken die Speisen auf der großen Veranda draußen mit einer anständigen Flasche Bier oder Wein dazu. Spezialität des Hauses sind die Grillgerichte – beispielsweise *parrilla de carnes* (gemischter Grillteller; 55 000 COP); die Portion ist so groß, dass sie für zwei Personen ausreicht.

Plaza Minorista SELBSTVERSORGER $
(Ecke Carrera 10 & Calle 41) Selbstversorger sollten sich hier am besten mit frischem Obst und Gemüse eindecken; außerdem gibt es noch eine breite Palette an billigen Mittagsgerichten.

Ausgehen & Unterhaltung

Der Sector Circunvalar ist gespickt mit Bars und kleinen Diskos, das eigentliche Nachtleben spielt sich jedoch ein Stück außerhalb der Stadt in La Badea ab; dort befinden sich alle großen Clubs. In der Innenstadt gibt es noch einen Schwung Kneipen, die bei Bohemiens hoch im Kurs stehen.

El Parnaso BAR
(Carrera 6 No 23–35; ⏲So geschl.) Durch einen langen, nicht ausgeschilderten Durchgang gelangen die Gäste in die künstlerisch angehauchte Gartenbar mit Holzschnitzereien und einem offenen Kamin. Auf den Tisch kommen absolut leckere Pizzas und Burger; der durchaus hippe Indie-Rock dudelt so gedämpft, dass man sich noch einigermaßen gut unterhalten kann.

Bar Celona BAR
(Av. Circunvalar No 8–136) Die unprätentiöse Kneipe gehört einem Fußballfan von FC Barcelona. Kein Wunder also, dass die Wände mit Fußballpostern nur so vollgekleistert sind. Es wird hier gute, altmodische Musik aus Kolumbien aufgelegt – bei ihrem Lieblingslied singen die Gäste oft einfach mit. Das Lokal nimmt zwei Etagen ein; im kleineren Obergeschoss ist der Blick auf das Treiben auf der Straße hübsch. Ein lebhaftes Lokal, das sich gut für den Start in eine lange Nacht eignet.

Leña Verde SALSACLUB
(☎330 6162; La Badea) Die beliebte *salsateca* (Salsa-Tanzlokal) lockt ein breites Publikum an – von Burschen in überweiten Hosen bis hin zu romantischen Softies im engen Shirt und gezwirbeltem Schauzbart. Ein Ziel haben allerdings alle hier: sich vollaufen zu lassen und die ganze Nacht zu tanzen. Seinen Tanzpartner sollte man besser mitbringen – in dem ruppigen Lokal ist es besser, sich nicht einfach so mit Fremden einzulassen.

Paradise CLUB
(www.discotecaparadise.com; Transversal 7, detras de Makro) Der riesige Club liegt ein Stück abseits der *zona rosa*. Er hat ein einziehbares Dach und eine gigantische Tanzfläche mit ebenso gigantischen Lautsprechern, aus denen Reggaeton dröhnt, dass es einem schier das Trommelfell zerreißt. Techno-Abende finden hier auch statt – einfach auf der Website nachschauen.

ℹ Praktische Informationen

Gegenüber von der Bushaltestelle in Pereira im Shoppingcenter LA14 finden sich zahlreiche Geldautomaten.

4-72 (Carrera 9 No 21–33) Post.

BBVA (Carrera 7 No 19–64) An der Plaza de Bolívar.

Buchungsbüro (☎333 6157; Av. Circunvalar No 15–62; ⏲Mo–Fr 8–17, Sa bis 15 Uhr) Nimmt auch aus Übersee Buchungen für die Thermalbäder in Termales San Vicente (S. 235) entgegen.

Ciber La 24 (Calle 24 No 4–09; pro Std. 1800 COP; ⏲Mo–Fr 6–22, Sa bis 20 Uhr) Internetzugang und Telefonate.

Hospital San Jorge (☎335 6333; Carrera 4 No 24–88)

Touristeninformation (☎325 4157; www.risaralda.com.co; Ecke Carrera 10 & Calle 17; ⏲Mo–Fr) Im Centro Cultural.

ℹ An- & Weiterreise

Bus

Der **Busbahnhof** (☎321 5834; Calle 17 No 23–157) befindet sich 1,5 km südlich vom Stadtzentrum. Viele Stadtbusse halten hier nach nicht einmal 10 Minuten Fahrzeit. Es bestehen regelmäßige Verbindungen nach Bogotá (50 000 COP, 9 Std.). Außerdem fahren Busse nach Medellín (33 000 COP, 6 Std.) und Cali (29 000 COP, 4 Std.). Minibussse verkehren im 15-Minutentakt nach Armenia (7200 COP, 1 Std.) und Manizales (11 000 COP, 1¼ Std.). Eine Verbindung besteht auch nach Santa Rosa de Cabal (5000 COP, 45 Min.).

Flugzeug

Der internationale **Aeropuerto Matecaña** (☎326 0021) von Pereira liegt 5 km westlich vom Stadtzentrum entfernt und lässt sich in 20 Minuten mit einem Stadtbus oder mit dem Taxi (ca. 10 000 COP) erreichen. Inlandsflüge bieten die Airlines Avianca, LAN, Copa und Satena an. Copa hat auch einen Direktflug nach Panama im Flugplan.

ℹ Unterwegs vor Ort

Pereiras neues Bussystem **Megabus** (www.megabus.gov.co) deckt die ganze Innenstadt ab und reicht bis nach Dosquebradas hinaus. Es ähnelt TransMilenio in Bogotá und Mio in Cali, ist aber nicht ganz so weitläufig. Der Mindestpreis für ein Taxi beträgt 3700 COP; nach 19 Uhr wird zusätzlich ein Aufschlag von 700 COP erhoben.

Finca Villa Martha

Die Villa Martha war eine der ersten *fincas* in dieser Gegend, die ihre Tore für Touristen öffnete. Die kleine **Länderei** (☎332 9385, 310 421 5920; www.fincavillamartha.com; vía Marsella Km 9; EZ/DZ inkl. Frühstück & Abendessen 75 000/150 000 COP, 📶🏊) an der Straße nach Marsella ist noch sehr persönlich. Die Besitzer Martha und Rafael zeigen ihren Gästen gern den ganzen Herstellungsprozess von Kaffee – von den Büschen bis zur Tasse. Der Tourismus ist mittlerweile die Haupteinnahmequelle, aber die Gäste können dennoch einen Beutel Kaffee aus eigener Ernte für zu Hause erstehen. Die Zimmer aus Ziegel wirken durch das Bambusdekor recht elegant. Der große Pool liegt inmitten von Bananenbäumen.

Wer mit dem Bus anreist, sollte vorher anrufen, um sich am „La Bodega" abholen zu lassen; dort hält der Bus (2000 COP, 25 Min.), der auf der Strecke Pereira–Marsella verkehrt.

Termales de Santa Rosa

☎6 / HÖHE 1950 M

Die spektakulären **Thermalquellen** (☎363 4959; www.termales.com.co; Eintritt 35 000 COP; ⏲9–22 Uhr) liegen am Fuß dreier Wasserfälle, von denen es der höchste auf stolze 170 m bringt. Das Hotel mit Touristenkomplex im Stil eines Schweizer Chalets wurde

1945 eröffnet und wirkt wie aus einer anderen Welt. Das große Schwimmbecken steht auch Besuchern offen, die nicht im Hotel wohnen; auf die Hotelgäste warten exklusiv ein mittelgroßer Pool unterhalb der ursprünglichen Wasserquelle sowie zwei kleinere Becken. Zu den Angeboten gehören außerdem der komplette Kurbetrieb, eine Bar und eine Cafeteria.

Das zum Komplex gehörige **Hotel Termales** (☎363 4966; Zi. pro Pers. inkl. Mahlzeiten 197 000–247 000 COP) ist im Grund genommen überteuert. Das ursprüngliche Gebäude ist abgewohnt, und die Gäste müssen nach draußen gehen, um die Gemeinschaftsbäder zu benutzen. Im neuen Flügel sind die Unterkünfte besser. In der Nebensaison gibt es Ermäßigung. Jedenfalls wird sich so mancher überlegen, lieber außerhalb zu wohnen und einfach nur einmal einen Tag hier zu verbringen.

Der **Balneario de Santa Rosa termales** (☎314 701 9361; www.termales.com.co; Eintritt 30 000 COP; ⌚9–24 Uhr) nebenan, in Besitz des Hotels und auch von diesem geführt, ist billiger und nicht einen Tick weniger beeindruckend. In der Nähe der vier Thermalbecken rauscht ein 25 m hoher Wasserfall in die Tiefe. Generell gibt es hier mehr Grünflächen und weniger Beton. Aus den Lautsprechern dröhnt kolumbianische Musik, in der Bar/Cafeteria bekommen die Unmengen einheimischen Gäste etwas zu essen, Bier und auch hochprozentigeren Alkohol. Die Kurabteilung bietet Massagen an, und der schattige Lounge-Bereich ist sehr angenehm für alle die, die bereits zu viel Sonne abgekriegt haben.

Unterkünfte gibt es hier vor Ort nicht, aber nur 500 m vom Eingang des *balneario* (Kurbads) entfernt stehen gleich drei Hotels. Am billigsten ist das nette **Cabaña el Portal** (☎320 623 5315; Zi. pro Pers. 20 000 COP) mit heißem Wasser und Satelliten-TV. Preiswerte herzhafte Mahlzeiten kommen hier auch auf den Tisch.

Ein Stück die Straße hinunter liegt außerhalb von Santa Rosa de Cabal das **Mamatina** (☎363 4899; mamatina.src@hotmail.com; La Leona Km 1 vía Termales; EZ/DZ inkl. Frühstück 35 000/70 000 COP, Suite 150 000 COP). Geboten werden moderne, gemütliche Zimmer mit Blick auf die Farmen in der Umgebung. Im zugehörigen beliebten Grillrestaurant sollten Gäste die chorizos santarosanos probieren – angeblich die besten Würstchen in ganz Kolumbien.

ℹ An- & Weiterreise

Die Thermalbäder liegen 9 km östlich von Santa Rosa de Cabal an der Straße Pereira–Manizales. *Chivas* starten an *la galería* (Markt) in Santa Rosa um 7 Uhr, 10 Uhr, 12 Uhr, 15 Uhr und 17 Uhr (2500 COP, 45 Min.). Sie drehen nach Ankunft bei den Thermalquellen um und fahren gleich wieder nach Santa Rosa zurück. Am Wochenende verkehren manchmal zusätzliche *chivas*. Jeeps fahren von *la galería* in Santa Rosa für etwa 20 000 COP zu den Thermen.

Tagsüber verkehren auf der Strecke Santa Rosa–Pereira auch viele Busse (2000 COP, 40 Min.). Die Busse nach Manizales (7000 COP, 1 Std.) halten am Gaswerk an der Straße Pereria–Chinchiná, vier Blocks vom Park entfernt.

Termales San Vicente

☎6 / HÖHE 2250 M

Am oberen Ende eines steilen, bewaldeten Tals liegen an einem frischen Bach diese neueren **Thermalbäder** (☎333 6157; www.sanvicente.com.co; Eintritt 25 000 COP, Zi. pro Pers. 80 000–180 000 COP, Zeltplatz pro Pers. 55 000 COP). Eigentlich sind sie bloß 18 km in Richtung Osten von Santa Rosa de Cabal entfernt, vermitteln jedoch den Eindruck, Welten entfernt zu sein. Insgesamt besteht die Anlage aus fünf Thermalbecken (37°C), von denen zwei den Hotelgästen vorbehalten bleiben. Viele Besucher hängen im Hauptbecken aus Beton herum, obwohl die Piscina de las Burbujas, ein natürliches Thermalwasserbecken am Eingang, eigentlich viel schöner ist. Ein kurzes Stück zu Fuß das Tal hinunter liegen die spektakulären Pozos del Amor. Dort mischt sich das Thermalwasser mit dem rauschenden Bach, wodurch natürliche Thermalbecken entstehen inmitten von dichtem Wald – ein romantischeres Ambiente kann man sich wohl kaum vorstellen.

Zum Komplex gehören auch drei natürliche Saunen, die über 80°C bis 90°C heißen Quellen errichtet wurden. Sie bieten mittlerweile auch umfassende Kurbehandlungen an, darunter Schlammpackungen, Gesichtspackungen mit Algen, Peeling und – eine Seltenheit in Kolumbien – wirklich hervorragende Massagen. Eine 300 m lange Seilrutsche führt zickzack über das schmale Tal hinweg zu einem 30 m hohen Wasserfall, an dem man sich abseilen kann.

Die Auswahl an Unterkünften ist groß. An Hütten ist die ganze Palette vorhanden – von rustikalen Behausungen aus gespaltenem Holz bis hin zu minimalistischen modernen Häuschen mit Kamin und privatem Thermalbecken; die meisten haben elektronische Duschköpfe. Außerdem gibt es noch weniger ansprechende Unterkünfte im Stil eines Hotels sowie Budgetzimmer über der Rezeption. Im Preis sind der Eintritt zu den Thermalbädern und das Frühstück inbegriffen.

Die Bäder laufen unter der Regie des **Buchungsbüros** (☎333 6157; Av. Circunvalar No 15–62, Pereira; ⊙Mo–Fr 8–17, Sa bis 15 Uhr) in Pereira, das auch immer gern Auskunft erteilt. Nicht nur preislich interessant ist ein Pauschalangebot für Tagesgäste (55 000 COP), das sich aus dem Trasfer von/nach Pereira, dem Eintritt, Mittagessen und einem Snack zusammensetzt. Der Bus fährt am Büro um 8 Uhr morgens ab und ist um 17 Uhr wieder zurück. Nur der Transport kostet pro Strecke 20 000 COP. Außerdem besteht die Möglichkeit, an *la galería* in Santa Rosa de Cabal einen Jeep (50 000/80 000 COP einfache Fahrt/hin & zurück) zu mieten. Vor allem am Wochenende und während der Ferien empfiehlt es sich, den Wagen ein bis zwei Tage im Voraus zu buchen.

Santuario Otún Quimbaya

In diesem Reservat, 18 km südöstlich von Pereira, steht eine 489 ha große Fläche mit enormer biologischer Vielfalt unter Schutz, und zwar auf einer Höhe von 1800 m bis 2400 m. Das Reservat am Río Otún tut sich mit über 200 Vogelarten und Schmetterlingen hervor sowie mit zwei seltenen Affenarten neben diversen anderen Säugetieren. Im Reservat verlaufen mehrere kurze Wanderwege am Fluss entlang und durch den Wald; Guides, die allerdings nur Spanisch sprechen, stehen zur Verfügung (35 000 COP pro Gruppe). Die beste Zeit für einen Besuch sind die Monate August und September sowie Dezember und Januar, wenn der ständige Sprühregen zumindest etwas nachlässt.

Im **Besucherzentrum** (Karte S. 230; ☎313 695 4305; www.fecomar.com.co; Vereda La Suiza; Eintritt 5000 COP) finden sich Quartiere (B/EZ/DZ 25 000/30 000/60 000 COP), und es sind auch preiswerte Mahlzeiten erhältlich. Warme Duschen (Strom rund um die Uhr) sind vorhanden, allerdings keine Zentralheizung. Es ist nicht gestattet, Feuer zu machen. Auch Alkohol ist verboten. Am besten um ein Zimmer im 2. Stock bitten – sie weisen einen kleinen Balkon zum Wald hinaus auf, in dem die Vögel singen.

Das Besucherzentrum befindet sich in Vereda La Suiza, einer kleinen Ortschaft. Von **Transporte Florida** (☎334 2721; Calle 12 No 9–40, La Galería, Pereira) in Pereira fahren täglich *chivas* (3000 COP, 1½ Std.) um 7 Uhr, 9 Uhr und 15 Uhr in diese Richtung, am Wochenende auch um 12 Uhr mittags. Die *chivas* um 9 Uhr und 15 Uhr fahren vom Besucherzentrum weiter nach El Cedral, wo sie sofort wenden, um den Rückweg anzutreten. Das *chiva*-Terminal liegt in einem gefährlichen Stadtteil; aus diesem Grund den Taxifahrer bitten, in den Parkplatz hineinzufahren.

Parque Ucumarí

Das 1984 unmittelbar hinter der westlichen Grenze des Parque Nacional Natural (PNN) Los Nevados gegründete Reservat (42 km^2) schützt eine zerklüftete, bewaldete Landschaft am mittleren Flusslauf des Río Otún, rund 30 km südöstlich von Pereira. In dem Gebiet wurden bisher über 185 Vogelarten verzeichnet.

Von hier aus können Wandererfreunde am Río Otún entlang flussaufwärts durch eine Schlucht zum PNN Los Nevados trecken. Sogar die Laguna del Otún (3950 m) lässt sich erreichen, allerdings nur im Rahmen eines sechs bis acht Stunden langen Fußmarschs, bei dem es ständig bergauf geht. Die Wanderung eignet sich als Tagestour, stellt jedoch einige Anforderungen an die Kondition. Leute mit Campingausrüstung sollten die Tour teilen und lieber noch den einen oder anderen Abstecher im *páramo* unternehmen.

Die Hütten des **Refugio La Pastora** (Karte S. 2230; ☎313 695 4305; B/Zeltplatz pro Pers. 18 000/5000 COP) liegen auf 2500 m Höhe; man kann hier übernachten und bekommt auch eine preiswerte Mahlzeit. Ökopfade führen durch grüne Hügel, die Vegetation ist üppig, und sogar Tiere lassen sich in diesem artenreichen Park hin und wieder sehen. Hier geht es jedenfalls viel entspannter zu als in La Suiza; der Typ, der die Hütte führt, lässt sich bestimmt auch gern zu einem Lagerfeuer überreden – Wein und einen Happen zu essen kann man ja mitbringen. Das Telefon ist hier nicht ständig besetzt; der Manager ruftallerdings zurück, wenn jemand auf Band eine Nachricht hinterlässt. Reservierungen nimmt aber auch **Fecomar** (☎313 695 4305; www.fecomar.com.co; Vereda La Suiza) entgegen.

Von Pereira aus eine *chiva* nach El Cedral (4900 COP) nehmen. Von dort sind es dann noch 5 km (2½ Std.) zu Fuß. Es ist jedoch auch möglich, sich ein Pferd auszuleihen (20 000/30 000 COP einfache Strecke/ Hin- & Rückritt).

Armenia

6 / 290 000 EW. / HÖHE 1640 M

In Armenia geht es viel beschaulicher zu als in den Konkurrenzstädten der Zona Cafetera. Die Stadt gibt sich am traditionellsten und mutet auch eher wie eine Großstadt an und nicht wie eine richtige Provinzhauptstadt. Die Einwohner sind auf ihre Kaffeekultur stolz – und nehmen sich für ein Tässchen dampfenden Kaffee in einem der zahlreichen Cafés der Stadt auch wirklich immer Zeit.

Wie in den Nachbarstädten, ist auch hier an Sehenswürdigkeiten nicht viel geboten. Armenia hat sich von einem verheerenden Erdbeben, das 1999 die gesamte Innenstadt dem Erdboden gleich machte, nie richtig erholt. Das Zentrum wirkt irgendwie provisorisch – beispielsweise die rasch wiederaufgebaute Kathedrale aus Fertigbetonelementen. Das eigentliche Stadtzentrum hat sich mittlerweile etwas in Richtung Norden verlagert und erstreckt sich jetzt entlang der Avenida Bolívar.

Die meisten Reisenden halten sich nur so lange in Armenia auf, wie sie zum Umsteigen in den Bus nach Salento brauchen. Dennoch ist die Stadt für einen Tagesausflug durchaus interessant. Die neue Fußgängerzone in der Carrera 14 lädt zu einem netten Bummel ein, und der Parque de la Vida ist ebenfalls einen Besuch wert.

Sehenswertes

GRATIS Museo del Oro Quimbaya MUSEUM

(749 8433; museoquimbaya@banrep.gov.co; Av. Bolívar No 40N–80; Di–So 10–17 Uhr) In diesem hervorragenden Goldmuseum – samt einer tollen Sammlung mit Keramik – sind die Klunkern der prä-kolumbischen Quimbaya-Kultur zu bewundern. Die Informationen auf den Wandtafeln und Info-Karten an der Tür sind auch ins Englische übersetzt. Für Leute, die Spanisch sprechen, lohnt sich dieTeilnahme an einer kostenlosen Führung. Das Museum befindet sich im Centro Cultural, 5 km nordöstlich vom Zentrum. Einfach den Bus 8 oder 12 in Richtung Norden nehmen, der über die Avenida Bolívar (1500 COP) fährt.

Parque de la Vida PARK

(746 2302; Ecke Av. Bolívar & Calle 7N; Eintritt 1000 COP) Wem der viele Beton über die Hutschnur geht, sollte eine Pause in diesem beschaulichen Park einlegen; er liegt in einem Tal mitten in der Stadt und weist Gärten, aber auch Waldgebiete auf, dazu mehrere kleinere Seen und einen Bach, der munter dahinplätschert. Auf die *guatins* achten, eine große Nagetierart – die Frechlinge schnappen sich sonst womöglich das Picknick.

Feste & Events

Desfile de Yipao KULTUR

(Okt.) Schnell die Fotobatterien aufladen, denn hier warten Motive, die man nicht verpassen sollte. Im Rahmen der alljährlichen Feier des Stadtgeburtstags findet der Yipao-Umzug statt: Jeeps werden tonnenweise mit Kochbananen, Kaffee und Haushaltswaren beladen und ziehen dann durch die Stadt (s. Kasten S. 239).

Schlafen

Casa Quimbaya HOSTEL $

(732 3086; www.casaquimbaya.com; Calle 16N No 14–92; B/EZ/DZ 20 000/45 000/60 000 COP;) Das lockere Hostel liegt praktisch nicht weit von der Universität, den Bars und Restaurants entfernt. Hier gibt es gemütliche Zimmer mit blitzsauberen Bädern. An Pluspunkten kommen ein enthusiastisches Management und gemütliche Aufenthaltsräume hinzu – und fertig ist ein tolles Budgetquartier.

Armenia Hotel HOTEL $$$

(746 0099, 1 800 097 8080; www.armeniahotelsa.com; Av. Bolívar No 8N–67; EZ/DZ/3BZ 198 000/ 241 000/343 000 COP;) Das Hotel gilt als die beste Adresse der Stadt. Die neun Etagen gruppieren sich um ein Atrium mit Glaskuppel. Die geräumigen Zimmer sind mit schicken *guadua*-Möbeln ausgestattet; viele bieten einen tollen Blick auf die Cordillera Central oder über die Stadt. Im Freien lockt ein beheizter Pool, und unten sorgt ein Restaurant mit Komplettservice für das leibliche Wohl.

Hotel Bolívar Plaza HOTEL $$

(741 0083; www.bolivarplaza.com; Calle 21 No 14–17; EZ/DZ/3BZ 113 000/145 000/180 000 COP;) Das nette Boutiquehotel an der

Plaza de Bolívar weist eine ausgefallene Fassade auf, die an ein Schiff erinnert. Die Zimmer sind etwas klein geraten, aber gut ausgestattet und mit Schallschutzfenstern versehen, sodass der Lärm von der Straße nicht stört. Manche haben auch einen kleinen Balkon auf die Plaza hinaus.

Hotel Casa Real HOTEL **$**
(☎741 4550; Carrera 18 No 18–36; EU/DZ 24 000/30 000 COP; WLAN) Das einfache Hotel, das über einigen Geschäften in einer Straße mit vielen Läden liegt, ist nichts Besonderes, bietet jedoch Annehmlichkeiten, die es zu dem Preis nicht so oft gibt: heißes Wasser, Kabel-TV und WLAN. Die Zimmer nach hinten sind ruhiger, dafür bekommen die nach vorne mehr Tageslicht ab.

Essen

In der Innenstadt wartet tagsüber eine Fülle von billigen Lokalen. Auch rund um die Universidad de Quindio finden sich zahllose Bars und kleine Esslokale, die dem Geldbeutel der Studenten entsprechen.

La Fogata KOLUMBIANISCH **$$**
(Carrera 13 No 14N–47; Hauptgerichte 25 000-30 000 COP) Das edle Restaurant zählt zu den berühmtesten Speiselokalen Armenias – und das aus gutem Grund. Hier kommen hervorragende Steaks und Meeresfrüchte auf den Tisch, aber auch *vuelve a la vida*, eine Fischsuppe, die wie ein Aphrodisiakum wirken soll. Das Restaurant liegt in einem keilförmigen Grundstück nicht weit vom CC Portal del Quindío entfernt – einfach auf die perfekt gestutzten Büsche vor dem Haus achten.

La Fonda Antioqueña KOLUMBIANISCH **$**
(Carrera 13 No 18–59; Hauptgerichte 10 000 COP; ⌚8–19 Uhr) Einen Block von der Plaza de Bolívar entfernt liegt dieses hervorragende *paisa*-Restaurant. Auf den Tisch kommt liebevoll zubereitete Traditionskost, beispielsweise *bandeja paisa* und am Wochenende auch *sancocho*. Das *almuerzo ejecutivo* (Tagesgericht zu Mittag; 7000 COP) wechselt jeden Tag und bietet wirklich viel fürs Geld. Unbedingt *mazamorra* probieren, einen typischen Nachtisch der Zona Cafetera aus gekochtem Mais mit einem Schuss Milch.

Natural Food Plaza VEGETARISCH **$**
(Carrera 14 No 18N–40; Mahlzeiten 8000–10 000 COP; vegetarisch) Das vegetarische Café ist das reinste Eldorado in einer Stadt, die für Pflanzenfresser nicht gerade viel zu bieten hat. Jedenfalls gibt's hier ein super Menü (7000 COP), aber auch leckere Burger, Crêpes und sogar eine vegetarische *bandeja paisa*. Viele der Zutaten stammen von der Biofarm des Besitzers.

Ausgehen & Unterhaltung

Armenia kann mit einer lebhaften Kneipenszene aufwarten, die an Manizales oder Pereira allerdings doch nicht so ganz heranreicht. Die Gegend rund um die Universidad de Quindío, nordöstlich vom Zentrum an der Straße nach Pereira, ist mit diversen billigen Bars bestückt. Rund um die Bambusa Plaza finden sich unzählige beliebte Tanzlokale; in der Regel läuft Reggaeton, der das Jungvolk anlockt. Die meisten größeren Clubs befinden sich in der *zona rosa* auf einem Hügel etwas außerhalb der Stadt. Ein Taxi dorthin kostet etwa 10 000 COP, für die Heimfahrt sind dann allerdings satte 20 000 COP fällig.

Bar Boston BAR
(Calle 12N No 14–39) Tagsüber ist das Lokal ein recht gesittetes Restaurant. Nachts geht hier dann aber die Post ab, wenn einheimische Bands ihr Talent unter Beweis stellen.

Guitarra y Rumba CLUB
(Km 2 vía Circasia; ⌚Do–Sa) Dieser Club in der *zona rosa* zählt zu den ältesten der Stadt. Hier gibt es eine Riesendisko, in der jeden Abend eine andere Band auftritt, die die gängigen Hits spielt.

Mirador de la Plaza Taberna BAR
(Hauptplatz) Die Bar an der Hauptplatza bietet sich für ein ruhiges Bierchen an, aber einen Espresso gibt es natürlich auch. Interessant sind die Fotos von Armenia, die vor dem Erdbeben 1999 aufgenommen wurden.

Praktische Informationen

4-72 (Carrera 15 No 22–38) Post.

Banco de Bogota (Calle 21 16-30) Der Geldautomat funktioniert mit Visa- und Cirrus/ Maestro-Karten.

CC Portal del Quindío (Av. Bolívar No 19N–46) In der großen Shoppingmall gibt's auch unzählige Geldautomaten.

Hospital San Juan de Diós (☎749 3500; Ecke Av. Bolívar & Calle 17N)

Facilcom Comunicaciones (Calle 21 No 15–53; pro Std. 1500 COP; ⌚Mo–Sa 8–21, So 8–19 Uhr) Internetzugang und billige Telefonate ins Ausland.

Touristeninformation (Corporación de Cultura y Turismo; ☎741 1519; Plaza de Bolívar) Im

Erdgeschoss des Gobernación del Quindío-Gebäudes. Überaus hilfsbereite Mitarbeiter und jede Menge gute Infos.

ℹ Anreise & Unterwegs vor Ort

Bus

Der **Busbahnhof** (☎747 3355; Calle 35 No 20–68) befindet sich 1,5 km südwestlich vom Zentrum und lässt sich mit einem der häufig fahrenden Stadtbusse erreichen, die auf der Carrera 19 (1500 COP) verkehren.

Unmengen an Busse fahren nach Bogotá (40 000 COP, 8 Std.), Medellín (30 000 COP) und Cali (22 000 COP, 3½ Std.). Nach Pereira (7800 COP, 1 Std.), Manizales (17 000 COP, 2½ Std.) und Salento (3200 COP, 30 Min.) verkehren regelmäßig Minibusse. Direktverbindungen mit dem Bus bestehen auch nach Popayán (31 000 COP, 6 Std.).

Flugzeug

Der **Aeropuerto Internacional El Edén** (☎747 9400) liegt 18 km südwestlich von Armenia (20 000 COP mit dem Taxi) in der Nähe der Ortschaft La Tebaida an der Straße nach Cali. Avianca, EasyFly und Lan fliegen nach Bogotá, ADA nach Medellín. Von Spirit gibt es Direktflüge nach Fort Lauderdale in Florida.

Taxi

Tagsüber geht es in der Innenstadt hoch her, es sind Unmengen Händler und Leute zum Shoppen unterwegs. Bei Einbruch der Dunkelheit kommt es hin und wieder zu Raubüberfällen. Taxis kosten nicht viel und bieten eine sichere Methode, das Ziel zu erreichen.

Rund um Armenia

Das winzige Quindío hat auf kleinstem Raum jede Menge Superlative zu bieten – tolle ländliche Unterkünfte, einen der schönsten botanischen Gärten Kolumbiens sowie einen unterhaltsamen Themenpark, der Besucher aller Altersgruppen Vergnügen bereitet. Der Kaffeefarm-Tourismus nahm hier seinen Anfang, und so sind nun Hunderte von *fincas* um das Wohl ihrer Gäste mit ganz unterschiedlichen Vorstellungen bemüht, überwiegend Kolumbianer. Es gibt zig Broschüren, in denen diese Fincas zusammengestellt und auch bewertet sind. Die Touristeninformation von Armenia hält ebenfalls eine lange Liste an Angeboten bereit. Weitere Informationsquellen sind **Haciendas del Café** (www.clubhaciendasdelcafe.com) und **Quindio Turismo** (www.quindioturismo.com).

JARDÍN BOTÁNICO DEL QUINDÍO

Armenias herrlicher 15 ha großer **Botanischer Garten** (☎742 7254; www.jardinbotanicoquindio. org; Km 3 Vía al Valle, Calarcá; Eintritt 14 000 COP; ⏲9–16 Uhr) kann mit dem beeindruckendsten *mariposario* der ganzen Zona Cafetera aufwarten. Das 680 m² große Schmetterlingshaus hat die Form eines

NOSATALGIE AUF VIER RÄDERN

Wer sich eine Weile in der Zona Cafetera aufhält, wird aller Wahrscheinlichkeit nach auch ein paarmal in einem klassischen Willys-Jeep aus dem Zweiten Weltkrieg durch die Gegend rumpeln.

Diese alten Kisten sehen nicht nur irre aus, wenn sie im Pulk an der Plaza der Stadt geparkt stehen, sie sind in ländlichen Gebieten der Zona Cafetera auch noch immer das wichtigste Transportmittel. Mit Willys wird so ziemlich alles befördert – von Fahrgästen über Schweine bis hin zu Kochbananen, Möbeln und – wie kann es anders sein? – Kaffee. Im Gegensatz zu einem Bus ist ein Willys-Jeep auch nie wirklich voll: Kein Wunder also, wenn der Fahrer locker 16 Personen, wenn nicht noch mehr, hineinpackt.

Die ersten Jeeps, die 1950 hier ankamen, waren ausgesonderte Armeefahrzeuge aus den USA. Um die Fahrzeuge an die Farmer in der Zona Cafetera zu verkaufen, wurde eine Jeep-Ausstellung ins Leben gerufen: Die Fahrer chauffierten die Autos in allen möglichen Städten die Treppen zu den Kirchen hinauf und hinunter und steuerten die schwer beladenen Autos durch Hindernisparcours auf den Plazas. Der Verkauf funktionierte prompt – und so begann eine Liebesgeschichte, die bis heute andauert.

Willys-Jeeps sind ein integraler Bestandteil der kolumbianischen Kultur auf dem Land; ein yipao ist ein anerkanntes Maß für Argarprodukte in Kolumbien und entspricht etwa 20 bis 25 Säcken Orangen. Wer diese Fahrzeuge in ihrer ganzen Pracht bestaunen möchte, sollte sich den legendären Yipao-Umzug (S. 237) ansehen. Dann werden aufgemotzte Jeeps mit Agrarprodukten und Möbeln beladen, die dann auf den Hinterrädern durch die Stadt kurven. Weitere Infos siehe unter www.willyscolombia.com.

ABSTECHER

RECUCA

Diese innovative **Kaffeefarm** (☎749 8528; www.recuca.com; Vereda Callelarga, Calarcá; Führungen 15 000 COP) veranstaltet Führungen, die einen guten Einblick in das Leben auf einer finca vermitteln. Die Besucher müssen sich eine Tracht anziehen, einen Korb überschnallen – und dann geht es raus auf die Plantage, um selbst Kaffeebohnen zu pflücken. Anschließend erfahren die Teilnehmer auf der Hacienda alles über den Verarbeitungsprozess. Außerdem besteht die Möglichkeit, hier auch gleich noch ein paar Volkstänze zu lernen; sie sind bei den *campesinos* (Bauern) beliebt, um sich in einer kalten Nacht in den Bergen die Füße aufzuwärmen. Ein fürchterlicher Kitsch ist das Ganze ja schon, aber dennoch ein Riesenspaß. Wer hier auch noch zu Mittag essen möchte, muss einen Tag im Voraus reservieren. Von Armenia aus können Besucher vom Busbahnhof jeden Bus (1600 COP) nehmen, der nach Río Verde fährt. Einfach den Fahrer bitten, am Eingang anzuhalten. Von hier sind es dann noch 2 km zu Fuß durch Bananenplantagen; der Wärter ruft aber auch gern ein Jeep (5000 COP/Fahrzeug).

riesigen Schmetterlings und beherbergt bis zu 3000 dieser Tiere (rund 50 verschiedene Arten). Außerdem gibt es hier einen 22 m hohen Aussichtsturm, Farne, Orchideen, einen *guadua*-Wald sowie eine riesige Sammlung von Palmen verschiedenster Art. Über 110 Vogelarten wurden hier verzeichnet. Im Eintrittspreis sind die Dienste eines Guide mit inbegriffen – alles Freiwillige, die sich natürlich über ein großzügiges Tinkgeld freuen! Beste Zeit für einen Besuch ist der Morgen, denn dann sind die Schmetterlinge am aktivsten.

Und so kommt man hin: Mit dem Bus von der Plaza de la Constitución in Armenia oder auch mit einem grünen oder gelben Bus, der mit „Calarcá“ beschildert ist und über die Avenida Bolívar (1500 COP, 40 Min.) fährt.

HACIENDA BAMBUSA

Die einst betriebsame **Kaffeefarm** (☎740 4935, 311 506 9912; www.haciendabambusa.com; EZ/DZ/3BZ 252 000/306 000/396 000 COP; 📶🏊) ist heute ein exklusives Hotel auf dem Land mit wunderschönen üppigen Gärten und Plantagen, auf denen Kochbananen, Mandarinen und Kakao gedeihen. Zu den Ländereien gehören ein Fluss und Unmengen Buschland; über 200 Vogelarten leben hier. Die Zimmer sind hell und geräumig; einige haben Balkon und gehen auf den tollen Pool hinaus. Unbedingt reservieren.

EL DELIRIO

Unweit von Montenegro gelingt dem eleganten **El Delirio** (☎741 5106; casadelirio@hotmail.com; Km 1, Vía Montenegro; EZ/DZ/3BZ inkl. Frühstück 30 000/170,000/245 000 COP; @📶🏊) der perfekte Balanceakt zwischen altmodischem Farmhaus und modernem Komfort. Kein Wunder, denn der Besitzer ist schließlich Innenarchitekt. Das gesamte Anwesen ist mit Antiquitäten aus der Region vollgestopft. In den komfortablen Zimmern steht ein TV mit Flachbildschirm; zu jedem gehört ein eigenes, blitzblankes Bad. El Delirio liegt inmitten einer kleinen Kaffeeplantage und gepflegten Gärten mit vielen Vögeln.

FINCA VILLA NORA

Diese Kaffee-, Avocado- und Guaven-**Farm** (☎741 5472, 310 422 6335; www.quindiofincavillanora.com; EZ/DZ inkl. Frühstück & Abendessen 150 000/260 000 COP; 🏊) liegt zwischen Armenia und Pereira. In dem traditionellen Gebäude mit weiß-roten Verzierungen und einer breiten umlaufenden Veranda befinden sich die Quartiere der Gäste. Viele Zimmer haben Gemeinschaftsbad, und es gibt nur einen einzigen Fernseher im ganzen Haus. Vom Stil her ist die Villa Nora einfacher als viele andere ländliche Hotels. Die Besitzer führen übrigens die Unterkunft wie auch die Farm. Ein kleiner Pool und ein Grillplatz sind auch noch vorhanden. Die Mitarbeiter holen die Gäste auf Wunsch am Flughafen Armenia (60 000 COP) oder in Quimbaya (kostenlos) ab.

HACIENDA COMBIA

Die große, professionell geführte Hacienda in den Ländereien einer **Kaffeefarm** (☎746 8472; www.combia.com.co; EZ/DZ inkl. Frühstück 120 000/150 000 COP; @📶🏊) liegt nicht weit vom Botanischen Garten entfernt und bietet einen schönen Blick auf die Berge. Die Einrichtungen sind vom Feinsten, beispielsweise der Landschaftspool und das Wellnesscenter. Verglichen mit kleineren *fincas* fehlt hier aber etwas das Flair.

PARQUE NACIONAL DEL CAFÉ

☎6 / HÖHE 1300 M

In diesem **Themenpark** (☎741 7417; www.parquenacionaldelcafe.com; Km 6 Vía Montenegro; Eintritt 18 000–50 000 COP; ⊙Mi–So 9–16 Uhr) warten eine Achterbahn und eine Wasserrutsche, ein kleines Kaffeemuseum, Go-karts und ein Trail zum Ausreiten auf die Besucher. Am Eingang ragt ein 18 m hoher Aussichtsturm auf, von dem sich ein sagenhafter Blick über Armenia bietet. Von der Seilbahn sieht man den Park aus der Vogelperspektive; sie verbindet das Museum mit einem nachempfundenen typischen Kaffeestädtchen. Wenn es regnet, macht der Besuch nun wirklich keinen Spaß, denn die meisten der sehenswerten Attraktionen befinden sich im Freien.

Am Busbahnhof von Armenia starten Busse (1400 COP, 30 Min., 7–19 Uhr) im 15-Minutentakt zum Themenpark.

PANACA

Der **bäuerliche Themenpark** (☎1 800 012 3999, 310 404 2238; www.panaca.com.co; Eintritt 22 000–53 000 COP; ⊙Di–So 9–18 Uhr) ist eigentlich für nostalgische Kolumbianer gedacht, die ein Faible für ihre rurale Vergangenheit haben. Er liegt in der Nähe von Quimbaya, eine kurze Fahrt mit dem Bus von Armenia entfernt. Zu bestaunen sind über 4500 Haustiere, darunter viele seltene Züchtungen. Das eigentliche Highlight eines jeden Besuchs sind aber die absolut sehenswerte Tiershows, vor allem die Schweinerennen im *cerdodromo* (Schwein-o-drom!).

Salento

☎6 / 4000 EW. / HÖHE 1900 M

Die kleine Ortschaft inmitten von herrlich grünen Bergen, 24 km nordöstlich von Armenia, lebt von der Kaffeeherstellung, von der Forellenzucht und – immer mehr – von den Touristen, die von den malerischen Straßen, der typischen *paisa*-Architektur und der Nähe zum spektakulären Valle de Cocora total begeistert sind. Der Ort wurde 1850 gegründet und ist einer der ältesten der Provinz Quindío.

Die Hauptstraße Calle Real (Carrera 6) ist voll von *artesanías* (Ständen mit Kunsthandwerk), Restaurants und Internetcafés. Am Ende dieser Straße führen ein paar Treppen zum Alto de la Cruz hinauf, einem Hügel mit einem Kreuz. Von hier reicht der Blick bis zum grünen Valle de Cocora und den umliegenden Bergen. An einem klaren Tag – meist früh am Morgen – sind in der Ferne oft die schneebedeckten Gipfel der Vulkane zu sehen.

Aktivitäten

Reiten ist in Salento und Umgebung ein beliebtes Freizeitvergnügen. In letzter Zeit kam es allerdings zu Unfällen – sogar tödlichen – von Touristen. Jedenfalls macht es Sinn, sich einen Führer zu nehmen und sich vor einem Ausritt in die Berge vor allem mit dem Pferd vertraut zu machen.

In dieser Gegend verlocken auch einige wirklich sagenhafte Mountainbiketouren. Ein tolles Erlebnis ist beispielsweise die Fahrt von El Rocio am Rand des Parque Nacional Natural (PNN) Los Nevados zurück in die Stadt. Das Plantation House verleiht Fahrräder.

Wer Lust hat, mit Steinen auf Schießpulver zu werfen, sollte **Los Amigos** (Carrera 4 No 3-32; ⊙Mo–Fr 18–24, Sa 12–2, So 12–24 Uhr) ausprobieren. Bei diesem traditionellen Spiel werden 2 kg schwere Gewichte *(tejos)* in eine Grube geworfen. Wenn dabei ein mit Schießpulver gefülltes Papierobjekt *(mecha)* getroffen wird, fliegt es mit einem ohrenbetäubenden Lärm in die Luft.

Geführte Touren

Álvaro Gomez veranstaltet **Ausritte** (☎096 759 3343, 311 375 8293) zu mehreren Wasserfällen in der Nähe, die an einem alten, unfertigen Bahngleis entlangführen, sowie eine längere Tour hoch zu Ross nach Cocora. Ein Halbtagesausflug kostet pro Person 40 000 COP, die längeren Touren ins Valle de Cocora oder auch abendlichen Ausritte kommen natürlich teurer.

Der charismatische Kaffeeanbauer Don Elías bietet Führungen auf seiner **Biofarm** (5000 COP; nur auf Spanisch) an. Sie liegt rund 45 Minuten zu Fuß von der Stadt entfernt: vom Park in der Stadtmitte einen Block in Richtung Norden spazieren, dann nach Westen über eine gelbe Brücke; von dort geht es geradeaus weiter. Nach dem Abzweig nach El Ocaso sind es noch etwa 200 m.

Dem Plantation House gehört eine kleine Kaffee-*finca*. Sie liegt ein kurzes Stück zu Fuß vom Hostel entfernt. Interessierte können an einer englischen **Führung** (Gäste/keine Gäste 5000/10 000 COP) durch das Gelände teilnehmen, die mehrmals die Woche durchgeführt wird. Termine und Uhrzeiten verrät die Website.

Schlafen

Tralala HOSTEL $

(☎314 850 5543; www.hosteltralalasalento.com; Carrera 7 No 6–45; B 20 000 COP, EZ/DZ 45 000/ 60 000 COP; 📶) Das kleine, gut geführte Hostel in einem fröhlich renovierten Kolonialgebäude liegt nur einen halben Block vom zentralen Stadtpark entfernt und wurde von jemandem konzipiert, der genau weiß, was Backbacker sich wünschen. Das Tralala verfügt über alle Einrichtungen, die der Mensch zu schätzen weiß, also beispielsweise anständige Matratzen, heiße Duschen, zwei Küchen, eine umfangreiche DVD-Bibliothek und blitzschnelles WLAN. Und das alles findet sich inmitten eines üppigen Gartens samt einer erhöht gelegenen beschaulichen Terrasse.

Plantation House HOSTEL $

(☎316 285 2603; www.theplantationhousesalento.com; Calle 7 No 1–04; B 18 000–21 000 COP, EZ & DZ 45 000–50 000 COP; @📶) Das ursprüngliche Hostel von Salento ist etwas für Backpacker der alten Schule. Luxuriös ist es nicht gerade, aber die Aussicht ist super, es herrscht eine tolle Atmosphäre, und eine nagelneue Küche mit Aufenthaltsbereich samt offenem Kamin steht den Gästen auch noch zur Verfügung. Außerdem gibt es die Möglichkeit, auf der Kaffeefarm des Besitzers gleich in der Nähe zu wohnen. Gäste können hochwertige Fahrräder mieten, und interessante, mehrtägige Wanderungen in den PNN Los Nevados durch das wirklich bezaubernde Valle de Cocora werden auch noch organisiert.

Ciudad de Segorbe HOTEL $$

(☎759 3794; www.hostalciudaddesegorbe.com; Calle 5 No 4–06; B/EZ/DZ 22 000/45 000/ 65 000 COP; @) Die eleganten Zimmer mit Parkettboden und winzigem Balkon mit Bergblick sind in diesem zweistöckigen Haus bereits die reinste Freude für den Geldbeutel, doch erst der herzliche spanisch-kolumbianische Wirt macht das beschauliche Hotel zu etwas wirklich Besonderem. Das hervorragende Frühstück wird im Innenhof serviert.

Essen & Ausgehen

Am Wochenende sprengen die unzähligen Gastro-Stände mit einheimischen Köstlichkeiten fast die Plaza, darunter köstliche Forelle und knusprige *patacones* (frittierte Kochbananen) mit Unmengen *hogao* (warmes Tomaten-Chutney.).

La Eliania INTERNATIONAL $

(Carrera 2 No 6–65; Hauptgerichte 5000–12 000 COP; ⏲8–13 & 16–21 Uhr) Hier gibt's hochwertiges Frühstück in unzähligen Varianten, aber auch Gourmet-Pizza, Sandwiches und – wenn die Geschmacksknospen mal nach etwas anderem lechzen – sogar echt indische Currys. Die Portionen fallen groß aus, und die Preise sind für diese Qualität sehr anständig.

Rincón del Lucy KOLUMBIANISCH $

(Carrera 6 No 4–02; Hauptgerichte 6000 COP; ⏲Frühstück & Mittagessen) Die Gäste sitzen an aus Baumstämmen zusammengezimmerten Tischen, um sich die preislich besten Mahlzeiten der ganzen Stadt schmecken zu lassen: Fisch, Rindfleisch oder Hühnchen mit Reis, Bohnen, einer Banane und Suppe.

Alegra INTERNATIONAL $$

(Ecke Calle 4 & Carrera 7; Hauptgerichte 12 000-24 000 COP; ⏲Do–Mo 11.45–19.45 Uhr) Das gemütliche kleine Restaurant bringt eine interessante Auswahl an frisch zubereiteter Hausmannskost auf den Tisch, darunter vegetarische Burger, allerlei Pastas und Salate und dazu eine Fülle von heißen Getränken und Säften.

Café Jesús Martín CAFÉ $$

(www.cafejesusmartin.com; Carrera 6A No 6–14; ⏲8–21 Uhr) Das sehr empfehlenswerte Café serviert einen 1A-Espresso aus Kaffee, der in der Fabrik des Besitzers in Salento geröstet wurde. Das Ambiente ist arg geschniegelt, deshalb ist es kein Wunder, dass sich Einheimische kaum einmal hierher verirren. Erhältlich sind auch Wein, Bier und leichtere Mahlzeiten. Anfragen, ob vielleicht gerade eine Kaffeeverkostung stattfindet.

Donde Mi Apá BAR

(Carrera 6 No 5–24) In diese Kneipe kommt das hart arbeitende Bergvolk, um sich nach einem stressigen Arbeitstag im Büro abzufüllen. Die Gaststube ist vollgestopft mit allerlei Nippes und Antiquitäten aus der gesamten Zona Cafetera, und hinter der Bar beeindruckt eine irre Sammlung von 18 000 alten Schallplatten aller Genres der *musica vieja* (alte Musik). Hin und wieder werden sie entstaubt, um die Gäste zum Mitsingen zu animieren.

Praktische Informationen

Banco Agrario de Colombia (Hauptplatz) Der einzige Geldautomat im Ort; am Wochenende geht ihm leider oft die Knete aus.

El Sitio (Carrera 7 No 5–07; 1500 COP pro Std.; ⌚Mo–Sa 9.30–22, So 13–22 Uhr) Internetzugang und Telefonate ins Ausland in der Nähe vom Park.

ℹ An- & Weiterreise

Minibusse verkehren von/nach Armenia im 20-Minutentakt (3200 COP, 40 Min., 6–21 Uhr). Man kann von Armenia aus aber auch ein Taxi (30 Min., 50 000 COP) nehmen.

Von Pereira (5000 COP, 1½ Std.) starten um 6.30 Uhr, 13.30 Uhr und 16.30 Uhr Direktbusse. In Salento fahren sie um 7.50 Uhr, 14.50 Uhr und 17.50 Uhr nach Pereira zurück. Am Wochenende verkehren diese Busse im Stundentakt. Wer von Pereira kommt, kann auch einen Bus mit dem Ziel Armenia nehmen und in Las Flores aussteigen; man überquert dann die Straße und steigt in einen Bus, der auf der Strecke Armenia–Salento unterwegs ist.

Valle de Cocora

In einem Land, das vor herrlichen Landschaften nur so strotzt, zählt Cocora zu den schönsten. Das breite grüne Tal ist von zackigen Berggipfeln gesäumt und erstreckt sich östlich von Salento bis zu den niedrigeren Ausläufern des PNN Los Nevados. Überall sind *palma de cera* (Wachspalmen) zu sehen, die größte Palmenart der Welt, die es auf bis zu 60 m bringt – der Nationalbaum Kolumbiens. In den dunstigen grünen Hügeln bieten sie einen atemberaubenden Anblick.

Die beliebteste Wanderung in dieser Region führt in 2½ Stunden vom kleinen Weiler Cocora zur **Reserva Natural Acaime** (Karte S. 230; Eintritt 3000 COP inkl. Erfrischungsgetränk). In Cocora beginnt der Pfad auf der rechten Seite, wenn man in das Tal hineinkommt, und zwar in entgegengesetzter Richtung von Salento. Der Weg nimmt in Cocora an einem blauen Tor und einem Laden seinen Anfang und führt dann bergab an einer Forellenfarm vorbei. Der erste Teil der Strecke verläuft durch Grasland, der zweite durch dichten Nebelwald. In Acaime finden sich sehr einfache **Unterkünfte** (B 15 000 COP), und einen Kakao können sich Besucher hier auch noch genehmigen, während sie den Kolibris beim Fressen zusehen.

Etwa 1 km vor Acaime befindet sich der Abzweig nach La Montaña, eine schweißtreibende Wanderung von ei-

ABSTECHER

FINLANDIA

Nur ein kleines Stück von Salento entfernt liegt das gemächliche Finlandia, ein traditioneller Kaffeeort, der ebenso reizvoll ist wie sein bekannter Nachbar, aber nur einen Bruchteil von Besuchern abbekommt. Hier gibt es so ziemlich die am besten erhaltene Architektur der ganzen Region zu bewundern, außerdem die **Colina Iluminada** (KM 1 Vía Quimbaya; Eintritt 3000 COP; ⌚Mo–Fr 14–19, Sa & So 10–19 Uhr), einen *mirador* (Aussichtspunkt): Von dem beeindruckenden 19 m hohen Holzgebäude bietet sich ein atemberaubender Blick über gleich drei Provinzen und an einem klaren Tag sogar bis zum PNN Los Nevados.

Rund um die Ortschaft liegen zahlreiche Kaffeefarmen verstreut; viele davon heißen Touristen herzlichst wilkommen. Besuche und Unterkünfte können in der hervorragenden **Touristeninformation** (☎758 2172; Casa de la Cultura) am Park in der Ortsmitte von Finlandia gebucht werden. Sie organisiert auch Guides für Treckingtouren in den Cañon del Río Barbas und in die Reserva Natural Bremen – La Popa, unberührte Waldgebiete mit vielen Vögeln; sogar Brüllaffen lassen sich hier hin und wieder sehen und hören.

Im Ort finden sich diverse Unterkünfte mit gutem Preis-Leistungsverhältnis. Die beste Adresse ist sicher **La Posada del Compadre** (☎313 335 9771; www.laposadadelcompadre.com; Carrera 6 No 8–06; Zi. inkl. Frühstück 60 000 COP) mit reizenden Zimmern und herrlicher Aussicht. Das Hostal Tibouchina (☎758 2646; Calle 6 No 5–05; Zi. pro Pers. inkl. Frühstück 30 000 COP) am Park ist eine gemütliche Alternative.

Finlandia ist für seine Flechtkörbe bekannt. Wer möchte, kann in einem Handwerksbetrieb vorbeischauen und die edlen Stücke dann direkt bei den artesanos (Kunsthandwerkern) kaufen – oder aber am Park in einer Kooperative.

Busse verkehren im 20-Minutentakt bis 21 Uhr von/nach **Armenia** (3500 COP, 45 Min.). Wer von Salento kommt, kann in diese Linie in Las Flores einsteigen; dort mündet die Salento-Straße auf die Schnellstraße.

ner Stunde Dauer auf einen steilen Berg hinauf, von dem es dann über einen einfachen Pfad bergab zurück nach Cocora (1½ Std.) geht. Die Anstrengung ist jedoch der Mühe wert, denn auf diese Weise schließt sich der Rundweg, und man muss nicht denselben Weg zurückmarschieren, den man gekommen ist. Vom Pfad, der direkt durch Wachspalmen verläuft, bietet sich ein fantastischer Blick über das Tal. In Cocora besteht die Möglichkeit, ein Pferd zu mieten, um nach Acaime (40 000 COP pro Pers.) zu reiten. Ein Guide ist allerdings empfehlenswert, denn ohne diese Aufsicht durchqueren die Pferde oft die Flüsse nicht!

Auch längere Wandertouren in den Nationalpark sind machbar; übernachtet wird bei den einheimischen Farmern. Genauere Auskünfte erteilt das Plantation House (S. 242) in Salento.

Am Hauptplatz von Salento fahren Jeeps nach Cocora (3000 COP, 30 Min.). Sie starten um 6.10 Uhr, 7.30 Uhr, 9.30 Uhr, 11.30 Uhr, 15 Uhr und 16 Uhr – und fahren jeweils eine Stunde später wieder zurück. Am Wochenende verkehren mehr Jeeps. Wem diese Abfahrtszeiten nicht liegen, kann sich auch privat einen Jeep für 24 000 COP leihen.

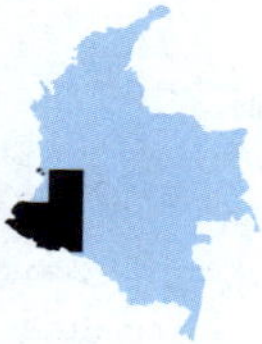

Cali & Südwest-Kolumbien

Inhalt

Gut essen

- » Hotel Camino Real (S. 261)
- » El Zaguán de San Antonio (S. 251)
- » Bahareque (S. 251)
- » Asadero de Cuyes Pinzón (S. 273)

Schön übernachten

- » Posada San Antonio (S. 250)
- » Now Hotel (S. 250)
- » Hotel Los Balcones (S. 259)

Auf nach Cali & Südwest-Kolumbien!

Südwest-Kolumbien wird von Touristen oft links liegengelassen, obwohl es doch zu den interessantesten und vielseitigsten Regionen des Landes gehört: Afrikanische trifft hier auf Andentradition, präkolumbische auf moderne Kultur – ein Land der Kontraste, das die Sinne berührt.

Hier befinden sich die wichtigsten archäologischen Fundstätten und die schönste Kolonialarchitektur des Landes. Die Artenvielfalt ist riesig. Die Ökosysteme Wüste, Urwald und *páramo* (Hochlandebene) können in einer einzigen Tagesreise erlebt werden. Für Naturliebhaber gibt es aktive Vulkane, heiße Quellen und spektakuläre Gebirge, die alle von aufstrebenden Metropolen mit modernen Unterkünften aus erreicht werden können.

Cali ist die größte Stadt der Region und berühmt für ihre lebhaften Salsa-Clubs. Doch auch für Nichttänzer bietet sie viel, wie zum Beispiel traditionelle Stadtviertel, feine Restaurants und hippe Bars, die alle viel *Caleño*-Stimmung ausstrahlen.

Reisezeit

Cali

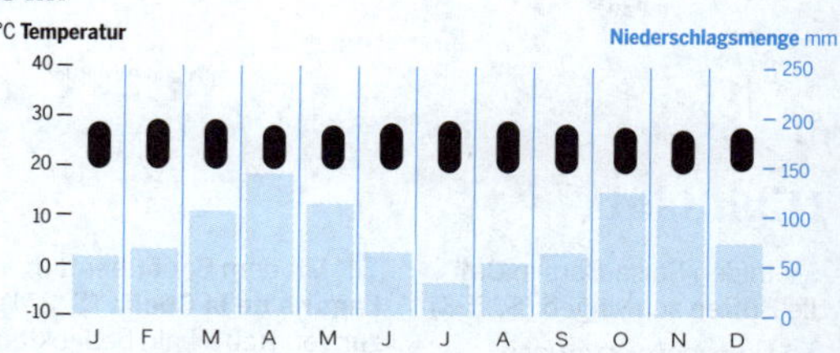

Sept. Festival Mundial de Salsa in Cali und Congreso Nacional Gastronómico in Popayán

Juli–Sept. Die heißen Aufwinde sorgen für das beste Klima zum Kitesurfen am Lago Calima.

Dez. & Jan. Sehr schön ist das Wandern bei klarem Himmel im Parque Nacional Natural Puracé.

Highlights

❶ In den Salsa-Bars in **Cali** die Hüften schwingen (S. 253)

❷ Umgeben von grünen Bergen am **Lago Calima** (S. 255) beim Kitesurfen über den Wellen aufsteigen

❸ Den Nachthimmel in Kolumbiens kleinster Wüste **Desierto de la Tatacoa** betrachten (S. 270)

❹ Mit dem Boot über die **Laguna de la Cocha** (S. 274) zur von Nebelwald bedeckten Isla Carota fahren

❺ In den Bergen von **Tierradentro** (S. 268) wandern und unterirdische Gräber besuchen

❻ Durch die Straßen von **Popayán** (S. 257) mit ihren Museen und imposanten Kolonialbauten schlendern

❼ Die einheimische Guambiano-Kultur auf dem Markt in **Silvia** (S. 260) hautnah erleben

❽ In phänomenaler Naturkulisse bei **San Agustín** (S. 263) präkolumbianische Riesenskulpturen bestaunen

National-, Provinz- & Regionalparks

Die archäologischen Fundstätten von San Agustín und Tierradentro liegen beide in Schutzgebieten, deren Topografie noch spektakulärer ist als die Ausgrabungen selbst. Einen Besuch lohnen die Laguna de la Cocha und Laguna Verde bei Pasto. Der Parque Nacional Natural Farallones de Cali, offiziell noch nicht eröffnet, bietet an seinen Randgebieten schöne Wanderrouten.

An- & Weiterreise

Calis Flughafen wird aus Europa, Nord- und Südamerika angeflogen. Effiziente Bussysteme verbinden die Region mit dem Rest des Landes. Weitere Informationen zu An- und Abreise in Kolumbien auf S. 245.

CALI

2 / 2,5 MIO. EW. / 969 M

Als Cover für eine Tourismusbroschüre eignet sich Cali nicht, aber es bietet Besuchern alles, was andere Städte nur versprechen. Es ist eine angesagt, robuste Stadt, deren Lebhaftigkeit einen in ihren Bann zieht und so schnell nicht wieder loslässt.

Das Kennenlernen wird dem Besucher nicht leicht gemacht – Tourismus scheint hier niemandem so wichtig –, doch wer sich bemüht, findet ein buntes Nachtleben, gute Restaurants und viel Unterhaltung vor, besonders abends, wenn der kühle Wind aus den Bergen die Hitze vertreibt.

Calis afro-kolumbianisches Erbe ist sehr reich; nirgendwo sonst im Land leben so viele verschiedene Rassen harmonisch miteinander. Von den verarmten Barrios bis hin zu den glänzenden großen Clubs bewegt sich alles im Salsa-Rhythmus. Musik ist hier mehr als Unterhaltung, sie ist das Band, das die Stadt zusammenhält.

Caleños sind stolz auf ihre pulsierende Kultur mit dem aufrührerischen Geist, der sich im Slogan *Cali es Cali y lo demás es loma, ¿oís?* (Cali ist Cali, und der Rest [von Kolumbien] ist bloß Gebirge. Alles klar?) äußert.

Geschichte

Nachdem Sebastián de Belalcázar (in Lateinamerika auch Benalcázar genannt) dem spanischen Eroberer Francisco Pizarro geholfen hatte, die Inkas zu besiegen, zerstritt er sich mit seinem früheren Anführer und suchte sein Glück im Norden. Er gründete Quito und Popayán, kam dann 1536 in das Valle del Cauca und nannte die neue Siedlung dort Santiago de Cali.

Jahrhundertelang verschifften die Spanier afrikanische Sklaven nach Amerika, um sie für die Arbeit in den Zuckerrohr- und Baumwollplantagen einzusetzen. Und auch heute noch ist das Valle del Cauca ein bedeutendes landwirtschaftliches Anbaugebiet, u. a. – in den höheren Lagen – auch für Trauben und Kaffee.

Im Vergleich zur regionalen Hauptstadt Popayán war Cali bis weit ins 20. Jh. hinein unbedeutend, bis dann der Transport über Schienen und Straßen wichtiger wurde, als der auf den Flüssen.

Sehenswertes

Das Stadtzentrum ist schachbrettartig um die Plaza de Caycedo angelegt. Dort finden sich die meisten der historischen Kirchen und sehenswerten Museen. Wenige Schritte südwestlich des Zentrums liegt San Antonio, das koloniale Herz und Künstlerviertel Calis mit hippen Cafés. Nördlich liegt die geschäftige Av. Sexta (Av. 6N), und unweit davon die Av. 9N mit Granada, dem schicken Restaurantviertel.

Iglesia de la Merced KIRCHE

(Ecke Carrera 4 & Calle 7; 6.30–10 & 16–19 Uhr) Der Baubeginn 1545 macht sie zur ältesten Kirche der Stadt. Ein hübsches, weiß getünchtes Gebäude im spanischen Kolonialstil, mit schmalem, langem Kirchenschiff und einfacher Bauweise in Holz und Stuck. Über dem schwer vergoldeten barocken Altar steht die Virgen de las Mercedes, die Schutzpatronin der Stadt.

Museo Arqueológico la Merced MUSEUM

(Carrera 4 6–59; Eintritt 4000 COP; Mo–Sa 9–13 & 14–18 Uhr) Im ehemaligen Kloster La Merced untergebracht, dem ältesten Gebäude Calis, beherbergt dieses interessante Museum eine Sammlung präkolumbischer Keramiken der großen Kulturen Zentral- und Südkolumbiens.

Zoológico de Cali ZOO

(892 7474; www.zoologicodecali.com.co; Ecke Carrera 2A Oeste & Calle 14 Oeste; Eintritt 10 000 COP; 9–17 Uhr) Der größte und beste Zoo des Landes mit einer großen Vielfalt an einheimischen Tierarten, wie z. B. *chiguiro* (Wasserschwein), *oso hormiguero* (Ameisenbär), Kondor, Affen sowie einem *mariposario* (Schmetterlingsgehege). Der Zoo liegt 2 km südwestlich des Zentrums in der Barrio Santa Teresita und ist am besten mit dem Taxi zu erreichen.

Cali

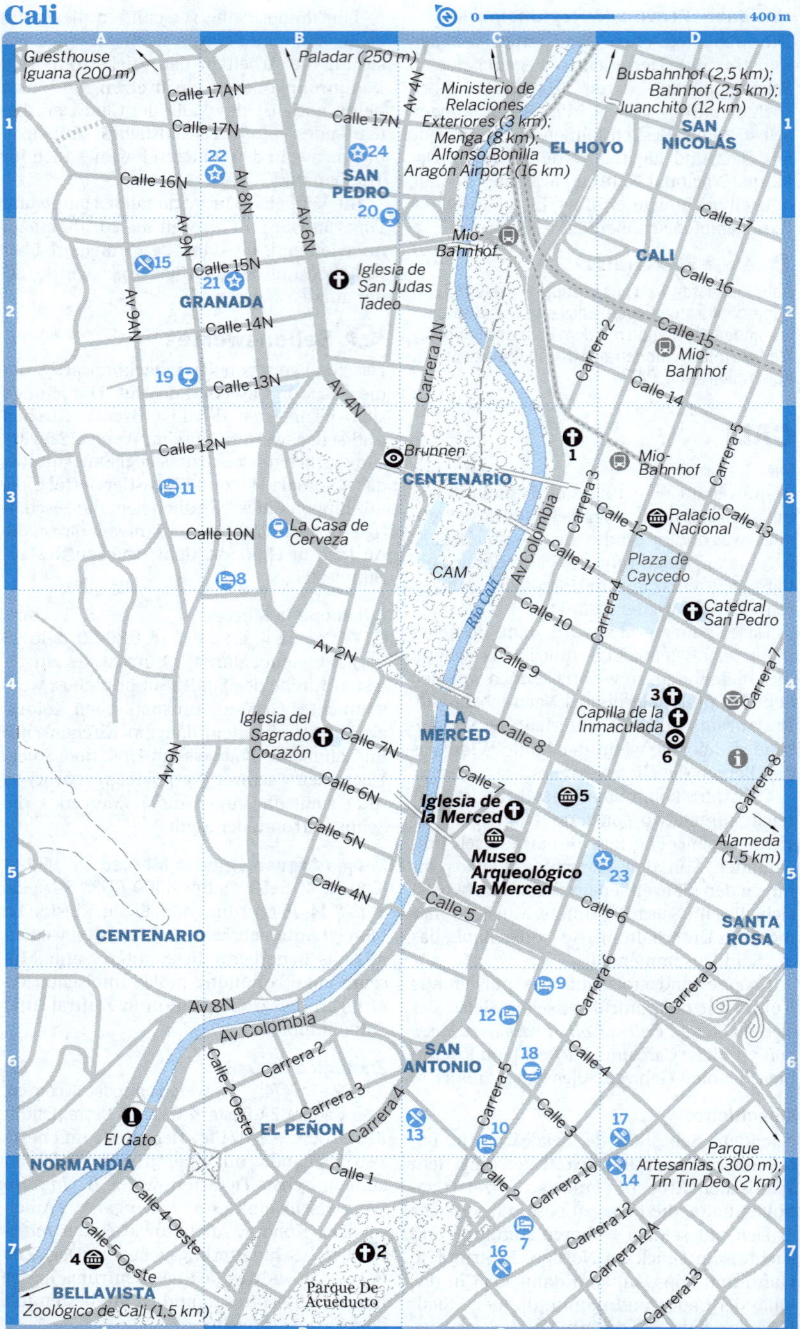
0
400 m
A
B
C
D
1
2
3
4
5
6
7
Guesthouse Iguana (200 m)
Paladar (250 m)
Ministerio de Relaciones Exteriores (3 km); Menga (8 km); Alfonso Bonilla Aragón Airport (16 km)
Busbahnhof (2,5 km); Bahnhof (2,5 km); Juanchito (12 km)
Calle 17AN
Calle 17N
Calle 16N
Calle 15N
Calle 14N
Calle 13N
Calle 12N
Calle 10N
Calle 7N
Calle 6N
Calle 5N
Calle 4N
Av 4N
Av 8N
Av 6N
Av 9N
Av 9AN
Av 2N
Carrera 1N
SAN PEDRO
EL HOYO
SAN NICOLÁS
GRANADA
CENTENARIO
CALI
LA MERCED
SANTA ROSA
SAN ANTONIO
EL PEÑON
NORMANDIA
BELLAVISTA
22
24
20
15
21
19
11
8
Mio-Bahnhof
Iglesia de San Judas Tadeo
Brunnen
La Casa de Cerveza
CAM
Río Cali
Av Colombia
Calle 17
Calle 16
Calle 15
Calle 14
Calle 13
Calle 12
Calle 11
Calle 10
Calle 9
Calle 8
Calle 7
Calle 6
Calle 5
Calle 4
Calle 3
Calle 2
Calle 1
Carrera 2
Carrera 3
Carrera 4
Carrera 5
Carrera 6
Carrera 7
Carrera 8
Carrera 9
Carrera 10
Carrera 12
Carrera 12A
Carrera 13
1
Palacio Nacional
Plaza de Caycedo
Catedral San Pedro
3
Capilla de la Inmaculada
6
Iglesia del Sagrado Corazón
5
Iglesia de la Merced
Museo Arqueológico la Merced
23
Alameda (1,5 km)
9
12
18
13
10
17
14
7
16
Parque Artesanías (300 m); Tin Tin Deo (2 km)
El Gato
Calle 2 Oeste
Calle 4 Oeste
Calle 5 Oeste
4
2
Parque De Acueducto
Zoológico de Cali (1,5 km)

Cali

Highlights

- Iglesia de la Merced C5
- Museo Arqueológico la Merced C5

Sehenswertes

1 Iglesia de la Ermita C3
2 Iglesia de San Antonio B7
3 Iglesia de San Francisco D4
4 Museo de Arte Moderno La Tertulia A7
5 Museo del Oro C5
6 Torre Mudéjar D4

Schlafen

7 Café Tostaky C7
8 Casa de Alférez B3
9 Jovita's Hostel C6
10 La Casa Café C6
11 Now Hotel A3
12 Posada San Antonio C6

Essen

13 Bahareque C6
14 El Buen Alimento D7
15 El Solar A2
16 El Zaguán de San Antonio C7
17 Zahavi D6

Ausgehen

18 Macondo C6
19 Saloon A2
20 Tertuliadero La Fuente B1

Unterhaltung

Cinemateca La Tertulia .... (siehe 4)
21 Lugar a Dudas B2
22 Lulu B1
23 Teatro Municipal D5
24 Zaperoco B1

Iglesia de San Antonio KIRCHE
Die kleine, im Jahr 1747 erbaute Kirche steht auf der Anhöhe Colina de San Antonio westlich der Altstadt. Sie beherbergt wertvolle *tallas quiteñas,* geschnitzte Holzplastiken von Heiligen, die im Stil der Quito-Schule aus dem 17. Jh. gefertigt sind. Die Parkanlage um die Kirche bietet schöne Ausblicke über die Stadt.

Museo de Arte Moderno La Tertulia GALERIE
(www.museolatertulia.com; Av. Colombia 5 Oeste-105; Eintritt 4000 COP; ⏲10–18 Uhr, Mo geschl.) Hier werden Wechselausstellungen zeitgenössischer Malerei, Plastiken und Fotografien ausgestellt. Von der Innenstadt aus in einem 15-minütigen Spaziergang entlang dem Río Cali erreichbar.

GRATIS **Museo del Oro** MUSEUM
(Calle7 No 4–69; ⏲Mo–Sa 10–17 Uhr) Das Museum liegt einen Block östlich der Iglesia de la Merced und zeigt eine kleine, aber feine Sammlung von Gold- und Keramik-Artefakten der Calima-Kultur.

Iglesia de San Francisco KIRCHE
(Ecke Carrera 6 & Calle 10) Der neoklassizistische Bau geht zurück auf das 18. Jh. und ist bekannt für den angrenzenden **Torre Mudéjar** (Ecke Carrera 6 & Calle 9), ein ungewöhnlicher Glockenturm aus Backsteinen, ein Paradebeispiel der Mudéjar-Baukunst Kolumbiens.

Iglesia de la Ermita KIRCHE
(Ecke Av. Colombia & Calle 13) Die neugotische Kirche über dem Río Cali beherbergt das Gemälde *El Señor de la Caña* (Der Herr des Zuckerrohrs) aus dem 18. Jh., dem viele Wunder zugeschrieben werden.

Aktivitäten

Tren Turístico Café y Azucar GEFÜHRTE TOUREN
(☎620 2326; www.trenturisticocafeyazucar.com.co; Vásquez Cobo 23N–47) Kolumbiens lange Zeit vernachlässigte Eisenbahn bietet nun reizvolle Bahnfahrten von Cali nach La Cumbre (25 000 COP), auf der Strecke nach Buenaventura und nach La Tebaida (56 000 COP) bei Armenia. Es gibt auch einen nächtlichen Party-Zug und gelegentlich Reisen nach San Cipriano und Buga. Alle Touren beinhalten Livemusik mitsamt einer Bar. Die Fahrpläne finden sich auf der Website.

Club Social Los Amigos TEJO (SPIEL)
(☎442 1258; Calle 49 No 8A–23) Eine große Bar für Arbeiter östlich der Stadtmitte mit drei *canchas de tejo* (Flächen, auf denen dieses traditionelle kolumbianische Spiel gespielt wird, bei dem 2-kg-Gewichte in eine Grube auf sogenannte *mechas* geworfen werden (Papiertüten gefüllt mit Schießpulver, um sie explodieren zu lassen) sowie *canchas de sapo* (Metallscheiben, die in die Löcher einer Holzkiste geworfen werden) und Billard. Eine Taxifahrt hierher kostet etwa 10 000 COP.

Wandern

Ein absolutes Muss in Cali ist eine Wanderung zum **Cerro de las Tres Cruces** (Gipfel mit den drei Kreuzen) oberhalb der

Stadt. Die Aussicht von dort ist spektakulär. Von Grenada aus ist es eine anstrengende 2–3-stündige Rundtour in Richtung Nordwesten (reichlich zu Trinken mitbringen!) oder per Taxi (35 000 COP).

18 km westlich der Stadt, am Kilometerstein **Km18**, gibt es zahlreiche Bars und Restaurants. Auf 1800 m Höhe ist es hier angenehm kühl und der angrenzende Nebelwald ist ein wichtiges Vogelschutzgebiet (siehe www.mapalina.com) mit großer Artenvielfalt. Die Wanderung von dort zum Städtchen Dapa (4 Std.) abseits der Landstraße Cali–Yumbo ist recht angenehm. Bei den vielen Abzweigungen sollte man stets die nach links nehmen!

Km18 wird regelmäßig von Bussen angefahren (2000 COP, 1 Std.). Busse und Jeeps bedienen die Strecke nach Dapa halbstündlich (4000 COP, 30 Min.)

Kurse

Es gibt viele professionelle Salsa-Schulen in Cali. Der Preis beträgt um 35 000 COP pro Stunde für Privatpersonen. Folgende sind zu empfehlen: **Compañía Artística Rucafé** (☎557 8833; Carrera 36 8–49, El Templete), **Son de Luz** (☎315 4224; www.sondeluz.com; Carrera 80 43–34) und **Swing Latino** (☎374 2226; www.elmulatoysuswinglatino.com; Carrera 31 No 7–25). Bei kleinerem Geldbeutel lohnen sich die populären Gruppenklassen bei **Manicero** (☎513 0231; faimball@hotmail.com; Carrera 39 No 9–56).

Sprachkurse bietet die **Universidad Santiago de Cali** (☎518 3000–421; www.usc.edu.co/idiomas; Ecke Calle 5 & Carrera 62), mit einem anerkannten Spanischkurs für Ausländer. Weitere Informationen auf der Website.

Feste & Events

Festival de Música del Pacífico Petronio Álvarez MUSIK

(Aug.; www.festivalpetronioalvarez.com) Ein Festival pazifischer Musik, stark beeinflusst von afrikanischen Rhythmen, die durch die Sklaven eingeführt wurden, welche ursprünglich die Pazifikküste bewohnten.

Festival Mundial de Salsa SALSA

(Sep.; www.mundialdesalsa.com) Ein Muss, die Tänzer sind fantastisch.

Calle del Arte KULTUR

(Sep.) San Antonio veranstaltet dieses Straßenfest mit Livemusik, *artesanías* (Ständen mit Kunsthandwerk), Theater, Tanz – und natürlich Imbissbuden.

Feria de Cali KULTUR

(Dec; www.feriadecali.com) Calis großes Fest zwischen Weihnachten und Neujahr, mit Umzügen, Musik, Theater, einer Miss-Wahl und Feiern in der ganzen Stadt.

Schlafen

Entspannt koloniales Ambiente gibt es in San Antonio; Granada dagegen bietet ein vielfältiges Nachtleben.

Posada San Antonio HOTEL $$

(☎893 7413; www.posadadesanantonio.com; Carrera 5 No 3–37; EZ/DZ/3BZ 100 000/120 000/150 000 COP; @📶) Im Herzen San Antonios ist dieses alte Kolonialgebäude um einen schönen Innenhof gebaut. Alle Zimmer haben ein eigenes Bad und Kabelfernsehen, das Frühstück ist im Preis inbegriffen. Es gibt keine Klimaanlage, aber das obere Drittel der Tür lässt sich separat öffnen, sodass die Luft zirkulieren kann. Einige preisgünstigere Zimmer mit weniger Atmosphäre liegen um den Hinterhof.

Now Hotel BOUTIQUEHOTEL $$$

(☎488 9797; www.nowhotel.com.co; Av. 9AN No 10N–74, Granada; Zi. 450 000 COP; ❄@📶🏊) Das künstlerische Boutiquehotel im Industrieschick-Design mit viel Metall, poliertem Beton und farbigem Glas. Die Zimmer sind mit allem Komfort ausgestattet, wie Fernbedienung für Lichtschalter und Hi-Tech-Duschen mit acht verschiedenen Wasserstrahlstärken. Die Betten stehen vor schwarz-weißen Bildtapeten und Privatbalkone bieten schöne Ausblicke auf die Stadt. Pool und Bar auf der Dachterrasse bieten sich an für Cocktails in den frühen Abendstunden. Am Wochenende gibt es gelegentlich Sondertarife.

Jovita's Hostel HOSTEL $

(☎893 8342; www.jovitashostel.com; Carrera 5 No 4–56, San Antonio; B 18 000 COP, EZ/DZ 35 000/50 000 COP, ohne Bad 30 000/40 000 COP; @📶) Das frisch renovierte Kolonialstil-Haus mit einem Innenhof voller Pflanzen ist Hostel, Salsa-Schule und Yogazentrum in einem. Viele Zimmer haben keine Fenster, doch die hohen Decken halten sie kühl und die angenehmen Gemeinschaftsbereiche sind mit Hängematten ausgestattet. Zudem gibt es täglich kostenlosen Tanzunterricht.

Guest House Iguana HOSTEL $

(☎660 8937; www.iguana.com.co; Av. 9N No 22N–46; B 18 000 COP, EZ/DZ 40 000/

50 000 COP, ohne Bad 32 000/40 000 COP; @📶) Das gemütliche, von Schweizern geführte Hostel bietet komfortable Unterkünfte in zwei angrenzenden Häusern, dazu einen angenehmen Garten und kostenlosen Salsa-Unterricht mehrmals die Woche. Das Haus liegt nördlich der Innenstadt, die Restaurants in Granada und Chipichape sind gut zu Fuß erreichbar.

Jardin Azul GUESTHOUSE $$
(☎556 8380; www.jardinazul.com; Carrera 24A No 2A–59; Zi. 100 000–120 000 COP, 3BZ 150 000–180 000 COP; 📶🏊) Das makellose kleine Hotel in einem umgebauten Privathaus liegt am Hang nahe dem Kolonialviertel östlich des Zentrums und bietet riesige, helle Zimmer mit großen Betten und importierter Baumwollbettwäsche. Einige Zimmer haben Privatbalkon mit Blick auf die Stadt. Den kleinen Pool im hübschen Garten dient vielen Vögeln als Wasserstelle.

Café Tostaky HOSTEL $
(☎893 0651; www.cafetostaky.blogspot.com; Carrera 10 No 1–76; B/EZ/DZ ohne Bad 17 000/ 25 000/40 000 COP , Apt. 50 000–80 000 COP; @📶) Mitten im Herzen von San Antonio liegt dieses französische Hostel mit Küchenbenutzung, kostenlosem Internetzugang und Kabelfernsehen. Im Erdgeschoss befindet sich ein klimatisiertes Café (geöffnet 15–23 Uhr), in dem Crêpes und guter Kaffee serviert werden. Kann man auch als Nicht-Hostelgast besuchen.

Pelican Larry HOSTEL $
(☎392 1407; www.pelicanlarrycali.com; Calle 20N No 6AN–44, Granada; EZ/DZ 50 000/60 000 COP, B/EZ/DZ ohne Bad 18 000/40 000/50 000 COP; @📶) Die gute, zentrale Lage und das lebhafte Ambiente machen dieses neue Hostel zum idealen Ausgangspunkt für Ausflüge ins Nachtleben. Die großen Zimmer haben solide Betten; auf der netten Terrasse hinterm Haus bereitet der Eigentümer seine berühmten Barbecues (12 000 COP) zu.

Casa de Alférez HOTEL $$$
(☎661 8111; reservas@mercurecasadelalferez.com.co; Av. 9N No 9–24; EZ 390 000–673 000 COP, DZ 405 000–688 000 COP; ❄@) Das luxuriöse 5-Sterne-Hotel bietet Zimmer mit XXL-Federbetten. Riesige Fenstertüren gehen auf kleine Balkone über eine freundliche, baumbestandene Straße hinaus. Das ausgezeichnete Restaurant im Erdgeschoss ist auch für Nicht-Hotelgäste geöffnet. Das Frühstücksbüfett ist im Preis inbegriffen.

La Casa Café HOSTEL $
(☎893 7011; lacasacafecali.blogspot.com; Carrera 6 No 2–13, San Antonio; B/EZ/DZ ohne Bad 15 000/ 25 000/30 000 COP; @📶) Die gastliche Café-Bar vermietet preiswerte Schlafsaalbetten und Privatzimmer im 2. Stock des Gebäudes im Kolonialstil. Zwei Zimmer gehen auf eine ruhige Straße mit Blick auf San Antonio; es gibt eine kleine Gemeinschaftsküche. Im Café gibt es Jenga-, Karten- und Domino- Spiele zum Ausleihen für die Gäste, die ihren Kaffee, Saft, Nachtisch oder ein Bier genießen.

✕ Essen

Das wahrscheinlich günstigste Essen gibt es im *la galeria* (Lebensmittelmarkt) in Alameda, einem lebhaften Stadtmarkt mit zahlreichen kleinen Ständen, die mittags Fisch und Meeresfrüchte sowie *comidas tipicas* (typische Gerichte) anbieten.

El Zaguán de San Antonio KOLUMBIANISCH $$
(Carrera 12 No 1–29; Hauptgerichte 20 000–24 000 COP) Diese Institution in San Antonio serviert hervorragende traditionelle *Vallecaucana*-Gerichte – und das bedeutet viel Fleisch. Die frischen Säfte sind sensationell und sonntags gibt es *sancocho de gallina* (Hühnersuppe von freilaufenden Hühnern) traditionell über einem Holzfeuer gekocht. Das Essen ist fantastisch, aber fast noch besser ist der Blick von der Dachterrasse, auf der die Gäste sich auch gerne einen Drink genehmigen.

Bahareque KOLUMBIANISCH $
(Calle 2 No 4–52; Hauptgerichte 6000–18 000 COP; ⏲Mittagessen tgl., Abendessen Do–Sa) Wer in diesem beliebten Restaurant einen Tisch ergattern kann, kann von Glück sagen. Es gibt hier großartige Mittagsmenüs (6500 COP), fantastische Salate mit tropischen Früchten sowie saftige Steaks und knusprige Hähnchen für Fleischfresser. Samstags werden traditionelle regional Gerichte angeboten.

El Solar ITALIENISCH $$$
(Calle 15N No 9–62; Hauptgerichte 18 000–34 000 COP) Das sehr populäre Restaurant serviert ausgezeichnete italienische Küche in einem großen überdachten Innenhof. Auf der Speisekarte stehen frische hausgemachte Pasta, Risotto, Gourmet-Pizzas und Salate. Die Auswahl an Fisch und Meeresfrüchtegerichten mit Saucen aus frischen Früchten ist ebenfalls gut.

Dona Francia EISDIELE $

(Carrera 27 No 3–100; Snacks 5000 COP) Auf den Bänken vor dieser Institution in Cali lassen sich die leckeren Säfte, Sorbets und der wohl köstlichste Obstsalat Kolumbiens am besten genießen. Dona Francia liegt einen Block östlich des Parque del Perro.

El Buen Alimento VEGETARISCH $

(375 5738; Carrera 10 No 3–02; Hauptgerichte 10 000–14 000 COP;) Das hippe vegetarische Café serviert ausgezeichnete fleischlose Versionen klassischer kolumbianischer Gerichte sowie kreative Fusion-Küche wie z. B. mexikanische Lasagne. Es gibt verschiedene Gemüseburger und frische Säfte. Zum Haus gehört auch ein Lieferservice; zudem gibt es Tiefkühlgerichte zum Mitnehmen.

Paladar KOLUMBIANISCH $$$

(Av. 6AN No 23–27; Gerichte 24 000–30 000 COP; Mo–Sa 9.30–20.30 Uhr) Es sieht zwar aus, wie eine x-beliebige Cafeteria, aber das Essen ist großartig! Hausgemachte Lasagne, Aufläufe aller Art, gelegentlich einen Kanincheneintopf. Die Dessert-Auswahl ist göttlich: Kuchen, Torten, Mousse – das Wasser läuft einem im Mund zusammen. Die Spezialität des Hauses, *pastel Paladar* (ein vielschichtiger Schokolade-Mokka-Kuchen) ist umwerfend. Wer ein Stück Zitronen-Baisertorte haben will, sollte am Vormittag vorbeischauen – sie ist schnell weg.

Zahavi BÄCKEREI $

(Carrera 10 No 3–81; Gebäck 2000–6000 COP, Sandwichs 12 000 COP) Die noble Bäckerei in San Antonio bietet ausgezeichneten Kaffee, schwere, saftige Brownies und leckere Gourmet-Sandwiches.

Ausgehen

Macondo CAFÉ

(www.macondocafe.blogspot.com; Carrera 6 No 3–03) Das gut eingeführte Café in San Antonio serviert aromatischen Kaffee, vielerlei Desserts, leichte Sandwiches und Salate, dazu Bier und Wein bis spät abends. Zur Auswahl leckerer Cocktails gehören Melquiades (Mango, Schokolade, Kaffee, Baileys, Whiskey und Brombeersauce) und der Macondo de Lulo (Kaffeeeis mit frischer *Lulo*-Frucht und Whiskey).

Saloon BAR

(Av. 9N No 13–01) Die trendige Künstlerbar erinnert an eine Studentenkneipe. Gelegentlich treten DJs aus dem Ausland auf oder es wird Livemusik gespielt. Zu essen gibt es Sandwiches, Salate und leichte Gerichte (10 000–12 000 COP). Gelegentlich gibt es auch Installationen von Künstlern zu bewundern.

Xixaola BAR

(www.xixaola.com; Calle 8 No 38–90, Callejón Inducon, Menga; 19–6 Uhr) Etwa 1 km von der Hauptstraße in Menga, an einer Landstraße hinter einigen kleinen Farmen, liegt diese Bar mit großen Betonstatuen von Pharaos an einem Teich. Manchmal gibt es ein Lagerfeuer; das Restaurant (Hauptgerichte 16 000–20 000 COP) ist auf Grillfleisch spezialisiert. Bei Regen nicht sinnvoll!

Tertuliadero La Fuente BAR

(Av. 4N No 15–39; Fr & Sa) Eine bescheidene, winzige Bar mit ein paar Holztischen und heruntergekommenem Soundsystem ist die Lieblingsbar der Studenten – vielleicht, weil die Drinks günstig sind. Hier lässt sich prima Salsa tanzen, wenn die In-Clubs brechend voll sind.

Unterhaltung

Cali ist berühmt für seinen Wochenend-*chiva* (bunter, traditioneller Bus), der von Disko-Bar zu Disko-Bar fährt. An Bord kann bis zum nächsten Stopp Salsa getanzt werden, während sich der Bus durch den Verkehr quält. Mehr Informationen unter **Chiva Rumbo de Lujo** (684 2127) oder **Chivas Rumbahabana** (372 8617; www.chivasrumbahabana.com). Die Kosten belaufen sich auf 20 000 COP pro Person, oder 300 000–400 000 COP pro Bus. Am meisten Spaß macht es, einen *chiva* privat für eine eigene Gruppe anzuheuern. Die Rubrik Unterhaltung in Calis Zeitung *El País* (www.elpais.com.co) informiert über aktuelle Veranstaltungen, oder online unter Rumbas Cali (www.rumbascali.com).

Nachtclubs

An der Av. Sexta (Av. 6N) reihen sich die Bars und Clubs aneinander. Die meisten sind durchschnittlich, aber in den Seitenstraßen gibt es ein paar Schmuckstücke. Die hippste Gegend ist zur Zeit der von Bars und Restaurants umgebene Parque del Perro. Nördlich von Calis Stadtgrenze liegt Menga, wo viele Diskos (die nicht dem Karottengesetz unterliegen; s. Kasten) bis zum Morgengrauen geöffnet haben. Weiter weg liegt Juanchito mit verschiedenen großen *salsatecas* (Salsa-Tanzclubs).

CALIS KAROTTENGESETZ

Die Sperrstunde in Cali wird auch ley *zanahoria* (Karottengesetz) genannt, denn wer schon so früh nach Hause geht (also am Wochenende schon um 3 Uhr), muss fad sein wie eine Karotte.

Zaperoco SALSA-CLUB
(www.zaperocobar.com; Av. 5N No 16–46; ⌚Di, Fr & Sa) Wer nur eine Salsa-Bar in Cali besuchen kann, sollte auf jeden Fall zu Zaperoco gehen. Der erfahrene DJ spielt nur *salsa con golpe* (Salsa mit Pep) von alten Schallplatten, während große Ventilatoren sich vergeblich bemühen, die Temperatur im Raum abzukühlen. Die Tanzfläche verschwindet fast unter der Masse von Tänzern. Diese Bar ist so richtig energiegeladen – in einer Nacht werden hier mehr Kalorien verbrannt als bei einem Halbmarathon in den Tropen. Dienstagabends spielen oft Bands.

Tin Tin Deo SALSA-CLUB
(www.tintindeocali.com; Calle 5 No 38–71, San Fernando; Eintritt 5000–10 000 COP; ⌚Do 19–2 Uhr, Fr & Sa bis 3 Uhr) Die Atmosphäre dieser Bar zieht die besten Tänzer Calis an. An den Wänden hängen Poster berühmter Salsa-Sänger. Die Preise für Getränke sind moderat und der Eintrittspreis ist *consumible;* d. h. er wird mit den Drinks verrechnet.

Changó SALSA-CLUB
(www.chango.com.co; Via Cavasa, Juanchito) Die berühmteste *salsateca* in Juanchito ist dieser riesige, niveauvolle Club mit Plüschsitzecken und einem heißen, großen Tanzboden. Eintritt wird nicht verlangt, doch die 20-minütige Taxifahrt von der Stadt dorthin kostet 15 000 COP. Gelegentlich werden Tanzshows veranstaltet, die live im Internet verfolgt werden können.

Kukaramakara CLUB
(www.kukaramakara.com; Calle 28N No 2bis–97) Diese große Disko ist berühmt für ihre Livemusik. Wer einen Tisch will, sollte früh hingehen. Die Galerie im 2. Stock bietet freie Sicht auf die Band. Bis 1.30 Uhr gibt es Essen vom Grill.

Lulu CLUB
(www.luludisco.com; Calle 16N No 8–42) Die offene Bar dieser populären, schwulenfreundlichen Disko hält jeden auf der Tanzfläche – und das ist gut so, denn es gibt kaum Stühle oder Tische. Schon vor Öffnung des Lokals steht oft eine Reihe hartgesottener Trinker vor der Tür an.

Lolas CLUB
(www.lolasclubcali.com; Antiguo via Yumbo) Calis renommiertester und teuerster Club ist in einem riesigen, weißen Dom in Menga untergebracht. Innen sieht es aus wie in einem teuren Film, mit glamourösen jungen *caleñas,* die auf den Tischen tanzen, während High-Tech-Laser die Rauchwolken durchschneiden. Männergruppen ohne Damenbegleitung werden nicht eingelassen.

Tienda Vieja LIVEMUSIK
(☎513 4444; www.tiendavieja.com; Ecke Autopista Sur & Carrera 43; ⌚Do 16–1 Uhr, Fr & Sa 16–3 Uhr, So 14–2 Uhr) Dieser ein wenig heruntergekommene Club ist in Cali sehr beliebt. Livebands spielen Salsa und kolumbianischen Crossover. Die Gäste sitzen auf kleinen, bunt bemalten Holzstühlen – nicht gerade gemütlich, aber eigentlich kommt man ja zum Tanzen hierher.

Kino

In allen Einkaufscentern Calis gibt es Kinos, so z. B. **Chipichape** (www.chipichape.com; Av. Sexta No 39N–25), **Cosmocentro** (Calle 5 No 50–00), **Palmetto Plaza** (www.palmettoplaza.com; Calle 9 No 48–51) und **Unicentro** (www.unicentro.com; Carrera 100 No 5–169).

Informationen über anspruchsvollere Filme finden sich im Programm der **Cinemateca La Tertulia** (☎893 2939; www.museolatertulia.com; Av. Colombia No 5 Oeste–105), wo es normalerweise Dienstag bis Sonntag täglich zwei Vorstellungen gibt. Besonders künstlerische Filme werden im **Lugar a Dudas** (☎668 2335; www.lugaradudas.org; Calle 15N No 8N–41; Eintritt frei; ⌚Di–Fr 11–20 Uhr, Sa 16.30–20 Uhr) gezeigt. Dort gibt es auch Kaffee und Snacks.

Fußball

Cali hat zwei *fútbol*-Teams. **Deportivo Cali** (www.deporcali.com) spielt im neuen Estadio Deportivo Cali beim Flughafen in Palmira. **America de Cali** (www.america.com.co) spielt in der Stadt im **Estadio Pascual Guerrero** (Ecke Calle 5 & Carrera 34). Alle nach Palmira fahrenden Busse halten auch beim neuen Stadion; am alten Stadion stoppt der Oberleitungsbus Mio.

Theater

Das älteste Theater der Stadt, das **Teatro Municipal** (☎684 0593; Carrera 5 No 6–64), wurde 1918 fertiggestellt. Heute wird es für unterschiedliche Aufführungen wie Konzerte, Theater und Ballett genutzt. Wenn keine Aufführungen auf dem Programm stehen, dann führt der Sicherheitsbeamte auf Anfrage durch das Theater. Kostenlose Konzerte werden oft im **Teatro al Aire Libre Los Cristales** (☎558 2009; Carrera 14A No 6–00) aufgeführt, einem Freiluft-Amphitheater.

Shoppen

Mehrere preisgünstige Outlets verkaufen regional hergestellte Hängematten, Kleidung, Halsketten und Ohrringe nahe der *la galeria* im Viertel Alameda.

Chipichape EINKAUFSPASSAGE
(www.chipichape.com; Av. Sexta No 39N–25) Dieses teilweise überdachte Einkaufszentrum am Nordrand der Stadt ist eines der größten Kolumbiens.

LP TIPP **Parque Artesanías** MARKT
(⏲10–20 Uhr) An der Loma de la Cruz befindet sich einer der besten *Artesanía*-Märkte in Kolumbien. Dort werden echt handgemachte Produkte aus dem Amazonasgebiet, von der Pazifikküste, den südlichen Anden und sogar Los Llanos verkauft.

Praktische Informationen

Gefahren & Ärgernisse

Tagsüber ist das Stadtzentrum voller Passanten und Straßenverkäufer. Nach Einbruch der Dunkelheit und am Sonntag tauchen schnell zwielichtige Typen auf. Die Gegend östlich der Calle 5 und am Río Cali entlang sollte bei Nacht unbedingt gemieden werden. Es empfiehlt sich dann, ein Taxi zu nehmen und gut auf seine Sachen aufzupassen.

Geld

Die meisten großen Banken sind in der Av. Sexta (Av. 6N) vertreten.

Banco de Bogota Central (Carrera 5a No 10–39); Granada (Av. 6N No 25N–47)

Citibank (Av. 5N No 23AN–9, Parque Versalles)

Internetzugang

In den meisten Einkaufspassagen Calis gibt es kostenlosen WiFi-Service.

Redes Sociales (Av. 9AN No 16N–17; pro Std. 1400 COP; ⏲Mo–Sa 9–22 Uhr, So 12–19 Uhr) Schneller Internetzugang.

Medizinische Versorgung

Centro Medico Imbanaco (☎682 1000; www.imbanaco.com; Carrera 38A No 5A–100) Die beste Privatklinik der Stadt.

Post

4–72 (Calle 10 No 6–25) Postamt.

Touristeninformation

Touristeninformation (Secretaría de Cultura y Turismo; ☎886 0000, App. 2400; Carrera 7 zwischen Calle 9 & Calle 10) Im 1. Stock des Gobernación-Gebäudes.

Reisebüros

Comfenalco Valle (☎886 2727; Calle 5 No 6–63, Torre C) Comfenalcos Reisebüro ist eines der besten der Stadt und organisiert Reisen im ganzen Land.

Reiseformalitäten

Ministerio de Relaciones Exteriores (☎664 3808; www.cancilleria.gov.co; Av. 3N 50N–20, La Flora) Hier kann man sein Visum verlängern.

An- & Weiterreise

Der **Alfonso-Bonilla-Aragón-Flughafen** (Aeropuerto Palmaseca; ☎666 3200) liegt 16 km nordöstlich der Stadt an der Straße nach Palmira. Minibusse zwischen Flughafen und Busbahnhof verkehren alle 10 Minuten bis etwa 20 Uhr (4000 COP, 30 Min.). Ein Taxi kostet etwa 55 000 COP.

Avianca hat einen Shuttle-Service nach Bogotá sowie mehrere Direktflüge nach Medellín im Programm. Satena bietet Linienflüge nach Medellín, Ipiales an der Grenze und Guapi an der Küste. LAN fliegt nonstop nach Lima, Copa direkt nach Panama und Tame nach Esmeraldas in Ecuador. American Airlines und Avianca haben jeweils Flüge nach Miami bzw. Madrid im Angebot.

Busse verkehren regelmäßig nach Bogotá (65 000liegt COP, 12 Std.), Medellín (50 000 COP, 9 Std.) und Pasto (40 000 COP, 9 Std.). Pasto-Busse fahren nach Popayán (12 000 COP, 3 Std.), allerdings sind stündlich auch Minibusse dorthin unterwegs (14 000 COP, 2½ Std.). Regelmäßig angefahren werden Armenia (22 000 COP, 4 Std.), Pereira (29 000 COP, 4 Std.) und Manizales (30 000 COP, 5 Std.).

Unterwegs vor Ort

Calis klimatisierter Oberleitungsbus, der **Mio** (www.metrocali.gov.co), wird viele an Bogotás TransMilenio erinnern. Die Hauptroute verläuft nördlich des Busbahnhofs am Fluss entlang durch die Innenstadt, dann die ganze Länge der Av. Quinta (Av. 5) entlang. Weitere Routen verteilen sich über die Stadt. Eine Fahrt kostet 1500 COP.

Der **Busbahnhof** (☎668 3655) liegt ungefähr 2 km nördlich des Stadtzentrums. Er ist gut mit der Mio oder mit dem Taxi (5000 COP) zu erreichen.

RUND UM CALI

Parque Nacional Natural (PNN) Farallones de Cali

Dieser 1500 km² große Nationalpark schützt das Kapland um Cali. Als der Bürgerkrieg sich zuspitzte, wurde er geschlossen und ist bis heute noch nicht offiziell wiedereröffnet worden. Während der Recherche zu diesem Buch gab es in einigen Gebieten immer noch Sicherheitsprobleme und Teile des Parks konnten nicht besucht werden. Mit einem erfahrenen Führer lassen sich jedoch verschiedene Wanderungen ab Pance oder Peñas Blancas organisieren. Die Situation sollte aber auf jeden Fall vor der Wanderung geklärt werden.

Arawata (☎395 3833; www.arawatacali.com; Carrera 65 No 12–86) in Cali organisiert verschiedene Ausflüge in den Park und vermietet Bergsteigerausrüstung. Weitere Anbieter sind **Conserveden Tours** (☎371 9279; conserveden@gmail.com) und **Ecoaventura** (☎300 774 5353; www.ecoaventuravalle.blogspot.com). In Pance lassen sich auch Führer vor Ort anheuern.

Pance

☎2 / 2000 EW. / 1550 M

Der kleine Urlaubsort in den Bergen östlich des Nationalparks PNN Farallones bietet viele Ferien-Fincas. Das Wetter ist hier angenehm kühl im Vergleich zur Hitze von Cali. Am Wochenende belebt sich die einzige Straße und alle Bars und Restaurants sind gut besucht. Wochentags dagegen ist alles leer und es gibt noch nicht einmal was zu essen. Am Wochenende ist die günstigste Zeit, am besten am Sonntag, um auf dem Weg bergab etwas zu essen und zu trinken. Für Unermüdliche gibt es einen Tagesausflug zu Wasserfällen in der Gegend oder längere Wanderungen in den Nationalpark PNN Farallones de Cali.

Zum Pico de Loro ist es eine siebenstündige Rundwanderung westlich von Pance. Der Preis beträgt etwa 70 000 COP pro Gruppe für einen Guide. Die Wanderung zum Pico Pance, dem beliebtesten Gipfel im PNN Farallones, dauert drei bis vier Tage.

Zu den Wasserfällen der Gegend geht es von Pance aus 1 km bergab bis zur Brücke, dann rechts ab, etwa 3 km bergauf nach El Topacio, wo es ein Besucherzentrum gibt. Von dort aus sind es noch gut 20 Gehminuten zu den Wasserfällen. Ein Führer ist für diese Wanderung nicht nötig.

Anahuac (☎331 4828; Zeltplatz pro Pers. 7000 COP, Zi. pro Pers. inkl. Essen 37 000 COP) ist ein kleines privates Naturschutzgebiet am Río Pance inmitten von Sekundärwald und einer kleinen Farm mit Obst- und Blumenanbau. Es gibt einen Ziegelbau mit vier Zimmern und ein Holzhaus mit vier Zimmern, doch die beiden zweistöckigen *bohíos* (winzige Hütten mit Fenster zum Wald) gefallen den meisten am besten. Die rudimentäre Küche mit Holzofen kann zum Kochen benutzt werden. Besucher können ihr eigenes Zelt aufstellen, dort eines leihen oder nur zu einem Tagesausflug kommen (Eintritt 3000 COP). Täglich werden preisgünstige Gerichte serviert.

An- & Weiterreise

Minibusse fahren etwa stündlich vom Busbahnhof Cali nach Pance (2000 COP, 1½ Std.). Sie sind mit „Recreativo" und „Pueblo Pance" bezeichnet. Nach Anahuac fahren Busse mit der Aufschrift „Recreativo 1A".

Lago Calima

Dieser Speichersee etwa 86 km nördlich von Cali zieht aufgrund der verlässlichen Windsituation Kite- und Windsurfer aus aller Welt an. Der See bedeckt seit 1965 das geflutete Darién-Tal des Río Calima. Aufgrund der milden Temperaturen kommen auch *caleños*, die am Wochenende die gewünschte Abkühlung suchen. In den grünen Hügeln rund um das Seeufer verstecken sich viele Ferien-Fincas.

Täglich kurz nach Mittag lassen frische Aufwinde aus den Bergen Federwölkchen und einen stetigen 18-Knoten-Wind entstehen. Von Juli bis September kann er sich auf bis zu 25 Knoten steigern. In diesen Monaten werden Wettkämpfe in Kite- und Windsurfen ausgetragen, in denen sich die Weltmeister dieser Sportarten miteinander messen. Die Wassertemperatur bleibt beständig bei etwa 18 °C.

Die meisten touristischen Aktivitäten verteilen sich am Nordufer des Sees, vom Städtchen Darién am Ostende bis zum Damm im Westen. Einen Strand gibt es nicht; die Sportler heben von grasbewachsenen, zum See gerichteten Abhängen ab.

Da die Anbindung mit öffentlichen Verkehrsmitteln dorthin sehr unregelmäßig ist, ist es schwierig, einen Kurzausflug nach

Lago Calima zu planen. Eine oder zwei Übernachtungen sollten einkalkuliert werden, besonders am Wochenende, wenn die vielen Besucher Partyatmosphäre verbreiten.

Darién

☎ / 7000 EW. / 1800 M

Der kleine Ort verfügt über ein paar günstige Hotels, mehrere Supermärkte, zwei Geldautomaten, ein paar Internetcafés und am Wochenende mehrere heiße Diskos. Fast alles konzentriert sich auf zwei oder drei Häuserblocks um den Parque Los Fundadores, dem Hauptplatz. Interessant ist das **Museo Arqueológico Calima** (Calle 10 No 12–50; Eintritt 2500 COP; ⏲Mo–Fr 8–17 Uhr, Sa & So 10–18 Uhr) mit einer Sammlung von 2000 Exponaten präkolumbischer Keramik. Es ist ein wirklich netter Ort, aber der eigentliche Anziehungspunkt ist der Lago Calima.

Aktivitäten

Kitesurfen & Windsurfen

Eine Vielzahl von Schulen bietet Kurse und Leihausrüstungen an, die meisten auch Unterkünfte. Eine Unterrichtsstunde Windsurfen kostet etwa 60 000 COP und Kitesurfen 80 000–100 000 COP. Für die Leihausrüstung wird etwa 60 000 COP pro Stunde berechnet.

Cogua Kite School KITESURFEN
(☎253 3282, 318 608 3932; www.coguacustom.com; Carrera 12 No 10–28) Ein ziemlich entspannter Betrieb, der Einzelunterricht mit englischsprachigen Lehrern anbietet. Der Eigentümer managt auch eine kleine Kiteboard-Manufaktur für kundenspezifische Boards aus Kokosnussfaser und *guadua* (eine Art Bambus). Kunden können sogar ihre eigenen Boards entwerfen und selbst herstellen. Günstige Unterkünfte werden am See und in seinem Hostel in der Stadt angeboten.

Escuela Pescao Windsurf y Kitesurf WINDSURFEN, KITESURFEN
(☎311 352 3293, 316 401 6373; www.pescaowindsurfing.com) Diese Schule ist in einem großen Lagerhaus am See untergebracht. Der ehemalige Champion im Kitesurfen, heute an den Rollstuhl gefesselt, erteilt seine Anweisungen über Megafon. Unterkünfte (Campingplatz pro Pers. 20 000 COP, Hütten für 6–10 Personen 180 000 COP) werden im Lagerhaus in Zelten mit Matratzen und Schlafsäcken angeboten.

Calima Xtremo ABENTEUERSPORT
(☎321 638 9218; calimaxtremo@gmail.com) Calima Xtremo liegt neben dem Comfandi-Komplex und bietet die üblichen Kurse und Leihausrüstungen sowie den Verleih von Kitebuggys – ein kleines Fahrzeug, das von einem Kite über den Strand gezogen wird – und Jetskis. Unterkünfte (Schlafsaal 20 000 COP, Zimmer 50 000–70 000 COP) findet man in einer nahen *finca* und in Darién.

Bootsfahrten

Zahlreiche Kapitäne bieten Ausflugsfahrten über den See an. **El Arriero Paisa** (☎253 3597; restaurantearrieropaisa@yahoo.es; Entrada 5), eine kleine Ferienanlage vor der Stadt, organisiert auch Bootsfahrten. Die Kosten belaufen sich auf etwa 10 000 COP pro Person bei mindestens sechs Teilnehmern.

Schlafen & Essen

Hostería Los Veleros HOTEL $$$
(☎684 1000; www.comfandi.com.co; EZ/2BZ/DZ/3BZ/4BZ 167 200/193 400/203 400/246 600/281 800 COP; 🏊) Das beste Hotel am See, Los Veleros, gehört zum Comfandi-Komplex. Die Preise enthalten zwei Mahlzeiten, Zugang zum Wellnessbereich mit drei Becken, Jacuzzi und Sauna sowie Aktivitäten für Kids. Einige Zimmer haben Balkone mit spektakulärer Aussicht über den See. Am Wochenende ist es brechend voll, doch während der Woche steht das Hotel so gut wie leer. Die Disko im Komplex hat an Samstagen bis zum Morgengrauen geöffnet.

Hostal Cogua HOSTEL $
(☎318 608 3932; www.coguacustom.com; Carrera 7 No 15–10; B 20 000 COP) Das kleine, gemütliche Hotel wird von den Kiteboard-Herstellern am Ort betrieben. Es hat einfache Schlafsäle, Küchenbenutzung und Direct-TV. Falls niemand da ist, einfach im Büro der Kite-Schule nachfragen.

Meson llama KOLUMBIANISCH $$
(☎667 9703; www.mesonilama.com; Hauptgerichte 18 000–22 000 COP) Etwa 10 km außerhalb von Darién liegt dieses große Restaurant mit freiliegenden Balken und schöner Aussicht auf den See. Die einfachen Gerichte sind gut zubereitet – *sancocho* (ein typisch kolumbianischer Eintopf), *churrasco* (Grillfleisch) von Kalb und Forelle. Das Haus bietet auch Bootsfahrten (10 000 COP pro Pers.), Reiten (20 000 COP, etwa 2 Std.) und komfortable Unterkünfte.

El Fogón de la Abuela KOLUMBIANISCH $
(Carrera 6A No 8–61; Hauptgerichte 5000–10 000 COP) serviert preisgünstig ein nahrhaftes Menü. Das Restaurant liegt an einer lauten Straße zwei Blocks vom Hauptplatz entfernt.

An- & Weiterreise

Tagsüber gibt es stündlich eine direkte Busverbindung nach/von Cali (12 000 COP, 2½ Std.). Von Norden kommend geht es nach Buga und mit dem nächsten (alle 30 Min.) Bus nach Darién (6500 COP, 1½ Std.).

Zwei Busrouten führen hierher nach Lago Calima und Darién. Der Preis ist für beide gleich. Direkt nach Darién fährt der Bus über Jiguales; zu den Schulen für Kitesurfen/Windsurfen fährt nur der Bus *por el lago* (am See entlang).

Unterwegs vor Ort

In Darién gibt es keine Taxis. Gelegentlich bieten Jeep-Fahrer am Hauptplatz ihre Dienste an und fahren durch die Stadt oder am Ufer entlang, aber sie sind teuer (etwa 20 000 COP nach Comfandi).

Von 7–19 Uhr zur vollen Stunde pendeln Minibusse zwischen Darién und dem Damm bei Lago Calima (1500 COP) an den Kite-Schulen entlang. Die Busse nach Buga/Cali können ebenfalls genutzt werden – sofern sie am Seeufer entlang fahren.

CAUCA & HUILA

In diesen beiden Provinzen liegen Popayán, eine der schönsten Kolonialstädte Kolumbiens, und die beiden wichtigsten archäologischen Fundstätten, San Agustín und Tierradentro. Hier befindet sich auch die seltsame Desierto de la Tatacoa, ein Naturphänomen nahe Neiva, zwischen Bogotá und San Agustín.

Als das Reisen in Kolumbien noch auf dem Wasserweg stattfand, waren Cauca und Huila wichtige Handelsumschlagsplätze. Mit dem Bau der Eisenbahnstrecken und der Autobahnen Anfang des 20. Jh. setzte ihr Niedergang ein. Heute wirkt die gesamte Region etwas verschlafen.

Popayán

☎2 / 266 000 EW. / 1760 M

Das kleine Kolonialstädtchen ist berühmt für seine weiß gekalkten Fassaden (daher auch die Bezeichnung *la ciudad blanca*, die weiße Stadt) und ist nach Cartagena Kolumbiens eindrucksvollste koloniale Siedlung. Popayán liegt am südlichen Ende des Valle del Cauca und war jahrhundertelang die Hauptstadt Südkolumbiens, bevor Cali die Rolle übernahm.

Die Stadt wurde 1537 von Sebastián de Belalcázar gegründet und entwickelte sich zum wichtigsten Zwischenstopp zwischen Cartagena und Quito. Ihr mildes Klima zog wohlhabende Familien aus den Zucker-Haciendas der heißen Region von Cali an. Im 17. Jh. begannen sie, Herrenhäuser, Schulen und mehrere beeindruckende Kirchen und Klöster zu bauen.

Im März 1983, kurz vor Beginn der Gründonnerstagsprozession, erschütterte ein Erdbeben die Stadt. Das Dach der Kathedrale stürzte ein und erschlug Hunderte von Menschen. Heutzutage ist kaum noch etwas von den Schäden zu sehen. Die Stadt hat mehrere Universitäten und eine lebhafte Café- und Bar-Szene, die vor allem von den Studenten frequentiert wird.

Sehenswertes

Iglesia de San Francisco KIRCHE
(Ecke Carrera 9 & Calle 4) Die größte Kirche der Stadt im Kolonialstil ist zugleich ihre schönste. Sie enthält einen stilvollen Hochaltar und sieben einzigartige Nebenaltäre. Das Erdbeben 1983 brach auch das Beinhaus auf und gab sechs nicht identifizierte Mumien frei. Zwei sind noch erhalten und können bei einer einstündigen **Führung** (Eintritt 2000 COP; ⌚8–12 & 16–18 Uhr) durch die Kirche besichtigt werden, neben dem fünfstöckigen Glockenturm und den Kuppeln im Freien. Führungen werden vom Touristenpolizisten vorgenommen, der sich vor dem Eingang zur Kirche aufhält.

GRATIS **Museo Guillermo Valencia** MUSEUM
(Carrera 6 No 2–69; ⌚10–12 & 14–17 Uhr) Das Gebäude aus dem späten 18. Jh. beherbergt viele Möbel und Gemälde aus der Zeit sowie Fotos und Dokumente, des in Popayán geborenen Dichters, der hier auch lebte und wirkte. Es wurde mehr oder weniger in dem Zustand belassen wie es war, als Valencia in einem der Schlafzimmer starb.

Museo de Historia Natural MUSEUM
(museo.unicauca.edu.co; Carrera 2 No 1A–25; Eintritt 3000 COP; ⌚9–12 & 14–17 Uhr) Das Museum auf dem Universitätsgelände, eines der besten seiner Art im Land, ist bekannt für seine umfassende Sammlung von Insekten, Schmetterlingen und besonders für die ausgestopften Vögel.

Popayán

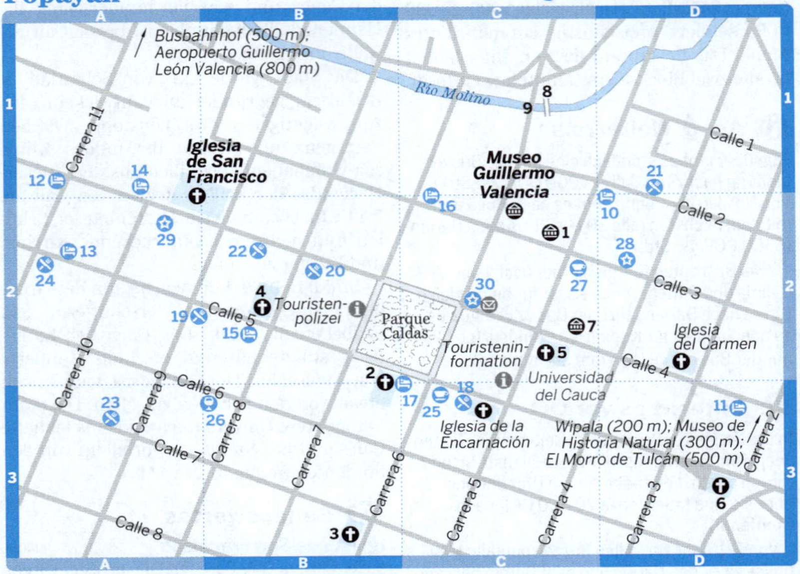

Popayán

Highlights

Iglesia de San Francisco A1
Museo Guillermo Valencia C2

Sehenswertes

1 Casa Museo Mosquera C2
2 Catedral B2
3 Iglesia de San Agustín B3
4 Iglesia de San José B2
5 Iglesia de Santo Domingo C2
6 Iglesia La Ermita D3
7 Museo Arquidiocesano de Arte Religioso C2
8 Puente de la Custodia (Puente Chiquita) C1
9 Puente del Humilladero C1

Schlafen

10 Casa Familiar Turística D2
11 Hostel Caracol D3
12 Hosteltrail A1
13 Hotel Colonial A2
14 Hotel Dann Monasterio A1
15 Hotel La Plazuela B2
16 Hotel Los Balcones C2
17 Parklife Hostel C3

Essen

18 Hotel Camino Real C3
19 La Fresa A2
20 Lonchería La Viña B2
21 Mora Castilla D1
22 Restaurante Italiano B2
23 Restaurante Vegetariano Maná A3
24 Sabores del Mar A2

Ausgehen

25 Capriccio Café C3
26 El Sotareño B3
27 Madeira C2

Unterhaltung

28 Acapella D2
29 Bar La Iguana A2
30 Corona C2

Casa Museo Mosquera MUSEUM

(Calle 3 No 5–38; Eintritt 2000 COP; ⌚8–12 & 14–17 Uhr) Dieses interessante Museum ist in einem hübschen Herrenhaus aus dem 18. Jh. untergebracht, dem Haus von General Tomás Cipriano de Mosquera, einem Politiker und Historiker, der in den Jahren zwischen 1845 und 1867 viermal Präsident

Kolumbiens war. Die Urne in der Wand enthält seine sterblichen Überreste.

Mosqueras HeMuseo Arquidiocesano de Arte Religioso MUSEUM
(Calle 4 No 4–56; Eintritt 5000 COP; ⏲Mo–Fr 9–12.30 & 14–18 Uhr, Sa 9–14 Uhr) Man muss wahrlich kein Kunsthistoriker bzw. -kenner sein, um von dieser sehenswerten Sammlung an Gemälden, Statuen Altargemälden, Silberzeug und liturgischen Gefäßen – die meisten stammen aus dem 17.–19. Jh. – beeindruckt zu sein.

Puente de la Custodia BRÜCKE
(Carrera 6) Die Steinbrücke nördlich des alten Stadtkerns, die oft auch Puente Chiquita (kleine Brücke) genannt wird, wurde im Jahr 1713 gebaut, damit die Priester den Río Molino überqueren und den Kranken des ärmlichen Stadtteils im Norden kirchliche Weihen bringen konnten. Ungefähr 160 Jahre später wurde neben der immer noch benutzten alten Brücke die solide, 240 m lange **Puente del Humilladero** mit 11 Brückenbögen gebaut.

Iglesia La Ermita KIRCHE
(Ecke Calle 5 & Carrera 2) Erbaut 1546, ist dies Popayáns älteste Kirche, sehenswert sind der kunstvolle Altaraufsatz sowie Überreste alter Fresken, die erst nach dem Erdbeben wiederentdeckt wurden.
Zu den vielen weiteren Kirchen der Stadt im Kolonialstil gehören, die **Iglesia de Santo Domingo** (Ecke Carrera 5 & Calle 4), **Iglesia de San José** (Ecke Calle 5 & Carrera 8) und die **Iglesia de San Agustín** (Ecke Calle 7 & Carrera 6). Die neoklassizistische **Kathedrale** (Parque Caldas) ist das jüngste Gotteshaus im Zentrum. Die Kirche wurde in den Jahren zwischen 1859 und 1906 auf den Grundmauern einer viel älteren Kathedrale erbaut, die durch ein starkes Erdbeben völlig zerstört worden war.

Die **Capilla de Belén**, eine Kapelle auf einer Erhebung östlich des Stadtzentrums, bietet einen schönen Blick über die Stadt. Vom **El Morro de Tulcán**, einem Hügel mit der Reiterstatue des Stadtgründers, ist die Aussicht noch besser. Ursprünglich soll die Erhebung eine präkolumbische Pyramide gewesen sein. Sonnenuntergänge lassen sich von dort aus wunderbar genießen. Da beide Orte einsam gelegen sind, kann es oft zu Diebstählen kommen – man sollte deshalb vorsichtig sein und keine Wertsachen mitnehmen. Die Touristenpolizei bietet auch Schutzbegleitung an.

Feste & Events

Semana Santa PROZESSION
(Osterwoche; Ostern) Die Osterfeiern und die Feierlichkeiten der Karwoche in Popayán sind auf der ganzen Welt berühmt, besonders die Nachtprozessionen am Gründonnerstag und Karfreitag. Tausende von Gläubigen und Touristen aus aller Welt nehmen an dieser religiösen Feier und dem damit verbundenen Kirchenmusikfest teil. In dieser Zeit vervierfachen sich die Hotelpreise; Frühbuchungen sind empfehlenswert.

Congreso Nacional Gastronómico ESSEN
(Sept.; www.gastronomicopopayan.org) Jedes Jahr in der ersten Septemberwoche werden Spitzenköche aus einem anderen Land dazu eingeladen, um ihr Können zu zeigen. Der Eintrittspreis für alle Veranstaltungen der Woche beträgt 300 000 COP.

Schlafen

Hotel Los Balcones HOTEL $$
(☎824 2030; www.hotellosbalconespopayan.com; Carrera 7 No 2–75; EZ/DZ/Apt. 61 600/115 000/170 100 COP; @📶) Die Steintreppe, die in diesem Domizil aus dem 18. Jh. zu den Zimmern führt, ist 200 Jahre alt. Alles fühlt sich beinahe schon mittelalterlich an, die alten Holzmöbel, ausgestopfte Adler und das Labyrinth an Fluren. In der Lobby hängen Grafiken von M. C. Escher über einem Schaukasten mit alter Keramik und gepolsterten Ledermöbeln. In den geräumigen Zimmern gibt es Fernseher. Man kann auch ein kleines Apartment mit Küche mieten.

Hotel Dann Monasterio HOTEL $$$
(☎824 2191; www.hotelesdann.com; Calle 4 No 10–14; EZ/DZ 275 000/345 000 COP, Suite 520 000 COP; ❄@🏊) Das ehemalige Franziskanerkloster bietet große, elegant ausgestattete Zimmer um einen geräumigen Innenhof mit Arkaden. WiFi-Signale durchdringen die dicken Ziegelwände nicht, aber alle Zimmer sind mit Ethernet-Anschluss ausgestattet. Im Garten hinten gibt es einen Pool. Im Preis inbegriffen ist eine Runde Golf im örtlichen *club campestre* (Country Club).

Hosteltrail HOSTEL $
(☎831 7871; www.hosteltrail.com; Carrera 11 No 4–16; B 17 000 COP, EZ/DZ 40 000/50 000 COP, ohne Bad 32 000/42 000 COP; @📶) Popayáns beliebteste Billigunterkunft ist ein modernes, freundliches Hostel am Rande des historischen Zentrums. Es bietet alles, was man braucht: schnelles Internet, Schnellrei-

ABSTECHER

SILVIA

Der malerische Gebirgsort Silvia, 53 km nordöstlich von Popayán, ist das Zentrum des Gebiets der Guambiano. Die Guambiano leben nicht direkt in Silvia, sondern in den Bergdörfern Pueblito, La Campana, Guambia und Caciques. Ihr Stamm beträgt etwa 12 000 Mitglieder.

Die Guambiano gelten als die ältesten Ureinwohner Kolumbiens. Sie sprechen ihre eigene Sprache und tragen traditionelle Kleidung und sie arbeiten immer noch mit rudimentären Agrartechniken. Sie sind außerdem ausgezeichnete Weber.

Am Dienstag, wenn Markttag ist, kommen sie nach Silvia und verkaufen Obst, Gemüse und Kunsthandwerk. Dann lohnt sich ein Besuch in der Stadt. Fast alle Guambiano sind traditionell gekleidet: Männer in blauen Röcken mit pink farbenen Bordüren und Filzhüten, Frauen in handgewebter Kleidung, mit Halsketten aus bunten Perlen, die fleißig ihre Wolle spinnen. Sie kommen in *chivas* (bunten Bussen) und versammeln sich am Hauptplatz. Kameras können sie nicht leiden und können auch aggressiv werden, wenn man sie fotografiert. Wer ihre Kultur respektiert, lässt die Kamera in der Tasche.

Der Markt beginnt im Morgengrauen und dauert bis in den frühen Nachmittag. Es ist kein Touristenmarkt – Obst und Gemüse, rohes Fleisch, billige Kleidung und Schuhe überwiegen – aber auch der ein oder andere Poncho oder Pullover werden angeboten.

Vom Hauptplatz aus geht es bergauf zur Kirche mit einem Rundumblick über das Land. Am Flussufer unten werden Pferde vermietet (6000 COP pro Stunde) für einen Ritt um den kleinen See.

Nach Silvia kommen Wochenendtouristen aus Cali, die Abkühlung suchen. Für Übernachtungen gibt es einige preisgünstige Hotels in der Stadt.

Busse fahren ab Popayán ungefähr einmal pro Stunde (6000 COP, 1½ Std.), dienstags auch extra früh. Von Cali aus geht der Bus in Richtung Popayán nach Piendamó (12 000 COP, 2 Std.) von wo aus ein Bus nach Silvia (3000 COP, 30 Min.) verkehrt.

nigung, voll eingerichtete Küche und hilfreiches Personal mit viel regionalem Knowhow. Das Hostel organisiert Touren zu einer Kaffeefarm in der Gegend sowie Downhill-Mountainbiking ab Coconuco.

Parklife Hostel HOSTEL $
(☎300 249 6240; www.parklifehostel.com; Calle 5 No 6–19; B 17 000 COP, EZ/DZ 40 000/50 000 COP, ohne Bad 32 000/42 000 COP; @📶) Eine bessere Lage kann es für ein Hostel gar nicht geben – das Parklife ist direkt an die Kathedrale gebaut. Die Einrichtung hat noch viel von dem alten Stil erhalten, so z. B. Holzböden, Lüster und antike Möbel. Die Atmosphäre ist umwerfend – vom Atrium aus hört man den Kirchenchor singen. Die Zimmer nach vorne bieten schöne Aussichten auf den Parque Caldas.

Hotel Colonial HOTEL $$
(☎831 7848; Calle 5 No 10–94; EZ/DZ/3BZ 50 000/65 000/80 000 COP; @📶) Das effiziente kleine Hotel in einem kolonialzeitlichen Gebäude in der Innenstadt wurde vor Kurzem erst renoviert und ist dennoch äußerst preiswert. Die Zimmer verfügen über komfortable Betten, Flachbild-TV und blitzblanke Bäder. Die Zimmer in der oberen Etage bekommen mehr Tageslicht ab.

Casa Familiar Turística HOSTEL $
(☎824 4853; Carrera 5 No 2–07; B/EZ/DZ 14 000/20 000/30 000 COP; 📶) Popayáns traditionelle Billigunterkunft ist gut geeignet für Leute, die die örtliche Kultur kennenlernen wollen – die Gäste teilen sich das Haus im Kolonialstil buchstäblich mit den kolumbianischen Eigentümern. Es gibt warmes Wasser und Möglichkeiten zum Wäsche waschen sowie Küchenmitbenutzung.

Hostel Caracol HOSTEL $
(☎820 7335; www.hostelcaracol.com; Calle 4 No 2–21; B 17 000 COP, EZ ohne Bad 28 000–32 000 COP, DZ ohne Bad 45 000 COP; @📶) In einem renovierten Haus im Kolonialstil ist dieser ruhige Ableger der Eigentümer von Hosteltrail untergebracht. Es ist besonders beliebt bei älteren Individualreisenden. Die komfortablen Zimmer liegen um einen Innenhof, der gemeinschaftlich genutzt wird, und es gibt viele Informationen zu Attraktionen und Unterhaltung in der Stadt.

Hotel La Plazuela HOTEL $$$
(☎824 1084; www.hotellaplazuela.com.co; Calle 5 No 8–13; EZ/DZ/3BZ/4BZ inkl. Frühstück 130 000/180 000/231 000/280 000 COP;) Das schöne, weiß getünchte Herrenhaus mit angenehmem Innenhof wurde komplett auf Vordermann gebracht, viele der original antiken Möbel werden in dem eleganten Hotel noch genutzt. Die Zimmer nach vorne haben schalldichte Fenster und bieten einen Blick auf die Iglesia San José.

Essen

Eine örtliche Spezialität sind *empanadas de pipián*: gebackene Snacks serviert mit einer scharfen saté-artigen Erdnusssauce.

Hotel Camino Real FRANZÖSISCH, KOLUMBIANISCH $$$
(☎824 3595; Calle 5 No 5–59; Hauptgerichte 25 000–35 000 COP) Die Hoteleigentümer spielen eine wichtige Rolle beim Congreso Nacional Gastronómico, ihre Leidenschaft fürs Kochen zeigt sich in der interessanten Speisekarte, die französische und kolumbianische Elemente enthält. Jedes Gericht ist von hervorragender Qualität. Die ausgezeichneten Menüs (40 000 COP), enthalten zwei Vorspeisen, ein Hauptgericht, Käseauswahl und Frucht-Mousse. Eine Reservierung ist absolut empfehlenswert.

Mora Castilla CAFÉ $
(Calle 2 No 4–44; Snacks 2500–4000 COP; ⏲10–19 Uhr) Das einfache Café bietet ausgezeichnete *salpicón* (Fruchtsalate), Säfte und traditionelle Snacks wie *tamales* (dampfgekochter Maismehlteig) und *carantantas* (eine Art getoasteter Mais-Chip). Nebenan bietet Doña Chepa ihre berühmten *aplanchados* (flaches Gebäck) an.

Lonchería La Viña KOLUMBIANISCH $$
(Calle 4 No 7–79; Hauptgerichte 14 000–24 000 COP; ⏲24 Std.) Die Gäste sitzen dicht an dicht in diesem populären Grillrestaurant, das auf dem Barbecue im Speisesaal große Portionen zubereitet. Es gibt zehn Sorten Rindfleisch sowie Fisch, Hühnchen und ein paar Salate. Mittags wird ein gutes Menü angeboten (8000 COP).

La Fresa CAFETERIA $
(Calle 5 No 8–89; Snacks 400–2000 COP; ⏲8–20 Uhr) Ein schmuddeliger Laden mit ein paar Plastiktischen, das ist La Fresa, in ganz Popayán bekannt für super leckere *empanadas de pipián*. Die Einheimischen trinken *malta* (ein Weizen-Sodawasser) dazu oder *gaseosa* (Sprudelwasser).

Restaurante Italiano ITALIENISCH $$
(Calle 4 No 8–83; Hauptgerichte 15 000–26 000 COP) Die Saloon-Tür des von Schweizern betriebenen italienischen Lokals schafft Zugang zu bester Pizza und Pasta und einer anständigen Weinauswahl. Auch das Menü (7500 COP) schmeckt vorzüglich.

Sabores del Mar MEERESFRÜCHTE $
(Calle 5 No 10–97; Mittagessen 6000 COP) Eine tatkräftige Familie aus Guapi betreibt dieses Lokal für Fisch und Meeresfrüchte und bietet ausgezeichneten Mittagstisch, u.a. mit Filets von *toyo*, einem haiähnlichen Fisch.

El Quijote KOLUMBIANISCH $$
(Calle 10N No 8–14; Hauptgerichte 15 000–25 000 COP) An der Autostraße vor der Stadt liegt El Quijote und bietet Grillfleisch und fantastische Salate, gelegentlich begleitet von Gitarrenmusik. Die kurze Taxifahrt dorthin lohnt sich.

Restaurante Vegetariano Maná VEGETARISCH $
(Calle 7 No 9–56; Gerichte 4000 COP;) Der beste von mehreren preisgünstigen vegetarischen Imbisslokalen in Popayán. Maná bietet ein Menü mit mehreren Optionen und serviert ein leckeres warmes Frühstück mit echtem Orangensaft und Früchten.

Ausgehen

In der Innenstadt gibt es zahlreiche Cafés, die bei den Studenten beliebt sind. Die für die Region typischen Fruchtgetränke *champú* und *lulada* sind ein absolutes Muss.

Interessant ist das **Capriccio Café** (Calle 5 No 5–63; ⏲Mo–Sa 8.30–12.30 & 14–20.30 Uhr), das seinen eigenen Kaffee röstet und leckere geeiste Kaffeegetränke anbietet. Im **Madeira** (Ecke Calle 3 & Carrera 5; ⏲Mo–Fr 9–20.30 Uhr, Sa 12.30–19.30 Uhr) wird manchmal Livemusik gespielt, zu exzellentem Kaffee in winzigen Tontassen.

Das **Wipala** (Carrera 2 No 2–38; ⏲Mo–Sa 14–1 Uhr, So 15–22 Uhr;) ist eine hippe Café-Bar mit WiFi. Im Hofgarten wird Livemusik gespielt. Das Haus ist spezialisiert auf *hervidos* – heiße Zitrusgetränke mit Schuss. Es gibt vegetarische Gerichte und Snacks.

El Sotareño (Carrera 6 No 8–05) ist eine 40 Jahre alte klassische Bar, in der von kratzigem Vinyl Tango, Bolero und Ranchera gespielt werden.

Einen Besuch wert ist **CC Campanario** (www.campanariopopayan.com; Carrera 9 No 24AN–21; ⏲9–1 Uhr). Das ausgedehnte Einkaufszentrum beherbergt eine riesige Trinkhalle und ist populärer Treffpunkt am frühen Abend. Nebenan befindet sich ein Gourmet-Food-Court.

☆ Unterhaltung

Die meisten Clubs von Popayán drängen sich außerhalb der Stadt an der Autostraße nach Cali.

Salsa wird geboten in der **Bar La Iguana** (Calle 4 No 9–67), die am Wochenende volle Pulle aufdreht und auf einer Projektionswand Videos abspielt. **Acapella** (Calle 3 No 4–52) ist eine lärmige, bei den Uni-Leuten sehr beliebte Karaoke-Bar.

Spät abends läuft das **Corona** (Calle 4 No 5–78) zur Form auf, eine wummernde Disko in einem Hotel im alten Zentrum mit drei Zonen, die jeweils andere Musikstile spielen. An der Autostraße liegt **Millenio** (www.millenio.com.co; Autopista Norte; ⏲Fr & Sa 21–3 Uhr). In dem lagerähnlichen Gebäude werden u. a. Salsa, Electronica und Reggaeton gespielt.

ℹ Praktische Informationen

4–72 (Calle 4 No 5–74) Post.

Banco de Bogota (Parque Caldas) Geldautomat, akzeptiert alle Karten, einschließlich Visa und Cirrus/Maestro.

Banco de Occidente (Parque Caldas) Ebenfalls ein verlässlicher Geldautomat.

Hospital San José (☎820 0975; www.hospitalsanjose.gov.co; Carrera 6 No 10N–142)

La Red (Calle 5 No 7–15; pro Std. 1400 COP) Schnelles Internet am Park.

Ministerio de Relaciones Exteriores (☎823 1027; Calle 4N No 10B–66) Visaverlängerungen.

Touristeninformation (Oficina de Turismo de Popayán; ☎824 2251; Carrera 5 No 4–68)

Touristenpolizei (☎822 0916; Carrera 7 No 4–36) Informativer als die reguläre Touristeninformation. Im Gobernación-Gebäude.

ℹ An- & Weiterreise

Bus

Der Busbahnhof liegt 1 km nördlich der Innenstadt. Es gibt Verbindungen nach Cali, sowohl mit dem Bus (12 000 COP, 3 Std.) als auch mit dem Minibus (14 000 COP, 2 Std.). Mehrere Busse fahren täglich direkt nach Armenia (40 000 COP, 7 Std.). Busse nach Medellín (60 000 COP, 11 Std.) fahren um 19, 20 und 1 Uhr ab.

Sechs Busse fahren täglich nach San Agustín (28 000 COP, 5 Std.). Busse nach Tierradentro (18 000 COP, 5 Std.) verkehren um 5, 8, 10.30, 13 und 15 Uhr. Der Bus um 10.30 hält direkt am Eingang des Museo Arqueológico.

Stündlich fahren Busse nach Pasto (25 000 COP, 6 Std.). Die Straße von Popayán zur Grenze nach Ecuador ist eine der wenigen großen Autostraßen in Kolumbien, die nach Einbruch der Dunkelheit nicht befahren werden sollten, nicht wegen Guerillakämpfen, sondern wegen nächtlicher Überfälle durch Banditen.

Flugzeug

Der Flughafen Aeropuerto Guillermo León Valencia liegt gleich hinter dem Busbahnhof, 1 km nördlich des Stadtzentrums. Avianca fliegt dreimal täglich direkt nach Bogotá.

Coconuco

Es gibt zwei Thermalquellen nahe der Stadt Coconuco, südlich von Popayán an der Straße nach San Agustín. Am Wochenende drängen sich dort die Kids mit ihren vom Rum besäuselten Eltern; an Wochentagen steht alles einfach leer.

An Wochenenden und am Abend kommen die Leute zum Feiern her und die Musik plärrt laut an der 24-Stunden- **Agua Hirviendo** (☎314 618 4178; Eintritt 5000 COP; ⏲24 Std.). Ganz richtig: an der 24-Stunden Thermalquelle. Einige Veranstalter vermieten Zimmer in der Nähe (stundenweise [!] oder über Nacht) und das angrenzende Restaurant serviert Essen bis spät abends. Es gibt zwei Thermalbecken und verschiedene kleine Bäder.

Das Wasser ist bei weitem nicht so heiß wie in Agua Hirviendo, aber die **Termales Aguatibia** (☎824 1161, 315 578 6111; termaguatibia@yahoo.es; Eintritt 8000 COP; ⏲8–18 Uhr) sind wesentlich familienfreundlicher und weisen bedeutend weniger Beton auf. Es liegt auf rund 2560 m Höhe inmitten grüner Berge, vom Restaurant aus genießen die Gäste bei einfachen Gerichten eine spektakuläre Aussicht. Es gibt fünf Thermalbecken, eine Thermalschlammquelle und eine 53 m lange Betonrutsche. An einem kleinen Thermalsee werden Schlauchboote vermietet (3000 COP pro 30 Min.). Mehrere Spazierwege sind vorhanden, darunter auch der 300 m lange Weg den Berg hinauf zur Wasserquelle.

Wochentags fährt stündlich ein Bus von Popayán nach Coconuco (3000 COP, 1 Std., 31 km), am Wochenende öfter. Vor Ort fahren Jeeps (7000 COP pro Fahrzeug) – vorausgesetzt, ein Fahrer ist bereit, beim Trinken eine Pause einzulegen. Eine Alternative sind Mototaxis (2000 COP).

San Agustín

☎8 / 31 300 EW. / 1695 M

Vor ungefähr 5000 Jahren lebten zwei Völker in den benachbarten Flusstälern des Magdalena und des Cauca. Umgeben von unüberwindbaren Bergen, waren sie auf die Flüsse als Transportwege angewiesen. Hier bei San Agustín liegen die Quellen dieser beiden Flüsse und hier, mehrere Tagesmärsche voneinander entfernt, trafen sich die Menschen der beiden Völker, um Handel zu treiben, ihre Götter anzubeten und ihre Toten zu begraben.

Die Vulkanbrocken, die von den nahen, heute erloschenen Vulkanen weit hinausgeschleudert wurden, regten die Künstler der Ureinwohner an, große Skulpturen daraus zu schaffen. Das Ergebnis sind über 500 lebensgroße, teils überlebensgroße Statuen (die größte ist 7 m hoch), die über ein weites Gebiet in den bewaldeten Anhöhen um San Agustín verstreut sind. Viele sind anthropomorphe Figuren, andere sind naturgetreu, wieder andere erinnern an maskierte Monster. Einige Skulpturen stellen heilige Tiere dar wie Adler, Jaguar und Frosch. Archäologen haben auch viel Keramik gefunden, jedoch nur wenig Gold – denn anders als die

ABSTECHER

PARQUE NACIONAL NATURAL (PNN) PURACÉ

45 km östlich von Popayán entlang der ungeteerten Straße nach La Plata liegt dieser 830 km² große **Nationalpark** (☎in Popayán 823 1212; Eintritt Kolumbianer/Ausländer 8000/19 000 COP; ⌚8–18 Uhr). Es ist der einzige Ort Kolumbiens, an dem Kondore zu sehen sind. Fast ein Dutzend dieser großen Vögel wurden im Park angesiedelt – drei davon sind noch da. Die Parkwärter locken sie mit Futter herunter, damit Besucher sie aus der Nähe sehen können.

Das Besucherzentrum (3350 m) vermietet unbeheizte **Hütten** (Zeltplatz pro Pers. 8000 COP, Zi. pro Pers. 33 000 COP) und serviert preisgünstige Gerichte; es gibt kein warmes Wasser, dafür haben einige Hütten funktionierende Kamine.

Bei gutem Wetter kann man den **Volcán Puracé** (4750 m), den höchsten von sieben Vulkanen im Coconuco-Gebirge, besteigen. Der Weg – etwa fünf Stunden hinauf und drei Stunden zurück – ist gut ausgeschildert, doch aufgrund des Schwierigkeitsgrads wird ein Bergführer empfohlen (Anfragen beim Besucherzentrum). Beste Kletterzeit ist Dezember bis Januar; von Juni bis August kann das Wetter sehr schlecht sein. Um die Touren schon früh morgens beginnen zu können, ist eine Übernachtung in einer der Hütten absolut sinnvoll.

Die Anreise erfolgt mit einem Bus in Richtung La Plata bis zum **Cruce de la Mina** (10 000 COP, 1¼ Std.). Unterwegs muss eventuell ein geringes Eintrittsgeld bei Puracé (einer Gemeine von Ureinwohnern) entrichtet werden. Wer am selben Tag auf- und absteigen will, sollte den ersten Bus um 4.30 Uhr nehmen. Vom Cruce de la Mina geht es 1,5 km bergauf zum **Cruce de Pilimbalá**. Dort geht es links ab zum Besucherzentrum (1 km) oder 1,5 km geradeaus zur **Schwefelmine** (☎318 780 6690; emicauca@hotmail.com). Die Mine wird von den Ureinwohnern betrieben, seit die Bergwerksfirma aufgegeben hat. Besucher können 200 m in den Schacht hinein zu einem Schrein der Jungfrau Maria gehen. Die Anführer der Ureinwohner sind interessiert, im Ökotourismus Fuß zu fassen und stellen auch Bergführer bereit, die Interessenten über eine alternative Route zum Gipfel führen.

Etwa 8 km hinter dem Cruce de la Mina sind die **Termales de San Juan** (3200 m), deren Wasser mitten in einer außerirdisch wirkenden *páramo* (Hochebene) hervorsprudeln – einfach spektakulär. Anders als in Coconuco darf hier nicht gebadet werden. Von der Autostraße aus ist es ein Spaziergang von 1,1 km auf einem gut beschilderten Weg. Es gibt eine Ranger-Station (oft nicht besetzt) und Toiletten.

Der letzte Bus zurück nach Popayán erreicht das Cruce de la Mina um etwa 17 Uhr. Neben Verpflegung und Wasser muss für die Militärkontrolle in Puracé eine Kopie des Passes mitgeführt werden.

San Agustín

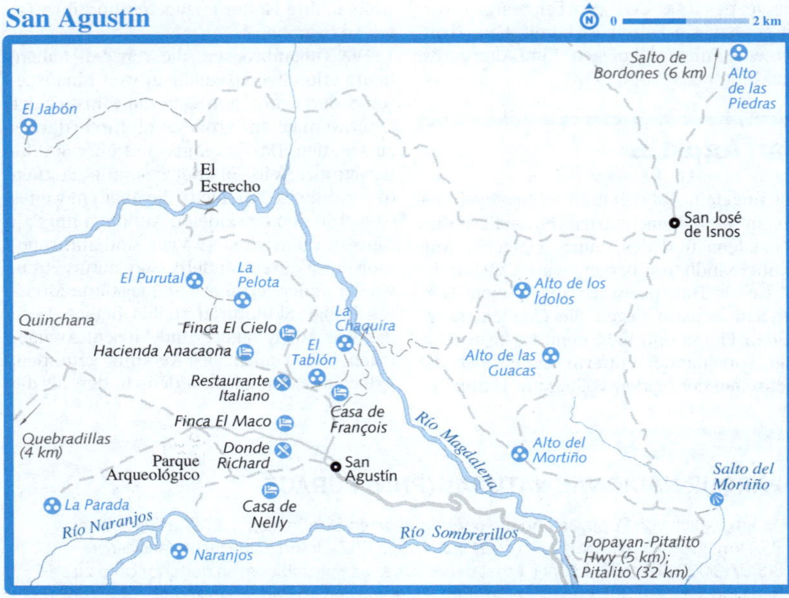

Tayrona an der Karibikküste, hatten diese Menschen hier keine Goldminen.

Über die Völker von San Agustín ist ansonsten nur sehr wenig bekannt. Sie kannten keine Schrift und waren bereits Jahrhunderte vor Ankunft der Europäer ausgestorben. Aber ihre Hinterlassenschaft gehört zu den bedeutenden archäologischen Funden auf dem südamerikanischen Kontinent – ein mystischer Platz in spektakulärer Landschaft, der auf jeden Fall einen Abstecher lohnt.

Das Gebiet rund um die Stadt bietet viel Freizeitmöglichkeiten, sodass die Besucher gerne länger bleiben, nachdem sie die Ausgrabungen besichtigt haben, u. a. Wanderungen, Reitausflüge und Wildwasser-Rafting durch das südliche Kolumbien.

Sehenswertes

Zur Besichtigung der archäologischen Fundstätten werden drei Tage benötigt – einer für den archäologischen Park, einer zu Pferd nach El Tablón, La Chaquira, La Pelota und El Purutal (vier Stunden Rundweg), sowie einer mit dem Jeep zu El Estrecho, Alto de los Ídolos, Alto de las Piedras, Salto de Bordones und Salto de Mortiño (sechs Stunden). Besucher, die sowohl den Park als auch Alto de los Ídolos besuchen, können eine kombinierte Eintrittskarte (16 000 COP) an beiden Orten kaufen.

Die entfernter gelegenen Stätten sollten immer mit einem Führer besucht werden – Außerhalb des Parque Arqueológico gibt es kaum Beschilderungen und Informationen. Ein Guide kostet ungefähr 30 000 COP pro Tag; 40 000 COP für einen englischsprachigen. Der Mietpreis für ein Pferd beträgt für einen halben Tag etwa 30 000 COP, plus die Kosten für das Pferd des Führers (es ist daher günstiger, als Gruppe zu gehen). Jeep-Touren zu den Sehenswürdigkeiten kosten etwa 150 000–180 000 COP pro Tag (maximal fünf Personen).

Parque Arqueológico ARCHÄOLOGISCHE STÄTTE
(Eintritt Erw./Kind 10 000/5000 COP; ⌚8–16 Uhr) Der 78 ha große archäologische Park liegt 2,5 km westlich der Stadt San Agustín. Er birgt eine Sammlung von insgesamt 130 Statuen, die entweder an Ort und Stelle gefunden oder aus anderen Gebieten hergebracht wurden, darunter einige der besten Skulpturen von San Agustín. Die Besichtigung nimmt etwa drei Stunden in Anspruch. Gute Führer bieten ihre Dienste im Freiluftcafé des Museums an, sie sind aber nicht unbedingt erforderlich.

Am Eingang des Parks befindet sich das **Museo Arqueológico** (⌚8–17 Uhr) mit kleineren Statuen, Keramik, Gerätschaften, Schmuck und anderen Objekten sowie Hintergrundinformationen über die Kultur von San Agustín.

Über die verschiedenen Statuengruppen (*mesitas*) hinaus gibt es die **Fuente de Lavapatas** zu sehen, ein komplexes Labyrinth von Kanälen und kleinen, terrassenförmig in das steinige Flussbett gehauenen Becken, dekoriert mit Darstellungen von Schlangen, Echsen und menschlichen Figuren. Die Archäologen glauben, dass die Bäder zu rituellen Waschungen und Huldigung von Wassergöttern dienten.

Von dort aus windet sich ein Pfad bergauf zur **Alto de Lavapatas,** der ältesten Fundstätte San Agustíns. Dort gibt es einige von Statuen bewachte Gräber, sowie eine fantastische Aussicht über das Umland.

Alto de los Ídolos ARCHÄOLOGISCHE STÄTTE
(Eintritt 10 000 COP; ⌚8–16 Uhr) Rechts und links des Río Magdalena, 4 km südwestlich von San José de Isnos (ein paar Häuser 26 km nordöstlich von San Agustín), liegt der zweitwichtigste archäologische Park der Region. Dort steht die größte Statue (7 m) in diesem Gebiet.

Alto de las Piedras ARCHÄOLOGISCHE STÄTTE
7 km nördlich von Isnos befinden sich Grabstätten, die mit rot, schwarz und gelb bemalten Steinplatten ausgelegt sind. Eine der berühmtesten Statuen dort wird Doble Yo genannt; aufgepasst! Sie besteht nicht aus zwei, sondern vier aus dem Fels gehauenen Figuren. Eine weitere interessante Statue stellte eine hochschwangere Frau dar.

El Tablón, La Chaquira, La Pelota & El Purutal ARCHÄOLOGISCHE STÄTTEN
Diese vier Fundstätten liegen relativ nah beieinander; meist werden sie zu Pferde im Rahmen einer Reittour besichtigt. Bei La Chaquira blicken die aus dem Fels geschlagenen Gottheiten über die spektakuläre Schlucht des Río Magdalena hinaus.

Weitere Archäologische Fundstätten ARCHÄOLOGISCHE STÄTTEN
Wer nicht in Eile ist, kann sich noch weitere archäologische Fundstätten ansehen, wie **La Parada**, **Quinchana**, **El Jabón**, **Naranjos** und **Quebradillas**. Neben ihrem archäologischen Reichtum bietet die Region große landschaftliche Schönheit, unter anderem zwei spektakuläre Wasserfälle, **Salto de Bordones** und **Salto de Mortiño**. Ein Spaziergang oder ein Ritt nach **El Estrecho** ist ebenfalls lohnend. Der Río Magdalena zwängt sich dort durch eine 2,2 m breite Engstelle. All dies kann mit Auto oder auf dem Pferd erreicht werden.

Aktivitäten

Am besten lassen sich die Berge um San Agustín auf dem Rücken eines Pferds erkunden. Anders als in anderen Landesteilen sind die Mietpferde hier meist in ausgezeichnetem Zustand. Reittouren können zu archäologischen Fundstätten nahe der Stadt oder für Mehrtagestouren ins Umland organisiert werden.

Laguna del Magdalena REITEN
Interessant ist die dreitägige Reittour nach Laguna del Magdalena, dem Ursprung des Río Magdalena (3327 m), 60 km von San Agustín entfernt. Früher war die Region in den Händen von Guerillas, doch heute wird sie als sicher eingestuft. Pro Person betragen die Tourkosten etwa 150 000 COP. **Francisco „Pacho" Muñoz** (☎311 8277 972) kann als Tourführer empfohlen werden; meist ist er bei der Finca El Maco zu finden. Er unternimmt auch Touren nach Tierradentro oder, beim Kauf der Pferde, sogar bis nach Ecuador.

Magdalena Rafting RAFTING
(☎311 271 5333; www.magdalenarafting.com; Calle 5 No 16–04) Auf dem Río Magdalena kann man schwieriges Wildwasser-Rafting durch beeindruckende Landschaften erleben. Magdalena Rafting bietet 1½-stündige Touren (45 000 COP pro Pers.) mit Stromschnellen Klasse II bis III für Neulinge und Tagestouren Klasse V (120 000 COP) für erfahrene Rafter im Programm. Pro Gruppe sind es mindestens vier Personen. Auch Kayak-Kurse werden angeboten.

Schlafen

Der Aufenthalt in San Agustín ist außerhalb des Stadtzentrums angenehmer.

Casa de François HOSTEL $
(☎837 3847; www.lacasadefrancois.com; Campingplatz pro Pers. 8000 COP, B/EZ/DZ 17 000/30 000/40 000 COP; @) In einem Garten oberhalb der Stadt mit Blick auf die Berge liegt dieses kreative Öko-Hostel, dessen Wände aus Glasflaschen bestehen, die von Lehm zusammengehalten werden. Der luftige, erhöhte Schlafsaal bietet eine fantastische Aussicht und die geräumige Gemeinschaftsküche ist gut ausgestattet. Die In-

ternetnutzung ist kostenlos und das Hostel erstattet bei der Ankunft die Taxikosten für die Fahrt von der Stadt hierher.

Finca El Maco HOSTEL $
(☎837 3437, 311 271 4802; www.elmaco.ch; Campingplatz pro Pers. 8000 COP, Hängematte 8000 COP, B 16 000 COP, EZ/DZ 40 000/60 000 COP, ohne Bad 33 000/50 000 COP; @) Das von Schweizern betriebene Hostel besteht aus verschiedene Hütten in einem hübschen Garten. Im Restaurant werden selbstgemachter organischer Joghurt und Käse, Vollkornbrot, grüne Salate und ein ausgezeichnetes Curry angeboten. Der Eigentümer organisiert Touren durch die Region. Zum Hostel geht es auf der Straße in Richtung Parque Archaeológico, dann rechts ab am Hotel Yalconia. Von dort aus geht es 400 m bergauf. Wer Gepäck dabei hat, sollte besser ein Taxi nehmen (7000 COP).

Hacienda Anacaona HOTEL $$
(☎311 231 7128; www.anacaona-colombia.com; Via al Estrecho; EZ/DZ/3BZ 60 000/100 000/ 35 000 COP; @) Das ruhige Hotel im Kolonialstil ist eines der komfortabelsten der Gegend. Es liegt mitten in einem gepflegten Garten und bietet schöne Aussichten. Frühstück ist im Preis inbegriffen. Erreicht werden kann das Hotel mit den oft verkehrenden *colectivos* aus der Stadt (2000 COP).

Finca El Cielo HOTEL $$
(☎313 493 7446; www.fincaelcielo.com; Via al Estrecho; Zi. pro Pers. 40 000 COP) Ein paar hundert Meter nach dem Anacaona kommt diese nette Posada aus *Guadua*-Bambus mit einer großartigen Aussicht über die dunstverhangenen grünen Hügel. Die freundlichen Besitzer wohnen im Erdgeschoss und bereiten auf Vorbestellung gute Hausmannskost zu.

Casa de Nelly HOSTEL $
(☎310 215 9067; www.hotelcasadenelly.co; Vereda La Estrella; B 18 000 COP, EZ/DZ 35 000/70 000 COP, ohne Bad 25 000/50 000 COP) Das erste Hostel in San Agustín bietet verschiedene Arten von Unterkünften in einem der hübschesten Gärten der Stadt sowie einen großen Gemeinschaftsbereich mit einer Feuerstelle.

In der Innenstadt gibt es zahlreiche preisgünstige Hotels. zu den besten gehören **Residencias El Jardín** (☎837 3455; Carrera 11 No 4–10; Zi. pro Pers. 12 000–15 000 COP) und **Hotel Colonial** (☎837 3159; Calle 3 No 11–25; Zi. pro Pers. 10 000–15 000 COP).

Essen

Auf dem Markt (La Galería) werden viele günstige Mahlzeiten und frische Produkte für Selbstversorger angeboten.

LP TIPP **Donde Richard** KOLUMBIANISCH $$
(☎312 432 6399; Via al Parque Arqueológico; Hauptgerichte 15 000–22 000 COP; ⏲12–19 Uhr, Mi geschl.) Das Grillrestaurant an der Straße zum Parque Archaeológico bietet das beste Essen der Stadt. Sonntags gibt es *asado huilense,* eine Spezialität aus langsam gebratenem, mariniertem Schweinefleisch. Ein wirklich guter Ort zum Essen, wenn man auf dem Rückweg vom Park ist.

Restaurante Italiano ITALIENISCH $$
(☎837 9650; Vereda el Tablón; Hauptgerichte 15 000–20 000 COP) Etwas außerhalb der Stadt liegt das unprätentiöse Restaurant für traditionelle italienische Gerichte, einschließlich verschiedener Arten selbst gemachter Pasta. Die Taxifahrt hierher kostet etwa 4000 COP.

El Fogón KOLUMBIANISCH $$
(☎837 3431; Calle 5 No 14–30; Hauptgerichte 18 000 COP) Eine echte Institution vor Ort: Im El Fogón werden große Portionen traditioneller kolumbianischer Gerichte sowie ein sehr preiswertes Mittagessen (7000 COP) serviert. In der Nähe des Parque Arqueológico gibt es eine Filiale.

Ausgehen

Um die Polizeistation herum gibt es ein paar lebhafte Bars. Auch das **El Faro** (Carrera 13 No 6–50; ⏲Di geschl.) lohnt einen Blick: eine kleine Bar, in der es manchmal Livemusik gibt und die viele leichte Gerichte anbietet. Sie liegt vier Häuserblocks bergauf von der Plaza entfernt. **Territorio Libre** (Calle 5 No 14–27) ist eine Rock-Disko gegenüber El Fogón – in den kühlen Morgenstunden gibt es hinterm Haus ein Lagerfeuer.

Shoppen

Die örtlichen Bauern verkaufen ihre Waren auf dem **Montagsmarkt** von San Agustín. Dort geht es recht derb zu und es gibt nahezu keine Touristen. Neben Obst, Gemüse und *panela* (getrockneter Zuckerrohrsirup) werden Kleidung, Schuhe und Taschen zu günstigen Preisen vertrieben. **La Galería** (Ecke Calle 3 & Carrera 11; ⏲5–16 Uhr) hat an den anderen Tagen geöffnet, ist aber viel beschaulicher.

Praktische Informationen

In der Innenstadt treiben sich oft Schlepper herum, die den mit Intercitybussen ankommenden Touristen Hotels und „günstige" Touren anbieten und recht aufdringlich sind. Dem soll mit dem Bau eines neuen Busbahnhofs abgeholfen werden. Bis dahin sollten Besucher professionelle Führer und Jeeps über das Hotel, am Archäologischen Park oder bei der Touristeninformation buchen.

Banagrario (Ecke Carrera 13 & Calle 4) Geldautomat mit Zugang zu Visa und Cirrus/Maestro

Banco de Bogota (Calle 3 No 10–61) nur Geldautomat.

Enter.net (Carrera 10 No 3–46; pro Std. 1500 COP; ⌚7–23 Uhr) ein Dutzend Computer.

Hospital Arsenio Repizo Vanegas (☎837 3565; Calle 3 No 2–51)

Touristeninformation (☎837 3062, Ext. 15; Ecke Calle 3 & Carrera 12; ⌚Mo–Fr 8–12 & 14–17 Uhr) Viele Touranbieter geben sich als offizielle Touristeninformation aus. Das echte Büro ist jedoch hier in der *alcaldía* (Rathaus).

Touristenpolizei (☎837 3606; Carrera 3 No 11–56)

An- & Weiterreise

Die Büros der Buslinien sind an der Ecke Calle 3 und Carrera 11 (bekannt als Cuatro Vientos). Minibusse fahren regelmäßig nach Neiva (23 000 COP, 4 Std.); nachmittags und abends gehen mehrere Busse nach Bogotá (54 000 COP, 12 Std.). Nicht alle Pitalito-Popayán-Busse (28 000 COP, 5 Std.) halten in San Agustín. Wer es eilig hat, sollte ein Sammeltaxi 5 km zur Kreuzung (Spanisch: *el cruce*) (2000 COP, 10 Min.) nehmen. Busse aus Popayán mit nur wenigen Fahrgästen, lassen hier aussteigen und bezahlen die Taxifahrt nach San Agustín. Taxifahrer fahren gern bestimmte Hotels an, für die sie arbeiten – Fahrgäste müssen hier strikt auf ihr eigenes geplantes Ziel pochen.

Nach Tierradentro gelangt man über Pitalito (5000 COP, 45 Min.) mit Umsteigen nach La Plata (20 000 COP, 2½ Std.), dort geht ein Bus nach San Andrés (10 000 COP, 2½ Std.). Einige Busse lassen an der Kreuzung aussteigen; von dort geht es zu Fuß 20 Minuten bergauf zu den Museen und Hotels von Tierradentro.

Unterwegs vor Ort

Alle 15 Minuten fährt ein Bus die 2 km zum Park (1200 COP) ab der Ecke Calle 5 und Carrera 14. *Chivas* und Vans befahren die nahen Landstraßen, besonders von Samstag bis Montag. Sie befördern Gäste zum oder vom Hotel für etwa 2000 COP. Ein halbes Dutzend neuer Taxis bedienen jetzt San Agustín. Sie sind innerhalb der Stadt unterwegs und, noch wichtiger, auch zu den Hotels außerhalb der Stadt. Die Preise sind im Wagen ausgehängt.

MOCOA: DIE DSCHUNGEL-ROUTE NACH ECUADOR

Reisende von San Agustín nach Ecuador müssen nicht nach Popayán zurück. Nur vier Busstunden von Pitalito liegt die Provinz Putumayo, ein Land reißender Flüsse, dichten Dschungels und mit erstaunlicher Tierwelt. Wer auf seiner Reise Leticia nicht unterbringt, sollte einen Abstecher zu diesem leicht erreichbaren Teil des Amazonas machen. Die Provinzhauptstadt heißt Mocoa, an sich nur ein unbedeutendes Landwirtschaftszentrum, doch inmitten großartiger Natur mit Dutzenden von Wasserfällen und ausgezeichneten Wandermöglichkeiten.

An einem der schönsten Naturbäder Mocoas südöstlich des Zentrums liegt die **Casa del Río** (☎420 4004; www.casadelriomocoa.com; Vereda Caliyaco, via Mocoa-Villagarzón; B/EZ/DZ 17 000/32 000/38 000 COP; @📶) mit modernen, bequemen Zimmern in einem üppigen Garten mit vielen Vögeln.

Von Mocoa geht es nach Pasto (24 000 COP, 6 Std.) über das Trampolin de la Muerte (Trampolin des Todes) – eine der gefährlichsten und spektakulärsten Straßen des Kontinents. Es ist dies eine ungeteerte, einspurige Straße entlang einer Felsschlucht, die 400 m tief abfällt. Dem Gegenverkehr kann oft nur durch gefährliches Rückwärtsfahren ausgewichen werden! Die Reise in einem Pickup soll ungefährlicher sein, als mit dem Bus. Pasto liegt nur zwei Stunden von der Grenze entfernt. Alternativ dazu gibt es einen Bus zur Grenze in San Miguel (30 000 COP, 6 Std.) mit Übergang nach Ecuador nahe der Stadt Nueva Loja (Lago Agrio), von wo aus Busse und Flüge nach Quito abgehen.

Zur Zeit der Recherche an diesem Buch wurde der Grenzübergang bei San Miguel gerade wieder geöffnet, doch die Sicherheitslage war noch ungewiss. Die Behörden in Mocoa können Auskunft über die Situation erteilen. Man sollte besser nur tagsüber reisen.

Tierradentro

☎2 / 1750 M

Tierradentro ist die zweitwichtigste archäologische Fundstätte Kolumbiens (nach San Agustín), wird aber nur von überraschend wenig Touristen besucht. Sehr abseits gelegen, nur über unbefestigte Straßen erreichbar, ist es ein ruhiger Ort mit freundlichen Einheimischen und erstaunlichen archäologischen Wundern. San Agustín ist berühmt für seine Statuen, Tierradentro dagegen für kunstreiche unterirdische Grabstätten. Bis jetzt haben Archäologen ungefähr 100 dieser ungewöhnlichen Bestattungstempel gefunden, die einzigen dieser Art auf dem Doppelkontinent. Ein großartiger Fußweg verbindet alle größeren Gräber inmitten der umwerfend schönen Berglandschaft.

Sehenswertes

Tierradentro besteht aus fünf Fundstätten in den Anhöhen rund um die Stadt San Andrés de Pisimbalá. Vier davon haben unterirdische Grabstätten, eine hat Skulpturen. Zwei Museen sind angeschlossen.

Die Gräber messen 2 bis 7 m im Durchmesser und wurden in das weiche Vulkangestein gegraben, aus dem die Hügellandschaft der Region besteht. Sie liegen unterschiedlich tief, manche gerade einmal unterhalb der Erdoberfläche, andere bis zu 9 m tief. Die gewölbten Decken der größten Gräber werden von massiven Säulen gestützt, die oft mit roten und schwarzen geometrischen Mustern auf weißem Grund bemalt sind. In die Säulen und Wände vieler Kammern sind Figuren gehauen.

Von den Menschen, die diese Gräber und Statuen erbaut haben, ist wenig bekannt. Die einheimischen Páez (oder Nasa), die heute in diesem Gebiet leben, waren es wohl nicht. Sie stammen wahrscheinlich von zwei verschiedenen Völkern: die Menschen, die die Gräber in den Fels gehauen haben, gehörten einer älteren Kultur an als jene, die die Statuen erstellten. Einige Forscher siedeln die „Gräberkultur" zwischen dem 7. und 9. Jh. an, während die „Statuenkultur" einer späteren Epoche in San Agustín angehören soll und damit wohl ungefähr 500 Jahre jünger ist.

Der Kartenschalter für den **archäologischen Park** (☎313 829 3066; Erw./Kind oder Senioren 10 000/5000 COP; ⌚8–16 Uhr) befindet sich im Museumskomplex. Dort erhält man ein Armband, das zwei Tage gültig ist und den Eintritt in beide Museen und zu den Grabstätten ermöglicht. Die Museen sollten zuerst besichtigt werden, da die Gräber kaum beschildert sind.

25 Minuten zu Fuß von den Museen aus bergauf liegt das Städtchen **San Andrés de Pisimbalá**. Es ist bekannt für seine wunderschöne reetgedeckte **Kirche** aus Adobe-Ziegeln. Ein kleiner *Artesanías*-Laden verkauft Miniaturen von der Kirche.

Grabstätten & Statuen

Alle Grabstätten in Tierradentro können auf einem 14 km langen Rundweg an einem Tag besucht werden. Die Landschaft ist einfach atemberaubend, und es lohnt sich, den ganzen Weg zu gehen. Der Weg kann in beide Richtungen begangen werden, doch wer einen steilen Anstieg gleich zu Beginn der Wanderung vermeiden möchte, sollte gegen den Uhrzeigersinn gehen. Einige Gräber haben elektrisches Licht, das aber nicht immer funktioniert. Taschenlampen sollte man deshalb nicht vergessen. Die Stätten sind von 8–16 Uhr geöffnet.

Wenn man von den Museen bergauf gegen den Uhrzeigersinn geht, erscheint nach 20 Minuten **Segovia**, die wichtigste Gräberstätte. Sie umfasst 28 Gräber, einige mit gut erhaltenen Ausschmückungen. Zwölf Gräber haben im Prinzip elektrisches Licht, das aber nur sporadisch funktioniert.
Von Segovia aus weitere 15 Minuten zu Fuß bergauf erreicht man **El Duende** mit vier Gräbern, deren Verzierungen nicht erhalten sind. Von dort aus geht es 25 Minuten zu Fuß entlang der Autostraße zu **El Tablón** mit neun verwitterten Statuen, ähnlich der von San Agustín. Sie wurden im Umkreis geborgen und stehen nun alle geschützt unter einem Dach. Die besser erhaltenen Statuen sind im Museo Arqueológico untergebracht. Für Fußgänger ist die Beschilderung kaum zu erkennen: links oben erscheint irgendwann einmal ein verblasstes blaues Zeichen. El Tablón ist auch von der Straße nach San Andrés aus erreichbar, die gut beschildert, aber matschig ist.

Weiter geht es in die Stadt. Neben dem Restaurant La Portada geht der Weg ab nach **Alto de San Andrés** mit sechs großen Gräbern; zwei davon haben erstaunlich gut erhaltene Wandmalereien. Zwei Gräber sind aufgrund von Instabilität und Feuchtigkeit geschlossen, eines ist vollkommen eingestürzt.

El Aguacate ist am weitesten abgelegen, bietet aber die beste Aussicht. Von Alto de

Tierradentro

Tierradentro

Sehenswertes

1 Museo Arqueológico D2
2 Museo Etnográfico D2

Schlafen

3 Hospedaje La María C2
4 Hotel El Refugio C2
5 Mi Casita C2
6 Residencias Lucerna C2
7 Residencias Ricabet C2
8 Residencias y Restaurante Pisimbalá D2

San Andrés ist die Stätte in 1½ Stunden zu Fuß zu erreichen, danach geht es weitere 1½ Stunden bergab, zurück zu den Museen. Es gibt noch ein paar Dutzend weiterer Gräber, doch die meisten wurden von *guaqueros* (Grabräubern) geplündert. Nur wenige Gewölbe zeigen noch Überreste der Originalverzierung.

Museen

Im **Museo Arqueológico** sind Keramikurnen ausgestellt, in denen die Asche von Stammesältesten aufbewahrt wurde. Einige davon sind mit Punkten gemustert, andere dazu noch mit Tierabbildungen. Miniaturabbildungen zeigen, wie die Gräber ausgesehen haben könnten, als sie einstmals frisch bemalt waren.

Das **Museo Etnográfico** präsentiert Geräte und Artefakte des Volkes der Páez sowie Exponate aus der Kolonialzeit, wie eine *trapiche* (Zuckerrohrmühle), *bodoqueras* (Blasrohre) und traditionelle Kleidung der Ureinwohner.

Schlafen & Essen

Ein halbes Dutzend Billigunterkünfte befinden sich auf dem 500 m langen Weg bergauf vom Museum aus. Die meisten werden von netten Senioren geführt – für junge Leute gibt es hier nicht viel zu tun. Alle günstigen Häuser berechnen 10 000–15 000 COP pro Person.

Eine der besten Budgetunterkünfte ist **Residencias y Restaurante Pisimbalá** (☎311 612 4145), das über fünf Zimmer mit eigenem Bad und warmem Wasser verfügt. Es gibt preisgünstige Mahlzeiten, auch vegetarische Gerichte. Die *tienda* im Haus verkauft vor Ort hergestellten Wein mit Coca-Geschmack.

Weitere gute Unterkünfte sind **Hospedaje La María** (☎312 752 7860), **Residencias Lucerna**, mit Benutzung der Küche, die **Residencias Ricabet** (☎312 795 4636), weiter oben am Berg gelegen – dort befindet sich eine Sitzbank vor der Tür, auf der die Hausgäste auf den Morgenbus warten können – sowie **Mi Casita** (☎312 764 1333).

In der Nähe liegt das vor kurzem renovierte **Hotel El Refugio** (☎321 811 2395; EZ/DZ/3BZ 40 000/52 000/74 000 COP; 🏊), die luxuriöseste Unterkunft am Ort. Die Zimmer sind komfortabel, haben Bergblick und Kabel-TV; es gibt auch einen großen Swimmingpool.

Bei einem längeren Aufenthalt ist San Andrés de Pisimbalá eventuell eine bessere Option. Direkt an der Bushaltestelle vor Ort liegt **La Portada** (☎311 601 7884; EZ/DZ 20 000/30 000 COP), das über große, saubere Zimmer mit warmem Wasser in einer Holz-Lodge verfügt. In dem hauseigenen Restaurant soll es wohl das beste Essen der Stadt geben. Bemerkenswert ist das selbstgemachte Speiseeis. Die freundlichen Eigentümer geben eine Landkarte mit und interessante Hinweise zum Besuch der Gräber und zu Reiseverbindungen. Sie beschaffen auf Anfrage auch Mietpferde.

Einen Block weiter, neben dem Fußballplatz, liegt die **Residencia El Viajero** (☎312 746 5991; Calle 6 No 4–09; Zi. pro Pers. 10 000 COP) mit einfachen Zimmern und einem Gemeinschaftsbad im Zuhause der netten alten Eigentümerin.

In San Andrés gibt es auch ein paar *tiendas* (Läden), in denen Snacks und Getränke verkauft werden.

ℹ Praktische Informationen

In Tierradentro gibt es weder eine Touristeninformation, noch eine Bank oder Internet. Einige Hotels bieten Telefonminuten über Comcel-Handys an. In San Andrés de Pisimbalá gibt es eine kleine Gemeindeambulanz.

ℹ An- & Weiterreise

Ein direkter Bus nach Popayán (18 000 COP, 4 Std.) fährt ab San Andrés de Pisimbalá um 6 Uhr; dabei führt die Strecke auch an den Museen vorbei. Weitere Busse nach Popayán (9, 11, 13 und 16 Uhr) fahren ab El Crucero de San Andrés (20 Min. zu Fuß bergab von den Museen). Gelegentlich fahren *colectivos* (1000 COP) und Mototaxis (3000 COP) von und zur Kreuzung, aber zu Fuß geht es dann letzlich doch ein wenige schneller.

Busse und Pick-ups fahren ab San Andrés de Pisimbalá um 6.30, 8, 12 und 16 Uhr nach La Plata (10 000 COP, 2 Std.), mit Anschlussverbindungen nach Bogotá, San Agustín und Neiva zur Desierto de la Tatacoa.

Desierto de la Tatacoa

Auf halbem Weg zwischen Bogotá und San Agustín liegt die Tatacoa-Wüste. Die bizarre Landschaft aus ausgehöhlten Felswänden und Rinnen wurden von seltenen, dafür heftigen Regenfällen gestaltet. Aufgrund des trockenen, klaren Wetters, dem Fehlen von Luftverschmutzung und der Nähe zum Äquator, eignet sich die Tatacoa bestens für astronomische Beobachtungen – der Sternenhimmel über der nördlichen und der südlichen Hemisphäre bietet sich allen dar.

In der 330 km² großen Tatacoa-Wüste kann es sehr heiß werden – bis zu 50 °C –, sodass das Gebiet wegen der hohen Verdunstung, trotz der durchschnittlich 1070 mm Niederschlag im Jahr arid bleibt. Das Trockengebiet erstreckt sich zwischen zwei Gebirgszügen und liegt im Regenschatten, da die Berggipfel um den Nevado de Huila (5750 m) den Großteil des Regens abbekommen. Das Ergebnis ist ein für Kolumbien einzigartiges Ökosystem – mit Skorpionen und Wieseln, Früchte tragenden Kakteen, und 72 verschiedenen Vogelarten.

Die Anfahrt zur Wüste führt über **Neiva**, die heiße, verschlafene Hauptstadt der Provinz Huíla, mit Hafen am Río Magdalena. In Neiva gibt es kaum Sehenswertes. Eine Stunde nordwestlich mit dem Bus liegt Villavieja mit Übernachtungsmöglichkeiten. Besser noch ist es, die Nacht direkt in der Wüste zu verbringen (s. Seite rechts).

Feste Schuhe (wegen der Kaktusstacheln auf dem Boden) und Taschenlampe müssen mitgebracht werden.

Villavieja

☎8 / 7338 EW. / 440 M

Das Wüstenstädtchen wurde 1550 gegründet und seither schnöde übersehen. Ein paar wenige Familien leben mühsam von ihren Ziegenherden und der Rinderaufzucht, aber die meisten haben sich dem Tourismus verschrieben – Horden von *bogotanos* (Leuten aus Bogotá) kommen an Wochenenden und Feiertagen zum Aufwärmen her.

👁 Sehenswertes & Aktivitäten

Die Region bildete vor Zig-Millionen Jahren den Meeresboden. Hier gibt es viele Fossilien aus dem Miozän. Paläontologen arbeiten seit Jahren in La Venta, einer abgelegenen Region der Wüste. Einige ihrer Fundstücke können im **Museo Paleontológico** (☎313

804 9580; Eintritt 2000 COP; ⏲8.30–12 & 14–17 Uhr) am Hauptplatz besichtigt werden, so z. B. das Skelett eines Gürteltiers von der Größe eines Traktors.

Einen Besuch wert ist auch **Conservas del Desierto** (☎311 883 1570; conservasdeldesierto@yahoo.es; Carrera 5 No 5–78; ⏲8–22 Uhr), das verschiedene, aus dem dort angebauten Nopal-Kaktus hergestellte Produkte vertreibt, wie z. B. Kaktus-Bonbons, eingemachte Kaktusherzen und Kaktuswein (8,7 % Alkohol). Der Kaktus soll gesundheitsfördernde Eigenschaften besitzen und schmeckt recht gut.

Unweit der Stadt liegt der **Bosque del Cardón**, ein kleiner Kaktuswald. 4 km von Villavieja liegt **El Cusco**, mit dem **Observatorio Astronómico de la Tatacoa** (☎879 7584; www.tatacoa-astronomia.com; Besichtigungen 10 000 COP; ⏲19–21 Uhr). Über das Besucherzentrum kann man auch Pferde und Fahrräder ausleihen. Der dortige Astronom **Javier Fernando Rua Restrepo** (☎310 465 6765) zeigt Besuchern abends den Sternenhimmel mit Hilfe zweier Stativteleskope. Voranmeldung wird empfohlen. Im Juli kommen bei Neumond Studiengruppen und kolumbianische Hobbyastronomen zur viertägigen **Fiesta de Estrellas** (Sternenfeier) hierher.

Ein dem Observatorium gegenüber liegender Aussichtspunkt auf der anderen Seite der Straße bietet einen weiten Blick und ist ideal zum Beobachten des Sonnenuntergangs. Unterhalb davon liegen die **Laberintos del Cusco** (Cusco-Labyrinthe), eine verwirrende Landschaft rundlicher, roter Felsformationen, die überhaupt nicht ins tropische Kolumbien zu passen scheinen. In das Labyrinth hinunter geht es von der Terrasse des Besucherzentrums aus zur Hauptstraße, dann links abbiegen. Bei der Bar mit dem roten Dach (100 m) beginnt der Fußweg ins Tal. Ein 45-minütiger Rundweg führt zur Hauptstraße zurück. Etwa 4 km hinter dem Observatorium liegt **Ventanas**, ein Aussichtspunkt, von dem aus die ganze Wüste überblickt werden kann. Weitere 5 km weiter, erreicht man **Los Hoyos**. Das Schwimmbecken dort wird von einer natürlichen Quelle gespeist, die tief aus einem nackten, grauen Tal kommt.

Schlafen & Essen

In der Stadt gibt es mehrere einfache Hotels, doch die meisten Reisenden verbringen die Nacht lieber in der Wüste. Dort befinden sich Unterkünfte, die zumeist aus vier Betonwänden mit Wellblechdach bestehen; Mahlzeiten werden angeboten.

Villa Paraiso — HOTEL $

(☎879 7727; hotelvillaparaisovillavieja@yahoo.es; Calle 4 No 7–69; EZ/DZ 20 000/50 000 COP) Das beste Hotel der Stadt hat saubere Zimmer mit eigenem Bad, ordentliche Betten und Kabel-TV. Die Zimmer sind um einen netten Innenhof angeordnet.

Campground — CAMPINGPLATZ $

(Campingplatz pro Pers. 5000 COP; El Cusco) Hinter dem Observatorium liegt ein großer Platz für bis zu 40 Zelte. Eine Hängematte zum Selbstaufhängen zwischen den griechischen Säulen auf der Terrasse kostet 10 000 COP. Strom wird durch Solarzellen generiert.

Estadero Doña Lilia — GÄSTEHAUS $

(☎313 311 8828; Zi. pro Pers. mit/ohne Bad 25 000/20 000 COP; Desierto) Etwa 400 m hinter dem Observatorium bietet Estadero Doña Lilia komfortable Zimmer mit beeindruckender Aussicht und köstlichem Essen.

Noches de Saturno — GÄSTEHAUS $

(☎313 305 5898; Zi. pro Pers. 30 000 COP; 🏊) Direkt neben Estadero Doña Lilia liegt diese nette Pension mit einem schattigen Garten voller Vögel und einem Pool. Frühstück ist im Preis inbegriffen. Die Pool-Benutzung kostet 3000 COP.

Doña Elbira — GÄSTEHAUS $

(☎312 559 8576; EZ/DZ 15 000/30 000 COP) Unweit der Noches de Saturno bietet diese Pension einige im Buschland verstreute Hütten, etwa 1 km vom Observatorium entfernt.

Estadero la Tranquilidad del Desierto — GÄSTEHAUS $

(☎310 287 9474; Zi. pro Pers. 20 000 COP) Etwa 2 km vom Observatorium entfernt gibt es hier ein Zimmer mit drei Betten. Die Küchen kann benutzt werden. Nachts ist es vollkommen still, da die Eigentümer in der Stadt leben.

Sol y Sombra — KOLUMBIANISCH $

(☎879 7582; Carrera 4A No 5–86; Mahlzeiten 4000– 5000 COP; ⏲Frühstück, Mittagessen & Abendessen) Leckeres Essen in der Stadt. Es gibt einfache Frühstücksvarianten und verschiedene typisch kolumbianische Standardgerichte.

Etwa 1 km vom Observatorium entfernt, in Gegenrichtung der Stadt, steht **Rincón de**

Cabrito, ein Marktstand mit Ziegenmilch, Käse, *arequipe* (ein Nachtisch aus Milch und Zucker) und weiteren Süßspeisen auf der Basis von Ziegenmilch.

Praktische Informationen

Banco Agrario (☎879 7503, 879 7513; Calle 4 No 4–30; ⏲Mo–Fr 8–13 Uhr) In der Stadt gibt es keine Geldautomaten, aber die Banco Agrario ermöglich Kreditkarten-Abhebungen gegen Vorlage des Passes.

Internetcafé (Carrera 3 No 4–13; pro Std. 1500 COP)

Touristeninformation (☎311 829 5651) am Park.

An- & Weiterreise

Kleinbusse (mindestens fünf Passagiere) befahren die 37 km lange Strecke von Neiva nach Villavieja (5000 COP, 1 Std.) von 5 bis 19.30 Uhr. Die meisten Busse verkehren früh morgens und spät abends, tagsüber nur jeweils alle ein oder zwei Stunden einer.

Zwischen Bogotá und Neiva sind viele Busse unterwegs (35 000 COP, 5 Std.). Mehrere Busse verkehren täglich nach San Agustín (23 000 COP, 4 Std.). Nach Tierradentro gibt es in La Plata einen Anschluss (18 000 COP, 4 Std.).

Unterwegs vor Ort

Es gibt nur eine Handvoll Mototaxis, die einen relativ hohen Preis verlangen (15 000–20 000 COP für bis zu drei Personen zum Observatorium). Die 4 km zu Fuß zu gehen ist zwar machbar, aber nicht ratsam, da es unterwegs weder Schatten, Schutz noch Wasser gibt.

NARIÑO

Willkommen in Ecuador – aber nur fast. Nariño ist zwar Kolumbiens südwestlichste Provinz, aber sie steht stark unter ecuadorianischem Einfluss.

Die Anden türmen sich hoch und furchteinflößend auf in ihrem Verlauf nach Süden. Die „Vulkanstraße" durch ganz Ecuador beginnt hier – die nette kleine Provinzhauptstadt Pasto ist nur 8 km von einem aktiven Vulkan zwischen kleinen Feldern und Parzellen sowie Wiesen entfernt.

Die meisten Besucher kommen nur hierher, um die Grenze zu passieren, dennoch lohnen sich hier ein paar Tage Aufenthalt. Im kleinen Stadtzentrum lässt sich gut flanieren, die Laguna de la Cocha ist ein Muss, und die Basilika Santuario de Las Lajas bei Ipiales ein wahrhaft erstaunlicher Anblick.

Pasto

☎2 / 411 706 EW. / 2551 M

Nur zwei Stunden von Ecuador entfernt liegt Pasto, Hauptstadt der Provinz Nariño und Ausgangspunkt für den Grenzübergang. Von dort aus lassen sich die Laguna de la Cocha, die Laguna Verde und der Vulkan Galeras (wenn er aufhört zu grummeln) besuchen.

Die Stadt ist nett und beschaulich und weist mehrere schöne Gebäude aus der Kolonialzeit auf. Außerdem besitzt sie eine geschäftige Innenstadt. Aber ein, zwei Tage dort genügen, um alles gesehen zu haben.

Das Wetter hier ist kühl – kühl genug für *helado de paíla*: Eiscreme, frisch hergestellt in einer Kupferwanne, die auf einem Eissockel steht.

Sehenswertes

Auf dem Hauptplatz von Pasto steht die **Iglesia de San Juan Bautista** aus der Gründungszeit der Stadt; sie wurde Mitte des 17. Jh. neu erbaut. Von außen großartig anzusehen, innen goldüberzogen, ist sie ein schönes Beispiel barocker Architektur der Kolonialzeit.

Einblicke in präkolumbische Kulturen von Nariño bietet das **Museo del Oro** (Calle 19 No 21–27; Eintritt frei; ⏲Di–Sa 10–17 Uhr), mit einer kleinen, aber interessanten Sammlung von Gold- und Keramikarbeiten der Ureinwohner.

Das **Museo Taminango de Artes y Tradiciones** (Calle 13 No 27–67; Erw. 2000 COP; ⏲Mo–Fr 8–12 & 14–18 Uhr, Sa 9–13 Uhr) zeigt ein Sammelsurium an Antiquitäten, lohnt aber einen Besuch, da es in einer sorgfältig restaurierten *casona* (großes Haus) aus dem Jahr 1623 untergebracht ist, angeblich dem ältesten noch bestehenden Haus der Stadt.

Schlafen

LP TIPP **Hotel Casa Lopez** HOTEL $$
(☎720 8172; hcasalopez@yahoo.com; Calle 18 No 21b–07; EZ/DZ 100 000/130 000 COP; 📶) In einem hervorragend restaurierten Haus im Kolonialstil in der Innenstadt ist dieses Privathotel untergebracht. Was Komfort, Service und Aufmerksamkeit betrifft, einsame Spitze. Die um einen hübschen Innenhof gelegenen Zimmer sind mit polierten Holzböden und antiken Möbeln ausgestattet. Die unkomplizierten Eigentümer sind außergewöhnlich gastfreundlich – abends überra-

schen sie die Gäste schon mal gern mit einer Wärmflasche oder heißer Schokolade.

Koala Inn HOSTEL **$**
(☎722 1101; Calle 18 No 22–37; EZ/DZ 20 000/30 000 COP, ohne Bad 14 000/25 000 COP) Pastos einziges Backpacker-Hostel könnte mal wieder renoviert werden, aber es ist günstig, liegt zentral und bietet alles Nötige. Die Zimmer an der Straße können laut werden.

Hotel San Sebastian HOTEL **$**
(☎721 8851; Carrera 22 No 15–78; EZ/DZ/3BZ 33 000/53 000/73 000 COP; 📶) Unter den vielen Budgethotels in der Innenstadt ist dies das Beste. Es ist nichts Besonderes, aber die Zimmer sind sauber, haben warmes Wasser und Kabel-TV.

Essen

Asadero de Cuyes Pinzón KOLUMBIANISCH **$$**
(☎731 3228; Carrera 40 No 19B–76, Palermo; Cuy 29 000 COP) *Pastusos* (Leute aus Pasto) ziehen sich fein an, um hier, 1,5 km vom Stadtzentrum entfernt, essen zu gehen. Auf der Karte steht nur ein Gericht: *asado de cuy* (gegrilltes Meerschwein). Plastikhandschuhe zum Zerteilen der gegrillten Nager werden ausgeteilt, da die Mahlzeit geteilt wird: Ein *Cuy* reicht für zwei Personen. Pasto ist die einzige Stadt Kolumbiens, in der *Cuy* oft und gerne gegessen wird.

Caffeto CAFÉ **$$**
(☎729 2720; www.krkcaffeto.com; Calle 19 No 25–62; Hauptgerichte 8000–18 000 COP; ⏲Mo–Sa 8–20 Uhr) Das schicke Café mit Bäckerei serviert Gourmet-Sandwiches, Omeletts und Salate auf ungewöhnlichem Geschirr. Die Kuchenportionen sind riesig, ebenso die Eisbecher und es gibt echten Espresso. Da lacht selbst dem müdesten Traveller das Herz.

Salón Guadalquivir CAFÉ **$**
(Plaza de Nariño; Snacks 2000–6000 COP; ⏲Mo–Sa 8–12.30 & 14.30–19.30 Uhr) Das gemütliche Café serviert klassische *pastusos* wie *quimbilito* (ein Gebäck mit Rosinen, Vanille und Süßmais) und *tamales de añejo* (die lokale Version von *tamales*). An den Wänden hängen Poster vom alljährlich stattfindenden Carnaval de Blancos y Negros.

Ausgehen

In Pasto gibt es ein paar nette Bars und ganz anständige Diskos. Ein paar Blocks nördlich der Plaza de Nariño konzentrieren sich die Kneipen. An der Av. de Estudiantes gibt es mehrere Budget-Restaurants und Bars wie das **Absalon** (☎731 0695; Calle 20 No 31C–23; ⏲Mo–Sa 18–1 Uhr), ein angenehmer Ort, an dem kolumbianische Crossover-Musik gespielt wird.

Pasto

Sehenswertes
1 Iglesia de San Juan Bautista A2
2 Museo del Oro B3

Schlafen
3 Hotel Casa Lopez A3
4 Hotel San Sebastian A4
5 Koala Inn A3

Essen
6 Caffeto A2
7 Salón Guadalquivir A2

Ausgehen
8 Mestizo Peña Bar A2

Ein wenig Lokalkolorit findet der Kneipengänger in der **Mestizo Peña Bar** (☎722 7881; Calle 18 No 27–67), einer Andenbar mit Panflöten-Lifemusik (über Lautsprecher), in der es *guayusa* gibt, eine Art Heiltee vom Amazonas, und *hervidos*, dampfend heiße Fruchtgetränke mit einem Schuss Rum.

Shoppen

Die Stadt ist bekannt für *barniz de Pasto*, ein verarbeitetes Pflanzenharz, mit dem hölzerne Oberflächen mit farbigen Mustern dekoriert werden. Zu kaufen gibt es das in der **Casa del Barniz de Pasto** (Ecke Carrera 25 & Calle 13). An der **Plaza de Bomboná** (Calle 14 zwischen Carreras 28 & 30; ⏲Mo–Sa 7–19 Uhr, So bis 13 Uhr) ist ein überdachter Markt mit Läden, die auch Lederwaren verkaufen. An anderen Buden kann man *lechona* (gefülltes Schwein) kaufen.

Praktische Informationen

Die meisten großen Banken befinden sich an der Plaza de Nariño.

4–72 (Calle 15 No 22–05) Post.

Banco de Bogota (Calle 19 No 24–68) Zuverlässiger Geldautomat.

Ciber C@fe PC Rent (☎723 8298; Calle 18A No 25–36; pro Std. 1600 COP; ⏲Mo–Fr 8–21 Uhr, Sa 9–20 Uhr, So 14–18 Uhr) Schnelles Internet nahe der Plaza de Nariǹo.

Touristeninformation (Oficina Departmental de Turismo de Nariño; ☎723 4962; www.turismona rino.gov.co; Calle 18 No 25–25) Sieht zwar gut aus, hat aber praktisch nicht so viel zu bieten. Dort kann man Auskunft über den neuesten Stand des Wegs zum Volcán Galeras und über Sicherheitsprobleme in der Laguna Verde einholen.

An- & Weiterreise

Bus

Der Busbahnhof befindet sich etwa 2 km südlich vom Stadtzentrum. Busse, Minibusse und *colectivos* fahren regelmäßig nach Ipiales (8000 COP, 2 Std.). Auf der linken Seite ist die Aussicht besser. Viele Busse fahren die spektakuläre Straße nach Cali (39 000 COP, 9 Std.). Diese Busse halten in Popayán (28 000 COP, 6 Std.). Über ein Dutzend Busse verkehren täglich direkt nach Bogotá (90 000 COP, 22 Std.).

Flugzeug

Der Flughafen liegt 33 km nördlich der Stadt an der Straße nach Cali. *Colectivos* (8500 COP, 45 Min.) zum Flughafen fahren ab der Ecke Calle 18 und Carrera 25. Ein Taxi kostet etwa 30 000 COP.

Avianca und Satena fliegen Pasto an, mit täglichen Flügen nach Bogotá und Cali sowie Verbindungen in andere Städte.

CARNAVAL DE BLANCOS Y NEGROS

Pastos größtes Event ist der **Carnaval de Blancos y Negros** (www.carnavaldepasto.org) am 5. und 6. Januar. Er geht zurück auf die spanische Kolonialzeit, als es den Sklaven erlaubt wurde, am 5. Januar zu feiern und ihre Herren sich als Zeichen der Zustimmung die Gesichter schwarz färbten und mitfeierten. Am Folgetag bemalten die Sklaven sich die Gesichter weiß.

An diesen beiden Tagen tanzt der Bär in der Stadt. Jeder bemalt oder bewirft jeden mit Fett, Kreide, Talkumpuder, Mehl oder anderen Substanzen, die auch nur ansatzweise schwarz oder weiß färben. Das wird richtig ernst genommen. An diesem Tag ist die älteste Kleidung angesagt sowie ein *antifaz*, eine Art Gesichtsschutz, der speziell für diese Gelegenheit verkauft wird. Asthmatiker sollten zu Hause bleiben – Es dauert Tage, bis das Talkumpuder wieder ausgehustet ist.

Laguna de la Cocha

☎2 / 2760 M

Inmitten grüner Hügel und oft vom Nebel verhüllt, liegt dieser spektakuläre See - ein absolutes Muss. Er ist nur einen Tagesausflug von Pasto entfernt. Eine Bootsfahrt bringt Reisende auf die **Isla Corota** (Eintritt 1000 COP). Die bis zu 2830 m hohe Insel wurde zum Nationalpark erklärt. Hier erfährt man viel Wissenswertes, beispielsweise über den immergrünen Nebelwald. Es gibt eine kleine Kapelle und eine biologische Forschungsstation auf der Insel; ein 550 m langer Fußweg führt zu einem *mirador* (Aussichtspunkt) auf der anderen Seite der Insel. Die Bootsmiete zur Insel für bis zu 10 Personen kostet 25 000 COP. Das Boot wartet vor Ort und fährt auf dem Rückweg noch einmal um die Insel herum.

Schlafen & Essen

An der Mündung des Río Encano in den See befinden sich viele Hotels und Restaurants. Es gibt gebratene Hähnchen, gegrilltes *Cuy*, *sancocho* und natürlich Forellen, die im Randbereich des Sees gezüchtet werden.

Viele Hotels bieten Spezialangebote für Paare auf einem Wochenendausflug. Das spektakulärste ist das **Hotel Sindamanoy** (☎721 8222; www.hotelsindamanoy.com; EZ/DZ/3BZ/Suite 110 000/145 000/ 193 000/180 000 COP; @), direkt am Seeufer, eine kurze Bootsfahrt vom Río Ecano entfernt; Von der Isla Corota aus lässt sich die einem Schweizer Chalet nachempfundene Fassade des Hauses erkennen. Vom Sindamanoy blickt man auf die Insel und den See. Das Dekor erinnert an die 1970er-Jahre – Zimmer mit gelbem Teppich, Stuckwände und imitierte Holzverkleidung – aber viele haben auch funktionierende offene Kamine. Im Restaurant (Hauptgerichte 14 000–22 000 COP) wird das beste Essen der Gegend serviert. Tagesgäste können mit dem Boot von den Restaurants am Seeufer unweit des Río Encano aus für etwa 20 000 COP hin- und zurückfahren; ein Privattaxi von Pasto direkt kostet etwa 15 000 COP.

Am Río Encano bekommt man in den beliebten Restaurants **Encanto de la Cocha** und **Restaurante Rafa** ein gutes Mittagessen.

An- & Weiterreise

Sammeltaxis zum See (3800 COP, 45 Min.) fahren wochentags ab der Iglesia de San Sebastián im Zentrum von Pasto, am Wochenende und an Feiertagen hinter dem Hospital Departmental (Ecke Calle 22 und Carrera 7). Sammeltaxis können vier Leute mitnehmen; wer in Eile ist, kann auch alle vier Plätze zahlen.

VOLCÁN GALERAS

Gerade mal 8 km vom Stadtzentrum von Pasto entfernt, brodelt der Volcán Galeras (4267 m) schon seit Jahren vor sich hin. An seinem unteren Hangbereich schmiegen sich Farmen und leuchtend grüne Wiesen. Oben gibt es einen Aussichtsturm, und an einem klaren Tag reicht die Sicht bis Tumaco und zur Pazifikküste.

Galeras ist einer der aktivsten Vulkane Kolumbiens. Der Weg hinauf wurde 2006 aufgrund seismischer Aktivitäten für die Öffentlichkeit gesperrt, aber Ausnahmen werden schon einmal gemacht. Auskunft in Bezug auf die aktuelle Lage gibt die Touristeninformation (S. 274) in Pasto.

Laguna Verde

Fotoaufnahmen dieses smaragdgrünen Sees sind in ganz Pasto zu sehen. Er füllt den Krater des erloschenen Vulkans Azufral (3800 m) nahe Túquerres (3700 m), zwei Autostunden westlich von Pasto. Der See kann im Rahmen eines Tagesausflugs besucht werden. Nach der Ankunft in Túquerres geht es mit einem der alten Jeeps weiter zum Fuß des Vulkans (etwa 15 000 COP), von wo aus ein zweistündiger Fußweg zum Krater führt. Ausreichend Wasser und Verpflegung sollte man unbedingt mitnehmen, da es außerhalb Túquerres keine Läden gibt.

Die Sicherheitslage ist dort eventuell problematisch. Die Touristeninformation in Pasto gibt Auskunft über den aktuellen Stand. Einzelreisende sollten sich eventuell einer geführten Tour anschließen.

Ipiales

☎ 2 / 123 341 EW. / 2900 M

Nur 7 km von der Grenze zu Ecuador entfernt liegt Ipiales, eine wenig reizvolle Geschäftsstadt, die vom Grenzhandel lebt. Es gibt hier keine Sehenswürdigkeiten, abgesehen vom farbenfrohen Samstagsmarkt, auf dem die *campesinos* (Kleinbauern) aus den Dörfern im Umland Waren kaufen und verkaufen. Ein kurzer Ausflug zum Santuario de Las Lajas ist attraktiv und die Panamericana von Pasto ist auch recht aufregend.

Schlafen & Essen

Es gibt kaum einen Grund, in Ipiales zu übernachten. Pasto ist bedeutend netter, und wer Las Lajas besuchen will, findet direkt an der Basilika anständige und preisgünstige Übernachtungsmöglichkeiten. Die Budgetrestaurants in Ipiales ballen sich um die Plaza de la Independencia. Landesübliches gibt es im Barrio El Charco zu essen, in dem fast ein Dutzend Stände Barbecue-Cuy anbieten. Sie werden flachgeklopft und über dem offenen Feuer an einem Drehspieß gebraten, der einem Hamsterrad ähnelt.

Hotel Belmonte HOTEL $

(☎773 2771; Carrera 4 No 12–111; EZ/DZ 12 000/19 000 COP) Lange Zeit das Backpacker-Hotel in Ipiales schlechthin, aber sonst gibt es eben auch nicht viel Auswahl. Alles ist ziemlich schlicht und wirkt etwas ärmlich, aber immerhin gibt es einen Elektro-Duschkopf und Kabel-TV.

Hotel Los Andes HOTEL $$
(☎773 4338; Carrera 5 No 14-44; EZ/DZ/3BZ 48 000/68 000/98 000 COP; @☎) Mit 33 Zimmern, die um einen Innenhof angeordnet sind, ist das Los Andes das größte Hotel der Stadt. Der laute Fernseher in der Lobby ist in allen Zimmern zu hören. Einige der Zimmer mit Blick auf die Straße – nicht unbedingt ein Pluspunkt.

ℹ Praktische Informationen

Banco de Bogota (Carrera 6 No 13–55) Geldautomat (für Visa und Cirrus/Maestro); am Hauptplatz.

Interactive.Net (Plaza la Pola; 1400 COP pro Std.; ⏲7–23 Uhr) Internet und Telefon; am Hauptplatz.

ℹ An- & Weiterreise

Bus

Ipiales hat einen neuen, großen Busbahnhof, etwa 1 km nordöstlich des Stadtzentrums. Stadtbusse fahren in die Innenstadt (900 COP), aber auch Taxis (3000 COP).

Busse verkehren regelmäßig nach Bogotá (100 000 COP, 25 Std.). Einige Betreiber fahren regelmäßig nach Cali (45 000 COP, 10 Std.). Alle diese Busse halten in Popayán (8 Std.). Auf diesen Strecke sollte man nie nachts reisen!

Viele Busse, Minibusse und *colectivos* fahren nach Pasto (6000–8000 COP, 1½–2 Std.). Alle haben ihren Startpunkt am Busbahnhof. Auf der rechten Seite ist die Aussicht besser.

Siehe Kasten unten für Informationen zur Einreise nach Ecuador.

Flugzeug

Der Flughafen liegt 7 km nordwestlich von Ipiales, an der Straße nach Cumbal, und wird am besten mit dem Taxi angefahren (10 000 COP). Satena fliegt nach Cali, dort gibt es Verbindungen in andere Städte.

Santuario de Las Lajas

2600 M

Auf einer steinernen Brücke über einer tiefen Schlucht nahe dem Dorf Las Lajas steht die neogotische Basilika Santuario de Las Lajas und bietet einen durchaus spektakulären Anblick. Sonntags wimmelt der Platz von Pilgern, Eiscreme-Verkäufern und Souvenirhändlern. Wochentags kommen dagegen kaum Besucher. Die Wallfahrer glauben, dass das Bild der Jungfrau Maria Mitte des 18. Jhs. auf einer riesigen Felswand, 45 m über dem Fluss, erschienen sein soll. Tafeln mit Danksagungen sind an den Felswänden der Schlucht angebracht, viele davon haben prominente kolumbianische Politiker anbringen lassen.

Die Kirche liegt genau gegenüber der Felswand, auf der das Bild erschienen sein soll. Ein goldverziertes Gemälde der Jungfrau mit den beiden Heiligen Dominikus und Franziskus wurde direkt auf den Fels gemalt, damit auch jeder Bescheid weiß. Die erste Kapelle wurde im Jahr 1803 erbaut; die heutige Kirche, entworfen von Lucindo Espinoza, einem Architekten aus Nariño, ist in den Jahren zwischen 1926 und 1944 errichtet worden.

Das Kirchenmuseum im Erdgeschoss des Gotteshauses (Eintritt 1500 COP; ⏲8.30–17 Uhr) zeigt Ausstellungsstücke aus der Entstehungsgeschichte der Kirche sowie präkolumbische und christlich-sakrale Kunstgegenstände.

REISEN NACH ECUADOR

Passformalitäten werden in Rumichaca erledigt, nicht in Ipiales oder Tulcán (auf der anderen Seite der Grenze). Die Grenze ist von 5–22 Uhr geöffnet.

Oft fahren *colectivos* die 2,5 km von Ipiales an die Grenze bei Rumichaca (1500 COP), ab dem Busbahnhof oder in der Marktgegend ab Ecke Calle 14 und Carrera 10. Minibusse (1400 COP) beginnen die Fahrt erst, wenn sie voll sind, etwa einen halben Block nördlich des Markts an der Calle 14. Wer die Grenze zu Fuß überquert, nimmt am besten ein *colectivo* nach Tulcán (6 km). Auf beiden Routen werden sowohl kolumbianische als auch ecuadorianische Währung akzeptiert.

Von Ipiales gibt es keine direkten Flüge nach Ecuador, aber von Tulcán aus fliegt Tame täglich nach Quito. Von der Grenze aus auf dem Weg nach Tulcán liegt der Flughafen nur 2 km von der Stadt entfernt.

Mehr Informationen über die Einreise von Kolumbien nach Ecuador findet sich im shop.lonelyplanet.com in einer englischsprachigen PDF-Datei des Kapitels „Northern Highlands" aus dem Lonely Planet *Ecuador & the Galapagos Islands*.

Schlafen & Essen

Casa Pastoral HOTEL $

(☎775 4463; EZ/DZ/3BZ/4BZ 12 000/18 000/36 000/48 000 COP) In diesem großen, aber anspruchslosen Hotel, das lange Zeit von Nonnen geführt worden war, sind Gläubige und Heiden heutzutage gleichermaßen willkommen. Einige Zimmer haben Blick auf die Kirche. Alle Räume verfügen zudem über ein eigenes Bad mit fließend Warmwasser. In der hauseigenen, weiträumigen Cafeteria werden einfache und preisgünstige Getränke und Gerichte serviert. Der Eingang befindet sich oberhalb der ersten Treppe links, auf dem Weg bergab in Richtung Kirche. Eine Reservierung wird empfohlen. Zwei weitere Hotels nebenan bieten einen ähnlichen Komfort.

Restaurante El Santuario KOLUMBIANISCH $

(Hauptgerichte 6000–7000 COP; ⏲So 6–15 Uhr) Über die Brücke hinüber, weg von der Kirche, geht es auf der Gegenseite entlang zu diesem kleinen Restaurant mit großartiger Aussicht. Serviert werden Frühstück, Mittagessen, Snacks und Kaffee. Von den Wasserfällen aus, ein Stück weiter dahinter, ist die Sicht auf die Kirche am besten.

Anreise & Unterwegs vor Ort

Die Basilika liegt 7 km südöstlich von Ipiales. Sammeltaxis und Kleinbusse fahren in Ipiales regelmäßig ab Ecke Carrera 6 und Calle 4 (2500 COP, 20 Min.) und ab dem Busbahnhof (2500 COP, 15 Min.). Wer alleine reisen will, muss für alle vier Plätze zahlen. Sonntags kommen Sammeltaxis von Pasto direkt hierher.

Pazifikküste

Inhalt

Schön übernachten

» Morromico (S. 286)
» El Almejal (S. 284)
» El Cantil (S. 287)

Beste Orte, um Wale zu beobachten

» Parque Nacional Natural (PNN) Ensenada de Utría (S. 285)
» Parque Nacional Natural (PNN) Isla Gorgona (S. 291)
» El Valle (S. 282)

Auf zur Pazifikküste!

Kaum ein anderes Reiseziel ist so wild und spektakulär wie die Pazifikküste Kolumbiens. Hier stürzt sich der Dschungel Hals über Kopf ins Meer. Wasserfälle ergießen sich von bewaldeten Steilklippen hinunter auf weite, graue Sandstrände, heiße Quellen verbergen sich im dichten Dschungel und winzige Dörfer klammern sich an die Ufer reißender Flüsse. Hier ziehen Wale und Delphine so nah am Strand vorbei, dass sie von der Hängematte aus beobachtet werden können, und riesige Wasserschildkröten kommen sogar noch näher. Es gibt eine Vielzahl umweltfreundlicher Öko-Ferienhotels in der Region, außerdem werden von vielen gastfreundlichen Gemeinden afro-kolumbianischer Nachkommen, die bescheiden von Fischfang und Landwirtschaft leben, Budgetunterkünfte angeboten.

Einerseits ist die Sicherheit heutzutage zum großen Teil gewährleistet, andererseits hat der große Touristen-Rummel noch nicht eingesetzt. Deshalb nichts wie hin!

Reisezeit

Buenaventura

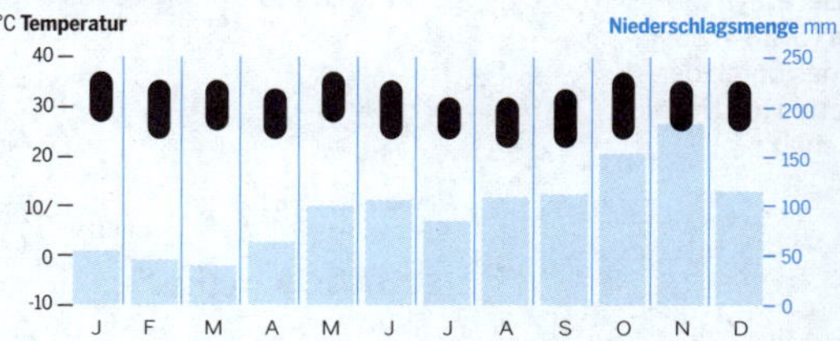

Jan.–März Ganz leichter Regen machen das Wandern und ähnliche Aktivitäten erst so richtig angenehm.

Juli-Okt. Buckelwale kommen von ihrer Tausende von Kilometer langen Reise aus der Antarktis zurück.

Sept.–Dez. Riesige Seeschildkröten drängen den Strand hinauf, um an ihrem Geburtsort Eier abzulegen.

Highlights

1 Sporttauchen mit Walen vor dem **Parque Nacional Natural (PNN) Isla Gorgona** (S. 291) oder Wale beobachten im **Parque Nacional Natural (PNN) Ensenada de Utría** (S. 285)

2 Bei **Ladrilleros** (S. 288) auf den 2-m-Wellen des Pazifiks surfen

3 Mit Hunderten Hammerhaien an der **Isla Malpelo** (S. 292), Kolumbiens vertracktestem Tauchgebiet, tauchen

4 Am schwarzen Sandstrand von **Guachalito** (S. 286) in tropischen Gärten verweilen

5 Sportfischen nach Blauem Marlin und Segelfisch bei **Bahía Solano** (S. 279)

6 In Einbaum-Kanus den Río Juribidá von **Jobí** (S. 286) flussaufwärts zu einsamen Wasserfällen fahren

7 In Thermalbecken tief im Dschungel bei **Jurubidá** (S. 286) entspannen

8 Bei **Playa Mecana** (S. 284) über Ziplines durch den unberührten Urwald rauschen

Staats-, Provinz- und Regionalparks

Der Parque Nacional Natural (PNN) Isla Gorgona (S. 291) und der Parque Nacional Natural (PNN) Isla Malpelo (S. 292) sind Meeresschutzgebiete mit phänomenalen Tauchspots. Im Parque Nacional Natural (PNN) Ensenada de Utría (S. 285) zwischen El Valle und Nuquí spielen Wale während der Saison in einer schmalen Bucht nur wenige hundert Meter vom Strand entfernt.

Gefahren & Ärgernisse

Die Sicherheit in der Region hat sich bedeutend verbessert, aber in abgelegenen Gebieten treiben Guerillagruppen immer noch ihr Unwesen, besonders um Tumaco und im nördlichen Chocó.

Zur Zeit der Recherche an diesem Buch war alles friedlich, doch sollten sich Reisende vor Antritt ihres Besuchs mit den aktuellsten Informationen versorgen.

Anreise & unterwegs vor Ort

Nur die Autostraße von Cali nach Buenaventura verbindet die Pazifikküste mit dem Rest des Landes. Besucher kommen meist mit Leichtflugzeugen von Cali oder Medellín. Informationen zu Flugverbindungen an die Pazifikküste gibt es auf S. 283. Zur Schiffsverbindung von Panama aus siehe S. 283.

Entlang der Pazifikküste gibt es keine Straße. Reisen ist hier nur mit dem Schiff möglich.

CHOCÓ

Chocó ist eine der regnerischsten Gegenden der Welt – im Durchschnitt 16–18 m pro Jahr. Das Klima beeinflusst die Region, die Menschen und ihre Kultur. Wenn die Sonne brennt, ist es zu heiß, um sich zu bewegen, und wenn es schüttet (fast jeden Tag), bleibt jeder lieber zu Hause, um nicht nass zu werden. Kein Wunder, dass man auch von der *hora chocoana* (Chocó-Zeit) spricht, denn hier geht fast alles im Schneckentempo vonstatten.

Die Region ist dünn besiedelt und noch immer von dichtem Urwald bedeckt. Vor 2001 ein beliebtes Urlaubsziel, sorgte der Bürgerkrieg anschließend für Chaos, und die Touristen blieben weg.

Seit die kolumbianische Armee vor Ort ist, hat sich vieles zum Guten verändert. Gelegentlich ist eine Patrouille am Strand zu sehen, aber ansonsten hält sich das Militär stark im Hintergrund. Zur Zeit der Recherche an diesem Buch waren alle großen Touristenziele sicher, aber es ist ratsam, sich vor einer Reise noch einmal genau über die aktuelle Lage zu informieren.

Bahía Solano

☎4 / 9200 EW.

Bahía Solano ist der größte Ort an der Küste von Chocó. Er ist bekannt für Weltklasse Tiefsee-Sportfischen und als Ausgangspunkt für Walbeobachtungen (s. S. 32). Bahía Solano liegt an der Mündung des Río Jella und erstreckt sich nördlich in Richtung Meer. Leider gibt es keinen Strand in oder nahe der Stadt.

Sehenswertes & Aktivitäten

Am Südende der Stadt fließt der **Quebrada Chocolatal**. Ein halbstündiger Spaziergang flussaufwärts führt zum **Cascada Chocolatal,** einem Wasserfall, der in ein eiskaltes natürliches Schwimmbecken stürzt. An beiden Ufern des Flusses türmt sich der Urwald voller Blumen und Vogelgezwitscher. An derselben Straße führt ein schmaler, überwachsener Pfad bergauf zu einem Schrein der Mutter Gottes. Von dort oben bietet sich eine atemberaubende Aussicht über Stadt und Strand.

Sporttauchen in der 150 m tiefen Bucht ist ein ganz besonderes Erlebnis. Das Kriegsschiff *Sebastián de Belalcázar,* das Pearl Harbor überstanden hat, wurde nahe der Playa Huína versenkt, um ein künstliches Riff (Buqué Hundido) zu erzeugen. Für Höhlentaucher sind die Höhlen bei Cabo Marzo ein begehrtes Ziel. Zwei Tauchanbieter sind in der Stadt zu finden: **Posada del Mar** (☎682 7415, 314 630 6723; rfajardo@bis.com.co) hat viel Erfahrung und bietet Kombi-Angebote für Tauchen und Unterkunft; **Cabo Marzo** (☎314 861 8742; blackmarlin19@hotmail.com) an der Flussbrücke ist teurer, verfügt aber über eine bessere Ausrüstung. Die Preise liegen bei 185 000–220 000 COP für zwei Tauchgänge. Kolumbiens Pazifikküste gehört zu den seltenen Gegenden Südamerikas, wo noch Blaue Marlin und Segelfische eingeholt werden können. Für vier bis fünf Angler belaufen sich die Kosten auf etwa 1 600 000 COP pro Tag. Als Skipper ist **Vicente Gonzalez** (☎311 302 3513) zu empfehlen.

Schlafen & Essen

Alle Hotels der Innenstadt liegen am Wasser im Barrio El Carmen. Eine billige Mahlzeit gibt es in den Buden nahe dem Krankenhaus, die gebackenen Fisch und *patacones* (Bananenchips) anbieten.

Rocas de Cabo Marzo HOTEL $$$
(☎682 7525; Zi. pro Pers. Vollpension 110 000 COP; @) Der sehr zuvorkommende Eigentümer dieses komfortablen kleinen Hotels, der dazu noch Englisch spricht, organisiert Sportfischen und führt Besucher durch die Gegend. Das Essen ist ausgezeichnet.

Posada del Mar GASTHAUS $$
(☎682 7415, 314 630 6723; posadadelmarbahia solano@yahoo.es; Zi. pro Pers. 35 000 COP;) Die beste Budgetunterkunft der Stadt besteht aus bunten Holzbungalows in einem attraktiven Garten.

Hotel Balboa Plaza HOTEL $$
(☎682 7075; Carrera 2A No 6–73; EZ/DZ/Suite 66 000/110 000/275 000 COP;) Das von Pablo Escobar erbaute Balboa ist immer noch das größte Hotel der Stadt. Der Lack ist ein wenig angekratzt, aber die Zimmer sind geräumig und der Swimmingpool ist groß.

Hotel Bahía HOTEL $
(☎682 7048; EZ/DZ 30 000/40 000 COP;) Die einfachen Zimmer mit Satelliten-TV eignen sich gut für Regentage. Für weitere 10 000 COP gibt es eine Klimaanlage.

Cabalonga Restaurant KOLUMBIANISCH $$
(Ecke Carrera 3 & Calle 3; Hauptgerichte 16 000–20 000 COP Eines der wenigen echten Restaurants der Stadt serviert eine seltsame Mischung aus Gourmet- Gerichten und Fastfood im Freien. Am Wochenende wird eine Bar daraus.

Shoppen

Das breite Angebot an guter *artesanías* (Kunsthandwerk) zu Billigpreisen wird zum Teil von Ureinwohnern hergestellt. Interessant sind die Schnitzereien aus *tagua,* einem harten Palmenharz, das auch „Pflanzenelfenbein" genannt wird. Zwei gute *artesanía*-Läden sind am Flughafen und zwei weitere in der Stadt.

Praktische Informationen

Die Stadt hat keine Touristeninformation. Das Magazin *La Guía de Bahía* bietet eine Straßenkarte, Informationen und die Gezeitentabelle.

Geld

Banco Agrario de Colombia (☎682 7522; ⏲Mo–Fr 8–14 Uhr) Einzige Bank der Stadt mit dem einzigen Geldautomaten an der Küste von Chocó. Leider unzuverlässig, denn manchmal ist er leer.

Super Giros (☎682 7044) Nimmt telegrafische Inlandsüberweisungen entgegen; gegenüber dem Krankenhaus.

Internetzugang

Bahia.com (pro Std. 2400 COP; ⏲7–21 Uhr) Schnellstes Internet der Stadt; gegenüber dem Krankenhaus.

Medizinische Versorgung

Drogas Bahía (☎682 7064) Apotheke mit dem Notwendigsten; gegenüber dem Hotel Bahía.

Hospital Julio Figueroa Villa (☎Notruf 112, 682 7884)

Notfall

Polizei (☎112) Am Ufer.

Reiseformalitäten

Capitanía de Puerto (☎682 7064) Registrierung beim Hafenmeister bei Ankunft mit dem eigenen Boot; am Hafen gelegen.

Ministerio de Relaciones Exteriores (☎682 6984, 314 470 8229; www.cancilleria.gov.co; ⏲Mo–Fr 8–12 & 14–18, Sa 8–12 Uhr) Stempelt Pässe ab; im Barrio El Carmen.

Post

Servientrega (☎682 7835) Gegenüber der Banco Agrario.

An- & Weiterreise

Flugzeug

Der Aeropuerto José Celestino Mutis – sein Spitzname ist „Sal Si Puedes" (nichts wie weg) – wird von Satena, Aexpa und ADA bedient. Flugzeuge können wegen des Regens manchmal nicht starten, deshalb sollten internationale Anschlussflüge nicht für denselben Tag wie die Abreise von Bahía Solano gebucht werden.

Ein Moto-Taxi zum/vom Flughafen kostet etwa 10 000 COP.

Schiff

Schiffsreisen nach Buenaventura können auf den vielen Frachtschiffen gebucht werden, die Waren anliefern. Die Fahrt dauert 24 Stunden, Schiffe laufen meist nachmittags aus (beide Richtungen), je nach Gezeiten. Empfehlenswert ist die **Renacer El Pacífico** (☎2 242 4785; Muelle El Piñal, Buenaventura). Sie verlangt 120 000 COP für ein *camarote* (Etagenbett) in einer Kabine mit Klimaanlage. Das Schiff fährt nicht regelmäßig, Vorausplanung ist also erforderlich.

Mindestens ein Schiff pro Woche fährt nach Jaqué (6–8 Std.) in Panama. Für die Fahrt werden etwa 100 US$ pro Person berechnet. **„Profesor" Justino** (☎313 789 0635) und **Walter**

Gonzalez (☎312 816 4906) sind zwei Kapitäne, die die Überfahrt regelmäßig unternehmen.

Vor der Ausreise muss der Pass im Ministerio de Relaciones Exteriores in Bahía Solano abgestempelt werden. Für die Einreise in Panama sind eine Gelbfieberimpfung und genügend Bargeld für eine Weiterreise (mindestens 500 US$) nachzuweisen. Nach Erhalt des panamaischen Einreisestempels in Jaqué können Flüge für 85 US$ nach Panama City gebucht werden. Einmal pro Woche fährt auch ein Schiff für 15 US$.

Straße

Von und nach El Valle fahren *chivas* und Jeeps gegenüber der Schule ab. Sie starten sobald sie voll sind, meist am späten Vormittag (5000–10 000 COP, 1 Std.). Express Moto-Taxis kosten etwa 40 000 COP.

Rund um Bahía Solano

PUNTA HUÍNA

Eine 20-minütige Bootsfahrt bringt Besucher zu diesem hübschen Strand mit einer Mischung aus goldenem und schwarzem Sand. Er ist gesäumt von Kokospalmen und einigen bescheidenen Ferienhotels. Hier lebt eine kleine Gemeinde von Ureinwohnern mit Nachkommen afrikanischer Sklaven. Mobiltelefon hat hier kein Signal, aber ein kleines **Compartel-**Büro (☎8 522 4621) bietet Telefondienste über Satellit an.

Nahebei führen einige kürzere Wege durch den Urwald, z. B. zur **Playa de los Deseos, Cascada El Tigre** und **Playa Cocalito**.

Öffentliche Verkehrsmittel gibt es hier nicht, aber alle aufgeführten Hotels bieten Transportmöglichkeiten an. Gegen Mittag fahren auch viele Einheimische von der Werft ab, die für 10 000 COP gern Passagiere mitnehmen. Im Expressboot reisen kostet (100 000 COP). Von Bahía Solano aus kann man den Strand auch zu Fuß erreichen (4 Std.), wobei ein Führer (50 000 COP) empfohlen wird.

Schlafen

Los Guásimos HAUSVERMIETUNG $

(☎312 833 0760; Zi. pro Pers. 25 000 COP) Dieses vor kurzem erbaute Haus ist wohl der beste Deal der ganzen Pazifikküste. Es steht allein auf einem Hügel jenseits des Flusses am Ende des Strands und fasst bis zu 10 Personen. Gruppen ab sechs bekommen das ganze Haus für sich. Die Aussicht von der großen Terrasse mit Barbecue-Ecke ist herrlich. Gäste, die ihr eigenes Essen mitbringen, können sich vom Eigentümer Pambelé einen Koch vermitteln lassen (25 000 COP pro Tag). Pambelé vermietet auch Zeltplätze hinter seiner Bar am Fluss und organisiert preisgünstige Tauchausflüge.

> **GEGEN DEN BÖSEN BLICK**
>
> *Cabalonga*, eine im Chocó wachsende Nussart, wird von vielen Kindern als Halskette getragen, um den *mal de ojo* (bösen Blick) abzuwenden, den einige alte Frauen haben sollen.

Choibana STRANDHAUS $$$

(☎310 878 1214; www.choibana.com; Zi. pro Pers. mit Vollpension 120 000 COP) An einem Privatstrand vor dichtem Urwald liegt dieses wunderbare Strandhaus aus Holz. Das schönste Zimmer ist in der romantischen Hütte, die abseits vom Haupthaus auf Stelzen über einem Felsvorsprung thront – die Aussicht von dort ist phänomenal.

Cabañas Brisas Del Mar HOTEL $$

(☎313 649 2041; Zi. pro Pers. mit Vollpension 70 000 COP) Dieses Budgethotel vermietet fünf Zimmer, deren Zwischenwände 1 m unter der Decke enden (eingeschränkte Privatssphäre, was Schnarchen und andere hörbare Aktivitäten betrifft). Vom Balkon im oberen Stock aus sind die Aussichten über das Meer wunderschön. Der Eigentümer organisiert Fahrten mit seinem Boot.

Playa de Oro Lodge HOTEL $$$

(☎in Medellín 4361 7809; www.hotelesdecostaa costa.com; Zi. pro Pers. mit Vollpension 130 000 COP) Dieses Familien-Urlaubshotel liegt direkt am Strand und um einen kleinen Garten mit Spielplatz herum. Vor jedem Zimmer befindet sich ein kleiner Holzbalkon mit Hängematte. Im 2. Stock bieten die Zimmer Meeresblick. Die Aussicht von der großen Bar ist ebenfalls berauschend und lädt zu einem Abendtrunk ein.

PLAYA MECANA

Eine 25-minütige Bootsfahrt von Bahia Solano führt zur **Playa Mecana,** einem 5 km langen Strand mit Kokosnusspalmen. Das Ziel ist auch zu Fuß zu erreichen – allerdings nur bei oder vor der Ebbe (*mareada baja*). Je Richtung dauert es 1 ½ Stunden.

Hier wartet der gemeinnützige **Jardín Botánico del Pacífico** (☎321 759 9012; www.jardinbotanicodelpacifico.org; Eintritt 10 000

COP), ein 200 ha großes Naturschutzgebiet entlang des Río Mecana, mit Mangroven, unberührtem Tropenwald und einem botanischen Garten voll einheimischer Pflanzen und Bäume, auf Besucher. Angehörige des dortigen Ureinwohnerstammes Emberá bieten fantastische Wanderungen oder Bootsfahrten flussaufwärts in ihr Heimatgebiet an. Viele Baumkronen-Ziplines ermöglichen exzellente Vogelbeobachtungen. Am Strand gibt es elegante Übernachtungsmöglichkeiten (150 000 COP pro Pers. einschließlich Transport und Mahlzeiten).

Zur Zeit der Recherche wurde gerade eine Backpacker-Lodge geplant.

El Valle

☎4 / 3500 EW.

Auf der Südseite der Halbinsel von Bahía Solano liegt der kleinere Nachbarort El Valle. Am Westrand der Stadt befindet sich die Playa Almejal mit guten Surfbedingungen und einem schönen Urlaubshotel. El Valle ist ein günstiger Ausgangspunkt für den Besuch von Ensenada de Utría. Dort bei Estación Septiembre lassen sich gut Schildkröten beim Eierlegen (September bis Dezember) und Wale vor der Küste (jahreszeitlich) beobachten.

Sehenswertes & Aktivitäten

Estación Septiembre WILDSCHUTZGEBIET

(☎ 3115 356 504; Kolumbianer/Ausländer 8000/10 000 COP) An der Playa Cuevita, 4,8 km südlich von El Valle an der Küste entlang, befindet sich das Schildkröten-Schutzgebiet Estación Septiembre (auch Forschungsstation). Von Juni bis Dezember kommen Seeschildkröten zur Eiablage her. Wer sie beobachten möchte, macht sich am besten nachts auf den Weg. Das Schutzprogramm wird von dort Ansässigen geleitet. Diese freuen sich über Besucher, die zur Finanzierung des Projekts einfach notwendig sind. Zur Übernachtung werden Hütten (pro Pers. 40 000 COP) angeboten.

Zu Fuß geht es von El Valle (2 Std.) entweder über einen Buschpfad oder am Strand entlang. Auf der Strandroute gilt es, einige hüfthohe Flüsse zu durchqueren, auf der Buschroute sollte ein Führer dabei sein. Die Verantwortlichen vom Schutzgebiet organisieren auch Nachttouren zur Schildkrötenbeobachtung ab El Valle.

Cascade del Tigre WASSERFALL

Eine zweistündige Wanderung von El Valle aus nordwärts durch den Urwald und am Strand entlang führt zum Cascade del Tigre, einem beeindruckenden Wasserfall mit Naturbecken zum Schwimmen. Führer verlangen etwa 30 000 COP pro Person für den Tagesausflug.

Schlafen & Essen

LP TIPP **El Almejal** HOTEL $$$

(☎in Medellín 4230 6060; www.almejal.com.co; cabañas pro Pers. 170 000 COP) Das luxuriöseste Ferienhotel an der Bahía Solano hat auch das interessanteste Bungalow-Design: Die Wände der Lounge sind vollkommen offen, damit Luft durchziehen kann. Ein leise plätschernder Bach ergießt sich in ein künstlich angelegtes Naturbecken hinter den Bungalows. Die Betonstufen hinter dem Hotel führen zu einem Aussichtspunkt am Berg, von wo aus während der Saison Wale vor der Küste beobachtet werden können.

Humpback Turtle HOSTEL $$

(☎312 756 3439; thehumpbackturtle@gmail.com; camping 10 000 COP, B/EZ/DZ 20 000/35 000/60 000 COP) Eines der am weitesten abgelegenen Hostels in Kolumbien erhebt sich hier am Ende der Playa Almejal direkt am Strand neben einem hohen Wasserfall. Das trendige Unterkunft bietet eine reetgedeckte Bar und Küchenmitbenutzung. Die Manager vermieten Surfboards und organisieren mehrtägige Surftouren in der Gegend.

Hotel Valle HOTEL $

(☎682 7907; hotelvalle@gmail.com; Zi. mit/ohne Bad 30 000/20 000 COP, Apt. 40 000 COP) Das informelle Budgethotel ist die beste Option in der Stadt. Die kleineren Zimmer teilen sich einen Duschblock innen, und oben ist eine luftige Terrasse mit Hängematten.

Rosa del Mar KOLUMBIANISCH $

(Hauptgerichte 8000–10 000 COP) An der Straße vor der Kirche kocht Doña Rosalia das beste Essen der Stadt. In ihrem Wohnzimmer serviert sie frische Fische und Meeresfrüchte bei lauter TV-Beschallung.

Ausgehen

El Mirador BAR

(🕐Fr & Sa) Etwa 200 m hinter dem El Almejal am Hauptstrand thront auf einem Felsvorsprung das El Mirador, eine der spektakulärsten Bars in Kolumbien. Bei lauter

Reggaeton-Musik, die gegen die Brandung anspielt, sitzen die Gäste an provisorischen Tischchen und trinken ihren Rum.

Praktische Informationen

Auskünfte über die Geschäfte in El Valle sind über die **Tío Tigre Asociación** (☎682 7907) zu bekommen. Sie hilft auch mit Informationen über die Region und organisiert Touren. Das Büro befindet sich vor der Brücke nach Playa Almejal. Ein paar private Internet-Anbieter in der Stadt berechnen 2400 COP pro Stunde.

Hospital El Valle (⌚24 Std.) Ein Arzt und eine Krankenschwester arbeiten in dieser rudimentären Einrichtung.

Polizei (☎682 7952)

Servientrega (☎682 7835) Teure Postdienstleistung.

Supergiros (☎682 7960; ⌚8–12 & 14–20 Uhr) Nimmt Inlandsüberweisungen entgegen.

An- & Weiterreise

Die meisten *chivas* und Jeeps nach Bahía Solano (5000–10 000 COP, 1 Std.) fahren morgens los, meist um 7 und 8 Uhr – gelegentlich auch um 16 Uhr.

Schiffe starten Montagnachmittag nach Nuquí (60 000 COP, 1½ Std.). Die Abfahrt hängt von den Gezeiten ab.

Parque Nacional Natural (PNN) Ensenada de Utría

An diesem schmalen Meeresarm lassen sich Wale vom Land aus am besten beobachten. In der Zeit des Kalbens schwimmen sie in den *ensenada* (Meeresarm) und spielen nur wenige Meter vom Strand entfernt. Das **Centro de Visitantes Jaibaná** (Kolumbianer/Ausländer 13 000/35 000 COP) an der Ostseite der *ensenada* war aufgrund von Sicherheitsproblemen lange gesperrt. Nun ist es wieder eröffnet mit renovierten Bungalows für bis zu 30 Personen. Ein paar kurze Wege führen durch die Mangrovenwälder, und nachts gibt es oft Leuchtpilze zu sehen.

Mano Cambiada in Nuquí hat die Konzession für den Park und managt die **Bungalows** (Zi. pro Pers. mit/ohne Bad 150 000/120 000 COP mit Vollpension). Bei Vorausbuchung werden Tauchtouren in und um den Park organisiert.

Der öffentliche Schiffsverkehr von Nuquí nach El Valle/Bahía Solano bringt Passagiere für 60 000 COP zum Park. Der private Transfer für eine Gruppe kostet etwa 300 000 COP ab Nuquí oder El Valle.

Der Park organisiert einen Führer (50 000 COP, 4 Std.) für eine Wanderung von El Valle nach Lachunga an der Mündung des Río Tundo im Nordwesten der *ensenada*. Wanderer können sich dort mit dem Boot abholen (10 000 COP pro Pers.) und zum Besucherzentrum zurückbringen lassen.

Nuquí

☎4 / 8000 EW.

Weiter südlich entlang der Küste liegt der Ort Nuquí. Der Strand dort ist vollkommen sauber von Treibgut und Treibholz, und am abgeschiedenen Strand von Guachalito stehen einige der schönsten Ferienhotels der gesamten Küste. Weiter oberhalb an den Flüssen leben verschiedene Ureinwohnergemeinden.

Die Straßen der Stadt sind halb mit Beton und halb mit Kies bedeckt, Autoverkehr gibt es hier aber nicht. Auch wenn die Stadt nicht gerade schön ist, so eignet sie sich als praktischer Ausgangspunkt für Erkundungsausflüge in die Gegend. Es gibt keine Bank und keine Geldautomaten.

Der riesige Strand **Playa Olímpica** (5 km lang), beginnt südlich der Mündung des Río Nuquí und erstreckt sich am Meer so weit das Auge reicht. Ein Einheimischer, Señor Pastrana, paddelt Gäste gerne in seinem Einbaum über den Fluss (5000 COP). Er wohnt einen Block vom Fluss entfernt, südwärts an der großen Strandstraße entlang, nach der Kirche.

Transporte Ecce Homo hat ein Büro im Park und bietet Touren nach Playa Olímpica und weiter den Río Nuquí aufwärts in den Urwald an (10 000–30 000 COP pro Pers.), auch nach Guachalito, bis zum Cascada de Amor und nach Las Termales (50 000 COP pro Pers.) sowie nach Morromico, Jurbidá und Utría (55 000 COP pro Pers.). Die Preise ändern sich je nach Gruppengröße und Benzinkosten.

Schlafen & Essen

Die meisten Hotels befinden sich am Nordende der Stadt in Strandnähe. Daneben gibt es auch ein paar einfache Posadas.

Donde Jesusita GASTHAUS $
(☎683 6489; Zi. pro Pers. 30 000 COP) Die einfache Pension in der Nähe des Docks wird von der Urmutter aller Pensionswirtinnen in Nuquí geführt. Ihr Alter macht sich schon ein wenig bemerkbar, aber sie ist äußerst warmherzig und urig. Die besser durchlüf-

teten Zimmer sind oben und bieten eine schöne Aussicht.

Hotel Nuquí Mar HOTEL $$
(☎311 306 2852; nuquimar@hotmail.com; Zi. pro Pers. 45 000 COP, Suite 150 000 COP) Direkt am Strand, neben dem Militärstützpunkt, gelegen bietet dieses neue Hotel angenehme Zimmer mit Holzverkleidung, Fliegengitter an den Fenstern und sauber gekachelte Bäder. Die Suite unter dem Dach hat einen großen eigenen Balkon.

Vientos de Yubarta HOTEL $$
(☎312 217 8080; ameli_06@hotmail.com; Zi. pro Pers. einschl. 2 Mahlzeiten 85 000 COP) Das attraktive Hotel 1 km nördlich der Stadt am Strand hat Zimmer aus Bambus und Holz mit guten Federkernmatratzen.

Hotels in Nuquí bieten Essen nur für Gruppen an. Dafür kochen aber ein paar Frauen aus der Bevölkerung für Touristen bei sich zu Hause. Die beste ist **Doña Pola** (☎683 6254; Barrio La Union; Mahlzeiten 8000 COP), in einer Nebenstraße zwischen dem Krankenhaus und dem Militärstützpunkt. Am Flughafen verkaufen Frauen aus der Gegend *mecocadas* (1000 COP), eine Süßigkeit aus Kokosnuss und Guavapaste.

Shoppen

Artesanías Margot KUNSTHANDWERK
(☎683 6058) Der kleine *artesanías*-Laden neben dem Flughafen hat eine schöne Auswahl an Holzschnitzereien und ähnlichen Dingen, sogar echte Blasrohre.

Praktische Informationen

Ciber Alfredo (☎314 611 1520; pro Std. 3000 COP) Einziger Internetzugang der Stadt.

Droguería Nuquí (☎683 6105) Einfache Apotheke.

Hospital San Pedro Claver (☎683 6003)

Mano Cambiada (☎683 6550, 311 872 7887; www.manocambiada.org) Touristeninformation gegenüber des Flughafens.

Polizei (☎112) Am Hafen.

Super Giros (☎683 6067) Nimmt Inlandsüberweisungen entgegen.

An- & Weiterreise

Aeropuerto Reyes Murillo (☎683 6001) wird von **Satena** (☎683 6057, 311 876 8957; nuqui@satena.com) und ADA angeflogen, mit Verbindungen nach Medellín und Quibdó. **Aexpa** (☎1800 011 6288; www.aexpa.com.co) fliegt mehrmals die Woche nach Quibdó und Buenaventura.

Transporte Maritimo (☎314 764 9308) bietet montags Schiffsverbindungen nach El Valle (60 000 COP, 1½ Std.) und freitags nach Bahía Solano (70 000 COP, 2 Std.) an. Die Schiffe starten meist morgens.

Mehrere Frachter fahren von Buenaventura aus Nuquí an. Die empfehlenswerte *Nuquí Mar* startet wöchentlich von Nuquí –ihr Eigentümer heißt **Gigo** (☎312 747 8374). Die Fahrt dauert 16 Stunden und kostet 100 000 COP einschließlich Mahlzeiten. In Buenaventura fährt die *Nuquí Mar* von der **Muelle Pizarro** (☎243 4851) in El Piñal ab.

Rund um Nuquí

JURUBIDÁ

Die farbenfrohe Gemeinschaft bunter Häuser, 45 Bootsminuten von Nuquí entfernt, verzeichnet trotz ihrer Attraktivität nur wenige Besucher. Die Bucht, an der das Dorf liegt, wird dominiert vom Archipelago de Jurubidá – Dutzende spektakulärer, waldbedeckter Felsformationen. Bei Ebbe kann man zu einer Reihe natürlicher Becken hinausspazieren, die sich im Fels gebildet haben.

Grupo Los Termales (☎313 709 8707; frente Centro de Salud), Die Kooperative organisiert Führer zu den Termales de Jurbidá (5000 COP pro Pers.), ein paar von dichtem Urwald umgebenen Thermalbecken. Der Weg dorthin umfasst eine kurze Kanufahrt und einen schönen Spaziergang entlang eines kristallklaren Flusses. Gebeten werden außerdem Kanufahrten durch die Mangroven (15 000 COP pro Pers.) und Bootsfahrten zu den Dörfern der Ureinwohner wenige Stunden flussaufwärts (100 000–150 000 COP).

Das **Restaurante Artesenal Jessica** (☎311 753 4110; Zi. pro Pers. 12 000 COP) bietet einfache Unterkünfte und eine kühle Veranda. Der Eigentümer stellt interessante kunsthandwerkliche Artefakte her.

Fahrmöglichkeiten nach/von Nuquí (15 000 COP, 45 Min.) gibt es für gewöhnlich am Montag, Mittwoch und Freitag. Für etwa 150 000 COP können auch Boote gemietet werden.

MORROMICO

Das an einem wunderschönen, von bewaldeten Landzungen eingefassten Privatstrand gelegene kleine Öko-Ferienhotel **Morromico** (☎8521 4172, 8522 4653; www.morromico.com; Zi. pro Pers. 180 000 COP) ist

ABSTECHER

COQUÍ & JOBÍ

Diese beiden netten Gemeinden, 25 Minuten mit dem Boot von Nuquí entfernt, haben ihre eigenen Tourismusorganisationen. In Jobí organisiert **Grupo de Guias Pichinde** (☎310 824 4269, 312 250 4159) Touren mit Einbaumkanus den Río Jobí hinauf zu den Wasserfällen von Chontadura und Antaral. Chontadura liegt näher, aber Antaral führt mehr Wasser und hat ein größeres Becken zum Schwimmen. Nach Vereinbarung können die Teilnehmer auch die am Fluss gelegenen Dörfer der Ureinwohner besuchen. In Coquí arrangiert die Grupo de Guias Bootsfahrten durch die Mangroven.

Einfache Posadas in beiden Gemeinden bieten Unterkünfte für 20 000–30 000 COP pro Person.

10 Bootsminuten von Jurubidá entfernt. Der üppige, von Urwald umstandene Garten befindet sich zwischen zwei Wasserfällen, in deren kristallklarem Bergwasser die Gäste baden können. In den stilvollen, halboffenen Räumen sind die Laute des Dschungels zu hören. Strom wird durch ein kleines Wasserkraftwerk generiert. Der charismatische Eigentümer organisiert Bootstouren und ziemlich anstrengende Wanderungen durch die Berge zu Dörfern der Ureinwohner. Der Preis umfasst Vollpension. Reservierung absolut notwendig.

GUACHALITO

Eine halbe Bootsstunde westlich von Nuquí liegt der Guachalito, ein langer, makellos sauberer Sandstrand. Überall blühen Orchideen und Helikonien, der Urwald wuchert in den Strand hinein, tellergroße Pilze wachsen an den Bäumen, und Kokosnusspalmen wiegen sich im silbrigen Sand.

Am Ostende des Strands wohnt die Familie Gonzalez. Über die 8 km lange Sandfläche, die bis nach Las Termales reicht, verteilen sich aber noch weitere Unterkünfte. Die beiden Halbinseln, El Terquito und El Terco, können bei einem Strandspaziergang als Orientierungspunkte dienen. Die ganze Länge des Strands ist begehbar (1½ Std.).

Etwa 1 km (20 Min.) zu Fuß von der Gonzalez-Niederlassung stoßen Spaziergänger 200 m landeinwärts auf die **Cascada de Amor** – ein 2 m tiefes Naturbecken, in das sich ein hübscher Wasserfall ergießt. Weitere 15 Minuten bergauf gibt es einen noch größerer und schönerer Wasserfall zu entdecken.

Schlafen

Guachalito umfasste ursprünglich nur die Häuser der Familie Gonzalez ganz am Ostende des Strands. Vier Generationen leben hier, und ihre fünf Posadas – von den verschiedenen Geschwistern geführt – bieten alle einen ähnlichen Komfort zum Preis von 100 000–160 000 COP pro Person mit Vollpension.

La Joviseña (☎314 683 8856) ist am luxuriösesten, mit vier Einzelbungalows in einem großen Garten. Bei **Mar y Río** (☎314 656 9688, 311 3436 448) wohnen Gäste mit der Familie zusammen und essen am selben Tisch. **Luna de Miel** (☎314 431 2125, 311 602 3742; clunademiel@hotmail.com) bietet zwei einfach eingerichtete Zimmer und einen netten Balkon mit großartiger Aussicht. Im **Peñas de Guachalito** (☎313 7743 552) sind die Wände aus Beton, doch der tropische Garten steht voll Kokosnusspalmen.

Westlich der Guachalitos gibt es einige Öko- und Ferienhotels. Die meisten von ihenen bieten Kombi-Angebotean, die den Transport vom Flughafen, Unterkunft und Vollpension enthalten.

El Cantil HOTEL $$$
(☎in Medellín 252 0707, 352 0729; www.elcantil.com; EZ/DZ/3BZ Vollpension 277 000/454 000/561 000 COP) Das luxuriöseste Hotel hier am Strand hat sechs Doppelbungalows und liegt inmitten von Papayabäumen und Kokosnusspalmen. Ein kleines Wasserkraftwerk generiert Strom für Restaurant und Bar; die Bungalows werden mit Kerzen beleuchtet. Das Restaurant (berühmt für gute Küche) liegt ein paar Schritte bergauf am Hügel; von hier aus lassen sich gut Wale beobachten. Tauchexpeditionen können arrangiert werden. Surfing-Guides zeigen die besten Plätze.

La Cabaña de Beto y Marta HOTEL $$$
(☎311 775 9912; Zi. pro Pers. Vollpension 200 000 COP) Das hübsche Hotel, das zwei *paisas* (Einwohner von Antioquia Panamericana) gehört, verfügt über vier abgeschiedene Bungalows mit Hängematten und Stühlen auf den Terrassen, von denen die Gäste den Sonnenuntergang beobachten können. Das Ganze ist umgeben von einem spektakulä-

ren Garten mit vielen Früchten. Zu finden ist das Hotel hinter der Cascada de Amor.

Pijibá Lodge HOTEL $$$
(☎in Medellín 474 5221; www.pijibalodge.com; EZ/DZ/3BZ Vollpension 248 000/473 000/612 000 COP) Die drei Doppelbungalows von Pijibá wurden aus natürlichen Baustoffen hergestellt und lassen viel frische Luft herein. Das Essen soll hervorragend sein.

Piedra Piedra HOTEL $$$
(☎315 596 3386; www.piedrapiedra.com; EZ/DZ/3BZ Vollpension 200 000/360 000/510 000 COP) Das auf einem Hügel stehende Haus fühlt sich privater an als die anderen Ferienhotels. Ein Süßwasser-Pool auf einem Felsvorsprung ermöglicht einen Blick auf El Terco.

TERMALES

Das kleine Dorf Termales bietet einen breiten Strand aus grauem Sand und ein paar Übernachtungsmöglichkeiten für Leute, die etwas Lokalkolorit wollen. Ein Kiesweg führt 500 m landeinwärts von der Dorfstraße nach **Las Termales** (Eintritt 5000 COP), einigen Thermalbecken an einem plätschernden Flüsschen. Zur Zeit der Recherche war die Gemeinde gerade dabei, Betonhütten und ein Restaurant zu errichten. Sind sie erst einmal da, zerstören sie sicher viel von der Atmosphäre.

Das **Refugio Salomon** (☎313 756 7970; Zi. pro Pers. einschl. Mahlzeiten 70 000 COP) bietet einfache Zimmer mit Bad. Dazu wird leckere Hausmannskost serviert.

In Termales gibt es kein Telefonsignal, aber eines der Geschäfte hat eine Antenne eingerichtet, über die Anrufe getätigt werden können.

An- & Weiterreise

Das Schnellboot (22 000 COP, 45 Min.) von Nuquí nach Arusí westlich von Termales setzt Passagiere überall auf dem Weg ab. Es startet in Arusí Montag-, Mittwoch- und Freitagmorgens und kommt gegen 13 Uhr zurück. Ein langsameres Schiff (18 000 COP, 1 Std.) fährt am Dienstag, Donnerstag und Samstag.

SÜDKÜSTE

Buenaventura

☎2 / 327 000 EW.

Die größte (und einzige) Stadt an dieser Küste, ist gleichzeitig Kolumbiens betriebsamster Hafen. Mehr als 60% der legalen Exporte des Landes gehen über diese Docks – und ein Großteil der illegalen ebenfalls. Die Stadt besteht aus zwei Teilen. Die größten Docks und die Innenstadt liegen auf einer Insel in der Bucht, während sich die Slums im Osten auf dem Festland ausbreiten. Eine Brücke verbindet die beiden Gebiete.

Der einzige Grund, die Stadt aufzusuchen, ist der Transport. Ein Großteil des touristischen Verkehrs spielt sich über die *muelle turístico* (Touristenwerft) ab. Dieser Teil der Stadt ist relativ sicher und hier lassen sich zahlreiche Restaurants und Hotels finden. Frachter fahren von El Piñal, direkt unter der Brücke ab.

Schlafen & Essen

In der Nachbarschaft der *muelle turístico* gibt es mehrere komfortable Hotels, einige sogar mit Blick aufs Meer.

Buenaventuras Markt, *la galería,* ist für seine Lebensmittel berühmt. Ein Dutzend Stände gruppieren sich um das Obergeschoss des Markts. Sie gehören zum großen Teil *costeñas,* Großmüttern, die wie ihre Vorfahren seit Jahrhunderten *sancocho de pescado* (Fisch in Kokosnussmilch) zubereiten. Der Markt ist ein geschäftiges, überfülltes Durcheinander von Metzgern, Fisch- und Gemüsehändlern sowie Verkäufern von *pescado ahumado* (Räucherfisch). Wie üblich gibt es auch eine Menge Taschendiebe, also Vorsicht! Eine Taxifahrt von der Touristenwerft zu *la galería* in Pueblo Nuevo kostet etwa 3000 COP.

Hotel Titanic HOTEL $$
(☎241 2046; Calle 1A No 2A–55; Zi./3BZ/Suite 57 000/73 000/96 000 COP; ❄@) Einen Block vom Eingang zur Touristenwerft entfernt steht dieses 5-Sterne-Hotel. Alle Zimmer sind mit Kabel-TV, Klimaanlage und Ethernet-Anschlüssen ausgestattet. Die Dachterrassenbar mit Restaurant bietet einen weiten Blick über das Meer. Viele Zimmer sind fensterlos; Suiten beherbergen bis zu fünf Personen.

Hotel Tequendama Estación HOTEL $$$
(☎243 4070; www.sht.com.co; Calle 2 No 1A–08; EZ/DZ 303 300/341 200 COP, Suite 374 000 COP; @📶🏊) Das beste Hotel der Stadt erinnert an frühere Zeiten. In den 1920er-Jahren erbaut und seither renoviert, bietet diese neoklassizistische Adresse De-luxe-Zimmer mit Verandas. Der Pool (9–18 Uhr) ist für 18 000 COP auch öffentlich zugänglich.

Praktische Informationen

Banco de Bogota (Calle 2 No 2A–40) Einen Block von der Touristenwerft entfernt.

Ciber P@cífico (pro Std. 2000 COP; ⌚Mo–Sa 8–20.30, So 13–20 Uhr) Internet und Telefon, direkt vor der Touristenwerft.

An- & Weiterreise

Busse verkehren regelmäßig zwischen Cali und Buenaventura (18 000 COP, 3–4 Std.). Am besten ab Cali im Bus für die bessere Aussicht Sitzplätze auf der linken Seite suchen.

An der Touristenwerft starten auch Touristen-Schnellboote nach Norden und Süden. Frachter laufen von El Piñal aus.

Rund um Buenaventura

JUANCHACO & LADRILLEROS

☎2 / 3500 EW.

Eine Stunde Bootsfahrt von Buenaventura in Richtung Norden liegen Juanchaco und das benachbarte Ladrilleros. Juanchaco befindet sich auf der gegenüberliegenden Seite der Bahía Malaga und bekommt eine Menge von Buenaventuras Müll an seinen Stränden ab. Ladrilleros, auf der anderen Seite der Halbinsel, ist der tobenden Brandung des Pazifiks ausgesetzt. Während der Regenzeit (oder besser, der noch regnerischeren Zeit von August bis November) sind die Wellen hier 2–3 m hoch. Der beste Strand liegt nördlich von Ladrilleros bei La Barra. Eine kleine Fischergemeinde bietet einfache und zweckmäßige Übernachtungsmöglichkeiten an.

Ladrilleros ist als Wochenend-Ausflugsziel bei Leuten aus Cali sehr beliebt; unter der Woche ist es dagegen absolut still dort.

Die beste Zeit zum Surfen ist die regnerischere Saison (August bis November). **Pedro Romero** (☎320 666 2491; Cabaña Villa Malaty, Sector Villa Paz, hacia La Barra) vermietet Surfboards (pro Stunde 20 000 COP, mit Lehrer 30 000 COP) und organisiert Kajaktouren durch die Mangroven (50 000 COP). An Wochenenden und Feiertagen ist er am Strand anzutreffen (ab 6.30 Uhr bis Sonnenuntergang), ansonsten unter der angegebenen Adresse zu finden.

Schlafen & Essen

In Ladrilleros gibt es über ein Dutzend Hotels, die meisten davon sind allerdings ohne großen Komfort.

Eine Handvoll bescheidener Esslokale bieten preisgünstige Mahlzeiten mit Fisch und Reis. La Zarca und Doña Francia werden als die beiden besten angesehen. Ein leckerer Snack sind die Shrimp-Empanadas (Teigtaschen) im Restaurant Delfin.

Aguamarina Cabañas HOTEL $$

(☎246 0285, 311 728 3213; www.reservaaguamarina.com; Zi./cabañas pro Pers. einschl. 2 Mahlzeiten 85 000/65 000 COP; ❄) Direkt am Meer liegt dieses freundliche Hotel mit netten, zweistöckigen Bungalows und etwas modernerer Hotelunterkunft. Picknickbänke bieten eine herrliche Aussicht. Der Eigentümer stellt sich auch als Führer für Wanderungen in der Gegend zur Verfügung und organisiert günstige Walbeobachtungstouren (30 000 COP).

Hotel Palma Real HOTEL $$$

(☎317 502 5931; www.hotelpalmarealcolombia.com; Zi. pro Pers. einschl. 2 Mahlzeiten 90 000 COP; ❄≋) Das gehobene Hotel ist bei *caleños* (Leuten aus Cali) für Romantikurlaube beliebt. Es gibt einen Jacuzzi und einen hübschen Pool mit Bar, in der zu lauter Musik Getränke serviert werden. Das Meer ist nur ansatzweise durch den dichten Urwald zu sehen.

Ausgehen

Templo del Ritmo BAR

(☎246 0104; ⌚Do–Sa) An einem Steilufer über dem Meer gelegen, dreht Templo del Ritmo an Wochenenden richtig auf, wenn die *caleños* zum Partyfeiern herkommen.

Praktische Informationen

Das Internetcafé in Juanchaco hat mit Unterbrechungen ein Signal. Geldautomaten gibt es keine, und Kreditkarten werden kaum angenommen. Der nächste Geldautomat steht vor der *muelle turístico* in Buenaventura.

An- & Weiterreise

Der verlässlichste Bootsdienst an der *muelle turístico* ist **Asturias** (☎242 4048, 313 767 2864; barcoasturias@yahoo.com) mit täglichen Fahrten nach Juanchaco (hin und zurück 54 000 COP, 1¼ Std.) um 10, 13 und 16 Uhr, Rückfahrt um 8, 13 und 16 Uhr. Die Rückfahrkarte gilt 15 Tage.

Juanchaco ist 2,5 km von Ladrilleros entfernt. Die Straße macht einen Bogen um eine zwischen den beiden Orten gelegene Marinefliegerbasis herum. Zu Fuß sind es 30 Minuten, auf dem Rücksitz eines Motorrads (2000 COP) fünf. Größere Gruppen können mit den Jeepfahrern verhandeln (um die 20 000 COP), die am Ende des Strands von Juanchaco herumlungern. Nach La Barra geht es entweder mit dem Moto-Taxi oder einem kleinen Boot am Fluss entlang – jeweils 15 000 COP pro Person.

San Cipriano

☎2 / 500 EW.

Dieser winzige Ort ist hauptsächlich für den Transport dorthin bekannt. Er liegt an der selten befahrenen Eisenbahnstrecke Cali–Buenaventura, 15 km von der nächsten Straße entfernt. Die Einwohner haben sich eine Schienenbahn gebastelt, die von Motorrädern angetrieben wird, deren Vorderrad nach oben fixiert ist, während das Hinterrad auf einer Schiene läuft. So rasen sie mit einem Affenzahn durch den Urwald. Es gibt nur einen Schienenstrang, und viele der Bahnen haben defekte Bremsen. Vereinzelt wurden schon Zusammenstöße gemeldet. Fahrgäste sollten sich festhalten und auf jeden Fall festes Schuhwerk tragen, damit sie im Notfall abspringen können.

Die Stadt liegt mitten im Dschungel auf der Pazifikseite des Gebirges. Ein Fluss mit kristallklarem Wasser lockt zum Baden. Er ist zum großen Teil mit dem Schlauchboot befahrbar – entsprechende Boote können vielerorts für etwa 1500/8000 COP pro Stunde/Tag angemietet werden. Von dort aus sind auch ein Schmetterlingsgehege und mehrere Wasserfälle zu Fuß erreichbar. Wanderführer verlangen etwa 20 000 COP. Die Fundación San Cipriano berechnet außerdem 1500 COP Eintritt für das Gebiet.

Schlafen & Essen

Ein halbes Dutzend Hotels bieten Unterkünfte ohne großen Anspruch, die meisten mit Budgetmahlzeiten. Am Wochenende plärrt in den Bars die Musik für *caleños*.

Hotel David GASTHAUS $

(☎312 815 4051; Zi. ohne Bad pro Pers. 10 000 COP) Mehrere hundert Meter hinter der Eintrittskasse befindet sich diese nette Pension. Die Betten haben harte Matratzen, das Bad ist auf dem Gang. Das Essen gehört zum besten der Stadt. Die meisten Zimmer sind Doppelzimmer, es gibt aber auch ein paar Zwei- und Vierbettzimmer.

Hotel Río Bello GASTHAUS $

(☎241 0094; Zi. pro Pers. 15 000 COP) Einen Block vor dem Eingang steht das „beste" Hotel der Stadt. Die Zimmer sind dunkel und schmucklos, haben wenig Tageslicht und noch weniger Belüftung. Aber wenigstens verfügen sie über ein Bad.

An- & Weiterreise

Alle Busse von Cali nach Buenaventura halten an der Abzweigung nach Córdoba (18 000 COP, 3 Std.). Von dort aus geht es zu Fuß 1 km bergab zur Schienenbahn. Die offizielle Rückfahrkarte nach San Cipriano kostet 8000 COP.

Ab dem Busbahnhof von Buenaventura startet etwa jede halbe Stunde der Ruta-5-Bus mit der Beschriftung Córdoba (2000 COP, 1 Std.). Wer nicht zu Fuß den Berg wieder hinaufgehen will, kann mit diesem Bus bis zur Abzweigung fahren.

Taxis aus Buenaventura fahren für 25 000–40 000 COP nach Córdoba.

Guapi

☎2 / 5000 EW.

Das kleine Fischerdorf dient hauptsächlich als Ausgangspunkt für Fahrten zur Isla Gorgona. Es ist berühmt für *ceviche guapense* (gekochte Meeresfrüchte mit Mayonnaise und Ketchup), ebenso wie für seine *artesanías* – handgemachte Musikinstrumente und kunstvoll geschmiedeten Goldschmuck, plus das übliche Sortiment handgewebter Artikel.

Ansonsten ist die Stadt nicht gerade interessant. Die Hauptstraße, Calle Segunda, ist im Geschäftszentrum ziegelgepflastert. Fahrscheine für Boote nach Norden oder Süden gibt es an den Kiosken der Schifffahrtsgesellschaften am Wasser unten.

Schlafen & Essen

Hotel Río Guapi HOTEL $

(☎840 0983; EZ/DZ/3BZ 40 000/58 000/84 000 COP) Einen Block von der Ablegestelle von Aviatur zur Isla Gorgona entfernt steht das beste Hotel der Stadt mit 40 Zimmern. Die Böden sind gefliest, die Wände aus Beton. Es gibt einen Ventilator und Kabel-TV. Das Restaurant serviert die besten *ceviche guapense*.

An- & Weiterreise

Aeropuerto Juan Casino Solis (☎840 0188) Satena fliegt nach Cali; Aexpa bietet auch einen Charter-Service. Die am Flughafen verkauften Süßigkeiten aus Kokosnuss und Guava schmecken sehr lecker.

Ein überdachtes Schnellboot (90 000 COP, 3–4 Std.) von **Pacífico Express** (☎313 761 7571, 313 715 3335) startet täglich von Buenaventura; Frachter fahren regelmäßig (60 000 COP, 12 Std.) auf derselben Strecke. Informationen und Reservierungen in der **Bodega Liscano** (☎244 6089, 244 6106).

Parque Nacional Natural (PNN) Isla Gorgona

Todo está prohibido, unkt man hier auf der Insel – alles ist verboten. Irgendwie stimmt das auch, denn sie beherbergte von 1960 bis 1984 ein Gefängnis. Nun ist sie ein **Nationalpark** (Kolumbianer/Ausländer 13 000/35 000 COP) mit einem Ferienhotel auf dem Gelände des ehemaligen Gefängnisses. Und alles ist verboten – Parkwächter durchsuchen die Taschen nach Alkohol, Angelzeug und Spraydosen, unerlaubte Artikel, die direkt konfisziert werden.

Es gibt zwei Gründe, hierher zu kommen: Sporttauchen und Walbeobachtung, und das am liebsten gleichzeitig. Da Gorgona nicht an den großen Schiffsrouten liegt, kommen Jahr für Jahr Wale, um hier zu kalben und ihre Jungen aufzuziehen. Einige Schiffe bieten Tauchtouren nach Gorgona mit Aufenthalt an Bord, sodass keine Übernachtung auf der Insel möglich ist. Die Insel liegt 38 km vor der Küste und ist 11 km lang und 2,3 km breit. Sie ist bedeckt mit tropischem Sekundärwald (die Gefängnisinsassen haben den größten Teil des Waldes für Feuerholz zum Kochen abgeholzt), der viele Giftschlangen beherbergt. Auf Gorgona leben zahlreiche endemische Tierarten wie Affen, Eidechsen, Fledermäuse und Vögel. Seeschildkröten legen ihre Eier an den Stränden ab. In unruhigeren Zeiten war Gorgona für Touristen eine der wenigen sicheren Urlaubsziele an der Pazifikküste. Nun, finden sich hier schönere Strände und wilderer Urwald als anderswo.

Aviatur (☎607 1500; www.parquegorgona.com.co; pro Pers. mit Vollpension 253 000 COP; @) hat die Konzession für die Insel. Die meisten Besucher kommen im Rahmen einer Drei-Tage-Pauschalreise von Guapi (etwa 1 000 000 COP pro Pers.) einschließlich Bootsfahrt, Unterkunft, Mahlzeiten und ein paar Inselwanderungen. Pauschalreisen mit Tauchen (1 330 000 COP pro Pers.) werden auch angeboten.

Geführte Touren

Von Buenaventura laufen zwei Schiffe aus, die Wochenend-Tauchreisen mit Übernachtung an Bord anbieten. Sie starten am Freitagabend an der *muelle turístico* und kommen Montagmorgen zurück. Die *Maria Patricia* (Asturias) und die **Doña Mariela** (☎681 2724) verlangen beide 1,100 000 COP pro Taucher, bei sechs bis sieben Tauchgängen, Mahlzeiten, Transport und einem Inselbesuch. Sie bieten auch die Überfahrt auf die Insel an (Koje unter Deck 240 000 COP, 10 Std.), mit Abendessen und Frühstück.

Praktische Informationen

Gorgona trägt ihren der griechischen Mythologie entstammenden Namen nicht umsonst: Die Insel ist voll von Giftschlangen, sodass zum Schutz Gummischuhe ausgeteilt werden. Eine Gelbfieberimpfung ist Pflicht – bei der Ankunft muss der Impfschein vorgezeigt werden.

MELODIEN AUS DEM WALD

Die Pazifikregion ist, wie viele Teile Kolumbiens, voll Tanz und Musik. Doch hier besteht der Soundtrack zum Entspannen keineswegs aus dröhnendem Reggaeton oder Salsa –wie auch, denn viele Dörfer sind ohne Strom –, sondern aus den süßen Klänge der *marimba de chonta*. Hergestellt wird das Instrument aus dem Holz einer dornigen Palmenart der Gegend und aus Guadua-Bambusrohr. Der eigentümliche Sound ist im ganzen Land bekannt. Die Ursprünge der *marimba de chonta* liegen in Afrika; sie ist somit Teil des Kulturerbes aus diesem Kontinent, das durch befreite Sklaven eingeführt wurde. Auch heute wird sie noch immer überall in der Region, insbesondere aber um Guapi und Tumaco herum, auf althergebrachte Art in kleinen Handwerksbetrieben hergestellt.

Traditionell wird die *marimba de chonta* an der Decke aufgehängt, doch heutzutage hängt sie oft auch in einem Gestell. Das Instrument wird von Trommeln wie *bombos*, *cununos* und *guasas* begleitet, wenn zum typischen Tanz der Gegend, dem El Currulao aufgespielt wird.

Am schönsten klingt die marimba de chonta während des Festivals Petronio Álvarez in Cali. Die fantastische Band Chocquibtown mischt die traditionellen Klänge dieser Musik mit moderneren Rhythmen.

ABSTECHER

ISLA MALPELO

Diese winzige, verlassene Insel befindet sich in einem der besten Tauchgebiete weltweit. Sie ist nur 1643 m lang und 727 m breit und liegt 378 km vor der Küste mitten im **Santuario de Flora y Fauna Malpelo** (ecoturismo@parquesnacionales.gov.co; Eintritt pro Tag auf einem kolumbianischen/ausländischen Boot 153 000/82 000 COP), der größten fischereifreien Zone im tropischen Ostpazifik, einem lebenswichtigen Habitat gefährdeter Meerestiere.

Der Artenreichtum und die Dichte an Meerestieren sollen umwerfend sein: über 200 Hammerhaie und 1000 Glatthaie. Auch der Kleinzahn-Sandtigerhai, ein seltener Tiefseehai, wurde hier bereits gesichtet. Die Vulkaninsel hat steile Wände und beeindruckende Höhlen. Die beste Zeit, die Haie zu sehen, ist von Januar bis März, wenn kälteres Wetter sie zur Nahrungssuche an die Oberfläche treibt. Ein kleines Kontingent kolumbianischer Soldaten bewacht Malpelo. Die Insel darf nicht betreten werden.

Die Tauchgänge sind fantastisch, aber äußerst schwierig, und es ist sehr schwer, das Gebiet überhaupt zu erreichen. Die Insel kann nur als Teil einer Taucher-Schiffsreise besichtigt werden, die etwa acht Tage dauert. Die Hin- und Rückfahrt von Buenaventura dauert jeweils 30 bis 36 Stunden, und auf der Insel gibt es keine Dekompressionskammer. Starke Strömungen ziehen Taucher in alle Richtungen, sodass sie oft kilometerweit vom Schiff entfernt an die Oberfläche kommen.

Nur erfahrene, sichere Taucher sollten diese Reise wagen. Ein Neoprenanzug (mindestens 5 mm) mit Kapuze muss mitgebracht werden, dazu Handschuhe, Tauchcomputer, Signalhorn und Dekompressionsboje.

Schiffe aus zwei Ländern bieten diese Reise an. Die günstigere Option sind die *Doña Mariela* und *Maria Patricia* (s. S. 291) unter kolumbianischer Flagge. Beide berechnen 3 800 000 COP pro Taucher für acht Tage. Die **Inula** (☎ in Deutschland 49 5130 790326, in Panama 507 6672 9091; www.inula-diving.de), aus dem panamaischen Puerto David bietet elftägige Touren, bei sechs Tagen mit Tauchgängen um die Inseln für 2700–4455 US$ pro Taucher.

Bei Malpelo darf sich nur jeweils ein Tauchboot aufhalten. Nur eine Handvoll Kreuzfahrten werden jährlich angeboten, und die sind schnell ausgebucht.

ℹ An- & Weiterreise

Ein Schnellboot der Aviatur fährt bei Bedarf von Guapi zur Insel (Rundfahrt 150 000 COP, 1¼ Std.); Vorausbuchung ist notwendig. Frachter, die von Buenaventura nach Guapi fahren, setzen gelegentlich Fahrgäste auf der Insel ab.

Amazonasbecken

Inhalt

Gut essen

» Tierras Amazónicas (S. 299)
» Las Margaritas (S. 304)
» La Cava Tropical (S. 299)
» São Jorge (S. 302)
» Várzea (S. 299)

Schön übernachten

» Reserva Natural Palmarí (S. 300)
» Malokas Napü (S. 304)
» Cabañas del Friar (S. 304)
» Amazon B&B (S. 298)
» Mahatu Jungle Hostel (S. 298)

Auf zum Amazonasbecken!

Amazonas. Bereits dieses eine Wort beschwört Bilder eines unberührten Urwalds, einer unglaublichen Vielfalt an Pflanzen und Tieren und eines weltberühmten Flusses herauf. Reisende können sich die seltsame Freude dennoch nur sehr schwer erklären, die sie befällt, wenn sie zum ersten Mal in den Regenwald kommen. Das Amazonasbecken, das die Kolumbier „Amazonia" nennen, ist eine 643 000 km² große Region, die allein ein Drittel der Gesamtfläche Kolumbiens ausmacht.

Da der Zugang nur durch Flüsse möglich ist, haben die tief im Regenwald lebenden Eingeborenenstämme ihre Kultur weitgehend intakt erhalten können. In den Städten aber leben heute viele Indios und Mestizen ein modernes Leben. Sie fahren mit Yamahas durch die Stadt und tragen ihre traditionelle Kleidung nur noch, wenn sie für Touristen ihre alten Gebräuche vorführen. Eine Reise in den Regenwald bleibt dennoch ein faszinierendes Erlebnis: von aufregenden Wanderungen bis hin zur Siesta in der Hängematte.

Reisezeit

Leticia

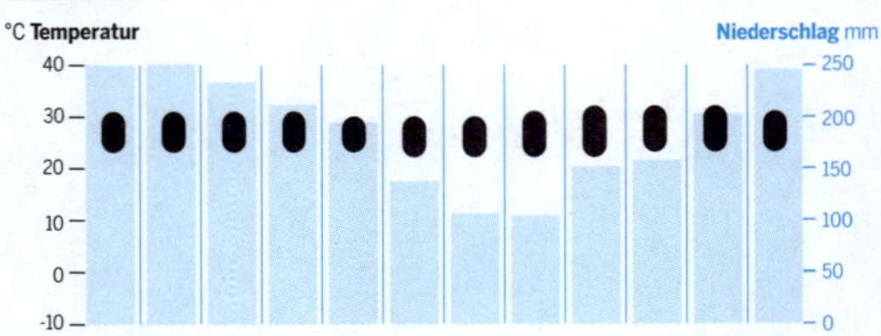

Sept.–Nov. Der niedrigere Wasserstand garantiert gute Wanderbedingungen.

März–Mai Jetzt ist die beste Zeit, um Vögel und andere Wildtiere zu sehen

Jul. & Aug. In den trockeneren Monaten ziehen sich die Moskitos ins Blätterdach zurück

Leticia

☎8 / 40 000 EW. / HÖHE 95 M

Leticia ist die Hauptstadt der Provinz Amazonas und der größte Ort im Umkreis von mehreren Hundert Kilometern. Die Stadt befindet sich am Dreiländereck Kolumbien, Brasilien und Peru. Außerdem liegt sie am Amazonas und ist rund 800 km von der nächsten Autobahn in Kolumbien entfernt.

Leticia wurde 1867 als San Antonio gegründet. Wie die Stadt zu ihrem heutigen Namen kam, ist nicht überliefert. Sie gehörte bis 1922 zu Peru, als beide Länder einen umstrittenen Vertrag über den Abtritt vestimmter Gebiete an Kolumbien unter-

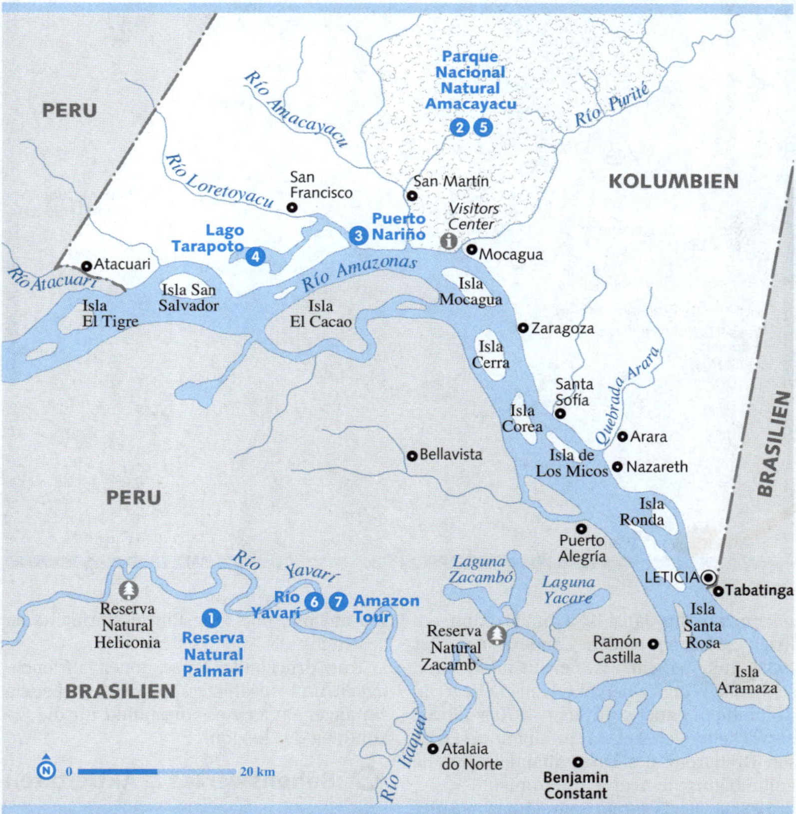

Highlights

1. Ein paar Tage lang die abwechslungsreiche Tier- und Pflanzenwelt in der großartigen **Reserva Natural Palmarí** (S. 304) am Río Yavari beobachten
2. Mit verspielten Primaten in der **Fundación Maikuchiga** (S. 303) die Zeit verbringen
3. Im autofreien und flippigen Dorf **Puerto Nariño** (S. 303) ausspannen
4. Im warmen Wasser des mächtigen **Lago Tarapoto** (S. 303) nach Amazonasdelfinen Ausschau halten
5. Sich von Papageien im Regenwald des **Parque Nacional Natural Amacayacu** (S. 302) ein Ständchen bringen lassen
6. Leise auf einem Kanu auf einem Nebenfluss des **Río Yavarí** (S. 304) in den Regenwald gleiten
7. Die Welt der Hotels bei einer mehrtägigen **Amazon tour** (S. 265) hinter sich lassen und wirklich in den Dschungel eintauchen

Leticia

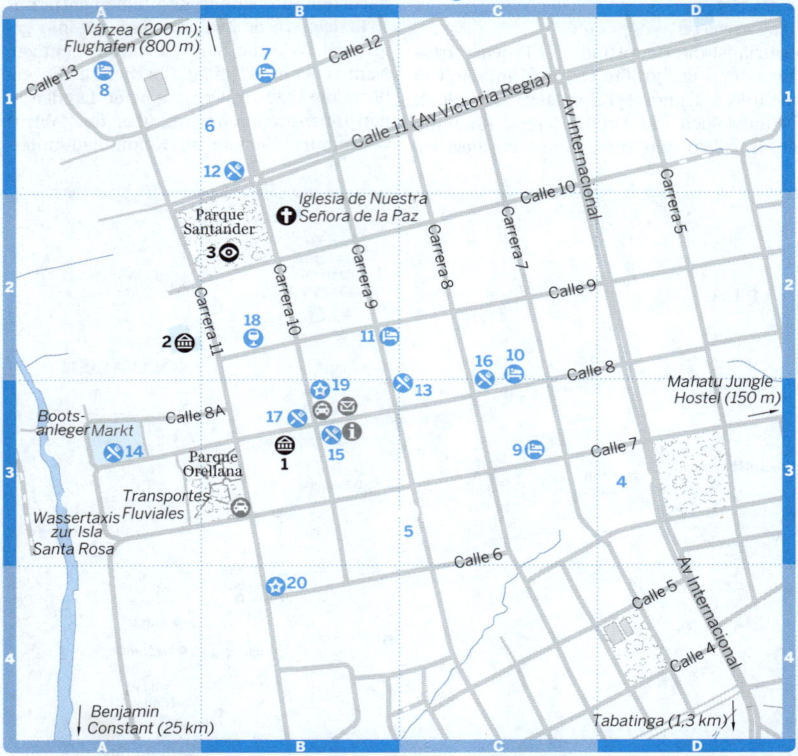

zeichneten. Im Jahr 1932 brach dann ein Krieg zwischen beiden Ländern aus, der 1933 mit einem Waffenstillstand und schließlich der Übergabe von Leticia an Kolumbien endete. In den 1970er-Jahren entwickelte sich Leticia zu einem gesetzlosen Drehkreuz des Drogenhandels, bis die kolumbianische Armee aufräumte.

Leticia liegt direkt am Amazonasufer an der Grenze zwischen Kolumbien und Brasilien. Gleich auf der anderen Seite der Grenze befindet sich Tabatinga; diese Stadt weist ungefähr die gleiche Größe auf, hat einen Flughafen und Hafen und ist die wichtigste Station für Schiffe auf dem Weg nach Manaus, den Amazonas abwärts. Touristen können sich frei zwischen beiden Städten wie auch der brasilianischen Stadt Benjamin Constant weitere 25 km flussabwärts und der peruanischen Insel Santa Rosa gegenüber von Leticia/Tabatinga bewegen. Wer aber weiter in das jeweilige Land reisen möchte, muss die Einreiseformalitäten beachten.

Trotz drückender Hitze, hoher Luftfeuchtigkeit und unzähliger Moskitos ist Leticia ein angenehmer Ausgangspunkt für die Erkundung der Region.

Sehenswertes & Aktivitäten

Mundo Amazónico PARK

(☎592 6087; www.mundoamazonico.com; Km 7,7 Via Tarapacá; Touren 20 000 COP; ⌚Mo–Sa 7–14 Uhr) Im Jahr 2009 wurde dieses 29 ha große Reservat eingerichtet, um die bedrohte Flora und Fauna des Amazonasgebiets zu schützen. Der interessante botanische Garten bietet rund 700 Pflanzenarten in fünf Sektionen eine Heimat. Ein Besuch hier bereitet auf das vor, was in der Wildnis zu sehen ist, und der freundliche Besitzer Rafael Clavijo kann die stündlich stattfindende Führung auch auf Englisch durchführen

Leticia

Sehenswertes
1 Galería Arte Uirapuru B3
2 Museo Etnografico Amazónico A2
Museo Uirapuru .... (siehe 1)
3 Parque Santander B2

Aktivitäten, Kurse & Touren
4 Amazon Jungle Trips D3
5 Selvaventura C3
6 Tanimboca Tours B1

Schlafen
7 Amazon B&B B1
8 Hospedaje Los Delfines A1
9 Hotel de la Selva C3
10 Hotel Yurupary C2
11 La Jangada B2

Essen
12 La Casa del Pan B1
13 La Cava Tropical C3
14 örtlicher Markt A3
15 Supermercado Hiper B3
16 Tierras Amazónicas C2
17 Viejo Tolima B3

Ausgehen
18 Titíco B2

Unterhaltung
19 Barbacoas B3
20 Boa B4

GRATIS **Museo Etnográfico Amazónico** MUSEUM
(Carrera 11 No 9-43; Mo–Fr 8.30–11.30 & 13.30–17, Sa 9–11 Uhr) Dieses kleine Museum in der rosafarbenen Biblioteca del Banco de la República besitzt eine kleine Sammlung von Artefakten der Ureinwohner. Zu sehen sind u. a. Musikinstrumente, Textilien, Werkzeuge, Töpferwaren, Waffen und merkwürdige zeremonielle Masken.

Galería Arte Uirapuru KUNSTHANDWERK, MUSEUM
(Calle 8 No 10-35; Mo–Sa 9–12.30 & 15–19, So 9–12.30 Uhr) Leticias größtes Geschäft für Kunsthandwerk verkauft Stücke von Ureinwohnern sowie Naturmedizin vom Amazonas. Im hinteren Bereich zeigt das Museo Uirapuru eine kleine Sammlung historischen Kunsthandwerks (unverkäuflich).

Parque Santander PARK
Ein Besuch in diesem Park unmittelbar vor Sonnenuntergang, wenn Tausende kleiner kreischender Papageien für ihre Nachtruhe einfliegen, ist ein wirklich eindrucksvolles Spektakel.

Reserva Tanimboca ABENTEUERSPORT, KAJAKFAHRT
(310 791 7570; km 11 Via Tarapacá; 8–16 Uhr) Besucher können sich in 35 m hohen Bäumen austoben, anschließend 80 m durch das schöne Blätterdach auf Seilrutschen von einem Baum zum nächsten rutschen (60 000 COP) sowie die kleine Schlangenfarm besuchen (7000 COP). Es gibt außerdem die Möglichkeit, Kajak zu fahren (35 000 COP). Oder aber man kann – nicht ganz billig – in einem Baumhaus übernachten (pro Pers. 99 000 COP inkl. Frühstück), wobei ein nächtlicher Streifzug durch den Dschungel inbegriffen ist.

Geführte Touren

Der wirkliche Urwald beginnt erst in einer gewissen Entfernung vom Amazonas, und zwar an seinen kleinen Nebenarmen. Je weiter man vordringt, desto größer werden die Chancen, wilde Tiere in relativ unberührten Lebensräumen zu sehen. Dies kostet Zeit und Geld, aber die Erfahrung ist es wert. Vermutlich stellt eine drei- bis viertägige Tour die beste Balance zwischen den Kosten und der Einsicht in die Welt des Dschungel dar. Auf jeden Fall darf man nicht mit übertriebenen Erwartungen kommen. Es gibt keine Garantie, dass Reisende wilde Tiere vor die Kamera bekommen. Die Tiere sind nicht gerade an menschlicher Gesellschaft interessiert, sie leben häufig versteckt im Blätterdach, und der Tourismus sowie die örtliche Industrie haben ganze Populationen buchstäblich dezimiert. Es bestehen jedoch gute Chancen, Affen, Aras und Delphine sowie zahlreiche Vögel und manchmal auch noch exotischere Tiere zu Gesicht zu bekommen. Abgesehen davon gibt es im Dschungel noch anderes Interessantes, ja Geheimnisvolles zu sehen, zu hören und einfach zu erleben.

Verschiedene Unternehmen organisieren Führungen zu den kleinen Naturreservaten am Río Yavarí (S. 304) an der brasilianisch-peruanischen Grenze. Unbedingt immer vor dem Start den Preis, das Programm und die Dauer des Trips vereinbaren!

Bei der Schlammschlacht zwischen den unterschiedlichen Anbietern fliegen wirklich die Fetzen. Vorwürfe wegen Inkompetenz, Diebstahl, sexueller Belästigung, Drogenkonsum und -schmuggel, der Tötung von Tieren und Beispiele für Umweltzerstörung sind an der Tagesordnung. Es lohnt sich also, bei der Auswahl genau hinzusehen. Im Dschungel gibt es nicht viele Engel.

Ein wirklich erfahrener und seriöser Führer ist **Elaise Cuao** (☎311 828 7430; aguilaharpia@hotmail.es), der Englisch, Portugiesisch und ein wenig Französisch spricht.

Ebenfalls zu empfehlen:

Amazon Jungle Trips DSCHUNGELTOUR
(☎592 7377; www.amazonjungletrips.com.co; Av. Internacional No 6-25) Amazon Jungle Trips ist seit mehr als 25 Jahren im Geschäft und als zuverlässig einzustufen. Der Besitzer Antonio Cruz Pérez spricht Englisch und organisiert auch individuell zugeschnittene Touren, etwa zur Reserva Natural Zacambú am Río Yavarí und der neueren Unterkunft Tupana Arü Ü etwa 60 km den Amazonas hinauf.

Selvaventura DSCHUNGELTOUR
(☎592 3977; www.selvaventura.com; Carrera 9 No 6-85) Der Besitzer Felipe Ulloa spricht Englisch, Spanisch und Portugiesisch und hat eine Reihe unterschiedlicher Touren im Programm. Das Büro befindet sich in einer kleinen, einfachen Pension. Ein Bett im Schlafsaal kosten hier 15 000 bis 20 000 COP. Campen oder eine Nacht in einer Hängematte sind mit 10 000 COP günstiger.

Tanimboca Tours DSCHUNGELTOUR
(☎592 7679; www.tanimboca.org; Carrera 10 No 11-68) Neben einer Expedition zur Reserva Tanimboca organisiert man hier Bootsfahrten oder Wanderungen in den Urwald außerhalb von Leticia, auch zu Indiodörfern. Der Besitzer spricht Serbisch, Deutsch und Englisch, mehrere seiner Führer beherrschen die englische Sprache.

Schlafen

In der Hauptsaison steigen die Preise drastisch an, vor allem zu Weihnachten und Ostern.

LP TIPP **The Amazon** B&B $$$
(☎592 4981; www.amazonbb.com; Calle 12 No 9-30; Zi. inkl. Frühstück 125 500 COP, Cabañas 176 000 COP; ❄📶) Leticias neueste und schönste Unterkunft. Diese kleine Pension mit sechs *cabañas* und vier um einen gepflegten Garten gruppierten Zimmern wurde erst 2010 eröffnet. Jede *cabaña* besitzt eine kleine Terrasse mit Hängematten; das Dekor ist minimalistisch-schick, ein bislang in Leticia nicht anzutreffender Stil. Das Amazon Spanish College ist ebenfalls hier untergebracht.

Mahatu Jungle Hostel HOSTEL $
(☎311 539 1265; www.mahatu.com; Calle 7A No 1-40; B pro Pers. 20 000–25 000 COP, EZ/DZ ohne Bad 40 000/50 000 COP; @📶🏊) Dieses Hostel im Zentrum von Leticia steht auf einem 5 ha großen Grundstück und ist umgeben von Teichen voller Enten und Gänse und unzähligen exotischen Obstbäumen. Die Zimmer sind schlicht und etwas überteuert. Es gibt nur Gemeinschaftsbäder, und manche Matratzen sind durchgelegen. Gäste zahlen hier für die schöne Umgebung. Der philosophisch veranlagte Besitzer Gustavo Rene spricht mehrere Sprachen.

La Jangada GASTHAUS $$
(☎312 361 6506; lajangadaamazonas.com; Carrera 9 No 8-106; B pro Pers. 25 000 COP, EZ/DZ 45 000/65 000 COP; @📶) Eine ausgezeichnete Pension unter Leitung eines jungen schweizerisch-kolumbianischen Paares. Die Schweizer Hälfte hat 45 000 Flusskilometer im Amazonasgebiet mit einem pedalgetriebenen Boot bewältigt. Heute steht es für Tagestouren (ab 60 000 COP) zur Verfügung. Es gibt einen Schlafsaal mit fünf Betten samt luftigem Balkon und ein paar Zimmer mit Deckenventilator.

Hotel de la Selva HOTEL $$
(☎314 803 4661; hoteldelaselvaleticia@hotmail.com; Calle 7 No 7-28; EZ/DZ 45 000/80 000 COP, mit Klimaanlage 60 000/100 000 COP; ❄📶) Ein ziemlich gutes Hotel selbst für kleinere Budgets. Die 14 14 Zimmer haben ein Bad; manchen Zimmer schmückt lokales Kunsthandwerk. Frühstück wird für 7000 COP serviert. Der von exotischen Pflanzen geschmückte, an einen Dschungel erinnernde Eingangskorridor und die Gemeinschaftsräume machen diese Unterkunft noch gastfreundlicher.

Hospedaje Los Delfines GASTHAUS $$
(☎592 7488; losdelfinesleticia@hotmail.com; Carrera 11 No 12-81; EZ/DZ 40 000/70 000 COP; 📶) Etwa zehn Fußminuten vom Stadtzentrum entfernt hat dieser kleine Familienbetrieb zehn geräumige, wenn auch einfache Zimmer mit Betten und Hängematten, die einen großartig gestalteten und bepflanzten Innenhof umgeben.

Hotel Yurupary HOTEL $$
(☎592 4741; www.hotelyurupary.com; Calle 8 No 7-26; EZ/DZ inkl. Frühstück 69 000/98 000 COP; ❄📶🏊) Dieses relativ günstige, recht beliebte Hotel ist kürzlich renoviert worden. Die Zimmer haben jetzt Bad und TV. Der Hof

begeistert mit einem erfrischenden Pool, Garten, Bar und Restaurant.

Essen

In Leticia wird viel Fisch gegessen. Dazu gehören der köstliche *gamitana* (Schwarzer Pacu) und der überfischte *pirarucú* (Arapaima). Letzteren sollte man außerhalb der Saison nicht bestellen, weil die Einheimischen gern die Schutzregeln missachten und ihn auch fangen, wenn die Fische laichen.

Die Preise sind meist etwas höher als im Rest von Kolumbien; viele Restaurants haben aber preiswerte Menüs auf der Karte. Günstiges Essen ist auch auf dem **lokalen Markt** (Ecke Calle 8 & Ufer; ⌚5–17 Uhr) zu bekommen. Eine bessere Küche serviert das Decalodge Ticuna.

LP TIPP **Tierras Amazónicas** FISCH, KOLUMBIANISCH $$
(Calle 8 No 7-50; Hauptgerichte 10 000–18 000 COP; ⌚Mo geschl.) Auf den ersten Blick sieht dieses Lokal mit kitschigem Schnickschnack an den Wänden wie eine der üblichen Touristenfallen aus. Tatsächlich ist das Restaurant aber ideal für ein fantastisches Abendessen. Die Spezialität ist Fisch. Die *gamitana pupeca* (in Kochbananenblättern) ist köstlich, wenn man sich erst einmal durch die Gräten gekämpft hat. Es gibt eine gut ausgestattete Bar und manchmal Livemusik. Ein echtes Regenwald-Restaurant.

Várzea KOLUMBIANISCH, PIZZERIA
(Carrera 10 No 14-12; Pizza 13 500–18 000 COP; ⌚ab 17 Uhr, So geschl.) Abseits der Straße zum Flughafen gelegen, ist diese Mischung aus Bar und Restaurant in einem Wohnviertel Leticias ein gut gehütetes Geheimnis. Die Pizzas mit Tapioka-Kruste sind exzellent, ebenso die hervorragenden *patacones* (frittierte Kochbananen) und Crêpes.

La Cava Tropical KOLUMBIANISCH $
(Carrera 9 No 8-22; Menüs 6500 COP; ❄) Dieses Restaurant unter freiem Himmel ist der Favorit der Einheimischen für die Mittagspause. Die Menüs bestehen aus einer Suppe (häufig eine leckere *sancocho*), einem kleinen Salat, einem Fleischgericht mit Bohnen oder Gemüse und frischem Saft bis zum Abwinken. In der Woche kann es zur Mittagszeit sehr voll werden.

La Casa del Pan CAFÉ $
(Calle 11 No 10-20) An den wackligen Außen-tischen dieses Cafés mit Blick auf den Parque Santander kann man ein gutes Frühstück zu sich nehmen (Eier, Brot und Kaffee für 4500 COP).

Viejo Tolima FRÜHSTÜCK, KOLUMBIANISCH $
(Calle 8 No 10-20; Hauptgerichte 2500–15 000 COP; ⌚Mo–Fr) Ein großartiges Lokal für ein exzellentes Frühstück (leckere Suppen); außerdem gibt es köstliche Fruchtsäfte und andere regionale Gerichte.

Supermercado Hiper SUPERMARKT $
(Calle 8 No 9-29) Für Selbstversorger.

Ausgehen & Unterhaltung

LP TIPP **Várzea** BAR
(Carrera 10 No 14-12; ⌚ab 17 Uhr, So geschl.) Die Bar in einem Wohnviertel ist der beste Ort in Leticia, um sich einen anzutrinken. Am besten startet man mit *chuchuhuasca,* einem Kräuterschnaps aus Baumrinde, Wurzeln und Blättern, der sowohl medizinische als auch aphrodisierende Wirkung haben soll. Exzellente Cocktails und abwechslungsreiche Musik komplettieren die Mischung.

Titíco BAR
(Calle 9 No 10-40; ⌚Mi–Sa) Die Bar neben der Discoteca Kahlua ist wesentlich einladender als ihre Nachbarin und besitzt eine schöne Terrasse mit Blick auf die Stadt.

Barbacoas BAR, BILLARD
(Carrera 10 No 8-28) Anders als in den meisten kolumbianischen Billardlokalen sind im Barbacoas auch Frauen willkommen – vielleicht, weil die Billardtische in einem abgeschlossenen Hinterraum untergebracht sind. Das Straßencafé ist ideal für Touristen, die bei einem Bier oder Kaffee Leute beobachten möchten.

Boa CLUB
(Calle 11 No 6-19; ⌚Do–Sa ab 19 Uhr) In Leticias exklusivstem Nachtclub ist donnerstags und freitags ein komischer Musikmix aus brasilianischem *pagoda* (einer Art Samba) und live gespieltem Reggaeton zu hören. Samstags übernehmen dann DJs das Kommando. Der Club zieht wohlhabende Einheimische und Touristen an.

Praktische Informationen

Gefahren & Ärgernisse

Seit langem ist das Militär in der Region Leticia/Tabatinga merklich präsent, um für Sicherheit zu sorgen. Es gibt aber nach wie vor Probleme. Ehemalige Drogenschmuggler, Guerillas, Paramilitärs und *raspachines* (Kokainbauern) sind in die normale Gesellschaft „integriert" worden und betreiben heute vielfach in den Außenbezirken von Leticia und Puerto Nariño Spielhöllen, dubiose Bars und ähnliche Etablissements. Man sollte nachts also nicht allein den Innenstadtbereich verlassen und auf jeden Fall Leticias berüchtigte „Los-Kilometros"-Straße meiden. In Peru treiben Drogenschmuggler in diesem abgelegenen Teil des Landes nach wie vor ihr Unwesen und bedrohen gern auch Touristen, die abseits der ausgetretenen Pfade unterwegs sind. Die Führer und Unterkünfte der Region sind darüber informiert worden, wohin sie mit Touristen gehen können – und wohin sie besser nicht hingehen sollten. Auch unabhängige Reisende sollten sich wirklich nur in die Gebiete wagen, die auch die örtlichen Touristenführer für sicher halten.

Geld

In Leticia gibt es viele Geldautomaten; es ist aber praktisch unmöglich, Reiseschecks einzulösen. Wer Geld wechseln möchte, sollte nach den *casas de cambio* an der Calle 8 zwischen Carrera 11 und dem Markt Ausschau halten. Sie wechseln US-Dollar, kolumbianische Pesos, brasilianische Reais und peruanische Soles. Die Kurse sind unterschiedlich. Die Geschäfte in Tabatinga und Leticia akzeptieren grundsätzlich sowohl Reais als auch Pesos.

Banco BBVA (Ecke Carrera 10 & Calle 7) Geldautomat.

Banco de Bogotá (Ecke Carrera 10 & Calle 7) Geldautomat.

Cambios El Opita (Ecke Carrera 11 & Calle 8) Geldwechsel.

Internetzugang

Das Internet in der Region ist ziemlich langsam und kostet etwa 2000 COP pro Stunde. Die **Papelería Internacional** (Av. Internacional No 6–40) und das **Centro de Negocios** (Carrera 10 No 8–96) haben recht gute Terminals in klimatisierten Räumen.

Medizinische Versorgung

Hospital San Rafael de Leticia (☎592 7075; Av. Vásquez Cobo No 13-78) Apotheken befinden sich z. B. an der Carrera 10.

Notfall

Polizei (☎592 5060; Carrera 11 No 12-32)

Postamt

4-72 (Calle 8 No 9-56)

Reiseformalitäten

Einheimische und Touristen dürfen sich ohne Kontrolle frei zwischen Leticia, Tabatinga und Benjamin Constant bewegen. Wer aber weiter ins Land hineinreisen möchte, muss sich den Pass im Büro des Außenministeriums am Flughafen von Leticia und/oder bei der **Policía Federal** (☎97 3412 2180 in Brasilien; Av. da Amizade 650, Tatabinga; ⌚8–12 & 14–18 Uhr) in der Nähe des Krankenhauses in Tabatinga abstempeln lassen. Aufgrund der kürzlich erfolgten Auflösung des Departamento Administrativo de Seguridad (DAS), des ehemaligen kolumbianischen Sicherheitsdiensts, können sich die Visumsbestimmungen im Moment rasch ändern. Zusätzliche Informationen finden sich auf S. 350.

Deutsche, Österreicher und Schweizer brauchen für die Einreise nach Brasilien kein Visum.

REISEN NACH PERU

Die Unternehmen **Transtur** (☎3412 2945; www.transtursa.com; Rua Marechal Mallet 248, Tabatinga) und **Transporte Golfinho** (☎97 3412 3186; www.transportegolfinho.com; Rua Marechal Mallet 306, Tabatinga) verkehren mit Hochgeschwindigkeitsbooten zwischen Tabatinga und Iquitos in Peru. Die Boote fahren jeden Tag außer montags gegen 4 Uhr von der Isla Santa Rosa ab und erreichen Iquitos rund 10 Stunden später. Auch hier darf man nicht vergessen, sich im Büro des Außenministeriums am Flughafen von Leticia am Tag vorher seinen Ausreisestempel zu besorgen.

Die einfache Fahrt kostet 70 US-Dollar, wobei Frühstück und Mittagessen enthalten sind (es werden nur Banknoten in gutem Zustand akzeptiert, alternativ kostet es 140 000 COP). In der Trockenzeit kann man die Isla Santa Rosa manchmal nur von der Porta da Feira aus, an der der Wasserstand eigentlich immer hoch ist, erreichen. Es ist mitten in der Nacht natürlich auf jeden Fall einfacher, von Tabatinga aus zu starten. Die Taxipreise von Leticia aus können für diese Fahrt jedoch bis zu 30 000 COP betragen.

Vorsicht: Es gibt auch langsamere und billigere Boote nach Iquitos, diese sind aber unkomfortabel und wahre Seelenverkäufer.

Wichtig: Iquitos kann nicht auf dem Landweg verlassen werden! Man kann entweder fliegen oder weiter auf dem Fluss bis nach Pucallpa fahren (5 bis 6 Tage), von wo aus es dann auf dem Landweg weitergeht.

BLOSS NICHT DAS BOOT VERPASSEN!

Tabatinga liegt in einer anderen Zeitzone und ist gegenüber Leticia eine Stunde voraus. Also aufgepasst!

Touristeninformation

Tourismusbüro (Secretaría de Turismo y Fronteras; ☎592 7569; Calle 8 No 9-75; ⏲Mo–Sa 7–12 & 14–17, So 7–12 Uhr) Sehr freundlich. Man spricht auch Englisch. Das Tourismusbüro unterhält auch einen kleinen Stand am Flughafen, allerdings nur dann, wenn Flugbetrieb herrscht.

An- & Weiterreise

Es gibt keine Möglichkeit, auf dem Landweg nach Leticia zu gelangen.

Flugzeug

Alle Ausländer müssen bei der Ankunft am Aeropuerto Internacional Alfredo Vásquez Cobo, nördlich von Leticia gelegen, eine Touristensteuer von 18 500 COP zahlen.

AeroRepública (www.aerorepublica.com.co) und **Lan** (www.lan.com) fliegen täglich nach Bogotá. Die günstigsten Preise bekommt man, wenn man früh bucht.

Trip (www.voetrip.com.br) und **Tam** (www.tam.com.br) fliegen vom Tabatinga International Airport aus täglich nach Manaus (389–886 R$). Der Flughafen liegt 4 km südlich von Tabatinga. Die *colectivos* aus Leticia mit Destination Comara setzen Fahrgäste ganz in der Nähe ab. Auf keinen Fall vergessen, sich am Flughafen von Leticia den Ausreisestempel zu besorgen.

Alle Ausländer, die von Leticia aus abfliegen, müssen sich ohne Ausnahme im Büro des Außenministeriums melden, bevor sie sich zu den Sicherheitskontrollen begeben, unabhängig davon, ob man Kolumbien zwischenzeitlich verlassen hat oder nicht.

Unterwegs vor Ort

Das wichtigste öffentliche Verkehrsmittel ist das Mototaxi, das sind die Leute, die mit einem Motorrad mit einem zusätzlichen Helm durch die Straßen düsen. Der Grundpreis beträgt 2000 COP. Die häufig fahrenden *colectivos* (2000–6000 COP) verbinden Leticia mit Tabatinga und den „Kilometer"-Dörfern nördlich von Leticias Flughafen. Normale Taxis sind in dieser Gegend deutlich teurer als sonst in Kolumbien: Die kurze Fahrt vom Flughafen in die Stadt kostet 7000 COP, zum Flughafen von Tabatinga 15 000 COP und zum Porto Bras in Tabatinga 10 000 COP.

Tabatinga (Brasilien)

☎97 / 53 000 EW. / HÖHE: 95 M

Diese eher wenig attraktive Grenzstadt hat für Touristen nicht viel zu bieten. Die meisten Besucher kommen nur, um hier per Schiff nach Manaus oder Iquitos weiterzureisen, oder sie sind nur einmal kurz über die Grenze gefahren, um später sagen zu können, dass sie in Brasilien waren. Aber dennoch kann es sinnvoll sein, hier zu übernachten, wenn man früh am Morgen mit dem Schiff nach Iquitos fährt. Die angegebenen Preise sind in brasilianischen Reais. Kolumbianische Pesos werden aber auch akzeptiert. Die Landesvorwahl für Brasilien lautet +55.

Tabatinga besitzt eine gute **Touristeninformation** (Centro de Informação Turística; Av. da Amizade; ⏲Mo–Fr 8–18, So 8–12 Uhr), bei der dieses Kartenmaterial und andere hilfreiche Informationen über die Stadt zu bekommen sind.

Schlafen

Die Hotels in Grenznähe sollte man besser meiden. Einige von ihnen sind gleichzeitig Bordelle.

Novo Hotel HOTEL **$$**

(☎3412 3846; novohoteltbt@hotmail.com; Rua Pedro Texeira No 9; EZ/DZ/3BZ/4BZ inkl. Frühstück 50/70/80/100 R$; ❄@) Das Hotel liegt nur drei Häuserblocks von der Porta da Feira entfernt und ist freundlich und sauber.

REISEN NACH BRASILIEN

Von Tabatinga fahren mittwochs und samstags gegen 14 Uhr Boote nach Manaus, die auch einen Zwischenstopp in Benjamin Constant einlegen. Die Fahrt nach Manaus dauert drei Tage und vier Nächte und kostet etwa 170 R$, wenn man seine eigene Hängematte mitbringt, oder 800 bis 1000 R$ für zwei Personen in einer Doppelkabine.

Flussaufwärts dauert die Rückfahrt von Manaus nach Tabatinga für gewöhnlich sechs Tage und kostet dann 220 R$ bzw. 900 bis 1200 R$.

Lancha Rápida Puma (☎97 9154 2597 in Tabatinga) fährt freitags um 8 Uhr mit Hochgeschwindigkeitsbooten nach Manaus (430 R$, 30 Std.).

Essen & Ausgehen

LP TIPP São Jorge PERUANISCH $$
(Av. da Amizade 1941; Hauptgerichte 20–38 R$) Die Einheimischen auf beiden Seiten der Grenze schwärmen von dem authentischen *ceviche* in diesem schlichten peruanischen Restaurant. Der Berg aus gekochtem Fisch und Zwiebeln auf einem Bett aus Süßkartoffeln und Mais reicht locker für zwei. Es ist etwas eigenartig, von Kolumbien nach Brasilien zu gehen, um peruanisch zu essen, aber das ist eben der Reiz dieses Dreiländ

Restaurante Três Fronteiras do Amazonas BRASILIANISCH, AMAZONISCH $$
(Rua Rui Barbosa; Hauptgerichte 20–45 R$) Dieses schicke Freiluftrestaurant unter einem Palmendach serviert eine große Auswahl an Fisch- und Fleischgerichten sowie ein ganzes Spektrum an Drinks, u. a. billige *caipirinhas* (5 R$). Das Essen ist eine wilde Mischung aus brasilianischen, peruanischen und kolumbianischen Einflüssen.

Bella Época BRASILIANISCH $$
(Rua Pedro Texeira 589; pro kg 21 R$; ⌚11–3 Uhr) Ein ganz passables brasilianisches *por-kilo*-Restaurant – man bezahlt nach Gewicht. Es stehen verschiedene Salate, Hauptgerichte und leckeres *churrasco* (gegrilltes Fleisch) zur Auswahl.

Bar Mirador BAR
(Rua T-11; ⌚bis 21 Uhr) Eine einfache brasilianische Kneipe, ideal für einen Drink bei Sonnenuntergang mit Blick auf den Amazonas. Die Bar liegt etwa 50 m vom Polizeiposten im Barrio Dom Pedro den Berg hinauf, direkt südlich vom Schwimmdock. Man muss durch einen klapprigen Hinterhof, um die Kneipe zu betreten.

Unterhaltung

Scandalos CLUB
(Ecke Av. da Amizade & Rua Pedro Texeira; Eintritt Fr–So 5 R$) Einige Leute in Tabatinga halten diesen Club etwa fünf Häuserblocks von der Grenze für „unchristlich, unmoralisch und schwul", was faktisch bedeutet, dass er super ist. Besucher treffen hier ein junges, sexy Publikum, das bis zum Morgengrauen tanzt.

Isla Santa Rosa (Peru)

Fünf Minuten mit dem Boot von Leticia gelegen, besitzt dieses kleine Inseldorf am Amazonas ein paar rustikale Hostels, Bars und Restaurants und nicht viel mehr außer einem etwas fragwürdigen Ruf. Die einzige Touristenattraktion ist im Grunde das riesige Schild „Welcome to Peru". Wer nach Iquitos reist oder von dort kommt, muss sich hier bei der **Policía Internacional Peruviano (PIP)** einen Ein- oder Ausreisestempel besorgen. Alles Wichtige liegt an dem Fußweg durch die Stadt. Wassertaxis (3000 COP) bedienen die Strecke zwischen Leticia und Isla Santa Rosa während der Hochwasserzeit von Sonnenaufgang bis Sonnenuntergang.

Parque Nacional Natural Amacayacu

Der sich über fast 300 000 ha erstreckende **Parque Nacional Natural Amacayacu** (☎8 520 8654; Ausländer/Kolumbianer 35 000/13 000 COP) ist optimal, um den Regenwald des Amazonasgebiets aus nächster Nähe kennenzulernen. Der Park liegt von Leticia aus etwa 75 km flussaufwärts und beherbergt 500 unterschiedliche Vogelspezies, 150 Säugetierarten und Dutzende Reptilien, darunter Krokodile, Boas und Anakondas. Und Millionen von Moskitos. Das Freizeitangebot setzt sich aus Kajakfahren, Vogelbeobachtung und mehrtägigen Wanderungen zusammen.

Zu den touristischen Einrichtungen zählen Gasthäuser mit Schlafsälen und Gemeinschaftsbädern, sieben Luxushütten mit eigenem Bad und ein gutes Restaurant. Die Luxushotel-Kette Decameron betreibt diese Einrichtungen, was die sehr hohen Preise erklärt. Einfache Betten im Schlaf-saal kosten abhängig von der Saison zwischen 104 000 und 195 000 COP. Die Preise für das einfache Doppelzimmer beginnen bei 360 000 COP.

Hochgeschwindigkeitsboote mit Ziel Puerto Nariño (s. S. 304) setzen Passagiere bei Bedarf an der Touristeninformation ab (24 000 COP, 1½ Std. ab Leticia). Die Plätze auf den Booten sind häufig rasch ausverkauft, also auch hier möglichst im Voraus buchen. Die Rückfahrt nach Leticia kann etwas schwierig werden. Die beste Wahl besteht darin, ein von Puerto Nariño zurückkehrendes Boot heranzuwinken. Sie kommen gegen 11.30 und 16.30 Uhr an der Touristeninformation vorbei, halten aber nicht, wenn sie voll sind. Dann besteht eine weitere Möglichkeit darin, eines der langsamen Frachtschiffe oder ein *peque-peque* (kleines

Motorboot) heranzuwinken und gemütlich nach Leticia zurückzuschippern.

Puerto Nariño

8 / 7500 EW. / HÖHE: 110 M

Der kleine Amazonasort Puerto Nariño, 75 km flussaufwärts von Leticia, ist der lebende Beweis dafür, dass Mensch und Natur friedlich nebeneinander leben können.

Puerto Nariño hat das Konzept des grünen Lebens zu einer Kunstform erhoben. Motorisierte Fahrzeuge sind verboten. Die makellose Stadt besteht aus einem Netz von landschaftlich schön gestalteten Wegen, und jeden Morgen schwärmen die Bürger aus, um ihre Stadt feinzumachen.

Das ehrgeizige Recyclingkonzept von Puerto Nariño stellt das der meisten Städte in den Schatten: Praktisch an jeder Ecke stehen Müll- und Wertstoffbehälter; das Regenwasser wird in Zisternen gesammelt und fürs Wäschewaschen und Rasensprengen verwendet; der energieeffiziente Generator der Stadt produziert den nötigen Strom, aber nur bis Mitternacht. Besucher können hier also in aller Ruhe zum Murmeln des Dschungels und Plätschern der Regentropfen schlummern.

Die meisten Einwohner von Puerto Nariño sind Indios aus den Stämmen der Tikuna, Cocoma und Yagua. Ihr gemeinschaftliches ökologisches Experiment hat eine wichtige Einnahmequelle erschlossen: den Ökotourismus. Dieses friedliche Städtchen ist darüber hinaus eine ideale Basis, um den schönen Lago Tarapoto und das Amazonasbecken insgesamt zu besuchen.

Sehenswertes & Aktivitäten

Die **Fundación Omacha** (www.omacha.org) am Flussufer unmittelbar nördlich von den Docks ist ein Zentrum für Naturschutz und Forschung, das es sich zum Ziel gesetzt hat, die im Süßwasser des Amazonas lebenden Säugetiere, in erster Linie Süßwasserdelfine, Manatis und Otter, zu schützen. Nebenan unterhält das **Centro de Interpretación Natütama** (Spende als Eintritt; Di geschl.) ein faszinierendes Museum mit fast 100 lebensgroßen Schnitzarbeiten, die Flora und Fauna des Amazonas nachbilden.

Wer das Dorf aus der Vogelperspektive sehen möchte, muss nur den **Aussichtsturm** (Ausländer/Kolumbianer 7000/5000 COP) an der Calle 4 besteigen.

Der **Lago Tarapoto**, 10 km westlich von Puerto Nariño, ist ein schöner Dschungelsee, in dem früher viele Amazonasdelfine lebten. Obwohl sich viele der Tiere vor dem Tourismus in andere Gewässer zurückgezogen haben, kann man hier hin und wieder noch welche sehen. Diese Gegend ist auch durch eine sehr vielfältige Flora charakterisiert, u. a. die Victoria Regia, die größte Seerose auf der Welt. Ein halbtägiger Ausflug zum See in einem *peque-peque* kann von Puerto Nariño aus organisiert werden (50 000 COP für bis zu drei Personen). Die Einheimischen können Reisende auch zu vielen anderen interessanten Orten bringen, etwa zum Parque Nacional Natural Amacayacu.

Der joviale **Willinton Carvajal** (313 375 5788), der nur Spanisch spricht, ist ein guter Führer vor Ort.

Schlafen

Es gibt in der Stadt insgesamt rund ein Dutzend Hotels.

LP TIPP **Malokas Napü** GASTHAUS $
(310 488 0998; olgabeco@yahoo.com; Calle 4 No 5-72; Zi. pro Pers. mit/ohne Balkon 30 000/25 000 COP; @) Diese Pension wirkt wie eine Baumhausfestung. Die Zimmer sind einfach, aber komfortabel mit schlichtem Mo-

HIER KOMMEN DIE AFFEN

Affenfreunde werden sich tiefer in den Dschungel im Parque Nacional Natural Amacayacu vordringen, um die **Fundación Maikuchiga** (313 309 2866; www.maikuchiga.org) zu besuchen, in der die Britin Sara Bennett eine Art Rehabilitationszentrum für Primaten betreibt. Der Besuch ist recht teuer (120 000 COP für bis zu sechs Personen, 20 000 COP für jede weitere Person, außerdem der Eintritt in den Nationalpark), aber dieser Affenzirkus ist fraglos ein Highlight. Die verspielten Affen haben z. B. einen Riesenspaß daran zu versuchen, den Besuchern Lippenstift, Brieftasche oder Handy abzujagen.

Achtung: Das Zentrum reglementiert die Besucherzahl im Interesse der Tiere sehr streng, sodass man sich am besten vorher anmeldet, um nicht später vor Ort eine Enttäuschung zu erleben.

biliar und Gemeinschaftsbädern. Das Personal ist außergewöhnlich freundlich. Am besten sind die Zimmer 7 und 8 im hinteren Gebäude. Sie teilen sich einen Balkon mit gemütlichen Hängematten mit Blick direkt auf den Dschungel.

LP TIPP **Cabañas del Friar** CABAÑAS $

(☎311 502 8592; altodelaguila@hotmail.com; Zi. pro Pers. 20 000 COP) Etwa 20 Minuten westlich der Stadt betreibt Pater Hector José Rivera diese auf einem Hügel gelegene Oase mit Blick über den Amazonas. Der Komplex besteht aus mehreren einfachen Hütten, Gemeinschaftseinrichtungen und einem Aussichtsturm. Die eigentliche Attraktion besteht in dem spielerischen Miteinander von Affen, Hunden und Papageien – ein Spektakel, von dem man sich nur schwer losreißen kann! Man erreicht diesen großartigen Ort, wenn man die Carrera 6 in westlicher Richtung aus der Stadt hinaus über die große Brücke zu dem gut gepflegten Fußweg nimmt, sich am darauf folgenden Friedhof links hält, über den Campus der Hochschule geht und dann am Fußballplatz rechts abbiegt.

Hotel Lomas del Paiyü HOTEL $

(☎313 268 4400; hotellomasdelpaiyu@yahoo.com; Calle 7 No 2-26; EZ/DZ 30 000/50 000 COP, Zi. pro Pers. ohne Bad 20 000 COP) Dieses Hotel mit einem Blechdach und kürzlich renovierten 22 Zimmern ist eine zuverlässige Wahl. Einige Bäder sind fast so groß wie die dazugehörigen Zimmer, bei den billigeren Zimmern handelt es sich um rustikale *cabañas* mit Hängematten.

Essen & Ausgehen

Puerto Nariño hat mit einer Ausnahme keine erwähnenswerten Restaurants zu bieten. Es existieren ein paar Fast-Food-Schuppen und Lebensmittelgeschäfte an der Hauptstraße mit Blick auf den Fluss. Das „Nachtleben" besteht darin, in einer der kleinen Bars vor dem Basketballplatz zu trinken.

LP TIPP **Las Margaritas** KOLUMBIANISCH $

(Calle 6 No 6-80; Menüs 6000–12 000 COP) Hinter einem Gartenzaun unter einem riesigen Strohdach verborgen, ist das Las Margaritas das beste Restaurant der Stadt. Es serviert ausgezeichnete, recht würzige Hausmannskost in Form eines Büffets. Das Frühstück ist nicht so gut wie das Mittag- und das Abendessen.

Café Omague KOLUMBIANISCH $

(Carrera 2 No 5-65; ⌚ab 15 Uhr) Das kleine Café listet auf einer Tafel seine Auswahl an Tapioka-Crêpes und anderen kleinen Happen auf. Die Gäste sitzen hier fast schon romantisch an von Kerzen beleuchteten Tischen. Arbeitet also auch bei Stromausfällen, die nicht gerade selten sind.

Praktische Informationen

Es gibt in Puerto Nariño keine Geldautomaten und keine Banken, und Kreditkarten werden nicht akzeptiert. Also genug Bargeld einstecken!

Compartel (Ecke Carrera 6 & Calle 5; pro Std. 2000 COP; ⌚So geschl.) Internetzugang und Telefonate.

Krankenhaus (Ecke Carrera 4 & Calle 5)

Touristeninformation (☎313 235 3687; Ecke Carrera 7 & Calle 5; ⌚ So geschl.) Die Touristeninformation befindet sich im *alcaldía* (dem Rathausgebäude), betreibt aber auch einen Kiosk direkt am Amazonas.

An- & Weiterreise

Die Hochgeschwindigkeitsboote nach Puerto Nariño legen täglich um 8, 10 und 14 Uhr von Kai in Leticia ab (29 000 COP, 2 Std.). Die Rundreise-Boote nach Leticia fahren um 7.30, 11 und 16 Uhr.

Fahrgäste erhalten die Tickets bei **Transportes Fluviales** (☎592 6752; Calle 8 No 11) in Leticia. Die Boote sind schnell ausverkauft, also am besten schon früh am Vortag buchen.

Río Yavarí

Der vielfach gewundene Río Yavarí durchzieht riesige Flächen unberührten Urwalds und bietet so ausgezeichnete Möglichkeiten, das Amazonasgebiet ungestört und aus der Nähe kennenzulernen. Ein paar Reservate in Privatbesitz bieten einfache Unterkünfte sowie geführte Touren und weitere Aktivitäten an, u. a. Kajakfahren, Vogelbeobachtung, Delinbeobachtung, Dschungelwanderungen und Besuche von Indiodörfern. Die Unterkünfte kümmern sich auch ums Essen.

Die Kosten hängen von der Größe der Reisegruppe, der Dauer des Aufenthalts, der Saison und der Zahl der gebuchten Touren ab. Man muss grob mit 150 000 bis 250 000 COP pro Person und Tag rechnen. Regelmäßige Bootverbindungen gibt es nicht, weshalb der Transport im Schutzgebiet arrangiert werden muss. Man kann auch privat in Leticia ein Boot mieten. Das ist aber nicht billig. Die Preise liegen hier bei rund 150 000 COP plus Sprit.

Wer den Río Yavarí befahren möchte, braucht ohne Ausnahme einen brasilianischen Einreisestempel.

RESERVA NATURAL PALMARÍ

Etwa 105 km auf dem Fluss von Leticia entfernt liegt die konsequent ökologisch ausgerichtete Reserva Natural Palmarí. Das Zentrum mit einer Lodge und Forschungszentrum befindet sich am südlichen (brasilianischen) Flussufer und blickt auf eine Flussbiegung, in der sich häufig Amazonasdelfine tummeln. Es ist die einzige Unterkunft mit Zugang zu allen drei Ökosystemen des Amazonasgebiets: *terra firme* (trocken), *várzea* (halb überflutet) and *igapó* (überflutet).

Die Lodge selbst ist sehr rustikal. Ein großer Teil wurde erst 2010 wiederaufgebaut, nachdem ein Brandstifter Feuer gelegt hatte. Das Hotel stellt hilfsbereite Führer aus der Umgebung (die kein Englisch sprechen) und bietet ein umfangreiches Programm an Wanderungen und Nachtmärschen, Bootsausflügen und Kajaktrips an. Vor allem aber ist die Reserva Natural Palmarí wohl das Wandereldorado der gesamten Region. Nur hier können Reisende sich auch auf trockenem Urwaldboden bewegen, und es bestehen beste Chancen, viele Tiere zu sehen. Auch das Essen hier ist vorzüglich.

Die Zimmerpreise für Individualreisende beinhalten auch Verpflegung (pro Nacht 250 000 COP für ein Bett oder eine Hängematte) sowie alle Ausflüge und Aktivitäten außer dem Nervenkitzel der Baumkronentour (60 000 COP). Die schöneren *cabañas* mit eigenem Bad sind für die Teilnehmer mehrtägiger Pauschalpakete reserviert.

Das Reservat wird von Bogotá aus von seinem Besitzer **Axel Antoine-Feill** (☎310 786 2770; www.palmari.org; Carrera 10 No 93-72, Bogotá) gemanagt, der mehrere Sprachen spricht, auch Englisch. Seine Vertreterin in Leticia heißt **Victoria Gomez** (☎310 793 2881), die jedoch nur Spanisch spricht.

Um zur Reserva Natural Palmarí zu kommen, muss man entweder mit dem Hotel den Transport von Leticia aus regeln oder auf die billige und abenteuerliche Art reisen: Zuerst nimmt man von den schwimmenden Docks in Tabatinga ein Boot mit der Aufschrift „Taxi do Río – Catraya“, das nach Benjamin Constant abfährt, wenn es voll ist (15 R$, 30 Min.). Von hier aus geht es für diejenigen mit extrem wenig Gepäck mit einem Mototaxi (25 R$, 30 Min.) weiter.

Die Alternative ist einer der Kleinbusse zum Dorf Atalaia do Norte, die ebenfalls erst abfahren, wenn sie voll sind (15 R$, 45 Min.). Dort angekommen, kann man mit der Reserva Natural Palmarí den Transport per Boot zum Landhaus arrangieren (60 000 COP). Wer Glück hat, findet einen einheimischen Bootsführer, der für 60 bis 80 R$ fährt – es gibt aber nicht viele von ihnen.

RESERVA NATURAL ZACAMBÚ

Die Reserva Natural Zacambú gehört zu den nicht so weit von Leticia entfernt gelegenen Reservaten. Mit dem Boot sind es etwa 70 km. Die Lodge des Reservats liegt an der Laguna Zacambú auf der peruanischen Seite des Río Yavarí. Die Pension ist einfach und besitzt nur kleine Zimmer und Gemeinschaftsbäder für insgesamt etwa 30 Personen. Gäste sollten etwa 160 000 COP pro Person und Nacht inklusive Verpflegung und Transport einkalkulieren.

Die Reserva Natural Zacambú liegt in überflutetem Urwald, der viele unterschiedliche Schmetterlingsspezies beherbergt. Leider fühlen sich hier Moskitos ebenfalls sehr wohl. Die Nähe zu peruanischen Siedlungen bedeutet außerdem, dass dies nicht gerade der ideale Ort ist, wenn man wilde Tiere beobachten möchte.

Sowohl die Unterkunft als auch die Touren werden von Leticia aus von **Amazon Jungle Trips** (☎8 592 7377; www.amazonjungletrips.com.co; Av. Internacional No 6-25) organisiert.

Kolumbien verstehen

Bevölkerung pro km²

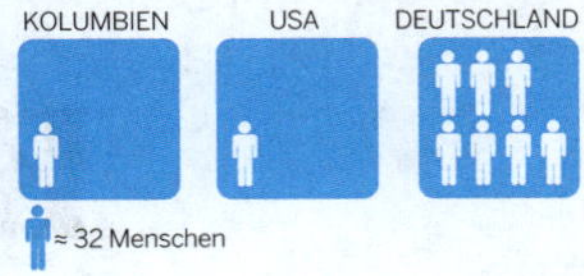

Kolumbien aktuell

Ein aufblühendes Land

Kolumbien verzaubert einfach alle Besucher – kaum einer verlässt das Land mit einem schlechten Eindruck. Während weltweit die Wirtschaft ins Stottern kommt, erlebt Kolumbien einen kräftigen Aufschwung durch ausländische Investoren und den Tourismus-Boom. Seit mehreren Jahren schon wächst die Wirtschaft konstant, und für 2012 prognostiziert Kolumbiens Finanzminister ein weiteres Wachstum von 5 %. Auf dem Land ist die Armut zwar noch verbreitet, doch insgesamt ist Kolumbien auf dem besten Weg, eines der begehrtesten Reiseziele auf dem Kontinent zu werden.

Das war nicht immer so. Bis 2002 zerriss ein Bürgerkrieg das Land, in dem die FARC (eine linksgerichtete Guerilla-Armee) große Teile des Landes kontrollierte und gegen Regierungstruppen und rechtsgerichtete paramilitärische Gruppierungen wie die AUC (eine Bürgerwehr) kämpfte. Danach folgten acht Jahre der kompromisslosen, aber skandalträchtigen Präsidentschaft von Álvaro Uribe, der die FARC in einer US-finanzierten Militäroffensive wieder in die Wälder und Berge zurückdrängte. Die Zahl der Guerillas sank von 17 000 auf 9000, da viele desertierten oder umkamen. Auch Entführungen und räuberische Erpressungen gingen stark zurück. 2006 legten die 26 000 Anhänger der AUC ihre Waffen nieder, wobei laut Amnesty International diese Maßnahme nicht streng genug kontrolliert wurde.

Kurzinfos

- Einwohner: 44 725 500
- Wachstum des Bruttoinlandsprodukts (2010): 5,2 %
- Exportgüter: Kaffee, Kohle, Öl, Gold, Bananen, Schnittblumen, Chemikalien, Smaragde
- Entwicklungshilfe aus den USA (2009): 838 Mio. US$
- Arbeitslose: 11,8 %
- Lebenserwartung: 71 Jahre (Männer), 78 Jahre (Frauen)
- Internet-Länderkennung: .co

Der pragmatische Präsident

Manuel Santos, der in Harvard studiert hat, wurde 2010 Präsident, nachdem er die Wahl gegen Antanas Mockus, den exzentrischen ehemaligen Bürgermeister von Bogotà, haushoch gewonnen hatte. Seine Amtsführung zeichnet sich durch größeren Pragmatismus aus, doch führt er die

Top-Bücher

» *Hundert Jahre Einsamkeit (Gabriel García Márquez)* Ein Meisterwerk des magischen Realismus.

» *Calamari (Emilio Ruiz Barrachina)* Eine in Cartagena angesiedelte historische Romanze.

» *Beyond Bogota – Diary of a Drug War Journalist in Colombia (Garry Leech)* Bietet wichtige Hintergrundinformationen.

» *Land der Geister (Laura Restrepo)* Lotet ein persönliches und das politische Delirium

Top-Filme

» *Todos Sus Muertos (2011)* Verheerende Kritik an Korruption und Gleichgültigkeit in Kolumbien.

» *Apaporis (2010)* Beeindruckender Dokumentarfilm über das Leben der Ureinwohner am Amazonas.

Religionszugehörigkeit
(% der Bevölkerung)

Wenn in Kolumbien 100 Menschen lebten,

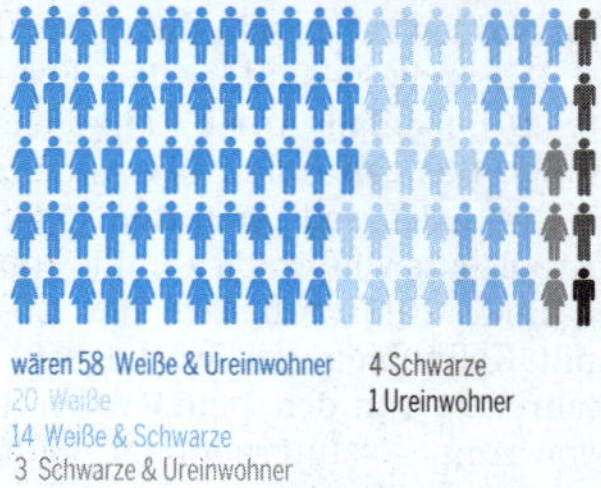

unnachgiebige Politik seines Vorgängers gegenüber den Guerillas fort. Gegen die FARC geht er auf zweierlei Weise vor: indem er vor Verhandlungen Waffenruhe fordert und gleichzeitig die Aufständischen militärisch bekämpft.

Im September 2010 überfielen kolumbianische Truppen das Camp des FARC-Kommandanten Mono Jojoy und tötete ihn. Dort stellte sich heraus, dass die FARC, die sich traditionell mit der Besteuerung des Coca-Handels und durch Drogenhandel finanzierte, sich nun auch dem illegalen Goldschürfen zugewandt hatte. Daraufhin ging die Regierung rigoros gegen illegale Minen vor, was sich auch auf die *campesinos* (Bauern) auswirkte, die bisher im kleinen Stil Gold schürften.

Am 4. November 2011 bombardierten kolumbianische Soldaten das Camp des FARC-Rebellenführers Alfonso Cano. Santos nannte dessen Tod „den härtesten Schlag gegen diese Organisation, den sie je erlebt hat" und verhieß: „Der fast 50 Jahre alte Konflikt geht nun dem Ende entgegen." Die FARC wählte umgehend einen neuen Kriegsführer, Rodrigo Londoño Echeverry, genannt Timochenko. Dieser bot überraschend Friedensverhandlungen an, die Santos aber ablehnte. Er erklärte die Bedingungen für unannehmbar, solange die Aufständischen bewaffnet blieben. Der Konflikt besteht weiterhin.

Kokain, Kaffee & Kommerz

Santos forderte ein Umdenken im Drogenkrieg mit der Begründung, dass es die starke Nachfrage aus den USA und Europa seien, welche Herstellung und Vertrieb der Drogen so profitabel machten. Obwohl sich die aufwendigen Kampagnen gegen den Anbau und gegen die Kartelle auf den Handel auswirkten, produziert Kolumbien jährlich immer noch 410 t Kokain. Einige Drogenbarone wurden 2011 getötet oder festgenommen,

Explosives Spiel

Tejo ist ein traditionelles Spiel, bei dem 2-kg-Gewichte auf mechas (mit Schwarzpulver gefüllte Papiertüten) in eine Grube geworfen werden, wo sie explodieren. Ursprünglich ein Vergnügen der Landbevölkerung, wird es nun auch in den meisten großen Städten gespielt. Lautes Lärmen und Alkohol gehören mit dazu.

Etikette

» *Perro Come Perro (Perro Come Perro* – Den letzten fressen die Hunde; 2008) Gangsterfilm im Stil Quentin Tarantinos.

» *Maria Eres Llena de Gracia (2008)* Bewegender Film über Teenager-Schwangerschaft und Drogenhandel.

» Mit ein wenig Handeln werde fast alle Intercity-Busfahrten billiger – um bis zu 20%.

» Fahrgäste sollten sich nicht verpflichtet fühlen, die kleinen Souvenirs zu kaufen, die bei Busreisen angeboten werden.

» Nicht Nein sagen, wenn Saftverkäufer auf der Straße nachfüllen; das wird ñapa genannt und gehört dazu.

» Kein Kokain nehmen. Man kann in Kolumbien auch so genug erleben.

Stadt & Land

Kolumbien besitzt heute eine vorwiegend städtische Gesellschaft: Etwa 75 % der (rund) 45 Mio. Einwohner leben in Städten, da die Armen vom Land dort ihr Glück oder zumindest Sicherheit suchen.

darunter auch Juan de Dios Usuga, der das mächtige Kartell Urabeños im Norden beherrscht hatte.

Der andere – und legale – Exportschlager Kolumbiens, Kaffee, musste 2011 ebenfalls große Einbußen hinnehmen, allerdings rein wetterbedingt. Das ganze Jahr über stürzten wahre Sintfluten auf die Anbaugebiete nieder und zerstörten 14 % der Ernte des weltweit zweitgrößten Exporteurs von Arabica-Kaffeebohnen.

Ende 2011 ratifizierte der US-Kongress ein Freihandelsabkommen mit Kolumbien, das wegen befürchteter Menschenrechtsverletzungen jahrelang von den Demokraten blockiert worden war, u. a. wegen der von Amnesty International dokumentierten Ermordung von Gewerkschaftlern. Dies könnte sich für kolumbianische Bauern nachteilig auswirken, die nun mit den staatlich subventionierten Ernten der USA konkurrieren müssen.

Nur in Kolumbien

Im Oktober 2011 wurde Gustavo Petro, ein ehemaliger Anführer der linksgerichteten Guerillabewegung M-19, die 1985 den Justizpalast in Bogotà stürmte, zum Bürgermeister der Stadt gewählt. War es früher einmal unvorstellbar, Vergnügungsreisen durchs Land zu unternehmen, dann können die Gäste heute kaum glauben, dass ein ehemaliger notorischer Guerillakrieger nun ein hohes Amt bekleidet.

Ein weiteres eigenartiges Drama spielte sich im März 2011 ab, als Fußballfans im Stadion von Cúcuta der Bedeutung des Wortes „fanatisch" noch etwas hinzufügten: Bei einem Spiel zwischen ihrem Team Cúcuta Deportivo gegen Envigado brachten Freunde des siebzehnjährigen Christopher Jacome, der beim Fußballspielen in der Nachbarschaft ermordet worden war, seine aufgebahrte Leiche zu den Stehplätzen, um ihm noch ein letztes Spiel zu gönnen.

Salsa

» *El Preso* (Fruko Y Sus Tesos)
» *Pantera Mambo* (LA 33)
» *Rebelion* (Joe Arroyo)
» *Oiga, Mira Vea* (Orquesta Guayacan)
» *Gotas De Lluvia* (Grupo Niche)

Kulinarische Tipps

» Wer keine Suppe will, sollte „seco" (trocken) bestellen.
» Kulinarische Draufgänger kosten gern auch *ubre* (Euter) und *mondongo* (Kutteln).
» Der Kaffee in den Straßen von Kolumbien schmeckt schrecklich

Voll oder halb?

Wer in Kolumbien Rum bestellt, bekommt kein Glas mit Rum vorgesetzt wie in Europa, sondern eine ganze oder halbe Flasche – mit Cola, Eis und erfrischenden Limetten.

Geschichte

Krieg und Gewalt sind unbestreitbar die zentralen Faktoren in der Geschichte Kolumbiens. Ob es um die Grausamkeiten der kolonialen Eroberer geht, den Kampf gegen Spanien um die Unabhängigkeit, den seit 50 Jahren andauernden Bürgerkrieg zwischen den Guerillas der FARC und paramilitärischen Gruppen oder den Drogenkrieg der 1980er- und 1990er-Jahre, der Name Kolumbien ist wie ein Synonym für Gewalt.

Da die Gewalt in den letzten Jahren jedoch deutlich abgenommen hat, ist Kolumbien heute für Einheimische und Touristen erheblich sicherer geworden. Doch auch wenn die Auseinandersetzungen nachgelassen haben, kontrolliert die FARC große Dschungelgebiete, und die paramilitärischen Kräfte sind ebenso wie die Drogenkartelle weiterhin aktiv.

Das größte indigene Volk, das zwischen dem Reich der Maya und der Inka zur Zeit der spanischen Eroberung lebte, waren die Muisca. Mit ihren *tujos* (Gaben) aus Gold weckten sie Träume vom El-dorado, während ihr *chicha* (Bier aus fermentiertem Mais) noch heute die Sinne der Kolumbianer benebelt.

Präkolumbische Zeit

Die ersten Bewohner wanderten vor etwa 70 000 bis 12 500 Jahren aus dem Norden in die Region des heutigen Kolumbien ein, dort, wo Südamerika und Mittelamerika aufeinandertreffen. Die meisten von ihnen, so auch die Vorfahren der Inka, zogen einfach weiter. Über die Stämme, die in der Region sesshaft wurden (etwa die Calima, Muisca, Nariño, Quimbaya, Tairona, Tolima und Tumaco), ist wenig bekannt. Als die Spanier das Gebiet erreichten, lebte die Ursprungsbevölkerung verstreut in kleinen Gemeinschaften von der Landwirtschaft und vom Handel. Sie konnte im Prinzip kaum konkurrieren mit den großen Hochkulturen, die sich in Mexiko und Peru entwickelt hatten.

Die größten präkolumbischen Stätten (San Agustín, Tierradentro und Ciudad Perdida) waren bereits lange vor der Ankunft der Spanier zu Beginn des 16. Jhs. aufgegeben worden. Die Ursprünge von Ciudad Perdida, der Urwaldstadt der Tairona, reichen bis 700 n. Chr. zurück. Sie besteht aus Hunderten von Terrassen, die durch Treppen miteinander verbunden sind. Die Muisca waren zu Beginn der Eroberung mit einer Zahl von 600 000 Menschen eine der größten indigenen Bevölkerungsgruppen

ZEITACHSE

10 000 v. Chr.

Frühe Bewohner stellen Steinwerkzeuge her, die später in den Felsen von El Abra bei Bogotá entdeckt werden. Die Funde sind die ältesten Beweise für menschliches Leben in Kolumbien.

5500 v. Chr.

Vorfahren der Muisca wandern in das heutige Kolumbien ein. Sie leben verstreut in kleinen Siedlungen von ihren selbst erzeugten Nahrungsmitteln, während die Azteken und Inka mächtige Reiche aufbauen.

700 n. Chr.

Die Tairona beginnen mit dem Bau ihrer größten Stadt, dem sagenumwobenen Ciudad Perdida (Verlorene Stadt) mitten im Regenwald, die erst 1975 entdeckt wird.

in der Region des heutigen Boyacá und Cundinamarca bei Bogotá (der Name geht auf die Muisca zurück).

Die spanische Eroberung

Kolumbien wurde nach Christoph Kolumbus benannt, auch wenn er selbst nie einen Fuß auf kolumbianischen Boden gesetzt hatte. Einer seiner Begleiter auf der zweiten Reise, Alonso de Ojeda, war der erste Europäer, der 1499 die Region erreichte. Er erkundete oberflächlich die Sierra Nevada de Santa Marta und war erstaunt über den Wohlstand der einheimischen Bevölkerung. Die kolumbianische Küste wurde zum Ziel zahlreicher spanischer Expeditionen. Es entstanden mehrere Siedlungen, die jedoch nur von kurzer Dauer waren. Erst 1525 gelang Rodrigo de Bastidas mit Santa Marta, heute die älteste Stadt Kolumbiens, eine dauerhafte Ansiedlung. Cartagena, 1533 von Pedro de Heredia gegründet, wurde wegen des günstiger gelegenen Hafens schnell zum wichtigsten Handelsstützpunkt.

1536 starteten unabhängig voneinander drei Eroberungszüge ins Landesinnere: unter Gonzalo Jiménez de Quesada (von Santa Marta aus), Sebastián de Belalcázar (auch Benalcázar; vom heutigen Ecuador aus) und Nikolaus Federmann (von Venezuela aus). Allen drei Männern gelang es, große Teile der Kolonie zu erobern und eine Reihe von Städten zu gründen, bevor sie 1539 auf dem Gebiet der Muisca zusammentrafen.

Quesada erreichte als Erster der drei Eroberer das Ziel, indem er 1537 durch das Valle del Magdalena und über die Cordillera Oriental zog. Zu der Zeit waren die Muisca in zwei rivalisierende Clans gespalten. Zipa, der Herrscher von Bacatá (das heutige Bogotá) bestimmte über den einen Clan und Zaque, der Herrscher von Hunza (das heutige Tunja), über den anderen. Diese Rivalität schwächte die Muisca, sodass Quesada beide Clans mit nur 200 Männern besiegen konnte.

Belalcázar, ein Deserteur aus der Armee Francisco Pizarros, dem Eroberer des Inka-Reiches, unterwarf den südlichen Teil Kolumbiens und gründete Popayán und Cali. Federmann kam, nachdem er Los Llanos und die Anden überwunden hatte, kurz nach Belalcázar in Bogotá an. Die drei Gruppen stritten um die Vorherrschaft, bis König Karl V. von Spanien schließlich 1550 in Bogotá einen Gerichtshof einrichten ließ und die Kolonie der Herrschaft des Vizekönigs von Peru unterstellte.

ENTDECKER

Edward J. Goodman schildert in The Explorers of South America (1972) einige bemerkenswerte Entdeckungsreisen durch Südamerika, u. a. durch Kolumbien. Das Spektrum reicht von Kolumbus bis Humboldt.

Die koloniale Ära

1564 richtete die spanische Krone ein neues Organ der Kolonialregierung ein, die Real Audiencia del Nuevo Reino de Granada. Als Vertreterin der militärischen und staatlichen Macht konnte diese fortan autonomer handeln. Den Vorsitz in der Audiencia hatte ein Gouverneur, der vom spanischen König ernannt wurde. Zu der Zeit gehörten zur Kolonie

1499
Auf seiner zweiten Reise in die Neue Welt landet Alonso de Ojeda am Cabo de la Vela. Ein Wissenschaftler an Bord überrascht die Mannschaft mit der Aussage, dass sie nicht in Asien seien.

1537-1538
Der Konquistador Gonzalo Jiménez de Quesada gründet zweimal die neue Siedlung, Santa Fe de Bogotá. Zuerst 1537 ohne Erlaubnis der Krone, dann 1538 mit deren Einverständnis.

1564
Die spanische Krone gründet die Real Audiencia del Nuovo Reino de Granada, die dem Vizekönig von Peru in Lima untersteht.

1717
Bototá wird Hauptstadt des Vizekönigreichs Virreinato de la Nueva Granada. Das Gebiet umfasst das heutige Kolumbien, Ecuador, Venezuela und Panama.

das heutige Panama, Venezuela (außer Caracas) und ganz Kolumbien mit Ausnahme des heutigen Nariño, Cauca und Valle del Cauca, die der Rechtsprechung der Presidencia de Quito (heute Ecuador) unterstanden.

Die Bevölkerungsstruktur der Kolonie, die sich zunächst aus den indigenen Völkern und den spanischen Einwanderern zusammensetzte, wurde komplexer, weil afrikanische Sklaven über Cartagena, dem wichtigsten Hafen für den Sklavenhandel in Südamerika, ins Land geschafft wurden. Im 17. und 18. Jh. verschifften die Spanier so viele Afrikaner, dass ihre Zahl schließlich höher war als die der indigenen Bevölkerung. Zu diesem Mix kamen noch die *criollos* (in der Kolonie geborene Weiße) hinzu.

Da das spanische Reich in der Neuen Welt immer weiter anwuchs, wurde 1717 eine neue territoriale Gliederung festgelegt. Bogotá wurde zur Hauptstadt des Vizekönigtums, des Virreinato de la Nueva Granda, dem die heutigen Staaten Kolumbien, Panama, Ecuador und Venezuela angehörten.

Obwohl der Konquistador Sebastián de Belalcázar zunächst dafür belohnt wurde, dass er Tausende von Ureinwohnern hatte töten lassen, wurde er von der spanischen Krone doch zum Tode verurteilt. Ihm wurde vorgeworfen, er habe 1546 die Ermordung eines Rivalen, des Eroberers Jorge Robledo, angeordnet.

Unabhängigkeit von Spanien

Die Vormachtstellung der Spanier auf dem Kontinent wurde immer größer und damit auch die Unzufriedenheit der Einwohner, besonders wegen der Handelsmonopole und der Erhebung neuer Steuern. Die erste

GOLD!

Vom ersten Tag ihrer Ankunft war das Denken der Konquistadoren beherrscht von der Gier nach Gold. Der Anblick von Gegenständen aus Gold schürte ebenso wie Berichte darüber, dass im Landesinneren sehr viel mehr davon zu finden sei, den Mythos vom Eldorado, einem geheimnisvollen Reich im Urwald, in dem es unermessliche Goldschätze geben sollte und von dem manch einer glaubte, dass es von Bergen aus Gold und Smaragden umgeben war. Lange Zeit konzentrierte sich das um sein Weiterbestehen kämpfende koloniale Vizekönigreich Neugranada auf einen einzigen Exportartikel, eben auf Gold.

Mit der Zeit wurde dieser Mythos mit den Muisca und dem berühmten Guatavita-See (S. 83) in Verbindung gebracht, wo endlose Versuche unternommen wurden, auf dem Grund des Sees genug Gold zu finden, um die Welt zu verändern. Leider blieben die Funde jedoch äußerst mager. Mehr darüber erzählt das faszinierende Buch *The Search for El Dorado* (2001) von John Hemming.

2012 schoss der Goldpreis weiter in die Höhe, weil die Weltwirtschaft sich in unruhigen Gewässern bewegte und die Investoren nach sicheren Anlagen suchten. Die New York Times berichtete, dass das Interesse der FARC an Kokain, dem weißen Gold, nachlässt, und dass auch diese nun verstärkt auf die lukrativere, goldgelbe Variante des Goldes setzt.

1808

Napoleon besiegt den spanischen König Ferdinand VII. und ernennt seinen Bruder zum spanischen Herrscher. Befürworter der Unabhängigkeit schöpfen Hoffnung für Südamerika.

1819

Simón Bolívar gelingt es mit seinem Herr die Spanische Armee bei Bogacá zu schlagen. Der Sieg führt zur Gründung Großkolumbiens.

KRZYSZTOF DYDYNSKI/LONELY PLANET IMAGES ©

» Statue von Simón Bolívar

1830

Großkolumbien zerfällt in Kolumbien (einschließlich des heutigen Panama), Ecuador und Venezuela. Bolívar geht ins Exil und stirbt in Santa Marta.

Rebellion gegen die Kolonialherrschaft, die Revolución Comunera in Socorro (Santander) 1781, richtete sich gegen Steuererhöhungen der Krone. Nachdem es Unabhängigkeitsbestrebungen gegeben hatte, in deren Verlauf Bogotá beinahe eingenommen worden wäre, wurden die Anführer gefangen genommen und hingerichtet. Als Napoleon Bonaparte seinen Bruder 1808 zum spanischen König machte, weigerten sich die Kolonien, den neuen Herrscher anzuerkennen. Eine kolumbianische Stadt nach der anderen erklärte ihre Unabhängigkeit.

1812 trat Simón Bolívar, der spätere Held des Unabhängigkeitskampfes, auf den Plan. Er gewann sechs Schlachten gegen die spanischen Truppen, wurde aber im folgenden Jahr besiegt. Als Spanien den Thron von Napoleon wiedererlangt hatte, begann es mit der Rückeroberung der Kolonien, die 1817 Erfolg hatte. Bolívar, der sich 1815 nach Jamaika zurückgezogen hatte, kehrte Ende 1816 wieder nach Venezuela zurück und stellte ein Heer auf, doch die spanische Armee in Caracas war zu überlegen. So wandte sich Bolívar mit seiner Truppe Richtung Süden und marschierte über die Anden. Auf seinem Weg errang er einen militärischen Sieg nach dem anderen.

Die entscheidende Schlacht fand am 7. August 1819 in Boyacá statt. Drei Tage später marschierte Bolivár im Triumph in Bogotá ein. Auch wenn noch unbedeutendere Schlachten folgten (u. a. 1821 ein Sieg in Cartagena), trat kurz nach dem Sieg in Boyacá ein Kongress zusammen und verkündete die Unabhängigkeit der Republik Kolumbien, damals einschließlich Panamas und Venezuelas.

Die Bildung politischer Parteien

Nach der Erringung der Unabhängigkeit wurde 1819 in Angostura (heute Ciudad Bolívar in Venezuela) ein revolutionärer Kongress abgehalten. In euphorischer Stimmung proklamierten die Delegierten die Gründung Großkolumbiens mit den heutigen Einzelstaaten Venezuela, Kolumbien, Panama und Ecuador. (Genau genommen gehörten Ecuador und Teile Venezuelas noch zum spanischen Reich.)

Auf den Kongress in Angostura folgte 1821 ein weiterer in Villa del Rosario bei Cúcuta. Zu dieser Zeit wurden zwei gegensätzliche Auffassungen, die zentralistische und die föderalistische, erstmals deutlich sichtbar. Der Gegensatz zwischen beiden Strömungen blieb bis 1830 während der gesamten Regierungszeit Bolívars bestimmend. Nach seinem Rücktritt begann ein neues, wenig ruhmreiches Kapitel in der kolumbianischen Geschichte. Die Spaltung erfolgte offiziell 1849, als zwei politische Parteien gegründet wurden: die Konservativen (mit zentralistischen Vorstellungen) und die Liberalen (mit föderalistischen Tendenzen). Die erbitterte Feindseligkeit zwischen diesen beiden Gruppen führte zu einer Kette von Aufständen und Bürgerkriegen. Im 19. Jh. fanden in Kolumbi-

1880
Kolumbien wählt Rafael Nuñez zum Präsidenten, dem es gelingt, die Spannungen zwischen Staat und Kirche zu verringern. Sie wird Grundlage einer neuen, über Jahrhunderte gültigen Verfassung.

1899
Der dreijährige Krieg der Tausend Tage zwischen Liberalen und Konservativen erfasst das ganze Land. Der Konflikt bildet den Hintergrund des Romans Hundert Jahre Einsamkeit von Gabriel García Márquez.

1903
Panama, das sich schon länger vom Rest des Landes isoliert hat, spaltet sich von Kolumbien ab.

1948
Der Präsidentschaftskandidat der Liberalen, der populäre Politiker Jorge Eliécer Gaitán, wird ermordet, als er sein Büro verlässt. Es kommt zu blutigen Unruhen in Bogotá und im ganzen Land.

en nicht weniger als acht Bürgerkriege statt. Allein in der Zeit von 1863 bis 1885 kam es zu 50 Erhebungen gegen die Regierung.

1899 entwickelte sich aus einem Aufstand der Liberalen „der Krieg der Tausend Tage“. Nach dem Sieg der Konservativen waren 100 000 Tote zu beklagen. 1903 nutzten die USA den ständigen inneren Konfliktherd aus und schürten sezessionistische Bestrebungen in Panama, damals eine kolumbianische Provinz. Die USA sorgten dafür, dass Panama unabhängig wurde und veranlassten den Bau eines Kanals durch die Landenge, der unter ihrer Kontrolle stand. Erst 1921 erkannte Kolumbien die Souveränität Panamas an und beendete den Konflikt mit den USA.

Während der Kolonialzeit wurde die Bevölkerungsstruktur zunehmend komplexer, weil sich drei Volksgruppen vermischten. Es gab nun Mestizen (Nachkommen europäischer und indianischer Vorfahren), Mulatten (Menschen europäisch-afrikanischer Herkunft) und Zambos (Menschen afrikanisch-indianischer Herkunft).

Das 20. Jahrhundert: Der Keim der Rebellion

Zu Beginn des 20. Jhs. spaltete Panama sich von Großkolumbien ab. Danach folgte eine relativ friedliche Phase unter der Präsidentschaft von General Rafael Reyes, der versuchte die Fronten zu entschärfen. Die Wirtschaft entwickelte sich positiv (vor allem wegen des Kaffees), und die Infrastruktur des Landes wurde verbessert. Dieser kurze Ausflug in eine friedlichere Epoche dauerte jedoch nicht lange. Die Unzufriedenheit der Arbeiter wuchs (nach einem Streik der Arbeiter der United

DER STURZ SIMÓN BOLÍVARS

Simón Bolívar, „El Libertador“ (Befreier), besiegte mit seiner Armee die Spanier im ganzen Norden Südamerikas. Er wurde Präsident Großkolumbiens und gilt als großer Nationalheld. Deshalb ist es umso erstaunlicher, wie sein Leben zu Ende ging, gedemütigt, ohne Aufgabe, verarmt und einsam. Kurz bevor er 1830 an Tuberkulose starb, sagte er: „Es hat drei große Narren in der Geschichte gegeben, Jesus, Don Quijote und mich.“

Wie war das möglich? Als Befürworter einer zentral regierten Republik war er häufig abwesend und während langer Phasen damit beschäftigt, die Spanier in Peru und Bolivien zurückzudrängen. Damit überließ er die Regierung des Landes seinem Rivalen und Vizepräsidenten Francisco de Paula Santander. Dieser verunglimpfte Bolívar als Monarchist und begründete seinen Vorwurf mit Bolívars Absicht, Präsident auf Lebenszeit bleiben zu wollen.

Bolívar machte 1828 aus der Republik, die außer Kontrolle geraten war, eine Diktatur und führte erneut eine bereits in der Kolonialzeit unpopuläre Umsatzsteuer ein. Kurz darauf entging er nur knapp einem Mordanschlag (manche glauben, dass Santander dahintersteckte). Nachdem es immer wieder zu Aufständen gekommen war, hatte Bolívar 1830 schließlich genug: Er gab sein Amt als Präsident auf, verlor danach beim Glücksspiel seinen gesamten Besitz und starb wenige Monate später. Kurz nach seinem Tod zerbrach Großkolumbien in Einzelstaaten.

1964

Das Militär wirft Napalmbomben auf Guerillagebiet. Daraufhin bilden sich die Fuerzas Armadas Revoluvionarias de Colombia (FARC), später die Ejército de Liberación Nacional (ELN) und die M-19.

1974

Die Nationale Front geht zu Ende. Der neu gewählte Präsident Alfonso López Michelsen startet erstmals größere Initiativen zur Bekämpfung der drei größten Guerillagruppen

1982

Gabriel García Márquez erhält den Nobelpreis für Literatur. In seiner Rede dazu sagte er, dass zwar die Kunst Südamerikas schätzen, aber wenig Interesse an den poli tischen Entwicklungen dort hätten.

1982

Pablo Escobar wird in den kolumbianischen Kongress gewählt. Präsident Belisario Betancur erlässt eine Amnestie für die Guerillagruppen, woraufhin Hunderte von Gefangenen entlassen werden.

In seinem Roman Hundert Jahre Einsamkeit, der zum Inbegriff des fantastischen Realismus in Lateinamerika wurde, beschreibt Gabriel García Márquez im fiktiven Dörfchen Macondo 1885 bis 1902 die brutalen Auseinandersetzung der Liberalen und Konservativen und ihre Rachefeldzüge.

Fruit Company 1928), und 1946 kam es schließlich zum offenen Kampf zwischen Liberalen und Konservativen. Der bis dahin schlimmste Bürgerkrieg in der Geschichte Kolumbiens, La Violencia, forderte 200 000 Todesopfer. Nach der Ermordung des Führers der Liberalen, Jorge Eliécer Gaitán, eines charismatischen, populären Politikers, der aus eigener Kraft Karriere gemacht hatte, kam es überall im Land zu Unruhen. (Man sprach von El Bogotazo in Bogotá, wo Gaitán erschossen wurde, und von El Nueve de Abril an anderen Orten.) In ganz Kolumbien griffen die Liberalen zu den Waffen.

Generationen von Kolumbianern waren gespalten in zwei politische Lager, die einander aufs Tiefste misstrauten. Man geht davon aus, dass der „vererbte Hass“ das Motiv vieler Racheakte und die Ursache zahlloser Grausamkeiten war (einschließlich Vergewaltigung und Mord), die im folgenden Jahrzehnt, vor allem auf dem Land, verübt wurden.

Der Militärputsch von Gustavo Rojas Pinilla war der einzige Umsturz dieser Art im 20. Jh., aber auch diese Wende war nicht von Dauer. 1957 unterzeichneten die Führer beider Parteien ein Abkommen, wonach sie in den nächsten 16 Jahren ihre Macht teilen wollten. Diese Vereinbarung, die in einer Volksabstimmung bestätigt wurde (erstmals durften dabei auch Frauen ihre Stimme abgeben), hieß Frente Nacional (Nationale Front). Während der Dauer des Abkommens stellten die beiden Parteien abwechselnd für vier Jahre den Präsidenten.

Tatsächlich lief es, trotz der enormen Anzahl an Opfern, darauf hinaus, dass die altbekannten Gesichter wieder die Macht innehatten. Wichtig war dabei, dass andere politische Parteien jenseits der Liberalen und der Konservativen verboten waren. Indem man die Opposition außerhalb des politischen Systems drängte, legte man gleichzeitig den Keim für den Aufstand der Rebellen.

KOLUMBIANISCHER KAFFEE

Der im frühen 20. Jh. einsetzende Kaffee-Boom in Kolumbien erhielt 1959 eine Symbolfigur, als Juan Valdéz mit seinem Maultier zum Logo der Vereinigung kolumbianischer Kaffeebauern wurde. (2005 wurde dieses Bild übrigens als bestes Werbelogo ausgezeichnet.) 2004 eröffnete Valdéz mehr als 60 Cafés in Kolumbien, den USA und Spanien und trug so dazu bei, dass die Menschen statt zu schwachem Kaffee lieber zu stärkeren Espresso griffen.

Trotz der Konkurrenz durch günstigere, weniger gute Sorten aus Vietnam finden durch die Verarbeitung der hochwertigen Arabica-Sorte etwa 570 000 Menschen Beschäftigung. 2011, als die Preise wegen der Knappheit des weltweiten Angebots anstiegen, brachte der Kaffeehandel dem Land 2,6 Mrd. US$ ein.

1984

Der Justizminister Rodrigo Lara Bonilla wird ermordet, weil er einen Auslieferungsvertrag mit den USA befürwortet.

1990

Die M-19 gibt Waffen ab. Die Kartelle erklären der Regierung den Krieg. Unweit des Marktes von Paloquemao in Bogotá wird ein Regierungsgebäude durch eine Bombe zerstört.

1993

Pablo Escobar, früher Kongressmitglied und Drogenbaron, wird einen Tag nach seinem 44. Geburtstag auf dem Dach eines Hauses in Medellín von der kolumbianischen Polizei mit Hilfe der USA erschosen.

1995

Die Städte San Agustin und Tierradentro im Südwesten Kolumbiens mit ihren vielen geheimnisvollen Statuen, Gravuren und Gräbern werden auf die Weltkulturerbe-Liste der UNESCO gesetzt.

Die Entstehung der FARC & der paramilitärischen Gruppen

Während die neue Nationale Front dazu beitrug, dass die Feindseligkeit zwischen Konservativen und Liberalen abnahm, verschärften sich neue Konflikte zwischen Großgrundbesitzern und der ländlichen Unterschicht aus Mestizen und indigenen Gruppen. Zwei Drittel von ihnen lebten am Ende von La Violencia in Armut. Als Reaktion auf diesen Missstand entstanden linke Splittergruppen, die eine Landreform forderten. Seitdem ist die politische Situation eine völlig andere. Menschenrechtsgruppen, z. B. Human Rights Watch, haben vieles von dem, was geschehen ist, nahezu akribisch dokumentiert.

Die neuen kommunistischen Enklaven, die in der Region Sumapáz südlich von Bogotá entstanden, beunruhigten die kolumbianische Regierung so sehr, dass das Militär im Mai 1964 das Gebiet bombardierte. Dieser Angriff führte zur Gründung der Fuerzas Armadas Revolucionarias de Colombia (FARC; Revolutionäre Streitkräfte Kolumbiens), die von Manuel Marulanda und Jacobo Arenas angeführt wurde. Beide waren entschlossen, das bisherige System zu stürzen, die Elite zu enteignen und für eine Umverteilung von Land und Kapital zu sorgen.

Zu den Guerillagruppen gehört auch die ebenfalls marxistische Ejército de Liberación Nacional (ELN; Nationale Befreiungsarmee). Diese Gruppe fand viele Anhänger durch das Wirken eines radikalen Priesters, Pater Camilo Torres, der bereits bei seinem ersten Gefecht getötet wurde. Die in Städten aktive M-19 (Movimiento 19 de Abril; der Name geht auf die umstrittenen Präsidentschaftswahlen 1970 zurück) bevorzugte spektakuläre Aktionen. So wurde ein Schwert von Simón Bolívar gestohlen und 1985 der Justizpalast in Bogotá besetzt. Als das Gebäude vom Militär gestürmt wurde, kamen 115 Menschen ums Leben. Danach löste sich die Rebellengruppe allmählich auf.

Der Einfluss der FARC wurde jedoch größer, vor allem nachdem Präsident Belisario Betancur mit den Rebellen in den 1980er-Jahren Frieden geschlossen hatte. Großgrundbesitzer gründeten die AUC (Autodefensas Unidas de Colombia; Vereinigte Bürgerwehren Kolumbiens) oder paramilitärische Gruppen, um ihr Land gegen die FARC zu verteidigen. Die Ursprünge dieser Gruppen, die alle aus dem Militär hervorgegangen sind, reichen bis in die 1960er-Jahre zurück, ihre eigentliche Bedeutung bekamen sie aber erst in den 1980er-Jahren.

FARC

Mehr Informationen über die FARC und ihre paramilitärischen Führer, vor allem. zum Aufstieg und Niedergang der von der FARC gegründeten Partei Unión Patriótica bietet das interessante Buch *Walking Ghosts: Murder & Guerrilla Politics in Colombia* (2004) von Stephen Dudley. Mario A. Murillo übt in *Colombia & the United States: War, Unrest & Destabilization* (2004) deutliche Kritik an der offiziellen Politik.

Kokain & Kartelle

Obwohl viel getan worden ist, ist Kolumbien noch immer der größte Kokainexporteur der Welt. Man spürte Drogenbosse auf, sprühte chemische Vernichtungsmittel auf die Kokafarmen und erhöhte die mili-

KRZYSZTOF DYDYNSKI/LONELY PLANET IMAGES ©

» Statue, San Agustín (S. 263)

2000
Kolumbien und die USA vereinbaren den umfassenden Plan Colombia, um den Kokaanbau bis 2005 um die Hälfte zu verringern. Tatsächlich geht der Anbau von 2000–2012 nicht zurück

2002
Álvaro Uribe wird wegen seiner kompromisslosen Haltung gegenüber der FARC zum Präsidenten gewählt; er setzt umgehend ein effektives Aktionsprogramm in Gang.

2004
Carlos Valderrama, genannt „El Pibe"wird von der Fußballlegende Pelé anlässlich des 100. Gründungstages der FIFA in deren Liste der 100 besten Fußballer der Welt aufgenommen

tärischen Anstrengungen. Ausgangspunkt des ganzen Konflikts ist das kleine Blatt *erythroxylum coca*, das man mancherorts unverarbeitet auf dem Markt kaufen kann. Als die ersten Europäer ankamen, schüttelten sie zunächst den Kopf über Kokablätter kauende Einheimische. Aber als die Leistung der Zwangsarbeiter sank, förderten sie den Genuss. Allmählich machten auch die Europäer (und schließlich die ganze Welt) mit. In den folgenden Jahrhunderten wurde Kokain für medizinische Zwecke und als Freizeitdroge weltweit verbreitet.

Persönliche Berichte über die Armut der Vertriebenen hat Alfred Molano in *Dispossessed: Chronicles of the Desterrados of Colombia* (2005) zusammengetragen.

In den frühen 1980er-Jahren boomte die Koka-Industrie, als das Medellín-Kartell unter ihrem Anführer Pablo Escobar, vormals Autodieb und später Politiker, zur mächtigsten Drogenmafia aufstieg. Die Drogen-Bosse gründeten eine eigene Partei sowie zwei Zeitungen und finanzierten in großem Stil öffentliche Bauprojekte sowie den sozialen Wohnungsbau. Escobar schaffte es zeitweise sogar Sesezzionsbestrebungen in der Medellín-Region zu schüren. 1983 wurde sein Vermögen auf über 20 Mrd. US$ geschätzt und damit war er einer der reichsten Menschen der Welt (laut *Forbes*-Magazin stand er an siebter Stelle).

Als die Regierung einen Feldzug gegen den Drogenhandel startete, verschwanden die Bosse aus dem öffentlichen Leben und schlugen Präsident Barco sogar einen kuriosen „Friedensvertrag" vor. 1988 berichtete die *New York Times*, dass die Kartelle angeboten hätten, ihr Kapital in

DIE VERTRIEBENEN

Viele Menschen standen (und stehen) mitten im Kreuzfeuer der Kämpfe zwischen Paramilitärs und Guerillagruppen. Manchmal werden sie sogar direkt zur Zielscheibe gemacht, eine Methode, die die UN als bewusste „Kriegsstrategie" wertet. Jeder zwanzigste Einwohner ist seit den 1980er-Jahren innerhalb des Landes vertrieben worden (laut Internal Displacement Monitoring Centre sind es etwa 4 Mio.). Damit ist Kolumbien nach dem Sudan das Land mit der höchsten Zahl an Vertriebenen.

Täglich werden Hunderte von Menschen mit vorgehaltener Waffe gezwungen, ihr Zuhause aufzugeben. Es wird ihnen alles gestohlen wegen des Bodens, des Viehs oder der Lage der Behausung an einer Drogenhandelsroute, und manchmal muss dafür auch ein Angehöriger sterben. Viele der Menschen, die alles verloren haben, müssen für sich selbst sorgen. Sie leben in Hütten mit einer Plane als Dach am Rande der großen Städte. Andere, denen es gelingt, wieder Land zu erwerben, schaffen dies nur in Gegenden ohne Infrastruktur, Schulen und Krankenhäuser. Kinder aus solchen Familien geraten häufig in die Welt der Drogenhändler und Verbrecher.

Durch das Opfergesetz von 2011 ist die Situation in jüngster Zeit etwas besser geworden. Betroffene sollen danach entschädigt werden und das gestohlene Land zurückerhalten. Beobachter verfolgen die Wirkung des Gesetzes mit großem Interesse.

2006
Uribe wird noch einmal gewählt, da seine Politik der „Demokratischen Sicherheit" offenbar zu mehr Stabilität und Wohlstand geführt hat.

2006
Bis zu 20 000 Paramilitärs der AUC legen ihre Waffen nieder, weil ihnen milde Urteile für ihre Massaker und Menschrechtsverletzungen zugesagt wurden.

2006
„Hips don't lie" von Shakira wird weltweit mehr als 10 Mio. Mal verkauft und steht in 25 Ländern auf Platz 1. Es ist damit der erfolgreichste Song des Jahres.

2008
Durch eine geschickte Aktion gelingt es, die französisch-kolumbianische Präsidentschaftskandidatin Ingrid Betancourt aus den Händen der FARC zu befreien. Sie war deren wichtigstes Faustpfand.

Entwicklungsprogramme zu investieren und die gesamten Auslandsschulden des Landes (etwa 13 Mrd. US$) zu begleichen. Die Regierung lehnte das Angebot ab, was zur Eskalation der Gewalt führte.

Im August 1989 spitzte sich der Konflikt zwischen den Kartellen und der Regierung zu, als der liberale Präsidentschaftskandidat Luis Carlos Galán von Drogenbaronen erschossen wurde. Die Regierung konfiszierte daraufhin fast 1000 Immobilien der Drogenkartelle und unterzeichnete einen neuen Auslieferungsvertrag mit den USA. Die Drogenkartelle reagierten mit einer Terrorwelle. Sie warfen Bomben auf Banken, Häuser und Zeitungsbüros, und im November 1989 wurde ein Flugzeug der Avianca auf dem Weg von Bogotá nach Cali abgeschossen, wobei alle 107 Passagiere ums Leben kamen.

Nach der Wahl des liberalen César Gaviria zum Präsidenten 1990 beruhigte sich die Lage für kurze Zeit. Die Auslieferungsgesetze wurden entschärft, und unter Escobars Einfluss ergaben sich viele Drogenbosse. Doch Escobar floh schon bald aus seinem luxuriösen Hausarrest. Eine 1500 Mann starke Eliteeinheit, finanziert von den USA, brauchte 499 Tage, um ihn 1993 zu stellen und auf dem Dach eines Hauses in Medellín zu erschießen.

Während all dieser Ereignisse ließ der Drogenhandel nie nach. Neue Kartelle haben gelernt, die Öffentlichkeit zu meiden. Ab Mitte der 1990er-Jahre fingen auch Guerillas und Paramilitärs an, sich am Handel mit Drogen zu bereichern.

Der Krieg spitzt sich zu

Nach dem Zusammenbruch des Kommunismus verlegten sich die Guerillas zunehmend auf Drogen und Entführungen. (Ein Bericht stellte fest, dass allein die Entführungen der FARC jährlich etwa 200 Mio. US$ einbringen.) Paramilitärische Einheiten haben sich mit Drogenkartellen verbündet und verfolgen die Guerillas mit Hilfe der Kartelle.

Nach dem 11. September wurde der Begriff „Terrorismus" zur Standardbezeichnung für Guerillas und sogar für manche paramilitärischen Gruppen. So setzten die USA und die EU die berüchtigte AUC auf die Liste der Terrororganisationen. Diese Gruppe war es auch, an die die Chiquita Fruit Company bekanntermaßen 1,7 Mio. US$ gezahlt hatte. Das Unternehmen musste nach einem Urteil amerikanischer Gerichte eine Strafe von 25 Mio. US$ leisten, weil es wiederholt die AUC unterstützt hatte.

Die AUC, die seit 1997 in den Kokahandel verstrickt ist, ging aus verschiedenen paramilitärischen Gruppen hervor und wurde auf Initiative eines führenden Mitglieds des Medellín-Kartells, Rodríguez Gacha, gegründet. Später wurden die Brüder Fidel und Carlos Castaño deren Anführer. Sie wollten mit ihrem Tun ihren Vater rächen, der von Guerilleros

Ein sehr gutes Buch zur Geschichte Kolumbiens ist *The Making of Modern Colombia: A Nation in Spite of Itself* (1993) von David Bushnell. Er beschreibt die Kolonisierung, den Unabhängigkeitskampf und die Drogenpolitik der 1980er-Jahre. Lesenswert und sehr informativ sind auch: Werner Hörtner: Kolumbien verstehen, *Geschichte und Gegenwart eines zerrissenen Landes* (2006) und Hans-Joachim König: *Kleine Geschichte Kolumbiens* (2008).

2008
Die FARC teilt mit, dass einer ihrer Gründer, Manuel Marulanda (genannt:Tirofijo, d.h. „Sicherer Schuss") mit 78 Jahren an Herzversagen im Dschungel gestorben ist.

2009
Die oberste Anklagebehörde wirft dem kolumbianischen Geheimdienst vor, die Telefone Tausender Journalisten, Politiker, Aktivisten und Mitarbeitern der NGOs abgehört zu haben.

2009
Die UN bezeichnet die „Falsos Positivos" als systemimmanent und bestätigt die Vorwürfe von NGOs, dass Menschen unter der Regierung Uribe als terroristische Sympathisanten abgestempelt wurden.

2010
Laut offizieller Statistik besuchen 1,4 Mio. Ausländer Kolumbien. Die Sicherheitsmaßnahmen Uribes zeigen Wirkung und das Land kann den jahrzehntelangen Ruf als Gefahrenzone abschütteln.

Killing Pablo: Die Jagd auf Pablo Escobar, Kolumbiens Drogenbaron (2003) von Mark Bowden ist ein detaillierter Bericht über Pablo Escobar und seine Verfolgung, die ihn schließlich zur Strecke brachte. Trotz ein paar Fehlern bietet das Buch einen spannenden Tatsachenbericht.

Die offizielle Website der kolumbianischen Botschaft in Deutschland www.embajada-colombia.de bietet aktuelle Informationen über das Land.

Im World Factbook auf der Website des CIA findet sich ein Überblick über die kolumbianische Regierung, die kolumbianische Wirtschaft und allgemeine Themen.

ermordet worden war. Die AUC, mit einer Stärke von etwa 10 000 Mann, griff *campesinos* (Bauern) an, die angeblich mit Guerillas sympathisiert hatten. Und im Gegenzug griffen die Guerillas jeden *campesino* an, den sie für einen AUC Sympathisanten hielten.

Als die Regierung von Álvaro Uribe den Guerillas und Paramilitärs, die zur Entwaffnung bereit waren, milde Urteile zusicherte, legte der AUC 2006 die Waffen nieder. Aber die Gewalt ist damit nicht zu Ende. 2008 wurden mehrere Gewerkschaftsführer getötet. Außerdem schlossen sich einige paramilitärische Gruppen unter neuen Namen, z.B. Aguilas Negras (Schwarze Adler), zusammen. Die FARC setzte den Kampf fort, ohne noch viel Unterstützung im Volk zu finden. 2012 zog sie sich in den Dschungel und das Hinterland zurück.

Die Regierung Uribe

Das Volk, von Gewalt, Entführungen und von Autostraßen, die zu gefährlich waren, um sie zu benutzen, zermürbt, wählte den rechtsgerichteten Hardliner Álvaro Uribe. Der aus Medellín stammende Politiker, der sein Studium in Oxford und Harvard absolvierte, verlor seinen Vater durch die FARC. In der gereizten Stimmung bei den Wahlen 2002 setzte Uribe entschlossen auf einen Kurs zur Bekämpfung der Guerilla. Während sein Vorgänger Andrés Pastrana versucht hatte, mit FARC und ELN zu verhandeln, machte Uribe sich nicht die Mühe. Er startete zwei Strategien gleichzeitig: Gruppen wie die FARC sollten militärisch zurückgedrängt werden, und für rechte und linke Rebellen sollte es ein Angebot zur Demobilisierung geben.

Auch die Uribes schärfste Kritiker räumen ein, dass unter seiner Führung längst überfällige Fortschritte gemacht worden sind. Zwischen 2002 und 2008 sank die Mordrate immerhin um insgesamt 40 %, und die Straßen sind ohne die Straßensperren der FARC sicher genug, um dort auch zu fahren.Im März 2008 billigte Uribe einen Bombenanschlag, bei der der FARC-Anführer Raúl Reyes jenseits der Grenze in Ecuador getötet wurde. Dieser Anschlag hätte beinahe zu einem weitreichenden Konflikt in der gesamten Region geführt. So ließ Hugo Chávez, der Präsident von Venezuela, sofort Panzer an der kolumbianischen Grenze auffahren. Aber die Lage beruhigte sich wieder, und die Popularitätsrate von Uribe erreichte 90 %.

Allerdings war seine Präsidentschaft am Ende durch einen Skandal belastet. 2008, nach seiner öffentlich ausgetragenen Fehde mit dem Obersten Gerichtshof des Landes, wurden 60 Abgeordnete wegen angeblicher Verbindungen zu Paramilitärs verhört oder verhaftet.

Der Skandal der *Falsos Positivos* (falsche Positive), der von der UN ausführlich in einem Bericht von 2010 dokumentiert wurde, zeigt, wie das kolumbianische Militär angestachelt wurde, die „Erfolgszahlen"

2010
Das kolumbianische Verfassungsgericht lehnt eine Volksabstimmung ab, die Uribe ermöglicht hätte, ein drittes Mal für das Präsidentenamt zu kandidieren.

2010
Juan Manuel Santos, unter Uribe Verteidigungsminister und Mitglied einer einflussreichen Familie, wird mit überwältigender Mehrheit zum Präsidenten gewählt.

2011
Der Tod Alfonso Canos, der als Anführer der FARC bei einem Bombenanschlag ums Leben kam, weckt Hoffnungen auf ein Ende des Konflikts.

2011
Nachdem viele Demokraten jahrelang wegen der Menschenrechtsverletzungen davor gewarnt hatten, verabschiedet der Us-amerikanische Kongress ein Freihandelsabkommen mit Kolumbien.

PLAN COLOMBIA

Im Jahr 2000 eröffnete die USA den Kampf gegen die Drogenkartelle. Die Regierungen von Bill Clinton und Andrés Pastrana beschlossen den Plan *Colombia*, der eine Reduzierung des Kokaanbaus um 50 % innerhalb von fünf Jahren bewirken sollte. Am Ende des Jahrzehnts hatten die USA 6 Mrd. US$ ausgegeben, und sogar die meist enthusiastische US International Trade Commission sprach von einer „geringen und überwiegend unmittelbaren Wirkung" des Programms. Der Preis für kolumbianisches Kokain hatte sich nicht geändert, d. h., das Angebot an Drogen war offenbar nicht geringer geworden. Nachdem der Kokaanbau bis 2007 für ein paar Jahre zurückgegangen war, stellte ein UN-Bericht fest, dass er allein in 2007 um 27 % angestiegen war und damit den Stand von 1998 erreichte.

Ursprünglich sollte das Geld je zur Hälfte aufgeteilt werden, um das kolumbianische Militär auszustatten und zu schulen und um den campesinos (Bauern) vernünftige Alternativen zum Kokaanbau zu bieten. So kam es aber nicht. Beinahe 80 % des Geldes landete beim Militär (einschließlich der Herbizide, die mit Hubschraubern nicht nur auf verborgene Kokaanbauflächen versprüht wurden, sondern auch die Ernte von Nutzpflanzen vernichteten). 2007 sagte ein Beamter des Pentagon gegenüber der Zeitschrift Rolling Stone, dass es bei dem Plan Colombia weniger um „Drogenbekämpfung" ginge als um politische „Stabilisierung", besonders im Kampf gegen die FARC.

Im ersten Jahrzehnt dieses Jahrhunderts ersetzten neue, schwer aufzuspürende cartelitos (kleinere Gruppen der Drogenmafia) die zerschlagenen Riesenkartelle (Höhepunkt war die Auslieferung des Drogenkönigs Don Berna aus Medellín an die USA 2008.). Die cartelitos zogen sich in schwer zugängliche Täler zurück, vor allem nahe der Pazifikküste. Viele stehen mit der FARC in Verbindung, die von den Kokabauern Steuern erhebt. Das bringt der FARC laut New York Times jährlich zwischen 200 und 300 Mio. US$ ein. Andere cartelitos haben eine enge Verbindung zu paramilitärischen Gruppen.

Fakt ist, dass Kolumbien immer noch 90 % des in den USA verbrauchten Kokains liefert, das meiste davon kommt auf dem Landweg über mexikanische Kartelle nach Nordamerika.

In Barack Obamas Haushaltsplan von 2011 wurde der Plan Colombia nicht gesondert aufgeführt. Kolumbien erhält weiterhin militärische Unterstützung, wenn auch mit 228 Mio US$ 20 % weniger als im Jahr zuvor.

zu erhöhen. Ab 2004 stieg die Zahl der Fälle, bei denen unschuldige junge Männer von Armee-Einheiten getötet wurden. Um dies zu vertuschen, behauptete man einfach, sie seien als Guerilleros heldenhaft im Kampf gestorben. Als der Skandal sich zuspitzte, entließ Uribe im November 2008 insgesamt 27 Offiziere, der oberste Kommandant der Armee, General Mario Montoya, trat außerdem mit sofortiger Wirkung von seinem Amt zurück.

Eine offene Zensur wird von offizieller Seite aus kaum ausgeübt. Aber aus Furcht davor, zum Ziel von Gewalttaten zu werden, zensieren die Journalisten sich selbst, so stellte es zumindest die Organisation „Reporter ohne Grenzen" fest. Kolumbien steht deshalb nach deren 2010 veröffentlichten Studie zur Pressefreiheit an 145. Stelle von insgesamt 178 Ländern.

Während Uribes Präsidentschaft tötete die kolumbianische Armee 3000 junge, unerfahrene, unschuldige *campesinos*, sogenannte *falsos positivos*. Der Sonderberichterstatter der UN, Philip Alston, beschrieb dies als „systembedingte" Strategie.

Die FARC in der Defensive

Nachdem sich das Verfassungsgericht 2010 geweigert hatte, eine Volksabstimmung zuzulassen, um Uribe zu ermöglichen, ein drittes Mal zu kandidieren, wurde sein Verteidigungsminister Juan Manuel Santos mit überwältigender Mehrheit zu seinem Nachfolger gewählt. Unmittelbar danach konnte er den größten Erfolg verbuchen, der je gegen die FARC erreicht wurde: Ihr neuer Anführer, Alfonso Cano, wurde getötet.

Ob dies dazu beiträgt, dass die FARC Verhandlungsbereitschaft zeigt und den Wunsch nach Frieden ernst nimmt, wird sich in den nächsten Jahren erweisen. Innerhalb weniger Tage hatte die Guerillaorganisation einen neuen, kämpferischen Anführer, Rodrigo Londoño Echeverri, alias Timochenko.

„Frieden in Kolumbien wird es nicht durch die Auflösung der Guerillas geben, sondern nur durch die Beseitigung der Gründe, die zu dieser Rebellion geführt haben", sagte die FARC in einer Stellungnahme nach Canos Tod.

So lebt man in Kolumbien

Kolumbianer gehören zu den warmherzigsten, freundlichsten, offensten und hilfreichsten Menschen in Südamerika. Sie sind meist gut gelaunt und ihre nette Art ist richtig ansteckend. Anstatt zu meckern, begegnen sie Schwierigkeiten eher mit Achselzucken oder einem Scherz.

Die geographischen Kontraste des Landes – Gebirge und Küste – wirken sich in gewissemaßen auch auf den Charakter der Menschen aus. Kolumbien ist in wesentlichen Teilen ein Land der Anden, und die Mehrzahl der Menschen lebt im Bergland – in Bogotá, Medellín und Cali. Dort ist man recht fleißig und die Sprache ist präzise und formell. Die Karibikküste dagegen orientiert sich seit Jahrhunderten am Karibikbecken, wo das Leben einem gemächlicheren Rhythmus folgt. Die *costeños* (Küstenbewohner) sind entspannter und sprechen ein stärker schwereres, schleppendes Spanisch.

Lifestyle & Einstellungen

Wohlhabende Stadtbewohner haben in Kolumbien, wie auch anderswo, einen ganz anderen Lebensstil als arme Leute. Ihre Kinder besuchen Privatschulen, sie nehmen Flugzeuge, als wären es Taxis, und in ihren schnellen Autos aktualisieren sie beim Fahren gleich noch ihr Facebook-Profil über das Smartphone. Am Wochenende spielen sie Golf im Country Club und unterhalten wahrscheinlich noch eine kleine Finca, um gelegentlich das Landleben zu genießen.

Arme Kolumbianer zahlen hingegen Minutenpreise für ihre Telefonate, stecken häufig in endlosen Staus auf Autobahnen und in den Städten und träumen davon, ihren Kindern eine Schulausbildung zu ermöglichen. Ureinwohner und Landarbeiter in abgelegenen Regionen, wo der Bürgerkrieg noch nicht beendet ist, sind oft vollständig damit beschäftigt, Nahrung fürs Überleben zu beschaffen.

Zwischen diesen beiden Extremen hat Kolumbien eine für lateinamerikanische Verhältnisse – und insbesondere im Vergleich zu den Nachbarländern – beachtlich große Mittelschicht. Eine Politik der freien Marktwirtschaft und relativ geringe Korruption haben das Aufblühen einer Mittelklasse gefördert.

Kolumbianer sind durchweg stark mit ihren Familien verbunden. Zum Familienkreis zählen nicht nur direkte Blutsverwandte, sondern auch die angeheiratete Verwandtschaft. Wer über 21 ist und noch keine Kinder hat, wird überall nach seinen Plänen für die Familiengründung gefragt. Der Katholizismus ist die Hauptreligion, aber nur wenige Menschen gehen regelmäßig zur Kirche.

Im kolumbianischen Haushalt bestimmt die Frau. Außerhalb des Hauses regiert zwar der Machismo und die Männer haben das Sagen, doch im Haus tun dies die Frauen. Allerdings beschränken sie sich mitt-

Gleichgeschlechtliche Paare, die seit mindestens zwei Jahren zusammenleben, werden gesetzlich anerkannt. Im Juli 2011 beschloss der kolumbianische Kongress, dass, sollte das Verfassungsgericht bis Juni 2013 keine anderslautende Entscheidung zu gleichgeschlechtlichen Ehen getroffen haben, allen solchen Paaren automatisch die Rechte einer gesetzlichen Ehe zustehen.

OHNE STRASSE KEIN SEX!

300 Frauen aus der Stadt Barbacoas im Department Nariño im Südwesten des Landes waren so ungehalten darüber, dass der Bau der 35 km langen Straße, die ihre Stadt mit der Außenwelt verbinden sollte, immer wieder verschoben wurde, dass sie 2011 einen Sexstreik ausriefen.

Die unter dem Namen *huelga de piernas cruzadas* (Streik der gekreuzten Beine) bekannt gewordene Protestaktion endete im Oktober 2011 nach einigen für die Männer der Stadt harten Monaten. Die Frauen erhofften sich von der Straße größeren Umsatz in anderen Städten und Märkten und wussten genau, dass sie ihr Anliegen in der Macho-Welt besser durchsetzen konnten, wenn ihre Männer gute Argumente vorbringen konnten. Selbst der Bürgermeister, dessen Frau während des Streiks ein anderes Zimmer bezog, war bereit, sich einem Lügendetektortest zu unterziehen, um Journalisten zu beweisen, dass er gegen seinen Willen im Zölibat lebte.

Ob sich die Frauen von Aristophanes' griechischer Komödie *Lysistrata* inspirieren ließen, ist nicht bekannt. Die Methode war jedenfalls dieselbe.

Mit dem Bau der Straße wurde inzwischen begonnen; planmäßig soll sie 2013 fertig sein. Die Männer drücken jedenfalls die Daumen.

lerweile nicht mehr auf diese Rolle. Unter den Top-Politikern und Diplomaten des Landes befindet sich eine große Anzahl weiblicher Minister und Botschafter. Ein im Jahr 2000 erlassenes Quotengesetz bestimmt, dass 30 % aller Führungspositionen an Frauen vergeben werden müssen.

Es ist nicht als Affront gemeint, wenn Kolumbianer zu spät zu einer Verabredung kommen – bis zu 45 Minuten liegen im Rahmen des Normalen. Besucher sollten sich einfach anpassen und eine Kultur genießen, die davon überzeugt ist, dass es nichts auf der Welt gibt, wofür man sich abhetzen sollte. Besonders Busfahrpläne sind reine Fantasie!

Die wenigsten Kolumbianer nehmen Drogen, höchstens Studenten in den Großstädten. Aber sie trinken gerne – und wie! Beim Carnaval de Barranquilla herrscht allgemeine Zügellosigkeit und der Rum lockert alle Moralvorstellungen.

2011 brachte der Fußballer Luis Moreno Tierschützer gegen sich auf. Der Verteidiger von Deportivo Pereira gab im Spiel gegen Atlético Junior de Barranquilla deren Maskottchen, einer Eule, einen Fußtritt. „Ich wollte nur sehen, ob sie fliegen kann", erklärte er den Medien. Der Vogel starb später. Moreno gab dann zu, dass ihn das Spiel frustriert hatte, und er entschuldigte sich.

Land & Leute: Ein kultureller Sancocho

Kolumbien hat etwa 45 Mio. Einwohner und liegt somit nach Brasilien und Mexiko an dritter Stelle in Lateinamerika. Jede Stadt hat ihren eigenen Kulturmix, sodass Reisen durch das Land so vielseitig sind wie ein reichhaltiger *sancocho* (Eintopf).

In Medellín wohnen viele europäische Einwanderer, während die Einwohner von Cali eher von ehemaligen Sklaven abstammen. In und um Bogotá gab es viele Mischehen zwischen europäischen Kolonisten und den Ureinwohnern, während Cali und an den Pazifik- und Karibikküsten mehr Kolumbianer afrikanischer Abstammung leben.

Die Sklaverei wurde 1821 verboten und das Land hat nach Brasilien den größten Bevölkerungsanteil an Schwarzen in ganz Südamerika. In den letzten vier Jahrhunderten mischten sich die Völker aber sehr stark, sodass die meisten Kolumbianer keine ganz eindeutigen ethnischen Herkunftsangaben mehr machen können.

Ureinwohner, die ihrem traditionellen Lebensstil folgen, leben meist im Süden, nahe Ecuador, in den Bergen der Sierra Nevada de Santa Marta und am Amazonas. In San Andrés wohnen die Raizal, Ureinwohner, die sich infolge des Tourismus an das moderne Leben angepasst haben.

Sport & Spiele

Kolumbianer sind große Fußballfans. Die nationale Liga umfasst landesweit 18 Teams und zieht in den beiden Spielzeiten (Februar bis Juni und

August bis Dezember) rauflustige, lärmende Massen an. Die Standards sind nicht besonders hoch, sodass es oft zu belustigend fehlerhaften Spielen kommt.

Tierliebhaber sind bestimmt enttäuscht über die Popularität, die Stierkämpfe hier genießen. Es gibt sowohl formelle Kämpfe als auch *correlejas*, bei denen jeder Amateur sein bisschen Grips im Kampf gegen einen gereizten *toro* einsetzen kann – mit den entsprechenden blutigen Konsequenzen. Höhepunkt der Stierkampfsaison ist die Zeit von Mitte Dezember bis Mitte Januar, wenn die weltweit besten Matadore antreten. Die Feria de Manizales zieht alljährlich unzählige Besucher an. Auf dem Land sind Hahnenkämpfe sehr beliebt.

Nach Fußball ist Baseball der zweitbeliebteste Mannschaftssport des Landes. Fahrradfahren ist ebenfalls sehr populär. Die Ciclovía (S. 55) bringt in Bogotà jeden Sonntag Tausende Fahrradfahrer und Skater auf die Straßen der Stadt, die dann für den Normalverkehr gesperrt sind.

Kunst & Kultur

Fragt man die Leute nach drei berühmten kolumbianischen Künstlern, fällt den meisten Gabriel García Márquez, der Bildhauer Fernando Botero und Shakira ein. Doch Kolumbiens Künstler haben noch sehr viel mehr zu bieten als magischen Realismus, Statuen mit dicken Hintern und hüftschwingenden *Pop*.

Musik

Kolumbien ist berühmt für die allgegenwärtige Musik, Stille ist eine sehr seltene Erscheinung, ob nun an den beiden Küsten des Landes, im Hochland, in der Hauptstadt oder in der weiten Ebene Richtung Venezuela.

Beim *Vallenato*, der vor einem Jahrhundert an der Karibikküste entstand, steht das Akkordeon im Vordergrund. Carlos Vives, einer der bekanntesten lateinamerikanischen Musiker der Gegenwart, modernisierte diese Musikform und wurde zu ihrem bekanntesten Vertreter. Die spirituelle Heimat des *Vallenato* ist Valledupar (s. Parque Lineal, S. 180). Der Stil ist nicht nach jedermanns Geschmack, aber wer nicht mindestens einige Male danach getanzt hat, war nicht wirklich in Kolumbien.

Die *Cumbia*, ein lebhafter 4/4-Takt mit Gitarren, Akkordeon, Bass und gelgentlich einem Horn, ist der im Ausland beliebteste kolumbianische Musikstil. Gruppen wie Pernett und The Caribbean Ravers haben den Sound modernisiert, ebenso wie Bomba Estereo, die dem Rhythmus eine Dosis *Acid Rock* hinzufügten. Die abgefahrenste Gruppe der jüngeren Zeit ist Choc Quib Town, eine *Hip-Hop*-Band von der Pazifikküste, die scharfe Sozialkritik mit harten Beats verbindet.

Bogotá ist Kolumbiens Kulturmetropole. Einen Einblick in das Geschehen bietet die Website www.culturarecreacionydeporte.gov.co.

Salsa verbreitete sich in der ganzen Karibik und kam Ende der 1960er-Jahre auch nach Kolumbien. Die Musik wurde rasch vereinnahmt, vor allem in Cali und Barranquilla , aber geliebt wird sie überall. Als Joe Arroyo, in Kolumbien El Joe genannt, 2011 starb, trauerte das ganze Land. Der moderne, harte urbane *Salsa*stil wird am besten von der Gruppe LA 33 aus Bogotá verkörpert.

Joropo, die Musik aus den Llanos, wird von einer Harfe, einem *cuatro* (einer Art viersaitiger Gitarre) und von Maracas (Rumbakugeln) begleitet. Sie ist der Musik der venezulanischen Llanos sehr ähnlich. Die Hauptvertreter Grupo Cimarrón reißen jeden mit ihrer Virtuosität und ihren rasanten Tanzschritten hin.

In Kolumbien entstanden auch viele einzigartige Rhythmen aus der Verschmelzung von afrokaribischen und spanischen Elementen, wie *porro, currulao, merecumbe, mapalé* und *gaita.* Die *champeta* aus Cartagena indes verbindet afrikanische Rhythmen mit einer dröhnenden, derben Straßenfestdynamik. *Reggaeton* mit den hämmernden Basswirbeln ist ebenfalls beliebt, auch die rhythmische und extrem taktbetonte Merengue.

Die kolumbianische Andenmusik ist stark von spanischen Rhythmen und Instrumenten beeinflusst und unterscheidet sich spürbar von der Ureinwohnermusik des peruanischen und bolivianischen Hochlands. Zu den typischen alten Formen gehören der *bambuco, pasillo* und *torbellino,* Instrumentalmusik hauptsächlich mit Saiteninstrumenten.

In den Städten, vor allem in Bogotá und Medellín, legen viele Clubs *Techno* und *House* auf; berühmte DJs geben manchmal in beiden Städten Gastspiele.

Kolumbianische Literatur

Kolumbiens lange (wenn auch bescheidene) literarische Tradition entwickelte sich kurz nach der Unabhängigkeit von Spanien 1819 und orientierte sich an der europäischen Romantik. Rafael Pombo (1833–1912) gilt allgemein als der Vater der romantischen Dichtung Kolumbiens. Jorge Isaacs (1837–1895) ist ein weiterer bekannter Autor jener Zeit, dessen romantischer Roman *María* noch heute in den Cafés und Klassenzimmern im ganzen Land zu entdecken ist.

José Asunción Silva (1865–1896), einer der bemerkenswertesten Dichter Kolumbiens, gilt als Vorläufer der Moderne in Lateinamerika. Er legte den Grundstein, auf den der nicaraguanische Dichter Rubén Darío später baute. Ein weiteres literarisches Talent ist Porfirio Barba Jacob (1883–1942), der „Dichter des Todes", der den Irrationalismus und die Sprache der Avantgarde einführte.

Zu den begabten Zeitgenossen des Literaturnobelpreisträgers García Márquez (s. unten) gehören der Dichter, Romancier und Maler Héctor Rojas Herazo sowie sein enger Freund Álvaro Mutis. In der jüngeren Ge-

Telenovelas (Seifenopern) sind so etwas wie Kolumbiens kulturelles Barometer. Sie sind zwar nicht gerade hohe Kunst, spiegeln aber Sorgen und Stimmungen des Landes genauso exakt wie Dokumentationen wider. Eine beliebte Serie war 2011 *Chepe Fortuna* (etwa: Suche nach Glück), eine herrlich unglaubwürdige Geschichte über Liebe, Politik, Umweltschutz und, äh, Meerjungfrauen.

GABRIEL GARCÍA MÁRQUEZ, KOLUMBIENS NOBELPREISTRÄGER

Gabriel García Márquez ist der Titan der kolumbianischen Literatur. Der 1928 in Aracataca (S. 162) in der Provinz Magdalena geborene Schriftsteller hat überwiegend über Kolumbien geschrieben, lebte aber fast sein ganzes Leben lang in Mexiko und Europa.

García Márquez arbeitete in den 1950er-Jahren zunächst als Journalist und kritisierte als Auslandskorrespondent die kolumbianische Regierung, was ihn schließlich ins Exil zwang. Seinen Durchbruch erlebte er 1967 mit dem Roman Hundert Jahre Einsamkeit. Er ist eine Mischung aus Mythen, Träumen und Realität und stand am Beginn eines neuen Genres, des magischen Realismus.

1982 erhielt García Márquez den Nobelpreis für Literatur. Seither hat er eine Fülle faszinierender Bücher veröffentlicht. *Die Liebe in den Zeiten der Cholera* (1985) basiert recht frei auf dem Liebeswerben seiner Eltern. *Der General in seinem Labyrinth* (1989) erzählt von den tragischen letzten Lebensmonaten des Simón Bolívar. Zwölf Geschichten aus der Fremde (1992) ist eine Sammlung von zwölf Erzählungen, die der Autor in den vorangegangenen 18 Jahren geschrieben hatte. *Von der Liebe und anderen Dämonen* (1994) ist die Geschichte eines Mädchens, das vor dem Hintergrund der Inquisition in Cartagena von den Sklaven ihrer Eltern aufgezogen wird. 1996 wandte sich García Márquez mit dem Reportageroman Nachricht von einer Entführung wieder seinen journalistischen Wurzeln zu. Das Buch beschäftigt sich mit einer Reihe von Entführungen, die vom Boss des Medellín-Kartells, Pablo Escobar, in Auftrag gegeben wurden.

García Márquez schien seine Karriere mit dem ersten Band seiner Autobiografie, Leben, um davon zu erzählen, 2002 abschließen zu wollen, doch dann veröffentlichte er 2004 im Alter von 76 Jahren einen weiteren Roman, *Erinnerung an meine traurigen Huren*. Es ist die Geschichte eines sterbenden alten Mannes, der sich in ein junges Mädchen verliebt, die ihre Jungfräulichkeit verkauft, um ihrer Familie zu helfen.

Im Mai 2008 verkündete er die Fertigstellung eines neuen „Romans der Liebe". 2009 jedoch teilte sein Agent den Rückzug des Schriftstellers mit. Sein Herausgeber bestätigte allerdings 2010 den Titel seines letzten Romans, *En Agosto Nos Vemos* („Wir sehen uns im August"), ließ jedoch das Erscheinungsdatum offen. Da der große Schriftsteller aber mittlerweile an Demenz erkrankt sein soll, ist mit der Fertigstellung weiterer Werke vermutlich nicht mehr zu rechnen.

FERNANDO BOTERO: EINE LEBENDE LEGENDE

Fernando Botero (geb. 1932 in Medellín) ist der weithin renommierteste kolumbianische Maler und Bildhauer. Im Alter von 19 Jahren hatte er in Bogotá seine erste eigene Gemäldeausstellung und entwickelte im Laufe der Zeit seinen unverwechselbaren Stil – charakterisiert durch die mächtige, nahezu obszöne Fülligkeit seiner Figuren. 1972 ließ er sich in Paris nieder und experimentierte mit der Bildhauerei, woraus die *gordas* und *gordos* (dicken Frauen und Männer) hervorgingen, wie die Kolumbianer diese Gebilde nennen.

Heute hängen seine Gemälde in Spitzenmuseen der Welt und seine monumentalen öffentlichen Skulpturen schmücken Plätze und Parks in Städten wie Paris, Madrid, Lissabon, Florenz und New York.

In Abwendung von seiner typisch harmlosen Thematik schockte er 2004 Kolumbien mit Werken, die sich mit dem Bürgerkrieg des Landes beschäftigen. 2005 schuf er eine Reihe von umstrittenen Bildern, die die Kritiker spalteten. Sie stellen Szenen aus dem irakischen Gefängnis Abu Ghraib dar, in dem US-Soldaten Gefangene folterten und erniedrigten. Zwar lobten einige Kritiker Boteros Hinwendung zu politischeren Themen, doch anderen war das zu unausgegoren, und manche hielten diese untypische Entwicklung für unangemessen.

neration sind die Werke von Fernando Vallejo bemerkenswert; der Autor ist ein hoch geachteter Bilderstürmer, der in Interviews erklärt hatte, García Márquez sei unoriginell und ein schlechter Autor. Der populäre junge Auslandskolumbianer Santiago Gamboa hat Reisebücher und Romane verfasst, Mario Mendoza schreibt düstere, modern urbane Literatur und Laura Restrepo beschäftigt sich mit der Auswirkung von Gewalt auf Menschen und Gesellschaft. Sie alle sind produktive Autoren, die in den vergangenen Jahren bedeutende Werke hervorgebracht haben.

THEATER

Das Festival Iberoamericano de Teatro de Bogotá, das weltweit größte seiner Art, wurde 1976 von Fanny Mikey (1930–2008), der einflussreichsten Schauspielerin Kolumbiens, ins Leben gerufen. 2012 traten 65 internationale Theaterensembles auf. Weitere Infos siehe www.festivaldeteatro.com.

Kunst & Abstraktion

Fernando Botero bedeutet für die kolumbianische Malerei, was García Márquez für die Literatur des Landes ist – der gewichtige Name, der alle anderen überschattet. Zwei weitere berühmte, oft übersehene kolumbianische Maler sind Omar Rayo (1928–2010), bekannt für seine geometrischen Zeichnungen, und Alejandro Obregón (1920–1992), ein Maler aus Cartagena, der für seine abstrakten Gemälde berühmt ist.

Kolumbien besitzt außerdem eine Fülle an kolonialer Sakralkunst. Gregorio Vásquez de Arce y Ceballos (1638–1711) war der herausragendste Maler der Kolonialzeit. Er lebte und arbeitete in Bogotá und hinterließ über 500 Werke, die heute über Kirchen und Museen im ganzen Land verteilt sind.

Die bedeutendsten Maler seit dem Ende des Zweiten Weltkriegs sind: Pedro Nel Gómez, der Wandbilder, Aquarelle, Ölgemälde und Skulpturen schuf; Luis Alberto Acuña, ein Maler und Bildhauer, der Motive der präkolumbischen Kunst verwendete; der deutsche Maler Guillermo Wiedemann, der den größten Teil seiner Schaffenszeit in Kolumbien verbrachte und sich von lokalen Themen inspirieren ließ, sich aber später der abstrakten Kunst zuwandte; der abstrakte Bildhauer Edgar Negret; Eduardo Ramírez Villamizar, der meist geometrische Formen benutzte; und schließlich Rodrigo Arenas Betancur, der berühmteste Schöpfer von Denkmälern in Kolumbien.

Es folgte eine etwas jüngere Generation, zum großen Teil in den 1930er-Jahren geboren. Zu ihnen gehören Künstler wie der in Kolumbien lebende Peruaner Armando Villegas, dessen Werke von präkolumbischen Motiven wie vom Surrealismus beeinflusst sind, Leonel Góngora, der sich mit erotischen Zeichnungen hervortat, und der international bekannteste kolumbianische Künstler Fernando Botero (s. oben).

Die jüngste Kunstperiode ist von zahlreichen Schulen, Trends und Techniken geprägt. Zu den interessanten Künstlern gehören Bernardo Salcedo (konzeptuelle Bildhauerei und Fotografie), Miguel Ángel Rojas (Malerei und Installationen), Lorenzo Jaramillo (expressionistische Malerei), María de la Paz Jaramillo (Malerei), María Fernanda Cardozo (Installationen), Catalina Mejía (abstrakte Malerei) und die begabte Doris Salcedo (Bildhauerei und Installationen).

Natur & Umwelt

Von den schneebedeckten, schroffen Andengipfeln und den weiten Ebenen von Los Llanos bis zu den üppigen Tropenwäldern des Amazonasbeckens und den weiten grünen Tälern zeigt sich Kolumbien als ein überaus schönes und vielfältiges Land. Und trotz seiner (amerikaweit gesehen) nur mittleren Größe ist Kolumbien das Land mit der zweitgrößten Biodiversität, nach Brasilien.

Geographie

Kolumbien besitzt eine Fläche von 1 141 748 km², also etwa so viel wie Frankreich, Spanien und Portugal zusammen. Von der Größe her liegt das Land weltweit auf Platz 26 und in Südamerika nimmt es Rang vier ein, nach Brasilien, Argentinien und Peru.

Gaviotas. Ein Dorf erfindet die Welt neu (1988; deutsch 2012) von Alan Weisman erzählt die Geschichte kolumbianischer Dorfbewohner, die ihren unproduktiven Weiler in Los Llanos in ein globales Modell einer Ökosiedlung umwandelten.

Entgegen der weit verbreiteten Vorstellung von einem tropischen Land ist Kolumbiens Natur erstaunlich reichhaltig und lässt sich in fünf große Lebensräume einteilen: feuchte tropische Regenwälder, trockene Regenwälder, tropische Grassavanne, Bergsavanne, Wüsten und Halbwüsten.

Der westliche Teil, fast die Hälfte des Staatsgebietes, ist gebirgig und mit drei Ketten der Anden versehen: Cordillera Occidental, Cordillera Central und Cordillera Oriental. Sie verlaufen ungefähr parallel von Norden nach Süden über fast das gesamte Land. Eine ganze Reihe von Gipfeln ragt über 5000 m, also höher als jeder Berg in den USA (ohne Alaska). Zwischen die drei *cordilleras* drücken sich zwei Täler, Valle del Cauca und Valle del Magdalena. Beide Täler entwässern durch nach ihnen benannte Flüsse; sie fließen nach Norden, vereinigen sich und münden nahe Barranquilla in die Karibik.

Abgesehen von den drei Andenketten besitzt Kolumbien noch einen eigenen, relativ kleinen Gebirgszug: die Sierra Nevada de Santa Marta. Sie erhebt sich von der Karibikküste zu schwindelerregenden, schneebedeckten Gipfeln und ist der welthöchste Küstengebirgszug. Ihre Doppelgipfel Simón Bolívar und Cristóbal Colón (beide 5775 m) sind die höchsten des Landes.

Mehr als die Hälfte des Territoriums östlich der Anden besteht aus weiten Ebenen, die allgemein in zwei Regionen unterteilt werden: Los Llanos im Norden und das Amazonasbecken im Süden. Los Llanos, etwa 250 000 km² groß, ist eine riesige Grasebene, die das Orinocobecken bildet. In Kolumbien vergleicht man sie mit einem grünen Binnensee. Das etwa 400 000 km² große Amazonasbecken bildet den Südosten Kolumbiens. Es ist überwiegend von dichtem Regenwald bedeckt, durch den sich ein Gewirr von Flüssen zieht.

Kolumbien ist der einzige südamerikanische Staat mit Küsten am Pazifik und an der Karibik.

Kolumbien besitzt auch einige Inseln. Die wichtigsten liegen im Archipel von San Andrés und Providence (in der Karibik, 750 km vom Festland entfernt); ferner gibt es die Islas del Rosario und San Bernardo (nahe der Karibikküste) sowie Gorgona und Malpelo (an der Pazifikküste).

Tiere & Pflanzen

Die immense Vielfalt klimatischer und geographischer Zonen sowie Mikroklimate schuf unterschiedliche Ökosysteme und erlaubte es den Lebewesen, sich eigenständig zu entwickeln. Und wie sie das taten! Kolumbien beansprucht für sich, mehr Tier- und Pflanzenarten pro Quadratkilometer zu besitzen als (beinahe) jeder andere Staat der Welt. Die Vielfalt an Tieren und Pflanzen wird nur vom siebenmal größeren Nachbarn Brasilien übertroffen.

Der berühmte deutsche Geograph und Botaniker Alexander von Humboldt erforschte einige Gebiete im heutigen Kolumbien und beschrieb sie aufs Genaueste in *Reise in die Äquinoktial-Gegenden des Neuen Kontinents*.

Tiere

Von rosafarbenen Delfinen und farbenprächtigen Papageien, winzigen Katzen bis Riesenratten birgt Kolumbien eines der vielfältigste Tierleben auf Erden. Mit 1700 Vogelarten – davon kommen 74 nur in Kolumbien vor – leben hier 19 % der Vögel des Planeten. Kolumbien hat auch etwa 450 Säugetierarten (davon 15 % der weltweit existierenden Primaten), 600 Amphibienarten, 500 Reptilien- und 3200 Fischarten.

Zu den interessantesten Säugetieren zählen geschmeidige Raubkatzen wie der Jaguar und der Ozelot, Roter Brüllaffe, Klammeraffen, das Dreizehenfaultier, Großer Ameisenbär, das wildschweinähnliche Pekari und der Tapir sowie das eigentümliche Wasserschwein oder Capybara, hier *chiguiro* genannt – es ist das größte aller Nagetiere mit bis zu 48 cm Schulterhöhe und 55 kg Gewicht.

Der kolumbianische Teil des Amazonas ist die Heimat des rosafarbenen *boto* (Amazonas-Flussdelfin), des Amazonas-Manati (einer Rundschwanz-Seekuh) und der gefürchteten Anakonda *(Eunectes murinus)*, einer Riesenschlange, die über sechs Meter lang werden kann.

Kolumbiens berühmte Vogelwelt glänzt mit 132 Kolibriarten, 24 Tukanarten, 57 Spezies farbenprächtiger Sittiche und Aras. Dazu kommen Eisvögel, Trogone, Waldsänger und sechs der sieben Arten von Neuweltgeiern, etwa der Kondor, der auf dem kolumbianischen Wappen prangt.

Wer gern Vögel beobachtet, sollte sich *A Guide to the Birds of Colombia* (1986) von Stephen L. Hilty und William L. Brown besorgen. Zwei gute Internetquellen sind www.colombiabirding.com und www.proaves.org.

Auch in den Gewässern herrscht reiches Leben, sowohl in den ausgedehnten Flusssystemen als auch an beiden Küsten. Die Inseln San Andrés und Providencia können sich einiger der größten und fruchtbarsten Korallenriffe in Amerika rühmen. Im Jahr 2000 erklärte die Unesco das Gebiet zum Meeres-Biosphärenreservat, um das dortige Ökosystem zu schützen. Die Riffe gehören zu den intaktesten in der Karibik und spielen eine wichtige ökologische Rolle für die Meeresgesundheit. Sie bieten

ES REGNET, ES SCHÜTTET ...

Macondo, die Fantasiestadt in Gabriel García Marquez' *Hundert Jahre Einsamkeit*, wird von einer Überschwemmung, die fast fünf Jahre dauert, zerstört. 2010 und 2011 müssen sich Kolumbianer – besonders in den nördlichen Regionen – wie die Einwohner Macondos gefühlt haben: Die Regenmengen im Land lagen mehr als sechsmal höher als jemals zuvor. Präsident Juan Manuel Santos sprach von der größten Naturkatastrophe in der Geschichte Kolumbiens. 3 Mio. Menschen waren betroffen, und es gab 422 Tote. Der Schaden betrug 5,1 Mrd. US$.

Die Auswirkungen auf Kolumbien waren verheerend. Mehr als 10 000 km² Land waren überschwemmt. Schlammlawinen und Muren und zerstörten Straßen und schnitten viele Gebiete monatelang ab. Dann erst ging das Hochwasser zurück. Der Klimawandel, das El-Niño-Phänomen und Umweltzerstörung durch Holzeinschlag, Viehzucht und Bergwerke wurden für die Katastrophe verantwortlich gemacht. Einfache Fahrten von vielleicht einer Stunde wurden zu Tagesreisen, auch während der Arbeit an diesem Buch. Die Wettervorhersagen geben Grund zur Annahme, dass das Schlimmste überstanden ist. Dennoch wird es wohl besser sein, die Regenzeit zu meiden und von Dezember bis März oder im Juli und August zu reisen, falls das zeitlich möglich ist.

Nahrungsgründe und Eiablageplätze für vier Meeresschildkrötenarten und viele Fische sowie Krebstiere. Mittlerweile wurde erkannt, dass bestimmte Fischbestände in den Florida Keys direkt von diesen kolumbianischen Riffen als Laichgründen abhängen.

Bedrohte Arten

Die weite Savanne von Los Llanos ist die Heimat einiger der bedrohtesten Arten Kolumbiens. Dazu gehört das Orinoco-Krokodil, das bis zu 7 m lang werden kann. Laut Naturschutzbehörde gibt es nur noch 1800 in Freiheit lebende Exemplare dieser Panzerechsen, weshalb sie zu den vom Aussterben bedrohten Reptilien zählen. Weitere gefährdete Tiere in Los Llanos sind die Arrauschildkröte, das Riesengürteltier, der Riesenotter und der Isidoradler (*Oroaetus isidori*).

Kolumbien ist nach den Niederlanden der zweitgrößte Exportteur von Schnittblumen. Alljährlich werden Blumen im Wert von 1 Mrd. US$ exportiert, die meisten von ihnen in die USA. Am Valentinstag kaufen die US-Amerikaner 300 Mio. kolumbianische Rosen. Im Angebot hat das Land sogar 1500 verschiedene Blumensorten.

Das Lisztäffchen mit der weißen Künstlermähne wiegt nur 500 g. Es zählt wie der Braune Klammeraffe zu den bedrohtesten Primaten der Welt. Die International Union for Conservation of Nature (IUCN) hat beide Arten in ihre Rote Liste aufgenommen. Diese Aufstellung selten werdender Tiere enthält auch die Schlankbeutelratte oder Mausopossum (*Marmosops handleyi*), die entfernt krähenähnliche Bergkassike und den Bergtapir sowie die beiden berühmten Amazonasbewohner, den rosa Flussdelfin und die strombewohnende kleine Seekuh.

Zu beachten ist, dass einige abgelegene Restaurants und Bars Schildkröteneier, Leguane und andere bedrohte Tierarten auf ihrer Speisekarte haben. Und bitte daran denken, dass der *pirarucú* oder Arapaima (*Arapaima gigas*), der größte Süßwasserfisch (populär im Amazonasbecken rund um Leticia), bereits überfischt wurde. Die Einheimischen ignorieren auch die Schutzbestimmungen zur Laichzeit. Wer solche Fische verzehrt, fördert ihr Aussterben.

GRÜNES FIEBER

Kolumbien fördert die weltweit größte Menge an Smaragden (50 %, im Vergleich zu Sambia mit 20 % und Brasilien mit 15 %). Das klingt für Edelsteinsucher verlockend, erweist sich aber bei genauerem Hinsehen als ungünstig für die Umwelt und vielleicht auch für das gesamte Land. Die Konflikte und die Umweltschäden, die mit diesem begehrten Edelstein verbunden sind, ähneln in gewisser Weise den Problemen mit Kokain und Heroin.

Zu den Hauptfördergebieten in Kolumbien zählen Muzo, Coscuez, La Pita und Chivor; sie liegen allesamt in der Provinz Boyacá. Als die Spanier die Smaragde erblickten, die in präkolumbischer Zeit in Musa gefördert wurden, verloren sie fast den Verstand. Sie taten alles, um an noch mehr dieser glänzend grünen Steine zu kommen. Zunächst erklärten sie die einheimische Bevölkerung zu Fördersklaven, später ersetzten sie diese Arbeiter durch Sklaven aus Afrika. Viele der heutigen Bergleute sind direkte Nachkommen dieser Leibeigenen und leben unter nur geringfügig besseren Bedingungen.

Die großen Lagerstätten in diesen Gebieten führten indirekt zu Umwelt- und sozialen Problemen. Willkürliches Schürfen wühlte das Land auf. In ihrem Bemühen, neue Fundstättten auszukundschaften, um ihre erbärmlichen Lebensbedingungen zu verbessern, arbeiteten sich Smaragdsucher immer weiter in die Wälder vor. Unter den rivalisierenden Gruppen kam es zu erbitterten Gefechten. Zwischen 1984 und 1990 wurden in einem der blutigsten „Smaragdkriege" der jüngsten Geschichte allein in Muzo 3500 Menschen umgebracht. Dennoch treibt das „grüne Fieber" weiterhin Glücksritter und Abenteurer aus allen Ecken des Landes hierher. Und es kühlt wohl nicht ab, bis das letzte grüne Schmuckstück aus der Erde geholt ist.

Pflanzen

Die kolumbianische Pflanzenwelt ist nicht weniger imponierend als die Tierwelt. Hier wachsen mehr als 130 000 Pflanzenarten, ein Drittel davon ist sogar endemisch. Das ergibt aber noch kein vollständiges Bild: In großen Teilen des Landes, darunter unzugängliche Gebiete am Amazonas, werden noch viele bisher unentdeckte Arten vermutet. Schätzungen zufolge müssen noch mindestens 2000 Pflanzenarten näher bestimmt werden, und noch sehr viel mehr Pflanzen wird man wohl auf einen möglichen medizinischen Nutzen hin untersuchen.

In Kolumbien kommen etwa 3500 Orchideenarten vor, mehr als sonst irgendwo auf der Welt. Viele sind im Land endemisch, etwa *Cattleya trianae,* die Nationalblume Kolumbiens. Orchideen wachsen praktisch in allen Regionen und Klimazonen des Landes, meist aber in Höhen zwischen 1000 und 2000 m, besonders in der nordwestlichen Provinz Antioquia.

Noch höher, wo Wolken schon die Gipfel streifen, findet sich frailejón, eine einzigartige gelb blühende, mehrjährige Rosettenstaude, die nur in Höhen über 3000 m wächst. Es gibt 88 *frailejón*-Arten, die meisten davon in Kolumbien. Sie wachsen in geschützten Lagen der Sierra Madre de Santa Marta und Sierra Nevada del Cocuy sowie im Santuario de Iguaque.

Nationalparks

Kolumbien besitzt 55 Nationalparks, Floren-, Faunenschutzgebiete und andere Naturreservate. Sie werden von der staatlichen Einrichtung **Parques Nacionales Naturales (PNN) de Colombia** (www.parquesnacionales.gov.co) verwaltet.

Wenn ein Gebiet zum Nationalpark erklärt wird, so hören damit leider noch nicht die Guerilla-Aktivitäten, der Drogenanbau, wilde Agrarnutzung, Holzeinschlag, Schürferei und Wildern auf. Die meisten Parks im Amazonasbecken (Ausnahme: Amacayacu) und entlang der Grenzen zu Ecuador müssen eher als „schwach im Einhalten der Bestimmungen" klassifiziert werden. Andere Parks wie Los Katios, eine Unesco-Welterbestätte nahe der Darién-Gap, einer letzten Lücke in der Transamericana, sind geöffnet; sie bleiben aber unsicher und der Zugang ist beschränkt. Vor der Weiterreise sollte man sich über den aktuellen Sicherheitszustand informieren.

Andererseits gibt es viele Parks, die noch vor Jahren schwer erreichbar waren und die jetzt Besuchern offen stehen. Sie werden in diesem Buch aufgeführt. Mit dem jüngsten Anwachsen des Tourismus und Ökotourismus pumpt die Regierung schließlich Pesos in ihr lange unterfinanziertes Natinalparksystem. In letzter Zeit wurden neue Parks eröffnet und weitere befinden sich in Planung. Die bestehenden Parks erhalten endlich ihre dringend benötigten Besuchereinrichtungen wie Unterkünfte und Verpflegungseinrichtungen, eine Seltenheit in Kolumbien.

Dies alles vollzog sich nicht ohne Widerspruch. Die PNN hat damit begonnen, in einigen Nationalparks mit Privatfirmen Verträge abzuschließen, was, wie manche Umweltschützer befürchten, zu einer übermäßigen Erschließung führen könnte. Einige fürchten, dass die Preise hochschnellen könnten und die Parks für den Durchschnittskolumbianer unzugänglich werden. Allerdings gab es Erfolge beim Überprüfen socher Vorkommnisse. Ein für 2011 geplanter 7-Sterne-Hotelkomplex im Parque Nacional Natural (PNN) Tayrona wurde wegen Einwänden der Umweltschützer aufgegeben.

Kolumbiens beliebteste Parks finden sich an den ursprünglichsten Küsten. Am weitaus beliebtesten ist der Parque Nacional Natural

UMWELTSCHUTZGRUPPE

Eine der einflussreichsten Rechtshilfegruppen hinsichtlich des Umweltschutzes heißt Conservación Internacional. Um mehr über ihre positive Arbeit zu erfahren, klicken man auf http://conservation.org.co.

Tayrona, gefolgt von PNN Corales del Rosarioy San Bernardino und PNN Isla Gorgona.

Viele andere Nationalparks bieten nur schlichte Einrichtungen wie Hütten, einfache Schlafplätze und Campingplätze. Reisende, die über Nacht bleiben wollen, müssen dies zuvor beim PNN-Zentalbüro in Bogotá (S.78) anmelden. Es gibt weitere PNN-Regionalbüros in den meisten größeren Städten und in den Parks selbst. Die Mehrzahl der Parks fordert eine Eintrittsgebühr, die beim Eingang oder im PNN-Regionalbüro bezahlt werden kann.

Private Parks & Schutzgebiete

In den letzten Jahren hat die Anzahl privat geführter Naturreservate in Eigenbesitz zugenommen. Organisatoren sind die jeweiligen Besitzer, ländliche Gemeinden, Stiftungen und staatsunabhängige Verbände. Viele sind klein sowie in Familienbesitz und bieten manchmal einfache Besuchereinrichtungen und Verpflegung an.

Rund 230 dieser Privatparks stehen in Verbindung mit der **Asociación Red Colombiana de Reservas Naturales de la Sociedad Civil** (http://resnatur.org.co). Diese Vereinigung spielt in der Parkszene erst seit kurzem eine Rolle. Künftige Parks könnten eher so aussehen wie der neue **Parque Nacional del Chicamocha** (www.parquenacionaldelchicamocha.com). Das gewinnorientierte Resort in der Nähe von Bucaramanga öffnete im Dezember 2006 seine Pforten. Die Kosten beliefen sich auf 20 Mio. US$. Hier kann man nicht nur wandern, sondern in eine komplette Erlebniswelt eintauchen: mit Restaurants, Cafés, Fahrgeschäften, Seilbahn, einem Zoo – und demnächst einem ganzen Luxus-Hotelkomplex.

Kolumbien ist der drittgrößte Kaffee-Exporteur (nach Brasilien und Vietnam). 2010 verließen 8 Mio. 60-kg-Säcke das Land und brachten 2,8 Mrd. US$ ein. Der Dauerregen von 2011 und 2012 brachte dann allerdings einen herben Rückschlag.

Umweltprobleme

Viele Aufgaben warten noch auf ihre Lösung. Die Probleme liegen im Klimawandel, Habitatsverlust und in der abnehmenden Biodiversität, bedingt duch Megaplantagen. Der Zwang, eine marktorientierte Wirtschaft zu entwickeln und in weltweiten Wettbewerb zu treten, hat Kolumbien dazu veranlasst, das Land und die natürlichen Ressourcen auszubeuten. Dazu gehören immer größere Farmen, legaler und illegealer Holzeinschlag sowie Bergbau (s. S. 332) und Ölförderung. Die Entwaldung hat die Aussterbensrate bei vielen Tier- und Pflanzenarten beschleunigt und den Boden aus dem Gleichgewicht gebracht, was wiederum zu verschlammten Flüssen und Verheerungen unter den Meereslebewesen führte.

Noch gravierender für die Umwelt ist der illegale Drogenhandel (s. Kasten S. 338) und der Anbau von Marihuana sowie Opium-Mohn. Der Versuch, die Bauern von Koka-Pflanzungen abzubringen, hat das Problem nur verlagert. Sie ziehen jetzt einfach höher hinauf, zu abgelegenen Hängen und Urwäldern der Anden, ins Amazonasbecken und in Nationalparks. Auch der Opium-Mohn wird in höheren Lagen angebaut. Kolumbiens Antidrogenpolitik wird von den USA finanziell unterstützt. Das Bekämpfen von Koka-Feldern aus der Luft hat aber nicht nur die Zielpflanzen zerstört, die ausgebrachten Herbizide vernichten auch die umgebende Vegetation und sickern ins Grundwasser ein.

Umweltschützer setzen sich mittlerweile lautstärker zur Wehr. 2006 unterzeichnete Álvaro Uribe ein umstrittenes Gesetz zur Nutzung des Waldes, das dem Holzeinschlag Tür und Tor öffnete. Kolumbianische und internationale Umweltschützer intervenierten gegen die Regierung – und siegten. Das Verfassungsgericht Kolumbiens erklärte das Waldnutzungsgesetz für verfassungswidrig, weil die indigenen Bewohner nicht befragt wurden. Diese Runde ging also an die Grünen.

Praktische Informationen

Sicher reisen

Das Comeback ist gelungen: Nur wenige Länder in Lateinamerika oder anderswo haben mehr für ihren Imagewandel getan als Kolumbien. In den 1980er- und 1990er-Jahren, als eine Gemengelage aus paramilitärischen Konflikten und internationalem Drogenkrieg sich verheerend auf das Dasein auswirkte, war das Land ein gefürchteter dunkler Fleck auf der Landkarte des internationalen Tourismus. Doch der ehemalige Präsident Álvaro Uribe griff während seiner zwei Amtszeiten hart gegen die Gewalt durch und trug dazu bei, dass Kolumbien plötzlich zum touristisch unberührten Paradies für Eingeweihte wurde. Heute halten die meisten Reisenden Kolumbien im Durchschnitt für sicherer als alle unmittelbaren Nachbarländer – eine erstaunliche Wende. Probleme gibt es jedoch noch immer: Straßenkriminalität ist auch weiterhin vorhanden, mit steigender Tendenz in Bogotá. Wachsamkeit und gesunder Menschenverstand sind also stets erforderlich. Und Guerrillakämpfer der FARC, Paramilitärs und Drogenhändler treiben noch immer in vielen kolumbianischen Provinzen ihr Unwesen (allerdings werden sie immer weiter in den Untergrund abgedrängt). Wer stets aufpasst und sich nicht in zwielichte Stadtteile (oder entlegene Regionen) begibt, wird Kolumbien in vollen Zügen und unbeschwert genießen können.

Sichere & unsichere Gebiete

Alle im Buch beschriebenen Regionen wurden auf ihre Sicherheit hin überprüft. Wer sich nicht von den erwähnten Wegen entfernt, sollte eigentlich keine Probleme haben. Gegenden oder Regionen, die hier nicht auftauchen, wurden in der Regel wegen Sicherheitsproblemen ausgelassen.

Die Fuerzas Armadas Revolucionarias de Colombia (FARC) und/oder die Paramilitärs treiben sich noch im Chocó, in Cauca, in Teilen von Nariño, in Putumayo, Meta, im Dschungelgebiet östlich der Anden (außer in der Gegend um Leticia) und in Teilen des Nordostens (besonders in Arauca) herum. Diese Gegenden sollten also gemieden werden, wenn sie im Buch nicht beschrieben sind.

Bei Redaktionsschluss der deutschsprachigen Ausgabe riet das Auswärtige Amt der Bundesrepublik Deutschland vor Reisen in entlegene Landesteile und vor allem in den Süden ab; gewarnt wurde – außer vor den oben genannten Regionen – noch vor der Pazifikküste sowie speziell vor dem Grenzgebiet zu Venezuela; generell sollte man nicht auf dem Landweg nach Venezuela einreisen. Die Warnung des Auswärtigen Amtes bezog sich aber auch auf die Grenze zu Ecuador, Peru und Panama.

Guerrillas & Paramilitärs

Es gibt in abgelegenen Regionen Kolumbiens noch immer vereinzelte Ecken, in denen die Guerilla aktiv ist, besonders im Hochgebirge und tief im Dschungel. Wer abseits der gut erschlossenen und von Touristen besuchten Gegenden unterwegs sein möchte, sollte das, wenn überhaupt, nur mit äußerster Vorsicht tun. Im schlimmsten Fall droht eine politisch oder finanziell motivierte Entführung. Ist man sich bei einer Begegnung mit Soldaten nicht sicher, ob es sich um legitime kolumbianische Armeeangehörige oder um Rebellen handelt, geben die Stiefel Aufschluss. Guerrillas und Paramilitärs tragen keine militäreigenen Springerstiefel, sondern Gummischuhe oder dergleichen.

Diebstahl & Raub

Die am weitesten verbreitete Gefahr für Reisende ist Diebstahl. In den größten Städten ist das Problem in der Regel am gravierendsten. Die üblichsten Methoden sind das Entreißen der Tasche, des Handys oder des Fotoapparats, dann folgen Taschendiebstahl und das

Ausnutzen von Momenten der Unachtsamkeit, die dem Dieb reichen, um das begehrte Objekt zu ergreifen und wegzulaufen.

Ablenkung ist oft Teil der Strategie von Dieben. Sie arbeiten meistens zu zweit oder als Gruppe, oft auch auf Motorrädern. Einer oder mehrere lenken das Opfer ab, während der Komplize den Diebstahl ausführt. Manchmal freunden sich die Täter sogar vermeintlich mit ihrem Opfer an oder täuschen vor, Polizisten zu sein und fordern dann eine Durchsuchung des Gepäcks. In Banken ist besondere Vorsicht an Geldautomaten geboten, auch vor Kriminellen, die sich als Bankangestellte ausgeben und ihre Hilfe anbieten – eine durchaus übliche und häfig angewendete Taktik beim Raub.

Wenn möglich, sollte man vor einem Ausflug Geld und Wertgegenstände an einem sicheren Ort aufbewahren. Es ist auf jeden Fall sinnvoll, ein Bündel kleiner Geldscheine mit sich zu führen, maximal 50 000 bis 100 000 COP, das bei einem möglichen Überfall ausgehändigt werden kann; hat man wirklich keinen Peso in der Tasche, könnten die Räuber sich verprellt fühlen und unberechenbar reagieren.

Bewaffnete Überfälle in Städten kommen sogar in den besseren Vierteln vor. Wer von Räubern bedrängt wird, sollte ihnen lieber aushändigen, was sie verlangen. Aber man sollte dabei möglichst die Nerven behalten und nicht gleich eilfertig sämtliche Wertgegenstände anbieten –oftmals geben sie sich schon mit den vorbereiteten Bündeln aus Geldscheinen zufrieden. Auf keinen Fall sollte man weglaufen oder sich wehren – das Risiko ist zu groß und manche Leute wurden schon wegen Kleingeld ermordet. Hilfe von Passanten ist nicht zu erwarten.

Drogen

Kokain und Marihuana sind billig und in den größeren Städten Kolumbiens leicht zu haben. Kauf und Genuss von Drogen ist jedoch alles andere als ratsam. Die meisten Kolumbianer halten den kolumbianischen Drogentourismus für ziemlich abstoßend, besonders in kleineren Städten. Ganz wichtig ist auch, dass die Mehrheit der Kolumbianer keine Drogen nehmen und eher glaubt, dass der ausländische Drogenhandel für den anhaltenden Bürgerkrieg verantwortlich ist. Sich also nach Drogen zu erkundigen oder sie offen zu nehmen, kann einen ganz schön in Schwierigkeiten bringen (außerdem ist es verboten, auch kleine Mengen an Drogen zu kaufen, zu verkaufen oder zu konsumieren – s. Rechtsfragen, S. 346).

Manchmal werden Drogen auf der Straße, in einer Bar oder Disko angeboten, was man aber niemals akzeptieren sollte. Die Anbieter könnten Lockvögel für die Polizei sein oder ihre Komplizen folgen ihrem Opfer, halten es später an, zeigen gefälschte Polizeiausweise und drohen mit Gefängnis, wenn man nicht extra bezahlt. Drogen sollten niemals mitgeführt werden (Leibesvisitationen kommen häufig vor). Manche Polizisten haben allerdings gar kein großes Interesse an einer Verhaftung, lieber drängen sie gelegentlich Leute zur Zahlung eines Bestechungsgeldes.

Berichten zufolge werden Reisenden gelgentlich Drogen untergeschoben, also Vorsicht. Die Bitte eines Fremden auf einem Flug-

PRAKTISCHE TIPPS

- » Auf keinen Fall durch abgelegene Gegenden wandern, vor allem ohne vorher die Sicherheitslage vor Ort geprüft zu haben
- » Niemals nachts einen Geldautomaten benutzen
- » Für den Fall eines Raubüberfalls immer ein schnell greifbares Geldbündel aus kleinen Scheinen mit sich tragen
- » Drogentourismus unbedingt vermeiden
- » Vorsicht vor Getränken und Zigaretten, die von Fremden oder neuen „Freunden“ angeboten werden
- » Vorsicht auch vor Kriminellen, die sich als Zivilfahnder ausgeben
- » Möglichst nicht die Nachtbusse zwischen Popayán und Pasto (und weiter Richtung Ecuador) sowie Bucaramanga und Santa Marta benutzen

AMTLICHE REISEHINWEISE

Staatliche Websites mit nützlichen Informationen und stets aktuellen Sicherheitshinweisen:

- » **Auswärtiges Amt Deutschland** (☎03018 172 000; www.auswaertiges-amt.de)
- » **Außenministerium Österreich** (☎050 11 50-4411; www.bmeia.gv.at)
- » **Eidgenössisches Departement für auswärtige Angelegenheiten** (☎0800 24-7-365; www.eda.admin.ch)
- » **US State Department** (☎888 407 4747; http://travel.state.gov)

FERIEN MIT KOKAIN? VORSICHT VOR DEN FOLGEN

Drogentourismus ist in Kolumbien eine bedauerliche Realität. Und warum auch nicht, denken manche: Kokain ist billig, oder? Nicht wirklich.

Was wie ein harmloser Zeitvertreib wirken mag, trägt direkt zu der Gewalt und dem Chaos bei, die sich täglich auf dem kolumbianischen Land abspielen. Menschen kämpfen und sterben für die Macht im Kokainhandel. Der Erwerb und Gebrauch von Kokain finanziert diesen Konflikt. Man schätzt, dass schon allein die FARC zwischen 200 und 300 Mio. US$ pro Jahr an der Kokainproduktion verdient.

Noch schlimmer ist es, dass die Nebenprodukte bei der Herstellung von Kokain extrem umweltschädlich sind. Der Produktionsprozess erfordert giftige Chemikalien wie Kerosin, Schwefelsäure, Azeton und Karbid, die anschließend einfach in den Boden oder in Bäche und Flüsse gelassen werden. Zudem werden schätzungsweise jährlich zwischen 500 und 3000 km^2 unberührter Regenwald für die Koka-Produktion abgeholzt.

Kolumbien ist eines der schönsten Länder der Welt. Die Menschen, die Musik, das Tanzen, das Essen – es gibt bereits genug überwältigende Stimulation für die Sinne. Das alles lässt sich am besten mit einer eiskalten cerveza *michelada* (Bier mit Steinsalz und Limonensaft) genießen, nicht mit Kokain.

hafen, sein Gepäck als Teil des eigenen zugelassenen Gepäckumfangs mit an Bord zu nehmen, sollte man stets abgelehnen. Dass grenzüberschreitender Drogenschmuggel purer Wahnsinn ist, muss nicht extra erwähnt werden. Hat schon mal jemand ein kolumbianisches Gefängnis von innen gesehen?

Drinks mit K.O.-Tropfen

Burundanga ist eine Droge, die aus einer in Kolumbien weit verbreiteten Baumart gewonnen und gern von Dieben benutzt wird, um ihr Opfer bewusstlos zu machen. Sie kann in Süßigkeiten, Zigaretten, Kaugummi, Schnaps, Bier – praktisch in alle Speisen und Getränke – gemischt werden und schmeckt und riecht nach gar nichts.

Der Haupteffekt einer „normalen" Dosis ist der Verlust der Willenskraft, selbst wenn man noch bei Bewusstsein ist. Der Dieb kann dann sämtliche Wertsachen verlangen, ohne dass das Opfer Widerstand leistet. Auch kam es unter dem Einfluss von Burundanga schon zu Vergewaltigungen. Weitere Auswirkungen sind Gedächtnisverlust und Schläfrigkeit; diese kann ein paar Stunden, aber auch mehreren Tagen anhalten. Einer Überdosis kann tödlich sein

Umgang mit Polizei & Militär

Das kolumbianische Militär ist zwar höchst zuverlässig und die Bundespolizei gilt als unbestechlich, aber örtliche Polizisten haben einen eher durchwachsenen Ruf. Sie verdienen nicht sehr viel Geld, und es wurde schon von Bestechlichkeit und Schikanen gegenüber Touristen berichtet.

Stets sollte man eine Fotokopie des Reisepasses mit dem Einreisestempel mitführen (Ärger lässt sich am ehesten vermeiden, wenn die Papiere in Ordnung sind). Drogen jeglicher Art sollte man niemals dabeihaben, weder auf der Straße noch unterwegs auf Reisen.

In touristischen Gegenden gibt es immer häufiger Touristenpolizisten, von denen viele etwas Englisch sprechen. Sie sind uniformiert und leicht an den Armbinden mit der Aufschrift Policía de Turismo zu erkennen. Beim ersten Anzeichen von Schwierigkeiten sind sie der erste Anlaufpunkt.

Sind Reisepass, Wertsachen oder andere Gegenstände gestohlen worden, ist eine *denuncia* (Meldung) auf der Polizeiwache unerlässlich. Der diensthabende Beamte schreibt die Aussage nach Darstellung des Opfers nieder. Darin sollten die Beschreibung des Tathergangs und eine Liste der gestohlenen Gegenstände enthalten sein. Bei der Beschreibung sollte man genau auf die Formulierung achten, alle gestohlenen Gegenstände und Dokumente erwähnen und dann die Aussage vor Unterzeichnung sorgfältig überprüfen. Die eigene Abschrift der Aussage dient als vorläufiger Identitätsnachweis, außerdem ist sie erforderlich, um den Versicherungsanspruch geltend zu machen.

Wer in irgendeiner Weise mit der Polizei zu tun bekommt, sollte die Ruhe bewahren und höflich bleiben und stets das formelle *usted* benutzen (das Wort für „Sie" statt *tu* für „Du"). Wachsamkeit ist auch nötig, wenn die Polizisten Gepäck und Taschen kontrollieren.

Betrügereien

Unter gar keinen Umständen sollte man Polizeibeamten in Zivil eine Kontrolle erlauben, wenn sie Reisepass und Geld überprüfen wollen. Es kommt vor, dass Kriminelle, die sich als Zivilfahnder ausgeben, Touristen auf der Straße anhalten, sich mit gefälschten Papieren ausweisen und dann eine Pass- und Geldkontrolle verlangen. Ein üblicher Trick ist die Behauptung dieser „Beamten", dass es sich um Falschgeld handelt, das natürlich konfisziert wird (eine Variante dieser Masche bezieht sich auch auf Schmuck). Die echte kolumbianische Polizei würde niemals so vorgehen. In solchen Fällen sollte man einen uniformierten Polizisten oder einen ehrbar aussehenden Passanten als Zeugen des Vorfalls ansprechen und unbedingt eine echte Polizeiwache anrufen. Die „Beamten" werden sich bis dahin wahrscheinlich klammheimlich aus dem Staub gemacht haben.

Überlandfahrten

Reisen über Land dürften in den meisten Teilen Kolumbiens, besonders bei Tag, keine Probleme bereiten, abgesehen von der Schwierigkeit, die passende Musik auf dem iPod auszuwählen, um den lauten und fragwürdigen Musikgeschmack des Busfahrers zu übertönen.

In der Vergangenheit waren Nachtbusse nicht gerade empfehlenswert – die Kämpfer der FARC kontrollierten viele der größeren Landstraßen –, aber heute ist das nicht mehr der Fall. Nachtbusse zu den meisten Zielorten bieten eine ziemlich bequeme Art des Reisens, um den Tag nicht mit langen Fahrten zu verschwenden. Außerdem spart man sich dann auch die Ausgabe für eine Unterkunft.

Die einzigen Strecken, die man bei Nachtfahrten meiden sollte, sind die Straße von Popayán nach Pasto und zur Grenze mit Ecuador, außerdem in geringerem Maße (aber immer noch heikel!) die Straße von Bucaramanga nach Santa Marta. Guerillas sind hier nicht mehr aktiv, aber es gab Berichte über bewaffnete Diebe, die Busse anhalten und alle Passagiere ausrauben.

Allgemeine Informationen

Alleinreisende

Wer alleine reist, wird in Kolumbien nur selten Probleme bekommen. Es gibt in allen wichtigen Städten Hostels und viele kleine Lokale; meist findet man Anschluss an andere Reisende, die auf ähnlichen Routen unterwegs sind.

Wer in abgelegene Regionen reist, in die sich nur selten Ausländer verirren, oder wer sich ganz allgemein über die Sicherheitslage Sorgen macht, sollte sich einen Begleiter suchen (so wird man auch weniger mit Straßenkriminalität konfrontiert sein). Siehe S. 336 hinsichtlich weiterer Informationen.

Arbeiten in Kolumbien

Es gibt eine steigende Nachfrage nach qualifizierten Englischlehrern. Einige Schulen zahlen bei kurzer Unterrichtszeit den Lohn bar auf die Hand, wer länger arbeiten will, muss eine Schule finden, die bereit ist, sich um ein Arbeitsvisum zu kümmern. Eine Faustregel besagt: Je attraktiver eine Stadt für Reisende ist, desto schwerer wird man sich tun, eine Anstellung zu finden. Medellín beispielsweise quillt über von Englischlehrern, in Cali werden sie händeringend gesucht. Und keiner sollte glauben, er werde mit seinem Unterricht reich: ein paar Millionen Pesos im Monat – mehr ist nicht drin (meist wird eher weniger gezahlt).

Botschaften & Konsulate

Viele Länder sind in Kolumbien diplomatisch vertreten und unterhalten Botschaften bzw. Konsulate in Bogotá; einige Länder haben ihre Konsulate in anderen Städten des Landes untergebracht.

Argentinien (☎1 288 0900; Av. 40A No 13–09, piso 16, Bogotá)

Brasilien Bogotá (☎1 218 0800; www.bogota.itamaraty.gov.br; Calle 93 No 14–20, piso 8); Leticia (☎8 592 7530; Calle 9 No 9–73); Medellín (☎4 372 0022; Carrera 42 No 54A–155, Autopista Sur)

Deutschland (☎1 423 2600; www.bogota.diplo.de; Carrera 69 No 25B–44, piso 7, Bogotá)

Ecuador Bogotá (☎1 317 5329; Calle 67 No 7-35, Oficina 11–02, piso 11); Cali (☎2 661 2264; Edificio Torre de Cali, Calle 19N No 2N–29, Oficina 23-02C); Ipiales (☎2 773 2292; Carrera 7 No 14–10); Medellín (☎4 250 8656; Calle 47 No 80–27)

Österreich Hat 2012 seine Botschaft geschlossen, zuständig ist nun die Botschaft in Lima (☎0051/84/23 54 59, flavherzmoza@yahoo.com).

Panama Barranquilla (☎5 360 1870; Carrera 57 No 72-25, Edificio Fincar 207-208); Bogotá (☎1 257 5067; www.empacol.org; Calle 92 No 7A-40); Cali (☎2 486 1116; Av. 6 No 25–58); Cartagena (☎5 655 1055; Carrera 1 No 10–10, Bocagrande; ⏲Mo–Sa 8–12 Uhr); Medellín (☎4 312 4590; Calle 10 No 42–45, Oficina 266)

Peru Bogotá (☎1 257 0505; www.embajadadelperu.org.co; Calle 80A No 6–50); Leticia (☎8 592 7755, 8 592 7204; Calle 11 No 5–32)

Schweiz Bogotá (☎1 349 72 30; bog.vertretung@eda.admin.ch; Cra. 9 No 74–08, piso 11)

Venezuela Barranquilla (☎5 360 6285; Carrera 52 No 69–96; ⏲Mo–Fr 8–12 Uhr); Bogotá (☎1 636 4011; www.embaven.org.co; Av. 13 No 103–16); Cartagena (☎5 665 0382; Carrera 3 No 8–129, Edificio Centro Executivo, piso 14; ⏲Mo–Fr 9–11.30 & 13.30–16 Uhr); Cúcuta (☎7 579 1954; Av. Camilo Daza); Medellín (☎4 351 1614; www.consulvenemedellin.org; Calle 32B No 69–59)

Essen

Kolumbien ist kein Land für Gourmets (wer hat schon einmal ein kolumbianischen Restaurant irgendwo unterwegs auf Reisen gesehen?). Das soll aber nicht heißen, dass man hier nicht dennoch gut essen kann: Im Land bekommt man gut zubereitete, sättigende Mahlzeiten zu einem fairen Preis.

Kolumbien ist ein fruchtbares Land: An der Küste gibt es Fisch und Kochbananen; ein farbenfrohes Sortiment an tropischen Früchten,

ESSEN GEHEN

Die Preise beziehen sich auf ein Mittag- oder Abendessen.

PREISKATEGORIE	COP
$	Unter 15 000
$$	15 000–25 000
$$$	über 25 000

Kaffee, Kakao und Milch bekommt man vor allem in den Bergen und günstige, frische Gemüsesorten und Fleisch in allen Ecken des Landes. Überall kann man Gerichte der *comida criolla* (kreolisches Essen) bestellen.

Günstig essen für weniger als 15 000 COP kann man überall, am einfachsten zu Mittag: Die *comida corriente* (wörtlich übersetzt: „schnelles Essen") ist eine Zwei-Gänge-Mahlzeit, die mit einer Suppe beginnt, auf die ein Gericht mit Reis, Bohnen und Fleisch folgt. Dazu gibt es eine Schüssel Salat und ein Glas Saft aus Tropenfrüchten. Mittelteure Restaurants (15 000–25 000 COP) sind hinsichtlich Qualität und Service etwas besser, die Top-Restaurants verlangen über 25 000 COP.

Unbedingt probieren sollte man kolumbianische Spezialitäten wie *ajiaco* (einen Eintopf mit einem Andenhuhn sowie Mais, verschiedenen Arten von Kartoffeln, Avocados und einem heimischen Kraut namens *guasca)* sowie *bandeja paisa* (das „*Paisa*-Gericht"). Darunter versteht man eine gute Portion Wurst, Bohnen, Reis, Ei und *arepa* (Maisfladen). Die Speise gilt als inoffizielles „Nationalgericht", auch wenn Kritiker einwenden, dass es hauptsächlich in Antioquia verbreitet sei.

Dazu noch ein paar Obstnamen: *zapote*, *nispero*, *lulo*, *uchuwa*, *borojo*, *curuba*, *mamoncillo*. Noch nie davon gehört? Kein Wunder. Und erst recht nicht anfangen, nach einer Übersetzungen zu suchen: Es handelt sich um endemische Früchte aus Kolumbien, die man außerhalb des Landes kaum kennt.

KAFFEELAND

Kolumbien ist *mucho famoso* – berühmt – für seinen Kaffee, von dem allerdings die besten Bohnen in den Export gehen. Der täglich ausgeschenkte Durchschnittskaffee – der tinto – ist nichts für Kaffeeliebhaber (und andere). Wer sichergehen will, bestellt lieber einen Espresso.

Feiertage

Die folgenden Tage sind staatliche Feiertage.

Año Nuevo (Neujahr) 1. Januar

Los Reyes Magos (Heilige Drei Könige, Epiphanias) 6. Januar*

San José (Sankt-Josefs-Tag) 19. März*

Jueves Santo & Viernes Santo (Gründonnerstag und Karfreitag) März/April. Der Ostermontag ist ebenfalls ein Feiertag.

Día del Trabajo (Tag der Arbeit) 1. Mai

La Ascensión del Señor (Christi Himmelfahrt) Mai*

Corpus Cristi (Fronleichnam) Mai/Juni*

Sagrado Corazón de Jesús (Herz Jesu) Juni*

San Pedro y San Pablo (Peter und Paul) 29. Juni*

Día de la Independencia (Unabhängigkeitstag) 20. Juli

Batalla de Boyacá (Schlacht von Boyacá) 7. August

La Asunción de Nuestra Señora (Mariä Himmelfahrt) 15. August*

Día de la Raza (Entdeckung Amerikas) 12. Oktober *

Todos los Santos (Allerheiligen) 1. November *

Independencia de Cartagena (Unabhängigkeit von Cartagena) 11. November*

Inmaculada Concepción (Unbefleckte Empfängnis) 8. Dezember

Navidad (Weihnachten) 25. Dezember

* Wenn das Datum nicht auf einen Montag fällt, ist am darauffolgenden Montag frei, damit sich ein langes Wochenende ergibt (*puente*).

Allgemein gilt, dass bei jedem Feiertag, der auf einen Dienstag (oder Donnerstag) fällt, der vorausgehende Montag (oder der folgende Freitag) ebenfalls ein freier Tag wird.

Frauen unterwegs

Alleinreisende Frauen werden nur selten unterwegs Probleme haben.

Wie überall auf der Welt sollte man aber auch in Kolumbien ein paar Grundregeln beachten und einhalten: den gesunden Menschenverstand einsetzen, nicht allein in dubiosen Vierteln nach Einbruch der Dunkelheit herumlaufen und immer ein Auge auf das eigene Getränk haben (damit keine Betäubungsmittel hineingemischt werden können). Frauen werden häufig Opfer von Handtaschenraub oder sonstigen Angriffen, da man hier nicht mit viel Gegenwehr rechnet. Auch alleine ein Taxi in der Dunkelheit zu besteigen, empfiehlt sich nicht – ab und zu werden Übergriffe auf alleinreisende Frauen gemeldet.

Eine konservative, unattraktive Kleidung und das Tragen eines (billigen) Eherings helfen ebenfalls, sich unerwünschte Verehrer vom Leib zu halten.

Freiwilligendienst

Der Freiwilligendienst steckt noch in den Kinderschuhen.

Globalteer (☎+44 117 230 9998; www.globalteer.org; 54 Woodchester, Yate, Bristol, BS37 8TX, UK) Bietet *voluntourism* für 1 bis 12 Wochen in Medellín; die Freiwilligen arbeiten mit Straßenkindern und in Kinderheimen. Für 12 Wochen werden 2145 US$ verlangt.

Fellowship of Reconciliation (☎1 512 542 1769; www.forusa.org; PO Box 72492, Oakland, CA 94612, USA) Hier finden Freiwillige Einsatzmöglichkeiten in den zwei Teams in Bogotá bzw. in der Peace Community of San José de Apartadó (im Nordwesten des Landes in der Region Urabá). Das internationale Team gibt den Anführern und Bewohnern der Peace Community Begleitschutz und unterstützt kolumbianische Kriegsdienstverweigerer und all diejenigen, die für eine Entmilitarisierung des Landes kämpfen. Wer angenommen wird, verpflichtet sich für 12 Monate und muss Fördergelder für das Projekt einwerben.

Let's Go Volunteer (☎321 235 0846; www.letsgovolunteer.info; Carrera 5 sur No 22-40, Ibague) Eine kleine kolumbianische NGO, die soziale Arbeit mit Kindern, Frauen, mit Senioren und im Umweltbereich anbietet. Die Preise liegen zwischen 250 US$ (1 Woche), 500 US$ (1 Monat) und 3500 US$ für neun Monate.

Geld

Landeswährung ist der kolumbianische Peso (COP); Wechselkurse (Stand bei Redaktionsschluss) finden sich auf S. 17.

Bargeld

Scheine gibt es in der Stückelung 1000, 2000, 5000, 10 000, 20 000 und 50 000 COP, daneben sind vor allem 100er-, 200er- und 500er-Münzen im Umlauf. Münzen im Wert von 20 und 50 COP sieht man höchstens einmal im Supermarkt, einige Händler verweigern sogar die Annahme. Auch eine 1000er-Münze war lange im Umlauf, da sie aber zu oft gefälscht wurde, hat man sie wieder aus dem Verkehr gezogen. Kolumbianer verweigern die Annahme, man sollte es auch so halten.

Geldautomaten

Fast alle großen Banken haben Geldautomaten, die in der Regel zuverlässig arbeiten und auch Karten aus dem Ausland akzeptieren (Bancolombia ist die unangenehme Ausnahme). Am besten arbeiten die Automaten von Banco de Bogotá, BBVA und ATH. Viele Banken beschränken die Ausgabe auf 300 000 COP pro Transaktion. Davivienda erlaubt bei den meisten Automaten seiner Filialen einen Höchstbetrag von 720 000 COP. Häufig werden so hohe Beträger aber bei ausländischen Karten verweigert. In diesem Fall muss man die gewünschte Summe in zwei Tranchen ziehen.

Wer nach Dunkelheit Geld abholen muss, sollte das nur an den Automaten innerhalb von Tankstellen tun.

Geldwechsler

Am empfehlenswertesten sind Abhebungen über den Geldautomaten; dort bekommt man die besten Kurse. Der US$ ist die einzige ausländische Währung, für die man in Kolumbien einigermaßen gute Kurse erwarten darf, bei allen anderen, z.B. dem Euro, fährt man deutlich schlechter.

Viele, wenn auch nicht alle Banken tauschen Geld, in den großen Städten und in der Grenzregion findet man viele *casas de cambio* (Wechselstuben). Auf keinen Fall Geld auf der Straße tauschen! Viele illegale Geldwechsler waschen auf diese Weise Drogengeld, die Straßenhändler haben zudem flinke Finger und merkwürdig programmierte Taschenrechner. Ein gutes Geschäft hat hier noch keiner gemacht! In Kolumbien sind 25 % des weltweit kursierenden amerikanischen Falschgeldes im Umlauf – ein weiterer Grund, auf dubiose Straßengeschäfte zu verzichten.

In den Banken muss man seinen Ausweis bzw. Pass bei jeder Transaktion vorzeigen, außerdem wird ein Fingerabdruck genommen. Geldwechseln ist immer mit einem Haufen Papierkram verbunden – damit soll Geldwäsche verhindert werden.

Internationale Geldüberweisungen

Wer schnell Geld aus dem Ausland geschickt bekommen will, sollte sich an **MoneyGram** (www.moneygram.com) oder **Western Union** (www.westernunion.com) wenden. Die Abwicklung über MoneyGram ist deutlich günstiger, über diese Bank schicken auch die meisten im Ausland lebenden Kolumbianer Geld an ihre Familien.

Der Versender bezahlt den Betrag und die fälligen Gebühren in der nächstgelegenen Filiale von MoneyGram oder Western Union (oder einer Vertretung im Ausland) und hinterlegt dort den Namen des Empfängers und den Ort, an dem dieser das Geld erhalten soll/will. Ist das Geld eingezahlt, kann die Auszahlung innerhalb von 15 Minuten erfolgen. Der Empfänger muss sich mit einem Ausweis mit Foto und

PRAKTISCH & KONKRET

» In Kolumbien wird das metrische System bei Maßen und Gewichten verwendet. Einzige Ausnahme bildet das Benzin, das in amerikanischen Gallonen verkauft wird. Lebensmittel werden oft in *libras* (1 Pfund, 500 g) ausgezeichnet.

» In allen großen Städten erscheinen eigene Tageszeitungen. Bogotás wichtigstes Blatt ist El Tiempo (www.eltiempo.com), das in guter Gewichtung nationale und international Nachrichten sowie Berichte aus den Themenbereichen Kultur, Sport und Wirtschaft bringt. Weitere führende Tageszeitungen sind El Espectador (www.elespectador.com) und El Colombiano (www.elcolombiano.com) in Medellín sowie El País (www.elpais.com.co) und El Occidente (www.occidente.co) in Cali. Semana (www.semana.com) ist die größte landesweit erscheinende Wochenzeitschrift. Eine weitere wichtige Wochenzeitung ist Cambio (www.cambio.com.co), ein einflussreiches meinungsbildendes Magazin.

» Kolumbien besitzt zahlreiche nationale und örtliche Fernsehstationen. Jede Region hat ihren eigenen Sender, in Bogotá ist es der Fernsehsender **City TV** (www.citytv.com.co). Landesweit ausstrahlende Kanäle sind **Caracol TV** (www.canalcaracol.com.co), **RCN TV** (www.canalrcn.com), **Noticias Uno** (www.noticiasuno.com) und **Señal Colombia** (www.senalcolombia.tv).

» Radiosender gibt es Dutzende. Radionica (99,1) sendet alternative/moderne Rockmusik, die Universidad Nacional betreibt den Sender UN Radio (98,5 FM) mit studentischem Programm und Kulturbeiträgen, La Zeta (92.9) hat sich auf lateinamerikanische und Salsamusik spezialisiert.

» Die Anti-Rauchergesetze von 2009 verbieten das Rauchen in öffentlich zugänglichen geschlossenen Räumen wie Bars und Restaurants. Man kann sogar Zimmermädchen, die im Haus rauchen, anzeigen!

einem Nummern-Passwort identifizieren, das er vom Versender erhält.

Beide Banken haben Büros sowohl in den großen als auch in den meisten kleineren Städten.

Kreditkarten

Kreditkarten sind im Land akzeptiert und werden vor allem in den Großstädten und Mittelstädten verwendet. Wer mit einer Kreditkarte zahlen will, sollte nach der fälligen Gebühr fragen: *„¿a cuantas cuotas?“* („wie hoch sind die Gebühren?“). Kolumbianer dürfen die Abzahlung dieser Kredite über 24 Monate strecken, bei Ausländern ist das unüblich.

Am verbreitetsten ist die Visa-Karte, gefolgt von der MasterCard, die jedoch nur von einigen wenigen Banken angenommen wird. Alle anderen Karten werden nur selten akzeptiert.

Mit der Kreditkarte kann man sowohl in der Bank als auch am Automaten Geld abheben, in beiden Fällen braucht man seine persönliche PIN-Nummer.

Reiseschecks

Mit Reiseschecks können Kolumbianer nichts anfangen und verstehen auch das Prinzip nicht – um Probleme zu vermeiden, sollte man lieber eine EC-Karte für den Geldautomaten mitnehmen. Wer dennoch mit Reiseschecks reisen will, sollte diese auf alle Fälle in US-Dollar ausstellen lassen, weil man dafür noch die besten Kurse bekommt. Auf keinen Fall mit Schecks einreisen, die auf Euros oder sonstige europäische Währungen ausgestellt sind. Die Banken in den größeren Städten tauschen Reiseschecks zu Kursen um, die 2 bis 5 % höher liegen als die Kurse, die man beim Tausch von Bargeld erhält (aber lange nicht so gut wie jene Kurse, die man am Geldautomaten bekommt). Die Wechselkurse schwanken von Bank zu Bank, der Vergleich lohnt sich also. Einige Banken erheben eine zusätzliche Gebühr für das Einlösen der Reiseschecks.

Trinkgeld & Handeln

Neue Gesetze schreiben vor, dass die Bedienungen in Mittelklasse- und Top-Restaurants (also überall dort, wo ein Aufschlag für die Bedienung ausgewiesen wird) die Gäste fragen müssen, ob sie 10 % Trinkgeld auf die Rechnungssumme aufschlagen dürfen. In Mittelklasse-Restaurants wird es akzeptiert, wenn man diese Frage mit der höflichen Antwort *„sin servicio, por favor“* ablehnt, wenn man unzufrieden war. In den Top-Restaurants ruft man mit der gleichen Antwort den Manager des Ladens an den Tisch, der sich genau erkundigt, warum man die Trinkgeldzahlung verweigert.

Gehandelt wird lediglich bei einigen kleinen Käufen auf Märkten und an Straßenständen. Dort, wo Taxis ohne

Taxameter fahren – vor allem an der karibischen Küste –, sollte man auf jeden Fall vorab den Preis aushandeln. Wenn es zu keiner Einigung kommt, einfach die Diskussion beenden und sich in die Schlange am nächstgelegenen Taxistand einreihen.

Gesundheit

In der Regel muss man bei Reisen in Kolumbien nicht mit gesundheitlichen Schäden rechnen, allerdings sollte man gewisse Vorsichtsmaßnahmen ergreifen und unterwegs einige Grundregeln beachten. Viele Krankheiten haben ihre Ursache in der Lage des Landes in den Tropen. Wer entlang der Küste oder durch den Regenwald fährt, muss mit kleinen „tropischen Ärgernissen" rechnen: infizierten Insektenstichen, Hautausschlägen und Beeinträchtigungen durch die Hitze. Mit anderen, deutlich gefährlicheren Tropenkrankheiten – einschließlich Malaria und Gelbfieber – kann man sich eher abseits der touristischen Hauptrouten infizieren, z. B. bei ausgedehnten Fahrten durch die Nationalparks. Das Denguefieber tritt in vielen Tiefland-Ortschaften auf, mit anderen Problemen wird man wiederum nur bei Reisen in die hoch gelegenen Landesteile konfrontiert, z. B. mit *soroche* (Höhenkrankheit). Die gute Nachricht: Kolumbien zählt zu den Ländern mit der besten medizinischen Versorgung Südamerikas.

Wer in abgelegene Landesteile reist, sollte einen Blick in den Gesundheitsführervon Lonely Planet – *Healthy Travel Central & South America* – werfen oder das Buch von Dirk Schroeder: *Staying Healthy in Asia, Africa & Latin America* lesen.

Gesundheitsrisiken

» Höhenkrankheit kann all jene Reisende erwischen, die sehr schnell auf Höhen über 2500 m fahren, beispielsweise jene, die direkt nach Bogotá fliegen.

» Das Leitungswasser in Bogotá und anderen Großstädten ist sicher, Schwangere und alle, die auf Nummer sicher gehen wollen, sollten aber grundsätzlich nur Wasser aus versiegelten Flaschen trinken. In abgelegenen Regionen empfiehlt es sich, das Leitungswasser abzukochen oder mit Jodtabletten zu reinigen. Am sichersten ist aber immer Wasser aus versiegelten Flaschen.

Medizinische Versorgung

Eine gute medizinische Versorgung ist in allen großen Städten gewährleistet, aber nur selten auf dem Land zu finden. Auf der Website der US-Botschaft findet man eine Liste mit Ärzten, Zahnärzten, Krankenhäusern und Apotheken im ganzen Land: http://bogota.usembassy.gov/root/pdfs/medservices.pdf. Wer unterwegs eine akute, lebensgefährliche Krankheit bekommt, sollte sich wohl am besten ausfliegen lassen. Auf Krankentransportflüge hat sich **Aerosanidades** (☎1 266 2247; www.aerosanidadsas.com; Bogotá) spezialisiert; das Unternehmen hat seine Flugzeuge auf 13 Flughäfen im Land stationiert.

Infektionskrankheiten

» Denguefieber, eine Viruserkrankung, wird von der Gelbfieber-Mücke übertragen, die im Allgemeinen tagsüber sticht und vor allem in der Nähe von Siedlungen anzutreffen ist (häufig auch innerhalb von Häusern). Die Krankheit ist vor allem in den Departamentos Santander, Tolima, Valle del Cauca, Norte de Santander, Meta und Huila verbreitet.

» Die Malaria, die ebenfalls von Mücken übertragen wird, ist vor allem in ländlichen Gegenden unter 800 m, u. a. in Amazonas, Chocó, Córdoba, Guainía, Guaviare, Putumayo und Vichada, anzutreffen.

» Gelbfieber ist eine lebenslang immer wieder ausbrechende Virusinfektion, die von Mücken in Waldgebieten übertragen wird, vor allem im Parque Nacional Natural (PNN) Tayrona und Ciudad Perdida. Eine Gelbfieberimpfung wird allen Reisenden nahegelegt, die in die Küstennationalparks reisen wollen. Wer nur in den Städten und im Gebirge unterwegs ist, braucht sich nicht impfen zu lassen. Man sollte allerdings bedenken, dass einige Länder, z. B. Australien, Urlauber, die direkt aus Kolumbien kommen, nur mit einer Gelbfieberimpfung einreisen lassen. Brasilien verlangt den Nachweis, dass man Kolumbien nicht innerhalb der letzten 90 Tage besucht hat. Genaue Angaben findet man auf den entsprechenden Seiten des Auswärtigen Amtes.

Internetzugang

Kolumbien ist ein verkabeltes Land: Der Internetzugang ist überall und günstig möglich – eine Stunde kostet selten mehr als 2000 COP. In kleineren Städten und abgelegenen Gegenden wird man möglicherweise kein *banda ancha* (Breitbandanschluss) vorfinden, dort erfolgt die Überragung via Modem oder Satellit. Viele Internetcafés haben lange offen, meist von 6 bis 22 Uhr, am Wochenende allerdings deutlich kürzer. Viele Cafés bieten zusätzliche Dienste wie Ausdrucken, Scannen und Faxen an, außerdem kann man meist günstig ins Ausland telefonieren.

Fast alle Hostels und Hotels verfügen über WLAN. Einkaufszentren bieten oft kostenloses WLAN, Flughäfen, Restaurants und Cafés besitzen häufig ebenfalls eine WLAN-Zone.

Auf S. 17 finden sich Informationen zum Internet-

ORIENTIERUNG

Kolumbiens Städte und Kleinstädte sind traditionell in einem Schachbrettmuster angelegt. Die Straßen, die in nord-südlicher Richtung verlaufen, heißen Carreras, in Stadtplänen oft mit Cra, Cr oder K abgekürzt. Alle ost-west verlaufenden Straßen heißen dagegen Calles, abgekürzt mit Cll, Cl oder C. Das an sich einfache Muster wird allerdings durch Diagonalen verkompliziert, die entweder als Diagonales (meist mit ost-westlicher Ausrichtung wie die Calles) oder Transversales (im Verlauf eher den Carreras entsprechend) bezeichnet werden.

Alle Straßen sind nummeriert, das Nummernsystem dient gleichzeitig als Adressangabe. Jede Adresse besteht aus einer ganzen Reihe von Nummern, z. B. Calle 6 No 12–35, was in diesem Fall bedeutet, dass das Gebäude in der Calle 6 steht und 35 m von der Ecke der Carrera 12 in Richtung Carrera 13 entfernt liegt. Die Carrera 11A No 7–17 ist dementsprechend die Adresse eines Gebäudes in der Carrera 11A, das 17 m von der Ecke der Calle 7 in Richtung Calle 8 liegt. Weitere zahlreiche Beispiele findet man auf der Übersichtskarte.

Das System ist sehr praktisch und nachvollziehbar, sodass es in der Regel kein Problem gibt, eine gesuchte Adresse zu finden. Das kolumbianische System zählt zu den genauesten weltweit – wer die richtige Adresse hat, wird immer punktgenau vor dem gewünschten Gebäude stehen.

In den größeren Städten heißen die Hauptstraßen Avenidas oder Autopistas und tragen einen Namen und eine Nummer, sie sind aber meist unter ihren Nummern bekannt.

Cartagenas Altstadt ist die einzige kolumbianische Stadt mit jahrhundertealten Straßennamen, die dem modernen Nummernsystem bis heute widerstanden haben. Die Straßen in einigen anderen vergleichbaren Städten (z. B. Medellín) haben zwei Bezeichnungen: die historischen und die modernen mit den Nummern – verwendet werden aber nur die Zahlen.

zugang. Das Internet-Symbol (@) weist darauf hin, dass man hier einen Internetdienst vorfindet, das Symbol 📶 bezeichnet einen WLAN-Hotspot.

Karten & Stadtpläne

Im Ausland wird man Schwierigkeiten haben, detaillierte Karten von Kolumbien zu finden. In den USA verkauft **Maps.com** (☎800 430 7532; www.maps.com) eine hervorragende Auswahl an Karten. Eine vergleichbar gute Auswahl ist in Großbritannien bei **Stanfords** (☎020 7836 0189; www.stanfords.co.uk) erhältlich.

Innerhalb de Landes werden gefaltete Straßenkarten verschiedener Verlagen publiziert und über die Buchläden vertrieben. Sehr zu empfehlen ist der *Guía de Rutas* von Movistar, ein spanischer Straßenatlas von Kolumbien mit hervorragenden Karten. Man bekommt ihn in allen Mautstellen (den Busfahrer vorab bitten, die Karten für einen zu kaufen) oder in einigen Buchläden.

Die größte Auswahl an Karten produziert und vertreibt das **Instituto Geográfico Agustín Codazzi** (IGAC; ☎1 368 3443; www.igac.gov.co; Carrera 30 No 48–51, Bogotá),

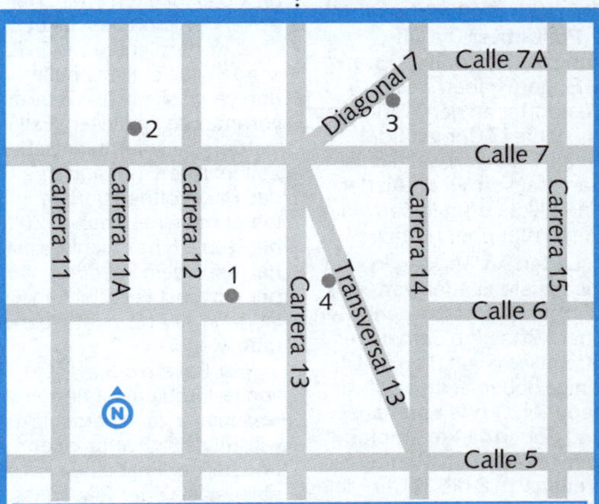

ORIENTIERUNG
1 Calle 6 Nr. 12-35
2 Carrera 11A Nr. 7-17
3 Diagonal 7 Nr. 13-68
4 Transversal 13 Nr. 6-50

das staatliche Karteninstitut, das seine Hauptverwaltung in Bogotá und Filialen in den Hauptstädten der Provinzen hat.

Öffnungszeiten

Die tägliche Arbeitszeit beträgt in der Regel acht Stunden; meist arbeiten die Kolumbianer von 8 bis 12 und von 14 bis 18 Uhr, oft beginnen die Angestellten aber später und hören schon früher auf. Viele Touristeninformationen sind am Samstag und Sonntag geschlossen, die Reisebüros arbeiten samstags nur bis zum Mittag.

» Im Buch werden nur dann Öffnungszeiten angegeben, wenn sie signifikant von den im Folgenden genannten Regelöffnungszeiten abweichen:**Banken** Mo–Fr 9–16, Sa 9–12 Uhr; die Zeiten variieren aber zwischen Stadt und Land. Einige Banken schließen auch über Mittag.

» **Bars & Nachtclubs** Bars öffnen in der Regel gegen 18 Uhr und schließen je nach den gesetzlichen Vorgaben (meist um 3 Uhr). Nachtclubs haben von Donnerstag bis Samstag von 21 Uhr bis in den frühen Morgen geöffnet.

» **Postämter** Die Öffnungszeiten variieren stark: In Bogotá haben viele Postämter an den Werktagen von 9 bis 17 Uhr geöffnet, einige Filialen zusätzlich am Samstagvormittag. An der Karibikküste schließen einige Postämter über Mittag.

» **Läden** An Werktagen sind die meisten Läden von 9 bis 17 Uhr offen, einige schließen über Mittag. An Samstagen öffnen viele von 9 bis 12 Uhr, einige haben auch bis 17 Uhr geöffnet. Große Kaufhäuser und Supermärkte empfangen ihre Kunden Montag bis Freitag von 8 bis 21 Uhr, viele auch am Sonntag.

» **Restaurants** Wer ein Mittagessen serviert, öffnet um 12 Uhr; diejenigen Lokale, die auch ein Frühstück anbieten, haben ab 8 Uhr geöffnet. Viele bessere Restaurants in den Großstädten, vor allem in Bogotá, haben bis 22 Uhr oder noch länger offen, in kleineren Städten schließen sie dagegen um 21 Uhr oder auch schon etwas früher. Viele Lokale haben generell am Sonntag geschlossen. Cafés öffnen meist von 8 bis 22 Uhr.

Post

Kolumbiens offizieller Postdienstleister ist das relativ junge, auf den schrecklichen Namen **4-72** (www.4-72.com.co) getaufte Unternehmen, das es geschafft hat, die unter der lähmenden Last der Pensionszahlungen und Ineffizienz darniederliegende staatliche Post Adpostal (die 2006 eingestellt wurde) in einen profitablen und effizient arbeitenden Konzern umzubauen. Neben 4-72 gibt eine ganze Reihe privater Firmen, u. a. **Avianca** (www.aviancaexpress.com), **Deprisa** (www.deprisa.com) und **Servientrega** (www.servientrega.com).

Wer sich ein Paket nach Kolumbien schicken lassen will, dem stehen verschiedene Möglichkeiten offen: Der Absender kann das Paket über Kurierdienste wie DHL senden, die eine schnelle und verlässliche Auslieferung garantieren. In diesem Fall werden die kolumbianischen Zollbeamten mit Sicherheit das Paket öffnen und den Inhalt mit einem hohen Zoll belegen. Wer es nicht so eilig hat, kann sein Paket regulär per Luftpost verschicken, es ist dann vier bis acht Wochen unterwegs.

Wer Pakete oder Briefe von Kolumbien auf dem Seeweg ins Ausland verschicken will, muss sich ausweisen und bei der Post einen Personalausweis oder Reisepass vorlegen.

Rechtsfragen

Wer inhaftiert ist, hat das Recht auf einen Rechtsbeistand. Wer vor Ort keinen Anwalt hat, bekommt einen vom Land gestellt, das diesen auch bezahlt. Generell gilt erst einmal die Unschuldsvermutung, die Verfahren werden in der Regel schnell abgewickelt.

Mit dem Gesetz in Konflikt geraten Ausländer meist, wenn sie in das Thema Drogen verwickelt sind. Es ist verboten, Drogen zu kaufen, zu verkaufen und zu konsumieren – auch in geringfügigen Mengen! 2009 wurde ein neues Gesetz verabschiedet – *El Artículo 49 de la Constitución* –, wonach niemand Drogen konsumieren darf, außer aufgrund ärztlicher Verordnung. Für den Verstoß gegen die älteren Gesetze, nach denen man legal für den Eigenbedarf Marihuana (20 g), Haschisch (5 g) und Kokain (1 g) mit sich führen durfte, wird man vermutlich nicht angeklagt, aber möglicherweise des Landes verwiesen. Diese Regelung wird aber derzeit überarbeitet und möglicherweise geändert.

Reisen mit Kindern

Wie fast alle Lateinamerikaner lieben auch die Kolumbianer Kinder über alles. Aufgrund des hohen Bevölkerungswachstums machen Kinder einen beachtlichen Teil der Bevölkerung aus und sind aus dem Straßenbild nicht wegzudenken. Die Zahl ausländischer Reisender mit Kindern ist klein – wer die eigenen Kinder aber dabei hat, muss sich nicht um ausreichend Gesellschaft für seine Sprösslinge Sorgen machen.

In der Stadt gibt es alle wichtigen Basisartikel für Kinder, dazu auch einige spezielle Läden für Kinderkleidung, -schuhe und -spielzeug. **Pepeganga** (www.

pepeganga.com) ist eine der bekannten Marken. Windeln und Babynahrung verkaufen Supermärkte und Apotheken. Das Lonely-Planet-Buch *Traveling with Children* bietet grundlegende Informationen zu diesem Thema.

Schwule & Lesben

Im Verglich zu einigen anderen lateinamerikanischen Ländern wird Homosexualität in Kolumbien relativ gut akzeptiert (sie wurde schon 1981 legalisiert),und es gibt in vielen Städten eine Schwulenszene. Solange man seine Zuneigung nicht öffentlich mit Küssen und Händchenhalten demonstriert, muss man keine Unannehmlichkeiten befürchten.

2011 entschied das kolumbianische Verfassungsgericht, dass gleichgeschlechtliche Paare ein Recht auf eine gleichgeschlechtliche Ehe haben.

Schaffen es die kolumbianischen Kongressabgeordneten jedoch bis zum Juni 2013 nicht, ein dementsprechendes Gesetz zu verabschieden, sollen alle gleichgeschlechtlichen Paare automatisch die gleichen Rechte wie alle anderen, verschiedengeschlechtlichen Verheirateten erhalten.

Eine Gesetzeslücke – das Fehlen expliziter Ausagen zum Geschlecht in den entsprechenden Paragrafen des Eherechts – hat schon in der Vergangenheit dazu geführt, dass einige gleichgeschlechtliche Paare ihre Lebensgemeinschaft zivilrechtlich haben anerkennen lassen. Siehe dazu auch die Website www.guiagaycolombia.com

Sprachkurse

Universitäten und Sprachschulen bieten in allen größeren Städten Spanischkurse an. Generell ist es aber günstiger und ratsamer, einen Privatlehrer zu engagieren. Die bekannten Backpacker-Hotels sind die besten Adressen, um sich nach unabhängig arbeitenden Sprachlehrern zu erkundigen. Die Einschreibung in einen Universitätskurs ist nur dann sinnvoll, wenn man länger als sechs Monate (also länger als mit Touristenvisum möglich) im Land bleiben will.

EINKAUFEN BIS ZUM UMFALLEN

Kolumbien ist berühmt für seine Edelsteine und seine riesigen Hängematten. Hier eine Liste lohnenswerter Einkäufe:

» **Edelsteine** Die meisten stammen aus dem Muzo-Gebiet und werden auf einem gut florierenden Edelstein-Straßenmarkt in der südwestlichen Ecke der Avenida Jiménez und der Carrera 7 sowie auf der nahe gelegenen Plaza Rosario in Bogotá verkauft. Dort stehen Dutzende von *negociantes* (Händler), die Steine kaufen und verkaufen – teilweise einfach vom Bürgersteig aus. Siehe dazu auch S. 75.

» **Kunsthandwerk** Boyacá ist die landesweit größte Kunsthandwerks-Manufaktur, die hervorragende handgewebte Stücke, Korbwaren und Keramik produziert und verkauft. An der Pazifikküste findet man eine interessante Auswahl an Korbwaren und gelegentlich die obligatorischen Gewehre, mit denen man Pfeile abschießt. Guapi ist berühmt für seine Musikinstrumente, vor allem die handgemachten Trommeln. Dort findet man auch schönen, von Hand gefertigten Goldschmuck. Wer es nicht zur Pazifikküste schafft, kann sein Glück im Parque Artesanías (S. 254) in Cali versuchen.

» **Holzarbeiten** Pasto ist bekannt für seine Holzarbeiten – dekorative Stücke, die mit *barniz de Pasto*, einer Art Harz, überzogen werden. Keramikminiaturen von chivas (traditionelle Busse) haben sich zu beliebten Souvenirs entwickelt.

» **Hängematten** Die beliebten Hängematten gibt es in regional variierenden Ausführungen – von ganz einfachen praktischen Hängematten aus Los Llanos bis hin zu kunstvollen, von den Way'uu gefertigten *chinchorros*.

» **Ruanas** Die kolumbianischen Wollponchos, bekannt als *ruanas*, finden sich in den kühleren Zonen der Anden. In vielen Dörfern werden sie von Hand mit einfachen Mitteln und aus Naturfarben hergestellt. Bogotá und Villa de Leyva sind gute Orte, um sie zu kaufen.

» **Mochilas** Die besten und schicksten *mochilas* (eine Art Web-Umhängetasche) sind jene aus Arhuaco aus der Sierra Nevada de Santa Marta. Sie sind nicht billig, aber wunderschön und in der Regel auch qualitativ gut.

Wer mit seiner Kreditkarte Waren im Wert von über 176 000 COP eingekauft und – hoffentlich – alle Belege aufgehoben hat, kann sich die 16 % Mehrwertsteuer zurückerstatten lassen. Siehe dazu S. 351.

Strom

110V/60Hz

110V/60Hz

Telefon

Das Telefonsystem ist modern und funktioniert sowohl bei Inlands- wie auch bei Auslandsgesprächen. Telecom ist der staatliche Anbieter, die Konkurrenten sind ETB und Orbitel. Öffentliche Telefone gibt es in allen großen Städten, allerdings auf dem Land nur noch vereinzelt und häufig nicht funktionsfähig. Die Auskunft hat die Nummer ☎113.

Internetcafés haben fast immer einige *cabinas* (Telefonkabinen), von denen aus Ortsgespräche für einige wenige Pesos pro Minute geführt werden können. Viele bieten auch einen Faxdienst an.

Mobiltelefone

Die Kolumbianer lieben ihre Handys, in den Städten hat quasi jeder zumindest eines. Die drei Hauptprovider sind Movistar, Comcel und Tigo. Comcel bietet die landesweit beste Abdeckung und ist von daher für Reisende die beste Wahl. Handys sind günstig, viele Reisende kaufen sich bei der Ankunft eines – ein einfaches Gerät kostet rund 45 000 bis 50 000 COP. Alternativ kann man auch sein eigenes Handy mitbringen und es vor Ort mit einer kolumbianischen SIM-Karte bestücken. Eine Comcel-SIM-Karte kostet rund 11 600 COP, inklusive bezahlter Gesprächsminuten im Wert von 5000 COP. Die Kosten für die SIM-Karten sind von Provider zu Provider unterschiedlich. Da es teuer ist, zwischen verschiedenen Netzen zu telefonieren, kann man sich theoretisch auch SIM-Karten aller drei Anbieter besorgen und immer die benötigte einlegen. Ob das im Alltag praktisch ist, muss jeder selbst entscheiden.

Kolumbianische Handy-Firmen verrechnen keine Gebühren für eingehende Anrufe, sondern nur für herausgehende Gespräche. Straßenhändler verkaufen deshalb *minutos* (Gesprächsminuten), die von ihren Geräten aus geführt werden. Auch in vielen Eckläden liegen Handys zum Telefonieren bereit. Die Händler verkaufen ihre Gesprächsminuten in unterschiedlichen Werteinheiten; solche Einheiten zu kaufen ist günstiger, als mit dem eigenen Handy zu telefonieren. Die Kolumbianer nutzen das eigene Handy nur zum Empfang von Nachrichten und telefonieren gern von den Händler-Telefonen aus.

Die Minuten-Verkäufer besitzen in der Regel mindestens drei Handys – jeweils eines für jeden Provider. Die ersten drei Ziffern der zehnstelligen Handynummern geben Auskunft darüber, in welchem Netz man telefoniert – wer das Netz kennt, lässt sich das entsprechende Handy geben. Für eine Gesprächsminute zahlt man zwischen 200 und 400 COP, abhängig vom Netz und dem Provider.

Wer ein Handy kaufen will, muss sich ausweisen. Das wurde aus Sicherheitsgründen eingeführt und um zu verhindern, dass Straßenhändler zu viele Handys gleichzeitig im Umlauf bringen und damit in Konkurrenz zu den Call-Centern der Provider treten. Immer wieder kommt es zu kriminellen Akten, bei denen persönliche Dokumente kopiert werden. Um das zu verhindern, sollte man sein Handy nur bei einem offiziellen Händler kaufen!

Telefonnummern

Man kann fast jeden Teilnehmer im Land direkt anrufen. Wer von einer Festnetznummer aus eine Handynummer anwählt, muss eine spezielle Vorwahlnummer vor der eigentlichen Teilnehmernummer wählen (einige Festnetzanschlüsse sind für Anrufe von Handys gesperrt). Wer wiederum von einem Handy eine Festnetznummer wählt, muss als Vorwahl die 03 und dann die Ortsvorwahl eingeben. Festnetznummern sind siebenstellig, Handynummern zehnstellig. Die Vorwahlnummern der Regionen sind einstellig, sie werden im Buch direkt unter dem Ortsnamen aufgeführt.

Alle Anrufe laufen standardmäßig über Telecom (☎09), diese kann jedoch umgangen werden, indem man eine spezielle Vorwahlnummer vor der eigentlichen Telefonnummer wählt. Orbitel hat die Kennziffer ☎05, ETB die ☎07. Letztendlich muss man sich als Ausländer keine großen Gedanken zu dem Thema machen – es sei denn, man lebt lange genug im Land, um sich einen eigenen Festnetzanschluss zuzulegen.

Die Ländervorwahl Kolumbiens ist die ☎+57. Wer aus dem Ausland nach Kolumbien anruft, muss die Kennnummern der Provider weglassen (05, 07 oder 09) und stattdessen gleich die Regionalvorwahl und die Teilnehmernummer eintippen.

Toiletten

Es gibt landesweit nur eine Handvoll öffentlicher Toiletten; üblich ist der Besuch der Restauranttoiletten. Museen und alle großen Einkaufszentren besitzen eigene öffentlich zugängliche Toiletten, Gleiches gilt für Busbahnhöfe und Flughafenterminals.

Meist (wenn auch nicht immer) findet man Toilettenpapier vor, weshalb man grundsätzlich einen eigenen Vorrat bei sich tragen sollte. Das benutzte Papier darf auf keinen Fall in der Toilette heruntergespült werden, da die Abflussleitungen einen sehr kleinen Durchmesser haben und auch der Wasserdruck meistens zu schwach ist, um das Papier abtransportieren zu können. Neben der Toilette befinden sich deshalb Abfalleimer, die man zur Entsorgung benutzen sollte.

In der Regel fragt man auf der Suche nach einer Toilette nach einem *baño*. Auf den Türen der Herrentoiletten steht wahlweise *señores*, *hombres* oder *caballeros*, bei den Damen *señoras*, *mujeres* oder *damas*.

Die Toilettenbenutzung in Busbahnhöfen kostet 500 bis 800 COP, plus 200 COP für das Papier. Wer nach einem Urinal sucht, fragt einen Angestellten der Busgesellschaft am besten nach dem Busfahrer-Urinal *(orinario)*. Es befindet sich meist außerhalb des Busbahnhofs entlang einer Wand, oft darf man es sogar kostenlos benutzten.

Unterkunft

In Kolumbien gibt es drei Arten von Unterkünften: Backpacker-Hostels, günstige Hotels (die vor allem von Einheimischen gewählt werden) und Spitzenklassehotels. Die wenigen Mittelklassehotels befriedigen vor allem die Nachfrage der kolumbianischen Geschäftsreisenden.

Theoretisch sind ausländische Besucher von der 10-prozentigen Mehrwertsteuer befreit, es bestehen aber große Unsicherheiten darüber, wie dieses Gesetz umzusetzen ist. Generell gilt der Preis, der ausgezeichnet ist; in fast allen Fällen ist die Mehrwertsteuer schon darin enthalten. Lediglich diejenigen Reisenden, die vom Ausland aus schon ein Spitzenklassehotel gebucht und bezahlt haben, haben eine reelle Chance, um diese Mehrwertsteuer herumzukommen. Auch dann aber gilt zunächst einmal der ausgewiesene Preis.

Hostels

Das Rucksackreisen boomt derzeit in Kolumbien, neue Hostels sprießen wie Pilze aus dem Boden. Sie alle bieten Schlafsaalbetten für 15 000 bis 30 000 COP, viele vermieten auch Doppelzimmer für 35 000 bis 80 000 COP.

Viele der etablierten Hostels sind Mitglieder in der **Colombian Hostels Association** (www.colombianhostels.com). Die umfangreichste Liste mit Hostels findet sich unter www.hosteltrail.com.

Hotels

Auch wenn sie manchmal *residencias, hospedajes* oder *posadas* genannt werden: Die Bezeichnung „Hotel" steht generell für eine etwas gehobenere Unterkunft – oder zumindest für einen gehobenen Preis. Günstigere Unterkünfte finden sich meist rund um die Märkte, Busbahnhöfe und in den Nebenstraßen der Stadtzentren. Wer Spanisch spricht und nicht auf dem ausgetretenen Gringo-Pfad reisen will, der kann sich auch nach einem preiswerten Einzelzimmer mit heißem Wasser, Klimaanlage und Kabel-TV umschauen; verlangt werden dafür 20 000 bis 25 000 COP – damit sind sie dann günstiger als ein Hostel.

Noch gibt es verhältnismäßig wenige Mittelklassehotels, zwischen billigen Unterkünften und 3- bis 4-Sterne-Hotels klafft eine große Lücke. Die vorhandenen Hotels verlangen zwischen 65 000 und 160 000 COP und liegen meist im Stadtzentrum, ihre Hauptkundschaft sind kolumbianische Geschäftsreisende.

In allen bedeutenden Städten finden sich Spitzenklassehotels, die pro Nacht 160 000 bis 1 Mio. COP berechnen. Die Preise schwanken erheblich und spiegeln nicht immer die Qualität wider. Am besten sind die

UNTERKÜNFTE ONLINE BUCHEN

Weitere Bewertungen von Hotels durch Autoren von Lonely Planet findet man auf der Verlags-Website http://hotels.lonelyplanet.com. Dort stehen neutrale Beschreibungen, aber auch Empfehlungen für die schönsten Unterkünfte. Und das Beste: Alle genannten Adressen können auch gleich online gebucht werden.

Top-Hotels in Bogotá, Medellín und Cartagena.

Resorts

An der karibischen Küste und auf San Andrés gibt e seine Handvoll All-inclusive-Ferienanlagen, die vor allem von Einheimischen, seltener von Pauschalurlaubern gebucht werden, aber allesamt ihren Preis wert sind. Auch an der Pazifikküste findet man einige gute All-inclusive-Anlagen, die aber nur etwas für mutige Urlauber sind, denn die Gegend ist noch wenig erschlossen und wird noch sehr stark vom Militär kontrolliert. Eine Auswahl einiger der besten kleinen Anlagen findet man auf der Homepage www.posadasturisticasdecolombia.com.

Wer eine Ferienanlage (pauschal) vom Ausland aus bucht, braucht nicht die 10 % Mehrwertsteuer zu zahlen. Einige Hotels halten sich allerdings nicht an diese Regel, weshalb man unbedingt nachfragen (und darauf bestehen) sollte.

Zelten

Jahrzehntelang war Zelten in Kolumbien nicht möglich. Obwohl die Konflikte in abgelegenen Landesteilen noch längst nicht beigelegt sind, beginnen immer mehr Kolumbianer, sich ihr wunderschönes Land zurückzuerobern. Für viele Menschen ist das Schlafen in einem Zelt noch etwas sehr Ungewöhnliches, und viele Zeltplätze verlangen für einen Stellplatz mehr, als man für eine Nacht im Hotel zahlen würde.

Versicherung

Jeder Traveller sollte vorab eine Reiseversicherung abschließen, die im Falle einer ernsthaften Erkrankung einen Rücktransport ins Heimatland bezahlt und außerdem bei Verlust bzw. Diebstahl von Geld und Wertsachen einspringt. Jedem sollte klar sein, dass es ohne Versicherung im Ernstfall einem sehr teuer zu stehen kommt.

Wer sich für den Abschluss einer entsprechenden Versicherung entscheidet, braucht im Falle eines Verlustes oder Diebstahls einen ausführlichen Polizeibericht (s. dazu S. 337). Außerdem muss man Kaufbelege aller verlorenen oder gestohlenen Gegenstände vorlegen können.

Laut Gesetz müssen kolumbianische Krankenhäuser Ausländer behandeln – ob man nun dafür bezahlen kann oder nicht. Wer allerdings nicht ausreichend Spanisch spricht, wird seine Rechte nur schwerlich durchsetzen können.

Weltweit gültige Reiseversicherungen lassen sich über www.lonelyplanet.com/travel_services abschließen. Die entsprechenden Versicherungen können online vor, aber auch noch währende der Reise vereinbart werden.

Visum

Deutsche, Österreicher und Schweizer benötigen kein Visum, andere bekommen es gegen eine Gebühr (23–50 US$).

Jeder Reisende erhält bei der Ankunft einen Einreisestempel in seinen Reisepass, in der Regel für 60 Tage. Man kann auch um einen 90-Tage-Stempel bitten, bisher haben aber nur relativ wenige Leute diesen auch wirklich bekommen. Unbedingt die Daten vor Ort überprüfen – Fehler bei der Ausstellung können später zu ernsthaften Problemen führen.

Wer über Land einreist, muss ebenfalls peinlich genau darauf achten, dass er a) einen Stempel und b) diesen mit den richtigen Daten erhält. Wer die Fristen überschreitet, muss mit hohen Strafen rechnen, manche haben deshalb schon ein lebenslängliches Einreiseverbot erhalten. Unbedingt auch auf einen Ausreisestempel achten – sonst hat man bei einer möglichen erneuten Einreise später mächtig Ärger.

Verlängerung

Der ehemalige kolumbianische Geheimdienst DAS (Departamento Administrativo de Seguridad), der traditionellerweise für die Visumsverlängerung zuständig ist, wurde 2011 von Präsident Juan Manuel Santos aufgelöst. Die Gründe dafür waren vielfältig: Es ging um Korruption, Machtmissbrauch und Verbindungen zur Guerilla und zu Paramilitärischen Gruppierungen. Zur Zeit der Recherche wurden die Verlängerungen aber immer noch in einstigen Geheimdienstbüros vom **Ministerio de Relaciones Exteriores** (MRE; www.cancilleria.gov.co) ausgestellt –das wird wohl auch weiterhin so sein, solange noch keine permanente Neuordnung verabschiedet und implementiert ist. Trotzdem ist alles hier Aufgeführte deshalb mit einem Fragezeichen zu versehen.

Eine Visumsverlängerung für Touristen gibt es in den Einheiten 30, 60 oder 90 Tage bis zu einer

UNTERKÜNFTE

Die genannten Preise beziehen sich auf ein Standard-Doppelzimmer ohne Ermäßigung.

PREISKATEGORIE	COP
$	unter 65 000
$$	65 000–160 000
$$$	über 160 000

Höchstdauer von 6 Monaten – immer vorausgesetzt, man findet einen wohlwollenden Beamten. Wer um eine Verlängerung bittet – *„Pr ó rroga de Permanencia"* –, muss seinen Reisepass, zwei Fotokopien des Dokuments (Bildseite und Ankunftsstempel) und zwei Passfotos vorlegen, häufig wird auch nach einem Weiterflugticket gefragt. Die fällige Gebühr in Höhe von 72 350 COP muss auf ein staatliches Konto eingezahlt werden, zur Zeit der Recherche bei der Bank Davivienda, aber das ändert sich gelegentlich. Zunächst muss man jedoch im Büro vorstellig werden, um dort alle notwendigen Formulare auszufüllen, danach wird man zur nächstgelegenen Bank geschickt, um die Einzahlung zu erledigen.

Der gesamte Akt kann einen ganzen Vor- oder Nachmittag dauern. Die Formalitäten lassen sich in jedem MRE-Büro des Landes abwickeln. Die Büros findet man in den wichtigsten Städten, aber auch in einigen kleineren Orten. In der Regel (wenn auch nicht immer) bekommt man die Verlängerung sofort bewilligt, manchmal wird aber zusätzlich ein Fingerabdruck verlangt, der dann zur Kontrolle nach Bogotá geschickt wird. In diesem Fall wird man aufgefordert, nach einer Woche wieder vorstellig zu werden.

Alle anderen Visa – auch die Studenten, Arbeits- oder Heirats-Visa, werden ausschließlich vom **MRE-Büro Bogotá** (Av. 19 No 98-03, Torre 100, Bogotá; ⌚7.30–12 Uhr) ausgestellt.

Zeit

Das gesamte Land liegt in einer Zeitzone, die 6 Stunden hinter der MEZ liegt. Es gibt keine Sommerzeit.

Zoll

Kolumbianische Zollbeamte richten ihr Augenmerk vor allem auf große Bargeldbeträge (bei der Einreise) und Drogen (bei der Ausreise). Wenn sie auch nur den geringsten Verdacht hegen, kann man sich auf eine gründliche Durchsuchung des Gepäcks und der betroffenen Person gefasst machen. Die Befragung erfolgt in der Regel auf Spanisch oder Englisch, die Beamten sind alle sehr gut geschulte Polizisten. Eine jüngst ins Repertoire aufgenommene Art der Kontrolle ist die Röntgenuntersuchung des Magen-Darm-Trakts: Wer auch nur irgendwie vom Durchschnitt abweicht oder auf die Fragen der Beamten keine überzeugenden Antworten gibt, wird geröntgt, um zu prüfen, ob man nicht vielleicht im Körper Drogen transportiert.

Jeder darf Dinge für den persönlichen Bedarf und Geschenke für Kolumbianer mitbringen. Die Menge, die Art und der Wert sollten nicht verdächtig sein und den Anschein erwecken, man wolle sie im Land gewinnbringend verkaufen. Zu Dingen des persönlichen Bedarfs zählen Kameras, Campingausrüstung, Sportutensilien und Laptops.

Wer im Land teure Waren kauft, sollte den Kaufbeleg aufbewahren: Ausländer können sich die 16 % Mehrwertsteuer auf alle Einkäufe mit Kreditkarte im Wert von mehr als 176 000 COP zurückerstatten lassen. Wer von dieser Regelung Gebrauch machen möchte, sollte bei der Abreise sehr frühzeitig am Flughafen eintreffen, um die Quittungen beim DIAN (Dirección de Impuestos y Aduanas Nacionales; Zollbüro) vorlegen zu können

TOURISTEN-INFORMATION

Kolumbien hat eine Reihe guter regionaler und nationaler Websites mit Informationen darüber, wo man was anschauen oder unternehmen sollte und wo man übernachten kann (manchmal auch auf Englisch). Das wichtigste Tourismusportal ist die hervorragende Seite www.colombia.travel. Die relevanten Websites der Regionen werden im Buch an entsprechender Stelle genannt.

Verkehrsmittel & -wege

AN- & WEITERREISE

Einreise

Die Mehrzahl aller Reisenden kommt mit dem Flugzeug in Kolumbien an, ein weiterer Teil auf dem Landweg über Ecuador, Venezuela oder Brasilien. Auch auf dem Seeweg kann man Kolumbien ansteuern: Zahlreiche Segelschiffe kommen von den panamaischen San-Blas-Inseln nach Kolumbien.

Für die Einreise ins Land benötigen Schweizer, Deutsche und Österreicher einen noch sechs Monate gültigen Reisepass. Die meisten Reisenden bekommen ein 60 Tage gültiges Touristenvisum ausgestellt, das um maximal sechs Monate verlängert werden kann. Wer auf dem Luftweg einreist, erhält im Flugzeug ein entsprechendes Formular zum Ausfüllen. Das Formular muss (theoretisch) während des gesamten Aufenthalts im Land aufbewahrt und bei der Ausreise wieder abgegeben werden (bei Verlust wird offizielle eine hohe Strafe fällig). Zwar ist bisher kaum jemand nach dem Dokument gefragt worden, doch zur Sicherheit sollte man es zu seinen Unterlagen legen.

Nützliche Informationen rund um das Visum stehen auf S. 350.

Flüge und Touren können online über www.lonelyplanet.com/bookings gebucht werden.

Flugzeug

Flughäfen & Fluglinien

Kolumbiens größter internationaler Flughafen ist der **Aeropuerto Internacional El Dorado** (BOG; www.elnuevodorado.com) in Bogotá, dem Ende 2014 eine erste gründliche Renovierung bevorsteht. Siehe dazu S. 78.

Weitere große Flughäfen, über die internationale Flüge abgewickelt werden:

Aeropuerto Internacional El Edén (AXM) In Armenia (S. 240).

Alfonso Bonilla Aragón Airport (Aeropuerto Palmaseca; CLO; www.aerocali.com.co) in Cali (S. 255).

Ernesto Cortissoz Airport (BAQ; www.baq.aero) in Barranquilla (S. 156).

Gustavo Rojas Pinilla International Airport (ADZ; Aeropuerto Internacional Sesquicentenario) in San Andrés (S. 197).

Aeropuerto Internacional José María Córdoba (MDE) In Medellín (S. 218).

Matecaña International Airport (PEI) in Pereira (S. 234).

Aeropuerto Internacional Rafael Núñez (CTG; www.sacsa.com.co) in Cartagena (S. 147).

Tickets

Kolumbien verlangt von allen seinen Besuchern ein Weiterreiseticket; ohne dieses Ticket wird niemand ins Land gelassen. Fluglinien und Reisebüros halten sich strikt an diese Vorgaben und werden keine One-way-Tickets ausgeben (es sei denn, man kann bereits ein Weiterreiseticket vorweisen). Bei der Ankunft in Kolumbien verlangt jeder Grenzbeamte die Vorlage des Weiterreisetickets.

Wer dieses Gesetz umgehen will, besorgt sich ein komplett erstattungsfähiges Ticket mit seiner Kreditkarte

DIE DINGE ÄNDERN SICH

Alle hier genannten Informationen unterliegen großen Veränderungen, von daher sollte sich jeder Reisende direkt bei seiner Fluglinie über die Preisgestaltung und die Sicherheitsbestimmungen erkundigen – ein Preisvergleich lohnt sich. Wegen der Kurzlebigkeit der hier aufgeführten Angaben sind diese nur als Richtwerte zu verstehen und können nicht die eigene gründliche und zeitnahe Recherche ersetzen.

und lässt sich bei der Ankunft im Land die Kosten für den Rückflug erstatten. Wer auf dem Landweg einreist, wird möglicherweise mit dem Nachweis einer (noch unbezahlten) Flugreservierung an den Grenzbeamten vorbeikommen. Ungepflegt aussehende Traveller werden eher nach einem Weiterreiseticket gefragt als ordentlich gekleidete Reisende.

Weiterreise innerhalb Südamerikas

Flugtickets sind in Südamerika teuer. Wer nach Ecuador, Venezuela oder Brasilien reisen will, sollte einen Flug zur Grenze buchen (Ipiales, Cúcuta bzw. Leticia), auf dem Landweg ins Nachbarland wechseln und von dort aus einen Inlandsflug zum Zielort buchen.

Aber es gibt natürlich eine Vielzahl an interkontinentalen Flügen ab Bogotá sowie einigen wenigen weiteren ab Cali und Medellín. So kann man beispielsweise von Bogotá nach Quito (ab 250 US$) und von Cali nach Quito (ab 300 US$) fliegen. Dazu kommen viele Flüge zwischen Bogotá und Caracas (500 US$).

Für Flüge nach Santiago, Chile, muss man mit Kosten in Höhe von 700 US$, nach Buenos Aires mit 800 US$ rechnen. Für Flüge nach São Paulo oder Rio de Janeiro in Brasilien werden rund 1100 US$ verlangt.

Grenzübergänge

Kolumbien hat gemeinsame Grenzen mit Panama, Venezuela, Brasilien, Peru und Ecuador, allerdings gelangt man nur auf dem Landweg nach Venezuela und Ecuador. Diese Grenzposten sind die unkompliziertesten und am stärksten frequentierten Grenzübergänge des Landes.

Darüber hinaus kann man am Dreiländereck bei Leticia nach Peru und Brasilien reisen sowie mit dem Boot nach Panama und Ecuador bzw.

INTERNATIONALE FLUGLINIEN

Die nachstehende Auflistung ist eine Auswahl der beliebtesten internationalen Fluggesellschaften, die Kolumbien anfliegen. Daneben gibt es noch zahlreiche Chartergesellschaften, die in Cartagena und San Andrés landen.

FLUGLINIE	WEBSITE	NACH/VON
Aerogal	www.aerogal.com.ec	Bogotá/Quito (Ecuador)
Aerolíneas Argentinas	www.aerolineas.com.ar	Bogotá/Sydney (Australien) & Auckland (Neuseeland) via Buenos Aires (Argentinen)
Air Canada	www.aircanada.com	Bogotá/Toronto (Kanada)
Air France/KLM	www.airfrance.com	Bogotá/Paris (Frankreich)
American Airlines	www.aa.com	Bogotá/Miami (USA); Cali/Miami; Medellín/Miami & Tampa (USA)
Avianca/Aviancataca	www.avianca.com	Bogotá, Cali & Medellín/Nordamerika, Mittelamerika, Südamerika & Kuba
British Airways	www.britishairways.com	Bogotá/London (GB)
Copa	www.copaair.com	Bogotá/Panama City (Panama)
Conviasa	www.conviasa.aero	Bogotá/Caracas (Venezuela)
Cubana de Aviación	www.cubana.cu	Bogotá/Havana (Kuba)
Delta	www.delta.com	Bogotá/Atlanta, Chicago & New York/New Jersey (USA)
Iberia	www.iberia.com	Bogotá/Barcelona & Madrid (Spanien)
Jet Blue	www.jetblue.com	Bogotá/Fort Lauderdale & Orlando (USA)
Lan	www.lan.com	Bogotá/Miami (USA) & Santiago (Chile); Cali/Lima (Peru) & Quito (Ecuador); Medellín/Lima & Quito
Lufthansa	www.lufthansa.com	Bogotá/Frankfurt (Deutschland)
Spirit Air	www.spiritair.com	Armenia, Bogotá, Cali & Medellín/Fort Lauderdale (USA)
Tam	www.tam.com.br	Bogotá/São Paulo (Brasilien)

ABFLUGSTEUER

Die auf internationale Flüge erhobene Abflugsteuer liegt bei einem Aufenthalt von 60 Tagen bei etwa 34 US$, teilweise ist sie schon in den Flugpreis eingerechnet. Bei einem Aufenthalt von über 60 Tagen erhöht sich der geforderte Betrag auf 68 US$. Bezahlt werden kann wahlweise in Pesos oder US$.

von dort nach Kolumbien wechseln.

Brasilien & Peru

Von beiden Ländern kann man nur über Leticia im äußersten Südosten des kolumbianischen Amazonasgebietes einreisen. Nach Leticia kommt man mit dem Flussboot von Iquitos (Peru) und Manaus (Brasilien). Weitere Details dazu auf S. 300 und 301.

Ecuador

Fast alle Reisenden nehmen den Grenzübergang an der Carretera Panamericana und reisen über Tulcán (Ecuador) nach Ipiales (Kolumbien). Details dazu finden sich auf S. 270. Teile der Panamericana (vor allem der Abschnitt zwischen Pasto und Popayán) werden immer noch von spätnachts agierenden Banditen heimgesucht. Von daher sollte man diesen Abschnitt der Panamericana ausschließlich tagsüber bereisen!

Daneben gibt es noch die Möglichkeit, mit dem Boot entlang der Pazifikküste die Grenze bei Tumaco zu überqueren. Zur Zeit der Recherche war dies aber für ausländische Reisende noch zu gefährlich.

In der letzten Zeit haben Backpacker sicher den Grenzübergang bei Putomayo (S. 268) überquert. Bevor man sich aber für diese Route entscheidet, sollte man die Situation vor Ort mit dem Hotel klären. Die Zustände in der Region ändern sich schnell und regelmäßig; manchmal sind sie für Ausländer akzeptabel und ein anderes Mal eher als kritisch einzustufen.

Panama

Segelschiffe fahren zwischen Colón in Panama und Cartagena in Kolumbien; siehe dazu S. 147. Der Törn ist beliebt und führt über die traumhaften San-Blas-Inseln, auf denen auch Stopps eingelegt werden. Außerdem fahren kleine Küstenboote von Sapzurro (s. S. 186) über die Grenze nach Puerto Olbadia in Panama. Von dort kann man dann nach Panama-Stadt und weiter fliegen.

Es ist außerdem möglich, die Weiterfahrt von Bahía Solano nach Jaqué in Panama (s. S. 283) zu organisieren. Von dort kann man entlang der panamaischen Pazifikküste weiter nach Panama-Stadt reisen (oder auch dorthin fliegen).

Venezuela

Zwischen Kolumbien und Venezuela gibt es vier Grenzübergänge. Für Reisende am praktischsten (und sichersten) ist die Route über San Antonio del Táchira (Venezuela) und Cúcuta (Kolumbien) auf der Hauptstraße von Caracas nach Bogotá. Siehe dazu S. 128.

Ein weiterer beliebter Grenzübergang ist Paraguachón an der Straße von Maracaibo (Venezuela) nach Maicao (Kolumbien). Dieser Grenzübergang empfiehlt sich, wenn man von Venezuela direkt zur kolumbianischen Karibikküste will. Busse und Gemeinschaftstaxis fahren zwischen Maracaibo und Maicao, außerdem gibt es Direktverbindungen zwischen Caracas/Maracaibo und Santa Marta/Cartagena. Sowohl die kolumbianischen als auch die venezolanischen Grenzbeamten stempeln die Reisepässe. Siehe dazu auch S. #145 und #132.

Weniger häufig frequentiert ist der Übergang vom kolumbianischen Puerto Carreño nach Puerto Páez oder Puerto Ayacucho (beide in Venezuela). Ebenfalls nicht zu empfehlen ist der Grenzübergang von El Amparo de Apure (Venezuela) nach Arauca (Kolumbien), eine häufig von der Guerilla heimgesuchte Region.

Geführte Touren

Einige wenige Reiseunternehmen haben Kolumbien in ihre Reiserouten durch Südamerika aufgneommen. Grund dafür ist der häufig nicht mögliche Versicherungsschutz in Regionen, die vom übervorsichtigen US State Department bzw. vom britischen Foreign Office als unsicher deklariert werden. Sein Glück versuchen kann man bei:

Dragoman
(www.dragoman.co.uk)

Exodus Travels
(www.exodus.co.uk)

Intrepid Travel
(www.intrepidtravel.com)

Last Frontiers
(www.lastfrontiers.co.uk)

Wild Frontiers
(www.wildfrontiers.co.uk)

UNTERWEGS VOR ORT

Auto & Motorrad

Angesichts der günstigen Busfahrpreise und des guten Busnetzes besteht nur wenig Grund, mit dem eigenen Fahrzeug durchs Land zu fahren. Ganz abgesehen davon, dass die Sicherheitslage in abgelegenen und ländlichen Gebieten noch lange nicht befriedigend ist; dort muss man durchaus mit dem Diebstahl von Fahrzeugen und Überfällen rechnen. Unbedingt die Regierungs-

Homepages hinsichtlich Reisewarnungen für Fahrten in abgelegene Landesteile checken!

In den Städten lässt sich der Verkehr nur als heftig, chaotisch und zermürbend beschreiben. Ausländer brauchen lange, um sich an den unberechenbaren Stil der Einheimischen zu gewöhnen, das Unfallrisiko ist daher groß. Alles Gesagte gilt selbstverständlich auch für das Motorrad.

In Kolumbien herrscht Rechtsverkehr, es gibt eine Gurtpflicht. Die Geschwindigkeitsbegrenzung liegt bei 60 km/h in der Stadt und 80 km/h auf den Schnellstraßen. Die landesweit gültige Nummer der Polizei ist die ☎767.

Wer nach all dem hier Ausgeführten dennoch in Kolumbien Auto fahren will, muss seinen nationalen Führerschein mitbringen. Wer auf Nummer sicher geht, lässt sich vorab einen internationalen ausstellen.

Eigenes Fahrzeug

Fahrzeuge können nur auf dem Land- oder Seeweg nach Südamerika transportiert werden – das kostet Zeit, viel Geld und einen Haufen Papierkram. Günstiger und sicherer reist man mit dem Bus!

Mietwagen

Einige internationale Mietwagenfirmen wie **Avis** (www.aviscolombia.com) und **Hertz** (www.hertzcolombia.com.co) haben Vertretungen in Kolumbien. Aber warum einen Mietwagen nehmen? Taxis sind günstige, stressfreie Transportmittel innerhalb der Städte, die Intercity-Busse fahren häufig, sind billig und bequem. Wer dennoch einen Mietwagen nehmen will, muss mit Kosten in Höhe von 140 000 bis 170 000 COP pro Tag rechnen – plus Benzinkosten. Wie so häufig, erzielt man auch in Kolumbien die besten Preise, wenn man online bucht. Unbedingt vor der Unterschrift die Versicherungsklauseln und die Haftungsbedingungen genau studieren. Und unbedingt auch auf die Klauseln hinsichtlich Diebstahl achten: Häufig haftet der Automieter für einen Großteil des Verlustes.

Bus

Busse sind das wichtigste Verkehrsmittel der Kolumbianer, um von einem Ort zum anderen zu gelangen – sie fahren deshalb so gut wie überall hin. Viele Langstreckenbusse sind zudem deutlich komfortabler ausgestattet als der durchschnittliche Reisebus-Flugzeugsitz, die Nachtbusse haben teilweise Sitze, die so breit sind wie Flugzeugsessel der Business-Class. Kolumbianische Busfahrer neigen dazu, die Klimaanlage auf arktische Temperaturen herunterzuregeln, entsprechend warm sollte man sich anziehen und zur Sicherheit auch noch eine Decke mitnehmen.

CHIVA – EIN BESONDERER BUS

Chiva ist ein disneylandartiges Fahrzeug, das auf Kolumbiens Straßen vor vielen Jahrzehnten das wichtigste Verkehrsmittel war. In einigen Regionen werden diese Geräte auch *bus de escalera* genannt, was übersetzt so viel wie „Bus der Treppen" bedeutet und sich auf die Treppen auf der Seite bezieht. *Chivas* sind eine Art Kunstwerk auf Rädern: Das Fahrzeug ist fast gänzlich aus Holz und mit Holzbänken ausgestattet, die alle von außen zugänglich sind. Die Fahrzeuge sind alle unterschiedlich farbenfroh angemalt, das wichtigste Bild befindet sich hinten. Es gibt ausgewiesene Künstler, die sich auf das Bemalen von *chivas* spezialisiert haben. Keramikminiaturen von *chivas* findet man fast überall in den kolumbianischen Kunsthandwerksläden.

Heute sind *chivas* leider fast vollständig von den Hauptstraßen verschwunden, sie spielen aber auf den Nebenstraßen im Hinterland als Transportmittel zwischen kleinen Städten und Dörfern immer noch eine wichtige Rolle. Ein paar Tausend von ihnen sind durchaus noch unterwegs, vor allem in Antioquia, Huila, Nariño und an der karibischen Küste. *Chivas* transportieren nicht nur Fahrgäste, sondern auch alles andere (inklusive Tiere). Innen ist in der Regel alles komplett vollgestopft, das Dach wird für den Transport von allem nur Denkbaren genutzt. Wer drinnen keinen Platz mehr findet, fährt notfalls auf dem Dach mit. *Chivas* sind meist rund um die Märkte unterwegs, von dort machen sie sich über schlaglochreiche Straßen auf den Weg in die umliegenden Dörfer. Nur selten halten sie mal an Bus-Terminals.

Touristische Nachtfahrten in *chivas* werden von Reisebüros in vielen Städten angeboten und sind eine beliebte Attraktion. Meist ist eine Musikband mit an Bord und unterhält die Gäste mit einheimischer Musik; es gibt ausreichend viel *aguardiente* (Anis-Likör) an Bord, der für eine fröhliche Stimmung sorgt. Die Busse fahren einige beliebte Nachtlokale an, die Fahrt sind sehr unterhaltsam.

Die Busfahrer neigen außerdem dazu, die Musik oder Filme (auf Spanisch) auf die höchstmögliche Lautstärke einzustellen – sogar mitten in der Nacht. Ohrstöpsel sind da zumindest eine kleine Hilfe.

Es ist völlig normal, dass Busse an den *requisas* (militärischen Kontrollpunkten) stoppen, auch nachts. Die Soldaten bitten dann alle Fahrgäste heraus, kontrollieren die Ausweise, klopfen einen ab und durchsuchen das Gepäck. Eher selten finden Leibesvisitationen statt.

Langstreckenbusse halten für Mahlzeiten, leider jedoch nicht immer zu den üblichen Essenszeiten. Letztendlich hängt es davon ab, wann der Busfahrer Hunger hat bzw. ob er an einem Restaurant vorbeikommt, das mit der entsprechenden Busgesellschaft ein Arrangement getroffen hat. In diesen Pausen müssen alle Fahrgäste aussteigen – auch mitten in der Nacht, denn die Busse werden dann abgeschlossen.

Alle Intercity-Busse starten und enden am *terminal de pasajeros* (Fahrgast-Terminal). Jede Stadt besitzt solch ein Terminal, in der Regel liegt er außerhalb des Stadtzentrums, ist aber gut an die Innenstadt angebunden. Bogotá ist das wichtigste Bus-Drehkreuz des Landes, von hier fahren Busse in alle Himmelsrichtungen.

Die Höchstgeschwindigkeit beträgt auf den Fernstraßen 80 km/h; die Busgesellschaften sind verpflichtet, gut lesbare Geschwindigkeitsanzeigen vorn in der Fahrerkabine zu installieren, sodass die Fahrgäste kontrollieren können, wie schnell der Bus tatsächlich unterwegs ist. In der Praxis funktionieren die Anzeigen allerdings häufig nicht. Die Busgesellschaften sind außerdem dazu verpflichtet, an ihren Ticketschaltern ihre Unfall- und Todesfallstatistiken auszuhängen, sodass man sich einen eigenen Eindruck von der Einhaltung der Sicherheitsbestimmungen durch die Fahrer verschaffen kann.

Bustypen

Die meisten Intercity-Busse haben Klimaanlage und ausreichend Fußraum. Auf kürzeren Strecken (unter 4 Std.) werden die kleineren *busetas* eingesetzt. Teilweise sind auch Vans unterwegs, die mehr kosten, aber auch schneller fahren. In abgelegenen Gebieten, in denen die Straßen schlecht sind, werden alte *chivas* (ausgemusterte Schulbusse aus den USA) für die Versorgung kleiner Städtchen eingesetzt. Die Fahrgäste können dort unterwegs überall ein- und aussteigen.

Fahrpreise

Das Busfahren ist in Kolumbien recht günstig. Je nachdem, bei wem man sich erkundigt, lassen sich Buspreise außerhalb der Hauptferienzeiten auch verhandeln. Versuchen sollte man es mit einem freundlichen *„hay discuento?"* (Ist eine Ermäßigung möglich?). Zunächst aber heißt es, alle Schalter abzuklappern und zu schauen, wo der Durchschnittspreis für die geplante Fahrstrecke liegt. Dann sein Glück beim zweitgünstigsten Anbieter versuchen – beim allerbilligsten ist sicher etwas faul.

Wer unterwegs in einen Bus einsteigt, zahlt sein Geld an den *ayudante* (die rechte Hand des Fahrers), einen echten Fahrschein bekommt man von ihm allerdings selten. *Ayudantes* sind bekannt dafür, dass sie von Ausländern mehr als den üblichen Fahrpreis verlangen (oder zumindest den Fahrpreis aufrunden). Wer darauf keine Lust hat, sollte andere Fahrgäste nach dem korrekten Preis fragen.

Reservierungen

Außerhalb der Haupturlaubszeit (wie Weihnachten und Ostern) sind keine Reservierungen notwendig. Dann kann man einfach zur Bushaltestelle gehen und den erstbesten ankommenden Bus nehmen. Auf einigen Nebenstrecken, auf denen nur ein paar Busse pro Tag unterwegs sind, lohnt es sich, das Ticket einige Stunden vor der fahrplanmäßigen Abfahrtszeit zu kaufen.

Ein häufiger Trick von Fahrern kleiner Busse ist es, ausländischen Fahrgästen gegenüber zu behaupten, es fehle nur noch eine Person, um loszufahren. Lässt man sich darauf ein, verstauen sie das Gepäck und man wartet und wartet und sieht unterdessen einen Bus nach dem anderen abfahren. Daher: Nicht in den Bus einsteigen oder bezahlen, bevor der Busfahrer nicht wirklich seinen Bus anlässt und sich für die Abfahrt bereitmacht.

Fahrrad

Kolumbien ist nicht gerade das einfachste Land für Radfahrer. In der Straßenverkehrsordnung werden Autofahrer klar bevorzugt, sodass man sich im Alltag mit viel Verkehr herumschlagen muss. So sollte man niemals erwarten, dass ein Autofahrer einem Radfahrer die Vorfahrt gewährt. Positiv ist, dass die Mehrzahl der Straßen geteert ist und sich die Sicherheit immer mehr verbessert. Selbst in den kleinsten Städten findet man eine Fahrradwerkstatt, in der man sein Rad günstig und einfach reparieren lassen kann. Fahrradverleih ist unüblich, dafür kann man fast überall ein Rad kaufen. Wer aber eine ernsthafte Radtour plant, sollte sein eigenes Rad und alle benötigten Ersatzteile mitbringen.

Die Städte bemühen sich, fahrradfreundlicher zu werden, es gibt neue Radwege und *ciclovia* (das Schließen von ausgewählten Straßen für Busse und Autos, auf denen sich dann Radfahrer und Skater vergnügen dürfen).

Wichtige Inlandsflugstrecken

Einige Fahrradläden und Hostels verleihen auch Räder.

Flugzeug

Die Flugpreise sind häufig zwischen den Fluglinien abgesprochen; dennoch lohnt es sich, auf den einzelnen Websites einen Preisvergleich anzustellen. Teilweise fallen die Preise für Flüge in gewisse Regionen ein oder zwei Wochen vor dem gewünschten Flugtermin, bei anderen Zielen steigen sie kurzfristig erheblich an.

Inlandsflüge können online reserviert und mit einer ausländischen Kreditkarte bezahlt werden, meist steigen die Preise aber – zumindest bei Avianca –, sobald die Preise in US$ umgerechnet wurden (mit ausländischer Kreditkarte kann man leider nicht in Pesos zahlen). Daher ist es oft vorteilhafter, online zu reservieren und erst dann am Avianca-Schalter mit Bargeld zu bezahlen.

Einige Fluglinien bieten Pauschalangebote für die wichtigsten touristischen Destinationen wie Cartagena und San Andrés; oft zahlt man dabei kaum mehr, als man sonst alleine für das Flugticket dorthin zahlen würde. Wer sich für ein solches Pauschalangebot vom Ausland aus entscheidet, wird von der 10%-igen Mehrwertsteuer befreit. Unbedingt beim Kauf darauf hinweisen – viele Kolumbianer wissen das nicht.

Kolumbianische Fluglinien

In Kolumbien sind über ein halbes Dutzend Passagierfluglinien und ein weiteres Dutzend kleiner Fluggesellschaften im Einsatz. Die Charterfluglinien kämpfen auf den beliebtsten Routen um die begehrten Passagiere. Da man nicht länger als eine Stunde fliegt, sollte man unterwegs keine kulinarischen Höhenfluge erwarten: Auf den meisten Flügen bekommt man höchstens einen Snack. Die folgenden Linien operieren auf verschiedenen Routen:

ADA (☎2 444 4232; www.ada-aero.com) Die in Medellín stationierte Fluggesellschaft bietet Regionalflüge an.

Aexpa (☎1 800 011 6288; www.aexpa.com.co) Charterflüge zur Pazifikküste.

Avianca (☎1 401 3434; www.avianca.com) Lange war Avianca die wichtigste Inlandsfluglinie (in Partnerschaft mit Taca, oft unter dem Namen Aviancataca); sie besitzt das größte Netz an Inlands- und Auslandsverbindungen.

Copa/Aerorepública (☎ 1 320 9090; www.copaair.com) Die zweitgrößte Fluglinie deckt sich hinsichtlich der Inlandsflüge in ihrem Angebot mit dem Angebot von Avianca.

EasyFly (☎1 414 8111; www.easyfly.com.co) Billigfluglinie für Regionalflüge.

Lan (☎1 800 094 9490; www.lan.com) Lan kaufte Kolumbiens wichtigste Billigfluglinie Aires und fliegt nun kleinere Regionalflughäfen sowie alle Hauptstädte der Provinzen an.

Satena (☎1 800 091 2034; www.satena.com) Der kommerzielle Zweig der kolumbianischen Luftwaffe FAC fliegt ins Amazonasgebiet, nach Los Llanos und an die Pazifikküste. Die Flugzeuge landen in 60 Kleinstädten und Dörfern, die auf anderem Weg nicht erreichbar wären.

Nahverkehr

Bus

In jeder Stadt mit mehr als 100 000 Einwohner in ihrem Einzugsgebiet gibt es ein lokales Busnetz, oft sogar in deutlich kleineren Städten. Standard, Schnelligkeit und Effizienz der Lokalbusse variieren von Ort zu Ort; allen gemeinsam ist, dass diese Busse langsam unterwegs und meist überfüllt sind. Stadtbusse verlangen ein Einheitspreis, egal, wie lang die Strecke ist. Man steigt an der vorderen Tür ein und bezahlt beim Fahrer oder seinem Assistenten, ein Ticket bekommt man nicht.

In einigen Städten bzw. einigen Straßen gibt es ausgewiesene Bushaltestellen (*paraderos* oder *paradas*), in allen anderen Fällen winkt man den Bus herbei. Wenn man aussteigen will, ruft man: „*por aquí, por favor*" (hier bitte), „*en la esquina, por favor*" (an der nächsten Ecke, bitte) oder „*el paradero, por favor*" (an der nächsten Haltestelle, bitte).

Auf den Straßen sind viele unterschiedliche Typen von örtlichen Bussen unterwegs, das Spektrum reicht von alten Wracks bis zu modernen, klimatisierten Fahrzeugen. Weit verbreitet ist der *buseta* (Kleinbus), den man vor allem in Städten wie Bogotá und Cartagena antrifft. Der Buspreis schwankt zwischen 600 und 1500 COP – je nach Stadt und Bustyp.

Eine Fahrt in einem *buseta* oder einem Bus – vor allem in den Großstädten wie Bogotá oder Barranquilla – ist keine ruhige, entspannte Angelegenheit, sondern eher ein aufregendes Abenteuer mit einem folkloristischen Anstrich. Hier kommt man in den Genuss lauter, tropischer Musik, lernt viel über die kolumbianische Interpretation der Straßenverkehrsordnung und kann den Busfahrer bei seinem frustrierenden Versuch beobachten, den Weg durch ein Meer aus Fahrzeugen zu steuern.

Colectivo

Unter der Bezeichnung *colectivo* subsumiert man in Kolumbien alles von einem mittelgroßen Bus über ein Gemeinschaftstaxi bis zu einem überfüllten Jeep. Meist verkehren *colectivos* auf kurzen Strecken (unter 4 Std.) zwischen den Ortschaften. Da sie kleiner als normale Busse sind, kommen sie entsprechend schneller voran, was sie sich mit einem 30-%-Aufschlag auf den üblichen Fahrpreis honorieren lassen. In der Regel fahren sie erst los, wenn sie voll sind.In einigen Städten fahren starten sie am Bus-Terminal, in kleineren Städten halten sie am Hauptplatz. Die Häufigkeit variiert stark von Ort zu Ort. Manchmal fahren *colectivos* alle 5 Minuten, anderswo wartet man länger als eine Stunde, bis die benötigte Anzahl an Fahrgästen zusammengekommen ist. Wer es eilig hat, kann den Preis für alle Plätze bezahlen, dann fährt der Fahrer umgehend los.

Motorrad

In einigen Städten, vor allem im Norden des Landes, sind Motorad-Taxis unterwegs, ein schnelles Fortbewegungsmittel, wenn man alleine reist. Wie man sich vorstellen kann, ist das nicht gerade das sicherste Transportmittel und in vielen Städten darüber hinaus illegal, z. B. in Cartagena (allerdings unternimmt auch offenbar niemand ernsthaft etwas dagegen).

Es gibt viele Möglichkeiten, ein Motorrad zu mieten, vor allem in touristischen Regionen wie San Andrés (S. 190).

Auf Motorrädern besteht eine generelle Helmpflicht.

Moto-Taxis

Die aus China stammenden *tuk-tuks* sind in kleineren Touristenorten ein immer beliebteres Fortbewegungsmittel. In den Moto-Taxis haben drei Fahrgäste Platz. Außerdem hat das Fahrzeug ein Dach plus Planen, die bei Regen auf beiden Fahrgastseiten heruntergelassen werden können. Man sieht diese zweckmäßigen Gefährte in Santa Fe de Antioquia, im Desierto de la Tatacoa und in vielen kleinen Orten entlang der Pazifikküste.

Öffentlicher Nahverkehr

Der öffentliche Nahverkehr spielt in Kolumbiens Großstädten eine immer größere Rolle. In Bogotá gibt es den TransMilenio, Cali und Bucaramanga verfolgen ähnliche Projekte mit dem Mio bzw. der Metrolínea. In Medellín gibt es die Metro, die einzige Vorortbahn des Landes. In Pereira sind eine große Anzahl von Elektrobussen auf dem MegaBús-Netz im Einsatz.

Taxis

Taxis sind billig, bequem und in den Großstädten und den meisten mittelgroßen Städten allgegenwärtig. Im Inland haben alle Taxis ein Taxameter, lediglich an der karibischen Küste ist es üblich, den Fahrpreis auszuhandeln. Viele Taxifahrer (vor allem in Cartagena) empfinden es als eine Art Sport, möglichst viel Profit aus der Naivität ihrer ausländischen Fahrgäste herauszuschlagen. Aber es gibt auch eine überraschend hohe Zahl an ehrenwerten Taxifahrern. Je besser man Spanisch spricht (sprich: je besser man verhandeln kann), desto so seltener zahlt man die hyperinflationären Preise, die gern verlangt werden.

In Acht nehmen sollte man sich vor betrügerischen Personen, die in Pseudo-Taxis unterwegs sind. Von daher ist es immer sicherer, ein Taxi zu rufen, das letztendlich nur wenige hundert Pesos mehr kostet. An den wichtigsten Bus-Terminals kann man sich über die Tarife informieren – man gibt am Schalter sein Fahrziel an und bekommt einen Computerausdruck mit dem offiziellen Tarif, den man dann dem Fahrer vorzeigt. Der darf dann nicht mehr verlangen, als auf dem Zettel steht. Der Fahrpreis gilt für das ganze Taxi, nicht für die Zahl der mitfahrenden Personen! Viele Taxis haben klapprige Türen, weshalb man diese nie mit Wucht zuschlagen sollte, sonst kann es passieren, das sie ins oder aus dem Auto fallen.

Auf keinen Fall in ein Taxi steigen, in dem schon jemand sitzt. Natürlich gibt es Fahrer, die einen Freund zur Unterhaltung oder wegen der eigenen Sicherheit im Auto sitzen haben – für einen Fahrgast ist das aber immer ein Risiko. Auf diese Weise

COOLE TRIPS

Eine Reihe kolumbianischer Reisebüros bieten interessante Spezialreisen innerhalb des Landes an. Einen umfassenden Überblick über alle Reiseveranstalter in Kolumbien findet man auf der Website der Latin American Travel Association: www.lata.org. Besonders beliebt sind:

Aventure Colombia Bogotá (☎1 702 7069; www.aventurecolombia.com; Av Jimenez No 4-49, oficina 204); Cartagena (☎314 588 2378; Calle del Santíssimo No 8-55) Ein hervorragender Reiseveranstalter in französischem Besitz, der abenteuerliche Fahrten von Punta Gallinas nach El Cocuy und weiter nach Caño Cristales anbietet.

Colombia 57 (☎6 886 8050; www.colombia57.com) Der britische Veranstalter mit Sitz in Maniz bietet maßgeschneiderte Touren an.

Colombian Journeys (☎1 618 0027; www.colombianjourneys.com; Calle 81 No 11-68, oficina 208, Bogotá) Die Firma mit Sitz in Bogotá ermöglicht mehrsprachige Fahrten durchs Land.

De Una Tours (☎1 368 1915; www.deunacolombia.com; Carrera 26A No 40-18 Ap 202, La Soledad, Bogotá) Das einem Niederländer gehörende Unternehmen hat sich auf weit verstreute bzw. entlegene Ziele spezialisiert.

Ecoguías (☎347 5736; www.ecoguias.com) Der schon lange existierende britische Reiseveranstalter unternimmt ökologisch ausgerichtete Fahrten in verschiedene Regionen des Landes. Zu seinen Zielen zählen Ciudad Perdida, die Zona Cafetera und die Pazifikküste.

Mambe Travel (☎1 629 8880; www.mambe.org; Carrera 5 No 117-25, Bogotá) Die in Bogotá ansässige Firma hat sich dem sanften Tourismus verschrieben und bietet Fahrten in abgelegene Regionen des Landes wie das Amazonasgebiet, ins Departamento Chocó, auf die Halbinsel La Guajira, in den Golfo de Uraba, in die Sierra Nevada de Santa Marta und nach Vichada an.

wurden schon viele Urlauber ausgeraubt.

Taxis können auch für Langstreckenfahrten gemietet werden, was z. B. praktisch ist, wenn man zu Sehenswürdigkeiten in der Nähe großer Städte will, die nicht mit örtlichen Bussen erreichbar sind, aber auch nicht auf der Strecke der Langstreckenbussen liegen. Taxis können in Großstädten auch stundenweise angemietet werden – eine gute Möglichkeit für eine individuelle Stadtbesichtigung. Für die Stunde sollte man 25 000 COP veranschlagen.

Schiff

Frachter pendeln entlang der Pazifikküste, das Drehkreuz ist der Hafen Buenaventura. Reisende mit viel Zeit können sich eine Koje mieten und auf einem Frachter Richtung Norden zum Chocó oder südwärts nach Guapi, dem Einfallstor zur Isla Gorgona, reisen.

Bevor Eisenbahnstrecken und Überlandstraßen gebaut wurden, war die Fluss-Schiffahrt das wichtigste Verkehrsmittel im gebirgigen Kolumbien. Die einzige sicherer Flussfahrt, die man heutzutage unternehmen kann, ist die Fahrt auf dem Amazonas von Feticia flussaufwärts nach Iquitos in Peru oder flussabwärts nach Manaus in Brasilien. Siehe dazu auch S. 301.

Der Río Atrato und der Río San Juan im Chocó sollten wegen der Guerillaaktivitäten in der Region gemieden werden.

Trampen

Trampen ist in Kolumbien nicht üblich und deshalb schwierig. Angesichts der komplizierten innenpolitischen Situation und Sicherheitslage geht – verständlicherweise – kein Autofahrer das Risiko ein, einen Unbekannten mitzunehmen, und manche haben auch schlichtweg keine Lust, anzuhalten. Deshalb gilt einmal mehr: Angesichts der schnellen und relativ günstigen Intercity-Busse besteht keinerlei Notwendigkeit, seine Zeit mit langwierigem Trampen zu verbringen und sich einem unbestritten vorhandenen Sicherheitsrisiko auszusetzen.

Zug

Kolumbien besitzt ein über das ganze Land verteiltes Schienennetz, das allerdings weitgehend stillgelegt ist. Der Tren Turístico Café y Azucar (Kaffee-und-Zucker-Touristenzug) bietet außerhalb von Cali Fahrten in die Berge an, außerdem pendelt er in unregelmäßigen Abständen zwischen La Tebaida bei Armenia und Cali sowie zwischen El Cumbre (an der Straße nach Buenaventura) und Cali.

All jene, die San Cipriano nahe der Straße von Cali nach Buenaventura besuchen, können hier eine neue Attraktion ausprobieren: Die Fahrt in einem Eisenbahn-Handwagen, der von einem Motorradmotor angetrieben wird.

Sprache

NOCH MEHR SPANISCH?

Wer sich noch weiter in die Sprache vertiefen und auch einige praktische Wendungen erlernen möchte, besorgt sich am besten Lonely Planet *Sprachführer Spanish*. Man bekommt ihn im Buchhandel und unter **http://shop.lonelyplanet.de**, oder man besorgt sich Loinely Planets iPhone im Apple App Store.'s iPhone phrasebooks im Apple App Store.

Die Aussprache des lateinamerikanischen Spanisch ist recht einfach, weil die meisten Laute in einigermaßen ähnlicher Form auch im Deutschen vorkommen. Auch die Schreibweise ist im Spanischen völlig logisch: Es besteht eine klare und konsequente Zuordnung zwischen Schriftbild und Aussprache. Wenn man die farbigen Aussprachehilfen in diesem Buch so liest, als seien sie Deutsch, wird man auf jeden Fall verstanden. Ein ch in der Lautschrift ist ein gutturaler Laut wie in *Loch*, v und b sind weiche Laute und klingen eigentlich eher wie eine Mischung aus beiden; das r wird mit der Zunge stark gerollt.

Im gesprochenen Spanisch gibt es in Lateinamerika – je nachdem, in welchem Land man sich gerade befindet – einige spezielle Varianten, was die Aussprache der Buchstaben *ll* plus *i* angeht. Man hört ein einfaches j wie in „ja" oder auch ein lj wie in „Millionen". Das *s* kann sich wie ein stimmhaftes sch wie im englischen Wort *measure* oder wie ein stimmloses sch wie in „schließen" anhören. In Kolumbien gibt es daneben auch die Aussprache dsch (wie im deutschen Wort „Journalist"). Im vorliegenden Ausspracheführer wird das *ll* plus *i* als j dargestellt, da dies der am weitesten verbreiteten Aussprache nahekommt.

Die betonten Silben sind in der spanischen Wiedergabe mit einem Akzent versehen (z.B. *días*), in der farbigen Aussprachehilfe sind sie kursiv gedruckt.

Wo höfliche und informelle Formen auftauchen, werden sie durch die Abkürzungen „höfl." und „inf." kenntlich gemacht. Wenn nötig, wird sowohl die maskuline als auch die feminine Form eines Wortes angegeben: Die männliche Form wird zuerst genannt und mit einem Schrägstrich von der weiblichen Form getrennt, z.B. *perdido/a* (m/f).

GRUNDLEGENDES

Hallo/Guten Tag. *Hola.* o·la

Auf Wiedersehen. *Adiós.* a·dios

Wie geht es? *¿Cómo va? (höfl..)* ko·mo va
¿Cómo vas? (inf) ko·mo vas

Gut, danke. *Bien, gracias.* bjen gra·sias

Entschuldigung. *Con permiso.* kon per·mi·so (Einleitung einer Frage)

Entschuldigung. *Perdón.* per·don (bei einer Entschuldigung)

Bitte. *Por favor.* por fa·vor

Danke. *Gracias.* gra·sias

Keine Ursache *De nada.* de na·da**.**

Ja./Nein. *Sí./No.* si/no

Ich heiße ... *Me llamo ...* me ja·mo ...

Wie heißen Sie? *¿Cómo se llama Usted?* ko·mo se ja·ma u·ste (höfl.) *¿Cómo te llamas?* ko·mo te ja·mas (inf.)

Sprechen Sie Deutsch/Englisch? *¿Habla alemán/ inglés?* a·bla ale man/in·gles (höfl.)

VERSTÄNDIGUNG

Um mit dem Spanischen zurechtzukommen, verbindet man diese einfachen Satzmuster mit Wörtern eigener Wahl:

Wann ist (der nächste Flug)?
¿Cuándo sale (el próximo vuelo)? kuan·do sa·le (el prok·si·mo vue·lo)

Wo ist der Bahnhof?
¿Dónde está (la estación)? don·de es·ta (la es·ta·sion)

Wo kann man ein Ticket kaufen?
¿Dónde puedo (comprar un billete)? don·de pue·do (kom·prar un bi·je·te)

Haben Sie eine Karte?
¿Tiene (un mapa)? tje·ne (un ma·pa)

Gibt es hier (eine Toilette)?
¿Hay (servicios)? ai (ser·vi·sios)

Ich hätte gern (einen Kafee).
Quisiera (un café). ki·sje·ra (un ka·fe)

I'ch möchte gern (ein Auto mieten).
Quisiera (alquilar un coche). ki·sje·ra (al·ki·lar un ko·tsche)

Darf ich (hereinkommen)?
¿Se puede (entrar)? se pue·de (en·trar)

Können Sie mir bitte (helfen)?
¿Puede (ayudarme), por favor? pue·de (a·ju·dar·me) por fa·vor

¿Hablas alemán/inglés?
a·blas ale man/in·gles (inf.)

Ich verstehe nicht.
Yo no entiendo. o no en·tjen·do

ESSEN & TRINKEN

Kann ich bitte die Speisekarte sehen?
¿Puedo ver el menú, por favor? pue·do ver el me·nu por fa·vor

Was würden Sie empfehlen?
¿Qué me recomienda? ke me re·ko·mjen·da

Haben Sie vegetarische Gerichte?
¿Tienen comida vegetariana? tje·nen ko·mi·da ve·che·ta·ria·na

Ich esse kein (rotes Fleisch).
No como (carne roja). no ko·mo (kar·ne ro·cha)

Das war köstlich! ¡Estaba buenísimo!
es·ta ba bue·ni·si·mo

Prost! *¡Salud!* sa·lu

Die Rechnung, bitte.
La cuenta, por favor. la kuen·ta por fa·vor

Ich hätte gern Tisch für ... *Quisiera una mesa para ...* ki·sje·ra u·na me·sa pa·ra ...

(acht) Uhr *las (ocho)* las (o·tscho)

(zwei) Personen *(dos) personas* (dos) per·so·nas

Wichtige Wörter

Abendessen	*cena*	se·na
Aperitife	*aperitivos*	a·pe·ri·ti·vos
Flasche	*botella*	bo·te·ja
Frühstück	*desayuno*	de·sa·ju·no
Gabel	*tenedor*	te·ne·dor
Gericht	*comida*	ko·mi·da
Glas	*vaso*	va·so
Hauptgang	*plato fuerte*	pla·to fuer·te
heiß (warm)	*caliente*	kal·jen·te
Hochstuhl	*trona*	tro·na
(zu) kalt	*(muy) frío*	(muj) fri·o
Kindergericht	*menú infantil*	me·nu in·fan·til
Löffel	*cuchara*	ku·tscha·ra
Messer	*cuchillo*	ku·tschi·jo
mit	*con*	kon
Mittagessen	*almuerzo*	al·muer·so
ohne	*sin*	sin
Restaurant	*restaurante*	res·tau·ran·te
Schüssel	*plato hondo*	pla·to on·do
Teller	*plato*	pla·to

Fleisch & Fisch

Ente	*pato*	pa·to
Fisch	*pescado*	pes·ka·do
Hühnchen	*pollo*	po·jo
Kalb	*ternera*	ter·ne·ra
Lamm	*cordero*	kor·de·ro
Pute	*pavo*	pa·vo
Rindfleisch	*carne de vaca*	kar·ne de va·ka
Schwein	*cerdo*	ser·do

Obst & Gemüse

Ananas	*piña*	pi·nia
Apfel	*manzana*	man·sa·na
Aprikose	*albaricoque*	al·ba·ri·ko·ke
Artischocke	*alcaucil*	al·kau·sil
Banane	*banano*	ba·na·no
Bohnen	*chauchas*	tschau·tschas
Erbse	*petipoa*	pe·ti·po·a
Erdbeere	*fresa*	fre·sa
Frühlingszwiebeln	*lentejas*	len·te·chas
Gemüse	*vegetal*	ve·che·tal
Gurke	*pepino*	pe·pi·no
Karotte	*zanahoria*	sa·na·o·ria
Kartoffel	*papa*	pa·pa
Kirsche	*cereza*	se·re·sa
Kohl	*repollo*	re·po·jo
Kürbis	*calabaza*	ka·la·ba·sa
Mais	*maíz*	ma·is
Nüsse	*nueces*	nue·ses
Obst	*fruta*	fru·ta
Orange	*naranja*	na·ran·cha
Paprikaschote (rote/grüne)	*pimiento (rojo/verde)*	pi·mjen·to (ro·cho/ver·de)
Pfirisch	*melocotón*	me·lo·ko·ton
Pflaume	*ciruela*	sir·ue·la
Pilz	*hongo*	on·go
Rote Beete	*remolacha*	re·mo·la·tscha
Salat	*lechuga*	le·tschu·ga
Sellerie	*apio*	a·pio
Spargel	*espárragos*	es·pa·ra·gos
Spinat	*espinaca*	es·pi·na·ka
Tomate	*tomate*	to·ma·te
Wassermelone	*sandía*	san·di·a
Weintrauben	*uvas*	u·vas
Zitrone	*limón*	li·mon
Zwiebel	*cebolla*	se·bo·ja

Schilder

Abierto	Geöffnet
Cerrado	Geschlossen
Entrada	Eingang
Hombres/Varones	Herren
Mujeres/Damas	Damen
Prohibido	Verboten
Salida	Ausgang
Servicios/Baños	Toiletten

Andere Nahrungsmittel

Brot	*pan*	pan
Butter	*manteca*	man·te·ka
Ei	*huevo*	ue·vo
Essig	*vinagre*	vi·na·gre
Honig	*miel*	mjel
Käse	*queso*	ke·so
Mamelade	*mermelada*	mer·me·la·da
Nudeln	*pasta*	pas·ta
Öl	*aceite*	a·sej·te
Pfeffer	*pimienta*	pi·mjen·ta
Reis	*arroz*	a·ros
Salz	*sal*	sal
Zucker	*azúcar*	a·su·kar

Getränke

Bier	*cerveza*	ser·ve·sa
Kaffee	*café*	ka·fe
Milch	*leche*	le·tsche
Saft (Orangen-)	*jugo (de naranja)*	chu·go (de na·ran·cha)
Tee	*té*	te
Wasser (Mineral-)	*agua (mineral)*	a·gua (mi·ne·ral)
Wein (Rot-/Weiß-)	*vino (tinto/ blanco)*	vi·no (tin·to/ blan·ko)

NOTFÄLLE

Hilfe! *¡Socorro!* so·ko·ro

Hau ab! *¡Vete!* ve·te

Rufen Sie ...! *¡Llame a ...!* ja·me a ...

einen Arzt *un doctor* un dok·tor

die Polizei *la policía* la po·li·si·a

Ich habe mich verlaufen.
Estoy perdido/a. es·toi per·di·do/a (m/w)

Ich bin krank. *Estoy enfermo/a.* es·toi en·fer·mo/a (m/w)

Es tut hier weh. *Me duele aquí.* me due·le a·ki

Ich bin allergisch gegen (Antibiotika).
Soy alérgico/a a (los antibióticos). soi a·ler·chi·ko/a a (los an·ti·bio·ti·kos) (m/w)

Wo sind die Toiletten?
¿Dónde están los baños? don·de es·tan los ba·njos

SHOPPEN & SERVICE

Ich möchte gerne ... kaufen
Quisiera comprar ... ki·sje·ra kom·prar ...

Ich sehe mich nur um.
Sólo estoy mirando. so·lo es·toi mi·ran·do

Darf ich es ansehen? *¿Puedo verlo?* pue·do ver·lo

Es gefällt mir nicht. *No me gusta.* no me gus·ta

Was kostet es? *¿Cuánto cuesta?* kuan·to kues·ta

Das ist zu teuer. *Es muy caro.* es muj ka·ro

Können Sie den Preis ein wenig reduzieren?
¿Podría bajar un *poco el precio?* po·dri·a ba·char un po·ko el pre·sio

Fragewörter

Wie?	*¿Cómo?*	ko·mo
Was?	*¿Qué?*	ke
Wann?	*¿Cuándo?*	kuan·do
Wo?	*¿Dónde?*	don·de
Wer?	*¿Quién?*	kjen
Warum?	*¿Por qué?*	por ke

Da ist ein Fehler in der Rechnung.
Hay un error en la cuenta. ai un e·ror en la kuen·ta

Geldautomat *cajero automático* ka·che·ro au·to·ma·ti·ko

Kreditkarte *tarjeta de crédito* tar·che·ta de kre·di·to

Markt *mercado* mer·ka·do

Postamt *correo* ko·re·o

Touristeninformation *oficina de turismo* o·fi·si·na de tu·ris·mo

UHRZEIT & DATUM

Wie viel Uhr ist es? ¿Qué hora es? ke o·ra es

Es ist (10) Uhr. Son (las diez). son (las djes)

Morgen	*mañana*	ma·nja·na
Nachmittag	*tarde*	tar·de
Abend	*noche*	no·tsche
gestern	*ayer*	a·jer
heute	*hoy*	oi
morgen	*mañana*	ma·nja·na

Montag	*lunes*	lu·nes
Dienstag	*martes*	mar·tes
Mittwoch	*miércoles*	mjer·ko·les
Donnerstag	*jueves*	chue·ves
Freitag	*viernes*	vjer·nes
Samstag	*sábado*	sa·ba·do
Sonntag	*domingo*	do·min·go
Januar	*enero*	e·ne·ro
Februar	*febrero*	fe·bre·ro
März	*marzo*	mar·so
April	*abril*	a·bril
Mai	*mayo*	ma·jo
Juni	*junio*	chu·nio
Juli	*julio*	chu·lio

August	*agosto*	a·gos·to
September	*septiembre*	sep·tjem·bre
Oktober	*octubre*	ok·tu·bre
November	*noviembre*	no vjem·bre
Dezember	*diciembre*	disjem bre

UNTERKUNFT

Ich hätte gern ein ... zimmer *Quisiera una habitación...* ki·sje·ra u·na a·bi·ta·sion ...

Einzel ... *individua* lin·di·vi·dual

Doppel ... *doble* do·ble

Wie viel kostet es pro Nacht/Person?
¿Cuánto cuesta por noche/persona? kuan·to kues·ta por no·tsche/per·so·na

Ist das Frühstück inbegriffen?
¿Incluye el desayuno? in·klu·je el de·sa·ju·no

Campingplatz	*terreno de cámping*	te·re·no de kam·ping
Hostel	*hospedaje*	os·pe·da·che
Hotel	*hotel*	o·tel
Hütte	*cabaña*	ka·ba·nja
Jugendherberge	albergue juvenil	al·ber·ge chu·ve·nil
Pension	*pensión*	pen·sion
Schutzhütte	*refugio*	re·fu·chio

Bad	*baño*	ba·njo
Bett	*cama*	ka·ma
Fenster	*ventana*	ven·ta·na
Klimaanlage	*aire acondicionado*	ai·re a·kon·di·sio·na·do

VERKEHRSMITTEL UND -WEGE

Bus	*autobús*	au·to·bus
(kleiner) Bus/Van	*buseta*	bu·se·ta
(traditioneller) Bus	*chiva*	tschi·va

Zahlen

1	*uno*	u·no
2	*dos*	dos
3	*tres*	tres
4	*cuatro*	kua·tro
5	*cinco*	sin·ko
6	*seis*	sejs
7	*siete*	sje·te
8	*ocho*	o·cho
9	*nueve*	nue·ve
10	*diez*	dies
20	*veinte*	vejn·te
30	*treinta*	trejn·ta
40	*cuarenta*	kua·ren·ta
50	*cincuenta*	sin·kuen·ta
60	*sesenta*	se·sen·ta
70	*setenta*	se·ten·ta
80	*ochenta*	o·chen·ta
90	*noventa*	no·ven·ta
100	*cien*	sjen
1000	*mil*	mil

Flugzeug	*avión*	a·vion
Schiff	*barco*	bar·ko
(Sammel)taxi	*colectivo*	ko·lek·ti·vo
Zug	*tren*	tren
erster	*primero*	pri·me·ro
letzter	*último*	ul·ti·mo
nächster	*próximo*	prok·si·mo

Eine Fahrkarte, bitte. *Un boleto de ..., por favor.* un bo·le·to de ... por fa·vor

1. Klasse	*primera clase*	pri·me·ra kla·se
2. Klasse	*segunda clase*	se·gun·da kla·se
einfach	*ida*	i·da
Hin- und Rückfahrt	*ida i vuelta*	i·da i vuel·ta

Ich möchte gerne nach ...
Quisiera ir a ... ki·sje·ra ir a ...

Hält er in ...? *¿Para en ...?* pa·ra en ...

Welcher Halt ist dies?
¿Cuál es esta parada? kual es es·ta pa·ra·da

SPRACHE VERKEHRSMITTEL- & WEGE

Wann kommt er an/fährt er ab?
¿A qué hora llega/ sale? a ke o·ra je·ga/ sa·le

Bitte sagen Sie mir, wenn wir nach ...kommen
¿Puede avisarme cuando lleguemos a ...? pue·de a·vi·sar·me kuan·do je·ge·mos a ...

Ich möchte hier aussteigen.
Quiero bajarme aquí. kje·ro ba·char·me a·ki

annulliert	*cancelado*	kan·se·la·do
Bahnhof	*estación de trenes*	es·ta·sion de tre·nes
Bahnsteig	*plataforma*	pla·ta·for·ma
Bushaltestelle	*paradero/ parada*	pa·ra·de·ro/ pa·ra·da
Fahrkartenschalter	*taquilla*	ta·ki·ja
Fahrplan	*horario*	o·ra·rio
Fensterplatz	*asiento junto a la ventana*	a·sjen·to chun·to a la ven·ta·na
Flughafen	*aeropuerto*	a·e·ro·puer·to
Sitzplatz am Gang	*asiento de pasillo*	a·sjen·to de pa·si·jo
verspätet	*retrasado*	re·tra·sa·do

Ich möchte ein ...mieten	*Quisiera alquilar ...*	ki·sje·ra al·ki·lar ...
Auto	*un coche*	un ko·tsche
Fahrrad	*una bicicleta*	u·na bi·si·kle·ta
Geländewagen	*un todo terreno*	un to·do· te·re·no
Motorrad	*una moto*	u·na mo·to
Benzin	*gasolina*	ga·so·li·na
Diesel	*petróleo*	pet·ro·le·o
Helm	*casco*	kas·ko
Kindersitz	*asiento de seguridad para niños*	a·jen·to de se·gu·ri·da pa·ra ni·njos
Lkw	*camion*	ka·mion
Mechaniker	*mecánico*	me·ka·ni·ko
Tankstelle	*gasolinera*	ga·so·li·ne·ra
trampen	*hacer botella*	a·ser bo·te·ja

Ist dies die Straße nach ...? *¿Se va a ... por esta carretera?* se va a ... por es·ta ka·re·te·ra

(Wie lange) Kann ich hier parken?
¿(Cuánto tiempo) Puedo aparcar aquí? (kuan·to tjem·po) pue·do a·par·kar a·ki

Mein Auto hat eine Panne (in ...).
El coche se ha averiado (en ...). el ko·tsche se a a·ve·ria·do (en ...)

Ich hatte einen Unfall.
He tenido un accidente e te·ni·do un ak·si·den·te

Mir ist das Benzin ausgegangen.
Me he quedado sin gasolina. me e ke·da·do sin ga·so·li·na

Ich habe eine Reifenpanne.
Se me pincho une rueda. se me pin·tscho u·na rue·da

WEGWEISER

Wo ist ...? *¿Adónde está ...?* a·don·de es·ta ...

Wie lautet die Adresse? *¿Cuál es la dirección?* kual es la di·rek·sion

Könnten Sie das bitte aufschreiben? *¿Podría escribirlo?* po·dri·a es·kri·bir·lo

Können Sie mir das (auf der Karte) zeigen?
¿Me lo puede indicar (en el mapa)? me lo pue·de in·di·kar (en el ma·pa)

an der Ampel	*en el semáforo*	en el se·ma·fo·ro
an der Ecke	*en la esquina*	en la es·ki·na
gegenüber ...	opuesto a ...	o·pues·to a ...
geradeaus	aquí directo	a·ki di·rek·to
hinter ...	*detrás de ...*	de·tras de ...
links	*a la izquierda*	a la is·kjer·da
nahe	cerca	ser·ka
neben ...	a la par de ...	a la par de ...
rechts	a la derecha	a la de·re·tscha
vor ...	*en frente de ...*	en fren·te de ...
weit	*lejos*	le·cho

GLOSSAR

Wer eine komplette Übersicht über kolumbianische Slangausdrücke benötigt, sollte sich das Diccionario de Colombiano Actual (2005) von Francisco Celis Albán besorgen.

asadero – Imbissbude oder -stand, wo es gebratenes oder gegrilltes Fleisch gibt

AUC – Autodefensas Unidas de Colombia (Vereinigte kolumbianische Selbstverteidigungstruppen); ein lockerer Zusammenschluss von paramilitärischen Gruppen, die als autodefensas bekannt sind

autodefensas – rechtgerichtete Selbstverteidigungstruppen, die die großen Landbesitzer vor Guerillakämpfern schützen; sie werden auch paramilitares oder einfach paras genannt; siehe auch AUC

bogotano/a – Einwohner von Bogotá

buseta – kleiner Bus/Van; beliebtes Transportmittel in Städten

cabaña – Hütte oder einfacher Unterstand, besonders an Stränden oder in den Bergen

caleño/a – Einwohner von Cali

campesino/a – Bauer oder Landbewohner, meist nur mit geringem Einkommen

casa de cambio – Wechselstube

chalupa – kleine Personenfähre mit Außenbordmotor

chinchorro – Hängematte, die wie ein Fischernetz aus Baumwollfäden oder Palmfasern gewebt und typisch für die Ureinwohner ist; am bekanntesten sind die schmuckvollen Baumwollhängematten der Guajiros

chiva – traditioneller Bus mit bunt bemaltem hölzernen Aufbau; nur noch auf dem Lande verbreitet

colectivo – Sammeltaxi oder Minibus; beliebtes Verkehrsmittel

comida corriente – Fastfood; bereits fertig zubereitetes Mittagsgericht

costeño/a – Einwohner der Karibikküste

DAS – Departamento Administrativo de Seguridad; Sicherheitskräfte, die auch für die Einreise zuständig waren (2011 aufgelöst)

ELN – Ejército de Liberación Nacional (Nationale Befreiungsarmee); die zweitgrößte Guerillakampftruppe nach der FARC

FARC – Fuerzas Armadas Revolucionarias de Colombia; die größte Guerillatruppe des Landes

finca – Bauernhof; umfasst alles von einem Landhaus mit kleinem Garten bis zu einem riesigen Landgut

frailejón – espeletia, eine Pflanzenart; gelb blühender, ganzjähriger Strauch, der nur in Höhenlagen über 3000 m vorkommt und typisch für den páramo ist

gringo/a – jeder weiße männliche/weiblich Ausländer; manchmal (aber nicht immer) abschätzig gemeint

guadua – die größte Unterart der Bambusgewächse, besonders verbreitet in Gegenden mit gemäßigtem Klima

hacienda – Landsitz

hospedaje – Unterkunft (ganz allgemein); manchmal auch ein billiges Hotel oder Hostel

indígena – einheimisch; auch Ureinwohner

IVA – impuesto de valor agregado, Mehrwertsteuer (MwSt.)

merengue – Musikrhythmus aus der Dominikanischen Republik, heute in der ganzen Karibik und darüber hinaus verbreitet

meseta – Hochplateau

mestizo/a – Mischling; Nachkomme europäischer Einwanderer und Ureinwohner

mirador – Aussichtspunkt

muelle – Pier, Kai

mulato/a – Mulatte; Nachkomme europäischer und afrikanischer Vorfahren

nevado – schneebedeckter Berggipfel

paisa – Einwohner von Antioquia

paradero – Bushaltestelle; mancherorts auch parada genannt

páramo – Ebene im Hochgebirge (zwischen 3500 und 4500 m), typisch für Kolumbien, Venezuela und Ecuador

piso – Stockwerk, Etage

poporo – Kalebasse, die von den Arhuacos und anderen Urvölkern zum Transport von Kalk benutzt wird; beim Kauen von Cocablätter fügen die indígenas Kalk hinzu, um das Alkaloid aus den Blättern freizusetzen; ein heiliges Ritual der Ureinwohner der Karibikküste

puente – wörtlich „Brücke"; bezeichnet auch ein verlängertes Wochenende (einschließlich Montag)

refugio – rustikale Schutzhütte in entlegenen Gegenden, meist in den Bergen

reggaeton – eine Mischung aus Hip-Hop und lateinamerikanischen Rhythmen, zu denen man schnelle Schritte tanzen kann; ideal für den Geschmack der Städter

salsa – eine Art karibischer Tanzmusik aus Kuba, die in Kolumbien sehr populär ist

salsateca – Disko, in der Salsamusik gespielt wird

Semana Santa – die Karwoche, die Woche vor Ostern

tagua – harte, elfenbeinfarbene Nuss einer bestimmten Palmenart; im Kunsthandwerk benutzt; besonders verbreitet an der Pazifikküste

tejo – traditionelles Spiel, das besonders in den Anden beliebt ist; dabei wird eine schwere Metallscheibe geworfen, um eine *mecha* (Schwarzpulvertasche) zum Explodieren zu bringen

Telecom – die staatliche Telefongesellschaft

vallenato – typische Musikrichtung der Karibik, mit Akkordeon gespielt; heute auch in Kolumbien weit verbreitet

Hinter den Kulissen

WIR FREUEN UNS ÜBER EIN FEEDBACK

Post von Travellern zu bekommen ist für uns ungemein hilfreich – Kritik und Anregungen halten uns auf dem Laufenden und helfen, unsere Bücher zu verbessern. Unser reiseerfahrenes Team liest alle Zuschriften genau durch, um zu erfahren, was an unseren Reiseführern gut und was schlecht ist. Wir können solche Post zwar nicht individuell beantworten, aber jedes Feedback wird garantiert schnurstracks an die jeweiligen Autoren weitergeleitet, rechtzeitig vor der nächsten Nachauflage.

Wer uns schreiben will, erreicht uns über **www.lonelyplanet.de/kontakt**

Hinweis: Da wir Beiträge möglicherweise in Lonely Planet Produkten (Reiseführer, Websites, digitale Medien) veröffentlichen, ggf. auch in gekürzter Form, bitten wir um Mitteilung, falls ein Kommentar nicht veröffentlicht oder ein Name nicht genannt werden soll. Wer Näheres über unsere Datenschutzpolitik wissen will, erfährt das unter www.lonelyplanet.com/privacy

DANK VON LONELY PLANET

Wir bedanken uns bei den Reisenden, die mit der letzten Ausgabe unterwegs waren und uns wertvolle Hinweise, nützliche Tipps und interessante Begebenheiten mitgeteilt haben:

A Talia Aguayo, Florian Albrecht, Brian Andrews, Pascal Andrey, Anna Asplund **B** Ethan Baron, Ruth Bath, Sina Bauer, Huib Beets, Montserrat Beorlegui, Jana Bergfeld, Carly Bishop, Roxanne Bowman **C** Juan Camilo De Los Rios, Colleen Carroll, Adriana Cepeda, Justin Cohen, Sarah Cohen **D** Edward Davey, Anthony De Lannoy, Jonas De Jong, Tom De Bock, Luis Diaz, Maynard Dodson, Graeme Duke **E** Alan Ereira, Sebastián Espinar **F** June Fujimoto **G** Benedetta Galasso, David Garland, Emily Gipple, Ed Given, Matthew Gnagey, Uli Greiner, Eric Groenen, Monica Groeneveld, Thomas Groß, Danie Grunberg, Francoise Guernier **H** Barry Hamiltoni, Liz Harwood, Brent Helmkamp, Vicky Henriksen-Delaney, Dominic Herr, James Hsu **J** Ariel Jacob, Lloyd Jones, William Joyce, Dimitri Junker **K** Jan Kaper, Kevin Keller, Alexander Klein, Greg Kondrak, David Kramer, Emile Kruger, Justin Kruger **L** Sébastien Lévêque, Belinda Lopez **M** Dominic Maher, Masa Marolt Pecjak, Meryl Marr, Laura Martorell Guaita, Marnie McGregor, Patrick Mathews, Thomas Mayes, Michaelangelo Mazzeo, Ana Milena Moreno, Dan Morris, Jacques Moeschler **N** Nik Nelberg, Noella Nincevic, Dr Adam Norten **O** Annica Ohling, Ted Olander, Karl Olson, Michel Orlhac, Juan Osorio **P** Ulrike Peter, Mary-Louise Phillips, Piotr Piechocki, Rafael Pizarro, Nova Pleman, Johan Poels, Corinne Poulsen **R** Helene Raynaud, Helge Reemtsma, Daniel Richter, Marion Rochegude, Guillermo E Rodriguez-Navarro, Paola Rubio, Michal Rudziecki **S** Diego Salgado, Per Samuelson, Chris Sawka, Ines Schihab, Annett Schlenker, Jonathan Schwartz, Sabrina Schwarz, Rose Shapiro, Paulo Silva, Martin Skjöldebrand, Jennifer Slupianek, Warwick Sprawson, Aznar Sylvie **T** Alysanne Taylor, Rick Tjeerds, Chantal Travers, Andrew Tzembelicos **V** Lotte Van Ekert, Matt Van Der Peet, Arnaud Verstraete **W** David Wang, Gerd Wiss **Y** Farah Yamin, Tany Yao **Z** Eric S Zhou.

DANK DER AUTOREN

Kevin Raub

Ein herzlicher Dank geht an Adriana Schmidt Raub, die nicht besonders begeistert davon war, dass ich für diesen Auftrag eine „Unterweisung für den Fall einer Entführung" benötigte. Eine große Hilfe waren mir Ximena Renjifo, Maria Claudia Renjifo und Laura Cahnspeyer. Unterwegs unterstützt haben mich: Carolina Delgado, Mathieu Perrot-

Bohringer, Germán Escobar, Tony Lloyd, Lina María López, Andy Farrington, Alina Cardenas, Oscar Gilede, Mike Ceaser, Laura Jaramillo, Rodrigo Arias, Shaun Clohesy, Mike Anderson, Kat Hiby, Felipe Andrés Velasco, Juan Ananda, Johana de la Selva, Axel Antoine-Feill und Rafael Clavijo.

Alex Egerton

Ich danke allen bei Lonely Planet, insbesondere Kathleen, Bruce, Alison, Mike und Señor Raub, die mir auf meine E-Mails immer so schnell geantwortet haben. Vor Ort gebührt der Applaus vor allem Laura Cahnspeyer, Carolina Libertad, Urs, Tony und Kim, Jose Ivan, Melissa Montoya, A Ximena Garcia, Ingrid Ruiz, Lina Marcela, Oscar y Carito, Andrea, Dahyana Vargas, Olga Lucia Mosquera und all den wundervollen Bewohnern des Landes, die mir unterwegs geholfen haben. Ein weiterer Dank geht an KC und Blue Energy sowie Nicholas Kazu.

Mike Power

Ein Dankeschön an alle bei Lonely Planet, vor allem an Kathleen, Alex und Kevin für ihre Unterstützung. In Kolumbien danke ich: Johan für das Bier und nächtelange Gespräche; dem unvergleichlichen Fredy Builes, Germán Escobar, Thibaud Perdrix, Miguel in Provincia, Federico Lavagna, Marcela Manrique, José Gallego mit seinem erstaunlichen Motorrad, Tim Buendía mit seiner trächtigen Katze – und in Großbritannien Sasha Carolyn Dunn für die anregenden Gespräche und dafür, dass Du mich zum Lachen brachtest und immer da warst, wenn ich Dich brauchte.

QUELLENNACHWEIS

Die Daten in der Klimatabelle stammen von Peel MC, Finlayson BL & McMahon TA (2007), Aktualisierte Weltkarte der Köppen-Geiger-Klimaklassifikation, Hydrology and Earth System Sciences, 11, 1633-44.

Abbildung auf dem Umschlag: Strand bei Cabo San Juan de la Guía, Parque Nacional Natural Tayrona. Jane Sweeney/Lonely Planet Images. Viele Bilder in diesem Reiseführer können bei Lonely Planet Images: www.lonelyplanetimages.com lizenziert werden.

ÜBER DIESES BUCH

Dies ist die 1. deutsche Auflage von Kolumbien, basierend auf der mittlerweile 6. englischen Auflage von Colombia. Konzipiert und verfasst wurde das Buch von Kevin Raub, Alex Egerton und Mike Power. Die 5. englische Auflage stammte von Jens Porup, Kevin Raub, Robert Reid und César Soriano. Für die 4. Auflage waren Michael Kohn und Robert Landon verantwortlich. Der Band wurde vom Lonely Planet Büro in Oakland in Auftrag gegeben und betreut von:

Verantwortliche Redakteurin Kathleen Munnelly
Leitende Redakteure Luna Soo, Gina Tsarouhas
Leitung der Kartografie Andrew Smith
Layout-Leitung Sandra Helou
Lektorat Annelies Mertens, Angela Tinson
Kartografie Alison Lyall
Layout Chris Girdler
Redaktionsassistenz Beth Hall, Evan Jones, Shawn Low, Kristin Odijk, Charlotte Orr
Assistenz der Kartografie Sophie Reed
Layout-Assistenz Wibowo Rusli
Bildredaktion für den Umschlag Naomi Parker
Bildredaktion Nicholas Colicchia
Sprache Branislava Vladisavljevic

Dank an Brigitte Ellemor, Bruce Evans, Ryan Evans, Yvonne Kirk, Trent Paton, Gerard Walker

Register

000 Kartenseiten
000 Abbildungen

G

H

I

J

K

000 Kartenseiten
000 Abbildungen

U

V

W

Z

000 Kartenseiten
000 Abbildungen

Auf einen Blick

Mit diesen Symbolen sind wichtige Kategorien leicht zu finden:

- Sehenswertes
- Strände
- Aktivitäten
- Kurse
- Touren
- Festivals & Events
- Schlafen
- Essen
- Ausgehen
- Unterhaltung
- Shoppen
- Information/ Transport

Diese Symbole bieten wertvolle Zusatzinformationen:

- Telefonnummer
- Öffnungszeiten
- Parkplatz
- Nichtraucher
- Klimaanlage
- Internetzugang
- WLAN-Anschluss
- Schwimmbad
- Vegetarische Gerichte
- Englischsprachiges Menu
- Familienfreundlich
- Haustiere willkommen
- Bus
- Fähre
- Metro
- U-Bahn
- London Tube
- Straßenbahn
- Zug

Die Reihenfolge spiegelt die Bewertung durch die Autoren wider.

Empfehlungen von Lonely Planet:

- LP TIPP – Das empfiehlt unser Autor
- GRATIS – Hier bezahlt man nichts
- Nachhaltig und umweltverträglich

Unsere Autoren haben diese Einrichtungen ausgewählt, weil man dort großen Wert auf Nachhaltigkeit legt: etwa durch die Forderung einheimischer Gemeinschaften oder Hersteller, durch eine umweltverträgliche Bewirtschaftung oder durch Engagement im Naturschutz.

Kartenlegende

Sehenswertes
- Strand
- Buddhistisch
- Burg
- Christlich
- Hinduistisch
- Islamisch
- Jüdisch
- Denkmal
- Museum/Gallerie
- Ruine
- Winzer/Weingut
- Zoo
- Andere Sehenswürdigkeit

Aktivitäten, Kurse & Touren
- Tauchen/Schnorcheln
- Kanu/Kajak fahren
- Ski fahren
- Surfen
- Schwimmbad
- Wandern
- Windsurfen
- Andere Aktivität/ Kurse/Touren

Schlafen
- Schlafen
- Camping

Essen
- Essen

Ausgehen
- Ausgehen
- Cafe

Unterhaltung
- Unterhaltung

Shoppen
- Shoppen

Praktisches
- Post
- Touristeninformation

Transport
- Flughafen
- Grenzübergang
- Bus
- Seilbahn/ Standseilbahn
- Radfahren
- Fähre
- Metro
- Zug eingleisig
- Parkplatz
- S-Bahn
- Taxi
- Zug /Eisenbahn
- Tram
- Tube-Station
- U-Bahn
- anderes Verkehrsmittel

Verkehrswege
- Mautstraße
- Autobahn
- Hauptstraße
- Nebenstraße
- Verbindungsstraße
- sonstige Straße
- unbefestigte Straße
- Plaza/Fußgängerzone
- Stufen
- Tunnel
- Fußgänger-übergang
- Spaziergang
- Spaziergang mit Abstecher
- Pfad

Grenzen
- Internationale
- Staat/Provinz
- umstrittene Grenze
- Regional/Vorort
- Gewässer
- Klippen
- Mauer

Städte
- Hauptstadt (National)
- Haupstadt (Staat/Provinz)
- Stadt/Große Stadt
- Kleinstadt/Dorf

Landschaft
- Hütte
- Leuchtturm
- Aussichtsturm
- Berg/Vulkan
- Oase
- Park
- Pass
- Picknickplatz
- Wasserfall

Gewässer
- Fluss/Bach
- periodischer Fluss
- Sumpf/Mangroven
- Riff
- Kanal
- Gewässer
- Trocken-/Salz-periodischer See
- Gletscher

Gebietsformen
- Strand/Wüste
- Friedhof (Christlich)
- Friedhof (anderer)
- Park/Wald
- Sportplatz
- Sehenswertes (Gebäude)
- Highlight (Gebäude)

DIE LONELY PLANET STORY

Ein uraltes Auto, ein paar Dollar in den Hosentaschen und Abenteuerlust, mehr brauchten Tony und Maureen Wheeler nicht, als sie 1972 zu der Reise ihres Lebens aufbrachen. Diese führte sie quer durch Europa und Asien bis nach Australien. Nach mehreren Monaten kehrten sie zurück – pleite, aber glücklich –, setzten sich an ihren Küchentisch und verfassten ihren ersten Reiseführer Across Asia on the Cheap. Binnen einer Woche verkauften sie 1500 Bücher und Lonely Planet war geboren.

Seit 2011 ist BBC Worldwide der alleinige Inhaber von Lonely Planet. Der Verlag unterhält Büros in Melbourne (Australien), London und Oakland (USA) mit über 600 Mitarbeitern und Autoren. Sie alle teilen Tonys Überzeugung, dass ein guter Reiseführer drei Dinge tun sollte: informieren, bilden und unterhalte.

DIE AUTOREN

Kevin Raub

Hauptautor; Bogotá; Boyaca, Santander & Norte de Santander; Amazonasbecken Kevin Raub begann seine Karriere als Musikkritiker in New York, wo er für die Zeitschriften Men's Journal und Rolling Stone arbeitete. Irgendwann wurde ihm die Musikszene zu anstrengend, und so verlegte er sich auf den Reisejournalismus und tauschte das Büro in New York gegen den Standort Brasilien ein. Auf seiner Reise durch Kolumbien kostete er vom filet mignon mit Ameisen, er durchlitt in einer DC-3 den furchtbarsten Flug seines Lebens, entging am Amazonas dem Angriff eines Opossums und wurde von der Policía Nacional über eine Stunde lang vor der israelischen Botschaft festgehalten – und trotzdem liebt er das Land! Für Kevin ist es sein 18. Lonely Planet Einsatz. Mehr über ihn im Netz unter www.kevinraub.net.

Alex Egerton

Medellín & Zona Cafetera; Pazifikküste; Cali & Südwest-Kolumbien Alex, der als Journalist arbeitet, reist schon seit 15 Jahren immer wieder nach Kolumbien – seit er die Schönheit des Landes bei einer sechswöchigen Tour von Venezuela nach Mexiko kennengelernt hat. Schon damals lernte er aguardiente zu schätzen, er hat mehrere der hohen Berge des Landes bestiegen und ist ein Fan des tejo, kann allerdings immer noch nicht Salsa tanzen. Während der Recherchen zu diesem Buch hat Alex von einem der besten Fahrer in der Zona Cafetera in einem uralten Jeep das Fahren auf den Hinterrädern erlernt – eine Technik, die er jetzt auch bei sich zu Hause im ländlichen Nicaragua anwendet.

Mike Power

Karibikküste; San Andrés & Providencia; Kolumbien aktuell; Geschichte; So lebt man in Kolumbien; Kunst & Kultur; Natur & Umwelt Mike, als freiberuflicher Journalist tätig, kehrt seit 2007 regelmäßig nach Kolumbien zurück; damals arbeitete er in Cartagena, wo er Artikel über die Koka-Industrie des Landes und den Bürgerkrieg schrieb. Zuvor war er mit dem Auto von Guatemala nach Panama-Stadt gefahren. Dort nahm er für die Agentur Reuters einen Korrespondenten-Job an; seither spricht er Spanisch. Auf seinen Reisen durch Kolumbien ist Mike in die Sierra Nevada de Santa Marta hinaufgestiegen; am liebsten wäre er ein ganzes Jahr in den gespenstischen Wüsten von La Guajira geblieben.

Lonely Planet Publications,
Locked Bag 1, Footscray,
Melbourne, Victoria 3011,
Australia

Verlag der deutschen Ausgabe:
MAIRDUMONT, Marco-Polo-Str. 1, 73760 Ostfildern, www.mairdumont.com, lonelyplanet@mairdumont.com

Chefredakteurin deutsche Ausgabe: Birgit Borowski

Übersetzung: Petra Dubilski, Dr. Martin Goch, Christiane Gsänger, Christel Klink, Dr. Horst Leisering, Raphaela Moczynski, Dr. Annegret Pago, Dr. Thomas Pago, Jutta Ressel M.A., Sigrid Weber-Krafft, Karin Weidlich, Renate Weinberger, Linde Wiesner

Redaktion und technischer Support: CLP Carlo Lauer & Partner, Aschheim

Kolumbien

1. deutsche Auflage Februar 2013, übersetzt von *Columbia 6th edition*, August 2012 Lonely Planet Publications Pty

Titelfoto: Thuparama-Dagoba, Anuradhapura, Reinhard Schmid, 4Corners.

Printed in China

Die meisten Fotos in diesem Reiseführer können bei Lonely Planet Images, www.lonelyplanetimages.com, auch lizenziert werden.